Ursula Rapp
Mirjam

Beihefte zur Zeitschrift für die
alttestamentliche Wissenschaft

Herausgegeben von
Otto Kaiser

Band 317

Walter de Gruyter · Berlin · New York
2002

Ursula Rapp

Mirjam

Eine feministisch-rhetorische Lektüre
der Mirjamtexte in der hebräischen Bibel

Walter de Gruyter · Berlin · New York
2002

BS
580
.M54
R36
2002

∞ Gedruckt auf säurefreiem Papier,
das die US-ANSI-Norm über Haltbarkeit erfüllt..

Die Deutsche Bibliothek – *CIP-Einheitsaufnahme*

> Rapp, Ursula:
> Mirjam : eine feministisch-rhetorische Lektüre der Mirjamtexte in der hebräischen Bibel / Ursula Rapp. – Berlin ; New York : de Gruyter, 2002
> (Beihefte zur Zeitschrift für die alttestamentliche Wissenschaft ; Bd. 317)
> Zugl.: Graz, Univ., Diss., 2001
> ISBN 3-11-017384-0

© Copyright 2002 by Walter de Gruyter GmbH & Co. KG, D-10785 Berlin

Dieses Werk einschließlich aller seiner Teile ist urheberrechtlich geschützt. Jede Verwertung außerhalb der engen Grenzen des Urheberrechtsgesetzes ist ohne Zustimmung des Verlages unzulässig und strafbar. Das gilt insbesondere für Vervielfältigungen, Übersetzungen, Mikroverfilmungen und die Einspeicherung und Verarbeitung in elektronischen Systemen.

Printed in Germany
Einbandgestaltung: Christopher Schneider, Berlin

Vorwort

Die vorliegende Untersuchung wurde im Sommersemester 2001 von der Katholisch-theologischen Fakultät der Karl-Franzens-Universität Graz als Dissertation angenommen. Für die Drucklegung wurde sie nur geringfügig überarbeitet. Die seit der Abgabe erschienene Literatur, vor allem die Habilitationssschrift von Clara Butting „Prophetinnen gefragt. Die Bedeutung der Prophetinnen im Kanon aus Tora und Prophetie" konnte nur noch punktuell eingearbeitet werden.

Die Arbeit wäre ohne die Unterstützung und Mithilfe vieler Menschen und auf vielerlei Weisen nicht zustande gekommen. Es ist nicht möglich, allen zu danken, aber die, die am intensivsten betroffen waren, seien genannt.

So gilt mein erster Dank Frau Prof. Dr. Irmtraud Fischer in Bonn, deren kritischer und wohlwollender Blick auf meine Arbeit mir unheimlich viel weitergeholfen hat. Sie war es auch, die mich davon überzeugte, dass mein ursprünglich von Prof. Dr. Clemens Thoma angeregtes Thema zur Mirjam in der Bibel, den frühjüdischen und rabbinischen Traditionen, wohl auch allein im ersten der genannten Bereiche zu einer Dissertation führen könnte. Prof. Dr. Johannes Marböck sei gedankt für die Übernahme des Zweitgutachtens und für das, was ich in meinen Grazer Jahren von ihm lernen durfte.

Zu danken habe ich auch Prof. D.Dres. Otto Kaiser für die Aufnahme der Arbeit in die Reihe der Beihefte zur ZAW.

Dankbar und voll Freude denke ich an unser inspirierendes Luzerner und Fribourger Doktorandinnenkolloqium zurück. Dr. Sabine Bieberstein, Ulrike Beelte, Dr. Regula Grünenfelder und Regula Strobel haben mich mit spannenden Fragen und Denkanstößen sehr motiviert.

Herzlichen Dank sage ich auch Frau Dr. Maria Elisabeth Aigner für den gemeinsamen Weg der letzten Jahre und für die vielen Gespräche und Visionen einer feministischen praktisch-theologischen und biblischen Theologie.

Den fleißigen Frauen, die an der Fertigstellung der Drucklegung beteiligt waren sei ebenso herzlich gedankt: Mag.[a] Sigrid Eder, Mag.[a] Anna Steiner, Mag.[a] Renate Wieser, Mag.[a] Elisabeth Wimmer und Mag.[a] Andrea Zipper.

In tiefer Dankbarkeit stehe ich meinen Eltern gegenüber. Meinem Vater, der mich zeit seines Lebens unterstützt und auch gefordert hat und meiner

Mutter, die auf ihre gute Art mit endlosen Gesprächen die Höhen und Tiefen dieser Arbeit begleitet hat.

Für die, die in der letzten Zeit von meiner Arbeit am meisten betroffen waren, bleiben die letzten Dankesworte. Es sind dies unsere Kinder Jonathan, Severin und Linus, denen ich dankbar bin für die Art und Weise, mit der sie sich den Freuden und Schwierigkeiten ihrer promovierenden Mutter stellen. Zuletzt gilt mein Dank meinem Mann, Dr. Hans Andreas Rapp, der mir nicht nur mit aller menschlichen Wärme zu Seite gestanden ist. Er hat mir trotz eigener hoher Arbeitsbelastung die Familienarbeit in weiten Teilen völlig abgenommen, hat sich zu jeglicher Stunde die neuesten Thesen angehört und schlussendlich die ganze Arbeit Korrektur gelesen.

Graz, im März 2002   Ursula Rapp

Inhaltsverzeichnis

Song of Questions

Teil 1: Eine feministisch-rhetorische Analyse der Mirjamtraditionen

1. Vorbemerkung 1
2. Fragestellungen 1
   2.1. Die literarische Konstruktion der Mirjamfigur 1
   2.2. Rekonstruktion von Frauengeschichten 2
3. Feministisch-kritische Rhetorik 4
4. Zur Methode einer feministisch-kritischen Rhetorik 7
   4.1. Synchrone Analyse 9
   4.2. Diachrone Analyse 15
5. „Einst eine große Frau". Mirjam in der Forschungsgeschichte 16
   5.1. Das Schweigen um Mirjam oder das schwarze Schaf der Familie: Überlieferungsgeschichtliche und religionsgeschichtliche Rekonstruktion 17
   5.2. Prophetin oder Priesterin? Traditions- und literargeschichtliche Rekonstruktion 20
   5.3. Verraten und Vergessen: Feministische Rekonstruktionen 23
6. Offene Fragen 26
7. Aufbau der Arbeit 28

Teil 2: Mirjam in den Texten

1. Num 12: Gott hat nicht nur zu Mose gesprochen 31
   1.1. Hinführung 31
   1.2. Der Text 32
       1.2.1 Übersetzung 32
       1.2.2. Textkritik 34
       1.2.3. Anmerkungen zur Übersetzung 38
   1.3. Num 12 im Kontext des Numeribuches 44
   1.4. Dispositio: Szenen, in denen ein Subjekt verschwindet 45
       1.4.1. Erste Szene 1a-3b 47
           1.4.1.1. Abgrenzung der Szene 47
           1.4.1.2. Erzählebenen 49

1.4.2. Zweite Szene 4a-10a 50
    1.4.2.1. Abgrenzung 50
    1.4.2.2. Strukturelle Beobachtungen 51
1.4.3. Dritte Szene 10b-14e 53
    1.4.3.1. Abgrenzung 53
    1.4.3.2. Strukturelle Beobachtungen 53
1.4.4. Vierte Szene 15a-15c 54
1.5. Elocutio: Betrachte Mirjam als aussätzig! 55
  1.5.1. Erste Szene 1a-3b: Strategien des Verschleierns und Vergessens 55
    1.5.1.1. Die Handlungsebene: Subjekte, Handlungsziele und keine EmpfängerInnen 55
    1.5.1.2. Hinweise des Erzählers 59
    1.5.1.3. Rückblick in die Vergangenheit 60
    1.5.1.4. Referenz statt Vorstellung 62
Exkurs: Mirjams Anliegen und ihre Identität 64
A. Die kuschitische Frau 64
B. Ehe und Offenbarung 68
C. Mirjam und Midian 72
    1.5.1.5. Mose 74
    1.5.1.6. Blicke, Meinungen 78
  1.5.2. Zweite Szene 4a-10a: Plätze und Orte – Details und Platzanweisungen 80
    1.5.2.1. Das Handeln Gottes und Wende zum Detail 80
    1.5.2.2. Orte 82
Exkurs: Das Zelt 82
A. Der Begriff des Begegnungszeltes 82
B. Das Zelt außerhalb des Lagers 84
    1.5.2.3. Die Konstruktion der Parteiungen........................... 88
    1.5.2.4. Blickwinkel 89
    1.5.2.5. Erzählte Rede Gottes: Moses Bestätigung 90
  1.5.3. Dritte Szene 10b-14e: Blickwinkel und tendenziöse Wahrnehmung 98
    1.5.3.1. Seht her! – Der Ruf des Erzählers 98
    1.5.3.2. Die Wende Aarons: Präsenz des Erzählers im Charakter 101
    1.5.3.3. Referenz Aarons 105
    1.5.3.4. Mose 111
    1.5.3.5. Erzählte Rede: Diskurs über das Verständnis von Aussatz 112
  1.5.4. Vierte Szene 15a-15c: Der gesellschaftliche Rahmen 115

1.5.4.1. Der Ausschluss Mirjams aus dem Lager 115
1.5.4.2. Mirjam: Offene Fragen auch am Ende
  der Erzählung 116
1.5.5. Die Strategien des Erzählers, die Erinnerung an
Mirjams und Aarons Interesse zu verhindern 117
 1.5.5.1. Ebene des Plots: Passivmachen Mirjams und
   Verschleierung ihres Anspruches 117
 1.5.5.2. Ebene der Perspektiven 118
 1.5.5.3. Ebene des Raumes: Kein Ort ist nicht nirgends 120
 1.5.5.4. Ebene der Parteiungen: Strukturelle
   Oppositionen 120
 1.5.5.5. Semantische Oppositionen 122
1.6. Literarkritik 123
 1.6.1. Die Abgrenzung von Num 12,1-15 123
 1.6.2. Die Frage nach der literarischen Einheitlichkeit
 von Num 12,1-15 124
  1.6.2.1. Die Inkompatibilität von Verb und Subjekt in 1a .. 124
  1.6.2.2. 1c als Glosse 125
  1.6.2.3. Unterschiedliche Kritik an Mose
    in V. 1 und V. 2 126
  1.6.2.4. V. 3 als Unterbrechung des Erzählganges 131
  1.6.2.5. 5d als Doppelung von 4bc 132
  1.6.2.6. V. 9: Göttlicher Zornesausbruch und Abgang
    der Wolke... 133
  1.6.2.7. 10a als Verbindungsstück? 137
  1.6.2.8. Die Einheitlichkeit von 10b-12 und
    das „Interesse an Aaron".. 138
  1.6.2.9. Vermisste Logik in V. 13-15 141
 1.6.3. Zur Entstehung des Textes Num 12,1-15 142
  1.6.3.1. Ein Text aus zwei Geschichten 142
  1.6.3.2. Eine Geschichte mit Überarbeitungen 144
  1.6.3.3. Einheitliches Textgebilde 145
  1.6.3.4. Die Einheitlichkeit von Num 12 146
1.7. Rhetorische Situation 147
 1.7.1. Die Erzählung von Num 12 147
 1.7.2. Bezugstexte von Num 12 148
  1.7.2.1. Zelttexte 149
 Exkurs: Die literarische Einheitlichkeit von Num 11 149
  1.7.2.2. Die Berufung des Mose: Ex 3f. 166
  1.7.2.3. Bedeutung von Ex 4 für das Verhältnis
    zwischen Mose und Aaron in Num 12 173
 1.7.3. Die Redaktionsgeschichtliche Einordnung von Num 12..... 175

1.7.4. Mirjam in der persischen Zeit – Versuch einer
historischen Verortung des Anliegens Mirjams 178
  1.7.4.1. Die These Kesslers 179
  1.7.4.2. Revision und Details der These Kesslers 181

2. Die Tora des Mose und Mirjam: Dtn 24,8-9 194

  2.1. Übersetzung 194
  2.2. Struktur 194
  2.3. Dtn 24,8-9 im Kontext 195
  2.4. V. 8-9 innerhalb der Rechtssätze von Dtn 24 195
  2.5. Der Zusammenhang zwischen Aussatztora und
       der Erinnerung an Num 12 196

3. Ex 15,19-21: Die Prophetin Mirjam 201

  3.1. Hinführung 201
  3.2. Text und Übersetzung 202
    3.2.1. Übersetzung 202
    3.2.2. Anmerkung zur Übersetzung 203
  3.3. Textabgrenzung 203
  3.4. Dispositio: Der formale Zusammenhang von Ex 15,19-21 207
    3.4.1. Orte 207
    3.4.2. Handlungsablauf 208
    3.4.3. Erzählte Rede: Der Hymnus 210
    3.4.4. Die Retroversion des Schilfmeerereignisses 210
  3.5. Elocutio: Von der Bedeutung der Prophetin und „aller Frauen" .. 211
    3.5.1. Mirjam 211
      3.5.1.1. Die Prophetin 211
      3.5.1.2. Schwester Aarons 213
      3.5.1.3. Die Semantik der Handlungen Mirjams 216
    3.5.2. „Alle Frauen" 218
      3.5.2.1. Die Frauengruppe 218
      3.5.2.2. Die Semantik der Handlungen der
               Frauengruppe 220
    3.5.3. Die Erinnerung an die tanzende Prophetin 222
      3.5.3.1. Wie lässt sich der Prophetinnentitel verstehen? 222
      3.5.3.2. Ein pazifistisches Lied? 224
  3.6. Rekonstruktion der rhetorischen Situation von Ex 15,19-21 ... 225
  3.7. Zusammenfassung: Rhetorische Funktionen Mirjams in
       Ex 15,19-21 und Indizien für eine Entstehungszeit 231

4. Num 20,1-13: Mirjam in Kadesch 233

4.1. Hinführung: Die Frage nach der Mirjamtradition in Num 20 233
4.2. Übersetzung 234
4.3. Textkritik und Anmerkungen zur Übersetzung 236
4.4. Num 20 im Kontext 237
    4.4.1. Der Beginn von Num 20 237
    4.4.2. Das Ende von Num 20 238
4.5. Die Erzählungen in Num 20 238
4.6. Dispositio 240
    4.6.1. Erste Szene 1a-2a: Exposition - Ausgangssituation 241
        4.6.1.1. Abgrenzung der Szene 241
        4.6.1.2. Handlungsgerüst 242
        4.6.1.3. Orts- und Zeitangaben 243
    4.6.2. Zweite Szene 2b-5d: Die Oppositionsbildung und
        die Sicht des Volkes 245
    4.6.3. Dritte Szene 6a-9b: Mose und Aaron am
        Eingang des Zeltes 246
    4.6.4. Vierte Szene 10a-13c: Mose, Aaron und
        die Versammlung vor dem Felsen 248
    4.6.5. Überblick: Konstellation der HandlungsträgerInnen 249
        4.6.5.1. Mächte: Versammlung gegen den Tod 249
        4.6.5.2. Konstruktion und Dekonstruktion der Macht
            hinter Mose und Aaron 250
4.7. Elocutio 251
    4.7.1. Erste Szene 1a-2a: Exposition:
        Handelnde, Situation und Ort 251
        4.7.1.1. Das Volk als Charakter 251
        4.7.1.2. Der Charakter „Mirjam" 254
        4.7.1.3. Der Tod Mirjams 255
        4.7.1.4. Ort und Raum 262
        4.7.1.5. Fokussierung 266
    4.7.2. Zweite Szene 2b-5c: Parteienbildung 267
        4.7.2.1. Charaktere 267
        4.7.2.2. Fokussierung 273
    4.7.3. Dritte und vierte Szene: Weg von den Versammelten
        und Mächtespiel am Felsen 274
        4.7.3.1. Bewegungen und Orte 274
        4.7.3.2. Gottes Perspektive: Die Legitimation 276
        4.7.3.3. Die Charaktere 277
4.8. Das Gedächtnis des Todes Mirjams: Zusammenfassung der
    synchronen Analyse 281

4.9. Literarkritik 283
    4.9.1. Vorbemerkung.. 283
    4.9.2. Die Komposition und Entstehung von Num 20 283
        4.9.2.1. V. 1 und die Fragen von Geografie und
             Chronologie 284
        4.9.2.2. V. 3: Unvereinbare Spannungen
             unter den Subjekten und Objekten 293
        4.9.2.3. Probleme in Vers 3-5: Verwirrung
             des Volkes oder Komposition?............................. 295
        4.9.2.4. V. 8-11: Wer hat wodurch ein Wunder gewirkt? ... 297
        4.9.2.5. V. 12: Glauben und Heiligen............................... 305
        4.9.2.6. V. 13: Die Schlussbemerkung.............................. 308
    4.9.3. Bisherige Vorschläge zur Komposition
        von Num 20,1-13 308
        4.9.3.1. Dreischritte 309
        4.9.3.2. Zweischritte 311
        4.9.3.3. Vierschritt 312
    4.9.4. Literarkritisch geschaffene Kontexte Mirjams................... 313
    4.9.5. Einheitlicher Text... 314
    4.9.6. Die redaktionelle Einordnung der Erzählung
        vom Tod Mirjams 316
4.10. Rhetorische Funktionen der Mirjamtradition in Num 20 323
    4.10.1. Die Exposition 323
    4.10.2. Der Ort Kadesch 323
    4.10.3. Die Krise: Tod - Ort - Führungselite 324
    4.10.4. מרה – widerspenstig – widerständig - Mirjam 325
    4.10.5. Die Bedeutung des Todes 325
    4.10.6. Die Standpunkte: Mirjam und das Volk 326

5. Mi 6,4: Mirjam, von Gott gesendet 327

5.1. Text und Übersetzung 327
    5.1.1. Übersetzung 327
    5.1.2. Anmerkungen zur Übersetzung 328
5.2. Struktur eines Rechtsstreites? - Dispositio 329
    5.2.1. Abgrenzung 329
    5.2.2. Struktur 330
    5.2.3. Einleitung: V. 1-2 331
    5.2.4. Die Gottesrede V. 3-5 333
        5.2.4.1. Die Präsenz von SprecherInnen
             und AdressatInnen 333
        5.2.4.2. Die Struktur der Was-Fragen 334

Inhaltsverzeichnis

    5.2.5. Die Rede des Volkes V. 6-7 337
    5.2.6. Abschließende anonyme Rede V. 8 337
    5.2.7. Mirjam innerhalb der Struktur von Mi 6,1-8 338
    5.2.8. Die Struktur von V. 4 338
5.3. Mirjams Sendung als JHWHs Antwort für die Gegenwart:
    Elocutio 339
    5.3.1. Verwirrungen: V. 1-2 339
        5.3.1.1. Erstes Verwirrspiel: Wer spricht zu wem? - Die
                Redesituation 339
        5.3.1.2. Zweites Verwirrspiel: Rechtstreit oder nicht und
                zwischen wem? 341
        5.3.1.3. Der Sprecher 344
    5.3.2. Die Fragen JHWHs 344
    5.3.3 Erinnere dich an Mirjam und Bileam:
        Die Antworten JHWHs 346
        5.3.3.1. Mose, Aaron und Mirjam: Das erste Fragenpaar .. 346
        5.3.3.2. Balak und Bileam: Das zweite Fragenpaar 349
    5.3.4. Karikatur von Opfern: Die Antwort der AdressatInnen 351
5.4. Wo der Text eindeutig ist: Zusammenschau der
    wichtigsten rhetorischen Elemente 354
5.5. Eindeutigkeit und Erinnerung:
    Die Funktionen der Mirjamerwähnung 355
5.6. Krise in der persischen Zeit: Rhetorische Situation 356

6. Mirjam im Stammbaum Israels: Num 26,59 und 1 Chr 5,29 362

    6.1. Zum Verständnis von Genealogien 362
    6.2. Der weibliche Stammbaum Mirjams: Num 26 363
        6.2.1. Übersetzung 363
        6.2.2. Literarkritische Überlegungen 364
            6.2.2.1. Abgrenzung der Einheit 364
            6.2.2.2. Zur Frage der literarischen Einheitlichkeit 365
        6.2.3. Mirjam in Num 26 366
            6.2.3.1. Frauen im Stammbaum: Mirjam, Jochebed
                und die Frau Levis 366
            6.2.3.2. Die Beziehungsebene der Kinder Jochebeds 369
    6.3. Mirjam weder „Schwester" noch „Tochter": 1 Chr 5,29 371
        6.3.1. Übersetzung 371
        6.3.2. Literarkritische Fragen 371
            6.3.2.1. Abgrenzung der literarischen Einheit 371
            6.3.2.2. Zur Frage der literarischen Einheitlichkeit 372
        6.3.3. Mirjam in 1 Chron 5,29 373

6.3.3.1. Mirjam als „Sohn"? – Ein Verdachtsmoment 373
6.3.3.2. Die Funktion des Tochterbegriffes in 1 Chr 1-9 ... 374
6.3.3.3. Mirjam im Beziehungsgeflecht ihrer Generation .. 376
  6.3.4. Mirjam in der Chronik 377
6.4. Mirjam in den Genealogien 379

Teil 3: Auf dem Weg zu einer feministisch-kritischen Rhetorik der Mirjamtraditionen

1. Die literarische Konstruktion der Mirjamfigur 383

  1.1. Die Erinnerung des Aussatzes 383
    1.1.1. Rhetorik des Verschleierns 384
    1.1.2. Rhetorik der Entmächtigung und des Passivmachens 384
    1.1.3. Rhetorik der Verobjektivierung 385
  1.2. Geronnen zum Beispiel - aber wofür? 385
  1.3. Die Prophetin 386
  1.4. Mirjams Tod und seine Folgen 386
  1.5. Mose und Aaron gleichgestellt: Mirjam im Michabuch 387

2. Die historische Rekonstruktion der „Mirjamgestalt" 387

  2.1. Textgeschichte(n) 387
  2.2. Auslegungsgeschichten 389
  2.3. Mirjam und der Anspruch der Gola 390
    2.3.1. Rhetorik der Mischehen 391
    2.3.2. Rhetorik der Prophetie 392
  2.4. Mirjam und die Identität Israels 392
    2.4.1. Rhetorik der Absolutheit 394
    2.4.2. Rhetorik des Volkes 395
  2.5. Eine kritisch-feministische Rhetorik der Mirjamtraditionen 396

Abkürzungen und Zitationsweisen 398

Literaturverzeichnis 399

Bibelstellenregister 423

The Song of Questions

Mother, asks the clever daughter,
who are our mothers?
Who are our ancestors?
What is our history?
Give us our name. Name our genealogy.

Mother, asks the wicked daughter,
if I learn my history
will I not be angry?
Will I not be bitter as Miriam
who was deprived of her prophecy?

Mother, asks the simple daughter,
if Miriam lies buried in sand,
why must we dig up those bones?
Why must we remove her from sun and stone
where she belongs?

The one who knows not how to question
she has no past,
she has no present,
she has no future
without knowing her mothers,
without knowing her angers
without knowing her questions.

E.M. Broner / Nomi Nimrod, A Women's Passover Haggada

Teil 1: Eine feministisch-rhetorische Analyse der Mirjamtraditionen

1. Vorbemerkung

Phyllis Trible leitete vor über zehn Jahren ihren Artikel zu den Mirjamtexten folgendermaßen ein: "Buried within Scripture are bits and pieces of a story awaiting discovery. It highlights the woman Miriam."[1] Niemand wird behaupten wollen, Mirjam sei mittlerweile aus den Texten und den Auslegungen, die ihr Gedächtnis verschüttet haben „ausgegraben". Es können auch nur mehr Fragmente dieser Gestalt und ihres Umfeldes gefunden und dann unterschiedlich zusammengesetzt werden. Fragmentarisch und brüchig scheinen sowohl die Texte als auch ihre historischen Bezüge. Dementsprechend different sind auch die traditionsgeschichtlichen Rekonstruktionen der biblischen Mirjamgestalt ausgefallen. Trotzdem oder gerade deswegen soll hier noch einmal ein Versuch unternommen werden, der Gestalt „Mirjam" weiter auf die Spuren zu kommen.

Trible fordert weiter: "To unearth the fragments, assemble them, ponder the gaps and then construct a text requires the play of many methods but the dogmatism of none." Dieses genannte Spiel der Methoden wird zunächst zu beschreiben sein.

2. Fragestellungen

2.1. Die literarische Konstruktion der Mirjamfigur

Auf der oben erwähnten „Spurensuche" soll es nicht um das „Ausgraben" einer historischen Person gehen, sondern darum, wofür die AutorInnen der biblischen Texte Mirjam „einsetzen", welche Themen und Assoziationen sie mit ihr verbinden und für welche Aussagen sie die Mirjamgestalt benützen. Die Fragen zielen einerseits auf die „Funktionen" Mirjams innerhalb der Texte und andererseits auf die Aussageinteressen der jeweiligen AutorInnengruppe. Das feministische Interesse, das damit verbunden ist, liegt nicht

---

1 Trible, Phyllis, Bringing Miriam out of the Shadows, *BiRe* 5 (1989) 170-190, 170 (= in: Brenner, Athalya (ed.), *A Feminist Companion to Exodus – Deuteronomy*, Feminist Companion to the Bible 6, Sheffield: Sheffield Academic Press 1994, 166-186, 167).

im Hervorholen einer großen und bedeutenden Frau, wie Trible mit ihren Aussagen wohl zu verstehen geben wollte. Das feministische Interesse an Frauentexten, wie es in der vorliegenden Arbeit verstanden wird, liegt nicht in der Schaffung von „Vorbildern" oder „Identifikationsfiguren" für gegenwärtige Bedürfnisse, sondern lässt sich zunächst in einem allgemeinen feministisch-theologischen Interesse an biblischen Texten begründen. Dieses sucht nicht nach frauenbefreienden und –unterdrückenden Texten, um die einen als mehr und die anderen als weniger „kanonisch" zu erklären. Es geht vielmehr um das Erkennen unterdrückender und befreiender Strukturen, Typisierungen, Muster und Mechanismen, die sich in den biblischen Texten genauso finden, wie in deren Auslegungen. Die einzelnen Texte sollen dabei nicht als „unterdrückend" oder „befreiend" kategorisiert werden. Eine solche Kategorisierung von Texten ist deshalb nicht möglich, weil jeder Text die Verflechtung beider Tendenzen spiegelt. Je nach Fragestellung und Interesse der/des Auslegenden ist *die Auslegung* befreiend oder unterdrückend, herrschaftsstabilisierend oder emanzipatorisch. Von diesem allgemeinen feministisch-theologischen Anliegen her geht es speziell bei „Frauentexten" darum, welche literarischen, politischen und theologischen Funktionen der jeweiligen Frauengestalt im Text zukommen. Die Auslegungen zu diesen Frauenfiguren machen zumeist die in den Texten zugrunde gelegten Verknüpfungen von Macht und Ohnmacht, SiegerInnen und VerliererInnen nicht deutlich. Sie legen häufig im Interesse der AutorInnen aus, ohne ihnen eine Gegenmeinung, eine Gegengeschichte entgegenzusetzen. Der Versuch, das Interesse der Texte und die Weise, wie es repräsentiert wird, zu erkennen und dann aber die Rhetorik der Texte zu unterbrechen und die ohnmächtigen Randgruppen des Textes in das Zentrum der Auslegung zu rücken, ist eine Form feministischer Lesestrategie, die es ermöglicht, den Herrschaftsdiskurs der Texte und ihrer Auslegungen nicht fortzuschreiben.

2.2. Rekonstruktion von Frauengeschichten

Ein weiterer Grund dafür, die Bibel nicht nach „großen Frauen" abzusuchen, liegt in der Distanz zu den Texten. Diese Distanz besteht einerseits historisch und kulturell[2], sie ist innerhalb einer feministischen Rekonstruktion aber vor allem im Hinblick auf einen feministischen Essentialismus hin zu beachten. Ein solcher Essentialismus besteht in der Annahme, dass „Frau

---

2   Vgl. zu einer differenzierten Darstellung Ebach, Jürgen, Vergangene Zeit und Jetztzeit. Walter Benjamins Reflexionen als Anfragen an die biblische Exegese und Hermeneutik, *EvTh* 52 (1992) 299-309.

sein" über alle Kulturen und Zeiten hin dasselbe bedeute³. Das kann aber schon allein deswegen nicht stimmen, weil nicht alle Frauen in allen Gesellschaften gleichermaßen in die Strukturen von Macht und Ohnmacht eingebunden sind. Frauen sind nicht immer nur Opfer, sondern durch ihre Verstrickung in unterschiedliche Unterdrückungsmuster sowohl Opfer als auch Mittäter. Für die biblischen Frauengeschichten ist festzuhalten, dass so etwas wie eine kultur- und zeitenübergreifende schwesterliche Solidarität zwischen diesen rekonstruierten historischen Frauen und ihren Geschichten und heutigen Frauen und ihren Erfahrungen nicht vorausgesetzt werden kann⁴.

Den Bezug von „historisierenden" Aussagen über Frauen in Texten zur Realität von historischen Frauen außerhalb der Texte und zur Realität der lesenden Frauen hat Peggy Kamuf in ihrem vielzitierten Satz äußerst prägnant formuliert: "Woman reading woman as a woman, reading as a woman."⁵ Die Geschichten von Frauen in den biblischen Texten spiegeln nicht nur Frauen in bestimmten Positionen, sondern in Positionen, in die sie gesetzt wurden. Es handelt sich dabei jeweils nicht um eine historisch nachprüfbare Einzelperson, sondern um den Ausdruck bestimmter gesellschaftlicher, theologischer und kultureller Ordnungen und Machtgefüge.⁶ Deshalb sind die Texte aber nicht ahistorisch, sondern im Gegenteil sehr stark historisch, kulturell, theologisch und rhetorisch geprägt.

Wenn wir heute biblische Frauentexte lesen, müssen wir die historische und ideologische Konstituiertheit und rhetorische Absicht der Texte analysieren, um uns nicht im „Innern eines ideologischen Theaters"⁷ zu verfangen, in dem die Vervielfältigung der unterdrückenden, ausgrenzenden Vorstellungen, Bilder, Mythen und Identifikationen unaufhörlich transformiert, reproduziert und bestätigt wird. Das bedeutet auch, dass die Rekonstruktion nicht auf eine vorgefasste Meinung bezüglich historischer, gegenwärtiger und zukünftiger Rollen und Bilder von Frauen zurückfallen darf. U. Schmidt spricht in

---

3   Vgl. Butzer, Evi, Die Schrift hinter dem „Spiegel" weiblicher Erfahrungen. Bibellektüre aus dekonstruktivistisch-feministischer Sicht, *TuK* 20 (1998) 3-16, 5f. Butzer betont, dass die Ablehnung eines solchen essentialistischen Frauenbildes zunächst - nicht zufällig - von schwarzen Frauen kam.
4   Vgl. Thürmer-Rohr, Christina, Die unheilbare Pluralität der Welt - Von Patriarchatskritik zur Totalitarismusforschung, in: Dies., *Vagabundinnen. Feministische Essays*, Frankfurt a. M. ²1999, 214-230, 228f.
5   Kamuf, Peggy, zitiert nach Butzer, Schrift, 10.
6   Vgl. Menke, Bettina, Verstellt - der Ort der 'Frau' – ein Nachwort, in: Vinken, Barbara (Hg.), *Dekonstruktiver Feminismus. Literaturwissenschaft in Amerika*, es 1678, Frankfurt a. M.: Suhrkamp 1992, 436-476, 436. Die Konstruktion der Frauen (und man muss wohl hinzufügen aller Charaktere im Text) sind nicht zu verstehen als „selbstidentische Identität, sondern als Effekt kultureller und symbolischer Anordnungen".
7   Cicoux, Helene, zitiert nach Butzer, Schrift, 10.

diesem Zusammenhang von einer „Feministisch perspektivierten Geschichtswissenschaft versus illusionäre[r] Vergangenheitsaneignung"[8]. Die Illusion, die Schmidt meint, besteht in der unbewussten Verlängerung lebensweltlicher Bedürfnisse und Hoffnungen hinein in die Geschichte, die dann keinen Platz mehr für Brüche und Ungereimtheiten lässt. Je nach gegenwärtigem Kontext und Bedürfnissen sind Frauen dann vergessene Heldinnen oder Opfer strukturloser Unterdrückung, Protagonistinnen einer subversiven Gegenkultur zum offiziellen Patriarchat oder Trägerinnen verloschener Matriarchate.

Um eine solche Übertragung von Leitvorstellungen zu verhindern, müssen Rekonstruktionen auf ihre *Geltungsansprüche* hin befragt werden. Ihre Behauptungen müssen sich auf *Tatsachen* stützen, wobei Tatsachen nur im Fall noch bestehender Nachprüfbarkeit gegeben sind. Ein weiteres Postulat besteht in der Verpflichtung auf *Normen*, d.h. der Reflexion des eigenen Standpunktes innerhalb des Geschichtenerzählens, und die letzte Forderung ist die nach der Erklärung von *Ideen* als Leitfäden der Rekonstruktion[9]. Mit diesen Kriterien kann zumindest die unbewusste Übertragung aktueller Leitvorstellungen auf die Vergangenheit vermindert werden. Diesen vier Forderungen kann in einer feministisch-kritischen Rhetorik nachgekommen werden

3. Feministisch-kritische Rhetorik

In den letzten zwanzig Jahren hat sich die feministische Exegese durch zahlreiche kritische Forschungen in ein sehr weit gestreutes Forschungsfeld entwickelt.[10] Deshalb ist es notwendig geworden, zu beschreiben, worin das Anliegen einer feministisch exegetischen Arbeit liegt und welche methodischen Schritte es erfordert.[11]

---

8   Vgl. Schmidt, Uta C., *Vom Rand zur Mitte. Aspekte einer feministischen Perspektive in der Geschichtswissenschaft*, Dortmund: Edition Ebersbach im eFeF-Verlag 1994, 142.
9   Vgl. ebd., 143f.
10 Vgl. die Darstellung der Ansätze bei Schottroff, Luise/Schroer, Silvia/Wacker, Marie-Theres (Hgg.), *Feministische Exegese. Forschungserträge zur Bibel aus der Perspektive von Frauen*, Darmstadt: WBG 1995 und bereits in zweiter Auflage 1997. Vgl. auch die Vielfalt der Auslegungsweisen in Schottroff, Luise/Wacker, Marie-Theres (Hgg.), *Kompendium feministische Bibelauslegung*, Gütersloh: Gütersloher Verlagshaus 1998.
11 Die feministische Exegese hat keine eigene Methode entwickelt. Ausdifferenzierungen innerhalb feministisch exegetischer und auch allgemein feministischer Fragestellungen befinden sich auf methodologischer und hermeneutischer Ebene. Vgl. z.B. Noller, Annette, *Feministische Hermeneutik. Wege einer neuen Schriftauslegung*, Neukirchen-Vluyn: Neukirchener 1995, 75.

Die angedeutete „Ausgrabung" der Gestalt „Mirjam" ist ein Unterfangen, das nicht auf die historische Rekonstruktion verzichtet. Allerdings sind die „historischen Daten", die in den biblischen Texten angedeutet werden, nicht nur fragmentarisch und widersprüchlich, sie sind auch aus androzentrischer Perspektive mit dem Interesse an einer Konstruktion und Stabilisierung patriarchaler Macht- und Unterdrückungsverhältnisse verfasst worden. Das, was heutige LeserInnen als Fragmente und Brüche wahrnehmen, sind keine literargeschichtlichen Zufälligkeiten, sondern gezielte Rhetorik, Überredungskunst. Ihre Erzählungen konstruieren Wertesysteme und symbolische Ordnungen, die patriarchalen Interessen dienen.[12] Die AutorInnen der Texte leiten zu Perspektivierungen von (historischer) Wirklichkeit, von Frauen und Männern an, die ihrer eigenen Weltsicht und Ermächtigung dienen. Deshalb können die Texte nicht als Fenster in die historische Realität verstanden werden. Es ist in diesem Sinn oftmals formuliert worden, dass die Texte nicht Wirklichkeit abbilden, sondern Wirklichkeiten schaffen. Sie produzieren damit Bedeutungen, Werte und Sinnhaftigkeiten. Ihre „historischen Daten" sind eine Art „Material", das der bedeutungsstiftenden Absicht der AutorInnen dient.[13] Schmidts oben zitierte Forderung nach *Tatsachen* muss also innerhalb der Exegese relativiert werden. Der von ihr geforderten Nachprüfbarkeit aber kann die Textauslegung als methodisch und hermeneutisch reflektierte entsprechen.

Die zu Beginn genannten beiden Fragenbündel (2.1. und 2.2.) nach der literarischen Konstruktion der Mirjamfigur und den möglichen dahinterstehenden Frauengeschichten konvergieren im hermeneutischen Modell einer feministisch-kritischen Rhetorik, wie Schüssler Fiorenza sie entwickelt hat. Der Begriff „Rhetorik" ist deshalb geeignet, weil er den Blick freilegt auf die politischen, ideologischen und theologischen Interessen der AutorInnen einerseits und auf die Auslegungen und Rekonstruktionen andererseits:

"Whereas hermeneutics seeks to explore and to appreciate the meaning of the text, rhetorical interpretation pays attention both to the kind of sociosymbolic worlds and moral universes biblical discourses produce, and to the way these discourses produce them."[14]

Der Begriff der rhetorischen Analyse schafft somit den Raum, Interessen der AutorInnen und AuslegerInnen offen zu legen, als auch die eigenen leitenden

---

12 Vgl. Schüssler Fiorenza, Elisabeth, *Brot statt Steine. Die Herausforderung einer feministischen Interpretation der Bibel*, Freiburg i. Ue.: Edition Exodus 1988, 163.
13 Vgl. Schüssler Fiorenza, Elisabeth, Text and Reality – Reality as Text: The Problem of a Feminist Historical and Social Reconstruction Based on Texts, *StTh* 43 (1989) 19-34; dies., *But She Said. Feminist Practices of Biblical Interpretation*, Boston: Beacon Press 1992, 47; und weiter Müllner, Ilse, *Gewalt im Hause Davids. Die Erzählung von Tamar und Amnon 2 Sam 13,1-22*, HBS 13, Freiburg u.a.: Herder 1997, 38.
14 She, 46.

Ideen zu reflektieren. Damit können *Geltungsansprüche* hinterfragt und *Ideen als Leitfäden der Rekonstruktion* benannt werden.

Schüssler Fiorenza rechnet mit der Form der Gegenkultur:

> "In distinction to women's or gender studies, a feminist historical interpretation conceptualizes women's history not simply as the history of women's oppression by men but as the story of women's historical agency, resistance, and struggle against patriarchal subordination and oppression."[15]

Es ist deshalb zu betonen, dass nicht bereits im Vorhinein definiert werden soll, wie Frauen in den Texten zu finden sind und welche historische Rekonstruktion sich daraus ergeben wird.

Mirjam wird deshalb weder als prophetische Heldin und Führungsgestalt des Volkes noch allein als Repräsentationsfigur einer unterdrückten Minderheit oder Frauengruppe neben Mose und Aaron, und auch nicht als schwache Schwester der beiden Exodushelden beschrieben werden können. Mirjam wird als weiblicher Figur neben Mose und Aaron Macht *und* Ohnmacht zugeschrieben. Die AutorInnen der Texte geben ihr einmal recht und ein anderes Mal wird sie von ihrem männlichen Komplizen als aussätzig zu betrachten sein. Mirjam steht in Num 12 zumindest zeitweise im Zentrum des Blickes, in allen anderen Texten ist sie eine Randfigur. Entsprechend dieser Spannung ging die Exegese entweder zurückhaltend oder sehr überschwänglich mit der Figur Mirjam um.

So kann es schlussendlich in einer feministisch-rhetorischen Untersuchung der Mirjamtraditionen nicht allein darum gehen zu erzählen, wer Mirjam „wirklich war", auch nicht darum, eine „historisch greifbare" Gruppe oder ihre aus der hebräischen Bibel ableitbaren Interessen mit der Mirjam der Texte und ihren dort beschriebenen Anliegen zu identifizieren. Eine feministisch-rhetorische Analyse fragt danach, wie die AutorInnen der Texte Mirjam und ihre Interessen konstruieren, was sie ihr entgegensetzen, was sie etablieren und was sie trivialisieren und negieren wollen. Mirjam unterliegt in den Texten einer „Rhetorik des Andersseins und der Unterwerfung", die die AutorInnen benutzen, um ihre Position zu etablieren, symbolische Ordnungen herzustellen und ihnen Macht zu verleihen. Diese Rhetorik soll aufgebrochen werden zugunsten eines Blickes auf die Erzählungen, der Mirjam ins Zentrum stellt und der gleichzeitig – als Entlarvung patriarchaler Erzählstrategien und Konstruktionen von weiblichen (und männlichen) Figuren – eine Hinleitung sein soll zu einer ermächtigenden Lesart von

---

15 Schüssler Fiorenza, She, 30.

ersttestamentlichen Frauentexten als Geschichten über die „Widerständigkeit von Frauen und Frauentraditionen"[16].

4. Zur Methode einer feministisch-kritischen Rhetorik

Entlang der oben gestellten Fragen werden die Textanalysen jeweils in einen synchronen und einen diachronen Teil aufgesplittert werden. Der synchrone Teil wird vor allem auf die rhetorischen Mittel und Interessen der Erzähler zielen, der diachrone Teil wird die Frage nach der rhetorischen Situation stellen.

Die vorliegende Arbeit versteht sich als Analyse rhetorischer Mittel und der Strategien des Erzählers und damit als rhetorische Analyse. Der Begriff muss aber geklärt werden, da innerhalb der alttestamentlichen Exegese damit ein mehr oder weniger spezifisches Methodenbündel zur Erarbeitung vor allem stilistischer und kompositorischer Mittel sowie Strukturen der Texte gemeint ist, das in seiner modernen Form des „rhetorical criticism" auf James Muilenberg zurückgeht[17]. Dieser „rhetorical criticism" hat sich innerhalb der alttestamentlichen Exegese vielfältig ausdifferenziert: "Characteristic of recent studies is a high degree of variance if not outright confusion, among definitions of biblical rhetoric."[18] Wenn hier der Begriff „Rhetorik" fällt, dann ist er mit Elisabeth Schüssler Fiorenza im Sinn einer „Kunst des Überredens und Überzeugens" zu verstehen. Schmidt hat dieses Verständnis treffend auf den Punkt gebracht:

„Mit dem Begriff des ‚Rhetorischen' wird die Appellstruktur, der pragmatische Wirklichkeitsbezug eines Textes, angesprochen, die Art und Weise, wie er die AdressatInnen verständlich und nachvollziehbar in eine intentionale Bewegung bringt."[19]

Schüssler Fiorenzas Ansatz kann aber nicht undifferenziert für die Analyse alttestamentlicher Texte übernommen werden. Die Probleme, die sich dabei ergeben, lassen sich in zwei Bereiche bündeln. Der erste besteht im *Verständnis der Rhetorik*. Bereits Meynet hat darauf hingewiesen, dass die

---

16 Hedwig-Jahnow-Forschungsprojekt, Feministische Hermeneutik und Erstes Testament, in: Jahnow, Hedwig u.a., *Feministische Hermeneutik und Erstes Testament. Analysen und Interpretationen*, Stuttgart u.a.: Kohlhammer 1994, 17.
17 Vgl. Muilenberg, James, Form Criticism and Beyond, *JBL* 88 (1969) 1-18.
18 Black, Clifton, Keeping up With Recent Studies. Rhetorical Criticism and Biblical Exegesis, *ExpTim* 100 (1989) 252-252, 253. Zu den unterschiedlichen Ansätzen vgl. auch Amador, J. David Hester, Where could rhetorical Criticism (still) take us?, *CR:BS* 7 (1999) 195-221.
19 Schmidt, Rand, 207.

hebräische Rhetorik anderen Mustern folgt als die antike griechische und römische[20]. Meynet meint, es gebe zumindest drei Elemente spezifisch hebräischer Rhetorik, die sie von der griechisch-römischen unterscheide: sie sei eher konkret als abstrakt, drücke sich eher in Parataxen als in Syntaxen aus und sei eher verwickelt als linear. Er drückt das folgendermaßen aus: "The Jew shows, the Greek wants to demonstrate. The Greek seeks to lead his reader to the bottom of his thoughts, while the Jew shows the way and encourages him to follow it."[21] Meynet muss sich von der antiken Rhetorik distanzieren, weil er sie nicht zur Gänze ins Auge fasst, sondern nur den Bereich der Komposition und Stilistik in den Blick nimmt. Das hat zwar bereits eine Tradition in der Antike[22], ist hier aber nicht so gemeint: Seine Beobachtungen sind im Bereich der Stilistik angebracht[23]. Versteht man Rhetorik jedoch als „Kunst des Überzeugens oder Überredens", dann wird vor allem wichtig, *wofür, für welche Aussage, für welches Interesse und für welche rhetorische Situation* ein bestimmter Stil verwendet wird, sei er parataktisch, syntaktisch, abstrakt oder konkret angelegt. Der Gebrauch eines bestimmten Stilmittels erfolgt im vorliegenden Verständnis von Rhetorik nicht um des Stilmittels willen, sondern weil damit bei den LeserInnen etwas erreicht werden soll. Das vorgestellte Verständnis von Rhetorik berücksichtigt somit einen textpragmatischen Aspekt.

Ein zweites Problem, das sich bei dem Versuch, Schüssler Fiorenzas hermeneutischen Ansatz auf das Alte Testament anzuwenden ergibt, haben die Frauen des Hedwig-Jahnow-Forschungsprojektes hervorgehoben[24]. Die Rekonstruktion der rhetorischen Situation verläuft in alttestamentlicher und neutestamentlicher Forschung sehr different. Die neutestamentliche Bibelwissenschaft beschäftigt sich mit einer kürzeren, zeitlich und kulturell näherliegenden Epoche der Textentstehung als die alttestamentliche. Dadurch sind die sozialen, politischen und theologischen Herausforderungen der Zeit konkreter einzuordnen. Außerdem kann die Datierung von alttestamentlichen Texten in der Forschung um Jahrhunderte auseinandergehen, was innerhalb der neutestamentlichen Forschung nicht der Fall ist. Darüber hinaus ist der Kontext der neutestamentlichen Schriften durch außerbiblische literarische Zeugnisse belegt. Das ist für das Erste Testament nur punktuell der Fall.

---

20 Vgl. Meynet, Roland, *Rhetorical Analysis. An Introduction into Biblical Rhetoric*, JSOT.S 256, Sheffield: JSOT Press 1998, 172.
21 Ebd. 173.
22 Vgl. Kennedy George, *New Testament Interpretation Through Rhetorical Criticism*, Chapell Hill u.a.: The University of North Carolina Press 1984, 23-33.
23 So zeigt er, dass die hebräische Rhetorik eigentlich nur zwei stilistisch-kompositorische Muster kennt, den Parallelismus und den Chiasmus (vgl. Meynet, Analysis, 38f; ähnlich auch Avishur, Yitzhak, *Studies in Biblical Narrative. Style, Structure, and the Ancient Near Eastern Literary Background*, Tel-Aviv-Jaffa: Archeological Center 1999, 14f.).
24 Vgl. Jahnow, Hermeneutik, 16f.

Trotz dieser erheblichen Differenzen zwischen den beiden Forschungsbereichen hat Schüssler Fiorenzas Zugang für die vorliegende Arbeit erkenntnisleitende Funktion. Sie besteht in erster Linie in der Grundannahme, dass biblische Texte rhetorische und politische Texte sind, die zu einer bestimmten Praxis überreden wollen. Deshalb ist ihren AutorInnen nicht an einer „neutralen" Darstellung von Sachverhalten gelegen, sondern an einer parteilichen, optionalen, da sie immer aus Debatten und Kämpfen hervorgeht. – Die Rhetorik der Mirjamtraditionen zu analysieren heißt dann, danach zu suchen, für welche Interessen sie im Text steht, also nicht nur welche soziopolitischen und theologischen Interessen die sozialgeschichtlich mehr oder weniger gut eruierbare Gruppe hinter Mirjam vertritt, sondern auch, welchen Zielen des Erzählers die Erwähnung Mirjams dient. Wem dient ihre Erwähnung und wem die Art der Darstellung?

Daran schließt sich ein zweiter wichtiger Aspekt des Ansatzes von Schüssler Fiorenza an. Die Rhetorik zielt als „ars bene dicendi" auf eine stilistische, sprachliche Ebene der Analyse. Sie ist sich aber immer auch der Situation, in der sie spricht und des Publikums, für das sie auftritt, bewusst. Eine rhetorische Analyse kann diese beiden Ebenen verbinden und verliert dabei den politischen und pragmatischen Aspekt der Rede nicht aus den Augen.

4.1. Synchrone Analyse

Wenn die biblischen Texte zu einer ganz bestimmten Praxis überreden wollen, worin bestehen dann die literarischen Mittel, um diese zu erreichen? Was wird dafür verschwiegen und was erzählt, welche Personen kommen vor und wer hat im Text welche Macht zu handeln und zu reden?

Die synchrone Textanalyse wird sich, sofern die Mirjamtexte Erzähltexte sind, an narrativen Analyseschritten orientieren. Es ist vor allem Mieke Bal, die auf die Konstruktion der Machtverhältnisse in den Texten und der Frage, wie Frauen darin eingeschrieben sind, aufmerksam gemacht hat. Schüssler Fiorenzas Bedenken gegenüber narrativen Analysen aus dem Kontext eines „literary criticism" sind nur teilweise berechtigt. Ihre Kritik, eine narrative Analyse würde die Debatten und Kämpfe, aus denen die Texte entstanden sind, ausblenden und die Texte und ihre Festschreibungen damit absolut setzen[25], trifft von der Idee der Analyse her nicht zu. AutorInnen wie Bal, Exum, Müllner heben den politischen Anspruch ihrer Arbeit immer wieder hervor – freilich ohne dabei nach dem Interesse einer historischen AutorIn-

---

25 Vgl. Schüssler Fiorenza, Elisabeth, *Zu ihrem Gedächtnis.... Eine feministisch-theologische Rekonstruktion der christlichen Ursprünge*, München: Kaiser/Mainz: Grünewald 1988, 51; Dies., She, 35 u.ö.

nenschaft zu fragen[26]. Dieses historische „Desinteresse" hängt mit dem Textverständnis zusammen: VertreterInnen des „new literary criticism" gehen davon aus, dass ein Text viele Sinnvarianten bietet und dass es im Auslegungsprozess nicht darum gehen kann, „den *einen* Sinn" oder „die *eine* Wahrheit" oder Aussage des Textes zu erarbeiten. Das liegt in seinem rezeptionsästhetischen Interesse begründet, das den Prozess zwischen lesendem Subjekt und dem Text als Subjekt ins Auge fasst[27]. Eine historische, rein produktionsästhetische Fragestellung zielt auf *die* Aussageabsicht des Textes bzw. seiner AutorInnen und geht davon aus, dass sie die Identität der AutorInnen in „höchster Kohärenz und Köhäsion"[28] auf der Textebene widerspiegle.

Beide Fragestellungen widersprechen einander dann nicht, wenn man zwar davon ausgeht, dass die AutorInnen mit ihrem Text etwas ganz bestimmtes ansprechen wollten, dass aber deshalb der Text nicht nur eine Sinnrichtung hat, sondern diese innerhalb seiner langen Rezeptionsgeschichte ändern kann, je nach den Referenzmodellen, die zur Erklärung des Textbefundes und seiner je unterschiedlichen Bewertung herangezogen werden[29]. Das liegt innerhalb historischer Exegese spätestens dann auf der Hand, wenn sich der/die AuslegerIn fragt, welche Traditionen in einem Text aufgenommen werden und worauf damit angespielt werden soll. Die vorliegende Arbeit will versuchen, die in der narrativen Analyse gewonnenen Einsichten für das Verständnis sozialgeschichtlich verankerter Diskurse fruchtbar zu machen. Es geht also – verkürzt formuliert – darum, *wie* die Bedeutungen des Textes konstruiert werden und dann auch *warum* bzw. in welcher historischen Situation dies so gemacht wurde.

Auf die Mirjamtexte hin gesprochen heißt das, dass die Charaktere und Parteien im Text zunächst Konstrukte des impliziten Autors sind, mit denen dieser sein Anliegen darzustellen und zu vermitteln sucht[30]. Sie sind also

---

26 Vgl. Müllner, Gewalt, 38; Dies., Handwerkszeug der Herren? Narrative Analyse aus feministischer Sicht, in: Gerstenberger E./Schoenborn U. (Hgg.), *Hermeneutik – sozialgeschichtlich. Kontextualität in den Bibelwissenschaften aus der Sicht (latein)amerikanischer und europäischer Exegetinnen und Exegeten*, exuz 1, Münster: LIT 1999, 133-147, 134.

27 Vgl. dazu Utzschneider, Helmut, *Gottes langer Atem. Die Exoduserzählung (Ex 1-14) in ästhetischer und historischer Sicht*, SBS 166, Stuttgart: Verlag Katholisches Bibelwerk 1996, 12f; auch: ders., Die Renaissance der alttestamentlichen Literaturwissenschaft und das Buch Exodus, *ZAW* 106 (1994) 197-223, 219-222.

28 Utrzschneider, Atem, 10, Anm. 4.

29 Vgl. Utzschneider, Renaissance, 199-202.

30 Der implizite Autor ist weder der Erzähler noch der reale, historische Autor, sondern die „'Vorstellung', die der Text durch verschiedene Anzeichen von seinem realen Autor vermittelt." (Utzschneider, Helmut/Nitsche, Stefan Ark, *Arbeitsbuch literaturwissenschaftliche Bibelauslegung. Eine Methodenlehre zur Exegese des Alten Testaments*, Gütersloh: Gütersloher Verlagshaus 2001, 154, vgl. auch 216f mit Anm. 11).

zunächst Größen des Textes, literarische Produkte. Mirjam und Mose im Text sind nicht linear gleichzusetzen mit soziopolitischen oder soziotheologischen Größen, sondern sie repräsentieren Positionen und Anliegen, die sich auf das Erzählte beziehen. Als solche Textgrößen beschreibt sie die synchrone, (narrative) Analyse. Alles, was dann auf die historische Situation der Entstehung der Texte, die Konflikte dahinter oder gesellschaftliche Größen umzulegen versucht wird, ist nur Rekonstruktion mit gewisser Wahrscheinlichkeit. Was dann in der diachronen Analyse als „Mirjamgruppe" aufscheinen wird, ist nicht gleichzusetzen mit der Mirjamfigur des Textes, sondern der durch Hinweise im Text angeleitete Rekonstruktionsversuch jener textexternen Größe, für die die Mirjamfigur im Text steht.

Zu diesen beiden Fragen des Wie der Bedeutungskonstruktion und dem Warum der historischen Rekonstruktion kommt ein Spezifikum der Mirjamtexte hinzu, das für die methodischen Überlegungen wesentlich ist. Dieses Spezifikum liegt in den unterschiedlichen literarischen Gattungen der Texte, in denen Mirjam erwähnt wird. Allein eine narrative Analyse als methodisches Instrumentarium zu wählen, reicht für die Texte, in denen es keinen Handlungsfortschritt gibt (Ex 15,21[31]; Num 26,59; Dtn 24,8f.; 1 Chr 5,29; Mi 6,4), nicht aus.

Die Verbindung von synchroner und diachroner Fragestellung mit dem Problem der differenten Textsorten ist im Rahmen einer rhetorischen Analyse im oben beschriebenen Sinn gut möglich. Die klassische Rhetorik kann in einem Fünfschritt vorgehen, der aus *Inventio, Dispositio, Elocutio, Memoria* und *Actio* besteht[32]. Ich wähle zur Benennung der einzelnen Analyseschritte diese Nomenklatur, da sie breit genug ist für die unterschiedlichen literarischen Formen und Gattungen, in denen Mirjam erwähnt wird. Von diesen fünf Schritten lassen sich für die Textanalysen vier beschreiben. Der erste Schritt der Inventio ist nicht mehr nachvollziehbar, denn sie ist als Gedanken- und Ideenfindung des Redners zu verstehen. Der/die RednerIn legt dar, über

---

31 Ex 15,19-21 ist im Blick auf die Gattungsfrage nicht einheitlich, da der Text aus Erzähltext (V. 19-21a) und Lied besteht.
32 Es gibt unterschiedlichste Ausdifferenzierungen von Rhetorik mit verschiedenen Schwerpunkten. Diese Differenzierungen haben bereits in der Antike begonnen (vgl. Kennedy, New Testament, 13-21; Hens-Piazza, Gina, *Of Methods, Monarchs, and Meanings. A Sociorhetorical Approach to Exegesis*, Studies in Old Testament Interpretation 3, Macon: Mercer University Press 1996, 11-14. Zum Versuch der Definition u.a. Lausberg, Heinrich, *Handbuch der literarischen Rhetorik. Eine Grundlegung der Literaturwissenschaft*, München: May Hueber ²1973, 40f.) und sind bis heute innerhalb einer philosophischen Rhetorik nicht abgeschlossen (vgl. Kopperschmidt, Josef, Überzeugen. Problemskizze zu den Gesprächschancen zwischen Rhetorik und Argumentationstheorie, in: Ders., *Rhetorica. Aufsätze zur Theorie, Geschichte und Praxis der Rhetorik*, Philosophische Texte und Studien 14, Hildesheim u.a.: Georg Olms 1985, 141-171, 141-144 und Ders., Zwischen Sozialtechnologie und Kritik. Plädoyer für eine andere Rhetorik, in: ebd., 1-50).

welchen Sachverhalt, welche Fragen er oder sie sprechen wird und welche Fakten, Argumente und Ideen zur Darlegung der eigenen Position verwendet werden. Die hier vorgelegte Einleitung kommt in ihrer Funktion einer Inventio gleich, da sie die Fragestellung der Arbeit und ihre Interessen und Vorgangsweisen angibt.

Die *Dispositio* ist die Gliederung einer Rede oder eines Textes oder die Ordnung der in der Inventio gefundenen Gedanken[33], also eine formale Analyse. Bezüglich der narrativen Analyse findet sich die Frage nach der Dispositio auf der Ebene „Fabel". Sie stellt das Gerüst der Erzählung durch Veränderungen unter den AktantInnen, der (vergehenden) Zeit, dem Wechsel der Orte und der Veränderung der Beziehungen dieser drei Elemente dar. Es geht um das „Was" der Erzählung, die Ereignisse und Prozesse[34], die stattfinden und durch AktantInnen verursacht werden[35]. Innerhalb der Analyse wird die Erzählung in Szenen gegliedert. Als Anzeiger für Szenenwechsel werden Veränderungen in den Konstellationen der HandlungsträgerInnen, Ortswechsel und Zeitmarkierungen verstanden.[36] Ferner werden zur Beschreibung des logischen Ablaufs der Erzählung formale Aspekte der Konstellationen der HandlungsträgerInnen, also wer wo mit wem agiert, berücksichtigt. Dadurch werden erste Hinweise auf Räume und Beziehungen als Machtfaktoren sichtbar.

Auf der strukturellen Ebene findet ein erster Schritt zur Ermittlung der im Text erzählten Standpunkte statt. Die meisten biblischen Texte werden zwar durch einen auktorialen Erzähler erzählt, allerdings werden in den einzelnen Charakteren auch andere Standpunkte vermittelt. Ihre Reden und Gedanken sowie eventuelle Aussagen über ihre Reaktionen und Gefühle sind dafür wesentlich.[37] Innerhalb der Dispositio wird allerdings nur festgestellt, *wo* und *wodurch* sich solche Hinweise auf Standpunkte finden lassen. Dazu ist es notwendig, die Erzählebenen des Textes herauszuarbeiten. Innerhalb einer Erzählung ist die Ebene der erzählten Handlung, auf der der Erzähler den LeserInnen erzählt, was passiert, die „Handlungsebene" (E_1). Innerhalb

---

33 Vgl. Lausberg, ebd., 241.
34 Bar Efrat beschreibt das Handlungsschema als eine Kette von Ereignissen, die sich zu einem zentralen Punkt hin entwickelt, der Hauptfaktor einer Veränderung ist. Danach läuft die Handlung weiter einem finalen Punkt zu (vgl. *The Art of Biblical Narrative*, JSOT.S 70, BiLiSe 17, Sheffield: Almond Press 1989, 121).
35 Vgl. Bal, Narratology, 5-7. "Events, actors, time, and location together constitute the material of a fabula." (ebd., 7).
36 Vgl. Gülich, Elisabeth/Raible, Wolfgang, Überlegungen zu einer makrostrukturellen Textanalyse. J. Thurber, *The Loyer and His Lass*, in: Gülich, Elisabeth/Heger, Klaus/Raible, Wolfgang (Hgg.), *Linguistische Textanalyse. Überlegungen zur Gliederung von Texten*, Papiere zur Textlinguistik Bd. 8, Hamburg ²1979, 73-123,
37 Vgl. Bar Efrat, Art, 47; Berlin, Adele, *Poetics and Interpretation of Biblical Narrative*, BiLiSe 9, Sheffield: Academic Press 1987, 61.

dieser sind meist (direkte) Reden eingebunden, die als Ebene der erzählten Rede abzugrenzen sind (E_2). Eine dritte Möglichkeit des Sprechens besteht für den Erzähler darin, sich in „auktorialen" oder „metakommunikativen Äußerungen"[38] direkt an die Lesenden zu wenden, was eine massive Form der LeserInnenlenkung darstellt. Diese Ebene wird als E_0 bezeichnet.

Die narrativen Analyseschritte werden nur für Num 12 zur Gänze angewendet. Für Ex 15,19-21a und Num 20 werden wegen der Kürze der Abschnitte, in denen Mirjam erwähnt wird, nur ausgewählte Schritte und Fragen behandelt werden.

Die narrative Analyse entfällt völlig in den Kapiteln zu Dtn 24,8-9; Num 26,59; 1 Chr 5,27 und Mi 6,4. In diesen Fällen werden innerhalb der Dispositio text- und satzsyntaktische Beobachtungen als Hinweise auf formale Strukturen analysiert werden.

Der zweite Schritt der Rhetorik ist die *Elocutio* oder „Ornatus", die Bebilderung, die dem Gerüst der Handlung ein „Gewand" gibt. Es ist die Analyse jener Textkomponenten, die die Fabel zu einer Erzählung machen: "A story is a fabula that is presented in a certain manner."[39]

Auf dieser Ebene wird sichtbar, wo der Erzähler Schwerpunkte legt, welche Charaktere er wie beschreibt und wodurch er sie mit Bedeutung und Macht bzw. Ignoranz und Ohnmacht ausstattet. Durch die Bebilderung kann der Erzähler gewisse Charaktere und deren Anliegen für die LeserInnen leichter nachvollziehbar und damit zur Identifikation einfacher und dadurch sympathischer machen. Dadurch lenkt er die Sympathie und Empathie der LeserInnen auf bestimmte Charaktere. Ebenso lenkt er den Blick der Lesenden durch die Zeit, die er in der Erzählung bestimmten Ereignissen und Handlungen (und damit wieder Charakteren) gibt: Hält er sich bei einem Ereignis länger auf, gibt er diesem damit mehr Bedeutung, seinem Interesse nach Unwesentliches wird knapp erzählt.[40]

---

38 Bal bezeichnet diese mit Blick auf den Prozess der Fabel als „nicht-narrative Kommentare". Sie tragen zum Fortgang der Erzählung nichts bei und geben eine Meinung (des Erzählers oder eines Charakters) zu einer Sache oder einem Ereignis wieder (vgl. Narratology, 127f.).
39 Bal, ebd., 5.
40 Diese Schwerpunktsetzung, die auf der Ebene der Elocutio beschrieben wurde, nennt Berlin die „Poesie der Standpunkte". Sie benennt mit Uspensky vier wesentliche Ebenen, auf denen sich Standpunkte zeigen können (vgl. Poetics, 55-57): 1. Die ideologische Ebene als der, von der aus die Ereignisse bewertet und akzeptiert oder verworfen werden. In den biblischen Erzählungen ist diese zumeist repräsentiert durch den Erzähler. 2. Auf der phraseologischen Ebene ist durch sprachliche Hinweise erkennbar, wessen Perspektive der Text verfolgt. 3. Räumliche und zeitliche Ebene. 4. Auf einer „psychologischen" Ebene werden interne und externe („objektive") Standpunkte unterschieden, wobei externe dadurch ausgezeichnet sind, dass sie allen sichtbar gemacht werden, während interne nur für einzelne Charaktere geltend gemacht werden können. Diese Unterscheidung gilt freilich nur innerhalb der Erzählung. Sie

Wesentlichstes Mittel der LeserInnenlenkung ist die Fokussierung. Alles, was erzählt wird, wird immer aus einer bestimmten Sicht, in einer bestimmten, vom Erzähler angeleiteten Leseperspektive gesehen. In Anlehnung an Bal wird der Begriff folgendermaßen verstanden. "Focalization is, then, the relations between the elements presented and the vision through which they are presented"[41]. Ereignisse werden entweder durch den Erzähler oder durch einen der Charaktere im Text fokussiert, weshalb es günstig ist, zwischen einem „externen Fokussator", dem auktorialen Erzähler und einem dem Geschehen „internen Fokussator", einem Charakter zu unterscheiden, die innerhalb einer Erzählung abwechseln können.[42] Durch den Aspekt der Fokussierung wird auch ein wesentlicher Aspekt der Machtbereiche im Text deutlich, denn nicht alle fokussierten Objekte sind für alle Charaktere im Text wahrnehmbar und nachvollziehbar. Das hängt mit der Frage der Wahrnehmbarkeit von Objekten zusammen. Das Bild, das wir von einem fokussierten Objekt erhalten, ist vom Fokussator des Textes und seinem spezifischen Zugang dazu abhängig[43]. Allerdings sind auch fokussierte Objekte unterschiedlich wahrnehmbar. Bal nennt das Beispiel eines Traumes, der nur „im Kopf" eines Charakters wahrnehmbar ist[44].

Die Art und Weise, *wer was wie* fokussiert und wie der Erzähler diese Fokussierung einleitet und möglicherweise kommentiert, lenkt die lesende Wahrnehmung der Ereignisse ganz massiv.

Diese Form der narrativen Analyse dient als Instrumentarium, um Leerstellen, Brüche und Ungereimtheiten im Text als rhetorische Mittel des Erzählers und sinnvolle Hinweise auf Gewichtungen des Erzählers und sein Schweigen zu deuten. Mit „Erzähler" ist dabei immer der fiktive Erzähler gemeint und keine historisch fassbare Persönlichkeit. Der Begriff bezeichnet eine theoretische Größe innerhalb der Nomenklatur erzähltheoretischer Beschreibung. Wenn somit vom Erzähler gesprochen wird, ist damit jene textinterne Instanz gemeint, die als Mittler zwischen AutorIn und LeserIn auftritt[45]. Er ist somit eine textinterne, fiktive Größe. Die Gruppe dagegen, die historisch hinter dem jeweiligen Text stehen könnte, wird von diesem Erzähler unterschieden als „implizite/r AutorIn", von der/dem weg der/die reale AutorIn zu rekonstruieren ist. Dementsprechend ist die LeserIn nicht die aktuelle LeserIn, sondern das textinterne implizite Lesepublikum des

---

nimmt nicht den Fall in den Blick, dass der auktoriale Erzähler seinen LeserInnen Dinge mitteilt, die nur einigen oder gar keinen Charakteren zugänglich sind.
41 Bal, Narratology, 100.
42 Vgl. ebd., 105f.
43 Vgl. ebd., 106.
44 Vgl. ebd., 109f.
45 Vgl. Utzschneider/Nitsche, Arbeitsbuch, 153. 158.

Erzählers. Sie sind ebenso von den realen LeserInnen oder HörerInnen zu unterscheiden.

Für die nicht-narrativen Texte fällt die Elocutio unterschiedlich aus. Während bei Mi eine Untersuchung der angesprochenen Wendungen und Motive im Zentrum steht, wird in den kurzen Texten aus Dtn 24 und den Genealogien nur die Bedeutung der Erwähnung Mirjams beschrieben.

Der Schritt, den die Rhetorik als *Memoria* kennt, ist methodisch nicht mehr mit einer Ebene der Analyse identifizierbar. Die Memoria ist die Erinnerung, das Gedenken. Innerhalb der Rhetorik kann damit auch das Auswendiglernen bezeichnet werden. Für das Auswendiglernen kennt die Rhetorik disponierende Hilfsmittel („loci"), die den Raum, das Gedankengebilde, regelmäßig aufteilen. Diese Aufteilung behält der/die RednerIn sein/ihr Leben lang bei.[46]

Diese „Aufteilung des Raumes" ist innerhalb der Textanalyse umzulegen auf die Ereignisse, Orte und Personen, die der Erzähler den LeserInnen gibt, um sich an das Erzählte zu erinnern. Dabei hat der Erzähler durch die Mittel der LeserInnenlenkung verschiedene Möglichkeiten, solche Erinnerungsräume zu schaffen und damit unsere Erinnerung zu lenken. Innerhalb der memoria geht es um die *Strategien des Erzählers*, wie er unser Bild und unsere Rekonstruktion Mirjams und ihres Anliegens lenkt. Die jeweiligen Zusammenfassungen der synchronen Analyse werden diese „loci" der Erinnerung als Orte, an denen Mirjam auftreten kann, als Beziehungen zu Personen, Handlungen, ihre Sichtbarkeit und Unsichtbarkeit im Text, beschreiben. An dieser Stelle ist auch der Begriff der „gefährlichen Erinnerung" einzubringen. Sie deckt die LeserInnenlenkung auf und unterbricht damit die Führung der LeserInnenempathie durch den Erzähler. Sie entlarvt damit, wie und wo der implizite Autor durch die Instanz des Erzählers Macht und Ohnmacht, Vergessen und Erinnern konstruiert. Die Frage nach der Memoria führt direkt zur historischen Rekonstruktion und damit zur diachronen Analyse.

4.2. Diachrone Analyse

Vor dem Hintergrund der Ergebnisse synchroner Analyseschritte werden zunächst die Anfragen und Einsichten literarkritischer Untersuchungen dargestellt und diskutiert. Dabei wird an den Erzähltexten mancher Bruch und manche „unvereinbare Spannung" als erzählerische Strategie deutlich werden. Schwer zu erklärende Textabschnitte können auf bewusste Lücken und zurückgehaltene Informationen hindeuten. Sie sind Mittel des Erzählers, die Memoria zu lenken und anzuleiten, da er das, was ihm wichtig ist, auch

---

46 Vgl. Lausberg, Handbuch, 526.

genau erzählt. Die Forschungslage zur literarischen Beschaffenheit der Texte spiegelt zum Teil sehr genau wieder, wo das Verschleierungsinteresse des Erzählers sichtbar wird.

Der fünfte Schritt, die *Actio*[47], ist als Umsetzung der Rede in einer bestimmten rhetorischen Situation zu verstehen. Es wird versucht, die Redesituation, also die historische Situierung der Texte zu rekonstruieren.

Wenn die synchrone Analyse die textualisierte Situation und den textualisierten Konflikt sichtbar macht, dann wird diese Situation innerhalb der Frage nach der rhetorischen Situation als Redesituation aus der Verschleierung durch den Erzähler herausgeholt. Dabei wird versucht werden, die historischen Konflikte, von denen die Texte erzählen und aus denen heraus sie entstanden sind, zu rekonstruieren. Darin soll auch das Anliegen der Mirjam im Text weitergelesen werden auf ein sozialgeschichtlich verankerbares Anliegen und seine TrägerInnen.

Methodisch ausformuliert heißt das, dass von der Literar- und Redaktionskritik aus Hinweise für eine rhetorische Situation der Mirjamtexte gesucht werden. Dabei bleibt im Bewusstsein, dass jede Rekonstruktion immer vorläufig ist und nur angemessen sein kann anhand der aus der synchronen Analyse gewonnenen rhetorischen Interessen, die in den Texten sichtbar wurden. Die Vergewisserung darüber, was die Rekonstruktion nicht berücksichtigt und nicht sagen kann, ist eine Möglichkeit, das, was sie positiv leistet, zu relativieren.

5. „Einst eine große Frau". Mirjam in der Forschungsgeschichte

Der Versuch, eine Forschungsgeschichte zur biblischen Mirjamgestalt zu schreiben, bedeutet, sich lediglich mit Aspekten auseinander zu setzen. Systematische Konzepte zu den Mirjamtraditionen gibt es nicht und kann es nicht geben, da bereits die biblischen AutorInnen an einem solchen nicht interessiert waren. Entsprechend zurückhaltend bleiben die Aussagen zu Mirjam innerhalb der exegetischen Literatur. Rita Burns hat das Unterfangen auf sich genommen, und 1987 eine Monographie zum Porträt der biblischen Mirjam vorgelegt (s. u.). Seit etwa Mitte der achtziger Jahre des letzten Jahrhunderts sind Aufsätze über die Mirjamtexte entstanden, die in erster Linie Lücken der Texte und der exegetischen Rekonstruktion aufdecken konnten (Trible, Wacker, Bach). Weitere Aufsätze zu Einzelaspekten gibt es wenige (Cross/Freedman, Görg, Janzen, Meyers, van Dijk-Hemmes, Graetz, Kessler, Ebach, I. Fischer).

---

47 Vgl. Lausberg, ebd., 527 auch „pronuntiatio" genannt.

Seit der Studie von Burns hat sich zumindest bezüglich der Pentateuchforschung einiges getan, sodass ihre Thesen schon allein wegen neuerer kompositions- und redaktionskritischer Ansätze (Blum, K. Schmid, Oswald) überdacht werden müssen[48]. Die folgende Darstellung der „Forschungsgeschichte" erfolgt problembezogen, nicht chronologisch und unabhängig von Einzelfragen zu den Texten. Da Mirjam in allen Texten in Verbindung mit Mose und Aaron vorkommt, hängt das Mirjambild jeweils sehr stark von der Mose- und Aaronforschung ab[49]. Nebst der Studie von Burns und einzelnen Aufsätzen zu Mirjam werden deshalb auch einzelne Mosestudien herangezogen werden, sofern sie Mirjam betreffen (Greßmann, Schart, H. Schmid, W. H. Schmidt)[50].

5.1. Das Schweigen um Mirjam oder das schwarze Schaf der Familie: Überlieferungsgeschichtliche und religionsgeschichtliche Rekonstruktion

Rückfragen nach den überlieferungs- und religionsgeschichtlichen Zusammenhängen hinter Mirjam kennzeichnen vor allem die ältere Forschung von Gunkel bis zu Martin Noths desillusionierendem Urteil[51], Mirjam sei „weder räumlich noch zeitlich noch geschichtlich" einzuordnen. Mirjam stand gegenüber Mose freilich weit im Hintergrund und wurde nicht in allen Studien behandelt.

---

48 Vgl. u.a. Dohmen, Christoph, Wenn die Argumente ausgehen ... Anmerkungen zur Krisenstimmung in der Pentateuchforschung, *BiKi* 53 (1998) 113-117; Knauf, Ernst Axel, Audiatur et altera pars. Zur Logik der Pentateuch-Redaktion, *BiKi* 53 (1998) 118-126; Zenger, Erich, Die Entstehung des Pentateuch, in: Ders. u.a., Einleitung in das Alte Testament, KStTh 1,1, Stuttgart: Kohlhammer [4]2001, 87-122; Fischer, Georg, Wege aus dem Nebel? Ein Beitrag zur Pentateuchkrise, *BN* 99 (1999) 5-7.
49 Das Stichwort „Mirjam" fehlt in der TRE und wird unter dem Stichwort „Mose" verhandelt (vgl. den Verweis in *TRE* 23 [1994] 3). Das mag als Hinweis darauf, dass Mirjamforschung und Moseforschung eng verbunden sind, genügen.
50 In W. H. Schmidts kleinem zusammenfassenden Mosebüchlein (*Exodus, Sinai und Mose. Erwägungen zu Ex 1-19 und 24*, EdF 191, Darmstadt [3]1995) wird Mirjam nur im Zusammenhang mit dem Mirjamlied (61.63.77) und als Moses Schwester (32) erwähnt, allerdings ohne Kommentar.
51 *Die Überlieferungsgeschichte des Pentateuch*, Stuttgart: Kohlhammer 1948, 200. Diese Sicht Noths ist möglicherweise ein Grund dafür, dass Lexikonartikel nur aus etymologischen Überlegungen zum Namen und ähnlich vagen Bemerkungen wie die Noths bestehen. Ganz deutlich bei Peisker, C. H., Mirjam, *RGG* IV ([3]1960) 962-963, aber ähnlich bei Görg, Mirjam, *NBL* 2 (1995) 815-816. Der Beitrag in ABD bildet eine Ausnahme. Er stammt von Burns und lehnt sich an deren Monographie (*Has the Lord Indeed only Spoken Through Moses? A Study of the Biblical Portrait of Miriam*, SBL-Dissertation Series 84, Atlanta: Scholars Press 1987) an.

Greßmann hat den überlieferungs- und religionsgeschichtlichen Ansatz möglicherweise am konsequentesten durchgezogen[52] und geht im Fall von Num 12 von sekundären Überlieferungen aus, da Mose wegen seiner direkten Verbindung zu Gott bereits als mythologische Figur bekannt gewesen sei. Aaron, den die „alten Sagen" nur als Priester kennen, konnte bereits zu einem Propheten umgestaltet werden[53]. Zur Person Mirjams legt er keine Analysen vor. Er erwähnt sie bezüglich Num 12 gemeinsam mit Aaron, wodurch sie ebenfalls zu einer „sekundären" Prophetin aus priesterlicher Familie wird. Dass sie in Kadesch begraben wird, ist für Greßmann nur insofern interessant, als er meint, Kadesch sei ein Sammelpunkt der Mosesagen gewesen, weshalb es nicht verwundere, dass Mirjam dort sterbe. Allerdings gibt Greßmann zu, dass man sich in Kadesch wohl mehr über Mirjam zu erzählen wusste, als das, was überliefert ist[54]. Dass Mirjam das Exodusgeschehen deutet, erkennt Greßman nicht. Ihr Lied sei Volkspoesie, einfach und anspruchslos, im Gegensatz zum Schilfmeerlied, das als Kunstpoesie zu verstehen sei[55].

Noth kann zwar nur wenig über Mirjam sagen, aber „daß hinter ihrer Gestalt eine geschichtliche Erscheinung steckt, wird mangels irgendeiner plausiblen anderen Ableitung als das Wahrscheinlichste zu gelten haben".[56] Nach seiner Meinung sind fast alle Mirjamtexte bereits weit entfernt vom „Ursprung der Gestalt". Ex 15,20 ist für ihn eine „völlig isolierte Angabe", die nur auf die reicheren, nicht erhaltenen Überlieferungen zu Mirjam hinweise. Es lasse sich aus dem Ex-Beleg höchstens ablesen, dass Mirjam eine „südjudäische Kollegin" von Debora (Ri 4,4) gewesen sei.[57] Eine bestimmte Vorstellung des Verhältnisses zwischen Mirjam und Aaron sei in Num 12 bereits vorausgesetzt und Num 20,1 sei „P" und keine alte Quelle. „P" habe hier einfach mit den drei Toden ihre Erzählung ausklingen lassen und ließ Mirjam, Mose und Aaron an den drei letzten ihr bekannten Stationen, der Wüste Zin, dem Berg Hor und in Moab sterben.[58]

Zu der Ansicht, dass hinter Mirjam eine bekannte Prophetin stehe, gelangt man nur dann, wenn man das Singen des Liedes in Ex 15,20f. als prophetische Handlung deutet. Sobald dies in Frage steht und Mirjams

---

52 So das Urteil W. H. Schmidts in seinem Überblick über die Moseforschung (vgl. Exodus, Sinai, 9).
53 Vgl. Greßmann, Hugo, *Mose und seine Zeit*, FRLANT 18, Göttingen: Vandenhoeck & Ruprecht 1913, 267f.
54 Vgl. ebd., 273.
55 Vgl. ebd., 351. Seine an dieses Urteil anschließende Schilderung des Ereignisses weist einen äußerst erotisierten Blick auf die tanzenden Frauen auf, der deutlich macht, in welcher Bedeutung für ihn Mirjam, wenn überhaupt, anzusiedeln ist.
56 ÜP, 199f.
57 Vgl. ÜP, 199.
58 Vgl. ebd., 200.

Verbindung mit Aaron, die in allen Mirjamtexten gegeben ist, im Sinne einer priesterlichen Herkunft Mirjams gedeutet wird, begibt man sich in den Bereich des Kultes oder zumindest in den der Riten.[59]

Innerhalb der überlieferungs- und religionsgeschichtlichen Fragestellung kamen einige Forscher angesichts dessen, dass sie über Mirjam nur wenig herausfanden und ihr Anliegen nicht in den Blick nahmen, zu negativ wertenden Aussagen wie Mirjams Neid und Eifersucht gegenüber Mose[60].

Eine rein überlieferungs- und religionsgeschichtliche Fragestellung scheitert vor allem an dem geringen Textumfang der Mirjambelege. So kann man im Anschluss an Greßmanns Aussage, man müsse in der überlieferungsgeschichtlichen und historischen Nachforschung nach Mose froh sein, wenn man „den Saum seines Gewandes erfaßt hat"[61], nur hinzufügen, dass man bezüglich Mirjam jubeln darf, wenn man sie vorbeihuschen sieht...

Literargeschichtlich wird unter diesen Forschungsansätzen bereits eine Tendenz der Einordnung Mirjams deutlich, die sich bis in die Gegenwart hält. Sie beruht auf alten kompositions- und quellenkritischen Annahmen zur Entstehung des Pentateuch. Die Vorgehensweise des „Substraktionsverfahrens"[62], was weder „P" noch „E" zuordbar sei, müsse jahwistisch sein, zeitigt auch für Mirjam Folgen. Während Ex 15,20 (oder mindestens der Prophetinnentitel) sowie redaktionelle Teile aus Num 12 wegen des Interesses des Elohisten an Prophetie „E" zuzuordnen seien, müsse die Grunderzählung von Num 12 auf „J" zurückgehen. Dem Lied Mirjams in Ex 15,21 wird sogar höchstes Alter zugesprochen. Die Sichtweise dieses Ansatzes besteht dann darin, dass die Mirjamtraditionen zwar ein „hohes Alter" aufweisen, sie bleiben aber über diese älteren Pentateuchtraditionen hinaus lebendig, wie Mi 6,4 zeigt. Damit werden die Mirjamtraditionen zwar

---

59 In diese Richtung gingen vor allem angloamerikanische Untersuchungen, wie die Forschungsgeschichte bei Burns, Lord, 2-6 zeigt. Burns Studie selbst geht ebenfalls in diese Richtung (s.u.). Innerhalb der deutschsprachigen Forschung scheint dies eher ausgeblendet worden zu sein (vgl. nur als Beispiel Kraus, Hans-Joachim, *Gottesdienst in Israel. Grundriß einer Geschichte des alttestamentlichen Gottesdienstes*, München: Kaiser ²1962, der Mirjam nicht einmal erwähnt).

60 Greßmann, Mose, 265 u.ö.; Schmid, Herbert, *Mose. Überlieferung und Geschichte*, BZAW 110, Berlin u.a.: de Gruyter 1968, 88 mit Anm. 25. Hier hinzuzureihen sind auch die Aussagen über den „Familienskandal", den Mirjam angeblich anzettelte (vgl. Baentsch, Numeri, 512) und der natürlich aus der Vorstellung der sippenhaften, großfamiliären Verbindung der Gestalten stammt. Die spätere Forschung, die versuchte, die Mirjambelege doch zusammenzusehen und nicht nur Num 12 oder Ex 15,20f. zu lesen, und die versuchte, hinter Mirjam ein Anliegen wahrzunehmen, konnte sich solche Urteile ersparen.

61 Greßman, Mose, 480. Zitiert auch bei Schmid, H., Mose, VII.

62 Zum Begriff vgl. Schmid, Konrad, *Erzväter und Exodus. Untersuchungen zur doppelten Begründung der Ursprünge Israels innerhalb der Geschichtsbücher des Alten Testaments*, WMANT 81; Neukirchen-Vluyn: Neukirchener 1999, Vorwort.

aus der Sicht des Ansatzes „gewürdigt", da hohes Alter darin immer auch für „Ursprünglichkeit" und „Bedeutung" steht. Allerdings wird Mirjam dadurch in die Grauzone nicht mehr zu erreichender Vergangenheit gerückt. Es ist dann nicht einmal mehr möglich, Gründe für die Überlieferung der Gestalt auszumachen. Zu dieser angeblichen Lebendigkeit der Mirjamtraditionen steht das heutige geringe Wissen über sie in krassem Widerspruch.

5.2. Prophetin oder Priesterin? Traditions- und literargeschichtliche Rekonstruktion

Dezidiert Abstand von einer Fragestellung nach einer historischen Mirjam nahm Rita Burns in ihrer Dissertation,[63] wenn sie als ihr Ziel "the tradition's view of Miriam and not to establish the historical facts about her" formuliert[64]. Sie kritisiert an der bisherigen Forschung zu Recht, dass die Texte bei genauerer Lektüre mehr über Mirjam verraten könnten, als man bisher glaubte. "Does a close study of the seven texts which mention Miriam yield more than biblical scholars have concluded about her up to now?"[65]

Burns' Studie beginnt bei Ex 15,20-21, wo sie Mirjam als „oracular figure" und Leiterin von kultischen Handlungen darzustellen weiß[66]. Nach der längeren Analyse zu Ex 15 wechselt Burns die Ebene und stellt in den nächsten beiden Kapiteln die Fragen, ob Mirjam Prophetin war oder Priesterin, wie sie in Ex 15,20 vorgestellt wird und wie sich die beiden Bezeichnungen auf das Verständnis der biblischen Texte auswirken.[67] Ein wesentliches und noch nicht zu Ende diskutiertes Ergebnis ihrer Untersuchung ist, dass der Prophetinnentitel in Ex 15,20 als Anachronismus zu beurteilen sei, da Mirjam nur in Verbindung mit der Wüstenzeit, in der es das Phänomen Prophetie nicht gegeben habe, auftrete und deshalb auch dieser Epoche zuzuordnen sei[68]. Hinzu käme, dass sie nirgendwo in der Bibel wirklich als Prophetin agiere. Burns nennt zwar die biblischen Prophetinnen und stellt fest, dass es für diese keine besonderen Funktionen gäbe, die sie von ihren männlichen Kollegen unterscheiden könnten, allerdings beschreibt sie ihr Verständnis von Prophetie nicht. Dieses muss aber recht eng sein, um Mirjam – gerade in Ex 15,20f. – auszuklammern. Aber abgesehen davon liegt in dem Urteil des Anachronismus ein Hauptproblem ihrer Arbeit, das in einer

---

63   1987 unter dem Titel "Has the Lord Indeed only Spoken Through Moses? A Study of the Biblical Portrait of Miriam" als Monographie erschienen.
64   Lord, 6.
65   Ebd., 6.
66   Vgl. ebd., 39f. u.ö.
67   Vgl. ebd., 41, wobei die Gleichsetzung von „Schwester Aarons" und „Priesterin" problematisch ist.
68   Vgl. ebd., 48.

undeutlichen Grenzziehung zwischen Text und Historie besteht und in folgendem Kausalzusammenhang ihren Ausdruck findet: Da Mirjam nur in den Erzählungen der Wüstenzeit erwähnt werde, sei sie auch als Person dieser Epoche zu verstehen[69]. Nun ist nicht sichtbar, inwiefern dies als historische oder rein literarische Aussage zu verstehen ist. Der Begriff „Anachronismus" legt die erste Möglichkeit nahe. Eine solche Bewertung aber sieht nicht die Zeit, in der und für die die Texte verfasst worden sind und sie nimmt nicht die besondere Bedeutung der Prophetie innerhalb des Wachstumsprozesses des Pentateuch wahr[70]. Burns ist erstens entgegenzuhalten, dass die Texte, die die Wüstenzeit erinnern, historisch viel später entstanden sind und deshalb nicht sozialgeschichtliche Realitäten der Wüstenzeit widerspiegeln. Zweitens ist es gerade im Zusammenhang der Mirjamtexte etwas kurzsichtig, wenn man die Prophetie in den Wüstenerzählungen leugnen will. Burns gelangt zur Leugnung der Prophetie, weil sie Mirjam als kultische Gestalt betrachtet[71].

Burns betritt dann weitgehend die Pfade Codys und Coats' und sieht in Num 12 in Aaron den Priester schlechthin. Da Mirjam an seiner Seite steht, sei sie ebenso als priesterliche Gestalt zu verstehen, wohingegen Mose für levitische Gruppen stehe[72]. Die Eingliederung Mirjams in die Levi-Familie, die von den Genealogien in Num 26,59 und 1 Chr 5,29 vorgenommen wurde, verstärke diese Sicht.[73] Auch wenn man davon ausgeht, dass in Kadesch, dem Ort der Grabtradition Mirjams, ein bedeutendes Heiligtum gelegen sei, wie

---

69 Vgl. ebd., 48.
70 Vgl. dazu Schmidt, Werner H., Pentateuch und Prophetie. Eine Skizze zu Verschiedenartigkeit und Einheit alttestamentlicher Theologie, in: Fritz, Volkmar/Pohlmann, Karl-Friedrich/Schmitt, Hans-Christoph (Hgg.), *Prophet und Prophetie. Festschrift für Otto Kaiser zum 65. Geburtstag*, BZAW 185, Berlin u.a. 1989, 181-195; Schmitt, Hans-Christoph, Redaktion des Pentateuch im Geiste der Prophetie. Beobachtungen zur Bedeutung der „Glaubens"-Thematik innerhalb der Theologie des Pentateuchs, *VT* 32 (1982) 170-189; Ders., Tradition der Prophetenbücher in der Plagenerzählung Ex 7,1-11,10, in: Fritz, Volkmar u.a. (Hgg.), *Prophet und Prophetenbuch. Festschrift für Otto Kaiser zum 65. Geburtstag*, BZAW 185, Berlin u.a.: de Gruyter 1989, 196-216; ders., Die Suche nach der Identität des Jahweglaubens im nachexilischen Israel. Bemerkungen zur theologischen Intention der Endredaktion des Pentateuchs, in: Mehlhausen, J. (Hg.), *Pluralismus und Identität*, VWGTh 8, Gütersloh 1995, 259-78; Rendtorff, Rolf, Kontinuität und Diskontinuität in der alttestamentlichen Prophetie, *ZAW* 109 (1997) 169-187; Ders., Samuel the Prophet. A Link Between Moses and the Kings, in: Talmon, S./Evans, C.A. (eds.), *The Quest for Context and Meaning. Studies in Biblical Intertextuality in Honor of James A. Sanders*, Leiden u.a.: Brill 1997, 27-36.
71 Zur Kritik daran in Kürze vgl. Schmid, Herbert, *Die Gestalt des Mose. Probleme alttestamentlicher Forschung unter Berücksichtigung der Pentateuchkrise*, EdF 237, Darmstadt: WBG 1986, 94.
72 Vgl. ebd., 61-67.
73 Vgl. ebd., 85f.

Burns es vertritt, lässt sich das für eine kultische Bedeutung Mirjams auslegen.[74]

Burns kommt zu dem Schluss, dass die Mirjamtraditionen weder auf ein prophetisches noch auf ein priesterliches Prophil der Gestalt Mirjam einzuengen seien.[75]

Sie rekonstruiert eine Traditionsgeschichte Mirjams, die ihren Ausgangspunkt in der („sehr alten") Grabtradition von Kadesch nimmt[76] und über Ex 15,20f., Num 12,1.10-15, der folgenden Redaktion mit den Versen 12,2-9, der Anmerkung in Dtn 24,9 bis hin zu Mi 6,4 und den Genealogien (Num 26,59; 1 Chr 5,29) führt.[77]

Abschließend sei bemerkt, dass Burns letztlich zu positivistisch mit den Texten umgeht. Sie sucht keine historischen Aussagen in den Texten und wertet ihre Ergebnisse dennoch geschichtlich. Ihre Traditionsgeschichte fragt nicht nach historischen Situationen und deren Interessensgruppen. Dadurch sind ihre Ergebnisse unspezifisch. Sie könnten letztlich zu jeglicher Zeit alttestamentlicher Textentstehung passen, denn mit der Gleichzeitigkeit von Priestern, Leviten und ProphetInnen muss in Israel mindestens seit der Monarchie gerechnet werden.

So gesehen steht sie an einem ähnlichen, wenn auch ausdifferenzierteren Punkt wie die überlieferungs- und religionsgeschichtliche Nachfrage. Mirjam ist als Führungsfigur im Bereich gesellschaftlicher Gruppen alttestamentlicher Überlieferung anzusiedeln, aber wo genau, kann nach Burns nicht gesagt werden.

Zu einer klaren historischen Verankerung zumindest von Num 12 und Mi 6,4 gelangte Kessler, der behauptet, Mirjam stünde für die (eschatologisch ausgerichtete) Prophetie der persischen Zeit, so wie Mose die Toraautorität und Aaron den Kult repräsentiere.[78] Freilich ist noch zu klären, ob die Abgrenzung der drei Bereiche Prophetie, Toraauslegung und Kult innerhalb des Pentateuch so zu halten ist[79]. Versteht man Prophetie bereits als Toraauslegung, dann wird die Unterscheidung dieser beiden Gruppen schwierig.

---

74 Burns lehnt sich zwar an Noth an, allerdings verneint dieser (vgl. ÜP, 181) sehr vehement die Existenz eines für die atl. Überlieferungen wesentlichen Kultes in Kadesch.
75 Vgl. ebd., 100.
76 Was bereits Noth, ÜP, 200 abgewiesen hat, da dies auf eine junge Konstruktion durch „P" zurückzuführen sei.
77 Vgl. ebd., 128.
78 Vgl. Kessler, Rainer, Mirjam und die Prophetie in der Perserzeit, in: Bail, Ulrike/Jost, Renate (Hgg.), *Gott an den Rändern. Sozialgeschichtliche Perspektiven auf die Bibel. Für Willy Schottroff zum 65. Geburtstag*, Gütersloh: Chr. Kaiser/Gütersloher Verlagshaus 1996, 64-72.
79 Vgl. dazu Fischer, Irmtraud, *Tora für Israel – Tora für die Völker. Das Konzept des Jesajabuches*, SBS 164, Stuttgart: Verlag Katholisches Bibelwerk 1995, 119f.

Nach der im Bereich der Mirjamforschung wirklich Neues bringenden Darstellung Kesslers müsste man zumindest weiterfragen, wie die anderen Mirjamtexte (Ex 15,20f.; Num 20,1-13; 26,59; Dtn 24,9; 1 Chr 5,29) im Verhältnis dazu einzuordnen wären. Kesslers These scheint glatter und eindimensionaler als die biblischen Texte, da sie nur von Mi 6,4 her spekulativ, auf dem sozialgeschichtlichem Aufriss von Albertz basierend, arbeitet. Es kann deshalb ein spannendes Unterfangen sein, seine Annahme von den restlichen Mirjambelegen her zu überprüfen.

5.3. Verraten und Vergessen: Feministische Rekonstruktionen

Feministische Forschungsanliegen haben ohne Zweifel neues Licht auf Mirjam geworfen, wodurch die Gestalt und ihre Anliegen sichtbarer gemacht wurden als es bisher der Fall war[80].

Allen voran ist Marie-Theres Wacker zu nennen, die ihren Mirjamartikel mit dem Untertitel „Kritischer Mut einer Prophetin" versah und ausgehend von einer Übersetzung von Ex 15,21 mit „Rosse und Wagen warf er ins Meer"[81] zu einer Lesart der Mirjamtexte führt, die vor allem das widerständige Potential der Figur hervorhebt. Wacker ist m. W. die erste, die versucht, in Num 12 zwischen V. 1 und V. 2 eine Verbindung zu suchen, die nicht auf das Ausspielen der beiden Frauen Kuschitin und Mirjam hinausläuft. Sie schlägt vor, in der Ehe Moses mit der kuschitischen Frau eine Legitimation für Moses Ansprüche zu suchen.[82] Wacker wirft somit neue Blicke – aus einer politischen Praxis heraus – auf Mirjam, die noch nicht fertig gedacht wurden.

Phyllis Trible betont in ihrem Aufsatz "Bringing Miriam out of the Shadows" (1989)[83] vor allem die Unterdrückung der Anliegen Mirjams und der wesentlichen Rolle, die sie in den Texten innehat. Ausgehend von der

---

80 Im folgenden wird abgesehen von Publikationen, die für ein weiteres Publikum verfasst sind, wie Lüneburg, Elisabeth, 2. Mose 15,20f: Schlagt die Trommeln, tanzt und fürchtet euch nicht!, in: Schmidt, Eva Renate u.a. (Hgg.), *Feministisch gelesen Bd. 1. Ausgewählte Bibeltexte für Gruppen, Gemeinden und Gottesdienste*, Stuttgart: Kreuz Verlag 1988, 45-52; Gerstenberger, Erhard, 4 Mose 12-1-15: Mirjam – eine Frau in der religiösen Opposition, in: Schmidt, Eva Renate u.a. (Hgg.), *Feministisch gelesen Bd. 1. Ausgewählte Bibeltexte für Gruppen, Gemeinden und Gottesdienste*, Stuttgart: Kreuz Verlag 1988, 53-59.

81 Vgl. Wacker, Marie Theres, Mirjam. Kritischer Mut einer Prophetin, in: Karin Walter (Hg.), *Zwischen Ohnmacht und Befreiung. Biblische Frauengestalten*, Freiburg: Herder 1988, 44-52. 192f., 193, Anm. 4 mit Verweis auf Burns, Lord, 12, Anm. 3.

82 Vgl. ebd., 48f.

83 Wiedergedruckt in Feminist Companion to Exodus to Deuteronomy. Zitiert wird nach dieser Ausgabe.

Beobachtung "If silence gave birth to Miriam, it also contains her during the bondage and the battle. Patriarchal storytellers have done their work well"[84] versucht sie herauszuarbeiten, wie in den einzelnen Texten Mirjam und ihr Führungsanspruch, den sie zweifellos hatte, verschwiegen und unterdrückt wurden, um vor allem Mose als wohlgefällige und dominante Figur in Erinnerung zu behalten. Bereits Alice Bach[85] hat gewichtige Fragen an Trible vorgebracht, die vor allem zweierlei betreffen. Das eine ist die Prämisse, mit der die Texte gelesen werden und die diesen unterstellt, nicht die ursprünglichen zu sein. Die Aufgabe, die Trible dann aus ihren Feststellungen ableitet, besteht in neuen „Richtlinien" für die Sichtweise der Texte: "What I want to suggest is that we cannot simply replace an old authority with a new authority, but that new alignments need to be made across borders, types and scholarly disciplines"[86]. Diese neuen Ausrichtungen hätten dann befreienden, lebensspendenden Charakter. An dieser positivistischen Selbsteinschätzung hängt Bach ihren zweiten Vorwurf auf, der darin besteht, dass Trible das, was sie selbst für befreiend hält, als absolut darstelle.[87] Auf der anderen Seite brachte aber die konsequent von einer Hermeneutik des Verdachts geleitete Lektüre, dass sowohl Brüche in den Texten als auch Verbindungslinien zwischen diesen sichtbar wurden (z.B. zwischen der Bedeutung des Reinigungswassers in Num 19 und dem Wassermangel in Num 20).[88] Trible machte vor allem auf den Bruch zwischen Ex 15,19 und 15,20 aufmerksam und stellte fest, dass durch das große Auftreten Moses in Ex 15,1-18 und das beeindruckende Ende des Schilfmeerliedes Mirjams Auftritt schmächtig und kümmerlich, hinten angesetzt wirke. Was ihre Analyse zusätzlich Neues bringt, auch wenn die Textinterpretationen zum großen Teil rein assoziativ scheinen, ist vor allem die – wenn auch nicht vollständige – Herausarbeitung davon, dass "The portrait of Miriam lodges in controversies about leadership, authority and prophecy."[89]

Janzen hat Tribles Beobachtung zu Ex 15 zum Anlass genommen, die Frage, welches Lied in diesem Kapitel das ältere sei, noch einmal zu

---

84 Ebd., 169.
85 Vgl. Bach, Alice, With A Song in Her Heart: Listening to Scholars Listening for Miriam, in: Brenner, Athalya (ed.), *A Feminist Companion to Exodus to Deuteronomy*, Feminist Companion to the Hebrew Bible 6, Sheffield: Sheffield Academic Press 1994, 243-254.
86 Ebd., 244.
87 Vgl. ebd., 245f.
88 Trible versucht, den Geschichten Mirjams in ihrer kanonischen Folge nachzugehen, eine Ordnung, die sie nicht so stark dem Verdacht unterstellt wie die Ordnungen innerhalb der Texte.
89 Trible, Miriam, 173.

stellen.[90] Er kommt zu dem Schluss, dass das Mirjamlied ursprünglich direkt nach 14,29 gestanden und somit das Geschehen direkt gedeutet und die IsraelitInnen zum Glauben veranlasst habe[91].

Phyllis Bird hat zwar keine eigenen Arbeiten zu Mirjam geschrieben, aber sie vertritt zumindest jene Position, die Mirjam weniger als Prophetin denn als kultische Führungsfigur vorstellt[92]. Das liegt daran, dass sie den Prophetinnentitel – ähnlich wie Burns – für die „frühe Zeit" (womit sie offensichtlich die Wüstenzeit als historische Epoche versteht) in Frage stellt.

Eine konsequent sozial- und theologiegeschichtliche Auslegung bringt die neueste Publikation zu Mirjam. Irmtraud Fischer arbeitet primär an Num 12 und sieht hinter Mirjams Auftritt eine prophetische Gruppe, die den Anspruch der mosaischen Autorität Esras auf Toraauslegung in Frage stellt[93]. Mirjam stelle sich auf die Seite der kuschitischen Frau und trete damit gegen die Auflösung der Mischehen in persischer Zeit auf. Dass die Frage der Mischehen eine Frage der Toraauslegung sei, ließe sich an Neh 13,1f. ablesen. „Mirjam" stehe damit „genau für diese Gruppe, die im Rutbuch für die Aufnahme der fremden Moabiterin anschreibt"[94]. Im Anschluss an diese These bleibt die Frage offen, wie sich die anderen Mirjamtexte dazu fügen. Kann dieser prophetische Anspruch auch in den anderen Mirjamtexten gefunden werden und legen sie ebenfalls diese Nähe zu den Autorinnen des Rutbuches nahe?

Es ist deutlich geworden, dass sowohl die überlieferungs- und religionsgeschichtliche Nachfrage als auch der traditionsgeschichtliche Versuch Burns' in Aporien endeten.

Die Forschungsgeschichte stieß zunächst auf Schweigen, als sie die „historische Person" Mirjams zu fassen versuchte. Daran hat sich bis heute nichts geändert[95] und daran wird auch die vorliegende Studie nicht rütteln

---

90 Vgl. Janzen Gerald J., Song of Moses, Song of Miriam: Who is Seconding Whom?, in: Brenner, Athalya (ed.), *A Feminist Companion to Exodus – Deuteronomy*, Feminist Companion to the Bible 6, Sheffield: Sheffield Academic Press 1994, 187-199 (= *CBQ* 54 [1992] 211-220) 35 (hier zitiert nach dem Feminist Companion).
91 Details vgl. Ex 15.
92 Vgl. Bird, Phyllis, Images of Women in the Old Testament, in: Ruether, Rosemary (ed.), *Religion and Sexism. Images of Woman in the Jewish and Christian Traditions*, New York: Simon and Schuster 1974, 44-88 (=in: Bird, Phyllis, *Missing Persons and Mistaken Identities: Women and Gender in Ancient Israel*, OBT, Minneapolis: Fortress Press 1997, 13-51) 43f. (zitiert nach Missing Persons).
93 Vgl. Fischer, Irmtraud, Die Autorität Mirjams. Eine feministische Relektüre von Num 12 – angeregt durch das jüdische Lehrhaus, in: Halmer, Maria/Heyse-Schaefer, Barbara/Rauchwartner, Barbara (Hgg.), *Anspruch und Widerspruch. Festschrift für Evi Krobath zum 70. Geburtstag*, Klagenfurt: Mohorjeva Hermagoras 2000, 23-38, 29f.
94 Ebd., 31.
95 Bird, Place, 91, Anm. 27: "Miriam's historical role is impossible to reconstruct but her ranking alongside Moses and Aaron suggests a position of considerable importance...".

können, da die Frage nach Mirjam, nach einer Frau neben Mose, sei sie Prophetin oder hatte sie kultische Bedeutung, war sie charismatische Führungsgestalt etc. weit in den Bereich der Überlieferungsgeschichte und damit zu den mündlichen Überlieferungen zurück reicht.

Die feministische Forschung hat inhaltlich die Aspekte von Widerstand (Wacker) und Verschweigen und Unterdrücken der Interessen Mirjams (Trible) sowie eine sozialgeschichtliche Einordnung (Fischer) vorgenommen.

6. Offene Fragen

Die Ergebnisse der feministischen Analysen legen für die Sichtweise der Mirjamtexte ein Spannungsfeld zwischen Opposition und Widerstand gegen die mächtige mosaische Autorität auf der einen Seite und Unterdrückung der Mirjamgruppe auf der anderen Seite offen. Die Beantwortung folgender Fragen kann dieses Spannungsfeld weiter differenzieren:

1. Wie ist die Mirjamfigur in den Texten, d.h. erzählerisch und rhetorisch konstruiert? Wer handelt mit Mirjam und wer gegen sie und wer steht nicht in Bezug zu ihr? Welche Handlungen und Reden werden ihr unterstellt? Was erfahren wir über Mirjam und was wird verschwiegen und warum?

Was will der Erzähler, dass wir von Mirjam glauben und wissen – wie sollen wir sie einordnen, welche Gruppen gibt er uns als Identifikationspotenzial? Wessen will der Erzähler erinnern und wie gelingt es ihm, die Erinnerung und das Vergessen zu leiten? Aus wessen Perspektive sprechen die Texte über Mirjam?

Sind die biblischen Texte Geschichten von oder über Mirjam? Gibt es Hinweise auf die Stimme Mirjams, auf Gegenstimmen zum Erzähler, die seine Erzählung in Frage stellen könnten?

Welche Geschichten und Themen werden erzählt und wessen Macht möchten sie legitimieren?

Zu welcher Haltung und welcher Praxis will der Erzähler seine LeserInnen überreden?

2. Wenn die Spannung zwischen Unterdrückung und Widerstand bereits in den Texten eingeschrieben ist, wodurch wird sie konstruiert und welcher rhetorischen Mittel bedient sich der Erzähler, um sie aufrecht zu erhalten und einen Aspekt zugunsten des anderen hervorzuheben? Wie ist diese Spannung sozialgeschichtlich zu verstehen? Sind die Interessen, die Mirjam in den Texten zugeschoben werden, im Dunkel der Vergessenheit untergegangen oder konnten sie sich innerhalb der theologischen Sichtweisen und der Rhetorik biblischer Texte einschreiben? Wie ist Mirjams Auftreten gesell-

schaftlich zu verankern? Welche Gruppen und Akteure sind auf ihrer Seite und worin besteht die Opposition zu Mirjam?

3. Es konnte bereits angedeutet werden, dass das sozialgeschichtlich und theologisch geringe Wissen über Mirjam unter anderem an der Frage der literargeschichtlichen Beschaffenheit der Texte hängt. Ex 15; Num 12 und Num 20 sind bezüglich ihrer literarkritischen (Un-)Einheitlichkeit mehrfach als besonders schwierige Texte bezeichnet worden[96].

Die Texte als brüchig, fragmentarisch oder gar als „Trümmerhaufen" wahrzunehmen, heißt immer, eine bestimmte Vorstellung von Stimmigkeit und Ganzheit zu haben, die bekanntermaßen ihrerseits variabel und kontextuell geprägt ist[97]. Es ist deshalb angemessen, den Text jeweils, so lange wie möglich als vollkommenes Kunstwerk zu betrachten statt als „Trümmerhaufen".

Die Frage nach der literarischen Zusammengehörigkeit der Mirjamtexte muss deshalb neu gestellt werden, um eine Basis der Mirjamtraditionen und ihrer Kontexte zu gewinnen. Die literarkritischen und redaktionskritischen Schwierigkeiten, die sich für die Forschung in den Mirjamtexten ergeben haben, sind zumindest eine signifikante Gemeinsamkeit dieser Texte, die für die literargeschichtliche Rekonstruktion nicht unwichtig ist[98]. Etwaige

---

96 Vgl. zu Ex 15: z.B. Childs, Brevard S., *Exodus. A Commentary*, OTL, London: SCM Press ²1977, 247: "Both Hypotheses [Noth, Fohrer einerseits und Freedman/Cross andererseits, U.R.] up to now rest largely on theories of composition which, for lack of inclusive evidence, remain projections." Zu Num 12: Noth, Martin, *Das vierte Buch Mose. Numeri*, ATD 7, Göttingen: Vandenhoeck & Ruprecht 1966, 83: „Die beiden Gegenstände des Kapitels, die nur das gemeinsam haben, daß es sich um Vorwürfe gegen Mose handelt und dass in beiden Fällen Mirjam eine Rolle spielt, sind nun so eng miteinander verquickt, dass eine Scheidung in getrennte literarische Quellen nicht durchführbar ist. [...] Es muß also angenommen werden, daß in dem literarisch nicht auflösbaren Komplex dieses Kapitels zwei verschiedene Stoffe miteinander kombiniert worden sind." Zu Num 20: Baentsch, Bruno, *Numeri*, HK I/2, Göttingen: Vandenhoeck & Ruprecht 1903, 564: „Dieses Stück bildet neben Kap. 32 die schlimmste Crux für die Quellenscheidung" und genauso ähnlich neuerdings Frevel, Christian, *Mit Blick auf das Land die Schöpfung erinnern. Zum Ende der Priestergrundschrift*, HBS 23, Freiburg u.a.: Herder 2000, 336 zum Abschluss seiner literarkritischen Thesen zu Num 20,1-13: „Die hier angebotene Erklärung des Wachstums in vier Stufen ist kompliziert, aber bei einer komplizierten Erzählung kommt man mit einer einfachen Lösung nicht weiter."

97 Unter vielen Stimmen zur Sichtweise von Brüchen Michel, Andreas, Im Umbruch der Zeiten mit syntaktischen Brüchen leben. Gedanken eines Alttestamentlers, in: Wohlmuth, Josef (Hg.), *Unter den Sternen. Theologische, astronomische und poetische Miniaturen zur Jahrtausendwende*, Bonn: Borengässer 1999, 114-124. Was Michel zur sprachlichen Gestalt von Texten schreibt, gilt zweifellos auch für literarische Phänomene. Weiter auch Utzschneider/Nitsche, Arbeitsbuch, 218 u.ö.

98 Vgl. Schmid, K., *Erzväter*, 242, der eine solche Signifikanz für die Klammertexte der „Erzvätergeschichte" mit der „Exodus-Mose-Erzählung" betont hat. Seine Schlussfolgerung, dass die Texte deshalb nicht „unmittelbar mit der Konstituierung ihres je

"Ungereimtheiten" und "Brüche" literarkritisch auszuwerten, erschwert die Rekonstruktion eines literar- und sozialgeschichtlichen Hintergrundes für die Mirjamtexte.

4. Darüber hinaus ist noch offen, was die Ergebnisse oder besser gesagt offenen Fragen der neueren Pentateuchforschung für die Mirjamtexte heißen können. Wenn ein Interesse an Mirjam meist den alten "Quellen" eines "Jahwisten" oder "Elohisten" zugeordnet wurde, diese beiden Konstrukte aber in ihrem Alter bzw. ihrer Existenz überhaupt massiv in Frage stehen[99], wer tradiert dann die Mirjamerzählungen? Welche literarischen Korpora oder redaktionellen Prozesse sind für die überlieferten Mirjamtexte verantwortlich?

7. Aufbau der Arbeit

Die vorliegende Arbeit ist in drei große Abschnitte geteilt. In der Einleitung werden die rhetorischen Interessen und die daraus resultierenden methodischen Schritte moderner Exegese erläutert. Der zweite Teil "Mirjam in den Texten" analysiert die in den Texten eingeschriebenen rhetorischen Interessen und Konflikte, geht also auf die textualisierte rhetorische Situation zu. Der dritte Teil will in einer Zusammenschau der Analysen zeigen, wofür Mirjam stand, wem ihre Erinnerung diente und welches Interesse diese Memoria verhindern wollte. Dabei wird das Bild einer grundlegenden theologischen und politischen Frage der israelitischen Geschichte auftauchen.[100]

Der zweite Teil der Arbeit geht den einzelnen Mirjamtexten entlang und beginnt bei jenen, die Mirjam gegenüber eine ablehnende, diffamierende Haltung einnehmen (Num 12; Dtn 24,9). Sie geht dann zu jenen über, in denen eine kritische Perspektive der AutorInnen gegenüber Mose deutlich wird (Num 20,1-13; Ex 15,19-21). Am Schluss werden jene Texte stehen, die Mirjam mit Aaron und Mose auf eine gleichwertige Stufe stellen (Mi 6,4; Num 26,59; 1 Chr 5,29). Diese Gliederung orientiert sich an der Haltung der

---

umgebenden Kontextes zu tun haben", muss für die Mirjamtexte damit so noch nicht ausgesagt werden. Sie scheinen auch keine Verbindungsfunktion zwischen den großen Erzählwerken auszuüben.

99 Vgl. wohl am übersichtlichsten bei Zenger, Erich, *Einleitung in das Alte Testament*, KStTh 1,1, Stuttgart: Kohlhammer ⁴2001, 113-118.

100 Dies entspricht dem von Schüssler Fiorenza geforderten Ablauf einer rhetorischen Analyse. Der von ihr vorgesehene vierte Schritt einer Rekonstruktion der historischen Situation und ihren symbolischen Ordnungen wird sowohl im zweiten wie auch im dritten Teil stattfinden (vgl. Schüssler Fiorenza, Elisabeth, Rhetorical Situation and Historical Reconstruction in1 Corinthians, *NTS* 33 (1987) 386-403, 388f.).

AutorInnen gegenüber Mirjam, ist also inhaltlich und rhetorisch bestimmt. Es wird sich aber zeigen, dass diese Abfolge auch unter einem redaktionsgeschichtlichen Aspekt angebracht ist.

Eine andere Möglichkeit bestünde in einer kanonischen Reihenfolge. Eine solche hat Trible vorgenommen. Sie ist aber insofern schwierig, als die kanonische Reihenfolge der Bücher zu unterschiedlich ist und je nachdem, ob man sich für die christliche Reihenfolge der biblischen Bücher oder die hebräische entscheidet, steht dann Micha oder 1 Chronik am Schluss.

Ebenso ungeeignet erscheint eine Reihung nach Gattungen in Erzähltexte (Ex 15,19-20; Num 12; Num 20,1-13), poetische Texte (Ex 15,21; Mi 6,4) und Genealogien (Num 26,59; 1 Chr 5,39). Sie ist insofern ungenügend, als die gattungsspezifischen Merkmale wenig über die Zusammengehörigkeit der Texte sagen und außerdem Ex 15,19-21 auseinander gerissen werden müsste.

Burns hat ihre Studie zu den Mirjamtraditionen an den Ämtern bzw. sozialen Funktionen, die Mirjam zugeschrieben werden können, orientiert. Da die vorliegende Arbeit nicht nach möglichen Traditionen fragt, die sich um eine mögliche historische Einzelperson gesponnen haben, ist eine solche Darstellung nicht angemessen. Der vorliegende Aufbau scheint vom Ergebnis der Arbeit her am angemessensten.

Ein Schwerpunkt wird auf Num 12 liegen. Das hat seinen Grund darin, dass er der längste Text über Mirjam ist und Mirjam im Zentrum des Problems steht, das die Erzählung lösen will. Es geht also im Text um Mirjam. In allen anderen Texten hat Mirjam zumindest rein „quantitativ", also von den Nennungen her, nicht diese Bedeutung.

Teil 2: Mirjam in den Texten

1. Num 12: Gott hat nicht nur zu Mose gesprochen

1.1. Hinführung

Num 12 ist innerhalb der hebräischen Bibel die einzige überlieferte Erzählung über Mirjam. Als solche nennt sie zu Beginn ein Problem, das durch eine Kette von Handlungen einer Lösung zugeführt wird. Das heißt aber nicht, dass die Erzählung keine Lücken hätte, die nicht offene Fragen hinterlassen würden: Zu Beginn der Erzählung wird nicht sofort deutlich, welches Anliegen Mirjam vertritt, und wie die Geschichte für Mirjam ausgeht. Was es bedeutet, wenn sie laut 12,15 wieder in das Lager hereingeholt wird, muss ebenso offen bleiben. Anfang und Ende sind somit mit Unklarheiten bezüglich des Auftretens und der Bedeutung Mirjams besetzt. Ebenso stellen sich im Verlauf des Textes einige Fragen bezüglich ihrer Funktion. Gleichzeitig stellt Num 12 – gemeinsam mit dem bereits als Wirkungsgeschichte dazu zu verstehenden Text Dtn 24,9 – den einzigen Text über Mirjam dar, der die Figur „negativ" zeichnet, sie also nicht als Identifikationsfigur für die LeserInnen darstellt.

Die vielen offenen Fragen wurden in der Exegese zumeist literarkritisch wegargumentiert. Das führte – entlang nicht mehr haltbarer Pentateuchmodelle – zur Rekonstruktion einer „alten" und nicht mehr vollständig nachvollziehbaren Geschichte, in der sich Mirjam mit Mose auf einen Familienkonflikt eingelassen hätten und deshalb mit Aussatz bestraft worden seien. Später (nach den alten Pentateuchmodellen „E" oder „JE") sei die Geschichte neu erklärt und mit der Frage legitimer Prophetie verbunden worden. – Das Anliegen der Mirjamfigur im Text und der damit ausgedrückte sozialgeschichtliche Hintergrund bleiben bei einer solchen Rekonstruktion völlig im Dunkeln[1].

Die Frage nach den rhetorischen Funktionen nimmt die Leerstellen und Unebenheiten des Textes zunächst wahr und beschreibt, wie sie die Lesewahrnehmung beeinflussen. Sie unterstellt damit, dass Leerstellen nicht zufällig – möglicherweise beim Kompilieren der Texte – entstehen, sondern

---

[1] Jüngst hat Irmtraud Fischer (vgl. Autorität) unter Beibehaltung der literarischen Einheitlichkeit der Perikope auf einen Zusammenhang von Ehe und prophetischem Anspruch hingewiesen. Damit ist viel getan im Hinblick auf die Rekonstruktion der rhetorischen Situation des Anliegens.

bewusst „miterzählt" werden. Sie dienen den Strategien des Erzählers. Erst mit der Hilfe dieser Analyse kann die Frage nach der Kohärenz des Textes und einem Anliegen Mirjams zunächst im Text gestellt werden. Diesen Fragen nach der Kohärenz des Textes und der Darstellung und Verschleierung des Anliegens Mirjams wird viel Platz eingeräumt werden. Gründe für die vorliegende Gestalt des Textes, sowie die Strategie des Erzählers konnten bisher noch wenig deutlich gemacht werden. Möglicherweise kann hier ein Schritt dazu gesetzt werden.

Wenn es aber stimmt, dass ein Anliegen Mirjams im Text ablesbar ist und wenn erklärt werden kann, warum der Erzähler es in der vorliegenden Art darstellt, dann soll versucht werden, dieses sozialgeschichtlich zu verankern. Ebenso soll das Interesse der Erzählstrategien innerhalb dieser rhetorischen Situation verortet werden.

1.2. Der Text

1.2.1. Übersetzung[2]

1a Und Mirjam sprach[3], und Aaron, über Mose wegen der kuschitischen Frau,
1b die er sich genommen hat,
1c denn eine kuschitische Frau hat er sich genommen.
2a Und sie sagten:
2b „Hat JHWH nur mit Mose gesprochen?

---

2 Zur Gliederung in ÄE vgl. zu Num 12 Richter, Wolfgang, *Biblia Hebraica transcripta. Numeri. Deuteronomium*, ATS 33.3; St. Ottilien: Eos 1991, 112-119. Unterschiede befinden sich in den Bezeichnungen der ÄE, da Richter für die Relativsätze 1b.3b.11de ein Sigel verwendet, das ihre Bezogenheit auf den Vorsatz zum Ausdruck bringt (z.B. statt 1b 1aR) und bei Infinitivkonstruktionen dies ebenfalls in die Bezeichnung der ÄE (8d.12b.13a.15c) aufnimmt. Unterschiede zur vorliegenden Gliederung finden sich in V. 11.12.13. Das liegt daran, dass die vorliegende Studie weniger an der linguistischen als der narrativen und rhetorischen Beschreibung des Textes interessiert ist. Deshalb wurde darauf geachtet, die Gliederung nicht nur an ihrer Leistung für die sprachliche Beschreibung auszurichten. In V. 1 werden die Ausrufe בִּי und אֲדֹנִי bei Richter abgetrennt und in V. 12 wird die Einleitung zu den Relativsätzen zu Beginn von 12b zu einer ÄE abgelöst. Dies scheint für die vorliegende Studie nicht notwendig, da die Bezogenheit von 12b und 12c auch ohne die zusätzliche ÄE sichtbar wird. Ebenso wird לֵאמֹר in 13a im Gegensatz zu Richter nicht abgetrennt, da Infinitive in der Gliederung nicht hervorgehoben wurden und לֵאמֹר als Redeeinleitung zu 13a gehört – wie Richter durch die Sigel 13aI auch zum Ausdruck bringt.

3 Die unterstrichenen Worte werden unten (1.2.2.) bezüglich ihrer Übersetzung besprochen.

2c Hat er nicht auch <u>mit</u> uns <u>gesprochen</u>?"
2d Und JHWH hörte.
3a Und der Mann Mose (war) der <u>demütigste</u> von allen Menschen,
3b die auf der Erde sind.
    4a Und JHWH sagte plötzlich zu Mose und zu Aaron und zu Mirjam:
        4b „Geht hinaus, ihr drei, zum Begegnungszelt!"
    4c Und die drei gingen hinaus.
    5a Und JHWH stieg herab in der Wolkensäule
    5b und (sie) stand am Zelteingang.
    5c Und er rief Aaron und Mirjam
    5d und <u>die zwei traten hervor</u>.
    6a Und er sagte:
        6b „Hört meine Worte!
        6c Wenn euer Prophet einer JHWHs ist,
        6d in Visionen offenbare ich mich ihm
        6e im Traum spreche ich mit ihm.
        7a Nicht so mein Knecht Mose.
        7b In meinem ganzen Haus ist er der glaubwürdigste.
        8a Von Mund zu Mund spreche ich mit ihm
        8b als Erscheinung, und nicht in Rätseln -
        8c und das Bild JHWHs sieht er.
        8d Warum also fürchtet ihr nicht,
        8e zu sprechen über meinen Knecht Mose?"
    9a Und es entbrannte der Zorn JHWHs über ihnen
    9b und er ging.
    10a Und die Wolke entfernte sich von über dem Zelt
10b und siehe, Mirjam (hatte) Aussatz wie Schnee
    10c und Aaron wandte sich zu Mirjam,
10d und siehe, Aussatz!
    11a Und Aaron sagte zu Mose:
        11b „(Ach,) mein Herr,
        11c Nicht lege auf uns unsere Sünde,
        11d die wir begangen haben
        11e und die wir gesündigt haben!
        12a Nicht doch soll sie sein wie der Tote,
        12b der, wenn er aus dem Schoß seiner Mutter herauskommt,
        12c an seinem Fleisch schon halb gefressen ist."
    13a Und Mose schrie zu JHWH folgendermaßen:
        13b „Nicht doch!
        13c Heile sie doch!"

14a Und JHWH sagte zu Mose:
14b „Wenn ihr Vater Spucke spuckt in ihr Gesicht,
14c schämt sie sich nicht sieben Tage?
14d Sie soll ausgesperrt werden sieben Tage aus dem Lager hinaus
14e und danach soll sie wieder hereingeholt werden."
15a Und Mirjam wurde ausgesperrt aus dem Lager hinaus sieben Tage.
15b Und das Volk wanderte nicht weiter,
15c bis Mirjam <u>hereingeholt wurde</u>.
16a Und danach wanderte das Volk weiter von Hazerot
16b und es lagerte in der Wüste Paran.

1.2.2. Textkritik

Vers 1

הָאִשָּׁה הַכֻּשִׁית wurde bereits in alten Übersetzungen nicht mehr mit „die kuschitische Frau" wiedergegeben, sondern von der LXX mit γυναικὸς τῆς Αἰθιοπίσσης[4] übersetzt und in den Targumim mit unterschiedlichen Erläuterungen versehen.

Tg Pseudo-Jonathan erzählt die Geschichte, dass die Kuschiten die Königin von Kusch an Mose verheiratet hätten, als dieser vor dem Pharao floh. Wesentlich ist, dass Kusch mit der Flucht des Mose in Verbindung gebracht wird und damit eine Nähe zu Midian angedeutet wird[5]. Mose aber enthielt sich ihr und trennte sich von ihr. Diese Abstinenz bringt der Targum in den folgenden Versen (anschließend an V. 2 MT) mit der Offenbarung in Zusammenhang: Hat Gott deshalb nur mit Mose gesprochen, weil er sich seiner Frau sexuell enthielt[6]? Während die Vorstellung von der Hochzeit mit einer kuschitischen Königin auf hellenistische Quellen oder Traditionen

---

4 Zur Identität von Kusch und Äthiopien verweist Dorival, Gilles, *La Bibles Alexandrie. Les Nombres*, Paris: Cerf 1994, 300 auf Gen 2,13. Dafür gibt es freilich mehr Belege, beispielhaft seien Gen 10,6 (=1 Chr 1,9).8; Jes 11,11; 18,2; 20,3; Dan 11,43 genannt.
5 Der Targum spricht zumindest nicht explizit von Äthiopien. Der Zusammenhang mit der Flucht macht Midian als Identifikation für Kusch wahrscheinlicher. Die Frage der Identität von Kusch wird später noch erörtert werden (Exkurs: Mirjams Anliegen und ihre Identität unter 1.5.1.4.).
6 So die Deutung des Tg Ps-Jonathan, der die Formulierung כִּי־אִשָּׁה כֻשִׁית לָקַח in 1c negativ formuliert und damit die Ebene des Vollzugs der Ehe hereinbringt, auf die im MT noch nicht notwendig angespielt wird (vgl. Clarke, Ernest W., *Targum Pseudo-Jonathan: Numbers. Translated with Notes*, The Aramaic Bible 4, Edinburgh: Clarke 1995, 222.)

zurückzuführen ist[7], findet sich ein möglicher Zusammenhang von sexueller Abstinenz und Offenbarung nicht nur in der Bibel selbst (vgl. Ex 19,15), sondern auch in bezug zu Num 12,1 auch im Targum und in der rabbinischen Tradition[8].

Die Targumim Neofiti 1 und Pseudo-Jonathan hingegen nehmen keine politische oder geographische Zuordnung vor, sondern verwenden „kuschitisch" als Bild dafür, dass Zippora[9] viel schöner war als alle anderen Kreaturen und in ihren guten Werken alle anderen Frauen ihrer Generation übertraf. „Kuschitisch" ist also terminus technicus für Zipporas Anderssein[10], sei es, dass sie schöner und moralisch „besser" ist als alle andere Schöpfung oder aus einem fremden Land. So deutet zumindest auch Sifre Num 99 den Begriff[11].

Nebst diesen Umschreibungen für הָאִשָּׁה הַכֻּשִׁית fällt grundsätzlich auf, dass schon sehr früh die Identität der kuschitischen Frau in Frage stand. Die Septuaginta und die genannten Targumim stellen bereits massive Interpretationen dar, die sie erklären wollen. Es gibt aber vom Text her keine Notwendigkeit, „kuschitisch" auf „äthiopisch" oder „hübsch" umzuändern[12], da auch den Übersetzungen keine andere Textvariante vorgelegen zu haben scheint.

Vers 4

LXX kehrt die Reihenfolge der gerufenen von „Mose und Aaron und Mirjam" in 4a zu „Mose und Mirjam und Aaron". Wahrscheinlich liegt hier der griechischen Übersetzung nicht unbedingt ein anderer Textzeuge zugrunde, sondern ein gewichtendes Verständnis bezüglich der Reihenfolge, da ja Mirjam in V. 1 vor Aaron genannt wird und deshalb auch hier als Hauptverantwortliche vor Aaron genannt werden müsste. Ein erklärendes und harmonisierendes Interesse der Septuaginta ist an dieser Stelle deutlich. Die schwierigere Lesart ist die des MT und sie wird auch in bezug auf das Interesse des Erzählers plausibel gemacht werden können.

---

7 Vgl. Dorival, Bible, 222, Anm. 2.
8 Vgl. Sifre Zuta 12,1.
9 Der Tg bemerkt extra, dass es sich tatsächlich um Zippora handelt.
10 Ob im Hintergrund des Andersseins die dunklere Hautfarbe und der hohe Körperwuchs von Äthiopierinnen und Äthiopiern steht (cf. Jes 18,2), mag dahingestellt sein.
11 Vgl. MacNamara, Martin, *Targum Neofiti 1: Numbers. Translated with Apparatus and Notes*, The Aramaic Bible Volume 4, Edinburgh: Clark 1995, 76, Anm. 1.
12 So auch die gängigen Kommentare, die sich mit den textkritischen Fragen auseinandersetzen: z.B. Dillmann, Numeri, 64; Gray, Numbers, 121; Budd, Numbers, 132, Anm. 1; Seebass, Numeri, 59.

Vers 6

Zu וַיֹּאמֶר in 6a fügen Septuaginta und Peschitta – wohl ebenfalls zur Verdeutlichung und Festschreibung des Gemeinten – κύριος πρὸς αὐτούς hinzu. Dies muss ebenfalls für die Rekonstruktion des Textes nicht übernommen werden, da es eindeutig späteren Fragen als Erklärung dient.

Viel schwieriger ist 6c zu verstehen: der hebräische Ausdruck אִם־יִהְיֶה נְבִיאֲכֶם יְהוָה ist wörtlich etwa folgendermaßen zu übersetzen: „Wenn es geben wird euren Propheten JHWH" oder „Wenn sein wird euer Prophet JHWH". Beide Varianten meinen das selbe: sie identifizieren den Propheten mit JHWH[13]. Folgende Fragen ergeben sich aus dem hebräischen Text:
- Was ist Subjekt bzw. worauf bezieht sich das Verb יִהְיֶה? Als Subjekt kommen „euer Prophet" oder „JHWH" in Frage.
- Wie sind die beiden Substantive נביא und יהוה aufeinander zu beziehen angesichts dessen, dass נביא bereits durch das EPP 2. Person masc. Plural bestimmt ist? Kann es zusätzlich nomen rectum einer Constructusverbindung zu JHWH sein? Die Überlegung, dass Konstruktionen mit doppeltem Genitiv (im EPP und im Nomen regens) in der Regel eher vermieden werden[14], überzeugt wenig, da es Beispiele für solche Konstruktionen gibt. Bleibt man beim Konsonantenbestand des Textes, müsste man etwa so übersetzen: „Wenn unter euch ein Prophet JHWHs ist, ..."[15].

Das Problem wurde von den unterschiedlichen Textzeugen unterschiedlich gelöst:

Die BHS gibt in Anlehnung an die lateinischen Übersetzungen Vetus Latina und Vulgata die Möglichkeit an, in נְבִיאֲכֶם zwischen א und כ ein ב einzufügen und emendieren dann „JHWH" am Schluss des Satzes, sodass zu lesen ist: „Wenn es unter euch einen Propheten gibt". Nun ist aber, abgesehen davon, dass diese Variante in alten Textzeugen nicht belegt ist,[16] der BHS nicht notwendig Folge zu leisten, da auch das EPP zu נביא als eine derartige Zuordnung zu verstehen ist.

JHWH müsste ursprünglich in 6a gestanden haben, so dass es dort geheißen hätte „ויאמר יהוה". Dort passt es zwar gut hin, da 6a nach 5d, wo Mirjam und Aaron Subjekt sind, ein neues Subjekt beansprucht und dieses auch der Deutlichkeit halber genannt werden kann. Der Grund dafür, dass der Gottesname ein Stück abwärts gerutscht ist, kann nur eine „aberratio oculi"

---

13 So auch Gray, Numbers, 125, der diese Version als "nonsense" (vgl. ebd., 126, Anm. 6) bezeichnet und Seebass, Numeri 60, dem diese Möglichkeit „sicher korrupt" erscheint.
14 Vgl. GK §128d. Sämtliche von ihm genannten Beispiele können anders als mit einem doppelten Genitiv erklärt werden. Allerdings nicht selten durch Konjekturen des MT.
15 Vgl. Freedman, Forms, 43.
16 Vgl. auch Seebass, Numeri, 59, der zusätzlich darauf hinweist, dass LXX den MT stützt.

des Schreibers sein. Eine Möglichkeit der Erklärung besteht auch darin, „JHWH" in 6c als Glosse zu verstehen, die sicherstellen will, dass es sich auch wirklich um JHWH-Propheten und nicht um falsche Propheten handelte[17]. Es bleibt dann allerdings zu fragen, wie der Glossator die grammatikalische Konstruktion verstanden haben wollte.

Septuaginta und Vulgata übersetzen den Gottesnamen im Dativ (κυρίῳ) bzw. im Genitiv („Domini") um die Zugehörigkeit der Propheten zu JHWH auszudrücken, so dass man zu übersetzen hätte: „Wenn bei euch ein Prophet JHWHs ist"[18]. Dies kann im vorliegenden hebräischen Text am einfachsten mit einem ל vor יהוה gelöst werden[19].

Auch die syrischen und aramäischen Übersetzungen mussten sich mit Korrekturen behelfen. Sie setzen אנא vor JHWH und markieren damit einen die Aussage bestärkenden Ausruf („Ich bin JHWH"). Dafür gibt es aber im Text keine Anhaltspunkte. Eine solche Unterbrechung ergäbe am ehesten noch einen Sinn, wenn man sie in die nächste Zeile setzen würde, um diese mit „Ich, JHWH, gebe mich ihm in Visionen zu erkennen"[20] zu übersetzen. Dagegen sprechen die zwar junge, aber doch nicht einfach zu übergehende Zeilenordnung der Masoreten und vor allem die Tatsache, dass diese Lesart länger und einfacher ist als der hebräische Text. Dies deutet auf einen späteren Erklärungsversuch hin, nicht aber auf eine ursprüngliche Variante.

Der Codex Samaritanus als wichtiger Textzeuge behält das Tetragramm zwar an demselben Ort wie der MT, allerdings zieht er es möglicherweise in die nächste Zeile, nimmt es als Subjekt für den folgenden Satz und liest התודע statt אֶתְוַדָּע[21].

Keine der alten Versionen vertritt den MT. Der Samaritanus, der eine wichtige Tradition darstellt, ist in der Nennung des JHWH-Namens innerhalb der JHWH-Rede konsequent: Gott spricht von sich selbst in dritter Person. Sowohl die Konsequenz (Übereinstimmung der 3. Pers. für JHWH wie in 6c) als auch die schwierige Lesart sind bestechend. Geht der Samaritanus auf die älteste Textvariante zurück, so ist die 1. Person Singular in 6d, die von allen anderen Textzeugen vertreten wird, als Vereinfachung und als eine Art Lesehilfe zu verstehen. Dennoch ist der plötzliche Wechsel zur ersten Person Singular in 6e dann nicht mehr so bestechend konsequent. Dies lässt Abstand nehmen von der Variante des Samaritanus.

Die schwierigste Lesart besteht darin, die Wortfolge zu belassen und keine der BHS vorgeschlagenen Konsonanten einzufügen, sich aber sachlich an das

---

17 Diese Variante übernahmen Noth, Numeri, 82; Gray, Numbers, 126, Anm. 6; Valentin, Aaron, 306 mit Anm. 2 und 3. Vgl. auch Empfehlung der BHS.
18 Wörtlich: „Wenn euer Prophet einer JHWHs ist".
19 Vgl. Anmerkung der BHS.
20 Diese Lesart übernahm Budd, Numbers, 132.
21 Zitiert nach v. Gall, Pentateuch, 295.

Verständnis von LXX und Vulgata zu halten. Die beiden Nominative müssen dann nicht als Identifikation verstanden werden[22], sondern als Zuweisung: „Wenn euer Prophet von JHWH ist/ein Prophet JHWHs ist"[23].

Samaritanus, Septuaginta, Peschitta und Vulgata setzen den folgenden Satz (6e) mit einem „und" fort. Der MT stellt hier die kürzere und vielleicht auch schwierigere Lesart dar, ist aber gut verständlich. Die beiden Offenbarungsarten Vision und Traum werden somit unverbunden aufgezählt.

Vers 8

In 8b fügt sich וּמַרְאֶה nicht eindeutig in den Kontext ein. Die BHS empfiehlt eine Streichung[24], was wohl ein zu heftiges Urteil ist. Einige Handschriften der Septuaginta, der Peschitta und der Targumim versuchen, durch ein vorangestelltes בְ eine parallele Konstruktion zum folgenden בְּחִידֹת zu schaffen[25]. Bereits Gray[26] weist darauf hin, dass וּמַרְאֶה im MT die Konstruktion des nächsten Satzes mit וּתְמֻנַת יהוה vorwegnimmt. Diese Parallele ist zu sehen und nicht in eine andere zwischen מַרְאֶה und חִדוֹת umzuändern [27].

Vers 12

Samaritanus drückt den Vetitiv in 12b mit dem Imperfekt aus, der MT mit dem Imperativ. Beide Formen sind möglich und machen von der Bedeutung her keinen Unterschied[28].

1.2.3. Anmerkungen zur Übersetzung

דִּבֶּר בְּ in V. 1 ist nicht eindeutig zu übersetzen. Die Unklarheit ergibt sich aus folgenden Überlegungen.

בְּ kann die Sprechrichtung auf zweifache Weise angeben: *über*[29]/*gegen*[30] jemanden reden oder *mit/zu* jemandem reden, wobei auch eine instrumentale

---

22 Wie Gray, Numbers, 125 es sieht.
23 In diesem Sinn verstehen auch Levine, Numbers, 27.329f.; Seebass, Numeri, 58f.; Staubli, Thomas, *Die Bücher Levitikus und Numeri*, NSK.AT 3, Stuttgart: Verlag Katholisches Bibelwerk 1996, 249 den Satz.
24 Von Noth, Numeri, 82 übernommen.
25 Diese Konjektur wird von Dillmann, Numeri, 66; Beantsch, Exodus, 513 übernommen.
26 Vgl. Numbers, 126f., Anm. 6.
27 Ähnlich auch Valentin, Aaron, 307 mit Anm. 1. Seebass, Numeri, 60 schlägt eine Konjektur auf ואמרה (BHS prp.) vor, der hier nicht gefolgt werden muss.
28 Vgl. Bartelmus, Rüdiger, *Einführung in das biblische Hebräisch*, Zürich: Theologischer Verlag 1994, 84.

Bedeutung „durch" mitschwingen kann³¹. Die Präposition kann auch etwas über die Qualität des Redens aussagen und eine Intensivierung bzw. Qualifizierung³² meinen. Für Num 12,1 wird zumeist die Gegenrede angenommen³³, was sich aus der oberflächlichen Lektüre der Erzählung ablesen lässt, in der Mirjam und Mose zweifellos KontrahentInnen darstellen. Diese gegnerische Parteiung muss nicht im ersten Satz bereits in Mirjams Rede gelegt werden, denn sie entspringt der einseitigen Perspektive pro Mose contra Mirjam, die vom Erzähler im Lauf des Textes eingenommen wird. Die Sichtweise und Parteinahme des Erzählers wird aber mit einer Übersetzung mit „gegen" bereits zu Beginn auf Mirjam eingenommen. Um die Perspektive Mirjams sichtbar zu halten³⁴, ist eine offenere Übersetzung angeraten. Ein weiteres Argument für die Übersetzung liegt in der Antwort auf die Frage, ob in Num 12,1a eine direkte Rede eingeleitet wird oder ob V. 1 die Einleitung zur Rede in V. 2 darstellt und V. 2 somit Ausführung und Konkretisierung von V. 1 ist. Für das zweite Verständnis spricht, dass Mose nicht auf die Rede in V. 1-2 antwortet. Wenn er in V. 1 noch nicht angesprochen ist, besteht auch keine Notwendigkeit seitens Mose zu reagieren. Das legt der Handlungsablauf des Textes auch nahe. Für eine solche

---

29 Num 12,1; Jer 31,20. Jenni, Ernst, *Die hebräischen Präpositionen, Bd. 1: Die Präposition Beth*, Stuttgart: Kohlhammer 1992, 264 nennt auch Num 21,5ab.7ab; Ps 50,20; 75,6.

30 1 Sam 19,3.4; Ijob 19,18; Ps 78,19. Dass die Formulierung Teil des Murrmotivs ist, hat Coats längst nachgewiesen (vgl. *Rebellion in the Wilderness. The Murmuring Motif in the Wilderness Traditions of the Old Tetstament*, Nashville: Abingdon Press 1968, 28).

31 Ps 50,20. Hier herein gehört auch das Reden Gottes zu Menschen in Num 12,2.6.8; 2 Sam 23,2; 1 Kön 22,28; Hos 1,2; Hab 2,1 oder des apokalyptischen Deuteengels zum Seher (Sach 1,9.13.14; 2,2.7; 4,1.4.5; 5,5.10; 6,4). Die instrumentale Bedeutung ist bei Clines, Dictionary II, 392 mit "accompaniment, method, means, instrument" umschrieben.

32 Dtn 6,7; 21,5.7; 1 Sam 25,39; Ps 78,19. In den beiden letzten Fällen sind die Auflehnung und das Murren bereits enthalten. Ähnlich auch Gray, Numbers, 123; Van Seters, John, The Life of Moses, *The Yahwist as Historian in Exodus – Numbers*, Contributions to Biblical Exegesis and Theology 10, Kampen: Kok Pharos 1994, 235f.

33 Vgl. Dillmann, Numeri, 64; Greßmann, Mose, 264 (Mirjam und Aaron murren *gegen* Mose); Heinisch, Numeri, 52; Gray, Numbers, 120; Snaith, N. H., *Leviticus and Numbers*, NCeB, London: Nelson 1967, 234; Sturdy, John, *Numbers*, The Cambridge Bible Commentary, Cambridge: University Press 1976, 87; Budd, Numbers, 132.136; Levine, Numbers, 238. Michaelis, Uebersetzung 38; Drubbel, Numeri, 66; Noth, Numeri, 82 und zuletzt auch Valentin, Aaron, 306 übersetzen mit „Vorwürfe machen". Anders Seebass, der mit „Da redete Mirjam – und Aaron – auf Mose ein" (Numeri, 58) übersetzt und darunter „intensives Zureden" versteht.

34 Diese Perspektive wäre auf der Ebene der narrativen Analyse die des Charakters Mirjam. Bezüglich der Frage nach den AutorInnen und der Gruppe, gegen die diese anschreiben, kann das ein Hinweis auf das Interesse sein, das hinter der Position Mirjams steht und durch sie zur Sprache kommt.

Interpretation von V. 1-2 spricht außerdem die Verwendung der Formulierung עַל־אֹדוֹת, wenn man davon ausgeht, dass sie so wie in Gen 26,32 zu verstehen ist[35]. Dort heißt es: „... und die Knechte Isaaks kamen und sie erzählten ihm *wegen* des Brunnens, den sie gegraben hatten. *Und sie sprachen* zu ihm: ‚Wir haben Wasser gefunden'." וַיֹּאמְרוּ leitet eine Explikation dessen ein, was durch עַל־אֹדוֹת nur angedeutet wird. Aufgrund der textsyntaktischen Ähnlichkeit von Gen 26,32 und Num 12,1-2, könnte es für Num 12,1-2 naheliegen, dass in V. 1 vorbereitet wird, was in V. 2 ausgeführt wird. Dann sprechen Mirjam und Aaron nicht *mit* sondern *wegen (oder über)* Mose, wie die Formulierung דִּבֶּר בְּ auch in 8e zu verstehen ist. *Was* sie sprachen, wird dann in V. 2 explizit gemacht und ebenfalls durch וַיֹּאמְרוּ eingeleitet[36].

Fischer dagegen plädiert dafür, die Wendung דִּבֶּר בְּ in 1a.2bc.6e.8ae einheitlich mit „reden zu" zu übersetzen[37]. V. 2 sei dann als wörtliches Zitat der Gründe, die Mirjam und Aaron für ihre Rede zu Mose in V. 1 anführen, zu verstehen. In V. 2 sei dieses „reden zu" als göttliche Wortmitteilung Hinweis darauf, dass דִּבֶּר בְּ prophetische, d.h. in diesem Kontext die Tora auslegende, Rede meine. Ein solches Verständnis der Wendung lege sich auch von der Bedeutung der Wurzel דבר im dtn Prophetengesetz Dtn 18,9-22 nahe. Mirjams Sprechen zu Mose sei dann in V. 1 als „Mitteilung eines Gotteswortes qualifiziert"[38]. Gegen ein solches Verständnis sprechen die unterschiedlichen Subjekte von דִּבֶּר בְּ. Während die Formulierung in 2bc eine göttliche Wortmitteilung meint, da JHWH Subjekt von דבר ist (wie auch in 6e.8a), können die Belege mit *menschlichen* Subjekten דִּבֶּר בְּ nicht die selbe Art von Rede meinen[39]. Ein Verständnis der Wendung דִּבֶּר בְּ, in der sich die Präposition auf den/die AdressatIn bezieht, ist als prophetische Rede mit menschlichem Subjekt nicht belegbar[40]. Die Präposition בְּ zu דִּבֶּר fehlt

---

35 עַל־אֹדוֹת, kommt insgesamt nur achtmal in der hebräischen Bibel vor und ist deshalb schwer zu bestimmen. Gray, Numbers, 123, Anm. 1 meint, in Gen 26,32 sei die Phrase gerade nicht so zu verstehen wie in Gen 21,11.25; Ex 18,8; Num 13,24. Hinter Grays Schema scheint eine literarkritische Entscheidung zu stehen, die die eben genannten Texte seinem „Elohisten" zuordnet, Gen 26,32 aber dem „Jahwisten", den er annimmt. Jos 14,6 gehöre zu keiner dieser beiden „Quellen".

36 Das Verhältnis zwischen V. 1 und V. 2 sieht Sturdy, Numbers, 90 ähnlich: Er betrachtet וַיֹּאמְרוּ als – später hinzugefügte – Einleitung zu einer Erklärung der ursprünglichen Geschichte, die in V. 1 begonnen hat.

37 Vgl. Fischer, Autorität, 25f.

38 Ebd., 26.

39 Die Belege mit menschlichen Subjekten sind folgende: Num 12,1.8; Num 21,5.7; Dtn 6,7; 1 Sam 19,4; 25,39; 1 Kön 13,25; Ps 50,20; 119,46; Ijob 19,18; Jer 31,20; Sach 13,3.

40 Hingegen gibt es, wie oben gezeigt, die Verwendung mit JHWH als Subjekt, in dem die Präposition mit „durch" übersetzt wird (Num 12,2.6.8; 2 Sam 23,2; 1 Kön 22,28=2 Chr 18,27; Hab 2,1 vgl. Jenni, Präpositionen 164. Jenni hebt deutlich Num 12,1.8 von diesem Belegen ab, da Num 12,1.8 zu den Wendungen mit präpositionalem Objekt

dementsprechend auch in Dtn 18,9-22 als Qualifikation des Sprechens. In V. 22 bezeichnet sie nur das Reden des Propheten *im* (בְּ) Namen JHWHs (so auch Sach 13,3). Es scheint deshalb sinnvoll, bei einer unterschiedlichen Übersetzung zu bleiben, die auch – je nach Subjekt – unterschiedliche Bedeutung hat. Das hat dann zur Folge, dass weder in V. 1 noch in V. 2 die AdressatInnen der Rede bekannt sind.

Diese semantische Offenheit und Ungenauigkeit zu Beginn des Textes ist festzuhalten, da sie ganz im Sinne des Erzählers liegt und eine wichtige rhetorische Strategie darstellt[41].

כִּי in 1c kann als affirmatives Element, als Einleitung eines Kausalsatzes verstanden werden oder eine direkte Rede einleiten. Im ersten Fall müsste übersetzt werden mit „Ja, eine kuschitische Frau hat er genommen!". Ein affirmativer Ausruf, der im Sinne einer Äußerung des fiktiven Erzählers direkt an sein Lesepublikum zu verstehen wäre, wäre an dieser Stelle redundant. Verstünde man כִּי rezitativ als Einleitung einer erzählten Rede Mirjams (und Aarons), müsste die Übersetzung ähnlich wie in Gen 21,30; 29,33; Ex 3,12 lauten: „Eine kuschitische Frau hat er geheiratet!"[42]. Dagegen spricht, dass weder in der Redeeinleitung noch in der Rede selbst ein Adressat der Rede angegeben wird. Als Rede Mirjams und Aarons zu Mose müsste diese eine 2. Person Singular beinhalten und etwa folgendermaßen lauten: „*Du* hast eine kuschitische Frau geheiratet." In den drei angegebenen Belegen wird die direkte Rede auch wirklich mit einem Verb in der 2. Person formuliert. Da dies in Num 12,1 nicht der Fall ist, können wir davon ausgehen, dass Mirjams Rede in 1c *nicht* erzählt wird. Erst in V. 2 erfährt der/die LeserIn den genauen Inhalt der in V. 1 angekündigten Rede Mirjams und Aarons[43]. כִּי leitet in 1c eine auktoriale Äußerung ein, die Mirjams und Aarons Handlung von 1a begründen oder mindestens erklären soll. Der fiktive Erzähler bestätigt somit die Tatsache, dass Mose eine kuschitische Frau geheiratet hat.

---

zählen. Vgl. ebd., Anm. 304). Diese Fälle meinen zweifellos prophetische Rede, aber eben nicht mit menschlichem Subjekt.

41 Vgl. Analysen zur ersten Szene 1a-3b in 1.4.1.2. und 1.5.1.1.
42 Vgl. Milgrom, Jacob, *Numbers*, JPSTC, Philadelphia/New York: JPS 1990, 93 mit Verweis auf Ibn Ezra; Hymes, David C., Numbers 12; of priests, prophets, or "none of the above", *AJBI* 24 (1998) 3-32, 16 mit Anm. 33.
43 Anders Fischer, Autorität, 26. Sie sieht in V. 1 eine Rede Mirjams allein, da sie nur durch das Verb in 3. Person feminin Singular in 1a eingeleitet ist. Aaron werde aber in 1a nur mit erwähnt, er sei erst in V. 2 durch das Verb im Plural in die Handlung miteinbezogen. Unterstützt werde diese Sichtweise durch die unterschiedliche Bedeutung der Verben in 1a und 2a. Während דִּבֶּר בְּ in 1a das prophetische Reden Mirjams auszeichne, da die Wendung auch in V. 2.6.8 prophetische Rede meine, würde אמר die zwischenmenschliche Kommunikation bezeichnen.

דִּבֶּר בְּ kann in 2bc – wie bereits in 1a – ebenfalls unterschiedlich verstanden werden.

1. Als Ausdruck für die *Übermittlung* göttlicher Offenbarungen an Israel *durch* eine/n ProphetIn (vgl. 2 Sam 23,2; 1 Kön 22,28; Hos 1,2; Hab 2,1). Die Übersetzung müsste dann lauten: „Hat JHWH nur durch Mose gesprochen? Hat er nicht auch durch uns gesprochen?"[44] damit ist eine ganz andere Qualität des Sprechens gemeint[45] als in 1a. In diesem Fall wäre der/die AdressatIn des Sprechens Gottes in V. 2 nicht genannt. Mit בְּ würde ein Mittel des Sprechens angegeben und der/die ProphetIn wäre sozusagen ein Mittel des Sprechens Gottes zu den Menschen. Gray hat bereits darauf hingewiesen, dass so ein Gedanke eher mit דִּבֶּר בְּיַד ausgedrückt würde. Außerdem meint er, ein solches Verständnis wäre nur für 1 Kön 22,28 sicher zu belegen, die anderen Stellen (vgl. oben) könnten nicht in diesem Sinn interpretiert werden. Das ließe die Wahrscheinlichkeit einer solchen Übersetzung für Num 12,2 sinken. Dazu käme, dass die selbe Formulierung in Num 12,6e ebenfalls erscheine und sich dort zum Parallelsatz 6d nicht „harmonisch" verhielte[46]. Nun sind zwar 6d und 6e nicht als Parallele auszuweisen und worin die Harmonie bestehen könnte, ist ebenfalls schwierig nachzuvollziehen, aber 6e kann dennoch einen Hinweis geben: Dort heißt es von Gott: „Im Traum spreche ich zu ihm". Direktes Objekt des Sprechens ist der/die ProphetIn. Es ist nicht anzunehmen, dass Gott durch die ProphetInnen in Träumen zu Israel spricht. Von 6e legt sich also ein Verständnis für 2a nahe, das für eine Übersetzung mit „Hat JHWH nicht auch zu uns gesprochen?" spricht[47]. Außerdem wird dadurch ein direkter Bezug

---

44 Für dieses Verständnis hat sich Burns, Lord entschieden, wie am Titel ihrer Monographie "Has the Lord indeed spoken only through Moses?" zu erkennen ist. Leider hat sie die unterschiedlichen Übersetzungsmöglichkeiten nicht besprochen. Es ist anzunehmen, dass sie sich, wie in vielen anderen Entscheidungen auch, an Coats, Rebellion gehalten hat.
45 So Coats, Rebellion, 263 mit Anm. 5.
46 Vgl. Gray, Numbers, 122. Gray meint, in Ex 4,15ff. läge ein Offenbarungs- und Vermittlungsverständnis vor, das mit „sprechen durch" wiederzugeben sei und die Bedeutung von דִּבֶּר בְּ in 1 Kön 22,28 oder vielleicht auch Num 12 ähnlich sein könnte. Das verlockt insofern zu einer Übersetzung der Wendung in Num 12,2 mit „sprechen durch", als Ex 4,15ff. möglicherweise der Aarontradition von Num 12 nahe steht (vgl. 1.5.3.2. und 1.7.). Dagegen spricht allerdings der Wortbestand von Ex 4,15ff., der die Formulierung דִּבֶּר בְּ nicht aufweist und somit keinen Grund hergibt, דִּבֶּר בְּ in Num 12,2 mit „sprechen durch" zu übersetzen. Das V. 6 von wesentlicher Bedeutung für das Verständnis der Wendung ist, hat auch Seebass, Numeri, 68 angedeutet.
47 Ähnlich sieht dies Cohen, Naomi G., "דבר...בי": An "Enthusiastic" Prophetic Formula, ZAW 99 (1987) 219-232, 221f., die durch die Präposition בְּ den/die AdressatIn als OffenbarungsempfängerIn ausgedrückt sieht. Die Formulierung drücke damit den wesentlichen Unterschied zum Sprechen Gottes mit Mose „von Angesicht zu Angesicht" aus.

zur Offenbarung JHWHs an Mose in 8a hergestellt. Das Wortspiel mit der Wendung דִּבֶּר בְּ in V. 6-8 macht deutlich, dass die Wendung mit JHWH als Subjekt einschließt, dass das, was JHWH sagt, weitergegeben wird, wie es bei Mose der Fall ist[48].

2. Eine zweite Verständnismöglichkeit liegt nach Gray darin, בְּ „lokal" zu übersetzen. Gott spräche dann in die ProphetInnen hinein, wie es für den Deuteengel bei Sacharja zutreffe[49]. Bei Sacharja sei aber eine Begleitung des Propheten durch den Engel gemeint[50], was für Num 12 nicht nachweisbar ist.

Gray empfiehlt deshalb, die Formulierung in Anlehnung an נבט ב, ראה ב Hif. oder שמע ב im Sinne eines intensiveren Sprechens, als es mit einer Präposition אֶל ausgedrückt wäre, zu übersetzen.

Schließlich ist für Num 12 festzuhalten, dass die direkten Objekte von דִּבֶּר immer mit בְּ eingeleitet werden (1a.2bc.6e.8a.8c) und dass in den Fällen, in denen Gott Subjekt der Wendung ist (6e.8a), damit die AdressatInnen seiner Rede gemeint sind. Weitere Bestimmungen legen in 6e.8a die Art und Weise des Sprechens fest[51]. V. 6-8 stellen nicht in Frage, dass Gott zu Mirjam und Aaron auch gesprochen hat und spricht, aber sie differenzieren Gottes Sprechen zu ProphetInnen. Wenn Gott zu ProphetInnen spricht (דִּבֶּר בְּ), sind nach Num 12 durchgängig die AdressatInnen direktes Objekt. Deshalb muss in 2bc die Präposition בְּ mit „zu" oder „mit" übersetzt werden. Eine Übersetzung der Präposition בְּ mit „durch" würde die AdressatInnen des Redens offen lassen bzw. darauf hindeuten, dass das Sprechen Gottes noch ein weiteres Ziel hat. Die V. 7-8 legen jedoch nahe, das es in Num 12 zunächst nicht um einen Vergleich über die *Weitergabe* der Offenbarung, sondern nur um den Offenbarungs*empfang* gehe. Der Offenbarungsempfang ist ja auch das wesentliche Kriterium im Konflikt um die prophetische Autorität (vgl. Dtn 18,18-20). V. 2 für sich betrachtet lässt die Entscheidung für eine Übersetzung offen. Erst im Kontext von V. 6-8 wird deutlich, was gemeint ist. Für eine Übersetzung der Präposition mit „mit" statt „zu" habe ich mich

---

48 So lässt sich בְּ auch in 1 Kön 22,28, dem sichersten Beleg für einer Wiedergabe mit „durch", mit „zu" wiedergeben, ohne dass sich der Sinn der Aussage Michas im Kern verändern würde. Im Gegenteil: Die Frage, ob JHWH *zu* ihm gesprochen hat, stellt die Legitimität des Auftretens Michas in Frage. Eine Übersetzung mit „zu" spielt somit in die Frage nach „wahrer" und „falscher" Prophetie hinein, was im Spruch Num 12,6-8 nicht unwesentlich ist. – Zu einer Übersetzung der Präposition mit „zu" vgl. auch Fischer, Autorität, 25f. Eine uneinheitliche Übersetzung kann auch weniger als Manko, sondern als ein Wortspiel um die Frage der Legitimation im Rahmen eines prophetischen Autoritätenkonfliktes betrachtet werde.
49 Vgl. Gray, ebd., 122f. Vgl. Sach 1,9.13.14; 2,2.7; 4,1.4.5; 5,5.10; 6,4. Allerdings ist דבר bei Sach im Kal und nicht im Pi'el verwendet.
50 Vgl. ebd., 123.
51 In 6e besonders deutlich durch die doppelte Präposition בְּ, die sowohl das Medium Traum als auch den/die AdressatIn einleitet. In 8a fehlt dieses Medium, da Gott direkt von Mund zu Mund mit Mose spricht.

entschieden, da sie die Intensität und Intimität des Redens stärker hervor hebt[52].

Levine übersetzt ענו in 3a mit "unassuming", „bescheiden", um die Konnotation von Schwäche ("meek") zu umgehen[53]. Da die Bedeutung von ענה in diesem Kontext nicht eindeutig zu erfassen ist, scheint es günstiger, eine weniger einengende Übersetzung zu wählen, was durch „bescheiden" nicht der Fall wäre.

Die zweifache Verwendung der Wurzel יצא in 4c mit Mose, Aaron und Mirjam als Subjekt und 5d nur mit Mirjam und Aaron ist als weitere Differenzierung in der Dreiergruppe zu verstehen. Die folgende Gottesrede in V. 6-8 ist nur an Mirjam und Aaron gerichtet, von Mose ist in 3. Person die Rede.[54]

אסף Nif'al in 15c steht im Infinitivus absolutus und kann als solcher einen yiqtol oder qatal ersetzen[55]. Vom Zeitverhältnis ist der Satz eine Fortsetzung der Ereigniskette. Wayyiqtol kann hier wegen des עד zu Beginn des Satzes nicht stehen. Dass sich der Erzähler für den Infinitiv statt des Yiqtol entschieden hat, macht seine Emphase deutlich. Samaritanus[56] und Septuaginta[57] wandeln den Infinitiv in eine finite Verbform in 3. Pers. fem. Sg., also mit „Mirjam" übereingestimmt. Das muss für den Inf. abs. nicht zwingend übernommen werden.

1.3. Num 12 im Kontext des Numeribuches

In Num 12,1 beginnt ohne Nennung von Orts- oder Zeitangaben und ohne Einführung der Personen oder eines Themas eine eigenständige Erzählung, die in V. 15 zu Ende ist. Der zeitliche Rahmen, in dem die Episode spielt, wird erst im Nachhinein angedeutet, wenn gesagt wird, dass das Volk *nach* den Ereignissen von 12,1-15 in die Wüste Paran weiterzieht (V. 16). Erst V. 16 stellt durch die Wanderungsnotiz einen Bezug her, der direkt an Num 11,34 anschließen könnte[58]. Num 12 wird somit nicht durch chronologische Angaben in den Verlauf der Wüstenwanderung eingegliedert. Die Erzählung von Num 12 ist auch nicht an einen spezifischen Ort gebunden.

Die Gliederung des Numeribuches kann nicht eindeutig erfolgen. Die meisten Exegeten halten sich an die Stationen in der Wüste, gelangen aber zu

---

52 Ähnlich Gray, Numbers, 123. Seebass, Numeri, 58f. übersetzt mit „zureden", womit ebenfalls das intensive Sprechen wiedergegeben sein soll.
53 Vgl. Numbers, 329. Er lehnt sich dabei an Gray, Numbers, 123f. an.
54 Ähnlich versteht dies auch Seebass, Numeri, 70.
55 Vgl. Bartelmus, Einführung, 92.
56 Hängt EPP 3. fem. Sg. an den Infinitiv: האסה (vgl. v. Gall z. St.).
57 ἐκαθαρίσθη.
58 Vgl. Abgrenzung der Einheit vgl. 1.6.1.

unterschiedlichen Abgrenzungen dreier Teile[59], die in etwa folgendermaßen aussehen:
1,1-10,10: Israel am Sinai
10,11-22,1: Vom Sinai nach Moab
22,2-36,13: In Moab.

Budd orientiert sich an den Inhalten[60] und Olson[61] am Kriterium der alten und der neuen Generation. Num 12 steht – wie immer man Num auch gliedert – am Beginn des Marsches durch die Wüste im Rahmen der Krisen des Volkes und seiner Führung. Num 11 ist die erste Murrerzählung des Numeribuches und steht durch die Anfrage an Moses alleinige Führungsfunktion und das Thema der Prophetie Num 12 sehr nahe. Es wird deutlich werden, dass Num 12 ohne den Kontext von Num 11 schwer verständlich ist[62]. In den Anschluss an Num 12 reiht sich die Kundschaftererzählung. Auch sie thematisiert die Frage nach der Führung Israels. Ist es in Num 11-12 Mose, der aus jeglicher Institution hervorgehoben wird, so dient Num 13f. der Etablierung seines Nachfolgers Josua (14,6-10.30.38).

Auch wenn Num 12 lokal und zeitlich nicht verortet wird, steht die Erzählung innerhalb eines konsistenten Themas. Num 12 ist nicht nur im größeren Kontext der Murrerzählungen in der Wüste, sondern auch innerhalb unterschiedlicher Erzähldiskurse um Autorität und Nachfolge des Mose, eingegliedert.

1.4. Dispositio: Szenen, in denen ein Subjekt verschwindet

Der Handlungsablauf in Num 12 ist durch die Verkettung von Wayyiqtol-Formen auf der Handlungsebene E_1 als klare Abfolge einzelner Handlungsschritte nachvollziehbar. Ausnahmen bilden 1b.10a und 15c. Dabei handelt es

---

59 Vgl. Dillmann, Numeri, 3.50.135; de Vaux, Roland, *Les Nombres*, Sbi., Paris: Cerf 1972, 12f.; Gray, Numbers, xxvi-xxix unterteilt die beiden letzten Abschnitte nicht anhand von „Moab" sondern nach den Landschaften „westlich der Araba" (10,11-21,9) und „östlich der Araba" (21,10-36,13); Heinisch, Numeri teilt die beiden letzten Abschnitte ebenfalls anders, indem er sich am Ort Kadesch orientiert. Er gelangt zu folgenden Abschnitten: 10,11-20,13: „Vom Sinai nach Kadesch", 20,14-21,35: „Von Kadesch nach dem Ostjordanlande", Num 22-24: Bileam, Num 25-36: „Israel in den Steppen Moabs". Snaith, Numbers, 4f. orientiert sich nach 10,10 ebenfalls an Kadesch. Allerdings nimmt er Bileam nicht heraus und nennt 10,11-20,13 "What happened in the Wilderness" und 20,14-36,13 "What happened from Kadesh to the plains of Moab".
60 Vgl. Numbers, xvii. Er gelangt zu folgenden Abgrenzungen: 1,1-9,14: Konstituierung der Gemeinde am Sinai, 9,15-25,18: Wanderung, 26,1-35,34: Vorbereitungen für die Landnahme, Kapitel 36 zählt er nicht hinzu, da es ein Appendix sei.
61 Vgl. Olson, Denis T., *The Death of the Old and the Birth of the New. The Framework of the Book of Numbers and the Pentateuch*, BJSt 71; Atlanta: Scholars Press 1985.
62 Vgl. dazu auch Fischer, Autorität, 34-36.

sich um Aussagen, die inhaltlich als Erzählinteresse von Bedeutung sind. 1b ist eine retrospektive Bestätigung der Ehe Moses und damit eine Bestätigung des Sachverhaltes, den Mirjam (und Aaron) argumentativ einbringt. 10a ist für die Beendigung der Szene und den folgenden Perspektivenwechsel relevant und 15c ist als Bestätigung, dass Mirjam wieder ins Lager zurückgeholt wird, Ende der Episode.[63]

Milgrom hat innerhalb von Num 12 eine Erzählstruktur herausgearbeitet, die sich an Handlungsmustern orientiert. Fragen nach Ortswechseln und Veränderungen der HandlungsträgerInnen sind bei Milgrom nicht relevant, da er nicht an einer Einteilung in Szenen interessiert ist. Milgrom betont, dass sich die Struktur von Num 12 in paralleler Form auch in Num 11,1-3 findet und aus sechs Teilen besteht[64]:

A   Klage (11,1a: Volk; 12,1: Mirjam und Aaron)
B   Gott hört, sein Zorn entbrennt, er straft (11,1b; 12,2.4-5.9-10)
C   Bitte an Mose (11,2a: Volk; 12,11-12: Aaron)
D   Mose legt Fürsprache ein (11,2bα; 12,13)
E   Bitte beantwortet (11,2bβ; 12,14)
F   Marsch verzögert (in 11,1-3 nur erschließbar; 12,15).

Diese Struktur ist ein Grundmuster von Erzählelementen, das für Num 12 nicht spezifisch ist. Dadurch geraten Szenen und Handlungsabläufe, die für die Rhetorik des Erzählers von Num 12 wichtig sind, nicht in den Blick. Sowohl die Rede Gottes in V. 6-8 als auch die Trennung der Partei Mirjams und Aarons in V. 10-15 gehen durch diese Auflistung der Strukturelemente verloren.[65]

---

63   Zur genaueren Beschreibung der Funktionen dieser ÄE vgl. 1.5.3.1 und 1.5.4.
64   Milgrom, Numbers, 376 versteht Num 11-12 als eine Einheit von drei Klagegeschichten, wobei 11,1-3 und 12,1-15 parallel aufgebaut sind und die mittlere Klage in 11,4-34 rahmen. Eine ähnliche Strukturierung sieht Jobling, Analysis, 37.
65   Die Erzähltheorie unterscheidet zwischen den beiden Ebenen Fabel und Erzählung (vgl. Bal, Narratology, 5ff.; Utzschneider, Arbeitsbuch, 150-153). Während erstere das Erzählgerüst darstellt, Zeit- und Ortsreferenzen, den Handlungsablauf und die Konstellation der HandlungsträgerInnen in den Blick nimmt, wird auf der zweiten Ebene die Realisierung dieses Gerüstes im konkreten Fall einer einzelnen Narration analysiert. Die Entscheidung, welche Elemente zum Gerüst zu zählen sind und welche konkrete Ausschmückung sind, beeinflussen das Ergebnis. Da Num 12 zweifellos die Struktur und die Elemente einer Murrerzählung aufweist, die Moses Führungsfunktion in Frage stellt (vgl. Coats, Rebellion, 261), ist die Erzählung wohl zu jener Form zu zählen. Num 12 ist aber mehr als das und dieses „Mehr" liegt in der Tatsache, dass Mirjam bestimmte gesellschaftliche Anliegen repräsentiert. Es wird also nicht reichen, bei der Klassifizierung „Murrgeschichte mit Struktur wie Num 11,1-3" stehenzubleiben. Eine differenziertere Grundstruktur kann rhetorische und theologische Aussagen und Erzählstrategien deutlicher machen.

Culley[66] dagegen wird mit seiner Strukturanalyse der Erzählung von Num 12 gerechter, wenn er darin vier Abschnitte erkennt. Culley nennt zwar sein Gliederungskriterium nicht, es ist aber zu vermuten, dass er sich an den initiativen Subjekten orientiert:
1. Mirjam und Aaron begehen etwas Falsches gegen JHWH.
2. JHWH erklärt sie als irrig und fügt eine Strafe zu.
3. Aaron appelliert an Mose, der zu Gott betet.
4. JHWH antwortet mit einer Bedingung für die Heilung. Die Bedingung wird erfüllt und es kann angenommen werden, dass die „Heilung" stattgefunden hat.

Die Struktur Culleys kommt der hier vorgestellten nahe, nennt aber nicht die Mittel, mit denen die Abschnitte abgegrenzt und konstruiert werden. Demgegenüber kann sich eine Gliederung in Szenen auf formale Kriterien der Ortsveränderung, Veränderungen in den Konstellationen der HandlungsträgerInnen, Zeitreferenzen sowie fallweise Veränderungen des Blickwinkels auf das Geschehen berufen.[67] Die Gliederung in Szenen kann bereits auf der Strukturebene erste Hinweise auf rhetorische Strategien liefern.

1.4.1. Erste Szene 1a-3b

1.4.1.1. Abgrenzung der Szene

In 1a werden neue HandlungsträgerInnen genannt. Sie sind während der ganzen Erzählung Num 12,1-15 präsent sind. Die Nennung der konkreten Einzelpersonen Mirjam, Aaron und Mose stellt gegenüber der Namensätiologie und der Wanderungsnotiz in 11,34-35 einen Einschnitt dar.

Es fällt aber auf, dass Zeit- und Ortsangaben, die den Neueinsatz einer Szene und den Beginn einer Erzählung markieren könnten[68], fehlen.

Die Ortsbezeichnung עַל־פְּנֵי הָאֲדָמָה in 3b kann nicht als gliederndes Merkmal verstanden werden, da es sich nicht auf der Handlungsebene E_1 befindet, weshalb sich diese Ortsangabe nicht auf den Ort der erzählten Handlung bezieht. Der Ort des erzählten Geschehens wechselt somit in V. 3

---

66 Vgl. Culley, Robert C., *Studies in the Structure of Hebrew Narrative*, Philadelphia: Fortress Press/Missoula: Scholars Press 1976, 105.
67 Die Veränderung der Perspektive kann so massiv in die Handlung eingreifen, dass sie einem Ortswechsel gleichkommt. Das ist vor allem im Zusammenhang mit einer Veränderung unter den AktantInnen gegeben.
68 Vgl. Gülich/Raible, Überlegungen, 86 u.ö.

nicht[69]. Demgegenüber wird in V. 4 ein Ortswechsel vollzogen, weshalb die Episodengrenze zwischen V. 3 und V. 4 anzusetzen ist.

Zwischen V. 3 und V. 4 ist ein weiterer Einschnitt zu vermerken. Formal gesehen stellen die beiden Nominalsätze auf E_0 in V. 3 einen Einschnitt innerhalb der Verbalsatzketten von V. 1-2.4 dar. Die allgemeinen Aussagen, die in Nominalsätzen formuliert und Äußerungen auf E_0 sind, lenken den Blick weg von der konkreten Szenerie auf Moses Eigenschaften[70]. Der Eindruck eines Einschnittes wird dadurch verstärkt, dass die Form des Satzes (ו + Nominalsatz), in dem es um eine Person geht, ein typischer Anfang einer Erzählung sein kann, in dem eine unbekannte Person vorgestellt wird[71]. Deshalb liegt es nahe, V. 3 zwar nicht als Anfang einer Erzählung, aber als Einschnitt zu verstehen. V. 3 hat aber nicht die Funktion, eine unbekannte Person einzuführen, denn Mose ist ja bereits in V. 1-2 genannt. Trotzdem will der Erzähler in V. 3 etwas neues, unbekanntes über Mose erzählen. Er will eine unter allen Menschen hervorragende Eigenschaft Moses betonen und damit bereits auf seine Absolutheit hinweisen. Das ist neu an der Person des Mose. Inhaltlich gesehen finden sich in diesem Vers Hintergrundinformationen, in denen der Erzähler seinen Standpunkt mitteilt und Mose ins Recht setzen will[72].

Der Einschnitt zwischen V. 3 und V. 4 wird durch die erneute Nennung sämtlicher HandlungsträgerInnen in 4a verstärkt. Außerdem tritt JHWH hinzu, wodurch sich neue Parteiungen ergeben: Mirjam und Aaron stehen nicht Mose gegenüber, sondern mit Mose Gott gegenüber.

Somit ist der Szeneneinschnitt aufgrund des Ortswechsels, der Veränderung und Neunennung der HandlungsträgerInnen, der syntaktischen Auffälligkeit der beiden Nominalsätze in V. 3 und durch den Wechsel der Erzählebenen von E_0 in V. 3 zu E_1 in V. 4 zwischen V. 3 und V. 4 anzusetzen.

---

69 Hier hilft die von Gülich/Raible vorgeschlagene Vorstellung eines Dramas mit Akten und Auftritten. Szeneneinschnitte finden dort statt, wo Ort, Personen oder beides wechseln: Mit 4c ist der Ortswechsel zwar noch nicht vollzogen, aber die SchauspielerInnen verlassen die Bühne – Mirjam, Aaron und Mose verlassen das Lager.

70 Ähnlich Butting, Prophetinnen, 56; Milgrom, Numbers, 94 beschreibt V. 3 als Antwort des Editors ("editorial reply") und bezieht die Aussage inhaltlich darauf, dass Mose, obwohl er angegriffen ist, in V. 13 nicht für sich sondern für seine Opponentin bittet (vgl. ebd., 377).

71 Vgl. dazu Groß, Walter, Syntaktische Erscheinungen am Anfang althebräischer Erzählungen: Hintergrund und Vordergrund, in: Emerton John A. (ed.), *Congress Volume Vienna 1980*, VT.S 32, Leiden: Brill 1981, 131-145, 134ff.

72 Vgl. zur Hintergrundinformation dieser Satzarten Groß, ebd., 135-137. Genaueres vgl. 1.5.1.2.

1.4.1.2. Erzählebenen

In der ersten Szene werden alle im Text vorhandenen Erzählebenen realisiert, wobei E_1, die Handlungsebene, überwiegt. Die Sätze auf dieser Ebene (1ab.2ad) sind als Abfolge durch Wayyiqtol-Formen aneinander gekettet. Aus dieser Kette fällt der retrospektive Relativsatz 1b durch die Form x-qatal heraus.

In der kurzen Szene von neun Äußerungseinheiten stehen drei auktoriale Äußerungen. Dadurch ist die Kommunikation zwischen dem Erzähler und den LeserInnen stärker präsent als in den folgenden Szenen[73]. Eine so gehäufte direkte Anrede des Publikums durch den Erzähler ist innerhalb von Einleitungen zu Erzählungen nicht selten. Der Erzähler gibt einerseits Hintergrundinformationen für das Verständnis der Erzählung[74], nimmt andererseits aber auch die Gelegenheit wahr, den Blick und die Sympathie seines Publikums zu lenken und für sein Anliegen zu gewinnen[75]. Das erreicht der Erzähler dadurch, dass er im Unterbrechen der Handlung für die LeserInnen die Möglichkeit schafft, sich vom Geschehen zu distanzieren. Erst aus dieser Distanz können sie zum Erzählten Stellung beziehen.

1c ist ein Sonderfall der auktorialen Äußerungen, eine erklärende Substitution[76] von 1b. Der Erzähler tritt aus der Handlung heraus, um diese zu besprechen. Im konkreten Fall will er den LeserInnen versichern, dass Mose auch wirklich eine kuschitische Frau heiratete.

In der ersten Szene wird kein Ort der Handlung genannt. Da Ereignisse aber nicht ortlos geschehen können[77], muss nach weiteren Orten gesucht werden. Für die Analyse der Erzählung ist es angemessener, nicht den Kontext heranzuziehen, auch wenn sich aus den Wandernotizen in 11,35 und 12,16 Hazerot als Ort des Ereignisses nahelegt. Gefragt sind die Orte innerhalb der Erzählung, die Orte, die der Erzähler benennt und die ihm deshalb für die Verortung des Geschehens wichtig sind. Die erste lokale Angabe für die Handlung ist das Hinausgehen Mirjams, Aarons und Moses zum Zelt der Begegnung. Dadurch ist der Rückschluss möglich, dass die erste Szene noch nicht außerhalb, sondern innerhalb des Lagers stattgefunden

---

73 Der Erzähler wendet sich erst zu Beginn der dritten Szene, in 10b, wieder direkt an sein Publikum.
74 So vor allem betont bei Bar Efrat, Art, 111f.
75 Vgl. Kennedy, New Testament, 23.
76 Nach Gülich/Raible, Überlegungen, 88f. Als Beispiel wird Robert Musils „Mann ohne Eigenschaften" genannt. In diesem Roman wechseln Erzählung und Besprechung permanent ab. Die Besprechungen sind ohne Erzählung unverständlich, weil der Zusammenhang mit der Handlung fehlt. Dies liegt in 1b vor. Zum Unterschied von Erzählung und Besprechung und der damit verbundenen Ebenentrennung vgl. auch Müllner, Gewalt, 56.
77 Vgl. Bal, Narrative, 43.

hat. Für die rhetorische Analyse wichtiger ist jedoch zweifellos die Feststellung, dass der Erzähler eine Lokalisierung des Konfliktes vermeidet. Er gibt damit Mirjam keinen Ort. Er gibt ihr nicht nur keinen geographischen, sondern vor allem keinen gesellschaftlichen Ort. Denn die Orte, die er nennt, sind – wie wir gesehen haben – gesellschaftliche Orte. Mit der ersten lokalen Angabe für die Handlung thematisiert der Erzähler bereits die Frage von „Drinnen" und „Draußen". Diese wird für die Perspektive auf Mirjam in 14d-15c relevant werden.

Die wiederholte Formulierung דִּבֶּר בְּ in 1a.2bc deutet an, worum es thematisch geht. Dass die Wendung auf zwei unterschiedlichen Erzählebenen und auch in unterschiedlichen Bedeutungsvarianten erscheint[78], lässt bereits ein Problem des Textes erahnen.

Die erste Szene kann als Proömium im Sinne einer Problemstellung bezeichnet werden, da alle handelnden Personen genannt werden und eine Situation in Gang gebracht wird, die einer Lösung zugeführt werden muss: Mirjams (und Aarons) Rede gegen Mose bildet in V. 1 den Ausgangspunkt für das folgende. Es konnte gezeigt werden, dass vermehrt auftretende auktoriale Äußerungen zur Eigenart von Proömien gehören.

1.4.2. Zweite Szene 4a-10a

1.4.2.1. Abgrenzung

Der Ortswechsel von einem nicht genannten Ort in V. 1-3 zum Offenbarungszelt sowie die neue Konstellation der HandlungsträgerInnen signalisieren eine neue Szene. Die Veränderungen unter den AktantInnen geschehen in drei Schritten. Sie bestehen zunächst in der bereits erwähnten Verschiebung in den Parteiungen. In V. 4 stehen nicht mehr Mirjam und Aaron Mose gegenüber, sondern Mirjam, Aaron und Mose bilden eine Partei gegenüber Gott. Einen zweiten Schritt in der Veränderung stellt die Intensivierung der göttlichen Präsenz durch Gottes Herabsteigen in der Wolke dar. Die göttliche Gegenwart am Zelteingang ist dann die Überleitung zur dritten Veränderung, die Mirjam und Aaron vor Gott stellt und Mose distanziert. Mose ist für den Rest der Szene der „Dritte", über den gesprochen wird.

Das Ende der Szene ist an drei formalen Kriterien in 10a erkennbar. 1. Die Syntax von 10a (w^{e}qatal-x) hebt sich von der Wayyiqtol-Kette auf der Erzählebene (4ac.5a-d.6a.9ab) ab. 2. Da sich die Wolke entfernt, ergibt sich eine neue Konstellation der HandlungsträgerInnen. 3. Die Wiederaufnahme der Nennung des Ortes (מֵעַל הָאֹהֶל) rahmt die in V. 4 begonnene Szenerie. Die Szene am Zelteingang mit Gottes besonderer Gegenwart in der Wolke ist hier

---

78 Dazu Genaueres 1.2.2. und 1.5.1.1.

beendet. Die Bewegung der AktantInnen hin zum Zelt, wie sie in V. 4-5 beschrieben ist, hat ein Szenarium geschaffen, das durch die Entfernung der Wolke wieder aufgelöst wird. Die zweite Szene ist somit gerahmt von Hinbewegung und Wegbewegung.

Zu diesen Auffälligkeiten in 10a fügen sich ebenso markante Beobachtungen in 10b[79]. וְהִנֵּה markiert einen Perspektivenwechsel[80], gleichzeitig wechselt die Ebene der Erzählung von E_1 auf E_0. Der Wechsel zum Standpunkt des Erzählers verändert den Blickwinkel der LeserInnen. Außerdem beginnt in 10b ein neues Thema, in dem es um Aussatz und Bestrafung geht. Es löst die Episode des Offenbarungsempfanges ab[81].

1.4.2.2. Strukturelle Beobachtungen

In der zweiten Szene, die mit zwanzig Äußerungseinheiten fast gleich lang ist wie die dritte mit 18, fehlt die direkte Stimme des Erzählers völlig, es überwiegt die Rede Gottes.

Die Verschiebungen unter den HandlungsträgerInnen, die, wie bereits oben angedeutet, die Szeneneinschnitte markieren, korrespondieren mit starken Bewegungen zu Beginn und am Ende der Szene. Sie sind durch unterschiedliche Bewegungsverben realisiert[82].

Auffällig ist, dass in 4ab Mose, Aaron und Mirjam gerufen werden und in 4c auch gehen (יצא), dass aber in 5c Aaron und Mirjam noch einmal, allerdings nicht in erzählter Rede, gerufen werden und auch hinausgehen bzw. hervortreten (יצא). Das Ziel dieses zweiten Hinausgehens ist jedoch nicht bekannt. Es geht deshalb nicht darum, dass Mirjam und Aaron ein zweites Mal zu einem anderen Ort gehen, sondern dass sie aus der Dreiergruppe heraustreten. Mirjam und Aaron sollen damit doppelt abgesondert werden, in eine besonders abgeschiedene, abgeschottete, sichere oder intime Szenerie. Dieser Steigerung der Abgeschiedenheit entspricht eine „Steigerung der Gegenwart Gottes", wenn die Wolkensäule herabsteigt (5a), Gott spricht (V. 6-8) und sein Zorn entbrennt (9a). Diese Intensität wird so schrittweise wie sie inszeniert wird auch wieder aufgelöst: er (der Zorn?) geht wieder (9b) und die Wolke entfernt sich vom Zelt.

---

79 Die Szenenabgrenzung bei Prozessen ist oft nicht eindeutig zu entscheiden. Der Wechsel von der zweiten zur dritten Szene stellt ein ähnliches Problem dar wie von der ersten zur zweiten Szene. Der Abgang der Wolke ist erst in 10a vollzogen, weshalb die Szenengrenze erst nach 10a anzusetzen ist. Zur Problematik der Abgrenzung von prozesshaften Ereignissen vgl. Bal, Narratology, 20.
80 Vgl. Berlin, Poetics, 62f.
81 Genaueres 1.5.2.3. und 1.5.2.4.
82 Vgl. 1.5.2.1.

Auch in dieser Szene taucht die Formulierung דִּבֶּר בְּ auf (6e.8ae). Sie findet sich dreimal innerhalb der Rede Gottes, also nur auf der Ebene der erzählten Rede. Sie wird wieder mit zwei unterschiedlichen Redesubjekten (JHWH in 6e.78a und Mirjam und Aaron in 8e) und AdressatInnen (ProphetInnen in 6e, Mose in 8ae) und deshalb wahrscheinlich mit verschiedenen Bedeutungsvarianten verwendet. Sie stellt innerhalb der Rede Gottes ein Strukturmittel dar[83]:

6b „Hört meine Worte!
6c A Wenn euer Prophet einer JHWHs (יהוה) ist,
6d   B in Visionen (מראה) offenbare ich mich ihm
6e   C im Traum spreche ich zu ihm (אֲדַבֶּר בּוֹ).
7a   D Nicht so mein Knecht Mose.
7b   D' In meinem ganzen Haus ist er der
                       glaubwürdigste
8a   C' Von Mund zu Mund spreche ich mit ihm (אֲדַבֶּר בּוֹ)
8b   B' als Erscheinung (מראה), und nicht in Rätseln -
8c A' und das Bild JHWHs (יהוה) sieht er.
8d Warum also fürchtet ihr nicht,
8e zu sprechen über meinen Knecht Mose?"

Die Elemente dieser chiastischen Konstruktion, אדבר בו – מראה – יהוה stellen die Sonderposition Moses innerhalb Israels ins Zentrum (Elemente D und D') der Gottesrede. 6b und 8de sind durch kein chiastisches Entsprechungsmerkmal gekennzeichnet und deshalb nicht in die chiastische Struktur aufgenommen worden. Inhaltlich dienen sie als Rahmen und Überleitung zur Narration[84].

Die Rhetorik kann diese Szene als ersten Teil der Narratio bezeichnen. Darin wird die Propositio als wesentlicher Teil der Narratio ganz deutlich. Der Erzähler legt das dar, was er beweisen will, nämlich Moses unantastbare Sonderstellung von JHWH her.

---

83 Zu dieser Struktur vgl. auch Burns, Lord 53f; Milgrom, Numbers, 95; Staubli, Numeri, 249; Hymes, Numbers, 11f. Valentin verweist nur auf einen antithetischen Parallelismus in chiastischer Form von 6e und 8a, emendiert aber dafür וּמַרְאֶה וְלֹא בְחִידֹת (vgl. Valentin, Heinrich, *Aaron. Eine Studie zur vorpriesterschriftlichen Aaron-Überlieferung*, OBO 18, Freiburg i. Ue. u.a.: Universitätsverlag Freiburg/Göttingen: Vandenhoeck & Ruprecht 1978, 325f).
84 So Hymes, Numbers, 12f.

1.4.3. Dritte Szene 10b-14e

1.4.3.1. Abgrenzung

Es wurde bereits deutlich, dass das Ende der zweiten Szene vom Auflösen des Szenariums am Zelteingang bestimmt ist. Den Neubeginn in 10b markiert nun ein Perspektivenwechsel. Er wird durch den Abbruch der Wayyiqtol-Kette in 10a angekündigt. Sie macht einen Einschnitt im Handlungsablauf und eine Unterbrechung in der Erzählfolge deutlich. In der Erzählung wechselt die Handlungsebene, weil der Erzähler seinen LeserInnen einen direkten Hinweis gibt. Durch das zweifache וְהִנֵּה steht die Frage der Perspektive im Zentrum der Szene[85].

Der Beginn der Szene in 10b macht als auktoriale Äußerung keine direkte Aussage über den Verlauf der Handlung. Dadurch bleiben die HandlungsträgerInnen zunächst verborgen. Nur Mirjam wird genannt, nicht aber als Subjekt, sondern als Objekt des Geschehens.

Das Ende der Szene ist nicht nur durch das Ende der Ebene E_2, also durch das Ende eines kommunikativen Teiles der Geschichte, bezeichnet, sondern auch durch die Markierungen des Einschnittes in 15a, wie sie bei der nächsten Szene beschrieben werden.

1.4.3.2. Strukturelle Beobachtungen

Die wenigen Sätze, die sich auf der Handlungsebene E_1 befinden (10c.11a.13a.14a), leiten jeweils Perspektiven ein, da sie nur eine individuelle Wahrnehmung (10c) und drei Reden (11a.13a.14a) einführen. Die Reden in V. 11-14 geben die Perspektiven Aarons, Moses und Gottes wieder. Die Handlungsebene selbst kommt erst in der nächsten Szene wieder in den Blick.

Rhetorisch ausgedrückt stellt die Rede über Mirjams Aussatz den Beweis des Erzählers dafür dar, dass das, was er beweisen wollte, stimmt: Mirjam hat sich schuldig gemacht, wie an der Feststellung des Aussatzes erkennbar ist.[86]

Der Erzähler bringt aber in der Rede Aarons gleich auch die Refutatio, die gegenteilige Meinung, die Verteidigung des Angeklagten und dessen Hintergründe und Motivation innerhalb der Digressio[87]. Damit integriert er

---

85 Genaueres zu וְהִנֵּה in seiner Bedeutung für den Perspektivenwechsel 1.5.3.1.
86 Dass der Aussatz nicht auf der Handlungsebene erzählt wird, sondern nur innerhalb individueller Perspektivierungen steht, zeigt, dass er nicht allgemein nachvollziehbar ist. Man muss schon eine bestimmte Perspektive einnehmen, wie das zweifache וְהִנֵּה andeutet, um den Aussatz wahrzunehmen. Genauer unten 1.5.3.
87 Zu den rhetorischen Begriffen vgl. Kennedy, New Testament, 23f.

die Argumente der Gegenpartei in seine eigene Argumentation und nimmt ihnen ihre Schärfe.

1.4.4. Vierte Szene 15a-15c

Die vierte Szene hebt sich von der restlichen Erzählung vor allem dadurch ab, dass die erzählte Zeit gerafft ist. Während V. 1-14 eine kurze Episode erzählen, werden in V. 15 sieben Tage in den Blick genommen. V. 15 schließt inhaltlich ungebrochen an V. 1-14 an, allerdings wird der Blick vom genauen Handlungsablauf eines Einzelereignisses auf einen größeren Zusammenhang gelenkt. Dieser größere Zusammenhang wird nicht nur durch die Zeitraffung, sondern auch durch die erstmalige Nennung des Volkes hergestellt. Der Blick geht von den drei Führungsgestalten des Exodus weg zum ganzen Volk. Das wird durch die Nennung des Lagers in 15a und des Volkes in 15b sichtbar.

Auch wenn wieder eine Ortsbezeichnung genannt wird (מִחוּץ לַמַּחֲנֶה in 15a), findet kein Ortswechsel der Handlung statt. Der Standpunkt des Erzählers bleibt innerhalb des Lagers, weil er nichts darüber erzählt, was außerhalb passiert. Er bleibt mit seinem Blick innerhalb des Lagers, von wo er weiß, dass das Volk wartet. Auch 15c macht die Betrachtung aus dem *Innern* des Lagers deutlich: „bis Mirjam *hereingeholt* wurde".

Die Konstellation der HandlungsträgerInnen verändert sich insofern, als nur mehr Mirjam und das Volk erwähnt werden, von Aaron, JHWH und Mose aber nicht mehr die Rede ist.

Das Ende der Szene ist einerseits durch die Zeitreferenz in 16a (וְאַחַר) gegeben, die V. 16 vom Geschehen in V. 1-15 abhebt. Andererseits verweist die Nennung der Ortsnamen „Hazerot" und „Wüste Paran" auf den größeren Zusammenhang der Wüstenwanderung und lenkt den Blick wieder weg von der Einzelepisode.

1.5. Elocutio: Betrachte Mirjam als aussätzig!

1.5.1. Erste Szene 1a-3b: Strategien des Verschleierns und Vergessens

1.5.1.1. Die Handlungsebene: Subjekte, Handlungsziele und keine EmpfängerInnen

In 1a werden Mirjam, Aaron und Mose genannt, wobei Mirjam und Aaron durch einen Sprechakt die Handlung in Gang bringen, also initiative Subjekte sind[88]. Dass ein Sprechakt die ganze Handlungskette von Num 12 auslöst, deutet auf einen wesentlichen Inhalt des Textes hin, nämlich auf die Frage, wer mit wem worüber und in welcher Weise kommuniziert. Diese Frage wird in der ersten Szene auf zwei Ebenen verhandelt[89]. Die eine ist das Spiel um die Bedeutung von בְּ דִּבֶּר, das sowohl auf der Handlungsebene stattfindet als auch innerhalb der erzählten Rede (2bc). Die zweite Ebene ist die der Verbarten: In der ersten Szene, finden sich auf der Handlungsebene fast nur Verben der Kommunikation (1a: דבר Pi'el, 2a: אמר, 2c: שמע, 4a: אמר). Die einzige Ausnahme stellt das retrospektive לָקַח in 1b dar.

Die Formulierung דִּבֶּר בְּ in 1a bezeichnet den Sprechakt Mirjams und Aarons nicht eindeutig. Es bleibt zunächst offen, ob sie direkt *zu* Mose sprechen oder *über* ihn. Ebenso unklar ist, ob die Rede eher intensiv zu verstehen ist, im Sinne von „auf ihn eindringen"[90] oder negativ als Rede *gegen* ihn, wie meist angenommen wird[91]. Seebass geht davon aus, dass דִּבֶּר בְּ in Num 12,1.2.6.8 jeweils dasselbe meine, nämlich ein intensives Zureden[92]. Diese monolithische Argumentation ist zwar vor allem wegen ihrer Anlehnung an andere grammatische Konstruktionen, in denen ein Verb mit

---

88 Innerhalb der narrativen Analyse werden Reden in Anlehnung an die Sprechakttheorie als Handlungen verstanden, genauer als „soziales Handeln", das als intentionales Agieren auf das Verhalten anderer abzielt. So gesehen bewirken sprachliche Äußerungen mehr als nur die Wiedergabe von Information (vgl. Wagner, Andreas, *Sprechakte und Sprechaktanalyse im Alten Testament*, BZAW 253, Berlin u.a.: de Gruyter 1997, 18f.). Dieses Verständnis von Kommunikation ist vor allem für den Beginn von Num 12 grundlegend, da sprachliche Handlungen (1a.2abc) das Geschehen auslösen und weitere Handlungen bewirken.
89 In der zweiten Szene steht die Kommunikation zwischen Gott und den Menschen zur Debatte. Sie wird durch unterschiedliche Verben ausgedrückt (קרא in 5c, אמר in 6a und בְּ דִּבֶּר in 6e.8a.8c) und findet sowohl auf der Ebene der erzählten Rede als auch auf der Handlungsebene, auf der Gott zu Mirjam und Aaron spricht, statt.
90 So Seebasss, Horst, *Numeri*, BK.AT IV/2, Neukirchen-Vluyn: Neukirchener 1993, 59.
91 Vgl. Dillmann, Numeri, 64; Baentsch, Numeri, 510.511; Noth, Numeri, 82.84, Coats, Rebellion, 262; Gray, Numbers, 120.122; Jenni, Präpositionen, 164, Anm. 304. Zum semantischen Spektrum der Formulierung vgl. 1.2.2.
92 Vgl. Numeri, 59, mit Gray, Numbers, 123.

der Präposition בְּ verbunden wird⁹³, überzeugend, sie erlaubt dem Text aber kein Spiel mit dieser Formulierung, die von ihrem Gebrauch her deutlich vielseitig ist. Sie geht von einem inhaltlichen Unterschied zwischen V. 1 und V. 2.6.8 aus, der nur als Vorurteil besteht. Auch Fischer argumentiert für eine einheitliche Übersetzung der Wendung mit „sprechen zu" und nimmt dahinter jeweils prophetische Rede an. Ausgedrückt sei der Unterschied zwischen einfacher menschlicher und prophetischer Rede in den unterschiedlichen Verben, die der Text verwendet. Deshalb stünde in 2a.4a.6a.11a.14a אמר. Die Annahme, דִּבֶּר בְּ stünde für prophetische Rede, stützt Fischer auf die Bedeutung, die dem „Wort" (דבר) im dtn ProphetInnengesetz (Dtn 18,15-22) zukomme. Abgesehen davon, dass die Formulierung דִּבֶּר בְּ im dtn ProphetInnengesetz nicht zu finden ist, gelangt man in der Frage der Subjekte von דִּבֶּר בְּ in Num 12 in ein Dilemma. Nach Fischers Verständnis müssten sowohl menschliche wie göttliche Subjekte möglich sein. Deshalb sei die Wendung „sprechen zu" sowohl in 1a als auch in 2bc.6e.8a und 8e im Sinne prophetischer Rede zu verstehen.

Eine Tabelle soll zunächst die Distribution der Wendung in Num 12 übersichtlich veranschaulichen:

ÄE	Subjekt	Objekt	Übersetzung von בְּ
1a	Mirjam+Aaron	Mose	über
2b	JHWH	Mose	zu
2c	JHWH	Mirjam+Aaron	zu
6e	JHWH	ProphetInnen	zu
8a	JHWH	Mose	zu
8e	Mirjam+Aaron	Mose	über

Während die Bedeutung der Präposition בְּ dort eindeutig ist, wo JHWH Subjekt des Sprechens ist, fehlt diese Klarheit für die Fälle, wo Mirjam und Aaron Subjekte sind.

Ein weiteres Argument zur Klärung des Verständnisses von דִּבֶּר בְּ hat gegenüber den inhaltlichen Spekulationen den Handlungsablauf im Blick. Die Wendung findet sich auf der Handlungsebene nur in 1a. Dort leitet sie keine direkte Rede ein, weshalb die inhaltliche Bedeutung der Präposition בְּ unklar ist. Eine direkte Rede folgt erst in V. 2. Sie thematisiert דִּבֶּר בְּ mit JHWH als Subjekt und Mirjam und Aaron als EmpfängerInnen einer solchen göttlichen Rede. Eine ähnliche Struktur liegt in Num 21,5 vor: דִּבֶּר בְּ leitet eine direkte Rede ein, durch die sich seine Bedeutung bestimmen lässt. Versteht man nun Num 12,2 als direkte Rede, die den Inhalt von דִּבֶּר בְּ in 1a näher bestimmt, dann ist 1a nicht als Rede *zu* Mose zu verstehen, sondern als

---

93 Beispiele vgl. Seebass, ebd.

Rede *über ihn*, da 2a keinen Adressaten nennt. Würde man die Präposition בְּ in 1a mit „zu" übersetzen, kann die Rede in 2bc keine Explikation von 1a sein. Denn 2bc kann nicht an Mose gerichtet sein, da er in dritter Person genannt wird. In diesem Falle würde in V. 1 eine Rede angedeutet werden, die nicht erzählt wird. In V. 2 würde dann von einer zweiten Rede berichtet, deren Zusammenhang völlig unklar wäre. Somit ist es vom Handlungsgefüge her kohärenter, wenn man annimmt, Mirjam und Aaron sprechen in 1a *über* Mose. *Was* sie dann sagen, findet sich in 2bc ausformuliert. Diese Sicht wird auch durch die sprachstatistischen Untersuchungen Meiers gestützt. Er macht deutlich, dass דבר nur in seltenen Fällen direkte Rede einleitet[94]. Wenn dies aber der Fall ist, wird die erzählte Rede mit לֵאמֹר eingeleitet[95], was in Num 12,1 nicht der Fall ist. Auch die Formulierung עַל־אֹדוֹת kann auf ein solches Verständnis hinweisen[96].

Dieses Verständnis wäre insofern im Text konsequent fortzuführen, als es erklärte, warum Mose sich nicht am Gespräch beteiligt: Mose ist nicht angesprochen. Er schweigt also nicht aus Bescheidenheit und Zurückhaltung, wie häufig von V. 3 her angenommen wird[97]. Auch der Verlauf der Handlung passt zu diesem Verständnis. Mose handelt nur dort, wo er aufgefordert wird (V. 4f.) und spricht nur dann, wenn er darum gebeten wird (V. 11f.). V. 1 ist somit eine Einleitung und Hinführung zu V. 2. Er gibt die Erklärung für den Anspruch Mirjams und Aarons in V. 2. Dann wäre sowohl Gottes Offenbarung in 2bc.6e.8a prophetische Rede als auch Mirjams und Aarons Rede in 1a.8e. Eine Übersetzung mit „reden über" für die Verwendung mit menschlichen Subjekten und „sprechen zu" für die göttlichen Subjekte in Num 12 schließt nicht aus, dass es sich um prophetischen Wortempfang handelt. Sie zeigt vielmehr, das Wortempfang und Rede zu unterscheiden sind.

Wenn man V. 1-2 so versteht, dann geben 2a-c einen Inhalt der Rede Mirjams und Aarons und damit das erzählerische Objekt und Ziel der Handlung an. Dieser besteht in der Veränderung der Bewertung des Offen-

---

94 Vgl. Meier, Samuel A., *Speaking of Speaking. Marking Direct Discourse in the Hebrew Bible*, VT.S 46, Leiden: Brill 1992, 144.335.
95 Vgl. ebd., 20, Anm. 1 und die Liste für Num 10,11ff. 155.
96 עַל־אֹדוֹת kommt in der hebräischen Bibel nur achtmal vor. In Gen 26,32 steht es textsyntaktisch an der gleichen Stelle wie in Num 12,1: „Die Diener Isaaks sprachen zu ihm wegen der Brunnen, die sie gegraben haben. Und sie sagten: Wir haben Wasser gefunden." Auch hier gibt „wegen" im ersten Satz an, worum es gehen wird, im zweiten erfolgt dann die direkte Rede mit Details. So könnte man auch in Num 12,1-2 sagen: V. 1 gibt einen Hinweis darauf, worum es gehen wird und V. 2 teilt dann Genaueres mit.
97 Vgl. Dillmann, Numeri, 65; Baentsch, Numeri, 510; Noth, Numeri, 84. Anders Coats, George W., Humility and Honor. A Moses Legend in Numbers 12, in: Clines, David J.A./Gunn, David, M./Hauser, Alan J. (eds.), *Art and Meaning: Rhetoric in Biblical Literature*, JSOTS 17, Sheffield: Academic Press 1982, 97-107, 100f. Er sieht in ענה eine antwortende, verantwortliche Haltung eines Knechtes seinem Herrn (vgl. 8e) gegenüber.

barungsempfanges und der Autorität und Legitimation, die dieser bewirkt. Damit ist aber noch nicht jede Unklarheit beseitigt. Da sich aus der Rede keine AdressatInnen definieren lassen, wenn Mirjam und Aaron *über* Mose reden, muss die Adresse der Rede offen bleiben. Sprechen sie nur zueinander, zu Gott oder zum Volk? Neben der Unklarheit der AdressatInnen in V. 1-2 wird auch die Kommunikationssituation im Verborgenen gehalten. Eine narrative Einleitung, die sie beschreiben würde, fehlt. Diese Offenheit verschleiert das soziale Umfeld der Sprechenden. Sie benennt nicht, wer Mirjams und Aarons Gesprächspartner sind, wer hinter ihnen steht und wessen Anliegen sie vertreten.

Schematisch dargestellt, werden die Unbestimmtheiten folgendermaßen sichtbar:

ÄE	Subjekt (E_1)	Handlung (E_1)	Ziel/Objekt	EmpfängerIn
1ab	Mirjam + Aaron	reden mit/über	Mose + die kuschitische Frau?	?
2abc	Mirjam +Aaron	sprechen	Bedeutung und Verständnis des Offenbarungsempfanges	?

Mirjam und Aaron bilden in V. 1-2b eine Partei gegenüber Mose und der kuschitischen Frau.

In 2d wechselt das Subjekt auf der Handlungsebene. Damit führt der Erzähler den bis dahin fehlenden Handlungskontrahenten zu Mirjam und Aaron ein: JHWH übernimmt die noch offene Rolle des Empfängers der Reden Mirjams und Aarons. Ob das der Intention der HandlungsträgerInnen Mirjam und Aaron entspricht, bleibt offen. Zumindest wird deutlich, dass die weitere Handlungsinitiative nicht mehr bei Mirjam liegt. Es ist zwar erzählerisch auffällig, dass JHWH handelt, ohne dass seine Präsenz explizit erwähnt worden wäre. Allerdings fügt sich das in den Kontext von V. 1-2, in dem keine Person eingeführt wird und in dem nicht alle an der Handlung Beteiligten genannt werden. Dieses scheinbar unvermittelte Auftreten eines Aktanten passt zu den anderen Leerstellen des Erzählbeginns. Es ist nicht bekannt, wo die Handlung stattfindet, zu wem Mirjam und Aaron sprechen und wer möglicherweise zuhört. Es ist auch nicht sicher, ob Mose und die kuschitische Frau im Geschehen gegenwärtig sind. Diese Präsentation Moses macht die Figur zu einem „flachen Charakter". Da er weder initiativ handelt noch seine Reaktion auf Mirjams und Aarons Auftreten beschrieben wird, ist er nicht als Gegenüber Mirjams konstruiert. Das Gegenüber ist JHWH (und darin auch der Erzähler, der die Stimme JHWHs für seine eigene Position in Anspruch nimmt). Der Erzähler nimmt Mose ganz bewusst aus der direkten

Handlung gegenüber Mirjam heraus. Damit aber die LeserInnen die Handlung im Sinn des Erzählers verstehen, tritt dieser in V. 3 aus der Erzählung der Handlung heraus und wendet sich in einer metakommunikativen Äußerung direkt an seine LeserInnen, um ihnen zu erklären, dass Moses Ehe eine Sonderbedeutung habe, da Mose unter allen Menschen eine Sonderstellung innehabe. Dies ist ein erstes Zeichen, an dem sichtbar wird, dass die Opposition zwischen Mirjam und Mose nicht durch die Darstellung der Charaktere, d.h. durch Handlungen und Reden der beiden, sondern durch metakommunikative Äußerungen (1c.3.10b) und Reden Dritter (V. 6-8. 11f.) konstruiert wird.

Wenn die Szenerie so rudimentär beschrieben ist, braucht der Erzähler keine Erklärungen für Charaktere, die scheinbar plötzlich in die Handlung eintreten.

Mit dem Ende der Handlungsfähigkeit Mirjams und JHWH als agierendem Subjekt endet die Szene auf der Handlungsebene. Der Erzähler gibt einen Abschluss in V. 3, der genauer betrachtet werden muss.

1.5.1.2. Hinweise des Erzählers

In 1c wendet sich der Erzähler direkt an seine LeserInnen, indem er erklärt, dass Mose sich tatsächlich eine kuschitische Frau genommen hat. Die Syntax des invertierten Verbalsatzes in 1c lässt die Emphase auf der *kuschitischen* Frau liegen und nicht auf der Tatsache, dass er *eine* Frau genommen hat. Auch 1ab betonen nicht, dass Mose ein Frau hat, sondern dass es die kuschitische Frau ist. Der Relativsatz in 1b bezieht sich auf die kuschitische Frau und nicht auf die Ehe. Wichtig ist somit nicht, dass Mose eine Frau hatte, sondern dass er eine *kuschitische* Frau hatte.

In 1c unterbricht der Erzähler die gerade eingeleitete Handlung und gibt auf der metakommunikativen Ebene des Erzählens Hinweise für die LeserInnen. An dieser Stelle der Einleitung kann er den Blick und die Sympathie der LeserInnen optimal lenken[98]. Dadurch, dass er über die Ehe Moses berichtet, leitet er den Blick nicht auf Mirjam und Aaron und deren Anliegen, sondern auf Mose. Deshalb erzählt er auch nicht sofort den Inhalt der Rede Mirjams und Aarons, sondern bestätigt die Ehe Moses mit der kuschitischen Frau. Er rückt Mose ins Zentrum des Blickes, indem er ihn als Subjekt einer vergangenen Handlung agieren lässt.

Die Bewertung des Geschehens von V. 1-2 erfolgt durch den Erzähler direkt und jetzt erstmals unverhüllt und klar in V. 3. Der Handlungsablauf wird wie bereits in 1c dadurch unterbrochen, dass der Erzähler aus dem Erzählen der Handlung heraustritt. Für die Wertung schafft der Erzähler

---

98 Vgl. Berlin, Poetics, 58; und 1.4.1.2.

zunächst *Distanz* zum Erzählten. Die Distanzierung geschieht einerseits zwischen dem Erzähler und dem erzählten Geschehen und andererseits zwischen den LeserInnen und dem Geschehen. "Distance is necessary in order to make it possible to consider the significance of the events. The reader is no longer born along the incidents, and can observe them from above."[99] Dadurch lenkt der Erzähler zum zweiten Mal den Blick der LeserInnen auf Mose als unter allen Menschen herausragende Gestalt und distanziert das Publikum vom Anliegen und der Position Mirjams und Aarons. Mit dieser Beurteilung des Mose im Hintergrund rezipieren die LeserInnen den weiteren Handlungsablauf.

1.5.1.3. Rückblick in die Vergangenheit

Die erste Szene in Num 12 ist stark retrospektiv geprägt. Mirjam und Aaron beziehen sich auf Ereignisse, die in der Vergangenheit liegen[100]. Die Retrospektiven finden allerdings nicht auf der Handlungsebene E_1 statt. Es wird somit nicht die Handlung, d. h. nicht die „primäre erzählte Zeit", zurück verlegt[101]. Der Rückblick wird durch die Reden, von denen in 1a.2bc erzählt wird, den Relativsatz in 1b, der sich auf den Inhalt der Rede in 1a bezieht und die Erklärung des Erzählers in 1c gegeben.

Der erste Rückblick in 1ab ist als Retroversion zu bezeichnen, da sie *vor* der erzählten Zeit beginnt[102] und zumindest nicht erzählt wird, dass die Ehe nicht mehr andauert. Der Beginn der Ehe lässt sich erst mit der Identität der kuschitischen Frau bestimmen. Nimmt man die Midianiterin Zippora an, dann verweist der Rückblick in 1b auf die Berufung Moses in Midian. Steht dies in Zweifel, fehlt innerbiblisch der Hintergrund für die Aussage von V. 1 und die Retrospektive verliert ihre erklärende Funktion[103].

---

99 Bar-Efrat, Art, 26.
100 Die Chronologie der Ereignisse ist durch die Wayyiqtol-Ketten auf E_1 als ein Nacheinander erkennbar. Es gibt insgesamt drei Retrospektiven: 1ab.2bc und 11cde.
101 Zur Problematik der Abgrenzung und Definition primärer Zeit vgl. Bal, Narratology, 57f.
102 Wenn die Ehe noch besteht, dann ist der Rückblick als „gemischte" Retrospektion zu bezeichnen, da sie bis in die erzählte Gegenwart reicht (vgl. ebd., 58f.).
103 Die Annahme L. Schmidts, Mose habe die kuschitische – bei Schmidt äthiopische – Frau erst kürzlich geheiratet, was der Erzähler mit V. 1b (= ÄE 1c) ausdrücken will, um einen Grund für Mirjams Opposition zu haben, ist höchst spekulativ und bedarf einer Reihe von Hypothesen (vgl. Schmidt, L., Mose, 271f. mit Anm. 73, wo er sich auch auf Seebass, Numeri, 67f. bezieht). 1c ist zwar vom Standpunkt des Informierens her überflüssig, da der/die LeserIn bereits aus 1ab weiß, dass Mose eine kuschitische Frau geheiratet hat. Num 12 will aber nicht nur informieren. Dazu könnte sich der Erzähler um einiges kürzer halten und vor allem auf seine Einschaltungen auf E_0 verzichten.

Num 12 beschreibt ein Ereignis von kurzer Dauer, eine bestimmte Zeitspanne, die als „Krise"[104] bezeichnet wird. Die „primäre erzählte Zeit" ist also epsiodenhaft kurz und abgeschlossen. Dem steht die sekundäre Zeit, die durch Retrospektiven hereingeholt wird, entgegen, denn die Zeitspanne der Ehe Moses ist am Ende der Erzählung vermutlich nicht abgeschlossen – wenn man davon ausgeht, dass sich Mose von seiner Frau nicht getrennt hat. Man kann auf der Ebene der sekundären Zeit nicht von einer vollendeten Zeitspanne sprechen.

Die erzählte Rede Mirjams und Aarons in Num 12,2bc stellt eine zweite Retroversion dar. In 2bc handelt es sich um eine „externe Retrospektion", da das Ereignis zur Gänze außerhalb der primären erzählten Zeit liegt. Dieses Ereignis dauert in der Erzählung nicht mehr an. Weder die AktantInnen noch die LeserInnen merken irgendwelche Folgen aus diesem Ereignis innerhalb der erzählten Zeit. Dadurch wird seine Bedeutung für die Gegenwart der Erzählung massiv abgeschwächt. Bezüglich des Inhaltes der Rede heißt das, dass der Offenbarungsanspruch Mirjams und Aarons, den sie in 2bc vertreten, durch das rhetorische und erzählerische Mittel einer externen Retrospektive in den Bereich des nicht (mehr) Nachvollziehbaren rückt.

Die Bedeutung dieses Ereignisses wird auch dadurch abgeschwächt, dass es zwei AktantInnen in den Mund gelegt und nicht auf der Handlungsebene erzählt oder vom Erzähler bestätigt wird. Der Erzähler weist die Aussage damit als subjektive Wahrnehmung aus. Die Bezeichnung „subjektiver unechter Anachronismus"[105] bringt die Funktion dieses rhetorischen und erzählerischen Mittels deutlich zum Ausdruck: Der Anachronismus, also das Verlassen der primären erzählten Zeit, besteht nicht im Sprechen Mirjams und Aarons, also nicht auf der Handlungsebene, sondern innerhalb ihrer Rede. Die Handlung selbst verlässt damit nicht die Ebene der primären Zeit. Um dies zu unterscheiden, führt Bal die Begriffe „subjektiv" und „objektiv" ein: "A subjective anachrony, then, is an anachrony which can only be regarded as such if the 'contents of consciousness' lie in the past or the future; not the past of being 'conscious', the moment of thinking itself."[106] Als subjektiver Anachronismus ist die Offenbarung Gottes an Mirjam und Aaron als nicht allgemein nachvollziehbar, nur im Bewusstsein der beiden AktantInnen bestehendes „Ereignis" dargestellt, also deutlich in Zweifel gezogen. Darin unterscheidet sich die zweite Retrospektive in 2bc von der ersten in V.

---

104 „Krise" ist hier als narratologischer Begriff zu verstehen, der sich von der „Geschwindigkeit" und besprochenen Zeitspanne der Erzählung her erschließt. Kurze Zeitspannen, die eher Einzelereignisse, etwas Besonderes und nicht Allgemeines erzählen, keine Entwicklung über einen längeren Zeitraum hinweg darstellen, sind als „Krisen" zu bezeichnen (vgl. Bal, Narratologie, 38f.).
105 Vgl. Bal, ebd., 56.
106 Ebd., 57.

1 ganz deutlich, denn die erste wird durch den Erzähler bestätigt und damit in ihrer Faktizität nicht angezweifelt.

Die Zeitspanne des Anachronsimus in 2bc bleibt undeutlich. Die LeserInnen erfahren nicht, ob Gott einmal oder mehrere Male zu Mirjam und Aaron gesprochen hat[107], wann dies der Fall war und ob es nach den Ereignissen von Num 12 noch einmal passiert ist. Auf der Suche nach Belegen für das tatsächliche Reden Gottes zu Mirjam und Aaron stößt man auf Schwierigkeiten: Für Mirjam finden sich außer Num 12,6-8 keine Belege, für Aaron wenige (Ex 4,27.30; Num 20,23f.[108]). Das ändert sich auch nicht wesentlich, wenn man דִּבֶּר בְּ als prophetisches Reden versteht, wie Irmtraud Fischer meint, denn auch dafür findet sich für Mirjam nur ein Beleg (Ex 15,21). Somit ist zumindest deutlich, dass der Erzähler auf kein bestimmtes Ereignis der biblischen Geschichten anspielt. Auch der objektiv nachvollziehbare Realitätsgehalt des Anspruches wird durch fehlende Belege gemindert. Hätte der Erzähler Mirjam und Aaron Worte in den Mund gelegt, die sich auf etwaige andernorts erzählte Prophetien beziehen, dann wäre es den LeserInnen leicht gefallen, die Frage positiv zu beantworten.

1.5.1.4. Referenz statt Vorstellung

In der ersten Szene werden alle Charaktere eingeführt, es wird jedoch keiner vorgestellt[109]. Wir können alle vier HandlungsträgerInnen mit Bal als referentielle Charaktere bezeichnen[110]:

"... characters, which we could label *referential* characters because of their obvious slots in a frame of reference, act according to the pattern that we are familiar with from other sources. Or not."[111]

---

107 Die Verbform des qatal drückt zwar punktuelle Handlungen aus, sagt aber nichts über deren Häufigkeit und Wiederholung aus.
108 Vgl. die Überlegungen bei Valentin, Aaron, 360f. und die kontroverse Debatte um Aarons Prophetentum.
109 Vgl. Noth, Numeri, 83f., der meint, die Verschwisterung von Mirjam, Aaron und Mose habe offensichtlich diesen Text nicht ergriffen. Sie ist in Ex 15,20 zwischen Mirjam und Aaron und in Num 26,59 zwischen allen drei fassbar. Mirjam erscheint nirgends als Moses Schwester unabhängig von Aaron. Gegen die Voraussetzung der Verschwisterung von Mirjam, Mose und Aaron in Num 12 sprechen sich auch Greßmann, Mose, 272; Budd, Numbers, 135 aus. Anders: Dillmann, Numeri, 64; Gray, Numbers, 127.
110 Dieser Befund ist für das Numeribuch insofern auffällig, als außer Aaron und Mose sonst sämtliche Einzelpersonen, vor allem wenn sie nur innerhalb eines Ereignisses vorkommen, vorgestellt werden (vgl. 10,29: Hobab; 13,3-16: die Kundschafter; 16,1: Korach, Datan und Abiram; 22,2.4: Balak; 22,5: Bileam; 25,7: Pinchas; 27,1: Machla, Noa, Hogla, Milka und Tirza).

Die Bestimmung eines Charakters als „referentiell" zielt darauf ab, dass er sich innerhalb einer bestimmten Narration nicht oder nur zum Teil so verhält, wie die LeserInnen es von seiner Referenz her erwarten können. Es findet so gesehen in jeder Erzählung eine Konfrontation zwischen der Referenz eines Charakters und seiner Darstellung innerhalb der konkreten Erzählung statt: "Opting for a referential character implies, in this respect, opting for such a confrontation."[112]. Für die Charaktere biblischer Erzählungen ist somit (mindestens) der biblische Kanon als Referenzrahmen geboten. Ist die Referenz für Mirjam und Aaron bereits so ausgeprägt, dass wir von einer Konfrontation sprechen können? Welche "obvious slots" können wir den Akteuren zuschreiben?

Grundsätzlich könnte der Erzähler auf die biblischen Mirjamtraditionen zurückgreifen. Aus literargeschichtlichen Gründen muss daran aber gezweifelt werden[113]. Nun sind zwei Beobachtungen wichtig: 1. Der Erzähler nennt keine dieser möglichen Referenzen explizit und beruft sich damit auf keine. Er hebt keine als besonders bedeutsam hervor und will damit keine ins Gedächtnis der LeserInnen rufen. 2. Gleichzeitig hält er es nicht für notwendig, besonders hervorzuheben, dass sich Mirjam in Moses Nähe befindet und seine Autorität in Frage stellt[114]. Diese Nähe scheint ein selbstverständliches Faktum zu sein und entspricht den biblischen Referenztexten für Mirjam: Mi 6,4 und die genealogischen Texte in Num 26,59; 1 Chr 5,29 stellen Mirjam, Aaron und Mose auf eine gleichwertige Stufe. Aber auch in Num 20 und Ex 15,19-21 steht Mirjam auf unterschiedliche Weise in Moses Nähe. Obwohl es nicht möglich ist, von einem direkten *traditionsgeschichtlichen* Zusammenhang zwischen Ex 15,19-21 und Num 12 auszugehen[115], so ist doch zumindest festzuhalten, dass die Verbindung, die in Num 12 zwischen Mirjam und den JHWH-ProphetInnen hergestellt wird, nicht zufällig sein kann und in Ex 15,19-21 eine Bestätigung findet.

Die Frage nach der Referenz Mirjams und der Konfrontation mit den Erwartungen auf der Seite der LeserInnen ist zwischen zwei Beobachtungen gespannt. Einerseits passt zur Referenz der Mirjamtexte die erzählte Nähe Mirjams zur Autorität des Mose sowie die Konkurrenz und ein möglicher Konflikt zwischen den beiden Textgestalten. Andererseits wird damit eine

---

111 Bal, Narratology, 83.
112 Ebd., 83.
113 Vgl. Zusammenschau in Teil C.
114 Dies ist bei anderen Personen durchaus nicht der Fall. Vgl. Num 27,1f.: die Töchter Zelofhads *kommen* zu Mose.
115 Einen eher losen Zusammenhang sehen Budd, Numbers, 138 (der Erzähler habe Mirjam für sein Anliegen gewählt, weil sie eine bekannte prophetische Führungspersönlichkeit gewesen sei); keinen Zusammenhang vermutet Greßmann, Mose, 268 (weil die Verbindung zwischen Mose und Prophetie samt und sonders sekundär sei); von einem festen Zusammenhang geht Noth, Numeri, 84 aus.

gesellschaftliche Bedeutung Mirjams erzählt und konstruiert, der Mirjams Ausschluss aus dem Lager (V. 6-15) widerspricht. Inwiefern die Konstruktion der Beziehung zwischen Mose und Mirjam in Num 12 der Referenz Mirjams entspricht, hängt davon ab, wie die anderen Texte gelesen werden. Dass Mirjam etwas mit Moses Alleinanspruch zu tun hat, ist auch in Num 20,1-13; Mi 6,4; Ex 15,19-21 ablesbar und wird sich auch in Dtn 24,8f. zeigen. Selbst bei einer oberflächlichen Lektüre dieser Texte kommt der Verdacht auf, dass Mirjams Anspruch kontroversiell gesehen wurde.

Wie auch immer die Beziehungen der Mirjamtexte im genaueren aussehen, es ist zumindest sichtbar, dass der Erzähler bei seinen LeserInnen mit Mirjams Bekanntheit rechnet. Mehr noch: Er konnte voraussetzen, dass Mirjam als an der Führung des Volkes und der Diskussion darum beteiligte bekannt war[116]. Die AutorInnen bringen durch das Anliegen, dass er Mirjam in den Mund legt, außerdem weitere Hinweise für ihre Identifikation ins Spiel.

Exkurs: Mirjams Anliegen und ihre Identität

A. Die kuschitische Frau

Die kuschitische Frau Moses wird in Num 12 nicht ausführlicher eingeführt als Mirjam, Mose und Aaron. Der einzige Hinweis, den die LeserInnen erhalten, besteht darin, dass Mose *die* kuschitische Frau heiratete und nicht irgendeine. Dass die LeserInnen von Num 12 aber schon recht bald nicht mehr wussten, wer *die* kuschitische Frau eigentlich war, zeigen die ersten Übersetzungen unseres Textes.

Sie legten eine Spur „zur Identifikation" der kuschitischen Frau, die die Interpretationsversuche bis heute nicht verlassen haben. Die LXX übersetzte הָאִשָּׁה הַכֻּשִׁית mit γυναικὸς τῆς Αἰθιοπίσσης. Daraus wird deutlich, dass man bereits sehr früh כֻּשִׁי vom biblischen כּוּשׁ ableitete. כּוּשׁ ist dabei als nomen gentilicium für ein Volk, das südlich von Ägypten lebte, zu verstehen. Diese Lokalisierung legt eine Identifikation mit Äthiopien nahe[117]. Die Texte der hebräischen Bibel zeigen Kusch gegenüber Bewunderung wegen dieser (militärischen) Stärke und seines Reichtums[118]. Das Volk ist an den endzeit-

---

116 Noth, ebd.: „Die beiden [Aaron und Mirjam] treten auf als bekannte Gestalten der Mosezeit, die wenigstens so weit prominent waren, dass sie zu Sprechern bestimmter Vorwürfe gegen Mose gemacht werden konnten."
117 Vgl. Gen 10,6 (=1 Chr 1,9).8; Jes 11,11; 20,3.4.5; 43,3; 45,14; Ez 29,10; 30,4.9; Dan 11,43; Nah 3,9; Ps 68,32; 87,4 u.ö.
118 Gen 10,8; Ps 68,32; 87,4; Jes 18,1-7; Nah 3,9 u.ö.

lichen Kriegszenarien mitbeteiligt[119], allerdings auch an der endzeitlichen Wallfahrt nach Jerusalem[120].

Gegenüber den eben genannten Kontexten von „Kusch" legt Num 12 jedoch keinen Zusammenhang mit kriegerischem Handeln nahe. Die kuschitische Frau wird vielmehr als die Frau des Mose vorgestellt. Eine von Mose unabhängige Identität erfährt sie in Num 12 nicht. In der Forschung wurde vielfach angenommen, dass genau das, nämlich die Ehe mit der „fremden" Frau, das Problem in Num 12,1 sei[121]. Die Vertreter dieser These identifizieren Kusch mit Äthiopien bzw. allgemeiner, mit einem Nachbarstaat Ägyptens. Sie betrachten die möglicherweise dunkle Hautfarbe der Frau als Problem und legen damit rassistische Motive in den Text hinein[122]. In Zusammenhang mit dieser Sicht wird auch die These vertreten, dass die Mischehenproblematik persischer Zeit hereingespielt würde[123]. Dem scheint zunächst entgegenzuhalten zu sein, dass Kusch in keiner der biblischen Traditionen mit der Problematik fremder Frauen, Mischehen oder Verführung zu fremden Kulten in Verbindung gebracht wird[124]. Die AutorInnen hätten

---

119 Jes 18,1-7; Jer 46,9; Ez 38,5; Zef 2,12 u.ö.
120 Ps 68,32; Jes 45,15.
121 Vgl. Dillmann, Numeri, 64; später auch Schmid, Hans Heinrich, *Der sogenannte Jahwist. Beobachtungen und Fragen zur Pentateuchforschung*, Zürich: Theologischer Verlag 1976, 76. Scharbert, Numeri, 52. Dagegen jedoch bereits Noth, Numeri, 84. – Schmid setzte das Mischehenverbot von Dtn 7,1-3 sogar voraus, um seine These zur späten Datierung des Jahwisten, den er in Num 12 zu finden glaubt, zu untermauern. Dtn 7,1-3 spricht allerdings nur von den klassischen Völkern Kanaans, wozu die KuschiterInnen bekanntlich nicht zu zählen sind.
122 So zuletzt Scharbert, Numeri, 52: „Mirjam wird sich an der sehr dunklen Hautfarbe und dem negroiden Aussehen gestoßen haben." Auch Baentsch hat die Bezeichnung „Kuschitin" bereits als „verächtliche Bezeichnung" verstanden (Numeri, 511). Dem widersprechen die biblischen Belege, die gerade die „glänzende Haut" (Jes 18,2.7) und den großen Wuchs (Jes 18,2.7) der Leute aus Kusch bewundern. Es gibt in der hebräischen Bibel keine Hinweise auf eine Ablehnung dieses Volkes wegen seines Aussehens. Außerdem müssen wir auch davon ausgehen, dass die AutorInnen unseres Textes kaum als hellhäutige Menschen vorzustellen sind. Der Unterschied zwischen „Schwarz" und „Weiß", wie er sich in unserer Kultur seit dem Kolonialismus eingeprägt hat, darf den biblischen AutorInnen nicht als hermeneutische Kategorie unterstellt werden.
123 Vgl. zuletzt Fischer, Autorität, 31.
124 Zu diesen für die Ehe verbotenen Frauen zählen die Kanaanäerinnen in Gen 24,3.37; 28,1.4.6.8, Frauen aus den in Dtn 7,1-4 aufgezählten unterworfenen Völkern der GirgaschiterInnen, AmoriterInnen, KanaaniterInnen, PerisiterInnen, HititerInnen (ähnlich auch Gen 34) und JebusiterInnen. Esr 9,2 verbietet Frauen von den KanaanäerInnen, HetiterInnen, PerisiterInnnen, JebusiterInnen, AmmoniterInnen, MoabiterInnen, ÄgypterInnen und AmoriterInnen zu nehmen und Neh 10,31 ganz allgemein die Bevölkerung des Landes (בְּנֹתֵינוּ לְעַמֵּי הָאָרֶץ). Neh 13,23 untersagt die Verehelichung mit den Frauen aus Aschdod, mit Ammoniterinnen und Moabiterinnen

eine eindeutige Aussage in Bezug auf Mischehen machen können, wenn ihnen daran gelegen wäre. Warum bezeichnen sie Moses Frau als Frau aus Kusch, einem was Mischehen betrifft – völlig konnotationsfreien Volk?

Man scheint der Identität der Frau näher zu kommen, wenn man die alten Septuagintagleise verlässt[125] und כֻּשִׁית von Kuschan herleitet, einem nomen loci. Es gibt in der hebräischen Bibel nur eine einzige Erwähnung dieser Bezeichnung[126], und das ist in dem Theophaniepsalm Hab 3, wo Kuschan mit Midian in V. 7 gemeinsam genannt wird. Kuschan könnte, ähnlich wie Midian, im südlichen Transjordanien angesiedelt werden[127]. Da Kuschan nur als Land oder Landstrich überliefert ist, der sich irgendwo um oder in Midian befand, ist es richtiger, nicht von einem „Stamm der Kuschaniter" zu sprechen. Für das Verhältnis zwischen Kuschan und Midian stellen sich drei Möglichkeiten dar: 1. Die gemeinsame Nennung der beiden Stämme in Hab 3,7 ist bedeutungslos und sie haben nichts miteinander zu tun, was erstens eine gemeinsame Nennung ad absurdum führt und zweitens die geographische Lage der beiden Stämme verbietet. Denn dass Kuschan mindestens in der Nähe von Midian liegt, ist wahrscheinlich[128]. 2. Kuschan und Midian sind Nachbarvölker[129]. 3. Kuschan ist als Teil eines midianitischen Bündnisses zu verstehen[130]. Um es offener zu halten und weniger zu politisieren: Kuschan gehört zu Midian. Eine Entscheidung für eine der beiden letztgenannten

---

(ähnlich Num 25, wo freilich die Verbindung eines Israeliten mit der midianitischen Prinzessin Kosbi als negatives Beispiel deutlich vor Augen gerührt wird).
125 Dass die Septuaginta mit der kuschitischen Frau auch nicht mehr viel verband, zeigt ihr Erklärungsversuch, der sich aber auch nur auf ethnische Terminologie und weniger auf sachliche Überlegungen zu stützen scheint.
126 Vgl. Winckler, H., Mitteilungen der Deutschen vorderasiatischen Gesellschaft III, 176; Baentsch, Numeri, 512; Rudolph, Wilhelm, Der "Elohist" von Exodus bis Josua, BZAW 68, Berlin: de Gruyter 1938, 72; Noth, Numeri, 84; Fritz, Israel, 76; Cross, Frank Moore Jr., Canaanite Myth and Hebrew Epic. Essays in the History of the Religion of Israel, Cambridge, MA: Harvard University Press 1973, 204; Knauf, Ernst Axel, Midian. Untersuchungen zur Geschichte Palästinas und Nordarabiens am Ende des 2. Jahrtausends v. Chr., AdDP, Wiesbaden: Harrassowitz 1988, 160; Blum, Studien, 84. Als weiteren Beleg hat Welten, Peter, Geschichte und Geschichtsdarstellung in den Chronikbüchern, WMANT 42, Neukirchen-Vluyn: Neukirchener 1973, 132f. auch 2 Chr 14,11 erwogen.
127 Vgl. Fritz, Israel, 76f; Cross, Myth, 204; Zur Lage Midians vgl. Knauf, Midian, 1-6: Man hat sich ein Gebiet am östlichen Küstenstreifen des Golfes von Aqaba vorzustellen, vgl. auch 1 Kön 11,18.
128 Vgl. Schmidt, W. H., Exodus, 111.
129 Vgl. Noth, Numeri, 84; Fritz, Israel, 76f.
130 Vgl. Cross, Myth, 204: "The term Kus originally applied to an element in the midianite league, a name elsewhere used of a south transjordanian district alongside the byform Kusan."

Varianten könnte nur aufgrund positiven Materials inschriftlichen oder ikonographischen Charakters gefällt werden, das uns aber nicht vorliegt[131].

Aufgrund der Texte kann man von folgenden Aussagen, die zunächst als reine Konstruktionen in den Texten zu sehen sind, als Basis ausgehen: Es ist nur die eheliche Verbindung Moses mit Midian und sonst mit keinem Volk oder Land bekannt[132]. Es ist nur *eine* Ehe dieses Mannes überliefert, interessanterweise allerdings mehrere Schwiegerväter oder zumindest verschiedene Namen für eine solche Person[133].

Grundsätzlich besteht die Möglichkeit, dass Mirjam mit הָאִשָּׁה הַכֻּשִׁית diese eine Midianiterin, Zippora, meint[134]. Für die Überlieferung von nur einer einzigen Frau des Mose spricht auch die determinierte Formulierung in Num 12,1: „wegen *der* kuschitischen Frau" und nicht irgendeiner. Auch die in Hab

---

131 Vgl. Knauf, Midian, 52.
132 Ex 2,15.16; 3,1 u.ö. Ausführungen dazu: Knauf, ebd., 125-135; Schmidt, W. H., Exodus, 124 f.
133 Knauf, ebd., 160: „...es könnte Leute gegeben haben, die wegen der Mehrzahl wirklicher oder vermeintlicher Schwiegerväter an eine Mehrzahl von Heiraten dachten". Zu den unterschiedlichen Namen der Schwiegerväter könnten die unterschiedlichen Namen der Ehefrau, nämlich Zippora und „die kuschitische Frau", eine Entsprechung darstellen.
134 Vgl. auch Rudolph, Elohist, 72, der meint, die Bezeichnungen Kuschan und Midian würden in Hab 3,7 „wechseln" und seien deshalb identisch. Die kuschitische Frau sei deshalb Zippora. Schmidt, Werner H., *Alttestamentlicher Glaube in seiner Geschichte*, Neukirchen-Vluyn: Neukirchener [8]1996, 87; Knauf, Midian, 160; Wacker, Mirjam, 48 und letztlich auch die jüdische Tradition im Tg Ps-Jonathan Num 12,1-2; Sifre Zuta 12.1 (vgl. auch Steinmetz, Deborah, A Portrait of Miriam in the Rabbinic Midrash, *Prooftexts* 8 (1988) 35-65; Graetz, Naomi, Did Miriam Talk Too Much?, in: Brenner, Athalya (ed.), *Companion to a Feminist Reading of Genesis – Deuteronomy*, FC , Sheffield: Academic Press 1994, 231-242, 236f.). Dagegen: Dillmann, Numeri, 64; Noth, Numeri, 84; Cross, Myth, 203; Levine, Baruch A., *Numbers 1-20. A New Translation with Introduction and Commentary*, AncB 4A, New York/London/Toronto: Doubleday 1993, 328; Seebass, Numeri, 62 wobei Dillmanns ethnische Argumente, die MidianiterInnen seien Abrahamiden (nach Gen 25,2) und nicht mit Kusch zu verbinden, mittlerweile als geographisch und literarisch unwahrscheinlich nachgewiesen sind (vgl. Knauf, Midian, 27). Auch Levines Argumentation, der Vorwurf sei gegen Polygamie gerichtet, ist sehr spekulativ, da der Anspruch auf Monogamie für das Judentum an sich erst sehr spät nachgewiesen werden kann und innerhalb der biblischen Texte nicht zu finden ist (vgl. u.a. Herweg, Rachel Monika, *Die jüdische Mutter. Das verborgene Matriarchat*, Darmstadt: WBG 1994, 40f.). Schmidt, L., Mose, 271f. und Seebass, Numeri, 67f. gehen von einer „erst kürzlich" geschlossenen Ehe Moses mit einer kuschitischen Frau aus, die dann auch nur reine Konstruktion sei. Diese Erklärung ist aber reine exegetische Spekulation und im Text nicht verankerbar. Dass Moses Ehe mit der kuschitischen Frau im Text doppelt begründet wird, ist zwar auffällig, aber, dass die kuschitische Frau deshalb nur eine Konstruktion sei, die anderen Charaktere aber historische Gestalten oder zumindest weniger fiktiv, ist methodisch und sachlich nicht schlüssig.

3,7 belegte Möglichkeit, Kuschan und Midian zu verbinden, spricht für Moses Frau Zippora. Einen zusätzlichen Hinweis auf Midian kann auch die als Akzessorin des Widerstandes fungierende Mirjam geben, weil sie einen midianitischen Namen trägt. Und nicht nur einen, sondern den typischsten innerhalb der biblischen Überlieferungen, da er genau gleich konstruiert ist, wie das Wort Midian selbst[135].

Warum aber spricht Mirjam nicht von einer Midianiterin sondern einer kuschitischen Frau? Möglicherweise war Midian bereits mit negativen Konnotationen behaftet, wie sie in Num 25; 31 (und auch den MidianiterInnenkriegen in Ri 6-8 und ihren Erwähnungen in Jos 13,21; Jes 9,3; 10,26) deutlich vor Augen geführt werden. Deshalb griffen die AutorInnen auf die – offensichtlich bekannte – Parallele von Kuschan und Midian zurück[136]. Das deutet darauf hin, dass die AutorInnen bedacht waren, Mirjam nicht *gegen* die kuschitische Frau auftreten zu lassen. Sie als „kuschitische Frau" zu bezeichnen, heißt im vorliegenden Zusammenhang, einen Euphemismus zu verwenden. Mirjam hat sich im Text nicht gegen diese kuschitische Frau ausgesprochen. Auf der Ebene der Mischehenproblematik gesprochen heißt das, dass Mirjam *für* die Ehe Moses mit einer Ausländerin war[137]. Auf einer weiteren, allgemeineren Ebene kann es auch sein, dass Mirjam mit der Tatsache der Ehe Moses mit der Midianiterin Zippora ein Argument für ihre Forderung in V. 2 gewann.

B. Ehe und Offenbarung

Einen Zusammenhang zwischen Moses Ehe mit der kuschitischen Frau und der Offenbarungsvermittlung hat die bisherige Forschung erst jüngst[138] ausmachen können. Noth versuchte folgende Überlegung, die zwar logisch, aber nicht weiterführend ist: Beide Gegenstände der (von ihm angenommenen) Erzählstränge von Num 12 würden Vorwürfe gegen Mose beinhalten und in beiden Fällen spiele Mirjam eine Rolle. Deshalb seien zwei Erzählstränge in Num 12 ineinander verarbeitet worden[139]. Eine überzeugende Übereinstimmung zwischen den beiden Vorwürfen stellt das aber noch nicht dar. Zur Frage nach dem eigentlich Anstößigen und damit dem Grund der Kritik Mirjams gibt es zwei Typen von Antworten:

---

135 Vgl. Knauf, ebd., 87, v.a. Anm. 400.
136 Vgl. Knauf, Midian, 160. Dass man Moses Frau aus ähnlichen Antipathiegründen den KeniterInnen zuschreibt, ist auch bei Schmidt, W. H., Exodus, 112 kein Problem.
137 So Fischer, Autorität, 31.
138 Vgl. Fischer, Autorität.
139 Vgl. Noth, Numeri, 83.

1. Die einen argumentieren auf einer individuellen Ebene und sprechen von einem Familienskandal oder -konflikt[140], einer Eifersuchtsszene Mirjams[141]. Zu dieser Kategorie gehören auch jene Erklärungsmodelle, die an der jüdischen Tradition anknüpfen, die nicht die kuschitische Frau sondern die Ehe bzw. das Eheleben des Mose kritisiert. Nach dieser Tradition entzieht sich Mose dem sexuellen Verkehr mit seiner Frau, da ihn der Umgang mit Gott dazu zwinge. Mirjam aber setzt sich für die Frau Moses ein und argumentiert, dass auch Aaron und sie Offenbarungen empfangen hätten und deshalb trotzdem ihren ehelichen Pflichten nachkämen[142]. An diesen Interpretationen werden zwei Probleme deutlich: Zum einen setzen sie alle an der Verschwisterung Mirjams, Aarons und Moses an. Von dieser Tradition ist in Num 12 aber nicht die Rede. Zur Erklärung von Num 12 kann sie nicht dienen. Das liegt nicht daran, dass sie, wie manchmal vermutet wird, eine spätere Traditionsbildung als Num 12 sei[143]. Die Texte, die Mose, Mirjam und Aaron als Geschwister darstellen, haben ein ganz anderes rhetorisches Interesse als Num 12. Sie betrachten die drei als gleichwertige Geschwister nebeneinander. Das heißt, sie erinnern die drei Führungsgestalten als *gleichrangig*. Gerade das aber kann von Num 12 nicht behauptet werden.[144] Für das Verständnis des Vorwurfes können die „Familientraditionen" deshalb nicht weiterhelfen. – Zum anderen wird damit versucht, die Frage nach dem Zusammenhang von Offenbarungsempfang und Ehe Moses auf der Ebene der narrativen Verarbeitung realer Konflikte zu lösen. Auf der Ebene des fehlenden (oder mangelnden) Ehevollzugs wird die Narration weitererzählt, nicht aber der rhetorische und sozialgeschichtliche Zusammenhang geklärt.

2. Unabhängig von familiären Argumenten macht die andere Position die Herkunft der Frau, wie bereits gezeigt wurde, zum Problem.

Die Erwähnung der kuschitischen Frau Moses steht in Zusammenhang mit der Mischehenfrage. Da Mirjam und Aaron die Ehe ins Spiel bringen, muss diese für die beiden eine Bestärkung und Legitimation darstellen[145]. Das heißt, die Ehe Moses mit der kuschitischen Frau hängt mit religiöser und gesellschaftlicher Autorität und Moses Sonderstellung darin zusammen: Denn darum geht es in V. 2-15. Dass Mose mit einer nichtisraelitischen Frau verheiratet ist, gibt Mirjam und Aaron in ihrer Sicht der Mischehenfrage recht und bestärkt damit ihre Autorität. Für eine positive Sichtweise der Ehe Moses

---

140 Vgl. Baentsch, Numeri, 510. Ähnlich Coats, Rebellion, 26.
141 Vgl. Heinisch, Paul, *Das Buch Numeri*, HSAT II.1, Bonn: Peter Hanstein Verlagsbuchhandlung 1934, 52.
142 Vgl. Sifre Numeri 99.
143 So behaupten es Greßmann, Mose, 272; Budd, Numbers, 135; Burns, Miriam, 875.
144 Zum Verhältnis dieser Texte vgl. Schlusskapitel Teil 3.
145 Vgl. Wacker, Mirjam, 48 sieht hier eine Legitimation für Mose. Vgl. auch Literarkritik zu V. 1-2.

mit der kuschitischen Frau liegt freilich die Bedeutung Kuschans als „Euphemismus" für Midian auf der Hand.[146]

Wie bereits oben erklärt, gehe ich davon aus, dass Mirjams und Aarons Anfrage in V. 2 nicht im Gegensatz zu ihrer Rede in V. 1 steht, sondern diese expliziert. Dann lassen sich V. 1-2 folgendermaßen lesen: Mirjam und Aaron sprechen über Mose wegen der kuschitischen Frau: „Hat Gott nicht auch zu uns gesprochen?" Das heißt aber nicht, dass Mose sich durch die Ehe etwas erwirbt[147], das kann auch bedeuten, dass die Verschwägerung mit Kuschan/Midian Legitimationen für Mirjam (und Aaron) beinhaltet. Bezüglich der Moseautorität im Zusammenhang mit Midian sind Ex 18 und Num 10,29 von Bedeutung. Zippora wird in Ex 18[148] ebenfalls erwähnt. Der Text erzählt davon, dass Moses Schwiegervater Jitro Mose und den IsraelitInnen in die Wüste folgt, um Mose seine Frau und seine Söhne zu bringen. Tatsächlich bringt Jitro aber auch Anweisungen betreffend der Führung des Volkes. In Ex 18 wird nichts von einer Fortsetzung der Ehe erzählt[149], sondern von kultisch und gesellschaftspolitisch relevanten Ereignissen: Es wird die Rettungsgeschichte aus Ägypten (V. 8) erwähnt, ein Bekenntnis Jitros (V. 10f., mit Einleitung in V. 9), ein Brandopfer für JHWH, an dem Mose, Aaron und die Ältesten beteiligt sind (V. 12) und die am nächsten Tag folgende Einsetzung der tüchtigen, gottesfürchtigen und zuverlässigen Männer, die Recht sprechen sollen (V. 13-27). Die Ehe Moses mit Zippora wird in den Zusammenhang der Übernahme sozialer und politischer Vorstellungen Midians gestellt[150]. Von daher stellt sich Mirjams Anfrage in Num 12 nicht allein von der Mischehenproblematik als religiösem Eherecht,

---

146 Vgl. zu diesem Zusammenhang auch Gressmann, Mose, 271; Drubbel, A., *Numeri*, De Bouken van het Oude Testament, Roermond an Masseik: J. J. Romen & Zonen Uitgevers 1963, 66; Schmid, H., Mose, 87.

147 So vermutet Wacker, Mirjam, 49, dass die Ehe mit der Priestertochter Zippora priesterliche Legitimation für Moses Prophetie bedeute. Bezweifelt wird dies bei Fischer, Autorität, 27f.

148 W. H. Schmidt bezeichnet diese Stelle als die bedeutendste von allen, die Mose mit Midian in Verbindung bringen (vgl. Exodus, 115). Knauf hingegen weist auf die historische Unbrauchbarkeit von Ex 18 hin (vgl. Knauf, Ernst Axel, Midianites and Ishmaelites, in: Sawyer, John F.A./Clines, David J.A. (eds.), *Midian, Moab and Edom. The History and Archeology of Late Bronze and Iron Age Jordan and North-West Arabia*, JSOTS 24, Sheffield: Sheffield Academic Pess 1983, 147-162, 155, Anm. 13). Da hier weniger die genauen historischen Fakten, sondern die literarischen Traditionen zählen, mag dies als sekundär gelten.

149 Zur Frage, ob deshalb von einer Scheidung Zipporas von Mose die Rede sei, wie Fischer, Autorität 28 meint, vgl. unten 1.5.1.5.

150 Es scheint fast so, als ob der Text statt der Fortsetzung der Ehe die Ämterübernahme erzählte, als stünde das eine für das andere. Coats betrachtet dies als Wiedervereinigung Moses mit Jitro statt mit seiner eigenen Familie (vgl. *Exodus 1-18*, fotl IIA, Grand Rapids, Michigan u.a.: Eerdmans 1999, 146).

sondern auch als Frage nach politischen Strukturen: Von Midian lernte Israel die juridische Ämteraufteilung[151]. Die Mischehenproblematik steht somit in engem Zusammenhang mit dem Problem der Ämter- und Autoritätenaufteilung. In Num 12 geht es dabei nicht um juridische Funktionen, sondern um den Empfang und die Auslegung der Tora[152]. Deutlich wird außerdem der Zusammenhang zwischen Moses Ehe mit einer Midianiterin und der Demokratisierung seiner Autorität.

Eine weitere Verbindung von Num 12 mit Midian lässt sich vom Kontext im Numeribuch herleiten. Dass Num 12 und Num 11 um das selbe Thema, nämlich die mosaische Autorität und ihre mögliche Demokratisierung, kreisen, ist bekannt. Blickt man weiter zurück, gelangt man zu Num 10,29-32, wo Mose seinen midianitischen Schwager Hobab[153] überredet, Israel auf der Wüstenwanderung zu begleiten, da Hobab die Wüste kenne[154]. Mose stellt Hobab in Aussicht, mit ihm „das Gute", das Israel von JHWH erhalten wird, zu teilen. Dies ist eine Zusage Moses, Midian in Israel aufzunehmen[155]. Möglicherweise steht dahinter auch das Interesse an einer Eingliederung der topographischen (und vielleicht auch strategisch-politischen) Kompetenz Midians, das aber hier nicht mehr weiter verfolgt werden kann. Das Problem der Ortskundigkeit wird in Num 13f., dem Kundschafterbericht, wieder

---

151 Freilich handelt es sich um juridische Ämter. Dass die Tradition alt sein muss, weil nach den antimidianitischen Texten in Num 25; 31; Ri 6-8 so eine Herleitung kaum mehr erfunden werden konnte (vgl. Sarna, Exodus, 100), zeigt zumindest, dass die Tradition sehr stark war. Zur Frage, ob Ex 18 jenen Texten, die den Ältesten juridische Funktionen zusprechen (Num 11; Dtn 1), zugrunde lag, vgl. Rose, Martin, *Deuteronomist und Jahwist. Eine Untersuchung zu den Berührungspunkten beider Werke*, AThANT 67, Zürich: Theologischer Verlag 1981, 226ff.; Perlitt, Lothar, *Deuteronomium*, BKAT 5, Lieferung 1.2, Neukirchen-Vluyn: Neukirchener 1990/91, 54ff. Auffallende Übereinstimmungen zwischen Ex 18,13-27 und Num 11 wurden vielfach festgestellt vgl. ebd. und Seebass, Numeri, 43; Crüsemann, Frank, *Die Tora. Theologie und Sozialgeschichte des alttestamentlichen Gesetzes*, München: Kaiser 1992, 111-113. Für den vorliegenden Zusammenhang von Num 11-12 und die Frage nach der Bedeutung Midians ist diese Beobachtung wesentlich.

152 Der Zusammenhang zwischen Mischehe und der Frage nach der toraauslegenden Autorität ist auch bei Esr und Neh deutlich. Duldung oder Verbot von Mischehen ist bei Esr und Neh genauso wie in Num 12 eine Frage nach der „richtigen" Auslegung der Tora (vgl. dazu ausführlich Fischer, Autorität, 31f.).

153 Zur Diskussion der Identität Hobabs als Schwiegervater oder Schwager vgl. Seebass, Numeri, 15.

154 Zum Kontext 10,29-12,15 vgl. auch Levine, Numbers, 311. Dass das Gespräch nicht fertig und somit auch nicht tatsächlich erzählt wird, ob Hobab mitgeht oder nicht, hat bereits Noth, Numeri, 69 festgestellt. Wesentlich ist aber, dass Mose Hobab mitnehmen möchte.

155 Betont auch bei Seebass, Numeri, 16. Levine hat dies auf die Teilung des Landes bezogen, da er auch annimmt, dass dies eine Reflexion auf kenitische/midianitische Siedlungen darstelle (vgl. Numbers, 335).

aufgenommen. Auf der Ebene der Ämterfrage zielt Num 13f. auf die Legitimation Josuas als Moses Nachfolger. Ob nun Josua vom Wegfall Midians prophitiert oder dessen Ersatz ist, sei dahin gestellt. In Num 10,29-36 ist zwar nicht von Ämtern, aber von der Führung des Volkes die Rede. Diese durfte nicht zu stark Hobab/Midian überlassen werden, wie die folgende Erzählung von der Führung durch die Lade zeigt[156].

C. Mirjam und Midian

Ernst Axel Knauf hat in Erwägung gezogen, dass Mirjam eine starke Verbindung zu Midian haben bzw. für die Interessen midianitischer Gruppen stehen könnte[157]. Die Annahme, dass Mirjam, wenn sie auch nicht direkt und mit Sicherheit als Midianiterin zu bezeichnen ist[158], mit midianitischen Traditionen verbunden wurde, lässt sich belegen. Von den biblischen Mirjamtexten können Ex 15,19-21; Num 12,1-15 sowie Num 20,1 auf einen Zusammenhang mit Midian verweisen: In Ex 15 deute nach Knauf die sprachliche Verfasstheit des Namens Mirjams und das Vokabular des Schilfmeerliedes[159] auf Midian hin. Weniger auf der historischen als auf der literarischen Ebene könnte man auch in Num 12 und Num 20,1 einen Zusammenhang mit Midian vermuten. In Num 12 bezieht sich Mirjam auf die Midianiterin Zippora, wenn sie ihr Anliegen vorbringt. Der Tod Mirjams in Kadesch findet vor den ersten Auseinandersetzungen mit anderen Stämmen (Num 20,14-21) und ersten Hinweisen auf Landnahmekriege (Num 21,1-3) statt. Das könnte darauf hindeuten, dass Mirjam und die Anliegen und Traditionen, die mit der Gestalt verbunden wurden, nur in die Wüstenzeit gehören.

So verlockend die These Knaufs ist, bleibt sie doch sehr spekulativ. Jene Texte, die Mirjam mit Aaron und Mose familiär zusammenbinden, deuten gerade das Gegenteil an: Mirjam wird als Israelitin ausgewiesen – oder

---

156 Vgl. Noth, Numeri, 70: Das Ende des Gesprächs mit Hobab sei wahrscheinlich mit der Einfügung der in V. 33ff. folgenden Erzählung von der Führung durch die Lade, die somit Hobabs Wissen relativiere, verloren gegangen.
157 Vgl. Knauf, Midian, 87.
158 Ob Mirjam tatsächlich Midianiterin war, ist auf dieser Ebene der Fragestellung sekundär, da es nicht um die individuelle, historische Person geht, sondern um die Traditionen, die sich gebildet haben, die Geschichten, die erzählt worden sind, um Autoritäten, Machtverhältnisse zu begründen, zu stabilisieren und nach innen und außen zu vertreten.
159 Knauf, Midian, 142f. sieht in der Sprache des Schilfmeerliedes einen „gemein-arabokanaanäischen" Dialekt, also keine spezifisch hebräischen Sprachmerkmale. Die These, dass das Schilfmeerlied wie auch seine Verfasserin, midianitischer Herkunft seien, vertritt Knauf, ebd.

zumindest in das Zwölf-Stämme-System eingegliedert. Diese Texte können auch so gelesen werden, dass man damit midianitische Traditionen übernehmen und gleichzeitig auch unsichtbar machen wollte. Aber all das sind Spekulationen, die nicht nachgewiesen werden können.

Festzuhalten bleibt, dass Mirjam in Num 12 promidianitisch repräsentiert wird. Das kann drei Gründe haben: 1. Die AutorInnengruppe will Mirjam (und die Gruppe hinter ihr) als eine erinnern, die auf Demokratisierung der mosaischen Autorität abzielt. Eine solche aber ist primär von Ex 18 Erbe des Midianiters Jitro. 2. Die AutorInnengruppe will Mirjam als Vertreterin einer ausländerInnenfreundlichen und Mischehen gegenüber offenen Gruppe erinnern. Sie wird deshalb positiv gegenüber der Ehe Moses mit der Midianiterin Zippora dargestellt. 3. Jeder Zusammenhang Mirjams mit Midian dient ihrer Diffamierung, da mit Midian nach Num 25; 31; Ri 6-8 nichts Gutes mehr verbunden wird. Gegen diese dritte Sicht spricht, dass sich die biblischen Traditionen nicht so einhellig gegen Midian aussprechen.[160]

Die beiden ersten Gründe führen direkt zu den Anliegen, mit denen die Texte Mirjam verbinden. Das ist einerseits eine Verbindung zu Frauen oder zu Interessen von Frauen, wie vor allem Ex 15 deutlich macht. Andererseits gibt es keinen biblischen Text über Mirjam, der sie nicht in den Kontext der Führungselite stellt. Die Verbindung zu diesen beiden sozialen Bereichen der Mirjamfigur ist in Num 12 über Midian/Kusch ausgedrückt. Umgekehrt lässt sich auch formulieren, dass in Num 12 Midian/Kusch zu einer Art symbolischem Ausdruck oder zu einem Hyperonym für diese beiden Interessensbereiche der Mirjamgestalt wird.

Die Frage nach der Referenz des Mirjamcharakters in Num 12 kann jetzt noch einmal aufgegriffen werden. Es ist möglich, nun genauer zu formulieren, dass Mirjam im Kontext politischer und religiöser Führung sowie religiöser und gesellschaftlicher Ansprüche von Frauen steht. Das stimmt auch für Num 12. Allerdings ist die Frage der Führung in Num 12 als Konflikt dargestellt, der gegen Mirjam entschieden wird. Diese Schärfe findet sich in anderen Mirjamtexten nicht. Die Konkurrenz zu Mose wird auch in Ex 15 und Num 20 deutlich. Diese beiden Texte verbinden Mirjam auch stärker mit Aaron als mit Mose[161]. Die Parteiung Mirjam und Aaron gegen Mose tritt in jenen Texten in den Hintergrund, die Mirjam, Mose und Aaron auf eine Ebene stellen (Num 26,59; 1 Chr 5,29; Mi 6,4). Während Mirjam in allen übrigen Texten neben Mose (und Aaron) geduldet wird, vertreten die AutorInnen von Num 12 eine andere Sicht: Mirjam (und Aaron) kann (können) neben Mose nur dann geduldet werden, solange für Mose

---

160 Mendenhall, George E., Midian, *AncBD* 4 (1992) 815-818, 816f.
161 In Num 20 ist diese Verbindung zu Aaron nur durch den ähnlichen Todesbericht und den fast gleichen Zeitpunkt des Todes (vgl. Num 20) belegbar.

keine absolute Autorität beansprucht wird. Diese rigorose Sicht Moses bzw. des Moseamtes, wie sie auch in Dtn 34,10 deutlich wird, ist aber der Grund für die Abwertung des Anliegens Mirjams und Aarons in Num 12.

Aaron und Mirjam sind als zusammengehörende Partei zu verstehen. Sie vertreten dasselbe Interesse, die Frage danach, wie sie neben der mosaischen Autorität ihren Anspruch auf Offenbarungsempfang geltend machen können. Es reicht nicht aus, Aaron mit der Begründung, Mirjam könne als Verkörperung der Propheten (sic!) nicht allein auftreten, nur zu einem erzählerischen Mittel zu degradieren. Ohne männliche Begleitfigur hätte sie ihr Anliegen nicht vertreten können[162]. Es liegt auf der Hand, dass diese Sicht ein Produkt androzentrischer Rekonstruktion ist, die davon ausgeht, dass Frauen in Israel nicht öffentlich auftreten konnten. Es gibt gerade aus dem Bereich der Propetie zu viele Gegenbeispiele[163], um diese Sicht zu halten.

1.5.1.5. Mose

Mose ist der einzige der Charaktere, den der Erzähler – wenn auch kurz – vorstellt. Dies geschieht innerhalb der metakommunikativen Äußerungen in 1d und V. 3, in denen der Erzähler die Handlung unterbricht, um den LeserInnen Erklärungen und Hintergrundinformationen zu geben[164]. Durch diese Beschreibungen stellt der Erzähler Mose mehr in das Zentrum der Lesewahrnehmung und erleichtert den LeserInnen die Sympathie für Mose und damit die Übernahme eines Standpunktes auf Moses Seite. Die Aussagen über Mose beziehen sich auf seine Ehe und seine Eigenschaft als „demütigstem" Mensch unter allen.

Die Retroversion in 1d verweist auf die Ehe Moses. Die Formulierung לקח אשה ist im Hebräischen für die Eheschließung gebräuchlich. Sie ist aus der Perspektive des Mannes formuliert, jedoch mit weiblichem Subjekt als Terminus für die Eheschließung nicht belegt. Ehen werden von Männern geschlossen. Die Formulierung verweist mit Mose als Subjekt zurück auf Ex 4,20, die Erzählung vom Aufbruch Moses mit seiner Frau und seinen Söhnen aus Midian. Dort meint das Verb nicht die Ehe*schließung*, sondern verweist darauf, dass Mose mit seiner Frau und den Söhnen nach Ägypten zurück

---

162 So Schart, Aaron, 363f., in teilweiser Anlehnung an Noth, Numeri, 84, was die erzählerischen und literarischen Überlegungen betrifft. Diese Aussagen spiegeln scheinbar weniger die rekonstruierten Verhältnisse wider als die Denkschemen Scharts. Er nennt keinen Grund, warum Mirjam an ihrer Seite einen zweiten gebraucht haben sollte.
163 Vgl. die namentlich erwähnten Prophetinnen wie Debora (Ri 4f.), Hulda (2 Kön 22), Noadja (Neh 6,14), die zweifellos nur die äußersten Spitzen eines breiten Phänomens waren (vgl. Kessler, Mirjam, 60; Fischer, Exegese, 154).
164 Vgl. ähnlich Butting, Prophetinnen, 56 in Anlehnung an Blum, Studien 85, Anm. 178.

ging, sie also zu seinem Volk mitnahm. Dieser Hinweis ist dann von Bedeutung, wenn man sich fragt, warum Mirjam wegen der Ehe über Mose spricht. Es gibt AuslegerInnen, die meinen, Mose sei von Zippora geschieden (Ex 18,2) und Mirjam verweise ihn darauf, die Frau wieder zu sich zu nehmen. Mirjam setze sich dann für die Aufrechterhaltung von Mischehen ein.[165] Dieses Verständnis beruht darauf, dass Ex 18,2 auf eine Scheidung Moses von Zippora verweise. Ob jedoch Ex 18,2 als Beleg für eine Scheidung genommen werden kann, ist unsicher. Die Scheidung würde in dem Begriff שִׁלּוּחֶיהָ ausgedrückt. שִׁלּוּחֶיהָ ist eine Piel-Nominalbildung und kommt im gesamten AT nur dreimal, immer im Plural, vor. Gemeint ist ein „Entlassungsgeschenk": in 1 Kön 9,16 scheint es sich um eine Brautgabe zu handeln, die der Pharao seiner Tochter in die Ehe mitgibt. In Mi 1,14 ist der Zusammenhang der Ehe überhaupt nicht gegeben, wenn שִׁלּוּחִים ganz allgemein eine Entlassungsgabe (so die Elberfelder Übersetzung von Mi 1,14) bezeichnet. Ex 18,2 ist wie 1 Kön 9,16 vom Vater aus formuliert, der seiner Tochter das Entlassungsgeschenk gibt. Ex 18,2 gibt keinen Hinweis auf ein Handeln Mose und kann deshalb nicht die Scheidung meinen. Der Begriff שִׁלּוּחִים meint nie eine Ehescheidung, auch wenn das Verb שָׁלַח den Vorgang der Ehescheidung bezeichnen kann[166]. Mose trennte sich in Ex 18 nicht von Zippora, sondern Zippora bekam von Jitro ein Abschieds- oder Entlassungsgeschenk. Mose und Zippora sind also nicht geschieden und die zweifache Betonung, dass Mose die Frau nahm, bezieht sich darauf, dass er sie *mitnahm* aus Midian, wie Ex 4,20[167]. Auf der Ebene der Erzählung ist Moses bestehende Ehe mit der Midianiterin für Mirjam und Aaron ein Argument für *ihr* Verständnis von Offenbarungsempfang und -auslegung[168]. V. 1 betont ja, dass Mose die Frau *nahm*. Es gibt keinen Grund, warum der Erzähler hier nicht explizit von einer Scheidung der Ehe sprechen sollte, wenn er es meinte. Butting versteht den Vers ebenfalls im Sinn einer bestehenden Ehe Moses mit Zippora. Sie schließt daraus allerdings, dass Mirjam gegen die Ehe Moses mit der Nichtisraelitin auftrete:

> „In dem Streit über Moses Ehe mit einer Ausländerin führt Mirjam das Wort [...]. Ihr Engagement in dieser Sache deckt sich mit anderen Zeugnissen, nach denen Frauen an der Ausgrenzung von Ausländerinnen – manchmal maßgeblich – beteiligt waren. Angesichts der Tatsache, daß das Verbot von Verbindungen mit ausländischen Frauen ein vorrangiges Gesprächsthema in nachexilischer Zeit gewesen ist, ist der Hinweis auf eine solche Ehe Moses bereits ein Angriff auf seine Autorität. Mose verbietet die Eheschließung mit den

---

165 So zuletzt von Fischer, Autorität, 28.30f. rekonstruiert.
166 Vgl. die Belege bei Hossfeld, Frank Lothar/van der Velden, F., Art. שלח , ThWAT VIII (1995) 46-68, 66.67.
167 So verstanden auch bei Propp, Exodus, 628, mit Verweis auf Ibn Ezra, Bechor Schor und Raschbam und neuestens auch bei Butting, Prophetinnen, 53 mit Anm. 67.
168 Genaueres zur Mischehenfrage vgl. Zusammenschau Teil 3.

Töchtern des Landes [...] und heiratet selbst eine Ausländerin! Ein Widerspruch liegt vor, der den sich anschließenden Protest gegen die Sonderstellung Moses als Vermittler des Wortes Gottes begründet (12,2)."[169]

Ohne Mirjam als Mischehengegnerin festzuschreiben, ist Buttings Beobachtung, dass Mirjam einen Widerspruch aufdeckt, der die absolute Autorität Moses in Frage stellt, wichtig. Dieser Widerspruch stützt aber Mirjams Position als Mischehen*befürworterin*. Genau deshalb muss sich der Erzähler in V. 3 direkt an die LeserInnen wenden, um klarzustellen, dass Mose von solchen Widersprüchen ausgenommen ist. Der Erzähler entkräftet dieses Argument weiter auch dadurch, dass er Mose völlig abhebt von allen anderen Menschen (V. 3), von allen anderen ProphetInnen (V. 6-8) und von ganz Israel (7b).

Setzt man die Mirjam- und die Aaronfigur des Textes mit MischehenbefürworterInnen und die Mosefigur des Textes mit den Autoritäten Esra und Nehemia gleich, muss man – wie Fischer – Ex 18,2 als Scheidung Moses von Zippora lesen oder – wie Butting – Mirjam und Aaron als MischehengegnerInnen verstehen. Es ist aber davon auszugehen, dass die Charaktere des Textes nicht direkt mit sozialgeschichtlichen Größen zu identifizieren sind, sondern zuerst Elemente einer literarischen Darstellung eines Konfliktes und damit literarische Produkte und Konstrukte sind[170]. Mirjam und Aaron repräsentieren eine mischehenbefürwortende Haltung und sie beziehen sich auf die Tradition von Moses Ehe mit einer Nichtisraelitin. Das wird sowohl durch eine Übersetzung von דִּבֶּר בְּ in 1a mit „reden über", als auch vor allem durch die Opposition, die der Erzähler zu Mirjam und Aaron aufbaut, unterstützt. Diese Opposition wird nicht auf der Handlungsebene zwischen den Charakteren Mose und Mirjam konstruiert, sondern nur dort, wo der Erzähler in metakommunikativen Äußerungen oder durch Reden Moses Sonderstellung betont. Die Opposition gegen Mirjam findet sich dadurch durch den Erzähler und nicht durch den Charakter Mose vermittelt. Nimmt man also Mirjam und Aaron, die ja die (erzählerischen) „HeldInnen" sind, als MischehenbefürworterInnen, ist die Opposition nicht bei Mose im Text zu suchen. Gegen Mirjam und Aaron tritt der Erzähler auf und seine Einschaltung in V. 3, die Mose so absolut von allen Menschen abhebt, zeigt, dass

---

169 Butting, Prophetinnen, 54.
170 Es geht hier um das Verständnis des Verhältnisses zwischen Fiktion und Fakten, das in jedem Text je anders gestaltet ist (vgl. Utzschneider, Atem, 78). Dieses Verhältnis steht bezüglich der Charaktere des Textes und deren Beziehung im Text als Fiktion und der sozialgeschichtlichen Verortung einer solchen Gruppierung und ihres Konfliktes innerhalb der Geschichte Israels als Fakten zur Debatte. Erst wenn die Opposition zu Mirjam klar herausgearbeitet ist, kann deutlich werden, wofür sie eintritt und wer ihre Opponenten sind.

Mirjam und Aaron recht haben mit ihrer Behauptung von der Ehe des Mose mit einer Midianiterin.

In V. 3 lenkt der Erzähler nochmals den Blick auf Mose und hebt ihn über alle anderen Menschen der Erde. Der Superlativ hat eine rhetorische Funktion, ähnlich wie die Aussage über Salomos Weisheit in 1 Kön 5,11. Im Gegensatz zur Weisheit Salomos ist Moses „Demut" nur hier erwähnt. Es soll also weniger auf eine bestimmte Erzählung oder Tradition verwiesen werden, sondern mit einem Superlativ die Andersartigkeit Moses betont werden. Die Bedeutungsvarianten von עָנִי/עָנָה passen sehr gut zu dieser Zuordnung. Die „Armen" sind die, die in Gottes Nähe leben und auf deren Seite Gott steht. Sie sind – je nach Kontext – eher als gebeugte, arme, demütige, fromme und notleidende Menschen zu verstehen[171]. Die Form עָנָו ist hier singulär und als Eigenschaft des Mose kaum eindeutig zu bestimmen. Es ist unwahrscheinlich, dass das Adjektiv einen Rechtsstatus bestimmt[172], da Mose nicht als „Rechtloser" überliefert ist. Das Bedeutungsspektrum um „demütig" legt sich von da her nahe[173]. Hier deshalb aber von besonderer individueller Demut oder gar Mildtätigkeit zu sprechen (עָנָו מְאֹד in 3a), geht eher auf das Interesse zurück, Mose als Person greifbar zu machen, denn auf den biblischen Wortbestand[174]. Greßmann weist zurecht darauf hin, dass ein „guter Erzähler der alten Zeit ... freilich dies Prädikat von Mose nicht nur behaupten, sondern ... es an einem Beispiel veranschaulichen"[175] würde. Moses Verhalten in Num 12, sein Schweigen, das Fehlen seiner Selbstverteidigung, ist nicht als Beispiel für seine Demut oder Sanftmut zu verstehen, sondern im Handlungsablauf konsequent durchgeführt, wenn man davon ausgeht, dass Mirjam und Aaron nicht *zu* ihm, sondern *über* ihn sprechen. Man kann in der Folge auch schwer behaupten, Num 12 verherrliche Mose wegen seiner Demut und Bescheidenheit und Gott „liebe" Mose deshalb[176]. Auch würde es zu kurz

---

171 Sozial Arme und Schwache z.B. in Am 2,7; Jes 11,4; Ps 33,27; 37,11, Gedemütigte, Gebeugte in Ps 10,17; Zef 2,3, Fromme in Ps 25,9; wobei viele Belege in einem diffusen, unsicheren Zwischenbereich bleiben und durchaus beide Bedeutungsvarianten möglich sind. Innerhalb der unten beschriebenen rhetorischen Situation ist es möglicherweise nicht zufällig, dass Mose so beschrieben wird.
172 Vgl. dazu Gerstenberger, Erhard S., ענה II, *ThWAT* VI (1989) 247-270, 259f.
173 Vgl. auch Greßmann, Mose, 265.
174 So Knobel, Buch, 59, der Moses Darstellung als „liebreicher, milder und gelinder Mann, immer zu einer Fürbitte für sein Volk bereit (11,2; 14,13ff.; 21,7; Ex 32,20. 30ff.), auch für Mirjam (V. 13) und bei seinem Tode alle Stämme segnend (Dtn 33)" als typisch „elohistisch" bezeichnet, während der Mose des „J" ein strenger, gewalttätiger Mann sei, der auch Hinrichtungen vornehme (mit Verweis auf Num 15,35f.; 25,5; Ex 2,12ff.; 32,26ff.; Lev 24,23). Ähnlich auch Coats, Humility, 102.
175 Greßmann, Mose, 265, Anm. 2.
176 Vgl. ebd., 266f.

greifen, Mirjams und Aarons Haltung deshalb als Hochmut und ihre Handlung als „böswillige Verleumdung" zu bezeichnen.[177]

Mit Coats ist V. 3 im Zusammenhang von V. 6-8 als Haltung der politischen Führungspersönlichkeit zu sehen[178]: V. 6-8 machen deutlich, dass Mose das, was er ist, von Gott her ist und nicht aufgrund eigener Verdienste. Seine politische Macht hat er also auch nicht selbst erworben, sondern durch Gott.

1.5.1.6. Blicke, Meinungen

Der Erzähler tritt in V. 1 als externer Fokussator (EF) auf. Sein Blick ruht auf den Geschehnissen, er nimmt aber (als externer) nicht Teil daran. Auch die LeserInnen nehmen diesen Blick ein und sehen mit ihm Mirjam und Aaron über Mose sprechen. Durch die Erzählung des Sprechaktes in 1a ist Mirjams und Aarons Fokussierung angedeutet, allerdings wird sie nicht deutlich, da sie nicht explizit mitgeteilt wird. Trotzdem gibt der Erzähler zu, dass es eine spezifische Sichtweise der Charaktere Mirjam und Aaron auf diese Ehe gibt, die sich im Fortgang der Erzählung erst als seine eigene oder eine andere erweisen wird. Unterschiedliche Fokussierungen ein und desselben Objektes können den Hintergrund für einen Konflikt darstellen[179]. Der Erzähler relativiert dann auch sofort in V. 3 Mirjams und Aarons Sichtweise.

Während das zweite Objekt, die Ehe, nicht mehr fortgesetzt wird, bleibt der Blick des EF, und damit auch der Blick der LeserInnen, auf den Sprechenden, deren Fokussierung durch die erzählte Rede in 2bc deutlich wird[180]. Das Objekt der Fokussierung ist Gottes Sprechen zu Mirjam und Aaron. Es wird nur von Mirjam und Aaron, nicht aber vom EF fokussiert und ist dadurch nicht als „Tatsache" bestätigt. Der Offenbarungsempfang ist im Gegensatz zur Ehe mit der kuschitischen Frau kein perzeptives Objekt, denn es wird nicht von unterschiedlichen Standpunkten aus wahrgenommen[181]. Die

---

177 Vgl. ebd., 266.
178 Vgl. Coats, George W., *Moses. Heroic Man, Man of God*, JSOT.S 57, Sheffield: Sheffield Academic Press 1988, 127f.
179 Vgl. Bal, Narratology, 104.
180 Dieses Objekt befindet sich auf einer anderen Fokussierungsebene als das Sprechen Mirjams und Aarons. Jede sprachliche Handlung ist eine „eingebettete" Fokussierung, da zu dem Blick *auf* den/die Sprechenden noch der Blick *des/der* Sprechenden erzählt wird (vgl. Bal, ebd., 11f.).
181 Man könnte mit der Pluralität des Fokussierungssubjektes (Mirjam und Aaron) für die Perzeptivität des Objektes argumentieren, denn nach Bal reicht es, wenn ein Objekt noch von einem weiteren Charakter wahrgenommen werden kann (vgl. ebd., 109).

Num 12: Gott hat nicht nur zu Mose gesprochen 79

Behauptung Mirjams und Aarons, Gott hätte zu ihnen gesprochen, ist somit doppelt relativiert: Die Relativierung geschieht erstens dadurch, dass sie vorerst nicht vom auktorialen Erzähler bestätigt wird. Sie besteht nur in der Sicht zweier Charaktere, an deren Sichtweise der Erzähler nicht teilnimmt. Zweitens wird sie von keinem der Charaktere sonst fokussiert. Sie scheint nur in der eingeschränkten Sicht Mirjams und Aarons zu bestehen. Somit können auch die LeserInnen die Aussage Mirjams und Aarons nicht mitvollziehen.

Mindestens vom Erzähler ist die Gruppierung der Charaktere und der Blickwinkel hier so gestaltet, dass Mirjams und Aarons Behauptung nicht oder kaum nachvollziehbar ist, womit mindestens der Rahmen dafür gegeben ist, ihre Richtigkeit oder Wahrhaftigkeit in Frage zu stellen.

Direkte Rede kann in die Gefühls- und Gedankenwelt der Charaktere Einblick verschaffen[182]. Die Frageform der Sätze in 2bc stellt den Inhalt nicht als Faktum dar, sondern ist mit einer gewissen Unsicherheit verbunden[183].

Durch die eben beschriebenen erzählerischen Mittel wird die Behauptung des Offenbarungsempfanges Mirjams und Aarons aus dem Bereich des nachvollziehbaren Faktischen in den Bereich subjektiver Wahrnehmung gerückt. Der Inhalt des Widerstandes fällt somit der Durchsetzung der Erzählerposition und dem rhetorischen Interesse, die Gegenposition zu schwächen, zum Opfer.

In 2d tritt der Erzähler wieder als externer Fokussator auf. Das Objekt der Fokussierung ist das Hören Gottes. Es ist für die Charaktere der Erzählung nicht wahrnehmbar, sie erfahren auch erst später (4a) indirekt davon. Gleichzeitig wird deutlich, dass das bisherige Geschehen ebenso von Gott als dem Geschehen externen, der Narration aber internen Fokussator wahrgenommen wird. Nicht nur der Erzähler, sondern auch Gott, blicken auf das, was sich ereignet, wobei der Erzähler nicht einfach Gottes Perspektive bzw. nicht dessen Stimme für sich in Anspruch nimmt. Das wird erst später der Fall sein (V. 6-8). In 2d wird somit die Perspektive Mirjams und Aarons fallen gelassen. Das korrespondiert damit, dass sie nicht mehr initiativ handeln[184] und somit ihrer Passivierung und Ohnmacht zugeführt werden.

Der Blickwinkel des externen Fokussators bleibt in V. 3 erhalten. Er wird sogar stark pointiert abgehoben von der individuellen Sichtweise der Charaktere, wenn der Erzähler aus der Erzählung heraustritt und sich direkt an seine LeserInnen wendet, um deren Blick aus dem Geschehen hinaus auf die Person Mose zu lenken. Damit wird auch die Sympathie der LeserInnen

---

Dagegen spricht allerdings, dass Mirjam und Aaron als Partei denselben Standpunkt vertreten und hier nicht als zwei unabhängige Positionen definiert werden können.
182 Vgl. Berlin, Poetics, 64; Bal, Narratology, 89f.
183 Das gilt rein formal auch dann, wenn es sich um eine rhetorische Frage handelt. Ob es sich um eine solche handelt, ist erst von der Gesamtinterpretation her zu entscheiden.
184 Vgl. dazu Dispositio 1.4.2.2.

auf Mose gerichtet. Denn je mehr die LeserInnen von einem Charakter wissen und dessen Innenleben kennen, desto mehr können sie mit diesem Charakter sympathisieren und sich identifizieren[185]. An dieser Stelle wird die Macht des Erzählers sichtbar. Während die LeserInnen durch die erzählte Rede Mirjams und Aarons in 2bc für diese Sympathie entwickeln, werden sie in V. 3 sofort auf die Seite des Erzählers geholt.

Die Bedeutung, die Mose in V. 6-8 von Gott her erhält, wird hier, in V. 3 bereits durch den Erzähler aufgebaut. Das ist eine Strategie des Erzählers, Gott im Text auf seiner Seite darzustellen und damit seiner eigenen Position Gewicht zu geben. Die sehr allgemein gehaltene Formulierung aus der Perspektive des Erzählers wird zunächst nicht weiter erklärt oder konkretisiert. Der Erzähler setzt somit entweder voraus, dass die LeserInnen seine Meinung teilen oder er suggeriert ihnen das, indem er es einfach behauptet und mit Akzeptanz rechnet. Da sich der Erzähler in V. 3 für Moses Position einsetzt, ist es nicht notwendig, dass Mose selbst noch Worte in den Mund gelegt werden. Im Gegenteil: Die auktoriale Äußerung wirkt auf die LeserInnen schärfer, überzeugender und absoluter, als wenn Mose selbst für sich das Wort ergriffe und die Erzählung von Num 12 somit als Streitgespräch einzelner Charaktere dargestellt würde.

1.5.2. Zweite Szene 4a-10a: Plätze und Orte – Details und Platzanweisungen

1.5.2.1. Das Handeln Gottes und Wende zum Detail

In 4a übernimmt Gott die Initiative der Handlung. Er wird so wie Mirjam und Aaron in V. 1 durch einen Sprechakt initiativ. Im Gegensatz zu V. 1-2 fällt jedoch auf, dass das handelnde Subjekt JHWH ein klares Ziel hat: Mirjam, Mose und Aaron[186] sollen zum Begegnungszelt hinausgehen. Die EmpfängerInnen des Zieles werden explizit genannt und sogar der Ort wird erstmals mitgeteilt: hinaus zum Offenbarungszelt. Was also in der ersten Szene verschwommen war, erhält jetzt mit dem Auftreten Gottes genaue Konkretionen.

Mirjam ist nur mehr einmal Subjekt der Handlung, nämlich in 4c. Sie handelt allerdings nicht mehr initiativ, sondern führt lediglich Gottes Auftrag aus. Die Initiative der Ereignisse liegt bei JHWH, da in V. 4f. seine Anweisungen ausgeführt werden. Diese Verschiebung der Handlungsmächtigkeit ist

---

185 Vgl. Bal, Narratology, 104f.109f.
186 Die Aufzählung der AdressatInnen in der vorliegenden Form „JHWH sprach *zu (אל)* Mose *und zu (אל)* Aaron *und zu (אל)* Mirjam" mit dem dreimaligen „zu" wirkt fast zynisch gegenüber der rudimentären Formulierung in 2a und markiert zumindest das Interesse des Erzählers, wessen *genau* erinnert werden soll und wessen nicht.

formal am Subjektwechsel erkennbar: Subjekt ist JHWH, Mirjam und Aaron sind explizit nur mehr (nach Mose) als direkte Objekte präsent (4a). Als Subjekte sind sie nicht mehr namentlich genannt und einzeln aufgeführt, sondern zusammengefasst unter שְׁלָשְׁתָּם in 4c.

Die Handlung der zweiten Szene wird in 5ab[187] mit dem Herabsteigen Gottes in der Wolkensäule zum Eingang des Begegnungszeltes fortgesetzt. Dadurch wird einerseits sein Kommen, das in V. 2 nicht erzählt wurde, erzählerisch nachgeholt. Andererseits wird seine Gegenwart betont. Gott bleibt initiatives Subjekt bis zum Ende der Szene. Ausnahmen stellen formal betrachtet 9ab.10a dar, wo von Gottes Zorn und der Wolke als Subjekten die Rede ist. Als Auswirkungen Gottes oder göttliche Attribute sind sie aber nicht von ihm trennbar. Dadurch bestimmt das Handeln Gottes die gesamte zweite Szene.

Das Kommen Gottes in 5ab ist von seiner genauen Gestaltung und vom Thema her programmatisch für die folgende Szene. Der Handlungsablauf wird detailliert beschrieben, denn der Erzähler benennt alle Handelnden, wer zu wem spricht und wer warum agiert. Auch der Ort der Handlung wird durch die Bewegungsverben in 4bc.5abd und die lokalen Angaben (אֶל־אֹהֶל מוֹעֵד in 4b, בְּעַמּוּד עָנָן in 5a und פֶּתַח הָאֹהֶל in 5b) benannt. Dies steht in völligem Gegensatz zur ersten Szene, wo offen bleibt, wo sie stattfindet und zu wem Mirjam und Aaron sprechen. Daran wird wieder das Interesse des Erzählers deutlich. Er schildert das im Detail, was ihm wichtig ist und verschleiert dort, wo er keine Informationen geben will.

Die Frage, die innerhalb der Rede V. 6-8 diskutiert wird, nämlich welche Offenbarung Gültigkeit beanspruchen darf, erfährt in ihrer Rahmung schon einen ersten Teil der Antwort: Es ist jene, in der Gott so und nicht anders präsent ist, in der Wolke am Zelt(eingang).

Die Szene endet mit dem ebenfalls stufenweisen Abgang göttlicher Erscheinungsweisen in 9b und 10a. Die Distanzierung ist wieder mit Bewegungsverben (הלך 9b, סר 10a) ausgedrückt. Allerdings bleibt offen, wer Subjekt in 9b ist: Gott oder Gottes Zorn. Da letzterer in 9a Subjekt ist, liegt eine Substituierung in 9b nahe.

Allein auf der Handlungsebene E_1 lässt sich das Gewicht, das auf der Bezeichnung von lokalen Angaben und Bezügen liegt, darstellen. Von den zehn ÄE, die in der zweiten Szene auf der Handlungsebene E_1 anzusetzen sind, erzählen sechs (4c.5abd.9b.10a) von Platzierung Einnehmen der Charaktere. Die anderen ÄE sind Aussagen über Kommunikationsvor-

---

[187] 5ab sind nichtfunktionale Sätze (vgl. Bal, Narratology, 16f.). Sie eröffnen keine neuen Möglichkeiten und tendieren dazu, den Text zu verlangsamen, die Aufmerksamkeit des Publikums zu erwecken. Damit stellen sie eine Möglichkeit für den Erzähler dar, das Publikum zu lenken, ohne es direkt anzusprechen.

gänge[188]. Dies lässt sich für die ganze Erzählung von Num 12 ausweiten: Neben der Kommunikation ist das Wechseln von Orten, Ankommen und Platz Nehmen das einzige, das in Num 12 „geschieht"[189].

1.5.2.2. Orte

Vom Nirgendwo zum Zelt

Wie bereits festgestellt, findet sich in 1a-3b auf der Handlungsebene E_1 keine lokale Angabe. Die erste Szene scheint ortlos[190] zu sein. Innerhalb der Rede Gottes in V. 4 wird erstmals ein Ort erwähnt, der die Handlung betrifft[191]. Damit schafft der Erzähler durch die Gottesrede eine Einordnung, einen lokalen Rahmen für das Geschehen. Er bringt den Konflikt von einem lokalen und gesellschaftlichen „Nirgendwo" an einen Ort.

Exkurs: Das Zelt

A. Der Begriff des Begegnungszeltes

Der Begriff אֹהֶל מוֹעֵד besteht aus dem aktiven Partizip von יעד, das mit „bestimmen" wiederzugeben ist[192]. Das Partizip kann entweder eine bestimmte, festgesetzte Zeit meinen[193], den Zeitpunkt, an dem ein Ereignis

---

188 Das Entbrennen des Zornes Gottes ist zweifellos ein Grenzfall kommunikativen Handelns.
189 Vgl. die semantischen Klassen der Verben auf der Handlungsebene: Kommunikationsverben in 1a.2ad.4a.5c.6a.11a.13a.14a, Aktionsverben in 1b.9a.(15a), Bewegungsverben in 4c.5ab.5d.9b.10ad.15abc.
190 Vgl. dazu 1.4.1.2. Greßmann nimmt an, dass die Szene in V. 1 (seiner Rekonstruktion nach der Beginn des „J"-Berichtes) bereits am Offenbarungszelt spiele, da JHWH, der von Beginn an zuhöre, nicht im Lager, sondern im Zelt weile (vgl. Mose, 271). Das ist reine Hypothese und hängt auch mit einer Aufsplitterung des Textes zusammen, der nicht gefolgt werden kann. Die Erzählungen, die das Zelt außerhalb des Lagers lokalisieren (Ex 33,7-11; Num 11*; 12; Dtn 31,14f.23), beginnen jeweils an einem anderen Ort. Darin besteht überhaupt ein Erkennungsmerkmal der Texte: dass die handelnden Personen hinausgehen müssen, also sich nicht von Beginn der Erzählung an beim Zelt aufhalten.
191 Der adjektivische Hinweis auf Kusch in 1ab hat keine Funktion als lokale Angabe für den Ort, an dem die Handlung stattfindet.
192 Vgl. Gesenius, Handwörterbuch, 306; Görg, Manfred, יעד, *ThWAT* III (1982) 697-706, 698.
193 Z.B. ein Fest in Ex 23,15; 34,18; Lev 23,2.4.37; Num 9,2; Ps 74,4; 102,14; 104,19; Hos 2,13; 9,5.

eintritt[194] oder das Zusammentreffen, die Versammlung von bestimmten Menschen(gruppen)[195]. Phönikische und ugaritische Lehnwörter weisen für מוֹעֵד auf eine Bedeutung von „zusammentreffen", „zusammenkommen" hin[196]. Die inhaltliche Füllung des Begriffes legt das „Begegnungszelt" als Ort der Begegnung nahe. Dabei ist Begegnung nicht von der Volksvertretung[197] und auch nicht von der Begegnung Gottes mit himmlischen Wesen her zu verstehen[198]. Es handelt sich in der hebräischen Bibel um die Begegnung Gottes mit Menschen[199]. Die verallgemeinernde Schlussformulierung von Fritz greift deshalb zu kurz, wenn er – im Anschluss an Hab 2,3, wo מוֹעֵד die festgesetzte Zeit der prophetischen Schau bezeichnet[200] – meint, das Zelt sei „der Ort, an dem sich Jahwe Mose offenbart, wo also Mose Gott begegnet."[201] Der אֹהֶל מוֹעֵד ist ein Ort, an dem Menschen Gott befragen und der – wenn Hab 2,2 mitgedacht wird – auch mit prophetischer Aktivität zu tun haben kann. Eine Einschränkung auf Mose kann nicht begründet werden.

Der אֹהֶל מוֹעֵד ist aber mit dem Begriff „Begegnungszelt" noch nicht ausreichend beschrieben. Von den Ereignissen her, die an ihm lokalisiert werden[202], und von seiner Bestimmung her[203] kann man auch vom „Offenbarungszelt"

---

194 Z.B. Gen 17,21; 18,14; Ex 9,5; Num 13,10; 28,2.
195 Z.B. 1 Sam 13,8.11. Vgl. ähnlich auch Fritz, Volkmar, *Tempel und Zelt. Studien zum Tempelbau in Israel und zu dem Zeltheiligtum der Priesterschrift*, WMANT 47, Neukirchen-Vluyn: Neukirchener 1977, 100.
196 Vgl. Fritz, ebd., 101, mit Verweis auf Wilson, John A., The Assembly of a Phoenician City, *JNES* 4 (1945) 245 und Clifford, Richard J., The Tent of El and the Israelite Tent of Meeting, *CBQ* 33 (1971) 221-227, 224. Ob man deshalb, wie Fritz, von einer „ursprünglichen" Bedeutung von „zusammentreffen" sprechen kann, sei dahin gestellt. Wichtig scheint, dass das Zusammentreffen zwar zentral ist, der „bestimmende, festsetzende" Aspekt des Sems aber deshalb nicht verloren gehen darf. Interessant daran ist auch, worauf sich das bestimmende, festsetzende Moment bezieht: auf die Gruppe, also *wer* dazugehört, oder auf die Zeit, *wann* diese zusammentrifft. Als Festlegung eines Ortes hat יעד geringe Bedeutung.
197 Vgl. Cross, Frank Moore, The Priestly Tabernacle, *BAR* 1 (1961) 201-27, 224; Wolf, Umhau C., Traces of Primitive Democracy in Ancient Israel, *JNES* 4 (1947) 98-108, 100f.
198 Vgl. Greßmann, Mose, 246; Beer, Georg/Galling, Kurt, *Exodus*, HAT I,3, Tübingen: Mohr 1939, 158. Clifford differenziert die These insofern, als er feststellt, nur die *ursprüngliche* Bedeutung von מוֹעֵד hätte im Ugaritischen die Versammlung himmlischer Wesen gemeint. P habe diese Versammlung auf die Versammlung von Gott und Menschen umgedeutet (vgl. Clifford, Tent, 225.226).
199 Vgl. z.B. Ex 29,44; 33,7; Lev 1,1; 9,23; Num 7,89; 10,3; 11,16-20; 12,4-10; 17,8 u.ö.
200 Vgl. Koch, Klaus, מועד, *ThWAT* V (1984) 744-750, 749 meint, in Hab 2,3 fände sich bereits die Tendenz zu einem eschatologischen Verständnis des Zeitpunktes.
201 Tempel, 101.
202 Vgl. z.B. Ex 33, 12ff.; 40,34f.; Lev 1,1; 9,5.23; Num 7,89 u.ö.
203 Vgl. z.B. Ex 29,42.43.44; 30,6.36; Num 10,3; 17,19 u.ö.

sprechen. Es ist deshalb empfehlenswert, nicht eine Bedeutung zu favorisieren, sondern den Begriff vorerst auf „Begegnung" und „Versammlung" einerseits und „Offenbarung" und „Orakel" andererseits[204] hin offen zu lassen.

Die vorrangige Funktion des אֹהֶל מוֹעֵד ist von der Anzahl der Belege her der Kult. Zahlreiche Kult- und Opferbestimmungen, Ausführungen bezüglich der Ausstattung dieses heiligen Ortes und die Art, wie und in welchen Gewändern sich die Priester ihm nähern sollen, weisen ihn und vor allem auch seinen Eingang (פתח אהל מועד/פתח אהל/ פתח האהל) als qualifizierte Stätte des Opferdienstes aus[205]. – Davon ist jedoch in Num 12 keine Rede. Das Zelt in Num 12 ist vor allem dadurch bestimmt, dass es als Begegnungs- und Offenbarungsstätte *außerhalb des Lagers* liegt.

B. Das Zelt außerhalb des Lagers

Die Lokalisierung des אֹהֶל מוֹעֵד außerhalb des Lagers stellt Num 12 in einen Kontext, der von drei weiteren Texten umrissen wird, in denen das Zelt ebenso außerhalb des Lagers vorgestellt wird: Ex 33,7-11; Num 11; Dtn 31,14-15. Der Bezug dieser vier Stellen wurde schon vielfach festgestellt, wenn er auch für die tatsächliche Deutung von Num 12 kaum herangezogen wurde[206]. Mit Koch können vor allem sechs Merkmale herausgestrichen werden, die diesen vier Stellen eigen sind. Es muss allerdings gesagt werden, dass diese Merkmalliste auf Systematisierung ausgerichtet ist. Aus der Tatsache, dass keines der genannten Elemente auf alle Texte zutrifft, können deshalb keine Konsequenzen gezogen werden. Die Elemente, die die genannten vier Texte verbinden, sind folgende[207]:

1. Das Zelt befindet sich außerhalb des Lagers, denn man geht zu ihm hinaus (יצא) (Ex 33,7f.; Num 11,26; 12,4).

---

204 Vgl. Morgenstern, Julius, The Ark, the Ephod and the Tent, *HUCA* 17 (1942/43) 153-265; 18 (1943/44) 1-52, 36. Fritz, Tempel, 106 deutet בקשׁ Pi'el in Ex 33,7 als Orakelbefragung.
205 Als Beispiele seien nur einige genannt: אֹהֶל מוֹעֵד Ex 28,43; 30,16.20; 35,21; Lev 4,14; 16,16; Num 7,5; 18,23; 19,4. פֶּתַח הָאֹהֶל: Ex 29,4.11; 36,37; 1,3; 3,2; 4,4; 17,4f.; Num 3,25; 6,13.18.
206 Fritz, Tempel, 104-107 versucht eine Einordnung, orientiert sich aber am Begriff der „ekstatischen Prophetie", den er seinerseits nicht abgrenzt und auch nicht begründet, wie er ihn in Num 12 vorzufinden meint.
207 Vgl. Koch, Klaus, אהל, *ThWAT* I (1973) 128-141, 134.

2. Beim oder im Zelt stellt man sich in bestimmter Weise auf: החיצב in Num 11,16; Dtn 31,14[208].

3. JHWH steigt in der Wolkensäule herab (ירד Ex 33,9f.; Num 11,17.25; 12,5) und steht am Zelteingang (עמד in Ex 33,9f.; Num 12,5; Dtn 31,15). In Ex 33,10 und Dtn 31,15 ist hinzugefügt, dass die Wolke den Menschen sichtbar ist.

4. Außer Mose ist nur Josua als Diener mit dem Zelt verbunden (Ex 33,11; Num 11,28; Dtn 31,14f.).

5. Mose besitzt ein besonderes Privileg im Umgang mit Gott (am Zelt): Gott spricht zu ihm von Angesicht zu Angesicht (פָּנִים אֶל פָּנִים in Ex 33,11) und von Mund zu Mund (פֶּה אֶל פֶּה in Num 12,8) und Mose schaut sein Bild (תְּמוּנָה in Num 12,8).[209]

6. Schließlich bemerkt Koch, die genannten Texte seien sämtlich „lose in den Zusammenhang eingefügt"[210] und durch ihren „problemgeladenen Inhalt" von den anderen „Pentateuchsagen" unterschieden[211].

Außerdem ist die eben vorgestellte Zeltkonzeption von jener, die das Zelt innerhalb des Lagers als Ort des Opferdienstes und Aufenthaltsort der Priester (Num 3,38 u.ö.) versteht, zu unterscheiden. Diese Vorstellung ist priesterschriftlichen Autoren zuzuschreiben[212] und geht davon aus, dass Gott inmitten des Lagers wohnt. Wird das Zelt außerhalb des Lagers vorgestellt, so ist es nicht permanenter Wohnsitz Gottes, da er nur zu bestimmten Momenten in der Wolke herabsteigt. Deshalb kann das Zelt außerhalb des

---

208 Die Belege von יצב Hitpa'el weisen das Verb als Merkmal dieser „Zelttexte" aus, da eine solche Aufstellung für das Zelt innerhalb des Lagers nicht belegt ist. Koch ebd., 134 zählt Ex 33,8 ebenfalls als Beleg für diese Gemeinsamkeit. Das ist insofern problematisch, als dort mit פֶּתַח הָאֹהֶל nicht das Begegnungszelt, sondern ein Wohnzelt eines Israeliten oder einer Israelitin gemeint ist. Auch steht das Verb nicht im Hitpa'el sondern im Nif'al (da das Jod in יצב schwach ist, erscheint es nur mehr im Hitpa'el und ist im Nif'al und Hif'il nicht mehr nachvollziehbar, weshalb Nif. und Hif. von נצב hergeleitet werden. Vgl. Gesenius, Handwörterbuch, 311.516; Lisowsky, Konkordanz, 628.949; GK, § 72, S. 201f.). נצב (Nif'al) meint nirgends das Aufstellen vor dem Offenbarungszelt. Diesem kommt es in Dtn 29,9 am nächsten, wo sich ganz Israel vor Gott (לִפְנֵי יְהוָה אֱלֹהֵיכֶם) zum Vollzug des Bundesschlusses aufstellt.
209 Nimmt man mit Blum, Erhard, *Studien zur Komposition des Pentateuch*, BZAW 189, Berlin u.a.: de Gruyter 1989, 76 auch Ex 34,5ff. und Dtn 34,10 hinzu, so wird ein besonderer Zusammenhang zwischen Mose und der Prophetie deutlicher.
210 Koch, אהל, 133. Vgl. Morgenstern, Ark, 28.
211 Koch, ebd., 133. Diese Aussage ruht auf literarkritischen Beobachtungen, die wie noch zu zeigen sein wird, mindestens für Num 12 nicht gelten können.
212 Vgl. Haran, Temple, 260-262; Koch, ebd., 133; Fritz, Tempel, 112f.; Friedman, Richard E., The Tabernacle in the Temple, *BA* 43/4 (1980) 241-248, 298f.

Lagers auch nicht Opferstätte und permanenter, für Priester reservierter Kultort sein²¹³.

So wie die Charaktere Mirjam, Aaron und Mose als „referentielle Charaktere" bezeichnet werden konnten, ist das „Zelt außerhalb des Lagers" eine referentielle Ortsangabe. Es ist ein Ort der Befragung Gottes durch alle IsraelitInnen (Ex 33,8) und gleichzeitig Ort der besonderen Offenbarung an Mose, die von anderen Offenbarungen abgehoben ist (Ex 33,9-11; Num 11,17). Mirjam und Aaron sind neben Mose die einzigen, zu denen Gott an diesem Ort spricht. Denn wie die Antwort auf das „Fragen" (בקש Pi'el) in Ex 33,8 vermittelt ist und ob es überhaupt eine gibt, wird nicht erzählt. Die Ankündigung von Dtn 31,14, dass Gott zu Josua sprechen werde, wird in Dtn 31 nicht erfüllt. Wenn Gott zum Zelt ruft (Num 11,17; 12,4f.; Dtn 31,14), dann spricht er – außer in Num 12 – zu Mose allein. Möglicherweise deutet diese Aussage in Num 12,4-8 auf eine spezifische Bedeutung Mirjams und Aarons hin, die in Rückbezug auf deren Behauptung in 12,2 besonders gewichtig erscheint. Denn auch wenn die Offenbarungen an Mose auf einzigartige Weise geschehen (12,7), so spricht JHWH doch genau an dem Ort zu Mirjam und Aaron, wo er sonst Mose wichtige, seine Führung betreffende Anweisungen mitteilt. Darin liegt ein weiterer wesentlicher inhaltlicher Aspekt der Tradition, die das Zelt außerhalb des Lagers lokalisiert: Das Zelt ist jener Ort, an dem Mose Mitteilungen bezüglich seiner Stellung im Volk und der Führung des Volkes erhält. Es wurde schon oftmals festgestellt, dass die Texte, die das Zelt außerhalb des Lagers lokalisieren, die besondere Beziehung Moses zu Gott betonen. Zu dieser Beobachtung gehört auch die, dass Moses Stellung jeweils massiv in Frage gestellt wird²¹⁴. Die Betonung der Gottesbeziehung Moses wird somit immer aus Krisen heraus formuliert. Somit verweist die Ortsangabe „Zelt außerhalb des Lagers" auf eine Krise oder eine Infragestellung des Moseamtes bzw. der Stellung Moses. Es ist jener Ort, an dem diesbezüglich wesentliche Entscheidungen mitgeteilt werden.

Diese Übereinstimmungen legen einen einzigen AutorInnenkreis für diese Texte nahe. Man hat dabei sowohl an „J"²¹⁵ als auch an „E"²¹⁶ gedacht. Blum ordnet die Texte seiner Kompositionsschicht „KD" zu²¹⁷.

---

213 Vgl. auch Knohl, Israel, Two Aspects of the "Tent of Meeting", in: Coogan, M./Eichler, B.L./Tigay, J.H. (eds.), *Tehillah le Moshe. Biblical and Judaic Studies in Honor of Moshe Greenberg* (Winona Lake 1997) 73-79, 74.
214 Die Infragestellung kann durch Mose selbst (Ex 33; Num 11), durch andere (Num 12) oder den äußeren Umstand seines Alters (Dtn 31) geschehen.
215 Die Zuordnung zur „J"-Quelle (und in die Zeit ab 750 v. Chr.) beruht auf dem Argument, dass mehrere Elemente des Textes auf älteren Vorstellungen beruhen und „P" bereits vorgegeben seien: die Bezeichnung אהל מועד mit seiner Lokalisierung außerhalb des Lagers. Diese Lokalisierung sei wiederum mit der Vorstellung verbunden gewesen, Gott wohne nicht im Tempel (denn dieser wäre durch das Zelt *innerhalb* des

Num 12: Gott hat nicht nur zu Mose gesprochen   87

Ort und Platzanweisung

Die Beschreibung der Orte als Räume, also als determinierte Größen mit bestimmten Inhalten, ist insofern wichtig, als sie Aufschlüsse geben kann über Machtbereiche, Kompetenzen und Zuschreibungen einzelner Elemente und Charaktere.

Lokale Angaben werden ab der zweiten Szene wichtig. Der Ort der zweiten Szene wird ebenso genau und unverwechselbar genannt (פֶּתַח הָאֹהֶל, in 5b), wie auch die AdressatInnen der Rede: Mirjam und Aaron werden noch einmal gerufen und von Mose abgehoben[218]. Es besteht keine Frage darüber, wer mit wem spricht.

Mit den Bewegungsverben in V. 5 (ירד 5a, עמד 5b[219], יצא 5d) wird die Wichtigkeit der räumlichen Zuordnung der Akteure deutlich. Damit wird auch genau festgelegt, wer wo mit wem spricht. Es wird gesagt, *wer* auf Gottes Geheiß *wohin* kommen soll. Das Anweisen der Plätze markiert einen Festlegungsprozess. Dadurch wird die Diffusion des ersten Prozesses, wo offen blieb, wer zu wem spricht, wer was hört und hören soll und vor allem an welchem Ort dies stattfindet, aufgelöst.

Inhaltlich entspricht diese räumliche Festlegung auf der Handlungsebene der Platzanweisung sozialer Orte innerhalb der JHWH-Rede in V. 6-8. Wenn Mirjam und Aaron bereits in 5cd von Mose abgesondert werden, deutet das bereits an, was der Erzähler mit Hilfe der Autorität Gottes in V. 6-8 ausformuliert: Wenn Gott mit Mirjam und Aaron spricht, hat das grundsätzlich

---

Lagers repräsentiert), sondern an einem anderen Ort, etwa im Himmel. Auch dass Gott nur mit einem Vertreter des Volkes am Eingang des Zeltes kommuniziert, entspreche älteren Vorstellungen (vgl. dazu Morgenstern, Ark, 28f.).

216 Eine Zuordnung zu „E" wird damit begründet, dass diese die einzige Pentateuchquelle sei, die ein Interesse an Prophetie zeige (Vgl. Koch, אהל, 133; Haran, Menahem, The nature of the "Ohel Moʿed" in the Pentateuchal Sources, *JSS* 5 (1960) 50-65, 52; Ders., *Temples and Temple-Services in Ancient Israel*, Winona Lake: Eisenbrauns ²1995, 262; Görg, Zelt, 138ff.). In Bezug auf Ex 33,7-11 hat bereits Fritz darauf hingewiesen, dass es sich dabei um ein „Negativargument" handelt, das aus Mangel an „positiven Gründen für die Zugehörigkeit zu J" aufgestellt wurde (vgl. Tempel, 100, Anm. 33). Diese Zuordnung neigt – völlig abgesehen von der grundsätzlichen Infragestellung einer „E"-Quelle (vgl. z.B. Zenger, Entstehung, 111.114f.) – insofern zu einer Pauschalisierung, als sie ein einziges Merkmal, das nicht einmal für alle Stellen zutrifft (in Ex 33,7-11 und Dtn 31,14f. ist nicht von Prophetie die Rede) als Begründung für die Quellenzugehörigkeit nimmt.

217 Vgl. Studien, 76-82.

218 Als eine Art Absonderung sieht auch Seebass, Numeri, 70 das zweimalige Herausgehen (יצא) Mirjams und Aarons in 4c und 5d, das in 4c als Ausführung des Auftrages (יצא im Imperativ in 4b) Gottes erfolgt und in 5d als Antwort auf seinen Ruf (קרא).

219 עמד ist eines jener Bewegungsverben, die sowohl die Bewegung selbst ausdrücken können, als auch das Ergebnis derselben. Es ist deshalb übersetzbar mit „sich hinstellen" oder „stehen". Ähnlich verhält es sich auch mit ישב, שכב und anderen.

andere Bedeutung als wenn er das mit Mose tut. Deshalb spricht JHWH nicht zu allen dreien gemeinsam. Diese andere Bedeutung wird aber in Num 12 auch durch räumliche Trennung dargestellt. Der Erzähler markiert durch diese Details einen wichtigen Teil seiner Aussage und lenkt das Augenmerk der LeserInnen auf die theologische und soziale Bedeutung von Orten[220]. Anders formuliert werden mit den Ortsangaben symbolische Ordnungen hergestellt. *Damit bereitet der Erzähler die Bedeutung der Aussperrung Mirjams aus dem Lager vor: Sie ist nicht nur räumlich, sondern vor allem auch sozial und theologisch zu verstehen.* Solange sie nicht den Ort einnimmt, den ihr JHWH zuweist, ist sie innerhalb des Lagers ortlos - wie die erste Szene zeigt.

1.5.2.3. Die Konstruktion der Parteiungen

JHWH handelt in dieser Szene zunächst (V. 4) als Gegenüber von Mose, Mirjam und Aaron und ab V. 5-9 als Gegenüber von Mirjam und Aaron. Aaron ist in 4a gegenüber Mirjam bereits der Erstgenannte. Mirjam gerät durch diese Vertauschung der Namen in den Hintergrund[221]. In 5c werden die beiden noch beim Namen genannt, in 5d nur mehr mit שְׁנֵיהֶם bezeichnet, das eindeutig auf die beiden zu beziehen ist. בָּם in 9a deutet ein letztes Mal Mirjam und Aaron als Partei an. Im weiteren Verlauf der Erzählung wird Aaron nur mehr allein und Mirjam überhaupt nicht mehr selbstständig handeln.

Durch Gottes Rede in V. 6-8 wird JHWH deutlich auf die Seite des Mose gestellt. Allein auf der Handlungsebene E_1 bleibt JHWHs Position bis jetzt (V. 1-5) unklar. Er könnte auch als Helfer Mirjams (und Aarons) auftreten. Er könnte der einzige sein, der ihre Rede (V. 1-2) (er)hört und ihr Anliegen wahrnimmt. Grundsätzlich lässt sich das Hören Gottes in 2d zwar in diesem Sinn verstehen. Durch die Einschaltung der Perspektive des Erzählers in V. 3 und Gottes Stellungnahme innerhalb der erzählten Rede (V. 6-8) legt der Erzähler jedoch die Position Gottes – und dadurch auch seine eigene *gegen*

---

220 Auch das ist im Kontrast zur „Ortlosigkeit" des Auftretens von Mirjam und Aaron aussagekräftig: Ist ihr soziales Umfeld zu Beginn des Textes durch das Fehlen ihrer RedeadressatInnen unbekannt, erhält sie durch den Erzähler und dessen Position in der Gottesrede ihren gesellschaftlichen Ort.

221 Die vertauschte Nennung der Namen kann nicht als literarkritisches Merkmal für die Textentstehung angeführt werden (so z.B. Gray, Numbers, 120; Noth, Numeri, 83, der in V. 1-2 zwei unterschiedliche Vorwürfe an Mose vermutet, wobei der erste auf Mirjam und der zweite auf „Aaron und Mirjam" zurückgehe), weil sie ein bewusstes Mittel zur Darstellung von Prioritäten darstellt.

Mirjam und Aaron fest[222]. Gott ist nur in der erzählten Rede V. 6-8 und in 9a[223] direkter Opponent Mirjams und Aarons und könnte allein auf der Handlungsebene auch als ihr Helfer gesehen werden. Im Zusammenhang mit V. 3 lässt sich dies verdeutlichen. V. 6-8 setzt inhaltlich V. 3 fort, da Mose sowohl in V. 3 als auch in V. 6-8 eine absolute, von allen anderen abgehobene Position zugesprochen wird. *Daran wird sichtbar, dass der Erzähler, der sich in V. 3 direkt äußerte, in V. 6-8 seine Perspektive in Gottes Rede legt und damit die göttliche Autorität zur Darstellung seines Standpunktes nützt.* Somit verschmelzen auf E_0 und E_2 die Perspektiven Gottes und des Erzählers zu einer einzigen, die auf der Handlungsebene E_1 nur in 9a[224] bestätigt wird.

Diese Verschmelzung zeigt, dass der Erzähler die Aussage der Rede, die er Gott in den Mund legt, zwar für sich in Anspruch nimmt, dass auf der Handlungsebene aber die Position Gottes offen bleibt. Diese Ambivalenz zwischen Handlungsablauf und erzählter Rede wird auch darin sichtbar, dass auf der Erzählebene der Handlung nur Reden eingeleitet und Orte gewechselt bzw. Plätze eingenommen werden. Die Rede selbst verleiht diesem Gerüst des Platznehmens nur noch die Füllung, indem sie beschreibt, um welche Plätze es sich handelt.

1.5.2.4. Blickwinkel

Während in 4a der Blick des Erzählers als externem Fokussator auf den HandlungsträgerInnen liegt, ist Gottes Rede in 4b so knapp gehalten, dass die Fokussierung schwer auszumachen ist: Fokussiert werden nicht wirklich Mose, Mirjam und Aaron, obwohl sie angesprochen werden, sondern ihr Hinausgehen aus dem Lager. Damit ist auch auf dieser Ebene das Wesentliche hervorgehoben: der Ortswechsel. Der vom EF eingenommene Blick in 4c ruht auf Moses, Mirjams und Aarons Hinausgehen zum Begegnungszelt.

In 5a-c wird die Perspektive des externen Fokussators beibehalten. Gott kommt nicht mehr zu Wort. Dadurch gibt der Erzähler die Darstellung nicht aus der Hand und Gott wird formal als Charakter auf derselben Fokussierungsebene betrachtet wie Mirjam und Aaron. Unter dieser Fokussierung steht auch Gottes Rede in V. 6-8. Die Rede gibt zwar die Perspektive Gottes

---

222 Dieses Schema zeigt sich ähnlich in V. 9f.: Es wird auf der Handlungsebene E_1 nicht davon gesprochen, dass Mirjam durch Gottes Hand aussätzig wird. Erst die Deutung durch Aaron (wiederum der Kommentar innerhalb der erzählten Rede) suggeriert den Aussatz als Strafe Gottes.
223 In der ersten Szene auch in 2a.4-5.
224 9a hat somit die Funktion der Bestätigung der Perspektive des Erzählers und ihrer Präsenz auch auf der Handlungsebene.

wieder, aber unter Vereinnahmung des Erzählers, der darin seine eigene Meinung kundtut.

In V. 6-8 ist Gottes Rede als Ausdruck seiner Gedanken zu vernehmen. Offenbarung wird unter verschiedenen Blickwinkeln dargestellt. Zunächst (6bc) findet sich ein Blick auf eine zweite Person Plural[225], die Mirjam und Aaron als AdressatInnen der Rede meint. Dieser Blick findet sich zum Schluss der Rede in 8e wieder und rahmt sie dadurch. Die am Schluss der Rede wieder aufgenommene Anrede der AdressatInnen will deren Aufmerksamkeit erhöhen und stellt gleichzeitig eine Aufforderung dar, die geäußerte Perspektive zu teilen.

Das zweite Fokussierungsobjekt ist in 6de präsent und bezieht sich auf Gott selbst, genauer auf seine Art der Offenbarung. In V. 7 wechselt der Blick zu Mose, um in 8ab wieder zu Gott als Subjekt der Handlungen in der Rede und in 8c wieder zu Mose zurückzukehren. Dieser schnelle Wechsel des Fokussierungsobjektes unterstreicht die intendierte Aussage, nämlich die starke Verbindung zwischen Mose und Gott. Die Perspektive wechselt so rasch und häufig, dass die LeserInnen zunächst gar nicht genau unterscheiden, wen sie betrachten. Der Wechsel zum anfänglichen Fokussierungsobjekt in 8de erfolgt dann um so krasser. Die starke Präsenz der 1. Pers. Sg. signalisiert auch, dass es sich in der Rede nicht nur um eine sachliche Belehrung handelt, sondern sehr wohl auch um das Innenleben, die Gedanken- und Gefühlswelt Gottes. Damit soll bei den LeserInnen Empathie für Gott gewonnen werden. Dadurch wird die Sympathie der LeserInnen auf Gottes Seite, das heißt auf die des Erzählers, gelenkt. Die Perspektive Gottes ist die, die die LeserInnen einnehmen sollen.

9a-10a fokussiert wieder der externe Fokussator das Geschehen auf der Ebene E_1.

1.5.2.5. Erzählte Rede Gottes: Moses Bestätigung

Prophetie

Die Struktur der Rede Gottes stellt Moses Absonderung von allen anderen ProphetInnen ins Zentrum (7ab)[226]. Um dieses herum ist eine Abhandlung über die Begriffe der Gottesschau (JHWH, מַרְאָה und מַרְאֶה sowie תְּמֻנַת יהוה) und das Sprechen Gottes (דִּבֶּר בְּ) aufgebaut. Den Rahmen der Gottesrede stellen zwei direkte Anreden an Mirjam und Aaron dar (6b.8de). Diese Anreden thematisieren das Hören der Worte Gottes und das Sprechen über Mose. Sie machen deutlich, dass ein Hören der Worte Gottes ein Reden über

---

225 Im EPP von נְבִיאֲכֶם in 6c.
226 Vgl. Schematische Darstellung 1.4.2.2.

Mose (דִּבֶּר בְמֹשֶׁה), wie es in 1a erzählt wurde, nicht mehr möglich macht. Die Rahmung setzt Gottes Worte damit in den Kontext der V. 1-2.

Die erzählte Rede in V. 6-8 ordnet das von Mirjam und Aaron angesprochene Problem der Prophetie unter und verwendet für dessen Beschreibung folgende Begriffe[227]: נָבִיא mit dem Suffix der 2. Person Sg., מַרְאָה (6d), ידע Hitpa'el (6d)[228] und דִּבֶּר בְּ bzw. Gottes Sprechen im Traum (חֲלוֹם) (6e)[229]. An den gewählten Begriffen fällt auf, dass sie allgemein gehalten sind[230] und Prophetie sehr weit fassen. Innerhalb der Gottesrede wird Prophetie nicht auf „Wortoffenbarung" eingeschränkt. Es ist eher davon auszugehen, dass V. 6 Prophetie im umfassenden Sinn verschiedener Arten von Offenbarungsempfang in den Blick nimmt. Die Begriffe werden dagegen in der Beschreibung Moses bzw. seines Verhältnisses zu JHWH spezifischer, was einerseits auf semantischer Ebene dieselbe Strategie des Erzählers vermuten lässt wie auf der narrativen: Undeutlichkeit ist ein Mittel des Verschweigens und Vergessens[231]. Umgekehrt formuliert heißt das, es wird nur das deutlich und klar beschrieben, was die LeserInnen behalten sollen. Andererseits deutet gerade die Vielfalt der Begriffe sowie deren schwierige Bestimmbarkeit auf das spezifische Verständnis der Prophetie des Mose hin. Sie wird in Anlehnung an das dtn ProphetInnengesetz (Dtn 18,14-22) durch *Wort*empfang ausgezeichnet[232]. Praktiken, die auf Mantik, Totenbeschwörung, Wahrsage-

---

227 Die x-yiqtol-Formen der Verben in V. 6 deuten dabei auf wiederholte Handlungen hin (vgl. Gray, Numbers, 125). Dabei ist der progressive (fortschreitende) und andauernde Aspekt der Handlungen wesentlich (vgl. Waltke, Bruce K./O'Connor, Michael Patrick, *An Introduction to Biblical Hebrew Syntax*, Winona Lake, Indiana: Eisenbrauns 1990, 504).

228 ידע im Hitpa'el erscheint nur noch in Gen 45,1, wo sich Josef seinen Brüdern zu erkennen gibt (vgl. auch Perlitt, Lothar, Mose als Prophet, *EvTh* 31 (1971) 588-608, 594, Anm. 26). Die Form ist also kein Terminus technicus göttlicher Offenbarung und wird in den Kommentaren zur Stelle zumeist nicht einmal erwähnt (eine Ausnahme stellt jedoch Seebass, Numeri, 64 dar).

229 Abgesehen wird hier von dem indirekten Hinweis, Rätsel (חִידָה in 8b) seien dieser Art von Prophetie zuordbar, da Mose Gott gerade nicht in Rätseln begegne. Im Zusammenhang mit Prophetie erscheinen Rätsel bei Ez 17,2, wo sie aber kein Offenbarungsmedium darstellen. Der Prophet soll nämlich in Rätseln zu Israel sprechen. Auch die Verwendung von ידע im Hitpa'el deutet nicht auf Offenbarung hin, denn das Verb erscheint in diesem Stamm sonst nicht mit Gott als Subjekt.

230 Das ist u.a. auch daran abzulesen, dass sich die Kommentare schwer tun und sich größtenteils mit V. 6 nicht lang aufhalten. Vgl. auch die dementsprechend allgemeinen Bemerkungen bei Perlitt, Mose, 594 und Seebass, Numeri, 64.

231 Ebenso Perlitt, der davon spricht, dass die Begriffe in einer „Generalisierung" und „Zeitlosigkeit" gebraucht werden (vgl. ebd., 9). Ähnlich auch Gray, der von den Verbformen her für „übliche" ("costumary") Handlungen plädiert (vgl. Numbers, 125). Dass wiederholte Handlungen gemeint sein könnten, legen die Verbformen nahe, die Aspekte der Allgemeingültigkeit und „Üblichkeit" lassen sich weniger festmachen.

232 Vgl. zum Folgenden Fischer, Exegese, 154.

rei, Rätsel und ähnliche Mittel der Gottesbefragung zurückgreifen, werden in Dtn 18,9-14 als Vorgehensweisen der Völker, die vor Israel das gelobte Land besaßen, abgelehnt. Diese Abgrenzung, die das ProphetInnengesetz vornimmt, lasse vermuten, dass die genannten Praktiken zuvor als Prophetie verstanden wurden.[233] Ob Träume zu diesen abgelehnten Mitteln der Gottesbefragung hinzuzuzählen sind, ist allerdings unsicher.

מַרְאָה[234] („Schau") ist – wie schon vielfach bemerkt wurde – ein Begriff für die prophetische Vision bei den späten Propheten Ez und Dan[235]. Auch die nächtliche Berufungsvision Samuels in 1 Sam 3,15 und Jakobs Gotteserscheinung im Traum (Gen 31,11) werden als מַרְאָה bezeichnet. Somit ist der Terminus als mögliches Element prophetischer Offenbarung zu betrachten. Der Zusammenhang von „Schau" und Traum wird in Num 12,6 durch den anschließenden Satz 6e („im Traum spreche ich mit ihm") hergestellt.

Die Aussage, dass Gott zu ProphetInnen im Traum spricht, bezieht sich auf Mirjams und Aarons Anfrage in 2bc zurück, denn sie greift daraus die Formulierung דִּבֶּר בְּ auf. 6e benennt damit die Offenbarung, auf die sich Mirjam und Aaron berufen, als Sprechen im Traum. Offenbarungen innerhalb von Träumen sind nicht unbedingt typisch für ProphetInnen[236]. Die Skepsis gegenüber ProphetInnen, die ihre prophetische Legitimation allein auf Träume (חֲלוֹם) gründen, wird bei Jer und im Dtn deutlich[237]. Von ProphetInnen, die träumen, grenzen sich jene AutorInnen durchwegs ab[238].

---

233 Vgl. Fischer, ebd., 149f.
234 Es ist fraglich, inwiefern מַרְאָה tatsächlich von מַרְאֶה wie es in V. 8 steht, zu unterscheiden ist. Beides sind Hif'il Partizipien der Wurzel ראה, einmal mit femininer und einmal mit maskuliner Endung. Während מַרְאָה „Erscheinung, Gesicht" und dann auch „Spiegel" meint (vgl. KB II 596), deutet מַרְאֶה primär das Sehen, Aussehen und dann erst auch „Erscheinung" und „Gesicht" an (vgl. ebd.). Die unterschiedliche Vokalisation wurde erst durch die Masoreten gegeben, weshalb es wenig sinnvoll scheint, grundsätzliche Unterschiede der beiden Bedeutungen aus biblischer Zeit zu erwägen. Seebass bezeichnet die unterschiedliche Vokalisierung in Anlehnung an Holzinger als „künstlich" (Numeri, 71).
235 Ez 1,1; 8,3; 40,2; 43,3; Dan 10,7.8.16.
236 Offenbarungen in Träumen sind nach Ehrlich, Ernst-Ludwig, *Der Traum im Alten Testament*, BZAW 73, Berlin: Töpelmann 1953, außer in Num 12,6-8 in 1 Sam 28,6.15; Joel 3,1; Ijob 4,12-14; 7,13f. 2 Makk 15,11-16; Weish 18,17-19 belegt. Vgl. auch Ottosson, M., חלם. Bedeutung des Traumes im AT, *ThWAT* III (1977) 991-998, 994f.
237 Jer 23,27.28.32; 27,9; 29,8; Dtn 13,2.4.6. Auch Sach 10,2 (ähnliche Hinweise auch bei Gray, Numbers, 125) und die allgemeine Ablehnung der Träume in Koh 5,2.6; Sir 31,1-8. Greßmann unterscheidet zwischen „Wachvision" und „Traumvision" und findet letztere, von der in Num 12 die Rede sei, nur in der „älteren Prophetie vor Amos" (Mose, 267, Anm. 1). Leider erklärt er nicht, wie er zu dieser Einordnung kommt.
238 Zu einem anderen Ergebnis kommt Fischer, Exegese, 154, die das Träumen als „normale Prophetie" gegenüber der „Mund zu Mund" Offenbarung an Mose versteht. Sie gelangt über 2 Sam 28, einer Beispielerzählung zu Dtn 18,9-14, zu diesem Schluss. In 2 Sam 28 werden Träume in V. 6.15 als Mittel erwähnt, das Saul angewandt hat, um

Sie sind keine JHWH-ProphetInnen, sondern FalschprophetInnen. In Num 12,6 nennt Gott selbst den Traum als Medium seiner Offenbarung an ProphetInnen, wodurch sichtbar wird, dass für die AutorInnen von Num 12 kein Gegensatz zwischen JHWH-Prophetie und Prophetie, die auf Träumen gründet, besteht. Diese Aussage stellt dennoch – neben Joel 3,1 – die einzige positive Erwähnung von Träumen als *prophetisches* Offenbarungsmittel dar. Num 12,6 steht in der sehr ambivalenten Spannung zwischen einem negativen Verständnis von Träumen als Offenbarungsmittel[239] und einer neutralen Sicht des Phänomens, wie es sich auch außerhalb prophetischer Zusammenhänge zeigt[240].

---

sich Rat zu holen (vgl. ebd. 151.154). In V. 6 und in V. 15 werden die Träume aber sowohl von der Prophetie als auch von der Befragung durch die Urim abgehoben. In 1 Sam 28,6 werden Träume, Urim und die ProphetInnen syndetisch, dreimal durch גַּם (meist übersetzt mit „weder noch") eingeleitet, nebeneinander genannt. Das selbe gilt für 1 Sam 28,15. Dort werden die Urim nicht genannt, aber „durch (die Hand) der ProphetInnen" und „Träume" werde genauso wie in V. 6 nebeneinander erwähnt. Subjekte dieser Träume werden nicht genannt. Ehrlich erwägt, dass Saul möglicherweise mit eigenen Träumen gerechnet hat (vgl. Traum, 139), allerdings lässt der Text keine Entscheidung zu, wer die Träume gehabt haben könnte (vgl. auch Kleiner, Michael, *Saul in En-Dor. Wahrsagung oder Totenbeschwörung. Eine synchrone und diachrone Analyse von 1 Sam 28,3-25*, EthSt 66, Leipzig: Benno 1995, 43f.) Auch Dietrich, Walter, *David, Saul und die Propheten. Das Verhältnis von Religion und Politik nach den prophetischen Überlieferungen vom frühen Königtum in Israel*, WMANT 122, Stuttgart: Kohlhammer 1987, 33 deutet drei verschiedene Phänomene an. Es scheint deshalb fraglich, ob Träume in 1 Sam 28 als prophetische Mittel zu verstehen sind. Die Einordnung der „Träume" könnte zweifellos eindeutiger erfolgen, wenn sich das dtn ProphetInnengesetz – sei es positiv oder negativ – darauf bezöge.

239 Die für die Übersetzung schwierige Formulierung von 6b legt ein solches Verständnis nahe: אִם־יִהְיֶה נְבִיאֲכֶם יְהוָה wird am besten wiedergegeben mit „Wenn euer Prophet einer JHWHs ist, …". נָבִיא im Singular mit dem EPP in der zweiten Person Plural ist hier singulär. Bei Jer sind die ProphetInnen (im Plural) mit demselben Suffix fünfmal belegt, wobei diese Konstruktion ebenfalls auf die falschen ProphetInnen und die ProphetInnen des Volkes im Gegensatz zu ProphetInnen Gottes bezeichnet: Jer 27,9.16; 29,8; 37,19. Jer 2,30 bezieht sich auf die wahren ProphetInnen, die Israel nicht hören wollte. Dieser Text fällt möglicherweise in Jeremias „Frühzeitverkündigung" und steht vielleicht in einem anderen Kontext als die anderen Belege. Vgl. Hossfeld, Frank Lothar/Meyer, Ivo, *Prophet gegen Prophet. Eine Analyse der alttestamentlichen Texte zum Thema: Wahre und falsche Propheten*, BB 9, Freiburg i. Ue.: Schweizerisches Katholisches Bibelwerk 1973, 62; Albertz, Rainer, Jer 2-6 und die Frühzeitverkündigung Jeremias, *ZAW* 94 (1982) 20-47, 21; anders dazu: Hardmeier, Christof, Geschichte und Erfahrung in Jer 2-6. Zur theologischen Notwendigkeit einer geschichts- und erfahrungsbezogenen Exegese in ihrer methodischen Neuorientierung, *EvTh* 56 (1996) 3-29. – Das Suffix deutet nach diesem Verständnis an, in wessen Namen prophezeit wird.

240 So z.B. im Bereich der mantischen Weisheit in der Josefserzählung (Gen 37,6.9; 41,14-36; 42,9 u.ö.); Dan 2,1ff.

Allein innerhalb der dichten Struktur von V. 6-8 wird deutlich, dass sowohl das Sprechen (דִּבֶּר בְּ in 6e.8a) als auch die Erscheinung Gottes (מַרְאָה in 6d und מַרְאֶה in 8b) *relativ zu Moses Sonderposition* zu verstehen sind. In Num 12,6 wird die Beziehung der ProphetInnen JHWHs zu Mose dargestellt. In dieser Relation wird deutlich, dass im Zweifelsfall sogar die JHWH-ProphetInnen gegenüber Moses Autorität im Unrecht sind[241]. Die AutorInnen rechneten wahrscheinlich damit, dass die LeserInnen mit der Kritik an prophetischen Träumen und der Gefahr, die sie möglicherweise bergen, vertraut waren, sonst würden sie die Ambivalenz des Mediums nicht in die Argumentation einbringen. Die Trennlinie zwischen Mose und den anderen OffenbarungsempfängerInnen wird rhetorisch mit einem ambivalenten Offenbarungsmedium ausgedrückt. Das heißt: Während JHWH seine Offenbarungen Mose „in den Mund legt" (vgl. Dtn 18,18), ist jede andere Prophetie von der Gefahr, die das Träumen bergen kann, bedroht[242]. Von dieser Gefahr ausgenommen ist nur jener Prophet, der als „Knecht Gottes", d.h. mit Dtn 18,15-18, in der Nachfolge des Mose steht[243]. Die Erwähnung der Träume ist somit nicht ein Hinweis auf allgemeine Prophetie (wie bei Joel 3,1), sondern sie ist zu verstehen als *Rhetorik der Ausgrenzung*. Die Rede von „Träumen" ist in Num 12 somit bewusst eingesetzte polarisierende Rhetorik, die das Verhältnis des allgemeinen prophetischen Offenbarungsempfanges zu dem Moses ausdrückt.

Die Begriffe „Erscheinung" (מַרְאָה) und „Traum" sind in Num 12 weniger als phänomenologische Darstellungen, wie Offenbarung abläuft, zu verstehen, denn dazu sind sie zu allgemein und für Prophetie zu unspezifisch. Sie sind vielmehr als Verhältnisbestimmung zu der Offenbarung, die Mose zugesprochen wird, zu sehen. Innerhalb dieser Verhältnisbestimmung dienen sie als Relativierung eines Offenbarungsanspruches, der sich auf andere Medien stützt als der privilegierte, direkte des Mose.

---

241 Ähnlich Butting, Prophetinnen, 57.
242 Ähnlich Fischer, Exegese, 154. Sie versteht das Träumen als „normale Prophetie" im Gegensatz zu Moses direktem Offenbarungsempfang. Da Träume aber nicht als Phänomen der Prophetie belegt sind (zu 1 Sam 28,6.15, dem Text, auf den sich Fischer stützt s.o. Anm. 148), verstehe ich sie weniger als Hinweise auf „normale Prophetie" sondern auf Theophanien allgemeiner.
243 So gesehen steht der Text innerhalb der zentralen Frage der Prophetie, wessen Wort sich als richtig und damit als von JHWH kommend, erweist. Dass es sich dabei nicht nur um Wortgefechte handelt, sondern um eine Frage nach Leben und Tod, legen einerseits die Erzählberichte des Jer, andererseits aber auch die jeremianischen „Konfessionstexte" nahe (vgl. zu dieser Frage u.a. Hubmann, Franz, Stationen einer Befreiung. Die „Konfessionen" Jeremias – eine Gesamtschau, *ThPQ* 132 (1984) 25-37, 35f.).

Der Kontrast: Mose

In der Art und Weise der Charakterisierung Moses in Num 12 werden zwei Aussagespitzen oder zwei Ziele deutlich. Diese Zweigleisigkeit ergibt sich bereits aus der Anordnung der Eigenschaften, die ihm zugesprochen werden. Mose ist

1. עָנָו מְאֹד מִכֹּל הָאָדָם („der demütigste unter allen Menschen", V. 3),
2. עֶבֶד Gottes[244] (7a.8e),
3. der vertrauenswürdigste/verlässlichste (נֶאֱמָן) im Haus Gottes (7b),
4. Gott spricht zu ihm von Mund zu Mund: פֶּה אֶל־פֶּה אֲדַבֶּר־בּוֹ (8a)[245],
5. Mose sieht Gottes Aussehen (מַרְאֶה) und Anblick (תְּמֻנַת יְהוָה יַבִּיט) (8c).

Während Mose mit den ersten drei Beschreibungen aus einer Schar anderer Menschen herausgehoben wird, kennzeichnen die beiden letzten die Art und Weise seiner Singularität. Die Anordnung der Eigenschaften ergibt eine Zuspitzung: Zuerst wird Mose in V. 3 von allen anderen Menschen auf der Erde abgehoben. Der Titel „Knecht JHWHs" (7a) hebt ihn in Num 12,7 aus allen anderen ProphetInnen JHWHs heraus. Das geht daraus hervor, dass in V. 6 von den ProphetInnen gesprochen wird, denen sich Gott zu erkennen gibt und zu denen er spricht, und dass in 7a die Einführung des Knechtbegriffs mit לֹא־כֵן eingeleitet wird. Damit ist deutlich, dass das Folgende (V. 7f.) zwar in Abhebung, aber trotzdem noch in direktem Bezug zum soeben Formulierten (V. 6) zu verstehen ist. Mose, der Knecht Gottes, ist eine Bezeichnung, die für dtr Vorstellungen typisch ist[246]. Sie beinhaltet aber nicht allein Moses

---

244 Das EPP der 1. Person Singular von עֶבֶד in 7a.8e zeigt die Zuordnung zu Gott an, da dieser in den beiden Sätzen Sprecher ist.

245 פֶּה אֶל־פֶּה ist ein Hapax legomenon. Ähnlich ist einzig die geographisch zu verstehende Formulierung מִפֶּה אֶל־פֶּה in Esr 9,11. Nach Dillman verweist die Wendung פֶּה אֶל־פֶּה auf seine angenommene Quelle „B" (entspricht etwa „E", vgl. Numeri, 615), allerdings wird das nicht belegt (vgl. ebd. 63). Knobel, Buch, 59; Noth, Numeri, 85 und Schmid, H. H., Jahwist, 76 vergleichen die Formulierung mit פָּנִים אֶל־פָּנִים in Ex 33,11 und Dtn 34,10. In beiden Texten geht es um Moses einzigartige Kommunikation mit Gott. Auch פִּיהוּ אֶת־פִּיךָ in Jer 34,3 kann einen Hinweis darauf darstellen, dass die Formulierung nicht nur Nähe zu Gott sondern ganz allgemein Nähe zu einem König ausdrückt. Seebass, Numeri, 70 hat Prophetie, Priestertum und das auf den König übertragene Kriegscharisma für einen solchen Umgang mit JHWH in Betracht gezogen. Nach seiner Meinung würde Mose hier alle diese Institutionen repräsentieren.

246 Knobel, Buch, 60 spricht von „jüngeren Erzählern". Die dtr Herkunft vermutet auch Riesener: „Die Beobachtung, dass sich mehr als die Hälfte der Stellen, an denen Mose überhaupt den Titel עֶבֶד יהוה erhält, in dtr Texten findet (...), zeigt, dass die Verwendung des Titels für Mose mit dem dtr Sprachgebrauch und Denken in engem Zusammenhang gestanden haben muss." (Riesener, Ingrid, *Der Stamm עבד im Alten Testament*, BZAW 149, Berlin/New York: de Gruyter 1979, 191). Dtr Gedankengut bzw. Traditionslinien haben auch Schmid, H. H., Jahwist, 75, Anm. 58, und Blum, Studien, 84f. hierin gesehen. Schmidt, Ludwig, Mose, die 70 Ältesten und die Propheten in Numeri 11 und

besondere Frömmigkeit oder sein Prophetentum, sondern seine gesellschaftliche und religiöse Autorität[247]: Mose erhält den Titel dort, wo er als Gesetzesgeber[248] erwähnt wird und wo es um Landnahme und Landverteilung geht[249]. Der Verweis auf Moses Vertrauenswürdigkeit (נֶאֱמָן) in 7b hebt ihn aus dem „Haus Gottes"[250] hervor. נֶאֱמָן taucht im Wortfeld von „Beständigkeit, Zuverlässigkeit und Dauerhaftigkeit" am häufigsten innerhalb dtn/dtr Literatur auf[251]. Dort ist der Begriff aber weniger Attribut von Personen (nur in 1 Sam 22,14 die Knechte Sauls) sondern vielmehr Gottes (Dtn 7,9) und seiner Gaben zur Verleihung von Macht (בַּיִת נֶאֱמָן in 1 Sam 2,35; 25,28; 1 Kön 11,38). Als Eigenschaft eines Propheten könnte נֶאֱמָן in 1 Sam 3,20 verstanden werden, wo Samuels Prophetenamt mit diesem Begriff bestätigt wird: „In ganz Israel (...) wurde bekannt, כִּי נֶאֱמָן שְׁמוּאֵל לְנָבִיא לַיהוָה". Inhaltlich ist festzuhalten, dass נֶאֱמָן einzig in dtr Schriften von Bedeutung ist, wobei das Wort dort mit Bestätigung sowie Anerkennung von gesellschaftlicher, politischer und religiöser Autorität und Macht zusammenhängt: Samuels Anerkennung in *ganz* Israel, Parteinahme für David durch das Priesterhaus in Nob in 1 Sam 22,14 und בַּיִת נֶאֱמָן als beständige Königs- und Priesterdynastie

---

12, in: Ders., *Gesammelte Aufsätze zum Pentateuch*, BZAW 263, Berlin u.a.: de Gruyter 1998, 251-279, lehnt diesen Zusammenhang ab, da er meint, dass für die „Deuteronomistik" auch die Propheten Knechte JHWHs seien. Für den Verfasser von Num 12,6-8 komme der Titel aber nur Mose zu. Dies steht nicht im Text. Außerdem stellt sich die Frage, ob man nicht vom Singularitel ausgehen sollte statt von der Pluralbezeichnung der Propheten als „Knechte JHWHs".

247 Besonders deutlich wird das in Ex 14,31, dem Schlusssatz der Meerwundererzählung, der erzählerisch den Glauben des Volkes an JHWH und seinen Knecht Mose bestätigt. Andeutungsweise auch Riesener, Stamm, 191.

248 Jos 1,7.13; 8,31.33; 11,12; 13,8; 22,2.5; 2 Kön 18,12. So auch Ringgren, Helmer, עֶבֶד Knecht JHWHs, ThWAT V (1986) 1001-1002, 1001.

249 Dtn 34,5; Jos 1,1.15; 12,6 (14,7 im weiteren Sinn); 18,7; 22,4. – Auch Riesener spricht allein davon, dass der Titel von einer besonderen Verbundenheit mit Gott zeugt und dass die Existenz solcher Menschen von Gottes Wort geprägt sei (vgl. Stamm, 173). Das stimmt zwar, ist aber m.E. zu allgemein gehalten, da die gesellschaftlichen Konsequenzen zu wenig bedacht werden.

250 Das EPP der 1. Person Singular deutet auch hier auf JHWH hin, da er Sprecher ist.

251 Dtn 7,9; 1 Sam 2,35; 3,20; 22,14; 25,28; 1 Kön 11,38. Mehrfach auch bei Jes (22,23.25; 49,7) und einzelne Belege in Esr 9,11; Neh 9,8; Hos 12,1; Jer 42,5; Ps 89,38 und Spr 25,13. Ähnlich auch Knobel, August, *Die Bücher Numeri, Deuteronomium und Josua*, HAT 13, Leipzig 1861, 59.

in 1 Sam 25,28; 1 Kön 11,38 und 1 Sam 2,35²⁵². Mose wird mit diesem Attribut somit umfassende gesellschaftliche Autorität zugesprochen²⁵³.

Während מַרְאֶה, wie schon vielfach bemerkt wurde, in der späten Prophetie bei Ezechiel und Daniel als terminus technicus für Vision dient²⁵⁴, verweisen die Belege in Ex auf Gottes Offenbarung im brennenden Dornbusch (Ex 3,3) und den Bundesschluss und Übergabe der Gesetzestafeln auf dem Sinai (Ex 24,17). Der Begriff deutet somit nicht nur auf Theophanien im Allgemeinen hin, sondern er erinnert an die spezifische Offenbarung JHWHs an Mose, die innerhalb der Berufung zur Legitimation seiner hervorragenden gesellschaftlichen Stellung geführt hat. Die durch den Terminus hereingespielte Übergabe der Gesetzestafeln zeichnet Mose freilich als Empfänger und Übermittler der Tora aus. Der Terminus betont ebenfalls Moses einzigartige Beziehung zu Gott und die damit im Zusammenhang stehenden Toraoffenbarung.

Der Intention der Masoreten, einen Unterschied zu signalisieren zwischen מַרְאָה in 6d und מַרְאֶה in 8b, kann gut gefolgt werden. Während מַרְאָה Erscheinungen Gottes meint, die allen Menschen widerfahren können, hat מַרְאֶה eine ganz andere Qualität: Er steht für Moses Sonderstellung und seine Offenbarungsautorität. Es geht aber dann nicht um die im Zusammenhang der unterschiedlichen Vokalisation von מראה entstandenen Spekulationen zum Unterschied zwischen „Vision" und „Erscheinung"²⁵⁵.

Mose wird als der beschrieben, dem eine einzigartige, nie wiederkehrende Offenbarung zuteil wird, aus der sich ein dauerndes Naheverhältnis zu JHWH ableitet. Die Offenbarung des Gottesnamens ist das wesentliche Merkmal, das Mose seine unbestreitbare Autorität verleiht. Durch die Verwendung des Begriffes נבט Hif. in 7c wird diese Aussage noch deutlicher. נבט Hif. hat mit prophetischer Schau nichts zu tun, allerdings fürchtet Mose in

---

252 Eine mögliche Verbindung von Num 12,6-8 zu den letzten Worten Davids in 2 Sam 23,1-5 stellen Cross, Myth, 235 und im Anschluß daran Kselman, J.S., A Note on Numbers xii 6-8, *VT* 26 (1976) 500-505, 502-04 her. Sie zielt darauf ab, dass in beiden Texten ein altes Gedicht aufgenommen wurde, das um Erhaltung von Dynastie und Treue oder Loyalität kreist.
253 Vgl. Levine, Numbers, 342. Levine stellt über den Wortbestand einen Zusammenhang her zwischen 1 Sam 22,14 und Num 12,7, der zu dem Ergebnis führt, dass Mose wie David, also als König, stilisiert wird. Das passt zu Levines Parallelisierungen mit Num 11,25-26 und Jes 11,1-9 (über das Verb נוח) (vgl. ebd., 340-342).
254 Ez 8,4; 11,24; 41,21; 43,4; Dan 8,16.27; 9,23; 10,1.
255 Vgl. Cross, Myth, 203f. Er übersetzt in V. 6 mit "vision" und in V. 8 mit "in clarity", ähnlich Levine, Numbers, 331, der behauptet, מַרְאֶה sei ein klarerer Begriff als מַרְאָה und wäre für Mose reserviert. Er verweist allerdings nicht auf Ex 3. Vgl. auch Freedman, David Noel, The Aaronic Benediction (Numbers 6:24-26), in: Flanagan, J.M./Robinson, A.W. (eds.), *No Famine in the Land: Studies in Honor of J.L. McKenzie*, Missoula 1975, 42-44, 43 und im Anschluß daran Kselman, Note, 501.

Ex 3,6 das Angesicht Gottes zu schauen (נבט Hif.). Der deuteronomische[256] Sprachgebrauch von תְּמֻנַת יְהוָה (Dtn 4,12.15.16.23.25; 5,8) betont, dass die Menschen das Bild Gottes nicht sehen und sich auch keines machen dürfen (Ex 20,4; Dtn 4,16.23.25; 5,8[257]), weshalb Gott auch in der Offenbarung am Horeb nur hörbar und nicht sichtbar war (Dtn 4,12.15). Damit verwendet der Erzähler wieder eine Begrifflichkeit, die die Einzigartigkeit des mosaischen Offenbarungsempfanges signalisiert. Während Mose der תְּמֻנַת יְהוָה ansichtig wird, hat das übrige Volk sie nicht gesehen und darf es auch nicht[258]. תְּמֻנַת יְהוָה drückt somit den Unterschied zwischen Mose und den anderen ProphetInnen durch die Toraoffenbarung aus. Genau das, was Mose sieht, ist dem restlichen Israel und auch den ProphetInnen nicht erlaubt zu sehen.

Die Beziehung zwischen Moses Offenbarungsempfang und dem der ProphetInnen wird über תְּמֻנַת יְהוָה und דִּבֶּר בְּ, das Sprechen Gottes, das nur für Mose eindeutig und unbezweifelbar ist, beschrieben. Jedes Sprechen Gottes zu den (übrigen) ProphetInnen unterliegt jener Ambivalenz, die durch die „Träume", in denen Gott sich offenbart, angedeutet ist. Darüber hinaus wird Mose als „Knecht Gottes" im „ganzen Haus Israel" mit Begriffen gesellschaftlicher und politischer Macht und mit für ganz Israel umfassender Bedeutung dargestellt, die den ProphetInnen fehlt.

1.5.3. Dritte Szene 10b-14e: Blickwinkel und tendenziöse Wahrnehmung

1.5.3.1. Seht her! – Der Ruf des Erzählers

In 10b zeigt sich der Erzähler deutlich und explizit parteiisch. Gleich zu Beginn der Szene deutet er durch וְהִנֵּה („siehe, seht!") an[259], dass die Frage nach Perspektiven nun wichtig ist. Tatsächlich werden verschiedene Perspektivierungen auf das Geschehene den Leitfaden für die Szene bilden. Mit ihrer Hilfe sollen Beurteilungen entwickelt werden.

וְהִנֵּה in 10b leitet die Perspektive des Erzählers ein. Als solche ist die Wendung ein Hinweis für die HörerInnen: Seht selbst, Aussatz! Ähnlich ist 10d zu verstehen, wo וְהִנֵּה und מְצֹרַעַת („Aussatz") ebenfalls zusammen stehen. וְהִנֵּה markiert allerdings in 10d die Perspektive Aarons. Der Aussatz wird also weder auf der Handlungsebene E_1 erzählt noch von Mirjam selbst festgestellt. Auch das Verb פנה in 10c – in dieser Szene auf E_1 – deutet einen bestimmten

---

256 Außerhalb des Dtn kommt diese Konstruktusverbindung nur in Ex 20,4; Ijob 4,16 und Ps 17,15 vor.
257 Das Bilderverbot im Dekalog in Ex 20 wird ebenfalls mit תְּמֻנַת יְהוָה formuliert (V. 4).
258 Ähnlich auch Butting, Prophetinnen, 61f.
259 Vgl. Berlin, Poetics, 62f.: "One of the clearest indicators of point of view is the word *hinneh* ..." (ebd., 91).

Blickwinkel an. Der Aussatz ist nur in bestimmten Perspektiven wahrnehmbar. Es klingt aber an, dass der Aussatz etwas mit dem Blickwinkel, der Einschätzung, der Beurteilung Mirjams zu tun hat.

Die Beschreibung des Aussatzes Mirjams durch den Erzähler ist kurz und bündig. Mit der Formulierung כַּשֶּׁלֶג lässt er die LeserInnen etwas wahrnehmen, das Aaron nicht sieht, denn כַּשֶּׁלֶג steht nur in der auktorialen Äußerung von 10c, nicht aber in Aarons Perspektivierung in 10e. Aus Aarons Perspektive ist „wie Schnee" nicht sichtbar und nicht wichtig. Der Erzähler aber spielt damit auf ein bestimmtes Verständnis von Aussatz und damit auf bestimmte Texte an.

Ob, wann und wie Mirjam ihren Aussatz feststellt, bleibt verborgen und wann Mose ihn sieht, lässt sich ebenfalls nicht festmachen. Moses Rede in V. 13 nimmt nicht explizit auf den Aussatz Bezug. Es scheint nicht wichtig, dass Mirjam und Mose den Aussatz wahrnehmen, ihre Perspektive ist hier nicht gefragt.

Der Kontext von מְצֹרַעַת macht deutlich, dass die Tatsache und Art einer Hauterkrankung nicht zur Debatte stehen[260]. Innerhalb der Forschung wurde jedoch hauptsächlich nur die Frage nach dem Hautausschlag gestellt. Dabei wird immer wieder auf Lev 13, die Behandlung vorübergehend Aussätziger, verwiesen[261]. Genau genommen gibt es jedoch in Num 12 kein Verweismaterial dafür, da der Wortbestand der V. 10-15 nicht typisch für die Fälle von Un/Reinheit und den Zusammenhang von Aussatz als Krankheit ist. Das macht bereits die verwendete Form des Partizips Pu'al von צרע, wie es in Num 12 verwendet wird, deutlich. Es taucht weniger in den Gesetzen bezüglich des Aussatzes auf als in Erzähltexten[262], wo מְצֹרָע als Strafe oder

---

[260] Seebass hat in seinem Kommentar (vgl. Numeri, 65f.) versucht, dem Sinn, dh. dem Kontext einer Lokalisierung der Strafe Mirjams nachzukommen, indem er vor allem die Thesen von Jobling, Sense, 32f. und Milgrom, Numbers, 98 verglichen und ausgewertet hat. Seine Überlegungen kreisen um die Frage nach der Art des Hautausschlages und führen letztlich zu keiner Klärung, sondern nur zu „Brüchen" aufgrund mangelnder „Logik" im Text.

[261] Vgl. Knobel, Buch, 60; Gray, Numbers, 127: Es gehe um die mildere Form des Aussatzes; Noth, Numeri, 86; Fritz, Israel, 77f.; Schmid, H. H., Jahwist, 77; Budd, Numeri, 137; Jobling, Sense, 33; Staubli, Numeri, 249 die Frage der Krankheit und Unreinheit betonen; Seebass, Numeri, 65f. distanziert sich zwar von der Verbindung zu Lev 13f., da er feststellt, die einzige Verbindung bestehe in der Formulierung „sieben Tage auszusondern", allerdings bietet er keine weiterführende Erklärung für die Bedeutung des Aussatzes. Levine, Numbers, 332 fragt nach dem pathologischen Phänomen und dem späteren jüdischen Verständnis von Aussatz, das ihn als Folge von Verleumdung betrachtet (bSota 15a, bShabuot 8a). Abstand vom Aussatz als unreiner Krankheit nimmt einzig VanSeters, Life, 239. Er sieht die Farbe des Schnees in Korrespondenz zur dunklen Hautfarbe der äthiopischen Frau (diesen Zusammenhang sehen auch Budd, Numbers, 137; Trible, Traditions, 105).

[262] Die einzigen Ausnahmen bilden die Gesetze in Lev 13,44.45; 14,2.3; 22,4.

Fluch wegen eines Vergehens gegen gesellschaftliche und religiöse Autoritäten verhängt wird[263]. Dabei geht aus 2 Sam 3,29 und 2 Kön 5,27 hervor, dass die Krankheit erblich ist. Jobling hat die Verbindung zu 2 Kön 5,27 ebenfalls gesehen, schließt daraus vor allem, dass Mirjam lebenslänglich stigmatisiert sei[264]. Der Zusammenhang mit politischen Vergehen liegt für Num 12 sehr nahe, da sich Mirjam gegen eine gesellschaftliche und religiöse Autorität auflehnt. Mirjams Anfrage bezüglich der legitimierenden Offenbarung wird durch den Aussatz als schweres politisches Vergehen gekennzeichnet. Worin die Infragestellung der mosaischen Alleinautorität besteht, kann an dieser Stelle noch nicht ausgesagt werden[265].

Aussatz wird häufig mit Unreinheit in Verbindung gebracht, was jedoch in Num 12 nicht der Fall ist[266], denn Mirjam wird nicht als *Unreine* aus dem Lager ausgesperrt. Seebass rollt die Argumentation Milgroms auf, der meint, Mirjam wäre zwar nicht von einer Hautkrankheit befallen, aber sie sei durch die weiße Hautfarbe, die Zeichen für den geheilten Aussatz sei (vgl. Lev 13,13.17), für den Rest ihres Lebens stigmatisiert. Der Ausschluss aus dem Lager habe nichts mit Unreinheit, sondern mit Schande zu tun, die sie zu tragen habe, wie wenn ihr Vater ihr ins Gesicht gespuckt hätte. Diese Folgen der Auflehnung gegen Mose hätten nun nichts mit Unreinheit, sondern mit Erniedrigung zu tun. Dagegen ist mit Seebass einzuwenden, dass das Anspucken des Vaters nur eine Karenz von sieben Tagen, nicht aber eine Stigmatisierung für ein ganzes Leben bedeutet[267]. Seebass folgt Milgrom im Wesentlichen, leitet daraus aber einzig die literargeschichtliche Aussage ab, dass Num 12 für Ex 4,6-7 als Vorlage gedient habe. Das Wunder in Ex 4,6f., bei dem Moses Hand aussätzig wie Schnee wird, dient der Beglaubigung Moses vor dem Volk. Selbst wenn man für den Aussatz Mirjams die selbe Funktion der Bestätigung durch Gott annehmen möchte, ist die Richtung einer möglichen literarischen Abhängigkeit noch nicht absehbar.

Der Erzähler erklärt den Sinn des Aussatzes nicht. Das unterscheidet Num 12 von den anderen Erzähltexten über מְצוֹרָע (2 Sam 3,29; 2 Kön 5; 2 Chr 26). Daraus ist ersichtlich, dass nicht das Phänomen Aussatz im Zentrum stehen und diskutiert werden soll. Wichtig scheint durch das doppelte וְהִנֵּה und die damit verbundene doppelte Wahrnehmung des Aussatzes allein seine *Feststellung*. Beurteilt wird der Aussatz erst durch Aaron und Gott, allerdings

---

263 In 2 Sam 3,29 ist es politische Gewalt; 2 Kön 5 prophetische Autorität; 2 Kön 15 und 2 Chr 26 religiöse Autorität, die verletzt wird. Vgl. zur Distribution des Pu'al Partizips von צרע auch Seidl, Theodor, צָרַע ThWAT VI (1989) 1127-1133, 1129.
264 Vgl. Sense, 33f.
265 Vgl. Rhetorische Situation.
266 Aussatz wurde bis jetzt kaum anders als als Strafe oder mindestens harsche Pädagogik bezeichnet. Vgl. die Belege in der Literarkritik.
267 Vgl. Seebass, Numeri, 66 in Anlehnung an Milgrom, Numbers, 98.

auch nicht in den gängigen Termini priesterlicher Untersuchung. Aaron und Gott beurteilen den Aussatz jeweils unterschiedlich.

1.5.3.2. Die Wende Aarons[268]: Präsenz des Erzählers im Charakter

Formal: Vereinnahmung des Charakters durch den Erzähler

In 10c.11-12 ist Aaron allein handelndes Subjekt, erstmals ohne Mirjam. Auf der Handlungsebene erfahren die LeserInnen über Aaron, dass er sich wendet (פנה) – genauer gesagt Mirjam zuwendet (10c) – und dass er zu Mose spricht (11a). Die relativ lange Rede 11b-12c verleiht weite Blicke in die Gefühls- und Gedankenwelt Aarons. Die durch den Erzähler gegebene Information, dass Aaron an Mirjam Aussatz feststellt (10d), gibt zwar Aarons Wahrnehmung an, dadurch dass sie aber auf der Ebene der auktorialen Äußerungen angesiedelt ist, ist sie nicht durch den Charakter selbst vermittelt, sondern durch den Erzähler. Das macht einen qualitativen Unterschied in der Bedeutung der Aussage über die Wahrnehmung aus. Die LeserInnen erfahren nicht von Aaron, dass Mirjam Aussatz hat, sondern zum zweiten Mal (nach 10bc) vom Erzähler. Es sind damit nicht die handelnden Charaktere, die den Aussatz feststellen, sondern allein der Erzähler. Damit wird der Aussatz zu etwas, an dem nicht gezweifelt werden soll, etwas, das nicht in den Verdacht geraten soll, die eingeschränkte subjektive, vielleicht nicht wirklich „richtige" Wahrnehmung des Charakters Aaron zu sein. Gleichzeitig vereinnahmt der Erzähler kurzfristig einen Charakter, um seine Sicht durch den Charakter im Text zu manifestieren und als richtig darzustellen. Damit klingt auch an, dass sich der Charakter Aaron umgekehrt auf dem Weg zur „richtigen" Sichtweise der Ereignisse befindet. Diese wird sodann als seine Innenansicht in der Rede deutlich. Dass diese nach der langen Gottesrede in V. 6-8 mit sieben ÄE die längste in der Erzählung ist, deutet auf die große Bedeutung hin, die in der Beschreibung der Sicht Aarons liegt. Das Ziel seiner Handlung ist die Nichtgewichtung seiner und Mirjams „Sünde" (11cde) und die „Heilung" Mirjams (12abc). Aaron nimmt dazu Moses besondere Stellung zu Gott in Anspruch und dieser bittet, im Auftrag Aarons, Gott um „Heilung" für Mirjam. Aaron hat somit im Lauf der Erzählung eine

---

268 Der in V. 10-13 verlaufende Wandel Aarons wurde vielfach als Widerspruch zu V. 2 (zu V. 1 insofern nicht, als man וְאַהֲרֹן in 1a als Zusatz betrachtete, der nicht zur ursprünglichen Erzählung, die mit V. 1 begann, zählte) gesehen und – literarkritisch ausgewertet – zu einer ursprünglichen Erzählung gerechnet, in der Mirjam allein handelt (vgl. zuletzt Seebass, Numeri, 61). Durch diese Textveränderung werden der Wandel Aarons und die Interessen des Erzählers dahinter nicht sichtbar.

Kompetenz[269] gewonnen, die als „Handlungskonformität mit dem System" bezeichnet werden kann. Er wendet sich nicht direkt an Gott, sondern nimmt indirekt über Mose mit Gott Kontakt auf. Der Erzähler führt seine LeserInnen damit zu der Einsicht, dass Mirjam und Aaron Mose und seine Autorität brauchen, um ihrem Problem beikommen zu können. Aaron hat also seinen Anspruch, direkt mit Gott zu kommunizieren, zurückgezogen und verhält sich gemäß der Gottesrede in V. 6-8. Dadurch wird Mose, der ursprünglich nicht auf Mirjams und Aarons Seite war, zum Helfer für die beiden. Die Opposition Mirjams und Aarons wird durch den Aussatz entmächtigt, denn Mirjam und Aaron sind der Autorität, die nur Mose hat, ausgeliefert.

Worin sich Aaron jedoch *nicht* verändert, ist seine permanente Helferfunktion für Mirjam. Im Vergleich zu Mirjam wird sein Charakter den LeserInnen deutlicher vor Augen geführt, weil er auch nach dem Auftreten Gottes in V. 4-10a noch handelndes und sprechendes Subjekt ist. Seine widerständige Seite, also das, wofür er mit Mirjam gemeinsam aufgetreten ist, wird ab V. 3 verschwiegen. Dafür aber erfahren die LeserInnen von seiner bestehenden Beziehung zu Mirjam. Aaron aber vollzieht einen Wandel: Er fügt sich ein und gibt den Widerstand auf, beurteilt sein eigenes und Mirjams Handeln als Sünde (חָטָאנוּ), wodurch sichtbar wird, dass das Handlungsziel vom Beginn der Erzählung nicht mehr verfolgt wird. Damit wandert die Darstellung seines Charakters an der Grenze zwischen „Held" und „falschem Held", einem der sein ursprüngliches Ziel aufgibt und sich an ein anderes Subjekt und dessen Ziel anpasst. Dieses Subjekt mag vordergründig Gott sein. Genauer betrachtet passt sich Aaron aber an die Sichtweise, die im Interesse des Erzählers liegt, an. So ist es in V. 10 auch nicht einer der handelnden Charaktere, der auf Aarons Wahrnehmung (bestätigend oder ablehnend) Bezug nimmt, sondern der Erzähler. Rein formal tritt dieser Erzähler, der die Figur Aarons benutzt, um sein Interesse im Text zu verankern, durch die Rede Aarons wieder ganz in den Hintergrund.

Innerhalb der Rede findet eine interne Retroversion statt, ein Rückblick also, der nicht auf Ereignisse außerhalb des Geschilderten Bezug nimmt, sondern auf Geschehnisse der Erzählung selbst. Eine derartige interne Retroversion gibt eines der erzählten Ereignisse wieder. Dies kann den Sinn haben, neue Aspekte daran aufzudecken, neue Sichtweisen oder etwas Wesentliches in Erinnerung zu rufen. Sie kann aber auch der Einführung eines neuen Charakters dienen[270]. Obwohl es sich im Fall Aarons in V. 10-12

---

269 „Kompetenz" als narratologischer Begriff stellt einen Teil der „Grundausstattung" eines handelnden Charakters dar. Es ist das, was er braucht, um an sein Ziel zu gelangen und kann genauso in einer physischen oder psychischen Fähigkeit liegen wie in gesellschaftlicher Macht oder einfach dem Willen, die Handlung voranzutreiben. Vgl. dazu Bal, Narratology, 33.

270 Vgl. Bal, Narratology, 56.60f.

nicht um einen neuen Aktanten handelt, findet sich doch ein Hinweis darauf, dass sich am bereits bekannten Aktanten Aaron etwas geändert hat – seine Sichtweise und Selbstbeurteilung.

Aaron ist erstmals in 10c nicht mit Mirjam gemeinsam als Partei genannt, sondern richtet seinen Blick *auf* sie. Obwohl er nicht gegen sie agiert, sind die beiden nicht mehr als gemeinsames Subjekt zu bezeichnen. Hier stellt sich wiederholt die Frage, warum nicht Mirjams Veränderung beschrieben wird. Hat sie ihren Standpunkt nicht verlassen? Dagegen, dass der „Charakter Aaron" zu den Zielen des „Charakters Gott" überwechselt, spricht auch, dass Gott auf der Handlungsebene nicht Opponent Mirjams und Aarons ist, sondern nur in der Rede V. 6-8 zu einem solchen wird.

Die Wende Aarons wird bereits mit der ersten Äußerung, die nach der Gottesrede über ihn gemacht wird, angekündigt (10c). Wie aber ist sie zu verstehen? Das Problem der Wende Aarons wird innerhalb der Forschung oft literarkritisch gelöst. Dadurch wird diese Wende unsichtbar gemacht: Ursprünglich sei eben nur Mirjam Auslöserin für den Konflikt gewesen und וְאַהֲרֹן in 1a fehle in dieser Geschichte. Andere versuchen zu erklären, dass Aaron als (*der*) Priester nicht aussätzig werden dürfe[271].

Beide Interpretationsversuche gehen daran vorbei, dass der Erzähler in der Wende Aarons eine Botschaft an seine LeserInnen verbirgt. Indem er in Aaron seine eigene Sichtweise hineinlegt und Aaron in der internen Retroversion eine grundlegende Veränderung vollzieht, wird den LeserInnen eine Möglichkeit der Identifikation angeboten. Denn wenn Mose von allen anderen Menschen abgehoben wird, birgt sich in ihm kein Identifikationspotential für das Publikum.

Diese Wende Aarons schwingt auch in dem Verb פנה, in der Hinwendung zu Mirjam, mit. פנה drückt immer einen Richtungswechsel oder eine Kehre aus[272]. Die Auflösung der Partei „Mirjam und Aaron" geschieht in sechs Schritten: Erstens wird von Aarons Wende und Anpassung erzählt, zweitens von Mirjam als Handelnder geschwiegen. Drittens wird Aaron und Mirjam der gemeinsame Blick genommen. Sie sind damit viertens nicht mehr Subjekt gemeinsamer Handlungen. Fünftens verleiht sich der Erzähler selbst in der Figur Aarons eine Stimme und sechstens wird Mirjam nur mehr aus dem Blickwinkel anderer (Erzähler, Aaron, Mose und Gott) betrachtet. Es wird bereits sichtbar, dass in dieser konsequenten Aufsplitterung der Partei eine Passivmachung Mirjams erfolgt.

---

271 So Wenham, Gordon J., *Numbers. An Introduction and Commentary*, TOTC, Leicester u.a.: Inter Varsity Press 1981, 110f.
272 Vgl. Schreiner, Joseph, פנה, *ThWAT* VII (1989) 617-625, 621: „*pānāh* drückt eine Änderung im Verlauf des Geschehens oder Verhaltens, den Beginn einer Tätigkeit, eine angezielte Richtung aus. Was mit all dem verbunden ist an Inhalten, wird erst durch die Aussagen des Kontextes deutlich."

Da man bei Aarons Rückblick auf seine und Mirjams Tat (11cde) nicht von einem Ereignis sprechen kann, ist es auch hinfällig, die Dauer dieser (internen) Retroversion bestimmen zu wollen. Die Repräsentation ist dennoch durch wiederholte Relativsätze in die Länge gezogen und erhält dadurch Gewicht.

Wende Aarons und LeserInnenlenkung

Aaron handelt in 10c.11a allein und initiativ, Mirjam ist aber zuletzt in V. 2 initiativ gewesen. Dadurch wird über Aarons Innenleben nicht nur Verschwommenes zu Beginn der Erzählung (V. 1-2) sichtbar, sondern die LeserInnen erhalten auch zum Schluss der Narration (V. 11-12) Einblick in ganz konkrete Emotionen des Charakters. Dadurch wird in Aaron eine innere Entwicklung deutlich, weshalb er als „Held"[273] stilisiert ist. Weiters handelt Aaron nicht nur initiativ, sondern veranlasst auch andere zu handeln: Mose führt Aarons Bitte aus und handelt hier als Fürbitter[274], als eine Art Sprachrohr, dessen eigene Perspektive durch seine Rede nicht sichtbar wird. Im Gegensatz zu Aaron ist Mose selbst dort, wo er handelt, nicht initiatives Subjekt. Dort, wo er spricht, bleibt sein Innenleben dennoch verborgen. Der Vergleich der Auftritte Moses und Aarons zeigt, dass der Erzähler, obwohl Mose im Zentrum des Diskurses steht, diesen doch ganz unsichtbar hält. *Num 12 ist so gesehen nicht als „seine" Geschichte zu bezeichnen, sondern als Erzählung „über" ihn.*

In 10d.11b-12c werden die LeserInnen angeleitet, die Perspektive Aarons einzunehmen. Dabei wird immer Mirjam fokussiert, in 11cde mit Aaron gemeinsam. Es wird kein anderer Blick auf Mirjam möglich als der Aarons, denn auch Mose übernimmt diese Sichtweise. Auch mit der Rede JHWHs

---

273 Der Begriff ist hier aus narratologischer Perspektive angewendet. Helden sind ihrzufolge jene Charaktere einer Erzählung, die allein handeln, in jeder Szene vorkommen, zu möglichst vielen oder allen anderen Charakteren eine Beziehung haben und deren Innenleben den LeserInnen nachvollziehbar ist (vgl. Bal, Narratology, 92f.). Die Bezeichnung Moses als Held und Num 12 als „Mosesage" unternimmt Coats unter ganz anderen Vorzeichen und mit traditions- und literaturgeschichtlichen Fragestellungen (vgl. Humility, 105; Ders., The Moses Narratives as Heroic Saga, in: ders. (ed.), *Saga, Legend, Tales, Novella, Fabel. Narrative Forms in Old Testament Literature*, JSOT.S 35, Sheffield: JSOT Press 1985, 33-44, 36.39). Seine Darstellung ist aus narratologischer Perspektive schwer nachvollziehbar, was sie freilich nicht in Frage stellt. Letztlich ist es im Sinne des Erzählers, Moses Autorität zu festigen. Während Coats danach fragt, warum Israel Mose erinnerte, und wie dieses Gedächtnis die Geschichten beeinflusste (vgl. Moses, 33), geht es hier um die Mittel und die Art der Darstellung sowie die Strategien des Erzählers.

274 Cf. auch Ex 32-34; Dtn 9f.; Num 11 nach den zentralen Texten bei Aurelius, Erik, *Der Fürbitter Israels. Eine Studie zum Mosebild im Alten Testament*, CB.OT 27, Lund/Stockholm: Almquist & Wiksell International 1988.

wird der Blick nicht verändert. Gott interpretiert die Bedeutung des Aussatzes nur mehr von Krankheit auf „soziales Stigma" um[275].

Aaron wird dadurch als der vorgestellt, der eine Wende in die „richtige" Richtung vollzogen hat und dient damit dem Lesepublikum als Beispiel. Was der Erzähler bei seinen LeserInnen erreichen will, nämlich die Übernahme der Beurteilung und der Sichtweise des Erzählers, hat Aaron bereits vollzogen. Die LeserInnen erhalten in V. 11-12 starke Einblicke in Aarons Ängste und dadurch in sein Innenleben. Das ermöglicht es, für Aaron Sympathie zu entwickeln, denn je mehr die LeserInnen von einem Charakter erfahren, desto eher können sie sympathisieren und sich auf seine Seite stellen. Mirjams Innenleben dagegen verschwindet völlig, wodurch jede Empathie mit diesem Charakter unmöglich gemacht wird. Wenn der Erzähler durch die genaue Darstellung der Perspektive Aarons die Identifikation mit Mirjam verhindert, so ist das als eine sublime Strategie zu verstehen, mit der er das Anliegen Mirjams während des Lesens versanden und vergessen lässt. Als Held geht Aaron in Num 12 sozusagen den Weg der LeserInnen voraus. Wir können letztlich daraus schließen, dass sich der Erzähler an die VertreterInnen der Partei „Mirjam und Aaron" wendet und das, was er bei ihnen erreichen will, die Praxis, von der er überzeugen will, mit Aaron demonstriert.

1.5.3.3. Referenz Aarons

Die Semantik der Handlungen Aarons

Die Beschreibung von Aarons Verhalten entspricht in Num 12 nicht der Terminologie kultisch-ritueller Texte[276], denn dort *wendet* (פנה) sich der Priester dem/der Unreinen nicht *zu*, sondern *sieht* (ראה) die Krankheit. Die

---

275 S.u. 1.5.3.5.
276 Deutlich hat dies Valentin – bereits quellenkritisch – formuliert: „In ausgesprochener Konkurrenz zum priesterschriftlichen (Hohen-)Priester Aaron steht z.B. der Aaron von Num 12 ..." (Aaron, 11). Vgl. weiter auch Literarkritik zu V. 10 (1.6.2.8.). Gegen die Vermutung, Aaron fungiere in Num 12,10-12 als Priester, argumentierten Budd, Numbers, 134f. (gegen Cross, Myth, 203f.).138; White, Depiction, 149, Anm. 3; Seebass, Numeri, 66, im Gegensatz zu einigen anderen Studien: vgl. Gunneweg, Antonius H. J., *Leviten und Priester. Hauptlinien der Traditionsbildung und Geschichte des israelitisch-jüdischen Kultpersonals*, FRLANT 89, Göttingen: Vandenhoeck & Ruprecht 1965, 93; Milgrom, Numbers, 97; Burns, Lord, 49.66f.74f. u.ö.; Blum, Studien, 195, Anm. 412; Valentin, Aaron, 336f. (was aber nur mit seiner Literarkritik standhält vgl. Literarkritik 1.6.2.8.). Blum überlegt, ob Aaron vielleicht nicht nur wegen seiner verwandtschaftlichen Verhältnisse zu Mose und Mirjam, sondern auch wegen eines Bezuges zwischen Priestertum und Prophetie in Num 12 auftritt (mit Verweis auf die Gestalten Jeremia, Ezechiel und Sacharja).

Beurteilung „rein" oder „unrein" darf dann nicht fehlen (vgl. Lev 13,3.5.6.u.ö.;14,3)²⁷⁷. פנה ist somit nicht Terminus technicus für die priesterliche Untersuchung von Unreinen, weshalb Aarons Handeln nicht institutionell ausweisbar ist. Burns, für deren Konzeption Aaron als Priester wichtig ist, wies vier Elemente der priesterlichen Begutachtung von Unreinheit nach Lev 13-14 aus: 1. Waw-consecutivum mit ראה als offizielle Untersuchung, 2. Der Priester agiert als Subjekt des Sehens, 3. הנה mit Waw consecutivum als Einleitung der offiziellen Feststellung der Symptome, 4. Ein offizielles Statement bezüglich der Un/Reinheit der Person.²⁷⁸ Nach ihrer Analyse werde in Num 12 ראה durch פנה ersetzt und die offizielle Begutachtung, ihr drittes und viertes Element, fände sich in 10d wieder. Abgesehen davon, dass Burns diese Analyse an keinem Text verifiziert, sind die Elemente relativ unspezifisch, weil keine Vergleichsmöglichkeiten genannt werden, wie diese Begutachtung anders beschrieben werden kann. Es fällt auf, dass sich in Num 12 nur das dritte Element findet. Es ist weder vom Priester, noch vom „Sehen" und auch nicht von Unreinheit die Rede. Der einzige Vergleichspunkt ist וְהִנֵּה, dem Ausdruck für die Wahrnehmung aus einer bestimmten Perspektive.

Semantik der Rede Aarons

Die Verbindung von יאל und חַטָּאת ist in 11c singulär. יאל ist nur im Nif'al belegt und meint in Jes 19,13 und Jer 50,36 so etwas wie ein unkluges, kurzsichtiges Verhalten politischer Verantwortlicher (Fürsten und Ratgeber)²⁷⁹. In Jer 5,4 sind die „Niedrigen" (דַּלִּים), die Weg und Gesetz Gottes nicht kennen, Subjekte des törichten Handelns. Es scheint, dass in Num 12,11 beide Bedeutungskomponenten herein spielen. Einerseits handelt es sich um Subjekte, die an der Führung des Volkes beteiligt sind und andererseits beurteilt einer von ihnen ihr Handeln als „töricht". Wenn Aaron in 11d sein eigenes und Mirjams Handeln als „töricht" bezeichnet, dann hat sich sein Urteil geändert. Diese Wende bezeugt seinen Perspektivenwechsel und

---

277 Vgl. auch Literarkritik 1.6.2.8.
278 Vgl. Lord, 74.
279 Diese „Niedrigen" sind als sozialer Gegenpol zu den „Großen" (V. 5) zu verstehen, die gerade nicht so sind oder sein sollen. Der Prophet findet aber bei den „Großen" nichts anderes vor als das, was er im restlichen Volk schon feststellte. יאל deutet somit auch bei Jer ein sozial ungerechtes Handeln an (vgl. Carroll, Robert P., *Jeremiah. A Commentary*, OTL, Philadelphia: Fortress Press 1986, 175; Holladay, William L., *Jeremiah 1. A Commentary on the Book of the Prophet Jeremiah Chapters 1-25*, Philadelphia: Fortress Press 1986, 178; Werner, Wolfgang, *Das Buch Jeremia. Kapitel 1-25*, NSK.AT 19/1, Stuttgart: Verlag Katholisches Bibelwerk 1997, 79f.). Holladay sieht in Num 12,11 die deutlichste Verbindung zum Handeln der דַּלִּים, da damit da wie dort ein dümmliches Verhalten der Nichtwissenden bezeichnet sei.

positioniert Aaron deutlich auf der Seite des Erzählers und seiner Interessen[280].

Für die Formulierung *"wie der Tote"*, כַּמֵּת, gibt es in der hebräischen Bibel nur noch einen einzigen Beleg, nämlich Ps 31,13. Er verweist jedoch nicht auf den physischen, sondern eher sozialen Tod und auf soziale Ausgeschlossenheit[281]. Für das Verständnis dessen, was Aaron vermitteln will, ist das von Bedeutung. Es klingt hier bereits an, dass es in Aarons Rede und dann besonders in der Bedeutung, die Gott dieser gibt, um soziale Isolation geht und nicht um Aussatz als Krankheit. Mirjam wurde in 10b nicht mit einer Krankheit, sondern mit der Gefahr der Isolation geschlagen, die Aaron dann auch abwenden will. Gerade weil es um die soziale Isolation geht, ist die in 10b-e signalisierte Frage der Perspektive ausschlaggebend. Aussatz wird hier nicht als etwas objektiv und durch alle Feststellbares, Sichtbares verstanden, sondern als etwas, das nur aus einer bestimmten Perspektive, mit einer bestimmten Haltung wahrzunehmen ist. So gesehen liegt im Aussatz Mirjams die Gefahr des sozialen Todes als Folge der „falschen Perspektive", oder anders formuliert als Folge der Zugehörigkeit zur „falschen Position". Deutlicher wird dann auch, dass כַּשֶּׁלֶג, nicht eine Aussage über die Farbe oder Beschaffenheit[282] einzelner Hautpartien ist, sondern eine Zuordnung zu einer bestimmten Bedeutung von Aussatz darstellt, die nicht physisch pathologisch zu verstehen ist.

Die Präsentation Aarons in einer nicht priesterlichen Rolle ist somit nicht nur eine Aussage über Ämterzugehörigkeit und Aarons kultische Funktionen, sondern vor allem über das Verständnis des Aussatzes. Er soll nicht im kultisch-rituellen Sinn als Unreinheit und körperlichen Makel, sondern als Gefahr der totalen sozialen Ausgeschlossenheit („wie der Tote") aufgrund eines Vergehens gegen politisch-religiöse Machtstrukturen verstanden werden.

---

280 Greßmann, Mose, 265f. nahm an, in einer älteren Überlieferung der Erzählung habe Aaron ebenfalls Aussatz gehabt und deshalb spreche er hier im Plural. Abgesehen davon, dass damit die Frage nach der „ungerechten Strafe" nicht geklärt ist, sondern nur verschoben auf die Unlogik, dass nur mehr Aaron spricht, ist die These nicht belegbar. Grays Verständnis von 11c, Aaron wolle die Konsequenzen der Sünden abschwächen (vgl. Numbers, 127), nimmt nicht in den Blick, dass Aarons Hilferuf die Darlegung des Verständnisses von Aussatz erst *ermöglicht* (vgl. 1.5.2.). Dadurch bleibt die Verrückung der Bedeutung des Aussatzes von „Krankheit" auf „soziale Verortung" unsichtbar.
281 Die Frage, ob Aarons Aussage übertrieben sei, stellt Jobling, Sense, 33. Er bezeichnet den Aussatz als Stigma. Im Sinne einer physischen Krankheit will Seebass, Numeri, 66 den Aussatz verstanden wissen.
282 So Budd, Numbers, 137 im Anschluss an Snaith, Numbers, 236, es handle sich um feuchte, nässende, offene Hautstellen.

Aaron als „Nicht-Priester"?

Aaron wird im gesamten Ersten Testament 346 mal genannt[283]. 259 Belege werden üblicherweise zu „P" gezählt, wo er grundsätzlich als Priester bzw. Ahnherr israelitischer Priester vorgestellt wird. Weitere 32 Texte außerhalb des Pentateuch stellen Aaron als Priester und/oder Levit im Tempeldienst vor[284]. Es verbleiben gut fünfzig Belege, die Aaron nicht als Priester zu kennen scheinen bzw. andere Überlieferungen beinhalten. Zu diesen zählt auch Num 12.

Die nicht mehr neue aber trotzdem neueste Studie, die sich der Traditionsgeschichte der Gestalt Aarons widmet, stammt von Heinrich Valentin. Er fragt danach, ob Aaron in vorpriesterschriftlichen Texten ebenfalls als Priester vorgestellt wird[285] und kommt zu einem negativen Ergebnis[286]. Zunächst ist festzuhalten, dass Valentins Priesterbild von kultischen Funktionen geprägt ist, was im Gesamt der biblischen Überlieferungen zu kurz greift. Priester hatten ebenso die Aufgaben, Tora und Orakel zu erteilen, was vielleicht später in der Rechtslehre fortgesetzt wurde[287]. Erst dann folgen kultisch-rituelle Funktionen, die durch „P" maßgeblich bestimmt sind[288].

Die Gestalt des Aaron ist zweifellos durch die Arbeit der Priesterschrift zum Hohepriester par excellence und priesterlichen Stammvater geworden. Das schließt nicht aus, dass er parallel zur Entstehung der priesterschriftlichen Texte und Redaktionen sowie auch noch danach nicht auch andere Züge tragen kann, die entweder einem weiteren Verständnis von Priestertum entspringen, als es „P" repräsentiert oder Aaron einfach auch mit anderen Gruppen in Israel in Verbindung bringen.

Wenn Aaron in Num 12 keine spezifisch kultisch-rituellen Funktionen zugesprochen werden, dann dienen jene Belege als Referenzrahmen und gleichzeitig auch als Hinweis auf mögliche TradentInnenkreise, die ihn nicht im Sinne der priesterschriftlichen Texte als den Priester schlechthin stilisie-

---

283 So die Statistik bei Valentin, Aaron, 36, die freilich nur den protestantischen Kanon im Auge hat. Weitere ungefähre Angaben bei Houtman, Cornelis, *Exodus Vol 1: Ex 1,1-7,12*, HCOT, Kampen: Kok Pharos 1993, 75.
284 Jos 21,4.10.13.19; 24,33; Ri 20,28; Ps 99,6; 133,2 und sämtliche Belege des Chronistischen Geschichtswerkes (aufgeführt bei Valentin, ebd.), ausgenommen der Genealogien in 1 Chr 5,29; 12,27; 27,17, die aber ebenfalls das Interesse vertreten, Aaron als Leviten zu legitimieren.
285 Vgl. ebd., 39.
286 Ex 32* und Ex 17,8-16 machen kultische Funktionen Aarons deutlich (vgl. u.a. das Schlusswort bei Valentin, Aaron, 412-418). Vorsichtiger ist Cody, Aelred, Priester/Priestertum. Altes Testament, in: *TRE* 27/3 (1996) 383-91, 385, der meint, eine „Verbindung Aarons mit priesterlichen Funktionen" sei vorexilisch nicht gesichert.
287 Vgl. Cody, ebd., 386.
288 Vgl. ebd., 387.388.

ren[289]. Das sind jene Texte, die meist als vorpriesterschriftlich[290] oder als spätere, eher unbedeutende Zusätze und Glossen beurteilt werden. Diese Sichtweise Aarons geht wie in vielen Bereichen der Pentateuchforschung auf Martin Noth zurück, wenn er über die nichtpriesterschriftlichen Aaronüberlieferungen Folgendes schreibt: „Das meiste, was von ihm erzählt wird, ist unzweifelhaft überlieferungsgeschichtlich sekundär."[291] Dies hat vor allem dazu geführt, dass Aaron in den Texten keine wesentliche, weil keine ursprüngliche Rolle zugesprochen wurde[292] und Aaron häufig als eine Art Anhängsel zu Mose betrachtet wurde. Das Interesse der „redaktionellen Zusätze" und das Profil jener „Aaronkreise" wurde dann kaum erarbeitet. Valentin, der das Aaronbild der „Zusätze" zu beschreiben versucht, gelangt dann jeweils zu dem Schluss, dass Aaron keine genuin priesterlichen Züge, wie er sie erst durch „P" erhielt, trage[293].

In der Zuordnung der Aaronstellen zu bestimmten Quellen oder Redaktionen wird die Frage nach den Beurteilungskriterien literarischer Befunde ganz zentral und folgenschwer[294]. Noth schreibt entsprechend dazu:

„Wir können also nur zu dem Schluss gelangen, dass Aaron ziemlich lange, d.h. auch noch als die jüngeren vorpriesterschriftlichen Erzählungen von ihm entstanden, eine lebendige Überlieferungsgestalt war, von der man sich immer wieder Neues und Verschiedenes zu erzählen wusste ohne unmittelbare Abhängigkeit von älteren Erzählungen, und dass man überhaupt sich viel mehr von ihm erzählt hat als das, was in der Pentateucherzählung

---

289 Auch wenn das mit Sicherheit das im Pentateuch dominante Aaronbild ist (vgl. u.a. auch Houtman, Exodus, Vol. I 76).
290 Zumeist werden Ex 17,6-18 und Ex 32 als frühe Texte angenommen (vgl. Fritz, Tempel, 155; Westphal, Aaron, 201-230; Valentin, Aaron, 12.303 u.ö.). Valentin, ebd., 409 rechnet außerdem Ex 24,14; Dtn 9,20 zu diesen alten Belegen.
291 ÜP, 195.
292 Ganz deutlich in Ex 4,27-30, wie unten (1.7.2.) noch zu zeigen sein wird. Aber auch für Num 12 traf ihn ein ähnliches Urteil (vgl. Literarkritik 1.6.2.1., 1.6.2.3. und 1.6.2.8.).
293 Zu Ex 4,14-16 vgl. Valentin, Aaron, 122-125. Dabei ist es schade, dass er 4,27-30 keine Bedeutung beimisst, wo er „und Aaron" als Zusatz wertet. Zur „aaronfreundlichen Bearbeitung" von Ex 32,1b vgl. ebd., 268. Der angeblich späte Zusatz Num 12,10b stelle Aaron allerdings in priesterlicher Funktion dar (vgl. ebd., 344 anders [sic!] 410). Auch die JE-Zusätze der Plagenerzählungen stellen Aaron „eher priesterlich" dar (vgl. ebd., 202f.).
294 Vgl. nicht nur die bereits erwähnt Aaronstudie von Valentin, sondern auch die ältere von Seebass, Horst, *Mose und Aaron, Sinai und Gottesberg*, AevTh 2, Bonn: H. Bouvier & Co. 1962, oder auch Weimar, Peter, *Die Berufung des Mose. Literaturwissenschaftliche Analyse von Exodus 2,23-5,5*, OBO 32, Freiburg i.Ü.: Universitätsverlag/Göttingen: Vandenhoeck & Ruprecht 1980; Kohata, Fujiko, *Jahwist und Priesterschrift in Exodus 3-14*, BZAW 166, Berlin u.a.: de Gruyter 1986; Fuss, Werner, *Die deuteronomistische Pentateuchredaktion in Exodus 3-17*, BZAW 126, Berlin u.a.: de Gruyter 1972 und die BK-Kommentare Schmidt, W. H., Exodus; Seebass, Numeri.

erhalten geblieben ist und was oft den Eindruck macht, nur bruchstückhafter Restbestand reicheren Erzählungsgutes zu sein."[295]

Noths Ergebnis muss nicht negativ gewertet werden, sondern kann – positiv gewendet – einen Einblick in unterschiedliche, aber *gleichzeitige* Inanspruchnahmen von Aarontraditionen durch einzelne soziale Gruppen verschaffen. Es stellt sich also die Frage, ob der Überlieferungsreichtum nur mit einem hohen Alter der Aaronfigur zu begründen ist, ob also die Vielfalt nur nacheinander oder nicht auch nebeneinander entstehen kann. Die Antwort hängt freilich von einzelnen Textanalysen ab und kann an dieser Stelle nicht geleistet werden.

Hier wird zumindest nicht von einem notwendigen Nacheinander der unterschiedlichen Traditionen und Erzählungen über Aaron ausgegangen. Die Frage nach der Referenz Aarons innerhalb der Erzähltextanalyse zielt nicht auf eine chronologische Ein- und Zuordnung der Aaronbelege ab. Jene Texte, die Aaron nicht als Priester darstellen, sollen auf das Profil dieser Gestalt hin befragt werden. Seine Handlungen und die Gruppen und Personen, mit denen oder gegen die er auftritt, sowie im Speziellen sein Verhältnis zu Mose, wird dabei wesentlich sein. Als Referenz*rahmen* nehme ich die Texte des Pentateuch an, da sie den erzählerisch nächsten Kontext zu Num 12 bieten.[296]

Von den verbleibenden Texten gelten Ex 4; 17,8-16; 32; Num 12 als die wesentlichsten, da Aaron hier eine zentrale Funktion als handelnde Person einnimmt[297]. Er hat in diesen Texten vor allem Mose gegenüber eine prominente Stellung. Ex 4 gibt ihm innerhalb der Moseberufung eine wesentliche Bedeutung als Sprecher des Mose, für den seine eigene Berufung nur *mit* Aaron möglich scheint. Auch in der Amalekiterschlacht (Ex 17,8-16) kommt Aaron, gemeinsam mit Hur, eine wesentliche Funktion für Mose zu, denn Mose hätte ohne deren Hilfe seine Hände nicht in der Höhe halten können, was zur Niederlage in der Schlacht geführt hätte[298]. Ex 32 ist der

---

295 Vgl. ÜP, 198.
296 Valentin, Aaron, 38 meint, die Texte aus dem dtr Geschichtswerk (Jos 24,5; 1 Sam 12,6.8) seien überlieferungsgeschichtlich nach Ex 4f. einzureihen. Auch die Psalmen (Ps 77,1; 105,26; 106,16) und die einzige Prophetenstelle, die Mose und Aaron nennt (Mi 6,4), sind nach Valentin als späte Texte zu verstehen (vgl. ebd.).
297 Kleinere Rollen kommen ihm in Ex 5,1.4.20; 12,31; 15,20; 18,12; 19,24; 24,14 zu (vgl. auch Valentin, ebd., 44f.). Nach Blum sind diese Texte alle KD zuzuordnen (vgl. Studien, 28f.48f. 89f.).
298 Valentin, ebd., 202f. weist darauf hin, dass Ex 17,8-13 einer „Urüberlieferung über Aaron" (203) sehr nahe sei, weist aber die Annahme Noths (vgl. ÜP, 198f.), dass Ex 17,8-13 eine selbstständige Aaronüberlieferung zugrunde liege, die an den historischen Aaron sehr nahe käme, zurück.

einzige Text neben Num 12, in dem Aaron auf Seiten des Volkes in Spannung zu Mose steht und wo er als Stellvertreter Moses eine Funktion erhält[299].

Für diese Ebene der Textbeschreibung mag die Feststellung genügen, dass die nicht-priesterliche Gestalt des Aaron von ihrer gesellschaftlichen Bedeutung her Mose sehr nahe rückt. Aaron ist vor allem durch die Berufung des Mose stark mit ihm verbunden, da er Teil der Berufung Moses ist. Gerade in der Berufung wird Aaron aber als Levit bezeichnet und erhält die Funktion des Übermittlers der Worte Gottes, die ihm von Mose mitgeteilt werden.

Die ältere Forschung nahm an, Aaron sei in Num 12 ein Prophet[300]. Dagegen kann man entweder halten, dass der einzige Beleg für Aarons Prophetentum (Ex 7,1), spät ist[301] oder dass dies innerhalb der Erzählung wenig Sinn gäbe: warum sollte, wenn Mirjam *und* Aaron für Prophetie bzw. prophetische Ansprüche stehen, nicht auch beiden das selbe Schicksal zukommen?[302]

1.5.3.4. Mose

In der Gegenwart der erzählten Zeit[303] handelt Mose nur ein einziges Mal selbstständig, aber auch dort nicht initiativ, sondern durch Aarons Aufforderung in V. 13. Er zeigt Solidarität mit dem Anliegen Aarons, obwohl er durch Aarons Rede inhaltlich, wie in V. 6-8, von Mirjam und Aaron abgehoben wird. Bei ihm zeigt sich, wie beim Aussatz Mirjams, dass sein Bild nur durch die Beurteilung des Erzählers entsteht und nicht durch eigenständiges Handeln. Von daher ist Mose in Num 12 als Akteur auffallend

---

299 Vgl. Valentin, ebd., 289. White vertritt die These, Mose verkörpere in Ex 32 und Num 12 das Interesse des elohistischen levitischen Historikers am Hof Jerobeams, der sich für das levitische Priestertum in Bethel einsetze (vgl. Depiction, 157-159). Innerhalb der Rekonstruktion der rhetorischen Situation wird deutlich werden, dass dieser These nicht gefolgt werden kann. Dass Aaron auch in Ex 32 nicht unbedingt als Priester repräsentiert wird, bemerkten auch Cody, Priesthood, 147-150 und im Anschluss daran Budd, Numbers, 138f.
300 Vgl. Greßmann, Mose, 268; Noth, Numeri, 84 (auf der Ebene der Erzählung konnte sich Aaron „mindestens mittelbar für einen „Propheten" halten"); zurückhaltend aber bleibt Dillmann, Numeri, 65.
301 Vgl. Baentsch, Numeri, 512.
302 Greßmanns Annahme, in einem ursprünglichen Text seien beide bestraft worden (vgl. Mose, 265f.), entbehrt der Textgrundlagen. Valentin hat die Diskussion um Aarons Funktion deutlich gemacht (vgl. Aaron, 360-363) und vor allem kritisiert, dass Mirjam meist aus den Augen verloren wird. Wenn er selbst Aaron nur eine erzähltechnische Funktion zuschreibt und ihn ansonsten für sehr blass hält, übersieht er die wesentliche Funktion, die er dennoch als machtvoller Gegenpart zu Mose von den genannten Texten her innehat.
303 Moses Handeln in 2bc liegt außerhalb der erzählten Zeit.

schwach. Es geht zwar um seine hervorragende Stellung, diese wird aber nur durch eine Handlung repräsentiert. Diese eine Handlung spricht dann aber für sich.

Mose ist damit noch weniger als Held zu bezeichnen als Mirjam. Der Erzähler äußert sich zwar zu Moses Charaktereigenschaften (V. 3), aber Mose handelt nicht unabhängig: Auf Gottes Geheiß geht er zum Zelt (V. 4) und auf Aarons Bitte hin schreit er zu Gott (V. 11-13). Er kommt auf der Handlungsebene nicht in allen Szenen vor (er fehlt in V. 5-12.15) und wo er auftritt, ist er nur schwach auf die anderen Charaktere bezogen. Aaron spricht einmal zu ihm, worauf Mose zwar nicht antwortet, aber er hört ihn und reagiert. Und mit Gott spricht er ebenfalls. Genauer betrachtet ist Mose nur über Kommunikation mit anderen HandlungsträgerInnen verbunden – außer in dem einen Akt, in dem alle drei zum Zelt gehen (4c).

1.5.3.5. Erzählte Rede: Diskurs über das Verständnis von Aussatz

Die semantischen Felder der Begriffe, die Aaron verwendet, deuten nicht auf eine Krankheit Mirjams hin. Aaron redet zwar von Krankheit und Tod, verwendet aber eine Sprache, die Folgen von sozialen Verbrechen assoziieren lässt. Er nennt Begriffe sozialer Isolation. Aaron spielt mit den Zuordnungen des Aussatzes zu Krankheit und „sozialem Stigma". Mose bleibt auf der Ebene des Bildes von der Krankheit, indem er Gott um Heilung bittet (רפא in 13c).

Auf die Heilungsbitte antwortet Gott mit sozialen Argumenten und greift damit auf die Bedeutung von Aussatz zurück, die durch seine Bezeichnung in V. 10-11 und die Semantik der Rede Aarons bereits angeklungen ist. מִחוּץ לַמַּחֲנֶה kommt nur dreimal im Zusammenhang mit Aussatz vor (in Lev 13,46f.; 14,3; Num 5,2f.) wobei in allen Fällen von נֶגַע und צָרוּעַ bzw. צָרַעַת gesprochen wird. Letzteres muss also ein Zeichen für gesellschaftliche Unfähigkeit sein, denn auch den Aussatz, der innerhalb des Lagers geduldet wird, gibt es[304].

---

[304] Vgl. Lev 13,1-40. Von daher ist Fritz (vgl. Israel, 77) recht zu geben, wenn er meint, der Nachdruck der Erzählung liege auf dem siebentägigen Aufenthalt Mirjams außerhalb des Lagers. Zu überprüfen bleibt aber seine Annahme bezüglich der Interpretation und Einordnung dessen. Fritz meint, der Ausschluss sei in Lev 13f. begründet, allerdings als priesterliche Bearbeitung einer alten Tradition, die ihrerseits nicht belegt werden könne. Er meint, Num 12,14f. stehe wegen der Formulierung שבעת ימים לסגר in Lev 13f. im Zusammenhang des Ausschlusses Aussätziger (ebd., 78). Dabei übersieht er, dass der Terminus technicus für den Ausschluss in Lev 13f. הִסְגִיר, also der Hif. der Wurzel mit dem Priester als Subjekt ist (vgl. Lev 13,4.5.21.26.31.33) und die Formulierung לסגר שבעת ימים in den Texten, die סגר verwenden, nicht vorkommt. Von daher liegt die Annahme nahe, dass es sich in den von Fritz genannten Stellen um eine Art Quarantäne –

מִחוּץ לַמַּחֲנֶה kommt von Ex 33,7.8 her die besondere Qualifizierung als Ort, an dem das Zelt steht, zu. Nimmt man als Kontext nicht die priesterschriftlichen Aussatz-Vorschriften, sondern jenen Zusammenhang, der sich durch die Zeltkonzeption nahe legt, so bewegt sich Mirjam primär im Bereich der Offenbarung und nicht am Ort der Unreinen.[305] Der Begriff מִחוּץ לַמַּחֲנֶה ist von Ex 33,7-11 und Num 12 her zu beschreiben als Ort des Zeltes, der Ort temporärer göttlicher Gegenwart, wo Gott sich Mose, aber auch Mirjam und Aaron offenbart.

Auch כלם („sich schämen") ist kein Begriff, der ausschließlich in den Bereich von Unreinheit und Reinheit führt. Das von der Wurzel כלם gebildete Verb, das innerhalb des gesamten Pentateuch nur in Num 12,14 vorkommt, verweist einerseits auf Schande wegen eines verlorenen Krieges (2 Sam 10,5; 19,4), andererseits aber auch auf die Vergehen Judas im Jeremiabuch und bei Ezechiel[306]. Es wird im Zusammenhang von sozialer Ungerechtigkeit und Abfall von Gott verwendet. Weder der Wortgebrauch noch die Traditionen lassen Schlüsse auf frühe Verschriftlichung zu. Deutlich wird wiederum[307], dass Mirjam nicht einfach als unrein bezeichnet, sondern innerhalb der Gesetzmäßigkeiten sozialer und politischer Vergehen beurteilt wird.[308]

Dieses Vergehen erfährt durch die Wendung וְאָבִיהָ יָרֹק יָרַק בְּפָנֶיהָ eine Bewertung. „Ins Angesicht spucken" findet sich in der hebräischen Bibel nur noch in Dtn 25,9[309]. Einer Frau, der vom nächsten Verwandten die Leviratsehe verweigert wird, wird hier die Möglichkeit eingeräumt, dem betreffenden männlichen Verwandten ins Gesicht zu spucken[310]. Daraus lässt sich schließen, dass der/die Angespuckte Unrecht begangen, Ehre verletzt oder Respekt nicht erwiesen hat, ohne sich jedoch gesetzlich strafbar gemacht zu haben. Der Vergleich bedeutet in Num 12, dass Mirjam Unrecht begangen hat. Es gibt zwar niemanden, der ihr ins Gesicht spuckt. Der Aussatz

---

vielleicht innerhalb des Lagers – handelt, nicht aber um diese soziale Ausgrenzung, wie sie in Num 12 angesprochen ist.

305 In unseren Texten (Ex 33,7-11; Num 11,16-24; 12; Dtn 31,14f.) ist der Bereich außerhalb des Lagers einzig durch das Zelt gekennzeichnet, wobei bezeichnend ist, dass der Begriff מִחוּץ לַמַּחֲנֶה nur in Ex 33,7-11 und Num 12 vorkommt.
306 Jer 3,3; 8,12; 22,22; 31,19; Ez 16,27; 52,54. 61; 36,32; 43,10.11. Zweiback Levinson hat die darin enthaltenen Bilder mit sexueller Konnotation zu einem Anhaltspunkt dafür genommen, dass Mirjam sich ein sexuelles Vergehen aufgeladen hat (vgl. Sexegesis, 44).
307 Vgl. die semantischen Felder von מְצֹרַעַת, vor allem in Verbindung mit שְׁלִי, „wie der Tote" und möglicherweise auch von יאל Nif'al.
308 Vgl. auch die Bedeutung des „Aussatzes wie Schnee". Ähnlich hat dies auch Fritz, Israel, 78 gesehen.
309 Knobel, Buch, 61 nennt noch Jes 50,6. Das Verb ist dort aber von רקק herzuleiten (vgl. Kellermann, Diether, יָרֵק, ThWAT III (1982) 948-953, 948).
310 Die Formulierung in Num 12,14 ist auf ירק I zurückzuführen (vgl. ebd.). „Spucken" wird zumeist von רקק hergeleitet.

übernimmt aber die Funktion der Erniedrigung, die das Bespucken beinhaltet. Wenn das stimmt, hat Mirjam das Unrecht gegen Gott und nicht gegen Mose begangen, da der Aussatz von Gott kommt. Für diese Sicht spricht die Struktur des Vergleiches:

	Bild	Sache
Ursache	(14b) וְאָבִיהָ יָרֹק יָרַק בְּפָנֶיהָ	
Folge	(14c) תִּכָּלֵם שִׁבְעַת יָמִים	(14de) תִּסָּגֵר שִׁבְעַת יָמִים

Es wird deutlich, dass für die Folge in 14de keine Ursache genannt wird. Diese ist bereits bekannt als Grund für den Vergleich überhaupt. Wenn aber der Aussatz der Grund ist, dann entspricht er dem Spucken als Antwort auf unrechtmäßiges Verhalten.

Die Struktur zeigt auch, dass der Vergleichspunkt nicht im Spucken sondern im Schämen liegt. Dadurch wird auf den Änderungsprozess der Tochter angespielt, die sich für ihre Tat schämt. Somit liegt die Betonung auf der Änderung Mirjams: Wenn sie sich geschämt hat (כלם) und sieben Tage aus dem Lager ausgesperrt war, dann hat möglicherweise auch sie jene Wende vollzogen, die für Aaron bereits dargestellt wurde. Dass dies der Fall ist, wird freilich nicht erzählt.

JHWHs Antwort befindet sich endgültig auf der Ebene der sozialen Beurteilung. Die göttliche Präsenz bringt wieder, wie in V. 4-8, die Frage nach den Orten ins Spiel. Diesmal ist es die Frage nach Drinnen und Draußen, nach Zugehörigkeit zum Lager oder Ausschluss davon. Und wieder bestimmt JHWH über das weitere Geschehen. Wiederum legt er fest, wo Mirjam hingehen bzw. hingebracht werden soll und weist ihr einen sozialen Ort zu. Der Heilungsprozess entpuppt sich somit als Einweisungsprozess in das „System", in die vom Erzähler angestrebte gesellschaftliche Rangordnung. Gott allerdings stellt den „Sachverhalt" richtig: Nicht Heilung ist notwendig, sondern Einordnung an den richtigen sozialen Platz. Dies ist mit Aussperren und Wiedereinführung ins Lager und damit in die Gesellschaft und das System verknüpft.

Die Rede Gottes in V. 14 rückt die Dinge genauso ins rechte Licht wie in V. 6-8. Der Aussatz ist kein Aussatz im physischen Sinn, sondern soziales Stigma. Er ist nur wahrnehmbar aus der jeweils „richtigen" Perspektive. Damit mag auch zusammenhängen, dass Mirjams Makel nur von außen festgestellt wird, ihr eigener Blick auf ihren Körper bleibt uns verborgen.

Mit der Nennung des Lagers wird ähnlich wie beim Zelt nicht nur eine topographische Angabe gemacht. Das „Lager" bringt das Volk, das in 15b explizit genannt wird, bereits hier ins Spiel und nimmt damit die letzte Szene ein Stück vorweg.

1.5.4. Vierte Szene 15a-15c: Der gesellschaftliche Rahmen

1.5.4.1. Der Ausschluss Mirjams aus dem Lager

Die letzte Szene nennt nur mehr ein handelndes logisches Subjekt[311]. Es ist das Volk in 15b, das auf die Rehabilitierung Mirjams wartet. Das Verb in 15a ist im Passiv formuliert (Nif'al) mit Mirjam als grammatikalischem Subjekt. Das tatsächliche Subjekt der Handlung bleibt jedoch verborgen. Bereits in der Aufforderung JHWHs, Mirjam auszusperren (14de), findet sich kein Imperativ, sondern eine Form des Jussiv: „sie soll ausgesperrt werden". Es fehlt die angesprochene Person, die den Auftrag ausführen soll. Ebenso verhüllt der Infinitiv (15c) ein mögliches logisches Subjekt.

Möglicherweise soll durch die Nennung des wartenden Volkes angedeutet werden, dass das „ganze Volk" für das Aussperren und Hereinholen Mirjams verantwortlich zeichnet. Damit ist die soziale Komponente des Aussperrens und auch die umfassende gesellschaftliche Relevanz des Vorganges ausgedrückt. Das Volk bestätigt Mirjams Anfrage aus V. 1-2 als Vergehen und akzeptiert somit die Aussageabsicht des Erzählers. Gleichzeitig wird festgehalten, dass das geschilderte Ereignis für ganz Israel Bedeutung hatte und als solches im Gedächtnis bleiben soll.

Die verwendete Formulierung für das Aussperren aus dem Lager gibt einen Blickwinkel und eine Bewegung von innerhalb des Lagers nach außerhalb an[312]. Der Erzähler und mit ihm die LeserInnen blicken vom Lager aus hinaus. Sie sind im Lager und gehen nicht mit Mirjam mit. Da dieses Ein- und Ausgesperrtsein auch Thema der Erzählung ist, ist der Ort hier nicht mehr nur Rahmen, sondern selbst Objekt der Repräsentation[313]. Der Ort ist nicht mehr nur lokale Angabe, sondern Teil der Handlung selbst. Das Lager ist somit Angelpunkt des Fortgangs der Erzählung. Nicht mehr die Handlung selbst, sondern das Lager als spezifischer Ort steht im Zentrum.

„Außerhalb des Lagers" ist in Num 12 durch das Begegnungszelt bestimmt und nicht durch Unreinheit. Damit wird der Ort von der Nähe und Präsenz Gottes bestimmt und nicht nur rein dämonisch – bedrohend und fern geordneter, schützender Verhältnisse – gesehen.

Dass Aaron und Mose, die sich ja auch außerhalb des Lagers beim Zelt befinden, nicht explizit ins Lager zurückkehren, macht noch einmal deutlich,

---

311 Grammatikalische Subjekte weisen freilich alle ÄE auf, allerdings sind 15a und 15c passiv formuliert, sodass ein logisches Subjekt, wer also tatsächlich handelt, nicht sichtbar wird.
312 Diese Bewegung und die Blickrichtung werden durch die Kombination des Verbes סגר Nif'al mit der Präposition מִן in der Formulierung מִחוּץ לַמַּחֲנֶה angegeben.
313 Vgl. Bal, Narratology, 95.99.

dass das Lager hier nicht nur als Ort sondern auch als Gemeinschaft zu verstehen ist. Mose und Aaron wurden von dieser nicht ausgeschlossen.

1.5.4.2. Mirjam: Offene Fragen auch am Ende der Erzählung

Die Undeutlichkeit des Endes lässt sich mit dem Begriff der zeitlichen Ellipse einfangen, die durch die Zeitspanne der sieben Tage, während der Mirjam aus dem Lager ausgeschlossen wird, gegeben ist. Es wird nichts über den Ablauf dieser Zeit von sieben Tagen mitgeteilt, weder etwas über Mose, noch über Aaron und schon gar nicht über Mirjam. Ob sie allein war, wie sie versorgt war, ihre Gedanken und Gefühle verbirgt der Erzähler im Dunklen.

Das einzige, was an dieser Zeit wichtig zu sein scheint ist, dass das Volk auf Mirjam wartet. Dabei geht es nicht nur darum, nicht ohne Mirjam weiterzuziehen. Mirjams Aussatz und Ausgesperrtsein werde in ihrer gesellschaftlichen Dimension dargestellt: als Ausgrenzung aus der Gemeinschaft. Dabei muss es nicht diese Gemeinschaft selbst sein, die Mirjam aussperrt, denn das Subjekt des Aussperrens bleibt unbenannt. Der Erzähler stellt die göttliche Autorität, die in 14de den Auftrag dazu gibt, in den Hintergrund. Von den menschlichen Charakteren selbst scheint niemand hinter dem Ausschluss zu stehen.

Der Erzähler verleiht wenig Einblicke in Mirjams Inneres, ihre Gefühle. Aber sofern es überhaupt möglich ist, HeldInnen in der Bibel zu bestimmen[314], kann in Mirjams Fall zweifellos von einer Heldin im narratologischen Sinn – nicht aber als „tapfere Einzelkämpferin allein gegen alle" – gesprochen werden[315]: Zwar bleibt ihr Innenleben unsichtbar, aber sie kommt nicht nur häufig und in wichtigen Szenen des Textes vor, sondern durchgehend. Sie kann allein auftreten, allerdings nicht allein handeln (10b.15a.c) und hat die Rolle der „Demaskiererin"[316], auch wenn sie dafür zurecht gewiesen wird. Sie hat zu allen anderen Charakteren – Mose, Aaron und Gott – eine Beziehung. Zu Mose und Gott allein durch Kommunikation (1a.2a.6a) und zu Aaron einerseits durch ihr gemeinsames Interesse und Auftreten und andererseits durch Aarons Einsatz für ihre Heilung.

---

314 Zur Beschreibung biblischer Charaktere vgl. Berlin, Poetics, 34.
315 Insofern wir über das Innenleben biblischer Personen recht wenig erfahren, kann unsere Bestimmung einer Heldin oder eines Heldes immer nur relativ sein zu den anderen Charakteren einer Erzählung und eine Tendenz, eine Gewichtung durch den Erzähler angeben.
316 Vgl. Bal, Narratology, 92.

1.5.5. Die Strategien des Erzählers, die Erinnerung an Mirjams und Aarons Interesse zu verhindern

Der Erzähler verwendet Mittel, um Mirjam zu diffamieren, um sie ungesehen zu machen und ihr Anliegen in Vergessenheit geraten zu lassen. Zunächst geht es dabei nicht um die Diffamierung einer Person, sondern eines Anliegens, das diese vertritt und wofür sie innerhalb der Erzählung steht. Dass es sich dabei um eine Frau handelt, fällt vor allem vor dem Hintergrund auf, dass Aaron, der Mann, als Handlungsparadigma erscheint, während die Frau diejenige ist, die ausgesondert wird. Der weiblichen Figur wird auf der Ebene der Erzählung die negative, gefährliche, abzulehnende Position zugeschrieben. Damit wird nicht nur der Widerstand gespalten, es wird auch nicht die Möglichkeit ergriffen, eine Frau als Vorbild oder positive Identifikationsfigur für die LeserInnen bzw. für Israel darzustellen. Für das Anliegen oder die politische Option, die hinter Mirjams Anspruch steht, heißt das auch, dass es durch die Verhinderung der positiven LeserInnenidentifikation leichter in Vergessenheit gerät.

Die Widerstände oder Widermächte, die Mirjam (und Aaron) im Weg stehen, sind auf unterschiedlichen Ebenen festmachbar.

1.5.5.1. Ebene des Plots: Passivmachen Mirjams und Verschleierung ihres Anspruches

Auf der Ebene der erzählten Handlung wird durch das Auftreten JHWHs als initiatives Subjekt, das die Handlung übernimmt (2d.4ac.5), ein Passivmachen Mirjams in Gang gebracht[317]. Mirjam ist ab 2d nicht mehr initiatives Subjekt, sie führt nur mehr JHWHs Befehl aus (5c). Am Ende der Erzählung ist nur mehr in passiven oder infiniten Verben von ihr die Rede. Es fehlen jegliche Hinweise auf Bezugspersonen, die an ihr handeln, wodurch der Kontext des Charakters, seine GegnerInnen und HelferInnen unsichtbar gemacht werden. Eine Ausnahme stellen Aaron, Mose und Gott dar. Sie alle repräsentieren Parteien der Handlung, die zum Raster der Erzählung und zum Handlungsablauf gehören. Sie geben deshalb keine Informationen, die nicht bereits durch die Geschichte selbst erzählt würden.

Dass in der letzten Szene das Volk genannt wird, macht Mirjams Bedeutung für das Volk zwar ganz offensichtlich und unbestreitbar, allerdings bleibt im Dunkeln, worin diese Bedeutung bestehen könnte.

Auch dass nicht mehr sie, sondern Aaron an erster Stelle genannt wird, deutet auf einen Prozess hin, in dem ihr immer mehr von ihrer Handlungsfähigkeit genommen wird. Ihr Verhältnis zu Aaron ist zwar von seiner

---

[317] Die Passivierung Mirjams hat auch Wacker, Mut, 50 gesehen.

Solidarität in V. 11f. geprägt, aber die Parteiung der beiden wird zersplittert. Abgesehen davon, dass die Aufsplitterung des Widerstandes ein geeignetes Mittel ist, ihn zu brechen, wird Mirjam zusätzlich insofern Macht und Handlungsfähigkeit genommen, als nur mehr Aaron initiatives Subjekt ist und Mirjam nur mehr Objekt des Blickes (V. 10f.), Objekt der Rede (V. 12-14) und (logisches) Objekt der Handlungen (15ac).

Ab der zweiten Szene ist Mirjam die Möglichkeit des Sprechens genommen. Aaron dagegen behält diese und kann durch seine Sprechhandlung in V. 12f. auch weitere auslösen.

דִּבֶּר בְּ kommt in 1a.2bc.6e.8a.8e vor und steht für das Sprechen über Mose aber auch für Offenbarung. Die Vieldeutigkeit des Begriffes sollte nicht minimiert werden: In 2bc ist unklar, ob es heißen soll, Gott spricht *zu* Mirjam und Aaron oder *durch* sie (zum Volk). 6d und 8a legen die erste Bedeutung für 2bc nahe, aber mit Sicherheit ist dies nicht zu entscheiden. Somit wird deutlich, dass die Frage, zu wem Gott spricht, nicht zu trennen ist von der Frage, *durch* wen er spricht, wer also autoritativ das Wort Gottes im Volk „vertritt" und vielleicht auch, welche Autorität Mirjams und Aarons Rede über Mose selbst beanspruchen darf.

Zugleich setzt der Erzähler viel daran, Mirjams Anspruch zu verschleiern: Ihre Sprechrichtung ist weder in 1a noch in 2a klar. Sie hat nie direkte AdressatInnen, wodurch ihr gesellschaftlicher Kontext im Dunkeln bleibt. Inhaltlich bleibt der Anspruch unklar, weil die fragliche Identität der kuschitischen Frau für Verwirrung sorgt und ihre Rede in 2bc auch nicht eindeutig zu verstehen ist.

1.5.5.2. Ebene der Perspektiven

Der Erzähler spricht an ganz bestimmten Punkten direkt zu seinem Publikum (1c.3ab.10bc), um seine Sichtweise bzw. sein Urteil über Mose (1c.3ab) und Mirjam (10bc) kundzutun und die LeserInnen damit direkt zu beeinflussen. An diesen Punkten lässt sich das Perspektivenspiel des Textes und die LeserInnenlenkung besonders deutlich machen.

Die Macht der Erzählautoritäten

Mirjams Anspruch steht deswegen in Frage, weil er durch den Erzähler keine Bestätigung erfährt. Was innerhalb einer direkten Rede in 2bc erzählt wird, stellt die Perspektive der SprecherInnen, also der Charaktere dar. Diese Sicht ist nicht unbedingt gleichzusetzen mit der des Erzählers, der in V. 1 und V. 3 ansonsten sehr präsent ist. V. 2bc ist als subjektive Wahrnehmung einzelner Charaktere und damit als singuläre Teilperspektive dargestellt. Um dies den LeserInnen deutlich zu machen, tritt der Erzähler im Anschluss an

Mirjams Sprechhandlung aus der Handlung heraus (V. 3). Mirjam ist, wie bereits deutlich wurde, von da an auch nicht mehr Subjekt initiativer Handlungen.

Der Erzähler wendet sich ein weiteres Mal direkt an die LeserInnen und zwar dann, wenn er die Frage nach der Perspektivierung des Aussatzes aufwirft.

Aussatz als Perspektivierung

Auch das Perspektivenspiel in der dritten Szene nimmt Mirjam die Eigenmächtigkeit. Sie ist Objekt des urteilenden Blickes anderer. Nicht ihr Anliegen, sondern die sozialen Folgen ihres Handelns stehen im Zentrum. Dabei werden diese Folgen bei genauem Hinsehen relativiert, da sie nur aus zwei (Teil)Perspektiven wahrgenommen werden. Eine dieser Perspektiven ist die Aarons. Die zweite repräsentiert sich im Text als *die* Perspektive und nicht als eine mögliche. Es ist die des Erzählers. Erst wenn man die Interessen hinter dieser Erzählerstimme sucht, wird deutlich, dass auch diese *nur eine* Sichtweise des Aussatzes darstellt, da mindestens die Sichtweise Mirjams, die des Volkes und die der kuschitischen Frau fehlen.

Der Aussatz wird ab der Gottesrede in V. 14 seiner bedrohenden Dimension als Krankheit beraubt und als gesellschaftliches Phänomen behandelt. Während Aaron und Mose noch angstvoll die Begriffe „Tod" (12a) und „heilen" (13b) verwenden, wird von einer tatsächlichen Genesung oder einer chronischen Erkrankung nichts mehr verlautet[318]. Auch im weiteren Verlauf der Narration wird deutlich, dass es nicht um Krankheit geht, nicht um Tod oder Leben, sondern um die Frage nach Standpunkten und Sichtweisen, gesellschaftlichen Sonderstellungen und Randphänomenen, die sich um die Frage nach gesellschaftlicher und religiöser Autorität bündeln. Dabei werden zwei Ebenen eingeführt. Eine ist die auf der Ebene der Narration erzählte unterschiedliche Betrachtung, Herleitung und Beurteilung der Autorität des Mose. Die andere ist die Ebene des Erzählers. Er zeigt seine Perspektive der repräsentierten Kräfte der Erzählung im Plot des zweiten Teiles der Erzählung und im Charakter Aarons. Damit leitet er die LeserInnen an, die Narration zu beurteilen und den Standpunkt des Erzählers einzunehmen.

Diese „Konsequenzen" des Handelns Mirjams und Aarons sind aber nicht auf der *Ebene des Plots* als „logische" und einsichtige Folgen zu verstehen,

---

318 Auch an der Beurteilung des Aussatzes wird deutlich, dass Mose keine andere oder weitreichendere Perspektive hat als Aaron. Wir sehen bestätigt, dass Moses Sonderstellung nur direkt vom Erzähler selbst oder innerhalb der göttlichen Rede konstatiert wird. Das wirkt insofern unglaubwürdig, als sich diese Sonderstellung auf der Handlungsebene kaum zeigt (nur darin, dass er nicht die Offenbarung empfängt, die Mirjam und Aaron erhalten) und damit nicht zum erzählten Ablauf der Geschehnisse gehört.

sondern auf der *Ebene auktorialer Äußerungen* als Hinweis des Erzählers an seine LeserInnen. Damit will der Erzähler seinem Publikum zeigen, wie Mirjam und das Anliegen, das sie repräsentiert, zu betrachten sind. Gleichzeitig verhindert er durch seine direkten Äußerungen eine Sympathie oder Identifikation mit Mirjam und dem Anliegen, das sie repräsentiert. Als Fokussierungsobjekt bestimmt nicht mehr Mirjam die Blickrichtung, sondern Aaron. Da aber Aarons Blickwinkel in V. 11f. mit dem des Erzählers identisch wird, gibt der Erzähler dem Lesepublikum keine Möglichkeit einer anderen Sichtweise als seiner eigenen.

1.5.5.3. Ebene des Raumes: Kein Ort ist nicht nirgends

Das von JHWH angeleitete „Spiel der Orte" lässt Mirjam ebenfalls ohnmächtig werden: Zunächst ist ihr Handeln scheinbar ortlos, allerdings ruft JHWH sie in den Bereich seiner Macht und in die Sphäre seiner intensivsten Präsenz. Göttliche Gegenwart hat hier keinen befreienden sondern einen strengen, ordnenden, urteilenden Aspekt, dessen befreiende Komponente nicht wahrnehmbar ist. Von diesem Ort aus verurteilt JHWH sie zur sozialen Isolation. JHWH ist es, der durch die Nennung des Lagers in der Formulierung „außerhalb des Lagers" die gesellschaftliche Tragweite des Geschehenen deutlich macht. JHWH diktiert die Bewegung des Geschehens (Befehl in 4b und rufen 5c), Mirjam wählt nicht selbst, wohin sie geht. Die genannten Orte sind auch nicht neutral. Das Zelt ist Ort Gottes oder der Begegnung mit ihm. Es ist vor allem der Ort, an dem Moses gesellschaftliche Macht verkündet und legitimiert wird. Als Ort des Volkes repräsentiert das Lager zudem die Gesellschaft.

1.5.5.4. Ebene der Parteiungen: Strukturelle Oppositionen

Der Wechsel der Oppositionen zwischen den Charakteren macht weitere Strategien des Erzählers deutlich. Oppositionen ergeben sich aus den Konstellationen, wer Subjekt der Handlung, wer EmpfängerIn ist und wen das Interesse des Subjekts trifft[319]:

---

319 Vgl. Bal, Narratology, 25-27.

Num 12: Gott hat nicht nur zu Mose gesprochen

ÄE	Subjekt	EmpfängerIn
1a-c	Mirjam und Aaron	Mose und kuschitische Frau
2ab	Mirjam und Aaron	??
2d	JHWH	Mirjam und Aaron
4a-c	JHWH	Mose, Aaron und Mirjam
5a-9a	JHWH	Aaron und Mirjam
10c-12c	Aaron	Mirjam
13a-c	Mose	JHWH
14a-e	JHWH	Mirjam
15a	?	Mirjam
15b	Volk	Mirjam
15c	?	Mirjam

Auffällig ist, dass die anfängliche Opposition zwischen Mirjam und Aaron auf der einen und Mose (und der kuschitischen Frau?) auf der anderen Seite ab 2d nicht mehr aufgegriffen wird. Die Auflösung dieser Parteiung lässt sich an den Oppositionen unter den HandlungsträgerInnen ablesen. Während die Subjekte und Objekte in V. 1-2b als Oppositionen stabil bleiben, wird mit dem Eingreifen JHWHs eine neue Konstellation komponiert: JHWH auf der einen und Mirjam, Aaron und Mose in unterschiedlicher Gewichtung auf der anderen Seite. In 2d ist noch nicht deutlich, ob JHWH gegen oder für Mirjam und Aaron Position beziehen wird, da dort noch keine inhaltliche Opposition zwischen diesen Parteien besteht. Diese Opposition wird erst in V. 4-8 ganz deutlich, wenn der Erzähler JHWHs Stimme für seine Meinung beansprucht.

Ein weiterer starker Bruch in der Achse der Oppositionen unter den HandlunsgträgerInnen ist die Wende Aarons. Sie wird im untersten Block der Tabelle sichtbar (ab 10c). Aaron und Mirjam sind jetzt nicht mehr gemeinsam auf einer Seite. Mirjam bleibt auf der Seite des Objektes bis zum Schluss der Narration. Auch wenn die Subjekte des Handelns gegenüber Mirjam anonym werden, bleibt das Objekt Mirjam. Damit wird auch auf dieser Ebene der Prozess Mirjams vom Subjekt ihrer eigenen Handlungen zum Objekt fremder, anonymer Handlungen deutlich.

1.5.5.5. Semantische Oppositionen

Betrachten wir, was die Akteure jeweils sind und was nicht, und was der Erzähler davon sichtbar werden lässt[320], so ergibt sich folgendes Bild:

In der ersten Szene steht neben der Unklarheit, zu wem Mirjam und Aaron sprechen (1a.2a), das Geheimnis des eigentlichen Vorwurfs, das in der vertuschten Identität der „kuschitischen" Frau, in der Frage nach dem Verständnis von דִּבֶּר בְּ in V. 2 und der Zusammengehörigkeit der Vorwürfe von V. 1 und V. 2 besteht. Die erste Szene, die Mirjams und Aarons Anliegen fokussiert, ist damit unklar und lückenhaft.

Die zweite Szene dagegen, die Gottes Fokussierung zeigt, ist deutlich und genau ausformuliert. Allerdings zeigt sich innerhalb der Rede Gottes wiederum ein Verschleierungsversuch der gesellschaftlichen Position Mirjams und Aarons. Die Worte, mit denen Mirjam und Aaron in V. 6 geantwortet wird und die möglicherweise eine gesellschaftliche oder theologische Einordnung ihres Anliegens zuließen, sind nicht eindeutig. Erst jene Begriffe, mit denen Moses Verhältnis zu JHWH beschrieben wird, sind eindeutig.

In der dritten Szene wird der/die LeserIn in ein Perspektivenspiel hineingezogen. Zweimal erklingt der Aufruf, auf Mirjam zu blicken: zuerst mit den Augen des Erzählers und dann mit Aarons Augen. Dabei wird auch deutlich, dass Aaron bereits den Blick des Erzählers übernommen hat. Man kann sagen, die LeserInnen dürfen sich mit dem Blick Aarons in der richtigen Betrachtungsweise üben. Der Blickwinkel ist somit auch ein Mittel zur Überredung und Überzeugung.

Unklarheit auf struktureller Ebene besteht in der letzten Szene. Die Leerstelle des tatsächlich handelnden Subjektes lässt offen, wer Mirjams Ausschluss vollzog und wer sie wieder herein holte. Der Erzähler verliert auch kein Wort darüber, welche Position Mirjam weiterhin einnimmt, nachdem sie wieder in das Lager aufgenommen wird. Es bleibt offen, ob sie Aarons Weg ging oder einen eigenen. Offensichtlich hat der Erzähler kein Interesse am „Schicksal" des Charakters Mirjams. Sein Interesse besteht darin, seinem Publikum zu zeigen, wie es sich Mirjam und ihrem Anspruch gegenüber zu verhalten hat. Dieses Verhalten hat er in der Rolle Aarons gezeigt. Einen anderen Weg gibt es für den Erzähler in der Frage der Autorität Moses nicht.

---

320 Vgl. Bal, ebd., 35.

1.6. Literarkritik

1.6.1. Die Abgrenzung von Num 12,1-15

Die Namensätiologie für Kibrot-Taawa in Num 11,34 schließt die Mannageschichte und die Erzählung von der Geistbegabung der Ältesten in Num 11,4-34 ab. Die Wanderungsnotiz in 11,35 verbindet die Geschichte 11,10-34 mit 12,1-15[321]. Die Angabe in 12,16, die sich auf den Weitermarsch bezieht, könnte direkt an 11,35 anschließen und bedarf 12,1-15 nicht[322]. 12,1 nennt neue HandlungsträgerInnen und mit ihnen ein Problem, das in Kapitel 11 (vordergründig) noch nicht bestanden hat und auch in Kapitel 13 nicht fortgesetzt wird. Die in 12,1 beginnende Erzählung wird in V. 2-15 einer Lösung zugeführt. Weitere Anzeichen für einen Neueinsatz wie Orts- oder Zeitangaben gibt es in 12,1 keine.

Die Erzählung findet in 12,15 ihren Abschluss[323]. Die Iterationsmerkmale מֵחֲצֵרוֹת und בְּמִדְבַּר פָּארָן in V. 16 beschreiben deutlich einen neuen Schauplatz des Geschehens. מֵחֲצֵרוֹת stellt die Einleitung zur Wanderungsnotiz und damit auch die formale Anzeige für den nicht mehr direkt zur Erzählung gehörenden V. 16 dar. Gleichzeitig bettet מֵחֲצֵרוֹת die Erzählung in das Ganze des Marsches ein. Die weitere Wanderung und das Geschick des ganzen Volkes werden in den Blick genommen, während die Geschichte Mirjams beendet ist. Keine/r der in V. 1-15 genannten AktantInnen (außer הָעָם aus V. 15) wird genannt oder wieder aufgenommen.

---

321 Michaelis, Johann David, *Deutsche Uebersetzung des Alten Testaments, mit Anleitungen für Ungelehrte. Des vierten Theils erste Hälfte, welcher das vierte Buch Mose enthält*, Göttingen: Vandenhoekische Handlung ²1787, 38 rechnet 11,35 deshalb zur Erzählung von Num 12,1-15 hinzu. Die Einheitsübersetzung folgt dieser Variante immer noch.
322 Vgl. auch Noth, Numeri, 86.
323 Knobel hat V. 16 als „jehovistische Beigabe" bezeichnet (vgl. Buch, 61.47), Greßmann, Mose, 264 Anm. 1 weist V. 16 dem „Sagensammler" zu. Lohfink, Norbert, Die Priesterschrift und die Geschichte, in: Zimmerli, Walter (Hg.), *Congress Volume Göttingen 1977*, VTS 29, Leiden: Brill 1978, 189-25, 198 (= SBAB 4, 222), Anm. 29 ordnet den Vers P^g zu. Mit Van Seters, Life, 236 ist darauf hinzuweisen, dass nach dem priesterschriftlichen Itinerar Israel bereits in der Wüste Paran, nördlich von Hazerot, weilt (Num 10,12). V. 16 einer Bearbeitungsschicht zuzuschreiben, die für V. 1-15 nicht verantwortlich ist, scheint naheliegend.

1.6.2. Die Frage nach der literarischen Einheitlichkeit von Num 12,1-15

Schon eine oberflächliche Lektüre von Num 12,1-15 besticht eher durch die Spannungen und Fragen, die der Text aufwirft, als durch seine Stringenz in der Handlung. Bereits nach V. 2 fragt man sich, wie er wohl zu V. 1 gehören mag. Auch die Tatsache, dass nur Mirjam und nicht auch Aaron bestraft wird, ließ viele ExegetInnen an der Einheit des Textes zweifeln[324]. Zur Entstehung von Num 12,1-15 gibt es fast ebenso viele Thesen wie Möglichkeiten überhaupt. Das geht so weit, dass Martin Noth die Literarkritik damit entschuldigt hat, dass jede Quellenscheidung an Num 12 scheitern muss[325].

Im folgenden sollen die einzelnen Verse, an denen man Spuren seiner Entstehung und redaktionellen Bearbeitung vermutet (hat), aufgezeigt und die Probleme und literarkritischen Argumentationen besprochen werden.

1.6.2.1. Die Inkompatibilität von Verb und Subjekt in 1a

Das Verb in 3. Pers. fem. Sg. וַתְּדַבֵּר kann rein sprachlich gesehen nur eine Frau oder ein Mädchen zum Subjekt haben. Die Tatsache, dass hier auch Aaron als Subjekt genannt wird, bedarf einer Erklärung. Meist wird וְאַהֲרֹן unter Berufung auf die grammatische Konstruktion und die alleinige Bestrafung Mirjams in V. 9 als Zusatz gewertet[326]. An diese Lösung schließt sich meist auch die Begründung für die alleinige Bestrafung Mirjams an: In einer alten Form der uns vorliegenden Geschichte habe sich nur Mirjam gegen Mose gewandt, und deshalb musste auch nur sie bestraft werden. Hier bleibt allerdings zu fragen, wie die Redaktoren, die in V. 1 Aaron eingefügt haben sollten, mit der Inkonsequenz in V. 9 umgegangen sind[327]. Coats, der die literarische Aufspaltung der Erzählung genau daran aufhängt, ob Mirjam allein oder Mirjam und Aaron Subjekte sind, stellt sich dieser Frage nicht[328].

Es haben schon mehrere Forschungen darauf hingewiesen, dass eine solche grammatikalisch unlogische Formulierung in der hebräischen Bibel

---

324 An der Bearbeitung von Seebass zeigt sich am deutlichsten, dass das anfangs gesehene Problem (vgl. Numeri, 60f.), obwohl es zum Ausgang der Literarkritik wurde, literargeschichtlich nicht gelöst werden kann (vgl. ebd., 74).
325 Vgl. Noth, Numeri, 83 und ebenso im Anschluss daran Blum, Studien, 84.
326 Vgl. Baentsch, Numeri, 511; Coats, Rebellion, 261; Fritz, Israel, 18; de Vaux, Nombres, 159; Scharbert, Numeri, 52; Blum erwägt dies ebenso (vgl. Studien, 84); Burns, Lord, 68; Seebass, Numeri, 61; Schmidt, L., Mose, 268f. Gray hingegen zeigt beide Möglichkeiten, also mit Singularsubjekt und Pluralsubjekt, auf (vgl. Numbers, 120).
327 Vgl. auch Van Seters, Life, 234f., der meint, wegen der großen Spannung zwischen V. 1 und V. 9 könnten sie in einer älteren Textschicht nicht hintereinander gestanden haben.
328 Vgl. Rebellion, 261-263.

nicht singulär ist[329]: In Ex 15,1 stimmen Mose und die IsraelitInnen ein Lied an. In Ri 5,1 singen Debora und die IsraelitInnen ein Lied. Est 9,29.32 erzählt vom Dekret, das Ester und Mordechai verfassen. Alle drei Belege nennen zu einem Verb im Singular mehrere Subjekte. Die Texte werden zumeist so gedeutet, dass die Initiative von dem Subjekt ausgeht, das zuerst genannt wird und auf das auch das Verb abgestimmt ist. Diese Vermutung greift jedoch zu kurz, da sie nur einen Satz oder eine Perikope ins Auge fasst und den größeren Kontext außer acht lässt. Das zuerst genannte Subjekt vor einem Verb im Singular deutet nicht auf die Initiative, sondern auf die *Bedeutung* der Person innerhalb des Kontextes hin. Mirjam gilt dann als für die Erzählung wesentliche Aktantin.

Auffällig ist jedoch, dass in Est 9,32 nur mehr Ester für das Schreiben von 9,29 verantwortlich ist, so wie in Num 12,10 nur Mirjam bestraft wird. Möglicherweise deutet die primäre Stellung im Text auch die primäre Verantwortung für die Handlung an. Die narrative Analyse hat bereits deutlich gemacht, dass es für die LeserInnenidentifikation notwendig ist, einen Charakter der einzugliedernden Widerstandspartei als positive Identifikationsfigur zu bewahren. Von da her muss וְאַהֲרֹן nicht zwingend ein Zusatz sein.

1.6.2.2. 1c als Glosse

Davies greift die alte These auf, 1c sei ein redundanter Einschub[330]. Diese Redundanz kann nur damit erklärt werden, dass Moses Ehe mit einer kuschitischen Frau zur Zeit des angenommenen Redaktors erklärungs- bzw. bestätigungsbedürftig war[331]. Der Sichtweise, 1c als störende Wiederholung zu betrachten, ist die Möglichkeit des Erzählers entgegenzuhalten, aus der erzählten Handlung herauszutreten, um das Erzählte noch einmal zu erklären und zu versichern. Eine derartige Technik ist als explikative „Substitution auf Metaebene" zu verstehen[332] und aus poetologischer[333] und rhetorischer[334] Sicht

---

329 Vgl. Gray, Numbers, 120f.; Milgrom, Numbers, 93; Seebass, Numeri, 58. Nach GK §146*fgh* ist es durchaus üblich, dass ein Prädikat im Singular vor einem Subjekt im Plural stehen kann (Beispiele ebd.).
330 Vgl. Numbers, 118 und Baentsch, Numeri, 512; Rudolph, Elohist ,72; Noth, Numeri, 84; Fritz, Israel, 76; Valentin, Aaron, 314. Greßmann, Mose, 264 Anm. 1 rechnet 1c zur dritten Schicht des Textes, einer zweiten E-Redaktion.
331 Eine Bestätigung könnte z.B. in einer mischehenkritischen Zeit, wie sie unter Esra bekannt ist, notwendig gewesen sein.
332 Vgl. Gülich/Raible, Überlegungen, 88f.
333 Vgl. Berlin, Poetics, 58.
334 Ein Ziel des Proömiums ist es, die ZuhörerInnen für sich zu gewinnen (vgl. Kennedy, New Testament, 23). Innerhalb einer Erzählung ist der Einsatz auktorialer Äußerungen in der Einleitung und damit eine starke Präsenz des Erzählers sehr wirksam.

innerhalb einer Einleitung durchaus üblich und angebracht. Diese in der Einleitung notwendige Hereinnahme der Aufmerksamkeit der LeserInnen erlaubt es nicht mehr, 1c als Zusatz zu betrachten.

1.6.2.3. Unterschiedliche Kritik an Mose in V. 1 und V. 2

Die These der literarischen Uneinheitlichkeit von Num 12,1-15 wird in erster Linie daran aufgehängt, dass Mose in V.1.2 zwei verschiedene Vorwürfe gemacht würden[335]. In V. 1 – so die These[336] – bringen Mirjam und Aaron wegen der Heirat mit einer kuschitischen Frau Kritik an ihm an[337]. In V. 2 dagegen stellen diese beiden[338] Moses alleinigen Offenbarungsempfang als besonderes Vorrecht in Frage[339]. An einer Trennung dieser beiden Vorwürfe sind allerdings Zweifel geboten, da es Hinweise auf ihre Zusammengehörigkeit gibt: Zunächst ist die zweimal verwendete Formulierung דִּבֶּר בְּ (1a.2a) zu nennen[340], außerdem ein Verständnis von עַל־אֹדוֹת (1a) als Hinweis auf eine folgende Explikation[341]. V. 2 wird dann als nähere Beschrei-

---

335 Arbeiten, die sich die Frage nach der historischen Entstehung des Textes nicht stellen, neigen dazu, diese Zweigleisigkeit unerklärt stehen zu lassen und nur *einen* Vorwurf zu sehen. Vgl. Seebass, Horst, Num. xi, xii und die Hypothese des Jahwisten, *VT* 28 (1978) 214-223, 221f. (anders im Kommentar, vgl. Numeri, 61-63); Milgrom, Numbers, 94; Jobling, David, A Structural Analysis of Numbers 11-12, in: Ders., *The Sense of Biblical Narrative I. Structural Analysis in the Hebrew Bible*, JSOTS 7, Sheffield: Sheffield Academic Press 1986, 31-65, 37.41; anders zuletzt: Schmidt, L., Mose, 268f. Eine Ausnahme stellt Culley, Studies, 104 dar, der zumindest die Frage nach einer Beziehung zwischen der kuschitischen Frau und dem einzigartigen Offenbarungsempfang des Mose stellt.
336 Ganz deutlich bei Valentin, Aaron, 314: Es gehe um die „fremdstämmige Frau" und die „unumschränkte religiöse Autorität" des Mose. Die Möglichkeit, dass die beiden Themen etwas miteinander zu tun haben könnten, erwägt er zwar, weist sie aber zurück, weil es keine ausdrückliche Verbindung zwischen den beiden gäbe. Er warnt vor einer vorschnellen Harmonisierung (ebd., 315f.).
337 Zum Hintergrund dieser Kritik und der Identifikationsmöglichkeiten der Frau sowie ihrer ethnischen Zugehörigkeit vgl. Exkurs Mirjams Anliegen und ihre Identität, A) Die kuschitische Frau. Burns behandelt in ihrer Monographie zu den biblischen Mirjamtexten V. 1 unabhängig von V. 2-9, allerdings ohne literarische Begründung. Sie scheint – ohne es zu deklarieren – von der inhaltlichen Evidenz auszugehen (vgl. Lord, 61ff.).
338 Mirjam und Aaron werden zwar nicht noch einmal genannt, aber das Verb in 3.P. masc. Plural nimmt die beiden als Subjekte wieder auf.
339 Auf die nähere inhaltliche Bestimmung dieser Frage ist ebenfalls unten noch einzugehen. Zur Unterscheidung zwischen „Ursache" des Konfliktes in V. 2 und Anlass in V. 1 vgl. Schart, Mose, 229f.
340 Vgl. 1.5.1.1.
341 Vgl. 1.2.1. und 1.2.2.

bung zu V. 1 betrachtet. Damit bleibt aber die inhaltliche Spannung in der Ausgangssituation der Geschichte stehen. Sie wurde von den meisten ExegetInnen als Aufhänger für die literarische Uneinheitlichkeit von Num 12,1-15 genommen[342]. Allerdings sind nicht alle zu einer Ausdifferenzierung einzelner Schichten gelangt[343]. Spärliche Versuche, den Text als Einheit zu betrachten, gaben keine ausreichende Auskunft über die Zusammengehörigkeit von V. 1 und 2[344]. Milgrom betrachtet V. 1 aber als so etwas wie einen „Vortext"[345] und wertet ihn damit auch nicht als ganz vollwertig zur Geschichte gehörend. Für seine weitere Auslegung ist V. 1 nicht mehr relevant. Erst Fischer hat neuerdings eine Lösung für den scheinbaren Widerspruch in V. 1 und V. 2 vorgelegt. Sie geht davon aus, dass in V. 1 Moses Ehe mit Zippora angesprochen sei[346]. Die letzte Erwähnung Zipporas im Pentateuch war Ex 18,1-12. Fischer versteht שִׁלּוּחֶיהָ in Ex 18,2 als Scheidung Moses von seiner ausländischen Frau und nicht als vorübergehende Trennung[347]. Mirjam und Aaron würden dann gegen diese Scheidung auftreten. Gleichzeitig beanspruchen auch sie, mit prophetischem Wort beauftragt zu sein[348]. Fischer verankert diese Fragen sozialgeschichtlich in der persischen Zeit und versteht Moses Scheidung von Zippora als für jene „Gruppe, die gegen exogame Ehen polemisiert, als Vorbild in der Mischehenscheidung"[349]. Da diese Gruppe außerdem alleinige Autorität bezüglich der Auslegung der Tora für sich beanspruche, hängen Mischehenfrage und Prophetie als Auslegung der Tora eng zusammen:

---

342 Vgl. Baentsch, Numeri, 511; Rudolph, Elohist, 70; Gray, Numbers, 124; Noth, Numeri, 82; Ders., ÜP, 34; de Vaux, Nombres, 159; Fritz, Israel, 18; Perlitt, Mose, 593; Schmid, H. H., Jahwist, 75; Scharbert, Numeri, 52; Burns, Lord, 48.61.71; Marsh, Numbers, 200; Schmid, H. H., Jahwist, 75; Schmidt, L., Mose, 268. Anders Van Seters, der darauf hinweist, dass die Frage nach dem Zusammenhang zwischen der Ehe mit der kuschitischen Frau und dem Offenbarungsempfang nicht notwendig quellenkritisch beantwortet werden muss (vgl. Life, 235).
343 Vgl. Noth, ÜP, 140; Ders., Numeri, 82; in Anlehnung daran auch Blum, Studien, 84.
344 Vgl. Seebass, Hypothese, 221f. ohne Begründung; Milgrom, Numbers, 94; Jobling, Analysis, 37. Schart, Mose, 229f., der sich der These Wenhams (vgl. Numbers, 111), anschließt, unterscheidet zwischen Ursache (V. 2) und Anlass (V. 1) des Konflikts. In dieser Unterscheidung finden auch beide Angriffe innerhalb der Erzählung Platz, womit das literarkritische Hauptargument hinfällig ist (vgl. ebd., 230). Das stimmt so gesehen, allerdings ist noch nicht erklärt, was Mirjam (und Aaron) gegen Moses Ehe mit der kuschitischen Frau einzuwenden hätten.
345 Vgl. Milgrom, ebd., 94.
346 Vgl. Fischer, Autorität, 27f.
347 Vgl. ebd., 28.
348 Zu Fischers Verständnis von דִּבֶּר בְּ vgl. 1.2.2.
349 Fischer, Autorität, 31.

„In V2 wird die Mose-Gruppe in ihrem Alleinvertretungsanspruch in bezug auf die Prophetie befragt, der aber offensichtlich darin gründet, daß sie behauptet, sie allein würde die Tora richtig, d.h. prophetisch in der Nachfolge des Mose, auslegen."[350]

Fischer hat somit einen Grundstein für ein einheitliches Verständnis gelegt. Ihre sozialgeschichtliche Verankerung wird im Rahmen der rhetorischen Situation besprochen werden. Zum Verständnis der Einheitlichkeit sollen unten noch Argumente vom Text her hinzugefügt werden. Zunächst sollen aber noch die Argumente jener Auslegungen dargestellt werden, die V. 1 und V. 2 literarkritisch voneinander trennen.

Diejenigen Untersuchungen, die die Abfolge von V. 1 und V. 2 als „unvereinbare Spannung"[351] betrachten, hängen die literarische Aufdröselung der ganzen Erzählung daran auf. Man geht dabei davon aus, dass V. 1 den Beginn einer Geschichte darstellt, die in V. 2[352]-8 (oder 9) durch einen Einschub[353] bzw. durch eine zweite Geschichte[354] aufgestockt wurde und erst in V. 9[355] (10[356] oder 13[357]) wieder ihre Fortsetzung findet[358]. Dafür wird eine Vorüberlegung ins Spiel gebracht, die die handelnden Subjekte fokussiert: In V. 1 und V. 12-15 ist Mirjam die einzige am Widerstand beteiligte Person,

---

350 Ebd.
351 Zum Begriff vgl. Fohrer, Exegese, 53.
352 Baentsch vertrat die These, dass 2b an V. 1 anschließe, 2a allerdings zu einer Bearbeitungsschicht gehöre (Numeri, 510). Offensichtlich musste dem Ausbruch des göttlichen Zornes in V. 9, der - nach seiner Rekonstruktion - auf 2b folgt, noch ein Hören Gottes vorangehen. Baentsch gibt für seine Spaltung des V. 2 keinen Grund an, überlegt allerdings ausführlich, wann der Zorn Gottes (nicht) erfolgen kann (511.512). Dillmann hingegen zählt auch 3a zur „ersten" Geschichte. Für ihn sind nur V. 4.6-8 aus der Quelle „C" (vgl. Numeri 63f.; 616). Auch Eissfeldt, Otto, *Hexateuch-Synopse. Die Erzählung der fünf Bücher Mose und des Buches Josua mit dem Anfange des Richterbuches*, Darmstadt: WBG 1962, 164 zählt V. 3 zur selben Geschichte wie V. 1. Greßmann, Mose, 264 Anm. 1 vermutet hauptsächlich vier Schichten: J in 1ac.2b.9.10b, E1 in 1b.4, E2 in 2a.3.5-8 und V. 11-15 hält er für eine sekundäre Fassung einer alten Tradition.
353 L. Schmidt (Mose, 269) spricht von einer späteren literarischen Erweiterung einer Mirjam-Erzählung.
354 Vgl. Rudolph, Elohist, 70f.; Fritz, Israel, 18f.; Valentin, Aaron, 338-40; Scharbert, Numeri, 52; Burns, Lord, 61-63.
355 So die Thesen von Baentsch, Numeri, 511; Rudolph, Elohist, 71; Noth, Numeri, 86; Burns, Lord, 48 u.ö.; Scharbert, Numeri, 52; de Vaux, Nombres, 159; Fritz, Israel, 19; Davies, Numbers, 114. Anders Schmidt, L., Mose, 270, der noch 2b zur alten Mirjam-Geschichte rechnet und diese in V. 9* mit der Notiz über den entbrennenden Gotteszorn fortführt.
356 Vgl. Perlitt, Mose, 593.
357 Vgl. Davies, Numbers, 114.
358 Eine viel uneinheitlichere Unterteilung des Textes bietet Baentsch, Numeri, 511: Die erste Schicht umfasst die V. 1.2b.3.9*-16* und der Überarbeitung sind die V. 2a.4-8 zuzuschreiben.

Aaron aber hingegen fehlt. So ist es naheliegend, V. 9.10b-d, die alleinige Bestrafung Mirjams, ebenfalls zum Erzählstrang dieser Verse zu zählen. Aaron, so wird weiter argumentiert, werde in V. 1 hinzugefügt, was an der Verbform erkennbar sei[359]. Der Umstand, dass in V. 2 das Subjekt im Plural steht und in V. 4.5 Aaron und Mirjam der Opposition angeklagt sind, gibt Grund zur Annahme, dass V. 2.4-5 zusammengehören. Die weitere Hinzufügung der V. 3.6-8 zu diesen Versen basiert auf inhaltlichen Überlegungen und ist relativ unumstritten[360]. Es wurde bereits deutlich, dass auch bei unterschiedlichen Verbformen die Subjekte in 1a und 2a identisch sein können. Dann kann aber 1a (וַתְּדַבֵּר מִרְיָם וְאַהֲרֹן בְּמֹשֶׁה עַל־אֹדוֹת הָאִשָּׁה הַכֻּשִׁית) ebenfalls zu V. 2 gehören, und das vielverwendete Argument der unterschiedlichen Zahl der handelnden Subjekte muss als „unvereinbare Spannung" und literarkritisches Scheidungskriterium ausgeschlossen werden[361]. Das hat zur Folge, dass mit 1a eine Geschichte beginnt, die mindestens in V. 2-8 fortgesetzt wird[362].

Wie bereits deutlich wurde, besteht zwischen Moses Ehe mit der kuschitischen (midianitischen) Frau Zippora und Mirjams und Aarons Offenbarungsanspruch ein tiefer und subtiler zweifacher Zusammenhang. Der eine betrifft die Frage der Mischehen und die Toraautorität, der andere die Bedeutung Midians für die Ämterverteilung. Indem Mirjam und Aaron die Ehe Moses mit einer nichtisraelitischen Frau und die Frage nach dem Offenbarungsempfang ansprechen, verbinden sie die Mischehenfrage mit Toraautorität. Mirjam und Aaron stellen die Frage, ob nicht ihr Offenbarungsempfang genauso legitim sei, wie der des Mose (V. 2).

---

359 Vgl. Fritz, Israel, 18 mit Anm. 9.
360 Vgl. die Auflistung bei Fritz, ebd., 18.
361 Valentin, Aaron, 316 rechnet dem Argument, dass die konsequente Nennung Aarons und Mirjams im Plural in V. 4.5.6.8.11 auf zwei Erzählstränge hindeutet, große Relevanz bei. Er übersieht allerdings, dass dort, wo ein Prädikat im Singular mit einem Subjekt im Plural steht, die Erzählung konsequent mit Pluralverben fortgesetzt wird, auch wenn das Subjekt gleich bleibt. Es scheint also zu dem „Stilmittel" Singularprädikat mit Pluralverb zu gehören, dass man im Plural weitererzählt (vgl. sämtliche bei GK §146 *fgh* genannten Stellen - außer denen, bei denen das Subjekt wechselt (Gen 11,29; 3,8; 7,7; 8,18; 2 Sam 5,21; 12,2; Ri 5,1 [Reihenfolge nach GK]). Ebenso ist Valentins zweites Argument, das V. 1 und V. 2 voneinander scheiden will, nicht haltbar: Er meint, die unterschiedliche Bedeutung von בְּ דִּבֶּר in V. 1 und V. 2 „ist im Munde ein und desselben Autors so kurz hintereinander schwer vorstellbar" (ebd., 317). Dem ist zu entgegnen, dass dieser Autor vielleicht auch Gefallen findet an so einer „Spielerei", da er dasselbe in V. 6.8 noch einmal in umgekehrter Reihenfolge praktiziert. Das scheint eher noch für eine sogar gut komponierte Einheit zu sprechen (Valentin ist aufgrund seiner These gezwungen, 8b einem Kompilator zuzuschreiben, wobei seine Gründe für die kontrastierende Verwendung der Wendung unklar bleiben. Vgl. ebd., 329).
362 Inwiefern die V. 2-15 zusammengehören, wird im folgenden verhandelt.

Zum zweiten Zusammenhang ist noch einmal zu bedenken, dass „kuschitisch" als Euphemismus für „midianitisch" zu verstehen ist. Dieser wurde notwendig, als Israel wegen der Ablehnung Midians (vgl. Num 25; 31; Ri 6-8) seine midianitischen Wurzeln in Frage stellte. Diese Frage nach dem „midianitischen Erbe" in Israel ist sowohl in Ex 18 als auch in Num 10 mit *Moses Ehe* und mit der *Führung des Volkes* verbunden. Ex 18 erzählt, wie die zunächst allein durch Mose stattfindende Rechtsprechung in Israel auf den Vorschlag des midianitischen Schwiegervaters Moses auf mehrere Instanzen aufgeteilt wird, wobei Mose nur die schwierigen Fälle bleiben. Das juridische Ämtersystem geht somit nach dieser Erzählung auf Midian zurück. In Num 10,29 steht Israel wieder vor der Frage nach dem Platz verschwägerter midianitischer Elemente und nach den Kompetenzen der Führung des Volkes. Mose scheint es wichtig (10,29.31f.), diese Führungskompetenz aus Midian auf die Wanderung nach Kanaan mitzunehmen. Auf diese Frage nach dem Mitziehen des Midianiters Hobab folgt in Num 11f. die Diskussion um Moses alleinige Führung des Volkes. Sowohl Ex 18 als auch der Zusammenhang von Num 10,29-12,15 machen deutlich, dass Moses alleinige Führungsautorität, sei sie juridisch oder offenbarungsvermittelnd, durch die Hereinnahme midianitischen Erbes aufgebrochen wird. Anders formuliert könnte man sagen, wer immer dieses Leitungsmonopol in Frage stellte, konnte sich auf Israels midianitischen Ursprung berufen. Es scheint gut möglich, Num 12,1-2 in diesem Sinn zu lesen. Mirjams und Aarons Reden über Mose bezieht dann die Frage nach dem Offenbarungsempfang in Num 12,2 auf die midianitischen Wurzeln israelitischer Ämterverteilung zurück. Es wird die Frage nach einer Verteilung der mosaischen Autorität gestellt, die sich aus Gottes Reden zu Mirjam, Aaron und Mose ergibt. Dass sich Mirjam und Aaron auf die midianitische Frau des Mose beziehen, ist ein deutlicher Hinweis auf Ex 18, nur geht es nicht, wie in Ex 18, um die Frage der Jurisprudenz sondern der prophetischen Legitimierung. So betrachtet besteht zwischen V. 1 und V. 2 in Num 12 eine argumentative Verbindung, die nur im Kontext bestimmter Texte sichtbar wird. Dieses eingeschränkte Textmaterial deutet auf einen sehr spezifischen AutorInnenkreis hin.

Abschließend kann festgehalten werden, dass die Erwähnung der Ehe Moses mit der Midianiterin Zippora zwei Fragen andeutet. Die eine ist die Frage nach er (midianitischen) Ämteraufteilung und die andere die der Mischehen. Die Ehe mit der midianitischen Frau spielt somit zwei Kontexte herein. Num 12 verbindet diese Themen mit der Frage nach dem prophetischen Offenbarungsempfang.

1.6.2.4. V. 3 als Unterbrechung des Erzählganges[363]

Der Nominalsatz in V. 3 und der dazugehörende nominale Relativsatz stellen einen Einschnitt dar, da der Erzähler an dieser Stelle aus der erzählten Handlung heraustritt und sich direkt an seine LeserInnenschaft wendet. Er teilt der/dem LeserIn etwas aus der Vergangenheit mit. Innerhalb der Einleitung einer Erzählung ist eine solche „metakommunikative Handlung" des Erzählers aber durchaus üblich[364]. Da V. 3 aber noch zur Einleitung der Erzählung gehört, besteht keine Notwendigkeit, ihn als nicht zum Duktus gehörig auszuscheiden. Dass, wie Perlitt meint, V. 3 weder zu V. 1 noch zu V. 2 etwas beitrage, da die Frage aus V. 2 in 4a „sofort"[365] beantwortet werde, stimmt nicht. Erstens relativiert V. 3 massiv die in V. 2 auf jeden Fall vorgetragene Infragestellung der Einzigartigkeit Moses. Zweitens ist 4a keine Antwort auf V. 2. Diese erfolgt erst in V. 6. Die „barocke Redeweise"[366], die Valentin dem Vers unterstellt, kann ich nicht finden.

V. 3 passt inhaltlich sehr gut zu V. 2, da sich darin ein erster Hinweis auf Moses Einzigartigkeit findet. Auf ihr fußt dann die Argumentation von V. 6-8. Die Frageeinleitungen in 2bc (הֲרַק אַךְ־בְּמֹשֶׁה in 2b und הֲלֹא גַם־בָּנוּ in 2c) geben expressis verbis Aussagen bezüglich der Einzigartigkeit genauso wie der Superlativ עָנָו מְאֹד und die dazugehörige „Mengenangabe" כָּל הָאָדָם in 3a. In beiden Versen werden Mose mehrere Menschen gegenüber gestellt. In V. 2 ist es das fragende Subjekt in 1. Pers. Pl., wahrscheinlich also Mirjam und Aaron, und in V. 3 die gesamte Menschheit. V. 3 schließt also direkt an V. 2 an.

Darüber hinaus wurde in der synchronen Analyse deutlich, dass V. 3 als metakommunikative Einschaltung des Erzählers der LeserInnenlenkung dient, was innerhalb des Proömiums einer Erzählung oder Rede rhetorisch üblich und funktional ist. Damit wird den LeserInnen (oder HörerInnen) die im Sinne des Erzählers richtige „Brille" aufgesetzt, mit der sie der weiteren Erzählung folgen sollen[367].

---

363 Noth, Numeri, 84f.; Perlitt, Mose, 593; Coats, Rebellion, 261 verstehen V. 3 als Unterbrechung.
364 Vgl. Berlin, Poetics, 58. Diese erzählerische und rhetorische Möglichkeit für die Gewinnung der LeserInnensympathie übersieht Seebass, wenn er einfach meint, פִּתְאֹם, („plötzlich") in V. 4 reihe sich schlecht an den „retardierenden" V. 3 (vgl. Numeri, 61).
365 Mose, 593, anders - zumindest explizit - Knobel, Buch, 58f.
366 Valentin, Aaron, 318. Auch Valentins Überlegungen, V. 3 passe nicht zu V. 6, weil einmal von „der Mann Mose" und einmal von „Knecht JHWHs" gesprochen werde (vgl. ebd., 318), gehen von einem sehr engen Sprach- und Stilverständnis aus, dem keine Begründung abzulesen ist. Ebenso sind seine akribisch herbeigeführten Argumente zur Entstehung von V. 3, da 3a und 3b syntaktisch nicht übereinstimmten, rein hypothetischer Natur (vgl. ebd., 319).
367 Vgl. 1.4.1.2 und 1.5.1.2.

1.6.2.5. 5d als Doppelung von 4bc

Das Problem einer vermeintlichen Doppelung in V. 4-5 liegt darin, dass Aaron und Mirjam sowohl in 4c als auch in 5d Subjekt des Verbes וַיֵּצְאוּ sind. Sie sollen zweimal auf Gottes Befehl (in 4b und in 5c, wo er sie zu sich ruft) aus dem Lager hinausgehen. Die Frage, ob dies als „störende Wiederholung" zu gelten und deshalb als Schnittstelle zweier Texttraditionen zu deuten oder die Hand eines Glossators zu vermuten sei, wird kontrovers beantwortet[368].

Tatsächlich geht es aber nur in 4bc darum, das Lager zu verlassen und zum Offenbarungszelt zu gehen. In 5d sollen Aaron und Mirjam aus dem Dreierkreis mit Mose nur mehr „hervortreten"[369]. Damit wird deutlich, dass sich die folgende Szenerie nur zwischen JHWH, Mirjam und Aaron abspielt. Diese Intimität wird erst in 9b-10a etwas gelöst, als die Wolke sich wieder hebt. 5d ist also nicht als Doppelung von 4bc zu verstehen, sondern als Bildung eines neuen Gefüges von AktantInnen, eine Art „Steigerung der Intimität". Sowohl die AdressatInnen der Gottesrede als auch die göttliche Gegenwart selbst werden sozusagen „enger" oder „intensiver", und es ist deutlich, dass Gottes Rede in V. 6-8 nicht nur durch ihre AdressatInnen[370], sondern auch auf der Handlungsebene als nur an Mirjam und Aaron gerichtet zu verstehen ist.

---

368 Dillman, Numeri, 65; Fritz, Israel, 18f.; Schmid, H. H., Jahwist, 75 rechnen 5a zur Bearbeitungsschicht, 5b zur ersten Geschichte. Baentsch erklärt das doppelte Hinausgehen damit, dass der Erzähler wohl vergessen habe, dass die drei schon draußen sind (Numeri, 512). Dillmann schreibt V. 4 „J" zu und V. 5 dem „Elohisten". Gray versucht das zurückzuweisen, indem er argumentiert, es sei völlig untypisch für „E", dass Gott in der Wolke warte. Eher erwarteten Menschen Gott (Ex 33,7-11; Num 11,16f.24f.). Außerdem sei V. 4 wegen der Konzeption des Zeltes außerhalb des Lagers und V. 5 wegen der Herabkunft der Wolke „E" zuzuschreiben (vgl. ebd., 124). Für einen Glossator plädiert Valentin, ebd., 323f. Andere Kommentatoren erwähnen diese Auffälligkeit gar nicht (vgl. Baentsch, Numeri, 511; Noth, Numeri, 82-84; Milgrom, Numbers, 94).
369 So auch Valentin, Aaron, 321; Seebass, Numeri, 69f.; Schmidt, L., Mose, 270.
370 Vgl. V. 7f., wo JHWH von Mose in 3. Pers. spricht.

1.6.2.6. V. 9: Göttlicher Zornesausbruch und Abgang der Wolke

Im Anschluss an die Gottesrede in V. 6-8 vermuten die meisten Forscher in V. 9 wieder einen Teil einer älteren Geschichte[371]. Während aber 9a, das Entbrennen des Zornes Gottes, von manchen Exegeten zur älteren Geschichte gerechnet wird, zählen sie 9b zur Überarbeitungsschicht[372]. Entsprechend den bisherigen Entscheidungen unter den Forschern zur Aufteilung der Verse und Versteile auf zwei – oder mehr – Redaktionsschichten, stellen sich zwei Fragen: 1. Schließt 9a an V. 8 an oder nicht? Und 2. Gehören 9a und 9b zusammen? Von den bislang vorgelegten Thesen ergeben sich für V. 9 folgende Möglichkeiten:

a) V. 9 schloss ursprünglich an 2b an, denn der Zornesausbruch wirke an der jetzigen Stelle etwas verspätet und „klappe nach"[373]. Diesem Urteil zufolge müsse das Demonstrativpronomen in 9a von בָּם auf בָּהּ umgeändert werden, da 2a zur späteren Schicht gehöre und sich das Personalpronomen auf Mirjam allein beziehen müsse[374]. Eine solche Konjektur ist aus mehreren Gründen nicht notwendig:

1. V. 2 muss nicht zerrissen werden. Baentsch bringt keine Gründe dafür vor. Er scheint das Hören Gottes in 2b entweder für die alte Erzählung als Indikation für das göttliche Auftreten zu „brauchen" oder es als nicht passend in der jüngeren Geschichte zu empfinden. 2b schließt ohne jeden Bruch an 2a an. Dass nach dem Sprechvorgang das Hören erfolgt, ist nur zu konsequent und an dieser Stelle des Textes auch notwendig, damit ein Gegenüber Mirjams und Aarons endlich auch zum Handeln kommt. Rein erzählerisch ist die Nennung JHWHs in 2b außerdem als Erklärung notwendig, warum er in V. 4f. überhaupt handeln kann.

2. Die Pluralform des Demonstrativpronomens in 9a deutet eher auf eine einheitliche Gestaltung des Textes hin. Mirjam und Aaron bilden in V. 1-9

---

[371] Vgl. Dillmann, Numeri, 65; Baentsch, Numeri, 511.513; Rudolph, Elohist, 71; Seebass, Numeri, 61. Fritz, Israel, 19 und im Anschluss daran Schmid, H. H., Jahwist, 75 rechnen 9a zur älteren Überlieferung und 9b zur Bearbeitungsschicht. - Anders Perlitt, Mose, 593 ohne Begründung und Coats, der das Demonstrativpronomen in der 3. Pers. Pl. als Hinweis auf einen Anschluss an das Pluralsubjekt in V. 2 sieht. Da er וְאַהֲרֹן in 1a als Zusatz betrachtet, steht das Subjekt in V. 1 in seiner Textrekonstruktion im Singular (vgl. Rebellion, 261).

[372] Vgl. Noth, Numeri, 83f; Fritz, Israel, 18f. und in Anlehnung daran Schmid, H. H., Jahwist, 75; Seebass, Hypothese, 221f.; Davies, Numbers, 114f.

[373] Baentsch, Numeri, 512.513, ähnlich Dillmann, Numeri, 65 und daran anschließend Valentin, Aaron, 331.

[374] Vgl. Baentsch, ebd., 511.512.513

durchgängig eine Partei, die erst durch den Aussatz eine Aufsplitterung erfährt[375].

3. Die „Verspätung" des göttlichen Zornesausbruchs wird nicht begründet[376]. Es gibt aber in den alttestamentlichen „Zornestexten" keine festgeschriebene Abfolge der Geschehnisse, sodass man sagen könnte, nach einer Zurechtweisung könne man nicht mehr zornig werden[377]. Bezüglich göttlicher Zornesausbrüche lässt sich feststellen, dass sie öfter an „unerwarteten" Stellen (vgl. Num 11,33[378]) erfolgen. In der narrativen Analyse wurde deutlich, dass V. 6-8 überhaupt erst den Grund für den Zornesbrand in 9a liefern. Die Spannung, die in V. 1-5 auf der Ebene der erzählten Handlung aufgebaut wird, erfährt in der Rede Gottes V. 6-8 keine Lösung, nur eine Bewertung. Diese ist als Grund für den Zorn Gottes notwendig. Der Zorn erfolgt auf der Handlungsebene erst dann, wenn die LeserInnen auch wissen, warum.

b) Hinter der Trennung des V. 9 von V. 8 stehen auch motivgeschichtliche Überlegungen. Sie gehen davon aus, die Formulierung וַיִּחַר אַף יְהוָה in 9a entspreche einer älteren Vorstellung göttlichen Eingreifens in die Geschichte[379] und müsse deshalb auch zu einem älteren Erzählstrang, namentlich dem „jahwistischen", der innerhalb dieser These auch vor-dtr eingeordnet wird, gehören. Argumente, die hierfür eingebracht werden können, sind spärlich[380]. So meint Seebass, die schlechte Beurteilung des

---

375 Diese Aufsplitterung ist freilich durch Aarons Solidarität in V. 11f. nicht bis zur Trennung durchgezogen. Vgl. 1.5.3.2.
376 Valentins Versuche (vgl. Aaron, 329) sind als Argumente „ad hominem" eher sekundär. Wesentlicher sind jene, die aus den biblischen Erzählungen sprechen.
377 Vgl. u.a. Gen 4,6; 18,30-32; 31,36; Num 16,15; 1 Sam 15,11; Ijob 32,2.
378 Vgl. auch Rudolph, Elohist, 69; Van Seters, Life, 230. Ein ähnliches Problem stellt sich auch in Ex 4,14, wo Gottes Zornesbrand scheinbar nicht zu seinen „versöhnlichen" Worten passe und deshalb auch literarkritische Operationen vorgenommen werden müssen. Dass auch hier mehr mit den Vorstellungen der Exegeten als mit den biblischen Texten gearbeitet wurde, konnte Schart, Aaron, 62f. zeigen.
379 Vgl. Greßmann, Mose, 271, Anm. 1; Noth, Numeri, 83; Fritz, Israel, 18f. und in Anlehnung daran Schmid, H. H., Jahwist, 75; Davies, Numbers, 124 zählt V. 9, oder zumindest 9a und 10aβ, zur J-Schicht, nennt aber keine weiteren Begründungen dafür. Seebass rechnet 9a zu einer älteren - jahwistischen – Schicht, begründet das aber nicht mit literarischen Argumenten. An seiner literarkritischen Scheidung hängt er traditionsgeschichtliche Überlegungen auf und ordnet Num 12,1aα.2.9a.10aβ-15 zu den alten Traditionen von den Konflikten um Moses Führungscharisma (Ex 15,24; 17,2-5; 32,1; Num 16,12-14, vgl. Hypothese, 222).
380 Coats, Rebellion, 263; Seebass, Hypothese, 222, Anm. 32, aber mit Verweis auf Rudolph, Elohist, 79 entziehen sich der Argumentationspflicht. Davies, Numbers, 114 weist eine Zuordnung zu „E" zurück, da die Argumente nicht überzeugend seien, bringt aber selbst keine Begründung für seine Entscheidung. Schmid, H. H., Jahwist, 75f. versucht verschiedene Begriffe aus dem Spruch in V. 6-8 einer deuteronomistischen

Volkes (hier wird offensichtlich präjudiziert, dass Mirjam für das Volk steht)[381] spreche für einen „jahwistischen" Vorstellungsbereich, ebenso der Materialismus und Neid des Volkes, dem Moses Charakterstärke (als „incorporate personality" in 11,12) entgegengestellt wird[382]. Abgesehen von der Problematik solch inhaltlicher Festlegungen eines „Jahwisten"[383], wird in Num 12 grundsätzlich nicht mit Moses Charaktereigenschaften argumentiert, sondern wiederholt mit seiner gesellschaftlichen Autorität von Gott her, die aber nicht mit seinem „persönlichen" Charakter begründet wird[384]. Zudem ist es eine unbewiesene Hypothese, dass Mirjam und Aaron für das ganze Volk sprechen oder dessen Platz einnehmen, zumal auch ihre Anfragen nicht einfach auf „Neid" und „Materialismus" zurückzuführen sind. Eine solche Deutung verstärkt ein Verständnis von Num 12 als Geschichte einzelner historischer Persönlichkeiten und deren Charaktereigenschaften, was aber zu kurz greift. Bei genauerem Hinsehen erweist sich die These, die den göttlichen Zornesbrand als ausschließlich und typisch altes Traditionsgut betrachtet, als irrig. Die Belege, an denen Gottes Zorn (אף) Subjekt von חרה ist[385], können unmöglich als typisch für einen Traditionsstrang oder eine bestimmte Zeit alttestamentlicher Schriftwerdung betrachtet werden[386]. Es gibt allerdings Häufungen im Bereich der dtn/dtr Geschichtsschreibung[387]. Von den Belegen aus dem Tetrateuch sind weder Ex 4,14; 32[388] noch Ex 22,23[389] und Num 22,22.27; 24,10[390] mit Sicherheit als Texte älterer Traditio-

---

Vorstellungswelt einzuordnen, was aber keine Schlüsse auf seine literarkritischen Entscheidungen zulässt.
381 Vgl. Seebass, Hypothese, 223.
382 Vgl. ebd., 223.
383 Vgl. dazu Schmid, H. H., Jahwist, 14f. zur Problematik einer Annahme des Jahwisten vgl. Zenger, Entstehung, 108.
384 Vgl. die Semantik der Eigenschaften und Prädikate Moses in V. 7f. Sie betonen diese Autorität und begründen sie zum Teil mit der Offenbarung im brennenden Dornbusch.
385 Ex 4,14; 22,23; 32,10.19.22; Num 11,1.10.33; 12,9; 16,5; 22,22.27; 24,10; 25,3; 32,10.13; Dtn 6,15; 7,4; 11,17; 29,26; 31,17; Jos 7,1; 23,16; Ri 2,14.20; 3,8; 6,39; 10,7; 14,19; 2 Sam 6,7; 22,8; 24,1; 2 Kön 13,3 (=2 Chr 13,10); 23,26; Ij 19,11; 42,7; Sach 10,3; Hab 3,8.
386 Vgl. auch Schart, Aaron, 113. Vgl. auch zum theologischen Verständnis des Zornes Groß, Walter, Zorn Gottes - in biblisches Theologumenon, in: Ders., *Studien zur Priesterschrift und zu alttestamentlichen Gottesbildern*, SBAB 30, Stuttgart: Verlag Katholisches Bibelwerk 1999, 199-238.
387 Ex 22,23 (vgl. Crüsemann, Tora, 132, Anm. 2); Dtn 6,15; 7,4; 11,17; 29,26; 31,17; Jos 7,1; 23,16; Ri 2,14.20; 3,8 (3,7-11 ist mit Niehr, Herbert, Das Buch der Richter, in: Zenger, E. u.a., *Einleitung in das Alte Testament*, KStTh 1,1, Stuttgart: Kohlhammer ⁴2001, 196-202, 198 als „dtr Beispielstück" zu betrachten); 6,39.
388 Vgl. Schmid, H. H., Jahwist, 42.89
389 Vgl. Crüsemann, Tora, 132.
390 Zu den Unsicherheiten in der Zuordnung speziell von Num 22,22-35 vgl. u.a. Davies, Numbers, 237-239.249f.

nen zu betrachten. Unserer Stelle am ähnlichsten konstruiert sind zweifellos Num 11,1.10.33 und 25,3. Genau wegen dieser Gemeinsamkeit des Aufbaus (Ungehorsam – Strafe – Fürbitte – Hilfe) wurde schon mehrfach für eine Zuordnung dieser Geschichten zur dtn oder dtr Bearbeitungsschicht[391], aber auch einem nachdtr datierten „J"[392] optiert. Davies' Begründung, Gott würde in den dtr Belegen des Richterbuches nicht *hören*, was geschah, sondern *sehen*[393], ist als Gegenargument unhaltbar, da die Formulierung בְּעֵינֵי יְהוָה (Ri 2,10; 3,7.12, die bei Davies genannten Stellen) weniger auf die Art und Weise der Wahrnehmung hindeutet, also nicht vom Sehen im physischen Sinn die Rede ist. Diese Wendung ist vielmehr als Wertung zu verstehen. Num 11,1.10.33; 25,3 können weder wegen des Hörens Gottes noch wegen des Ausbruchs des Zornes Gottes als altes Traditionsgut ausgewiesen werden. Die Argumentationen laufen hier jeweils zirkulär: Num 11,1 gehöre zu „J", weil 12,9 zu „J" gehört und 12,9 sei wegen des Zornes Gottes „jahwistisches Gut"[394]. An dieser Stelle bleibt vorerst festzuhalten, dass es keinen zwingenden Grund gibt, zwischen V. 8 und V. 9 einen Bruch zu vermuten. Der durchgängige Gebrauch von Wendungen, die auf dtr Sprachgebrauch verweisen, deutet vielmehr auf die Zusammengehörigkeit dieser Verse hin, die keinerlei Hypothesen bedarf.[395] Sämtliche Trennungsversuche setzen eine Unzahl an vorgefassten Meinungen bezüglich der Person des Mose, des Verhältnisses von Mirjam, Aaron und Mose und des Ereignisses eines göttlichen Zornesausbruchs voraus, die entweder gar nicht oder nur schlecht aus vielen anderen Texten zusammengesetzt werden können.

Die zweite Frage gründet auf der Überlegung, וַיֵּלֶךְ, 9b beziehe sich wieder auf das Sich-Entfernen der Wolke in 10a, das seinerseits zu 5b und damit zur späteren Bearbeitung des Textes gehöre (s. unten)[396]. Tatsächlich findet sich die Formulierung הלך mit אַף יְהוָה als Subjekt sonst nicht. Die Belege schildern zwar Folgen des Zornesausbruchs, aber sein Verschwinden scheint nicht extra erwähnt werden zu müssen. Dieses „Negativargument" reicht als Hinweis auf eine Zerstückelung des Textes nicht aus. Positive Gründe für einen Einschnitt zwischen 9a und 9b können nicht eingeholt

---

391 Vgl. de Vaux, Nombres, 151; Aurelius, Fürbitter, 142.
392 Vgl. Van Seters, Life, 235f.
393 Vgl. Numbers, 99.
394 Vgl. Davies, Numbers, 99.
395 Dieser Befund muss umgekehrt aber nicht auf eine AutorInnengruppe deuten, die notwendig innerhalb der dtr Schule oder Tradition steht.
396 Valentin hängt seine literarkritischen Überlegungen ähnlich auf, indem er behauptet, das Weggehen könne keine Konsequenz des Zornes sein (vgl. Aaron, 330), da dies sonst in der hebräischen Bibel nicht vorkäme. Rechnet man also den Zornesausbruch, der sich nur gegen Mirjam richtet, zu jener Geschichte, die in V. 1 beginnt, und das Weggehen (9b.10a) zur zweiten, in der auch vom Zelt und der Wolke die Rede ist, geht die alte „literarkritische Rechnung" wieder auf (vgl. ebd.).

Num 12: Gott hat nicht nur zu Mose gesprochen 137

werden. Darüber hinaus gibt es noch so etwas wie erzählerische Freiheit, die nicht jede Geschichte völlig gleich ablaufen lassen muss³⁹⁷. Zum anderen gibt es keinen derartig stereotypen Ablauf der „Zornesbrandgeschichten", die ein Gehen desselben, zu welchem Zeitpunkt auch immer, ausschlössen.

Für die vorliegende Untersuchung gelten für die eben gestellten Fragen fernerhin folgende Überlegungen:

9a schließt direkt an den Erzähltext von V. 5 an. Das Objekt בָּם entspricht der in V. 5 inszenierten Abgeschlossenheit der Situation. בָּם ist nur auf Mirjam und Aaron bezogen, nicht aber auf Mose, der sich in Num 12 in keiner Weise göttlichen Zorn zugezogen hat.

Außerdem, und das gilt auch für die Überlegung, ob V. 9 vielleicht V. 5 fortsetzt, wird die Ortsreferenz aus 4b.5b in 10a wiederaufgenommen, wodurch die lokal definierte Szene zu einem Abschluss gebracht wird.

Dieser Befund drängt uns dazu, V. 2-9 (mit 10a) als literarische Einheit zu betrachten.

1.6.2.7. 10a als Verbindungsstück?

10a wird von jenen Forschern, die nach 9a einen Einschnitt vermuten, als „Verbindungssatz" zwischen 9b und 10b betrachtet³⁹⁸, da er wegen der nochmaligen Erwähnung von Offenbarungszelt und Wolke an 4a und 5b anschließt. Da V. 9 aus oben dargelegten Gründen nicht von V. 2-8 zu trennen ist, drängt sich hier nicht die Notwendigkeit auf, einen Einschnitt zu suchen, der vom Text her nicht gegeben ist. In 9b.10a wird Gottes Abgang entsprechend seinem Kommen in V. 4-5 beschrieben. Die wiederholte Nennung von Offenbarungszelt und Wolke (4b.5a und 10a) bildet eine Inklusio, die die Szene zwischen Gott, Mirjam und Aaron am Offenbarungszelt rahmt. Das Ende der Szene wird durch verschiedene formale Beobachtungen in 10ab unterstützt, die die gut überlegte Komposition der Erzählung unterstreichen.

---

397 Zur motivlichen Gestaltung der „Murrtexte" vgl. Coats, Rebellion, 262ff. (zu Num 12) und Schart, Mose, 216f. Zu den „jahwistischen" Wüstenerzählungen vgl. Schmid, H. H., Jahwist, 63.65.71.76.
398 Vgl. Fritz, Israel, 18f. und in Anlehnung daran Schmid, H. H., Jahwist, 75; Davies, Numbers, 114. Baentsch, Numeri, 513 zählt 10aα zu seiner herausgearbeiteten zweiten Schicht, nach der Einleitung zu diesem Kapitel gehöre der Satz aber zur ersten Geschichte (ebd., 511). Scharbert betrachtet 10a als Verbindungsstück zwischen einer Geschichte, die die V. 2-9 umfasse und einer, die in V. 1 beginne und in 10b fortgesetzt werde (vgl. Numeri, 51f.). Die These von Coats, V. 10 schließe direkt an V. 1 an, gründet auf seiner Prämisse, dass Aaron in V. 1 eingefügt wurde: Da sich - so Coats - nur Mirjam schuldig machte, wird auch nur sie in V. 10 bestraft (vgl. Rebellion, 261).

1.6.2.8. Die Einheitlichkeit von 10b-12 und das „Interesse an Aaron"

Um V.11 aus der ursprünglichen Geschichte herauszuschneiden, hat man zwei Gründe ins Spiel gebracht: Einen ersten, der auf der Ebene des Entstehungskontextes von Num 12 angesiedelt ist und in V. 11 ein besonderes Interesse an Aaron entdeckt[399], das sich im übrigen Text (V. 1 [ohne „und Aaron"].9a.10a.13-16) nicht festmachen lässt. Ein zweiter besteht in einer inhaltlichen Überlegung und wurde neuerdings ins Spiel gebracht. In einer Bitte um Verzeihung nach der Strafe (Aussatz)[400] wird kein Sinn gesehen, und daraus folgert man das Urteil, dass V. 11 zu V. 2-8, also der späteren Geschichte, gehöre[401]. Ferner scheint Aaron in V. 11 von Mirjams Strafe mitbetroffen zu sein, da er sich selbst mit Mirjam gemeinsam eines Vergehens bezichtigt. In V. 12 dagegen tritt er eher als distanzierter Beobachter der Situation Mirjams auf, weshalb dieser Vers einer dritten, noch späteren Bearbeitung zuzuschreiben sei[402].

Zum ersten ist zu sagen, dass eine solche Logik nicht die Einheitlichkeit des Textes präjudiziert, sondern seine Bearbeitung. Sie rechnet nicht damit, dass einzelne Charaktere an unterschiedlichen Textstellen unterschiedliche Bedeutungen und Funktionen innehaben können. Dass die Partei Mirjams und Aarons aufgesprengt wird, stellt tatsächlich einen Bruch dar. Dieser ist aber nicht literarkritisch relevant, sondern im Sinn der LeserInnenlenkung zu verstehen: Insofern sich Aaron systemkonform verhält, wird an ihm deutlich, welche Praxis die AutorInnen vorschlagen. Würden beide bestraft, bliebe die Möglichkeit der positiven Identifikation für die LeserInnen offen. Außerdem ist die Formulierung שית mit חַטָּאת als direktem Objekt in Num 12,11 innerhalb der hebräischen Bibel singulär. Deshalb lässt sich schlecht festlegen, wann sie zu stehen habe. שית kommt im Zusammenhang von Sünde und Strafe nur in Ex 21,22.30; Num 12,11 und Ps 90,8 vor. In den Exodusbelegen geht es um das Auferlegen von Strafen für materiellen Schaden, der aus Fahrlässigkeit bzw. Unvorsichtigkeit entsteht, und deren Ausmaß jeweils vom Betroffenen festgelegt (שית) wird. Von da her legt sich für unseren Text nahe, dass Aaron Mose um so etwas wie „Strafverzicht" bittet, da Mose ja auch persönlich betroffen ist. Im zweiten Teil seiner Bitte allerdings wird Moses Vermögen bei weitem überschritten, weshalb er sich an Gott wenden muss.

---

399 Davon gehen de Vaux (Nombres, 159f.); Fritz, Israel, 18f. (10aα.11.12 als Sondertradition des „J") und Schmid, H. H., Jahwist, 75 (in seiner Bearbeitung fällt V. 12 aus der Einordnung heraus) aus.

400 Außerdem ist es höchst fraglich, warum Aaron sich nicht direkt an Gott wendet, sondern an Mose (vgl. Valentin, Aaron, 332). Die Antwort liegt auf der Hand: nach der vorliegenden Konstruktion der Autoritätsverteilung kommt Aaron eine solche Nähe zu Gott nicht zu (vgl. Num 11,1.3; 21,7 u.ö.).

401 Vgl. Davies, Numbers, 125.

402 Vgl. Coats, Rebellion, 262; Davies, ebd., 124f. in Anlehnung an Fritz, Israel, 77.

Mose bittet Gott nicht um Verzeihung für die Schuld der beiden, sondern ausschließlich darum, Mirjam wieder zu heilen. Man muss also die Zweigliedrigkeit der Bitte (Strafverzicht und Heilung) einerseits, aber auch das rhetorische und pragmatische Interesse der AutorInnen mit dem Text (LeserInnenlenkung auf Sympathie mit Aaron hin) anerkennen, um die Zusammengehörigkeit der Aussagen zu sehen.

Das zweite Argument, das V. 11 und V. 12 voneinander trennen will, übersieht, dass V. 12 ein Problem anspricht, das sehr wohl zum Phänomen des Aussatzes gehört: die Krankheit ist vererbbar[403]. Das unterstützt Aarons Bitte und drückt gerade nicht seine Distanz aus. Gleichzeitig wird hier auch deutlich, dass Aarons Bitte erst nach der Bestrafung sinnvoll wird, da sie auf ein Ende der Strafe abzielt.

Die These, die in V. 11 das redaktionelle Interesse sieht, Aaron zu rehabilitieren, lässt auch eine redaktionelle Einfügung Aarons in 1a zu. Dass diese Einfügung nicht zwingend ist, wurde bereits oben dargelegt. Der Passus, der Aaron ins Zentrum des Blickes stellt, beginnt nicht erst in V. 11, sondern bereits in 10c, wo er sich Mirjam zuwendet. Seine Perspektive wird in 10d eingenommen[404] und setzt sich in V. 12 fort. V. 11-12 können nur schwer voneinander getrennt werden, da sie sowohl inhaltlich als auch formal eine Einheit bilden[405].

Innerhalb der semantischen Analyse der Handlungen Aarons konnte gezeigt werden, dass sein Handeln nicht als typisch priesterliches vorgestellt wird. Da Aaron nicht in priesterlicher Funktion vor Mirjam tritt[406], lässt sich hier auch nicht das Interesse an Aaron in dieser Rolle und Funktion festmachen. Die Annahme einer priesterlichen Redaktorengruppe ist somit ebenfalls nicht wahrscheinlich. Allein die Tatsache, dass Aaron hier als allein Handelnder auftritt[407], ist nicht Grund genug für eine literarische Scheidung.

Formale Kriterien, die zu einer Trennung zwischen 10d und 11a führen könnten, sind schwer beizuziehen. V. 10 ist durch zwei ungleich gestaltete

---

403 Die meisten Erzählungen der hebräischen Bibel, die von einer Bestrafung eines Menschen durch Aussatz (מְצֹרָע) berichten, betonen auch die Vererbbarkeit auf die Nachkommenschaft (2 Sam 3,29; 2 Kön 5,27 nicht so da, wo das davidische Königshaus betrophfen ist: 2 Kön 15,5 und 2 Chr 26,20-23).
404 Zum Perspektivenwechsel durch הנה vgl. Berlin, Poetics, 62f. Schart stellt fest, dass Mirjams und Aarons Koalition zwar in V. 10 zerbricht, spricht aber nur von einer - von ihm nicht weiter erklärten - Sonderrolle Aarons (vgl. Mose, 230).
405 Vgl. Disposition und Elocutio. De Vaux scheint aus diesem Grund auch unsicher zu sein, ob es sich bei den Erwähnungen Aarons tatsächlich um Zusätze handelt. Er hält es auch für möglich, dass V. 11 zur letzten Bearbeitungsschicht gehört (vgl. Nombres, 159). Zum oben genannten Schluss kommt auch Valentin, Aaron, 331.333 (zu V. 10 vgl. auch 344).
406 Ähnlich Seebass, Numeri, 66 gegen Milgrom, Numbers, 97f.
407 Vgl. Davies, Numbers, 125.

Nominalsätze in 10b und 10d strukturiert. Dazwischen, in 10c, tritt Aaron auf. Die Renominalisierung von Mirjam und Aaron als Subjekte in 10bc könnte, ebenso wie die damit einhergehende Auflösung der bestehenden Gruppierungen, auf einen Einschnitt hindeuten: Mirjam und Aaron werden in 9a zum letzten Mal als Gruppe zusammengefasst (בָּם), danach gibt es keine Gruppen mehr, nur mehr einzeln Handelnde[408]. Dieser Befund ist auffällig. Er macht aber sichtbar, dass ab 9b nicht nur Aaron, sondern sämtliche AktantInnen allein handeln. Daran zeigt sich jedoch kein spezielles Interesse an Aaron, wie Valentin behauptet. In diesem Abschnitt geht es um die Auflösung der „alten" Gruppierungen, die die Erzählung zu Beginn vorstellte. Diese Auflösung bringt dann eine dem Interesse des Erzählers entsprechende Neuordnung mit sich. Er macht nach der „Platzanweisung" in V. 4-8 Handlungsmuster fest und demonstriert, wie sich Aaron und Mirjam Mose unterordnen sollen[409]. Gerade dies ist aber für die Aussage der Erzählung wichtig und darf nicht, nur weil es in der Konstellation der Handelnden Verschiebungen gibt, unkritisch einer anderen AutorInnenschaft zugewiesen werden. Ein Blick hinter die Kulissen des Textes zeigt, dass sich in V. 2-15 ein und dasselbe (rhetorische) Interesse durchzieht.

Abgesehen davon ist das Argument, „E" hege ein spezifisches Interesse an Aaron, weil auch die Einfügung in Ex 15,20, אֲחוֹת אַהֲרֹן von „E" stamme[410] zirkulär, solange dafür keine weiteren Begründungen vorgebracht werden, die ein Interesse des „Elohisten" an Aaron verdeutlichen. Angesicht der großen Zweifel, die der Existenz eines „Elohisten" entgegengebracht werden müssen, da es letztlich nicht möglich ist, ein literarisches Kontinuum mit den E zugesprochenen Eigenschaften abzugrenzen[411], muss der These nicht weiter nachgegangen werden. Hinzu kommt, dass andere Kommentatoren die Betonung Mirjams in Texten gerade dieser „Pentateuchquelle" hervorheben[412]. Auch wenn 10b-12 als Einheit schwer zu verstehen sind, so hängt die Beweislast doch an jenen Exegeten, die hier literarische Einschnitte festmachen wollen.

---

408 Aaron in 10c.11a, Mose in 13a, Mirjam nur mehr als grammatikalisches Subjekt der Nif'al-Verben in 15a.c.
409 Vgl. Genaueres 1.5.2.2.
410 Vgl. de Vaux, Nombres, 159f.
411 Zur Problematik vgl. den Überblick bei Zenger, Entstehung, 114.
412 So Knobel, Buch, 58; Gray, Numbers, 121 in Anlehnung an Dillmann, Numeri, 63.

1.6.2.9. Vermisste Logik in V. 13-15

Am Anfang der Frage nach der Logik in V. 13 steht die Festschreibung, dass Mose und Gott nach der Tradition von Num 12 (oder zumindest von V. 2a[b?].4-8.9.10a.11) ausschließlich *im* Zelt miteinander verkehren. So gesehen bedarf das Schreien Moses zu Gott außerhalb des Zeltes in V. 13 einer Erklärung. Legt man dem Text eine solche Hypothese zugrunde, so werden ihm Systematisierungsmuster aufgezwungen, die seine innere literarische Einheitlichkeit praktisch unmöglich machen. Die Literarkritik hat freilich auch hier die Lösung parat: V. 13 schließe nicht an V. 12, sondern an 9a an, gehöre also zum älteren Erzählstrang, der vom Zelt nichts erwähne[413]. Die These spricht von einer „Zelttradition" und einem „Zeltmotiv", dem das Schreien Moses zu Gott „fremd" sei[414], ohne weitere Textbelege dafür zu nennen oder diese Behauptung zu belegen. Eine ähnliche Konzeption des Zeltes außerhalb des Lagers, wie sie in Num 12 vorgestellt wird, findet sich noch in Ex 33,7-11; Num 11 und Dtn 31,14f.[415] Aus diesen Stellen können aber keine zwingenden Ergebnisse für die Lokalisierung der Kommunikation Moses mit Gott und von daher auch keine Argumente für die literarische Uneinheitlichkeit von Num 12 gewonnen werden. Für Moses Gespräch mit Gott in Num 11,11-23 ist nicht eindeutig zu entscheiden, ob es im Zelt stattfindet oder nicht. Der in Num 12 beschriebene Ort liegt *außerhalb des Lagers* am Zelteingang. Von einem Geschehen *im* Zelt ist in Num 12 aber nicht die Rede[416]. Das „erzähltechnische" Argument bezüglich der Kommunikation Moses mit Gott im Zelt, das V. 13 ausscheiden aus dem Textganzen will, muss als irrelevant angesehen werden.

Die Gottesrede in V. 14 beginnt mit einem Waw copulativum, was zur Annahme eines verlorenen ersten Satzteiles Anlass gab[417]. Aus der grammatikalischen Perspektive kann jedoch ein solches Waw in besonderen Fällen auch zu Satzbeginn stehen[418]. Valentin ist sich dessen zwar bewusst,

---

413 Vgl. Valentin, Aaron, 334.
414 Vgl. ebd., 335 und mit Anm. 1.
415 Vgl. Noth, Numeri, 83; de Vaux, Nombres, 159; Fritz, Israel, 19; Schmid, H. H., Jahwist, 75.
416 Es gibt zwei Belege in der hebräischen Bibel, wo Mose Subjekt von יצא ist und aus dem Zelt heraustritt (Ex 34,34; Lev 9,23), wobei nur Ex 34,34 auch ein Gespräch mit Gott erwähnt. Sämtliche weiteren Stellen, wo Mose Subjekt dieses Verbs ist (Ex 2,11.13; 4,14; 8,8.25.26; 9,33; 10,6.18; 11,8; 18,7; 12,4; 31,13) zeigen, dass יצא auch nicht Terminus technicus für Moses Heraustreten aus dem Zelt ist. Von daher lässt sich für Num 11,24 nicht einfach postulieren, dass Mose aus dem Offenbarungszelt kommt.
417 Vgl. z.B. Baentsch, Numeri, 514; Noth, Numeri, 86; Fritz, Israel, 77; Valentin, Aaron, 335.
418 GK §154b: „Bisweilen beruht die Unterdrückung des Vordersatzes auf zorniger Erregung oder auch auf einer Hast, die sich gleichsam nicht die Zeit gönnt, den Gedanken voll auszusprechen." (508). Als Belegstellen für dieses Phänomen nennt GK

postuliert aber trotzdem die Hand einer priesterlichen Redaktion, die einen ursprünglichen Schluss abgeschnitten habe um den jetzigen einzufügen, der nicht auf Heilung abziele (was der Bitte Moses entspräche), sondern auf die sieben Tage Ausschluss aus dem Lager[419]. Die Tatsache, dass Gottes Handeln nicht der Bitte des Mose entspricht, muss nicht als literarische Spannung verstanden werden, sie zeigt die Tendenz des Autors[420].

1.6.3. Zur Entstehung des Textes Num 12,1-15

1.6.3.1. Ein Text aus zwei Geschichten

Die These „von einem Text aus zwei Geschichten", geht davon aus, dass in Num 12 zwei ursprünglich voneinander unabhängige Erzählungen aus verschiedenen Pentateuchquellen ineinander verwoben und überarbeitet wurden. Bezüglich der Möglichkeit, die Geschichten in ihrem Umfang und in ihrer Überarbeitung voneinander abzugrenzen, hat sich – wie oben beschrieben – kein Konsens gebildet. Die möglichen Varianten sollen im folgenden dargestellt werden[421].

a) Eine erste Geschichte umfasse V.1.(9)[422].10b-15. Sie handle davon, dass sich nur Mirjam auflehne und deshalb auch allein bestraft werde[423]. Aaron gelte bereits als ihr Bruder, nicht aber Mose. Diese Erzählung sei „J" zuzuordnen[424]. Die zweite Geschichte handle von der Bestreitung des

---

Num 12,14; 20,3; 1 Sam 10,12; 15,14; 22,14; 28,16; 2 Sam 18,12; 24,3; 1 Kön 2,22; 2 Kön 1,10; 7,19; Jes 3,14; Sach 2,10; Ps 2,6 und Num 11,19; Ri 9,29 im Wunschsatz.

419 Vgl. Aaron, 335f. (in Anlehnung an Fritz, Israel, 77).
420 Zu Gottes Handeln als sozialer Platzanweisung vgl. 1.5.3.5.
421 Die Aussage von Van Seters (vgl. Life, 234), die einzelnen Kompositionsteile würden normalerweise von der Forschung keinen Quellen zugeschrieben werden, sondern nur in "an early tradition with later additions" (ebd.) ist eine Verkürzung der Forschungsgeschichte. Van Seters erkennt zwar an, dass häufig „J" als Bezugspunkt für die ältere Geschichte herangezogen wurde; dass dies aber tatsächlich bis auf wenige Ausnahmen meist der Fall war, scheint er zu übersehen.
422 Vgl. Valentin, Aaron, 330. Während Burns V. 9 zur ersten Geschichte zählt (Lord, 48 u.ö.), vermutet ihn Scharbert bei der zweiten (vgl. Numeri, 52); ähnlich Davies, Numbers, 114f. Baentsch spricht von einem „Familienskandal" und rechnet noch 2b und V. 16 hinzu (vgl. Numeri, 511).
423 Ohne es expressis verbis deutlich zu machen, geht Burns (Lord, 48.61.71) von einer solchen literarischen Schichtung aus.
424 Vgl. Scharbert, Numeri, 51f. Die Tradition von der Vergeschwisterung Mirjams und Aarons ist allerdings jünger als der von Scharbert angenommene „J" (Num 26,59) und sollte deshalb in Num 12 nicht hineingelesen werden. Vor allem bedeutet die Aussage, Mirjam, Mose und Aaron seien Geschwister, eine Gleichstellung der drei. Das aber würde der Aussage von Num 12,6-8 grundlegend widersprechen!

Vorrechtes Moses durch Aaron und Mirjam und sei in V. 2-9 zu finden. Sie stamme aus „E". 10a sei das Verbindungsstück der beiden, „Je" habe sie verbunden.[425]

b) Die zweite Variante, die zwei Erzählungen postuliert, rechnet in 5b und V. 12 mit einer Erweiterung. Die ältere Geschichte, die „J" zugeschrieben wird, umfasse V. 1.9a.10aβ.13-16 und die „Propheten-Rezension" V. 2-5a.6-8.9b.10aα.11[426].

c) Die erste Geschichte, die „J" zuzuschreiben sei, bestehe aus V. 1.9.10aβ. Möglicherweise habe es eine erste Hinzufügung durch „E" gegeben, die sich der Rolle Aarons annahm und auf die die Einfügung in V.11.12-15 zurückzuführen sei[427]. „E" habe an Aaron Interesse, da auch Ex 15,20, die Erwähnung, dass Mirjam Aarons Schwester ist, aus dieser Hand stamme[428].

Die zweite Geschichte umfasse V. 2-8.10a.11 und stehe wegen der Konstruktion des Zeltes außerhalb des Lagers in engem Zusammenhang mit der Bearbeitungsschicht von Kap. 11, namentlich in V. 16f.24-26[429].

d) Num 12 bestehe zwar aus zwei Geschichten, die aber literarisch nicht mehr voneinander gelöst werden können[430]. Die Zusammenstellung der beiden Geschichten sei relativ früh erfolgt. Während Noth diese Zusammenstellung als Erweiterung von „J" betrachtet[431], erweist sie Blum als vorpriesterliche Kompilation[432]. Der Vorwurf bezüglich der kuschitischen Frau sei zwar überlieferungsgeschichtlich primär, grundsätzlich aber bedeutungslos. Er stelle nur den Anknüpfungspunkt für Moses prophetische Autorität dar[433]. Was die beiden Erzählungen jedenfalls verbindet, sei die Rolle Mirjams und der Konflikt mit Mose[434]. וְאַהֲרֹן in 1a sei spätestens, als die beiden Geschichten zusammengefügt wurden, eingefügt worden, da das Verb in 2a seine Nennung voraussetze. Außerdem wäre sein Engagement in 10b-12c nicht einsichtig[435], wenn er nicht bereits involviert wäre.

---

425 Vgl. ebd., 51f. Die Abgrenzung ist hier nicht ganz leicht, weil V. 9 beiden Geschichten zugeordnet wird. Von Scharberts Argumentationslogik her ist V. 9 eher der ersten Geschichte zuzuordnen (ebd., 52).
426 Vgl. Rudolph, Elohist, 70f.; Fritz, Israel, 18f. und in der Folge auch Schmid, H. H., Jahwist, 75.
427 Vgl. de Vaux, Nombres, 159.
428 Vgl. ebd., 160.
429 Vgl. ebd., 159. Ähnlich auch Perlitt, Mose, 593; Schmid, H. H., Jahwist, 75 (Bearbeitungsschicht in Num 11,15.17.24-30) in Anlehnung an Noth, Numeri, 83 und Fritz, Israel, 19.
430 Diese These vertritt Blum, Studien, 84 in Anlehnung an Noth, Numeri, 82.
431 Vgl. Noth, ebd., 84; Blum, ebd., 84 .
432 Vgl. ebd., 85 u.ö.
433 Vgl. ebd., 83.
434 Vgl. ebd., 83.
435 Vgl. ebd., 84.

Die Theorie von den beiden ursprünglich selbstständigen Geschichten in Num 12 hat vor allem darauf aufmerksam gemacht, dass die Motive nicht bestimmten Quellen des Vierquellen-Modells zugesprochen werden können und dass man mit der Annahme dieses Modells zu keiner redaktionsgeschichtlich zufriedenstellenden Lösung kommen kann. Keiner ihrer Vertreter hat es geschafft, auch nur ansatzweise eine Erklärung für die Zusammenfügung der beiden Erzählungen zu geben oder den Text als Sinnganzes zu erfassen. Dadurch konnte auch kein Zusammenhang gesehen werden zwischen der kuschitischen Frau, der mosaischen Autorität und Mirjam, der in diesem Kräftegefüge eine kritische Rolle zugeschrieben wird.

1.6.3.2. Eine Geschichte mit Überarbeitungen

a) Ein erster Lösungsversuch dieser Variante erklärt die beiden unterschiedlichen Vorwürfe an Mose damit, dass der zweite Teil von V. 1 eine "editorial insertion"[436] sei. D.h. der Vorwurf, der sich auf die kuschitische Frau bezieht, gehöre nicht zur „Hauptgeschichte" sondern sei später hinzugefügt worden[437]. Die Heirat sei nur die Gelegenheit, nicht aber der Grund der Kritik, der im verletzten Stolz Mirjams und Aarons läge[438]. Mirjam und Aaron würden nicht Moses prophetische Stellung oder seine Führungsfunktion in Frage stellen, sondern nur seine Einzigkeit. Leider erklärt Gray nicht, welche Redaktion wann und mit welchem Interesse den Vorwurf bezüglich der „Mischehe" eingefügt habe.

Auch diese Variante zeichnet sich durch ihre Aufmerksamkeit gegenüber Spannungen im Text und vor allem auch dadurch aus, dass sie dem Text als ganzem einen Sinn abgewinnen will. Dass auch ihr Erklärungen für die redaktionelle Arbeit fehlen, liegt vor allem daran, dass das Problem des V. 1 zwar in der Mischehe gesehen wird, jedoch kein Zusammenhang zu V. 2-15 angenommen wird.

b) Neuerdings hat auch L. Schmidt eine Sicht von Num 12 vorgelegt, die mit Erweiterungen einer ursprünglichen Mirjam-Erzählung, bestehend aus V. 1 (ohne „und Aaron").2b.9*(וַיִּחַר אַף יְהוָה).10a.13-15a rechnet. Diese Grunderzählung sei „erheblich jünger als das Werk des Jahwisten"[439], da JHWH

---

436 Gray, Numbers, 122; Marsh, John, *The Book of Numbers. Exegesis*, IntB, Vol. 2, New York/Nashville 1953, 200. Gray zieht zwar in Erwägung, dass der Text aus ursprünglich getrennten Erzählungen bestehen könne, entscheidet sich aber dennoch nicht für diese Lösung (vgl. ebd., 120).
437 Vgl. ebd., 121, wobei Gray auch darauf hinweist, dass die Problematik der Mischehen erst zur Zeit Esras, nicht aber schon in der Zeit, in der die Geschichte von Num 12 entstand, virulent gewesen sei (vgl. ebd., 122).
438 Vgl. ebd., 121.
439 Schmidt, L., Mose, 271.

keinen Widerstand gegen Mose dulde und vor allem, weil eine Kritik an der Ehe Moses mit der kuschitischen Frau nur dann sinnvoll sei, wenn diese nicht eine bereits althergebrachte Tradition sei. Für ihr relativ niedriges Alter spreche außerdem die auffällige Begründung in 1b. Sie müsse also erst jüngst geschehen und deshalb konstruiert worden sein[440]. Die Not Mirjams sei ferner nicht mehr weiter nachvollziehbar, ähnlich wie in der Geschichte von Datan und Abiram in Num 16, wo für die Rebellion gegen Mose auch kein Grund genannt werde[441].

1.6.3.3. Einheitliches Textgebilde

Die Ansätze, die für einen einheitlichen Text argumentieren, beantworten die Frage nach den beiden vermeintlich unterschiedlichen Vorwürfen in V. 1 und V. 2 damit, dass der erste eine Art „Vortext" zur Erzählung darstelle, das „eigentliche" Problem aber, um das es wirklich gehe, das zweite, V. 2 in angesprochene, sei[442]. Diese Lösung dient der Interpretation, die sich auf die Idee einer Mischehe Moses nicht einlässt, die Sonderstellung Moses aber für besonders wichtig hält. Die kuschitische Frau sei Zippora, die aber Mose nicht nach Ägypten begleitet habe, als er die IsraelitInnen herausführte, sondern die erst am Sinai zur Exodusgruppe hinzu gekommen sei. Deshalb sei diese (ethnische) Frage erst hier relevant geworden[443].

Das grammatikalische Problem des Verbes im Singular mit dem pluralischen Subjekt wird mit der Erklärung gelöst, die 3. Pers. fem. Sg. in 1a betone Mirjams Initiative (vgl. Ex 15,1: Moses und die IsraelitInnen singen ein Lied; Ri 5,1: Debora und die IsraelitInnen singen ein Lied; Est 9,29.32: Ester und Mordechai verfassen das Purim-Schreiben)[444].

Von einer tatsächlichen Einheit des Textes kann nicht die Rede sein, solange mit Begriffen wie „Vorspann" oder „Vortext" gearbeitet wird. Zwar sprechen die Vertreter dieser These nicht von ursprünglichen Selbstständigkeiten einzelner Textstücke, konstruieren aber trotzdem einen „eigentlichen" und einen „uneigentlichen" Text. Die positive Leistung dieser These besteht darin, dass sie sich der Identität der kuschitischen Frau eingehend widmet. Sie sieht aber nicht, dass das erzählerisch zwar individuell dargestellte Problem nicht als solches zu verstehen ist. Sie baut eine Positionierung zwischen Mirjam und der kuschitischen Frau auf, die darauf hinausläuft, dass Mirjam etwas gegen die kuschitische Frau des Mose gehabt haben musste. In

---

[440] Vgl. ebd., 271.
[441] Vgl. ebd., 272 mit Anm. 75.
[442] Vgl. Milgrom, Numbers, 94.
[443] Vgl. ebd., 93.
[444] Vgl. ebd., 93.

dieser Polarisierung werden aber mögliche andere Zusammenhänge unsichtbar.

Diese anderen Zusammenhänge hat jüngst Fischer herzustellen versucht. V. 1 und V. 2 widersprechen sich dann nicht, wenn man davon ausgeht, dass mit Moses Ehe nicht auf die bestehende Ehe zwischen Mose und Zippora, sondern auf seine Scheidung von ihr (Ex 18,2) angespielt werde[445]. Diese Scheidung habe ihren sozialgeschichtlichen Ort in der von Esra und Nehemia rigoros vertretenen Mischehenfrage[446]. Jene Gruppe, die sozialgeschichtlich hinter Mose anzunehmen sei, stelle ihn wegen seiner Scheidung von der Ausländerin Zippora als Vorbild dar. Mirjam erhebe gegen diese Praxis Einspruch und berufe sich darauf, dass sie – und damit die Gruppe, die hinter ihr steht – ebenso prophetische Autorität besäße. Prophetische Autorität verstehe dabei Prophetie bereits als Auslegung der Tora. Dann spiegele Num 12 den Konflikt in der Mischehenfrage, der sich als Konflikt toraauslegender Gruppen darstellt, wider.

1.6.3.4. Die Einheitlichkeit von Num 12

Beim Besprechen der literarkritischen Argumentationen hat sich herausgestellt, dass V. 1-15 als Einheit zu betrachten sind, da sämtliche angenommenen Brüche, Spannungen und Doppelungen in den Lauf der Geschichte gehören und gut erklärt werden können.

Woran eine einheitliche Sicht des Textes immer wieder scheiterte, ist die Zusammengehörigkeit zwischen V. 1 und V. 2. Formale und erzählerische Elemente für die Zusammengehörigkeit wurden bereits genannt. Inhaltliche Verbindungslinien sollen zunächst in einer Tabelle verdeutlicht werden:

Vers	Thema	anklingendes Thema
1	Ehe des Mose mit Midianiterin Zippora	1. Mischehe 2. Midian
2	Demokratisierung der Autorität Moses	Prophetie

Die Frage nach der *Ehe Moses* mit der kuschitischen/midianitischen Frau wirft zwei Themen auf. Das eine ist die Frage nach Mischehen, denn es geht in V. 1 auf jeden Fall um die Tatsache, dass Mose mit einer nicht-israelitischen Frau verheiratet ist. Als zweites Thema ist außerdem Midian zu nennen, denn auch dadurch, dass Midian durch den Euphemismus „Kusch" versteckt wird, kann die Ehe mit der Midianiterin nicht geleugnet werden. Was Midian aber für eine Bedeutung hat, wird mit der zweiten Frage, die der

---

445 Vgl. Autorität, 28.
446 Vgl. ebd., 30f.

Text aufwirft, sichtbarer. Diese besteht in der Frage nach der *Verteilung der offenbarungsvermittelnden und -auslegenden Autorität.*
Es wurde bereits deutlich, dass diese beiden in V. 1 und V. 2 angesprochenen Fragen der Ehe Moses und seiner alleinigen Offenbarungsautorität im Rahmen bestimmter Texte des Pentateuch (Ex 4; 18; Num 10,29-12,15) untrennbar zusammen gehören. Alle diese Texte handeln entweder in oder von Midian[447]. Wenn Mirjam Moses alleinigen Offenbarungsanspruch und die daraus resultierende alleinige gesellschaftliche Führungsautorität in Frage stellt, kann sie sich auf die midianitische Herkunft dieser Autorität (Ex 3f.) und mögliche midianitische Ansätze zur demokratischen Verteilung von Ämtern (Ex 18) berufen. Moses Ehe mit einer Midianiterin betont die starke Verbindung zwischen Israel und Midian, dient damit dem Anliegen Mirjams so gesehen also als positives Argument für die Demokratisierung des Moseamtes. Somit hat die Ehe eine Doppelfunktion. Sie spielt die Mischehenproblematik herein, und sie ist Erinnerung an die midianitsichen Wurzeln der mosaischen Autorität.

Die AutorInnen des Textes wiesen den Anspruch Mirjams und Aarons zurück. Sie verstanden es auch, ihr Anliegen weitgehend zu verschleiern, sodass es schwierig ist, es zu rekonstruieren. Die Existenz des Anspruchs Mirjams und Aarons in Israel und die bestehende Debatte darum kann damit aber nicht geleugnet werden.

1.7. Rhetorische Situation

1.7.1. Die Erzählung von Num 12

Den Ausgangspunkt für die Beschreibung der rhetorischen Situation bilden zunächst die Ergebnisse der Erzähltextanalyse von Num 12 und dann die Hinweise zur historischen Einordnung, die aus der redaktionsgeschichtlichen Analyse gewonnen werden.
Der Text lässt zwei Parteien erkennen, die um die autoritative Auslegung und Vermittlung göttlicher Offenbarung ringen. Die Partei Mirjams und Aarons beginnt den Konflikt, das heißt sie findet sich selbst – nach ihrer eigenen Meinung – in der Situation des Unrechtes, da sie sich Recht verschaffen muss. Dieses Anliegen Mirjams und Aarons versucht der Erzähler zu verschleiern. Hinter der Verschleierungstaktik findet sich die Position des Erzählers und sein Interesse, Mose als unanzweifelbare Offen-

---

[447] Für den Zusammenhang Num 11-12 ist Midian nur dann relevant, wenn die beiden Kapitel im Zusammenhang mit dem Ende von Num 10, dem Auftreten des Midianiters Hobab, Moses Schwager, gesehen werden.

barungsautorität darzustellen. Aus den V. 1-2 lässt sich aber auch Mirjams Anliegen ablesen (vgl. Elocutio: Strategien des Erzählers).

Diese Gruppe, die Mirjam und Aaron im Text repräsentieren, ist nicht homogen vorzustellen. Ein erster Hinweis darauf besteht darin, dass die Partei im Text durch zwei AktantInnen repräsentiert wird. Diese Partei wird in V. 10-15 gespalten in zwei unterschiedlich zu perspektivierende Charaktere mit unterschiedlichen Schicksalen und unterschiedlichen sozialen Orten[448].

Im Verlauf der Erzählung wird Mirjam passiv gemacht: Während der Erzähler dazu anleitet, Mirjam als aussätzig zu betrachten, weil sie die religiöse und politische Autorität des Mose in Frage gestellt hatte, wurde Aaron durch den Erzähler vereinnahmt und für das Publikum als Handlungsmuster dargestellt. Zu der Passivierung Mirjams gehört auch, dass sie zum Schweigen gebracht wird und der Text damit ihr Schicksal offen lässt. Dadurch wird sie geschwächt dargestellt, die Gruppe und das Anliegen, für die sie steht, erhalten innerhalb der Erzählung keinen Platz mehr im Lager und somit auch keinen gesellschaftlichen Ort. Im Gegensatz zu Aaron erhält Mirjam keine Möglichkeit mehr zu sprechen, wodurch das Anliegen nach der Zurechtweisung und Strafe auch sprachlich keinen Ort mehr erhält und deshalb auch nicht mehr erinnert werden kann.

Inhaltlich zielt das Anliegen auf die Mischehenfrage als Frage legitimen Offenbarungsempfanges und Toraauslegung und damit verbunden, der Frage nach der Toraautorität Moses. Durch Moses Ehe auch die Verbindung zu Midian angedeutet, die ebenso ein Argument für die Aufteilung der mosaischen Amtsautorität darstellt (vgl. Ex 18).

Die Texte, die Num 12 aufgrund der Vorstellungen vom Zelt und von Aaron als „Nichtpriester" nahe stehen, verhandeln alle auf eine bestimmte Art und Weise die Frage der Demokratisierung der mosaischen Toraautorität.

1.7.2. Bezugstexte von Num 12

Als Bezugstexte zu Num 12 sind hier jene zu nennen, die das Anliegen Mirjams verdeutlichen können. Dazu ist Ex 18 wegen der Ehe mit Zippora und dem Bezug zu Midian zu nennen. Außerdem gehören jene Texte dazu, die mit Num 12 die Lokalisierung des Offenbarungszeltes außerhalb des

---

448 Bezüglich des sozialen Ortes Mirjams endet die Erzählung offen. Zwar kündigt die Rede Gottes in 14e an, dass Mirjam wieder in das Lager hereingeholt wird, jedoch wird das auf der Handlungsebene nicht vollzogen. Die LeserInnen erfahren somit nicht, dass Mirjam wieder in das Lager zurückkehrt und wo sie dann im Verhältnis zu Aaron und Mose ihren Platz findet.

Num 12: Gott hat nicht nur zu Mose gesprochen 149

Lagers teilen[449] und jene, die ein ähnliches Aaronverständnis[450] vertreten. Sie sollen hier nur im Bezug auf ihre mit Num 12 gemeinsamen Themen und Vorstellungen besprochen werden.

1.7.2.1. Zelttexte

Num 11: Umverteilung der „Last des Volkes"

Num 11 stellt nicht nur aufgrund der Zeltkonzeption, sondern auch wegen des unmittelbaren Kontexts zu Num 12 einen wesentlichen Text zur redaktions- und traditionsgeschichtlichen Einordnung von Num 12 dar[451]. Deshalb soll ihm breiterer Raum gegeben werden.

Exkurs: Die literarische Einheitlichkeit von Num 11

Bevor von Num 11 die Rede ist, scheint es notwendig, anzugeben, auf welchen Text bzw. welche Textgestalt überhaupt Bezug genommen wird, da Num 11 nur schwierig als einheitlicher Text zu lesen ist.

Innerhalb der Forschung herrscht relativer Konsens darüber, dass das ganze Kapitel Num 11 nicht als Einheit zu betrachten ist. Während V. 1-3 überhaupt als komprimierte, in sich abgeschlossene Murrgeschichte und damit selbstständige Einheit ausgeschieden wird[452], werden in V. 4-35 zwei unabhängige Erzählstoffe festgemacht: die Geschichte vom Murren des

---

449 Ex 33,7-11; 34,5ff.; Num 11*; Dtn 31,14f.23; 34,10.
450 Ex 4; 17,8-16; 32.
451 Vgl. z.B. Seebass, Hypothese, 222f.; Blum, Studien, 78f.; Seebass, Numeri, 67; Milgrom, Numbers, 376-378; Hymes, Numbers, 10; Sommer, Benjamin D., Reflecting on Moses: The Redaction of Numbers 11, *JBL* 118 (1999) 601 - 624.
452 Vgl. z.B. Noth, Numeri, 75f.; Gray, Numbers, 99f.; Budd, Numbers, 117ff.; Jobling, Analysis, 31 u.ö.; Staubli, Numeri, 242; Schmidt, L., Mose, 251f. Die V. 1-3 sind sehr allgemein gehalten, aber das Hören Gottes in 1c lässt an Num 12,2d denken. Auch 1d, das Ausbrechen des Zornes Gottes erinnert an 12,9a und צעק in 2a als Hilferuf an 12,13a. Das Geschehen spielt außerdem außerhalb des Lagers, denn das Feuer frisst das Lager nicht von innen her bis zu seinen Grenzen auf, sonst wäre eine Klage des Volkes nicht mehr möglich. Hinzu kommt, dass der Ausdruck "Grenzen des Lagers" (קְצֵה הַמַּחֲנֶה) eine Perspektivierung des Lagers von außen meint. Die Grenzen sind sozusagen Ausdruck der Außengrenzen, die von außen gefährdet werden (vgl. die Belege dazu: Ri 7,17.19; 2 Kön 7,5.8 neben Num 11,2. Ansonsten, also außerhalb des dtr Geschichtswerkes, kommt קְצֵה im Zusammenhang mit מַחֲנֶה nicht vor). Da Gott dort aber in besonderer Weise präsent ist, nämlich im Zornesbrand, könnte das einen Zusammenhang zu den genannten Zelttexten andeuten.

Volkes wegen des fehlenden Fleisches mit der Gabe der Wachteln (im folgenden: „Wachtelerzählung") und die Geistbegabung der siebzig Ältesten (im folgenden: „Ältestenerzählung")[453]. Sie werden mit inhaltlichen Kriterien voneinander getrennt[454]: Die V. 24b-30 und der Auftrag dazu V. 16.17 gehören dann zur Ältestenerzählung, V. 4-9.18-24a.31-35 zur Wachtelerzählung[455]. Umstritten bleiben die V.10 und Moses Klage in V. 11-15.

So deutlich die beiden unterschiedlichen Geschichten in Num 11 erkennbar sind, so wichtig ist auch, dass der Ältestengeschichte ohne der Wachtelerzählung mindestens der Anlass fehlte. Dies wird in den V. 11-15 deutlich, die Moses Überforderung als Folge des wiederholten Murrens des Volkes konstruieren. Die Ältestenerzählung stellt dann eine Lösung für die Überforderung des Mose dar. Ebenso sind auch die V. 1-3 als Vorspann, der die Erzählstruktur der kommenden beiden Erzählungen (11,4-35; 12,1-15) darlegt, verständlich[456]

Es bleiben V. 10 und V. 11-15, Moses Klage, als fraglicher Textteil, da er aus beiden „Erzählsträngen" Elemente aufnimmt. V. 11.12.14 sind wegen der Wiederaufnahme der Wurzel נשא aus 11d.12e.14b in 17fg zur „Ältesten-

---

[453] Der Nahrungsmangel wird hier, wie in Num 20, mit einer Umschichtung innerhalb der Führungsgremien des Volkes verbunden. Auch die zu Num 20 parallele Erzählung, Ex 17,1-7, verbindet Nahrungsmangel mit dem Amt der Ältesten. Dies sei hier zunächst nur als Hinweis darauf festgehalten, dass die Kompilation der beiden Geschichten in Num 11 nicht zufällig ist.

[454] Dass allerdings (ekstatische?) Prophetie für Mose keine Hilfe sein kann, ja dass dieser Gedanke sogar "absurd" sein soll, und die Geschichten deshalb ursprünglich selbstständig existieren mussten, wurde vor allem von Gunneweg (im Anschluss an Wellhausen, Julius, *Prolegomena zur Geschichte Israels*, Berlin: Georg Reimer ³1886, 99) betont (vgl. Das Gesetz und die Propheten. Eine Auslegung von Ex 33,7-11, Num 11,4-12,8; Dtn 42,14f.; 34,10, *ZAW* 102 (1990) 169-180, 168f.). Jobling hat zu Recht festgestellt, dass diese "Absurdität" nur an der Textoberfläche konstatiert werden kann (vgl. Analysis, 36).

[455] Häufig wurde die These vertreten, der Text sei von einem Kompilator aus zwei voneinander unabhängigen Stoffen zusammengestellt worden (Noth, ÜP, 34, Anm. 119; Ders., *Das zweite Buch Mose. Exodus*, ATD 5, Göttingen: Vandenhoeck & Ruprecht 1961, 27; Rose, Deuteronomist, 239f.; Budd, Numbers, 126; Aurelius, Fürbitter, 177; Crüsemann, Tora, 111; andeutungsweise auch Levine, Numbers, 337; van Seters, Life, 228f.); Blum spricht von einer Wachtelerzählung und einer "Ältestenschicht" (vgl. Studien, 83). Die komplizierte Schichtung, die Scharbert Num 11,4ff. unterstellt (Grunderzählung in 4ac.5.10ab.33c-35, zu der zunächst 4b, dann 10c, später 11f.14-17.24-30, 4b und schlussendlich V. 7-9 gehören), geht davon aus, dass Num 11 verschiedene Ätiologien verbindet (vgl. Numeri, 47). Da schon Scharbert keine Argumente vom Text her bringt, müssen sie auch an dieser Stelle nicht gesucht werden. V. 7-9 wird auch von anderen, wie Noth, Numeri, 77; Gray, Numbers, 105; Staubli, Numeri, 243, als erklärender Zusatz gesehen. Meist wird aber von zwei Geschichten gesprochen: Gray, Numbers, 99f.; Schart, Mose, 163.214; Gunneweg, ebd., 168; Milgrom, Numbers, 377; Schmidt, L., Mose, 252.

[456] Vgl. Milgrom, Numbers, 82; Butting, Prophetinnen, 45.

erzählung" zu zählen[457]. Dasselbe gilt für V. 15 für die Wendung מָצָאתִי חֵן בְּעֵינֶיךָ in 11c und 15c[458]. Fraglich bleiben noch die Zuordnungen von V. 10 und V. 13. Inhaltliche Überlegungen reichen hier sicher nicht aus[459].

V. 10 weist einige Wendungen auf, die auf jene Texte verweisen, die – wie die „Ältestenerzählung" – das Zelt außerhalb des Lagers konzipieren (Ex 33,7-11; Num 12; Dtn 31,14f.23). אִישׁ פֶּתַח אָהֳלוֹ in 10b findet sich (ohne לְ als Ortsdeixis) auch in Ex 33,8c, dem einzigen Beleg für diese Formulierung überhaupt[460]. וַיִּחַר־אַף יְהוָה מְאֹד in 10c verweist auf Num 12,9. Etwas unsicherer ist das Hören Moses in 10a als Hören der Klage bzw. als Kritik. Es erinnert zwar an Gottes Hören in Num 12,2, ist aber keinesfalls ein zwingendes Argument für die Verbindung der beiden Erzählungen, da es in alttestamentlichen Texten zu breit gestreut ist[461].

Die Beurteilung des Verhaltens des Volkes als „böse/schlecht" (רע) in Moses Augen (10d) verweist auf die selbe Wurzel in Moses Reden in 11b.15d[462]. V. 10 bezieht sich aber nur in zwei Formulierungen auf Verse, die zumeist der „Wachtelerzählung" zugeschrieben werden. Dies ist der Fall im Weinen des Volkes (10b), das sich auch in 4e.13c.18d findet und im Zorn Gottes in 1d und 33b[463].

V. 10 weist also sowohl zur „Ältestenerzählung" als auch zur „Wachtelerzählung" deutliche Bezüge auf. Aus diesem Grund kann eine Zuordnung des Verses zu einer der beiden Erzählstränge nur mit größten Zweifeln geschehen.

---

457 Das Tragen der Last des Volkes ist auch in Ex 18,18 ein wesentliches Argument für die Teilung der juridischen Autorität Moses.
458 Zu einem ähnlichen Ergebnis kommt auch Fritz, Israel, 16 mit ähnlicher Begründung. Da er rein inhaltlich argumentiert, übersieht er aber andere Verbindungslinien im Text und rechnet den ganzen V. 13 zur Wachtelerzählung (so im Anschluss daran auch Schart, Mose, 163 und unabhängig davon, Jobling, Analysis, 31). Diese Zuordnung hat L. Schmidt mit der Beobachtung bezweifelt, dass in der Wachtelerzählung keine Opposition gegen *Mose* stattfindet, weshalb Moses Klage in V. 13 nicht auf dieses Ereignis bezogen werden könne (vgl. Mose, 252f.).
459 Vgl. die Argumente von Fritz, ebd., 16 und L. Schmidt, Mose, 252 in Anm. 4. V. 10 wird üblicherweise zur Wachtelgeschichte gezählt, allerdings wird das nicht begründet. Das Hören Moses scheint rein inhaltlich an V. 4-6 anzuschließen, besonders wenn man davon ausgeht, dass V. 7-9 einen Einschub darstellen (so Noth, Numeri, 77; Schart, Mose, 214; Staubli, Numeri, 243, nicht entschieden: Budd, Numbers, 124; Gray, Numbers, 99.105).
460 Dies scheint eine starke Verbindung zu Ex 33 herzustellen. Damit wird aber zumindest 10b deutlich der Tradition der "Zelttexte" zugeordnet, die das Zelt außerhalb des Lagers vorstellen.
461 Vgl. Literarkritik zu Num 12,10.
462 Ähnlich Milgrom, Numbers, 379.
463 33b zählt zwar zur Wachtelerzählung, allerdings ist das Ausbrechen des Zornes Gottes in 10c in einer Wayyiqtol-Form ausgedrückt, wie in Num 12,9 auch, in Num 11,33b allerdings einem w-x-qatal-Satz. Dieser syntaktische Unterschied ist signifikant.

Die Wayyiqtol-Form, in der das Hören Moses ausgedrückt ist, kann sowohl einen Anschluss als auch einen Neueinsatz anzeigen. Sie ist auch in dieser Ambivalenz zu werten, denn V. 10 bildet im Anschluss an die Erzählung vom Murren des Volkes (V. 4-9) eine Überleitung und Einleitung zu Moses Krise und zur Geistbegabung der Ältesten. V. 10 dient der Begründung für Moses Klage. Es gäbe keinen Grund für seine Klage, wenn er nicht das Volk weinen gehört hätte. Die Klage ist wiederum ausschlaggebend für Gottes Vorschlag, die Ältesten mit Geist zu begaben und damit die Prophetie auszuweiten. An V. 10 wird deutlich, wie stark das Murren des Volkes („Wachtelerzählung") und die Geistbegabung der Ältesten in Num 11 zusammengehören und verwoben sind[464]. Würde man den Text in zwei Erzählstränge aufteilen, würde man die komplexe Zusammengehörigkeit von Volkskrise und Leitungskrise, um die es in Num 11 geht, zerstören.

Nimmt man V. 13 aus der Klage heraus[465], so kann er nur als spätere Einfügung in 11f.14f. verstanden werden, will man nicht eine ursprünglich vorhandene und jetzt fehlende Redeeinleitung und damit einen anderen ursprünglichen Zusammenhang der Klage des Mose in V. 13 postulieren[466]. 13c, die Mitte des Verses, nimmt das Weinen aus V. 10 und die Wendung „auf mir" (עָלַי) aus 11d auf. Auch die Formulierung כָּל־הָעָם הַזֶּה in 13b und 11d betten V. 13 in die ganze Klage ein. Wenn er tatsächlich später eingefügt wurde, dann von einem Redaktor, dem in 11f.14f. der Bezug zur Wachtelerzählung fehlte, der also das Interesse verfolgte, Num 11 einheitlicher und die beiden Themen stärker verwoben zu gestalten. Viel wahrscheinlicher ist aber, dass das, was als „Wachtelerzählung" (V. 4-9.18-23.31-35) bekannt ist und das, was zumeist als „Ältestenerzählung" (V. 16f.24-30) bezeichnet wird, in den V. 10-15 ein Zentrum haben, dass die literarische Zusammengehörigkeit der beiden Themen vor Augen führt. V. 10 zeigt – wie oben beschrieben – deutlich genug die Züge des AutorInnenkreises, der die Zeltkonzeption außerhalb des Lagers und die Frage nach der Autorität Moses verbinde[467].

Die Verse außerhalb der Moseklage weisen ebenfalls direkte terminologische und motivliche Verbindungen zu Ex 33,7-11; Num 12 und Dtn 31,14-

---

[464] Anders z.B. Gunneweg, Gesetz, 168, der die Verknüpfung der beiden Geschichten allein am Begriff רוּחַ aufhängt, damit aber auch schnell an eine Grenze gelangt (170) und nicht nach weiteren begrifflichen Formulierungen, die für die Komposition des Textes wichtig sind, fragt.

[465] So Gray, Numbers, 97f.; Budd, Numbers, 124; Schart, Mose, 214. Noth, Numeri, 75 trennt zwischen V. 13 und 14 und rechnet V. 14-17 als späteren Zusatz. Staubli, Numeri, 243 betrachtet V. 10-15 als Einheit.

[466] Eine solche Rekonstruktion ist wegen ihres hypothetischen Charakters von der Hand zu weisen.

[467] Diese Vermutung hegte auch Schart, Mose, 163, ohne sie aber weiter zu begründen oder auszuformulieren.

15.23 auf. Dass sich diese Wendungen aber in den übrigen Versen von Num 11 nicht finden, ist eine weitere Unterstützung der vorgestellten literarkritischen Analyse. Es handelt sich dabei um die Bezeichnung Moses als Knecht Gottes (11b.12,7a), die Vorstellung des Zeltes außerhalb des Lagers (16e.30a; Ex 33,7; Num 12,4bc.5d; Dtn 31,14), das Aufstellen am Zelt (16f; Ex 33,8c; Dtn 31,14), das Herabsteigen Gottes (in der Wolke) (17a.25a; Ex 33,9c; Num 12,5ab; Dtn 31,15), die Bezeichnung Josuas als Diener des Mose und als Jüngling (27a.28a; Ex 33,11) und die Anrede Mose als אֲדֹנִי (28c; Num 12,11b), sowie die Formulierung אסף...אֶל־הַמַּחֲנֶה Nif'al (V. 30; Num 12,14e.15c).

Num 11 ist als komplexe Erzählung über die prophetische Autorität Moses, ihre Infragestellung durch die Krise des Volkes und das Scheitern der prophetischen Begabung der siebzig Ältesten zu verstehen. Das Scheitern der Demokratisierung der mosaischen Prophetie wird auf zwei Ebenen erzählt: Die Ältesten hören auf zu prophezeien und die institutionalisierte Auswahl schlägt auch fehl, wie die Episode von Eldad und Medad zeigen. Der Text zeigt das Ringen um die Frage nach einer möglichen Demokratisierung der mosaischen Prophetie, wenn einerseits die Geistbegabung fehlschlägt, andererseits aber daneben der Wunsch des Mose steht, dass doch alle prophezeien mögen.

Zunächst besteht auf der Ebene der AktantInnen eine Opposition zwischen Mose und dem Volk: Mose ist wahrnehmendes Subjekt, seine Perspektive ist in 10ad sichtbar[468]. Objekt der Wahrnehmung ist in 10a das Volk, wobei der Partizipialsatz 10b als nähere Bestimmung des Volkes hinzuzuziehen ist. In 10d[469] fehlt ein Element im Nominativ, d.h. es wird nicht gesagt, was „in Moses Augen ist", was er also beurteilt. Allerdings wird eine Bestimmung dessen mit רע gegeben[470]. Das Verhältnis von Mose zum Volk, das in V. 10 über den Aspekt der Wahrnehmung Moses eingeführt wird, wird in der Moserede V. 11-15, das heißt aus der Sicht Moses, beschrieben. Die Qualität dieses Verhältnisses lässt sich zunächst auf formaler Ebene durch die Disposition der einzelnen Elemente der Rede darstellen.

11b **Warum** hast du Böses getan an deinem Knecht?
   c   und **warum** habe ich nicht GEFALLEN GEFUNDEN IN DEINEN AUGEN,

---

468 In 10a ist er Subjekt, in Satz d, einem Nominalsatz, deutet die Formulierung "in seinen Augen" die Perspektive an.
469 10d ist ein Nominalsatz mit der Funktion "Qualifikation", die durch das Adjektiv realisiert ist.
470 Dass es nicht um ein physisches Sehen geht, sondern eine Bewertung, eine Stellungnahme, zeigt das Adjektiv רע an. Durch die negative Bedeutung ist auch angedeutet, dass Mose die Ansicht Gottes teilt, dessen Zorn in 10c ausbricht. Die Perspektiven Gottes und Moses sind somit zumindest teilweise identisch.

d die *Last* dieses ganzen Volkes auf mich zu legen?
12a War **ICH** schwanger mit diesem ganzen Volk?
b **wenn ICH** es geboren hätte,
c (so)dass du zu mir sagen könntest:
d ‚*Trage* sie an deiner Brust,
e so wie die Amme den Säugling *trägt*
f in das Land,
g das du ihren Vätern versprochen hast.'
13a **Woher** habe ich Fleisch,
b um es diesem ganzen Volk zu geben?
c Denn sie werden folgendermaßen weinen wegen mir:
d ‚Gib uns Fleisch!
e und wir wollen essen!'
14a nicht kann **ICH** allein
b dieses ganze Volk *tragen*,
c denn (es ist) zu schwer für mich.
15a und **wenn DU** mir so tust,
b töte mich doch!
c **Wenn** ich GEFALLEN GEFUNDEN HABE IN DEINEN AUGEN,
d dann werde ich nicht mehr mein Unheil sehen.

Moses Klage besteht aus fünf Blöcken[471], die sich sowohl aus den Satzeinleitungen als auch durch andere Elemente ergeben:
1. Teil: 11b-d
Moses Rede wird mit der doppelten לָמָה-Frage eingeleitet. Schart formuliert als Thema des Abschnittes Moses Naheverhältnis zu Gott. Mose schlägt einen Selbstzweifel an, um sich zu vergewissern, ob er die folgenden Fragen überhaupt stellen darf.[472]

In diesem ersten Teil werden die drei Begriffe eingeführt, die das Thema der Klage bestimmen: מָצָא חֵן בְּעֵינֵי יְהוָה („Gefallen finden in den Augen JHWHs", 11c), der משא („Last", 11d) und damit verbunden כָּל־הָעָם הַזֶּה („dieses ganze Volk", 11d). Die Frage nach Gottes Wohlgefallen stellt auf

---
471 Dies haben sowohl Schart, Mose, 161f. als auch Staubli, Numeri, 244 gesehen. Staubli geht dabei allerdings von einer etwas anderen Struktur aus, die sich scheinbar zum größten Teil an begrifflichen Wiederaufnahmen orientiert (das Kriterium der Struktur wird nicht angegeben). Die einzelnen Strukturelemente sind unterschiedlich groß und wirken etwas willkürlich.
472 Vgl. Schart, Mose, 161. Es wird sich im folgenden zeigen, dass Mose nicht zufällig die Begriffe עַבְדְּךָ und מָצָא חֵן בְּעֵינֵי יהוה in den Mund gelegt sind und dass der Selbstzweifel nicht (nur) eine persönliche, individuelle Krise Moses ausdrückt, sondern ein rhetorisches Mittel ist, um innerhalb der Narration die Person des Mose und letztlich das Moseamt bzw. andere Aussagen, die dieses betreffen, zu profilieren. Vgl. dazu Ex 33,12-17.

lexikalischer Ebene eine Klammer zu 15c, einem Teil des letzten Blockes her. Die Formulierung כָּל־הָעָם הַזֶּה zieht sich durch die ganze Klage, nur im letzten Teil, wo es um das Du Gottes geht, fehlt sie. Das unterstreicht, dass der Text die *Beziehung* zwischen Mose und dem Volk im Blick hat und nicht etwa das Volk selbst, seinen Unglauben, die Situation allein oder allein die große Last, die auf Mose liegt. *Es geht somit nicht um eine Beurteilung des Volkes, sondern um eine Diskussion des Verhältnisses zwischen Mose und Volk*[473].

2. Teil: 12a-g

Wie der erste Teil wird auch dieser doppelt eingeleitet. Diesmal ist es das Ich Moses אָנֹכִי in 12ab, das betont an der jeweils ersten Stelle des Satzes steht. 12a ist eine Frage und 12b ein Konditionalsatz. Die Partikel אִם, die diesen einleitet, steht auch im letzten Block, 15a-d. „Wenn du" in 15a stellt einen besonders markanten Kontrast zu dem „wenn ich" in 12b dar. Die Beziehung der beiden Blöcke müsste ausformuliert folgendermaßen lauten: „Wenn du mir so tust (15a), dass ich wie eine Amme dieses Volk tragen muss (12b-g), dann töte mich lieber (15b)". Schart meint, es gehe in diesem zweiten Fragenpaar um das Näheverhältnis Israels zu Gott[474], wobei wichtig ist, dass sich Mose von diesem distanziert. Auch darin wird die Opposition zwischen Israel und Mose deutlich: es wird Gottes Verhältnis zu Mose im ersten Block und Gottes Verhältnis zu Israel im zweiten thematisiert, aber Mose distanziert sich durch das betonte אָנֹכִי in 12a sehr stark von der Beziehung zwischen JHWH und Volk[475].

3. Teil: V. 13 als Zentrum der Klage[476].

In V. 13 wird die vierte Frage, an die sich eine Infinitivkonstruktion anschließt, formuliert. Sie macht die einheitliche Gestaltung der Klage noch deutlicher. 13b ist die zweite von drei Infinitivkonstruktionen (11d.13b.14b), in denen jeweils die Last „dieses ganzen Volkes" (11d), das Fleisch „für dieses ganze Volk" (13b) und „dieses ganze Volk" selbst (14b) Objekte sind.

---

473 In den meisten Kommentaren wird diese Nuance dadurch verwischt, dass die erzählerische Ausgestaltung des Verhältnisses von Mose und Volk, nämlich *entweder* das unverschämte und murrende Volk *oder* der überforderte Mose als das eigentliche Problem verhandelt werden. Dies aber zueinander in Relation zu setzen, gewinnt dort an Bedeutung, wo Gott das von Mose angesprochene Problem löst: Er gibt nicht Fleisch, sondern entlastet die Beziehung zwischen Mose und Volk. Hier wird die redaktionelle Arbeit dessen sichtbar, der die Ältestenerzählung der Wachtelgeschichte zugeordnet hat. Seiner Ansicht nach geht es nicht nur darum, vordergründig den Hunger des Volkes zu stillen, sondern in Verknüpfung mit diesem Problem die tiefer greifende Frage nach der Art und Form der Vermittlung zwischen Volk und Gott zu stellen.
474 Vgl. Mose, 161f.
475 Zu Recht weist Schart auf die subtile Art hin, mit der sich Mose von der Beziehung Gottes zu Israel distanziert (vgl. ebd., 161).
476 So auch Schart, Mose, 162 und Staubli, Numeri, 244.

Während es in den beiden äußeren Infinitiven (11d.14b) um das Tragen des Volkes geht, ist hier das Geben (konkret das Geben von Fleisch) angesprochen. Diese Infinitivgruppen stellen eine Verbindung zwischen Moses Geben und den Bedürfnissen des Volkes her. Es geht dabei um die Frage, ob Mose dem Volk geben kann, was es braucht bzw. will. In anderen Worten, ob er es „tragen kann".

Ferner wird in 13c das Weinen des Volkes aufgegriffen und in das Zentrum der Klage hineingenommen.

4. Teil: 14a-c

14a betont wieder das Ich Moses. Es wird diesmal nicht mit möglichen Umständen umgeben, sondern mit der Realität (14c: כָבֵד מִמֶּנִּי „zu schwer für mich")[477]. Das Verhältnis Moses zum Volk wird hier angesprochen und – aus Moses Perspektive – negativ beurteilt: NICHT kann ich allein tragen....es ist zu schwer für mich. Damit wird die distanzierende Haltung Moses in V. 12 auf eine negative Haltung hin zugespitzt. Allerdings geht es nicht um eine grundsätzliche Ablehnung, sondern darum, dass die Last für Mose *allein* zu schwer ist.

5. Teil: 14a-15d,

Im letzten Teil findet sich wieder in Konditionalsätzen das gegenüber dem „wenn ich" aus 12b betonte „wenn du...", wobei wiederum die im ersten Block bereits angesprochene Beziehung zwischen Mose und Gott zur Sprache gebracht wird.

Aus diesen Beobachtungen wird deutlich, dass die Opposition zwischen Mose und Volk, die in der Klage aufgebaut wird, in einen Selbstzweifel Moses eingebettet ist, der in der Aufgabe seiner Existenz gipfelt. Er richtet seine Zweifel an Gott, wodurch für alles, was folgt, klar ist, die Lösung stammt von JHWH und ist deshalb auch göttlich legitimiert. Das Verhältnis zwischen Mose und Gott im ersten und fünften Teil der Klage bildet einen Rahmen für die Darstellung des Verhältnisses zwischen Mose und Volk in den Teilen zwei, drei und vier. Anders formuliert heißt das: Welche Stellung Mose auch immer im Volk hat, sie ist von seiner Gottesbeziehung, seiner Nähe zu Gott bestimmt.

Diese Verhältnisbestimmung geht folgenden logischen Weg: Distanz zwischen Mose und Volk im zweiten Teil, Frage nach Moses Möglichkeiten und Fähigkeiten im dritten Teil und Negativbewertung des alleinigen Tragens des Volkes durch Mose im vierten Teil. Die Aussage lautet also: Moses Naheverhältnis zu Gott bedeutet nicht, dass er die Last des Volkes *allein*

---

[477] Da Scharts einziges Strukturelement in seinem ersten Teil der Klage (V. 11-13) nur die Fragen sind, fehlen ihm die Elemente für die Struktur des zweiten Teiles und somit der Blick für den chiastischen Aufbau, den tendenziell auch schon Noth, Numeri, 78 gesehen hat. Er berücksichtigt seine Beobachtung allerdings nur im Hinblick auf die Einheitlichkeit des Textes.

trägt. Daraus ergibt sich logisch, dass es im folgenden nicht um Fleisch- sondern um Machtverteilung gehen muss[478].

Da רע („böse, schlecht") in jedem Fall eine Wertung darstellt, lassen sich an der Verwendung dieser Wurzel Positionen des Textes festmachen. Die Wurzel רעע kommt in Num 11* dreimal vor (10d.11b.15d).

Äußerungseinheit	Subjekt der Bewertung	Objekt der Bewertung
10d	Mose	?
11b	Mose	Gottes Handeln an Mose
15d	Mose	das „Böse" Moses, wenn er tot ist

In 10d dient sie der Bewertung eines Umstandes oder einer Sache in den Augen des Mose, in 11b stellt Mose fest, dass Gott „böse" an ihm handelt, und in 15a sieht er „sein Böses" nicht mehr, wenn er tot ist[479]. An keiner Stelle ist ganz deutlich, was damit gemeint ist[480]. Die Undeutlichkeit, worauf sich die Wertung bezieht, beginnt in 10d damit, dass die LeserInnen nicht

---

478 Bereits die Oberflächenanalyse einer narratologischen Fragestellung sieht im Status quo, den es zu verändern gilt, die alleinige Führung des Volkes durch Mose (vgl. Jobling, Analysis, 36f.).

479 Die BHS gibt hier einen tiqqun sopherim an, wonach ursprünglich בְּרָעָתֶךָ gestanden haben soll. Mit McCarthy ist allerdings an der Ursprünglichkeit des MT festzuhalten (vgl. ihre Argumentation, auch zur weiteren Emendation zu בְּרָעָתָם in: McCarthy, Carmel, *The Tiqqune sopherim and Other theological Corrections in the Masoretic Text of the Old Testament*, OBO 36, Freiburg i. Ue./Göttingen: Universitätsverlag/Vandenhoeck & Ruprecht 1981, 123ff., bes. 125). Die Kommentare bleiben ebenfalls beim MT, vgl. z.B. Noth, Numeri, 73; Budd, Numbers, 122; Milgrom, Numbers, 86; Levine, Numbers, 313; Staubli, Numeri, 244. Anders Dohmen, Christoph, רעע, *ThWAT* VII (1993) 582-611, 588f, der die Anweisungen der jüdischen Schriftgelehrten für wahrscheinlich hält. Die Entscheidung, ob es sich um Gottes Unheil/Böses handelt oder des Volkes, verbindet er mit der Semantik der Wurzel רעע, die sowohl das Verderben des Volkes als auch Gottes diesem auferlegte Strafe meinen kann (vgl. ebd., 589). Man ist hier geneigt, die Frage zu stellen, was den Unterschied ausmache?

480 Budd, Numbers, 127f.130 geht auf die Wurzel gar nicht ein; Schart deutet sie in 10d auf Gottes Zornesausbruch hin, der Mose nicht recht sei (vgl. Mose, 161) und erwähnt die anderen beiden Vorkommnisse gar nicht; Noth, Numeri, 77 sieht in Moses Haltung (10d) eine Empörung über das Begehren des Volkes, in 11b steht es dafür, dass Gott ihm die Last des Volkes aufbürdet, 15d wird nicht mehr erwähnt (78); Levine, Numbers, 322 deutet die Bewertung in 10d implizit als "sinfulness" (322) und gibt für V. 11 und V. 15 Worterklärungen (323). Van Seters (Life, 230ff.) u.a. gehen gar nicht auf die Frage der Bewertung ein. An diesem uneinheitlichen Befund exegetischen Umganges mit der Wurzel läßt sich ihre verschwommene Bedeutung ablesen.

erfahren, was Mose wirklich beurteilt: Ist es das Weinen des Volkes (19b) oder der Zorn Gottes (10c)? Syntaktisch ist beides möglich. Denn das weinende Volk ist bereits in 10ab Objekt der Wahrnehmung Moses, und der Zorn Gottes wird direkt vor 10d berichtet. Drei Beobachtungen, die die drei Belege der Wurzel in Beziehung setzen, heben die Unklarheit schließlich auf.

1. Alle drei Formen der Wurzel רעע werden aus <u>Moses Perspektive</u> ausgesagt. V. 10, und speziell 10d, stellt insofern eine Einleitung zur Klage in V. 11-15 dar, als die in der Klage ausgefaltete Innenansicht des Mose durch Moses Hören (10a) und seine Bewertung eines Umstandes durch die Wendung מֹשֶׁה בְּעֵינֵי in 10d bereits angedeutet wird. Diese Innenansicht Moses zielt aber

2. auf das <u>Verhältnis zwischen Mose und Volk</u> ab. Moses doppelte Frage in 11bc findet ihre Ausdifferenzierung in 11d. Das Böse, das Gott an Mose getan hat (11b) und die Vermutung, dass Mose kein Wohlgefallen in Gottes Augen gefunden habe (11c), hat seinen Ausdruck in der Last des Volkes. Das böse Handeln Gottes ist also mit der Last des Volkes zu identifizieren.

3. Im ersten und im letzten Satz dieser Klage steht die Wurzel רעע und gibt somit einen <u>Rahmen</u>, einen thematischen Aspekt an, unter dem die V. 11-15 zu lesen sind. Der Wohlgefallen Gottes gehört zu diesem Rahmen, denn er steht im ersten (11c) und im fünften Teil der Klage (in 15cd[481]) und beide Male in Verbindung mit der Wurzel רעע. Insofern das „Böse" aber in den Teilen der Klage steht, die das Verhältnis zwischen Gott und Mose thematisieren, wird die Aussage von 11b, dass dieses Böse, die Last des Volkes, von Gott kommt, auch auf der Strukturebene deutlich. Aufgrund der obigen Klageanalyse müssen wir davon ausgehen, dass Mose sein Näheverhältnis zu Gott dann negativ sieht und seinen Tod vorzieht, wenn er die Last des Volkes *allein* tragen muss.

Es gibt also nur zwei Lösungen: den Tod Moses oder eine Lastenumverteilung. JHWH nimmt Mose die Last des Volkes nicht ab, sondern verteilt sie. Deshalb bleibt Gott auch Initiator der Handlungen im narrativen Teil der Ältestenerzählung. Sein Auftrag, der sofort in V. 16 anschließt, und seine Handlungsankündigung in V. 17[482], gelangen in 24c-25g zu ihrer Realisierung[483].

---

481 In 15d wird noch einmal durch das Verb "sehen" auf Moses Wahrnehmung hingewiesen.

482 Beides zeichnet sich durch imperfektischen Zeitaspekt aus. yiqtol-x in 16b, x-qatal in 16c und w-qatal-Sätze in 16ef.17abce. Unterbrochen ist die Kette nur durch erläuternde Nominalsätze.

483 24a-25g.26ac.27a-c.28b.29a im Wayyiqtol, 25h im w-x-yiqtol aus Systemzwang, da hier keine abgeschlossene Handlung gemeint ist, sondern ein Durativ, ebenso in 26e eine noch nicht abgeschlossene Handlung. In den Reden des Jünglings und Moses finden sich ebenfalls imperfektische Aspekte, die aber die Erzählung der Ausführung

Num 12: Gott hat nicht nur zu Mose gesprochen

Ankündigung/Auftrag			Ausführung	
16b	sammle	אסף	24c	Mose sammelte
16ef	nimm und stelle auf	התיצב/ לקח	24d	Mose nahm
17a	Gott wird herabkommen	ירד	25a	Gott kam herab
17b	Gott wird mit dir/Mose sprechen	דבר	25b	Gott sprach mit Mose
17c	nehmen wird Gott von dem Geist	אצל	25c	Gott nahm von dem Geist
17d	der auf dir/Mose	עליך/ עליו	25d	der auf ihm/Mose
17e	legen werde ich auf sie	נתן/שים	25c	er gab auf die siebzig Ältesten
17f	tragen werden sie mit dir/Mose die Last des Volkes	keine Übereinstimmung	25d	sie prophezeiten
17g	du/Mose wirst nicht allein tragen	keine Übereinstimmung	25g	sie fuhren nicht fort[484].

Der Handlungsablauf in 24c-25c entspricht genau der Ankündigung in 16c-17e[485]. Der Bruch, der ab 25d erfolgt, besteht darin, dass Gott eine Hilfe

---

des Auftrags Gottes nicht mehr berühren. Die Nominalsätze in 25d.26bd.28a haben erklärende, qualifizierende Funktion.

484 Aufgrund des Konsonantenbestandes des hebräischen Textes ist es möglich, mit dem Tg Pseudo-Jonathan und der Vulgata יָסְפוּ statt יָסְפוּ zu lesen und das Verb damit von סוף "aufhören" abzuleiten. Dann wären die Ältesten fortgefahren zu prophezeien. Diese Variante haben Noth, Numeri, 74 (ohne Erklärung) und Gunneweg, Gesetz, 176 bevorzugt. Gunneweg argumentiert damit, dass יסף dort, wo es "fortfahren" heißt, immer mit dem Inf. cs. und ל gebildet wird. Die Belege bei GK §120d, Anm. 2 sind für ihn keine Gründe dafür, dass יסף auch außerhalb der angenommenen grammatischen Konstruktion "fortfahren" heißt. Das Problem an Gunnewegs Argumentation ist, dass nicht für alle Textstellen geklärt ist, ob יסף im Sinne von "fortfahren" oder "hinzufügen" zu verstehen ist. Man darf auf keinen Fall zu formalisierend die Bedeutung allein von nachfolgenden Partikeln abhängig machen, wie es Gesenius, Wörterbuch, 305 für יסף tut. In Lev 26,21 folgt auf das Verb die Präposition על, weshalb es nach Gesenius mit "hinzufügen" wiederzugeben ist. Eben-Schoschan, Konkordanzia, 474, ordnet es demgegenüber - und wahrscheinlich sinngemäßer - unter die Belege für "fortfahren". Stimmt man Eben-Schoschan zu, dann ist auch der Text von Lev 26,21 ein Beleg gegen Gunnewegs These. Gegen Gunneweg spricht sich diesbezüglich auch L. Schmidt, Mose, 259 aus (ebenso Jobling, Analysis, 37 mit Anm. 5).

im Tragen der Last des Volkes ankündigt, die Ältesten aber *prophezeien*[486]. Um diesen Bruch zu erklären, gibt es folgende Lösungsmöglichkeiten:

1. Die Ältesten erhalten Anteil an der Führung des Volkes, der Geist gibt ihnen so etwas wie Amtsvollmacht, wobei das prophetische Element nur momenthaft ist und in den Hintergrund tritt[487].

2. Der Aspekt der Führung des Volkes tritt in den Hintergrund; wichtig ist der Geist, der auf Mose ruht und der die siebzig Ältesten zum Urbild aller (ekstatischen[488]) Prophetie macht[489].

Für welche der beiden Lösungen man sich entscheidet, hängt davon ab, welches Interesse man in der Erzählung vermutet: Geht es in erster Linie um die Führung des Volkes oder um Prophetie? Aufgrund der Klage des Mose und der dort gestellten Probleme geht es deutlich um die Führung des Volkes. Diese ist mit möglicher prophetischer Begabung zu leisten. Allerdings scheint im Bezug auf Num 12 wichtig, dass die Begabung mit dem Geist des Mose erfolgt. Denn dann bleibt Mose die „prophetische Autorität"[490]. Somit wird deutlich, dass die Last des Volkes und die Prophetie in einem Zusammenhang stehen und dass ein Binden der Prophetie an den Geist des

---

485 Kleine "Unstimmigkeiten" beziehen sich auf die Verteilung der Ortsbezeichnungen in 16ef und 24d und darauf, dass Gott in 17e ankündigt, den Geist auf die siebzig Ältesten zu legen (שׂים) und ihn in 25c auf sie gibt (נתן). Schart argumentiert rein inhaltlich von der Erzählung her für "und sie fuhren nicht fort" (Schart, Mose, 164, Anm. 54), denn es handle sich in Num 11 um "ruhenden" und nicht "springenden" Geist. Während die prophetische Ekstase ein Ende fand, ruhte der Geist weiterhin auf ihnen. Diese Erklärung ist nur dann möglich, wenn man התנבא als terminus technicus für ekstatische Prophetie versteht, wozu von den Belegen her keine Veranlassung gegeben ist (vgl. bereits Gunneweg, Gesetz, 176).

486 Der Zusammenhang wurde bis jetzt nicht hinreichend erklärt. Gunneweg betont diesen Bruch (Gesetz, 169.176), findet dann aber nur die Lösung, dass die Propheten eigentlich Gottes Geist erhielten (176.177) und dadurch zu Propheten würden, was an sich nichts besonderes ist. Deutlicher sieht dies L. Schmidt, Mose, 258, der betont, dass die Ältesten an der Führung des Volkes Anteil hätten (genauer s. unten) und ihre prophetische Begabung in 25g ein Ende finde. Diese Sichtweise ist nur dann überzeugend, wenn man, wie L. Schmidt, ebd., 255f. V. 26-29 als späteren Zusatz ausscheidet, denn diese betonen die Bedeutung der Prophetie sehr stark.

487 Vgl. Buchholz, Joachim, *Die Ältesten Israels im Deuteronomium*, GTA 36, Göttingen: Vandenhoeck & Ruprecht 1987, 52; Schart, Mose, 163f.; ähnlich auch Budd, Numbers, 130f.; Levine, Numbers, 340, unter Betonung, dass התנבא nur ein momenthaftes Ereignis meint und das Wesentliche im Ruhen des Geistes läge; Van Seters, Life, 217f.

488 Vgl. Noth, Numeri, 79f.; gegen ein Verständnis ekstatischer Prophetie dezidiert Seebass, Numeri, 34 mit der Begründung, Mose fehle zwar jede Verbindung zur Ekstase, nicht aber zur Prophetie (vgl. Dtn 18,9ff.; 34,10).

489 Vgl. Perlitt, Mose, 602f.; Gunneweg, Gesetz, 177.

490 Dass es dabei nicht darum geht, dass Mose eine prophetische Schule zugeschrieben wird, sondern darum, die Prophetie an Mose zu binden, liegt auf der Hand. Diese Sichtweise auch bei Seebass, Numeri, 34.

Mose die Last des Volkes tragen hilft. In Num 11 wird deutlich, dass „Prophetie" mit der politischen und religiösen Führung des Volkes zusammen hängt. Dieser Zusammenhang ist für das Verständnis von Mirjams Anliegen in Num 12 grundlegend.

In Num 11 sieht sich Mose der Last des Volkes nicht gewachsen und wünscht sich den Tod. Eine massivere Infragestellung der Alleinautorität Moses kann es kaum geben[491]. Diese Last des Volkes soll durch die Geistbegabung der erwählten Männer erleichtert werden. Der Versuch, diese Prophetie auf die Übertragung des Geistes Moses einzuschränken, schlägt allerdings fehl. Die 70 Ältesten verlieren ihre Begabung wieder und Eldad und Medad, die nicht zum Offenbarungszelt gekommen sind, prophezeien statt dessen. Die Verteilung der mosaischen prophetischen Autorität, so wie sie in Num 11 vorgesehen ist, muss scheitern. Auch Moses Wunsch in 11,29, dass doch alle in Israel ProphetInnen würden und JHWH seinen Geist auf sie gäbe (vgl. auch Joel 3,1ff.), bleibt unerfüllt. Die in 11,30-34 anschließende Erzählung zeigt den scharfen Kontrast, wie der Geist Gottes im Volk wirkt[492].

Auch Num 12 kann als negative Antwort auf den Wunsch, die mosaische Autorität, seinen Geist zu demokratisieren und zu verteilen, verstanden werden.

Mirjam und Aaron setzen sich zwar für die Aufteilung der mosaischen Autorität ein, argumentieren jedoch nicht mit der Begabung durch den Geist des Mose, sondern mit dem Wort Gottes: Anteil an der mosaischen Autorität und der Führung des Volkes hätten dann jene Menschen, zu denen Gott gesprochen hat (vgl. Num 12,2). Mirjam und Aaron schränken diese Autoritätsverteilung nicht auf bestehende Institutionen wie die der siebzig Ältesten ein. Für sie gilt nur der Empfang des Wortes JHWHs als Kriterium für die Mitbeteiligung an der Führung des Volkes.

Moses Sonderstellung: Ex 33,7-11

Die Sonderstellung Moses in den genannten Zelttexten ist bereits vielfach benannt und auch beschrieben worden.[493] Sie wird an den Formulierungen, die seine Beziehung zu Gott bezeichnen, aufgehängt.

Unabhängig von literarhistorischen Überlegungen[494] kann davon ausgegangen werden, dass Ex 33,7-11 an eine Funktion des Zeltes erinnern soll, in der dieses einerseits allen zugänglich war (7d: כל) und andererseits Moses Gang zum Zelt von besonderer Aufmerksamkeit des Volkes begleitet

---

491 Wobei Jobling, Analysis, 36f. richtig bemerkt, dass darin, dass Mose die geeignetsten Männer aussucht und sie als einziger kennt, eine Bestätigung seiner Führungsrolle liegt.
492 Vgl. auch Butting, Prophetinnen 51.
493 Vgl. Gressmann, Mose, 266f.; weiter dazu Blum, Studien, 78 mit Anm. 143.
494 Vgl. Koch, אהל, 134; Childs, Exodus, 589f.

war. Diesen gesellschaftlichen, oder wie er es nannte, politischen Aspekt hat vor allem auch Hymes, betont:

"My contention is that, although the Num 11.14-14,24-30 pericope includes the strong notion of prophecy and Num 12.6 specifically mentions prophets, neither Ex 33.7-11 nor Deut 31.14-15 highlight this arena. Instead, the texts deal with political realities."[495]

Hymes kann allerdings diesen vermeintlichen Gegensatz zwischen politischem und prophetischem Interesse kaum begründen. Er behauptet, es gehe den AutorInnen um die alleinige Autorität des Mose, die aber nichts mit Prophetie zu tun habe. Dem lässt sich nur der Textbefund entgegenhalten, denn die AutorInnen verbinden die politische Führung eben gerade schon mit der Frage nach Prophetie, was nur daran liegen kann, dass die Führung etwas mit Offenbarung bzw. ihrer Auslegung oder anders mit Toraauslegung und Toraautorität zu tun hat. So gesehen erhält die Frage nach der Prophetie einen zentralen Ort im Konflikt um die Führung Israels. An der Begegnung Moses mit Gott hat der Erzähler besonderes Interesse, denn nur sie ist ausführlicher beschrieben. Dagegen scheint das, was der/die einzelne tut (7de), nicht so wesentlich. Davon wird nur erzählt, dass der/die einzelne zum Zelt hinaus geht und dort Gott fragt bzw. sucht (מבקש). Moses Tun besteht nur im Hinausgehen. Der Rest passiert ohne sein Zutun: Das Volk steht auf, tritt vor seine Zelte und blickt Mose nach, bis er zum Zelt kommt (8b-9b). Dann erscheint die Wolke und stellt sich vor den Eingang des Begegnungszeltes. Gott spricht darauf mit Mose (9e), das Volk sieht die Wolke, steht auf und wirft sich nieder (V. 10). Schließlich wird das Sprechen Gottes mit Mose noch einmal aufgegriffen und als etwas besonderes dargestellt (פָּנִים אֶל־פָּנִים 11a, כַּאֲשֶׁר יְדַבֵּר אִישׁ אֶל־רֵעֵהוּ 11b).

11a scheint wie ein Einschub des Erzählers, der sich direkt an seine LeserInnenschaft wendet, um zu betonen, was ihm wichtig ist. Damit soll die Aufmerksamkeit der LeserInnen vom Volk zu Mose gelenkt werden. Anders formuliert heißt das: Der Blick der LeserInnen soll von der Befragung hin zur Offenbarung gerichtet werden. Das gibt rhetorische Parallelen zu Num 12. Auch in Num 12 war die Lückenhaftigkeit der Darstellung Mirjams und Aarons und deren Auftreten und Anliegen aufgefallen. Diese Ungenauigkeit findet sich in Ex 33 in der Schilderung der Befragung Gottes durch einzelne[496]. Erst an jener Stelle, an der es um Mose geht, wird der Erzähler

---

495 Numbers, 22.
496 Es wird also nicht angegeben, welche Funktion die Befragung hat. Wagner, Siegfried, בקש, ThWAT I (1973) 754-769, 763-765 geht davon aus, dass es sich um ein kultische Handlung, ein Suchen oder Aufsuchen Gottes im Heiligtum handelt (ähnlich Hos 5,6, vgl. auch Sach 8,21f.) die mit einem Offenbarungsgeschehen verbunden ist. Dass es sich dabei möglicherweise um Toravermittlung auch im engeren Sinn handelt, könnten Texte wie Mal 2,7 nahelegen.

ausführlich und klar. Auch die Art und Weise, wie Mose auftritt, ist ähnlich: Moses Bedeutung wird gleich zu Beginn des Textes durch eine auktoriale Äußerung des Erzählers eingefügt. Der direkte Einschub des Erzählers findet in Ex 33,7-11 und Num 12 jeweils an einer Stelle statt, wo das Volk bzw. Mirjam und Aaron zentral sind. Gerade dort, wo der LeserInnenblick auf anderen AktantInnen ruht, wird er betont auf Mose gelenkt. Diese Art der Erzählung hebt Moses Bedeutung hervor, da er genau dort vom Erzähler eingefügt wird, wo die LeserInnen beginnen, sich mit anderen Charakteren auseinanderzusetzen. Dies wird aber durch die Rede von Mose verhindert.

Ähnlich wie in Num 12,11-13 ist Moses Kommunikation mit Gott in Ex 33,7-11 nicht losgelöst von anderen AktantInnen, denn Moses Gang zum Zelt steht in Verbindung mit dem Hinausgehen anderer Menschen[497]. Auch wenn zwischen dem Hinausgehen irgendeines Israeliten/einer Israelitin und Moses Hinausgehen kein direkter Zusammenhang besteht, so scheint der Text nahe zu legen, dass niemand *ohne* Mose zum Zelt geht. Das könnte ein Grund dafür sein, warum Mose überhaupt nach Num 12,4 zum Zelt hinausgeht[498]. Da Gott in Num 12,4f. Mirjam und Aaron selbst ruft und nicht Mose beauftragt, diese zum Zelt zu bringen, wie es analog zu Num 11,16.24 und Dtn 31,15 zu verstehen wäre, fällt diese seine Aufgabe und Rolle am Zelt in Num 12 überhaupt weg. Damit ist ein wesentlicher Unterschied zwischen Mirjam und Aaron auf der einen und den Ältesten (Num 11,16) und Josua (Dtn 31,14) auf der anderen Seite sichtbar: Gott ruft sie nicht durch Mose, sondern persönlich. Das unterstreicht die oftmals festgestellte Bestätigung einer gewissen Legitimität des Anspruches Mirjams und Aarons dadurch, dass Gott zu ihnen spricht. Dies wird eben nicht nur in V. 6-8 deutlich, sondern auch im direkten Ruf, der die beiden deutlich abhebt von anderen IsraelitInnen und auch möglicherweise von anderen sozialen Gruppen wie den Ältesten und Richtern in Num 11. Ein weiterer Unterschied zu Ex 33,7-11 und Num 11 besteht darin, dass Mose in Num 12 beim Offenbarungsgeschehen nicht präsent ist. Während sich אִישׁ („jede/r") in Ex 33,7 zwar unabhängig von Mose dem Zelt nähern kann, so ist doch an jener Stelle, die die Offenbarung beschreibt, Mose undenkbar. In Num 12 zeigt sich dies genau umgekehrt: Mose begleitet Mirjam und Aaron zwar zum Zelt, die Offenbarung ergeht dann aber nur an Mirjam und Aaron.

---

497 Diese Verbindung ist allerdings nicht eindeutig zu fassen: Das wiederholte וְהָיָה in Ex 33,7d.8a.9a kann immer gleich mit "wenn" wiedergegeben werden: 7de: "(Jedes Mal) Wenn einer Gott fragen wollte...", 8a: "(Jedes Mal) Wenn Mose hinausging zum Zelt...", 9a "(Jedes Mal) Wenn Mose zum Zelt kam...", gemeint ist jedenfalls eine sich wiederholende Handlung.

498 Zugleich wäre dies eine weitere Erklärung dafür, dass V. 4 und V. 5 in Num 12 keine Dopplung darstellen.

מִחוּץ לַמַּחֲנֶה konnte durch die Zusammenschau von Ex 33,7-11 und Num 12, den einzigen beiden Texten der vorliegenden Zeltkonzeption, die den Terminus explizit nennen, nicht als Ort der Unreinheit, sondern allein als Ort des Zeltes der Offenbarung ausgewiesen werden. Dieser ist auch ein Ort der Gottesbefragung und ist grundsätzlich für alle IsraelitInnen zugänglich[499]. מִחוּץ לַמַּחֲנֶה ist so gesehen nicht ein Unterscheidungskriterium für rein und unrein, wodurch deutlich wird, dass nicht das Konzept der Heiligkeit im Zentrum des Zeltes – und damit des Tempels – steht. Der Ort ist vielmehr als ein soziales Kriterium zu verstehen, denn er ist der Ort, an dem gesellschaftliche Zugehörigkeit sichtbar wird. Ebenso ist das Zelt, wie Num 12,6-8 deutlich macht, ein Ort, an dem sich soziale Ordnungen entscheiden[500].

Der AutorInnenkreis

Klaus Koch hat versucht den AutorInnenkreis jener Texte, die das Zelt außerhalb des Lagers lokalisieren, zu beschreiben. Seine Absteckung dieser Gruppe ist aber zu vage, denn sie bezieht sich auf eine oberflächliche inhaltliche Lektüre der Texte. Koch nennt folgende Eckpfeiler: ein Interesse an einer engen Verbindung zwischen Mose und Josua, einer Hochschätzung der 70 Ältesten und einer bestimmten Art von Prophetie, die mit Schriftprophetie (noch) nichts gemein habe. Über dieser Prophetie stehe der einzigartige Knecht Gottes[501]. Diese Beschreibung ist an den AktantInnen der Texte orientiert, wobei sie weder alle AktantInnen nennt noch jene, die in allen Texten vorkommen und deshalb Bedeutung hätten. Sie scheint deshalb sehr beliebig und wird deshalb nicht als Ansatzpunkt für die weitere Fragestellung dienen.

---

499 Vgl. ähnlich Hymes, Numbers, 23.
500 Zur religionssoziologischen Funktion des Zeltes/Tempels vgl. Petersen, David L., The Temple in Persian Period Prophetic Texts, in: Davies, Philip R. (ed.), *Second Temple Studies. 1. Persian Period*, JSOT.S 117, Sheffield: JSOT Press 1991, 125-144, 130.142. Ebenso betont Knohl, an den unterschiedlichen Konzeptionen von Zelt, Heiligkeit und damit auch Volk Gottes bzw. Gesellschaft sei ein grundlegender Diskussionsprozess um die Örtlichkeiten des Heiligtums und seine Beziehung zu bestimmten sozialen Strukturen ablesbar (vgl. Aspects, 76). Seine Unterscheidung in priesterliche und prophetische Zeltkonzeption ist verlockend, ebenso die beiden unterschiedlichen religionswissenschaftlichen Ansätze bezüglich der Lokalisierung von Heiligtümern. Während – so Knohl, ebd., 75 – Eliade eher der priesterschriftlichen Konstruktion nahe steht, wenn er meint, das Heilige sei innerhalb der Siedlungsgebiete zu finden, unbesiedelte Gebiete dagegen würden von Dämonen behaust, so stehe die Erkenntnis Turners, es gäbe auch heilige Plätze außerhalb der Siedlungsgebiete, wo man gefestigte, etablierte soziale Strukturen hinter sich ließe und wo gebräuchliche gesellschaftliche Barrieren gebrochen seien, eher der prophetischen Konzeption nahe, die sich in Ex 33,7-11; Num 11,16-24; 12; Dtn 31,14f. fände. An diesen heiligen Orten lebten gesellschaftlich nicht anerkannte Gruppen.
501 Vgl. Koch, אהל, 135.

Weitere ausführlichere Überlegungen zum AutorInnenkreis der Texte, die das Zelt außerhalb des Lagers lokalisieren, finden sich bei Lehming[502]. Anhand der Erwähnung des Fragens (מבקש) am Begegnungszelt sucht er nach einer möglichen Gruppe, die Subjekt des Fragens/Bittens sein könnte. Es seien „diejenigen Kreise, die als Verwalter vom Urim und Thummim mit dem „Jahwe befragen" verbunden sind."[503] Zunächst ist dieser Ansatz ganz grundsätzlich in Frage zu stellen, da Urim und Tummim nichts mit בקש Pi. zu tun haben. Gott zu befragen ist umgekehrt auch nicht an priesterliche oder prophetische Institutionen oder Orakel gebunden[504]. Von daher sind Lehmings weitere Ausführungen, die sich allein an den Orakeln Urim und Tummim aufhängen und Prophetie als Weiterführung und Differenzierung dieser Mediation betrachten, für hier nicht mehr relevant.

Eine erste Beobachtung besteht darin, dass Aaron innerhalb der Zelttexte nur in Num 12 vorkommt, dort aber nicht explizit als Priester. Das heißt, dass die AutorInnengruppe kein spezifisches Interesse an der Betonung des Priestertums Aarons hatte. Die Zelttexte erzählen von Situationen, in denen Moses Funktion als alleiniger Anführer des Volkes durch die Wüste in Frage stand. Diese Infragestellungen geschehen durch Mose selbst (Ex 33,7-17), durch das Volk (Num 11) und durch Mirjam und Aaron (Num 12).

Außerdem wird deutlich, dass diejenigen, die die Führungsfunktion Moses in Frage stellen, selbst ebenfalls in einer Krise stehen. In Num 11 hat das Volk zu wenig zu essen, und in Num 12 steht die religiöse und gesellschaftliche Position von Mirjam und Aaron ebenso wie die des Mose zur Debatte. Aus allen Texten ist das Interesse, Moses Autorität und Macht zu teilen, abzulesen. Die sozialen Gruppen, die die Texte erwähnen, sind das Volk, eine gesellschaftlich sehr starke Mosegruppe und eine Gruppe mit prophetischen Ansprüchen, deren Verhältnis zu Mose geklärt werden muss. Eine Gruppe mit „prophetischen Ansprüchen" könnte sich in der historischen Realität auch aus Priestern und ProphetInnen zusammensetzen[505].

---

502 Vgl. Lehming, Sigo, Erwägungen zur Zelttradition, in: Reventlow, Graf Henning (Hg.), *Gottes Wort und Gottes Land. Hans-Wilhelm Hertzberg zum 70. Geburtstag am 16. Jänner 1965, dargebracht von Kollegen, Freunden und Schülern*, Göttingen: Vandenhoeck & Ruprecht 1965, 110-132, 122-132.
503 Ebd., 124.
504 Eine Ausnahme könnte Mal 2,7 darstellen. Ansonsten vgl. die Belege von בקש Pi. mit Gott als Objekt: Ex 10,11; Dtn 4,29; 2 Sam 12,16; 1 Chr 16,10.11; 2 Chr 7,14; 11,16; 20,4; Jes 51,1; 65,1; Jer 50,4; Hos 3,5;5,6.15; Am 8,12; Zef 1,6; 2,3; Sach 8,21.22; Ps 24,6; 27,8; 83,17; 105,3.4; Spr 28,5.
505 Vgl. Grabbe, Lester L., *Judaism from Cyrus to Hadrian*, London: SCM Press 1994, 11.65.

1.7.2.2. Die Berufung des Mose: Ex 3f.

Bereits in der synchronen Analyse wurde deutlich, dass die Erzählung von der Berufung des Mose in Ex 3f. in Num 12 anklingt. Die Bestätigung der Sonderrolle Moses durch JHWHs Aussage, „Mose sei der am meisten vertrauenswürdigste in seinem Haus" (נֶאֱמָן) lässt durch die im Pentateuch seltene Wurzel אמן an die Frage nach dem Glauben des Volkes in Ex 4,1-10 erinnern. Der Hinweis in Num 12,8b, dass JHWH zu Mose in einer Erscheinung (מַרְאֶה) spricht, nimmt das Bild aus Ex 3,3 auf. Die Aussage, Mirjam habe „Aussatz wie Schnee", erinnert an das Zeichen, das JHWH in Ex 4,6f. für Mose zur Beglaubigung wirkt. Außerdem ist Ex 4 einer der zentralen Texte, die Aaron nicht in kultisch-rituellen Funktionen präsentieren und die deshalb dem Aaronbild in Num 12 nahe sind.

Da Mirjam und Aaron in Num 12 eine Partei bilden, ist vor allem das Aaronbild wichtig, um Mirjams Anliegen besser differenzieren zu können. Aarons Funktion in Ex 4 soll im folgenden kurz beschrieben werden.

Ex 4,1-17 ist von Moses Zweifeln an seiner Berufung geprägt. Dreimal wird ein Schema durchlaufen, das aus Moses Zweifel und JHWHs anschließendem Überzeugungsversuch besteht.[506] In V. 1 meint Mose, das Volk werde *nicht glauben* und nicht auf ihn hören, woraufhin Gott ihm *Zeichen* zeigt, die er zu seiner Beglaubigung wirken kann (V. 2-9). Mose zweifelt ein zweites Mal, indem er seine *Redefähigkeit* in Frage stellt (V. 10). Gott antwortet mit einer *Beistandszusage* (V. 12f.), woraufhin Mose noch einmal um *Dispens* von der Berufung bittet (V. 13). An dieser Stelle wird Aaron in den Text eingeführt. JHWHs Zorn entbrennt über Mose, und er schlägt Aaron als Begleiter vor, der die Fähigkeit zu reden besitzt und zu Mose kommen soll (V. 14). Mose erhält den Auftrag, „die Worte" in Aarons Mund zu legen, und Gott gibt wiederum eine Beistandszusage an Aaron und Mose (V. 15). Aaron soll nun zum Volk reden und wird für Mose „zum Mund sein", und Mose wird „ihm Elohim sein" (V. 16). V. 18-26 erzählen dann Moses Aufbruch nach Ägypten und den Abschied von seinem Schwiegervater Jitro, sowie den Überfall JHWHs (V. 24-26). V. 27 setzt fort mit dem Auftrag Gottes an Aaron, zu Mose auf den Gottesberg zu gehen, woraufhin Mose ihm alle Worte und Zeichen mitteilt (V. 28). Die beiden versammeln die Ältesten Israels (V. 29), und Aaron spricht zum Volk und vollbringt die Zeichen (V. 30), woraufhin sich das Volk bekehrt (V. 31).

---

506 Zur Struktur dieses Gesprächs vgl. Weimar, Berufung, 352.

Aussagen über Aaron

a) Einsetzung Aarons

In V. 13 wird Aaron zum ersten Mal erwähnt. Der Vers stellt den Höhepunkt des Widerstandes Moses gegen seine Berufung dar, weil Mose keine Selbstzweifel mehr vorbringt, sondern JHWH bittet, überhaupt einen anderen zu schicken. Gott nennt zwar einen anderen, dieser soll jedoch nicht *statt* Mose, sondern *mit* Mose gehen. Er soll aber stellvertretend für Mose sprechen und Zeichen wirken. Mose hat dann nur mehr die Aufgabe des Vermittlers zwischen Gott und Aaron (V. 16).

b) Bruder und Levit

Aaron wird als Bruder Moses und Levit vorgestellt (V. 14). Die Tradition, Aaron sei Moses Bruder, findet sich noch in Ex 6,20; 7,1; 28,1.2.4; Num 26,59; 1 Chr 5,29. Mit Weimar ist daran festzuhalten, dass der Text als ganzer (V. 10-17) nicht alt ist[507]. Wie in den Genealogien in Ex 6,20; Num 26,59 und 1 Chr 5,29 drückt die Bezeichnung als „Bruder" eine Gleichstellung und Nähe Moses und Aarons aus. Der Terminus אָח ist mit הַלֵּוִי gleichwertige Apposition zu Aaron. Aaron ist Bruder des Mose und „der Levit".[508] Er, und damit auch die Leviten, werden damit von ihrer Abstammung her in Moses nächste Nähe gerückt. Diese Verwandtschaft verleiht Aaron und allen Leviten einen hervorragenden gesellschaftlichen Ort. Zu dieser verwandtschaftlichen Legitimation kommt die Aussage, dass Aaron, der Levit, seine Worte direkt von Mose hat. Aaron, und mit ihm die Leviten, seien also Sprachrohr Moses[509].

c) Aufgaben Aarons: Worte und Zeichen

V. 14b-16 beschreiben die Aufgaben Aarons. Aaron *kann* reden und wird zu Mose auf den Gottesberg kommen, wie sich aus V. 27 rückschließen lässt (14b). V. 15f. machen deutlich, dass Aaron genau die Worte Moses, die dieser von Gott geoffenbart bekommt, sprechen wird, und dass Gott seinem Mund genauso beistehen wird wie dem Mund Moses. Die Wendung שִׂים בְּפֶה, dass also Mose die Worte Gottes in Aarons Mund legt, deutet die Authentizität der Worte an. Für den zwischenmenschlichen Bereich ist die Formulierung nur in Dtn 31,9; 2 Sam 14,3.19; Esr 8,17 belegt. In den letzten drei

---

[507] Vgl. Weimar, Berufung, 86.351ff. rechnet ihn zur Schlussredaktion des Pentateuch.
[508] Vgl. zu diesem Verständnis von הַלֵּוִי auch Weimar, Berufung, 69.
[509] Vgl. Van Seters, Life, 62, der hier die nachexilischen Versuche des DtrG erkennt, die Leviten als Lehrer zu etablieren; ähnlich, aber weniger konkret Schmidt, Werner H., *Exodus. 1. Teilband Exodus 1-6*, BK.AT II/1, Neukirchen-Vluyn: Neukirchener 1988, 203, der in הַלֵּוִי so etwas wie einen "Beruf" oder "geistlichen Stand" sieht. Anders, aber weithin akzeptiert, Valentin, Aaron 131, der in V.14 eine "archaisierende Interpolation" sieht, die für ein älteres Levitenbild wirbt. Es gibt keinen Anlass, die unbegründete Behauptung Noths, הַלֵּוִי sei eine altertümliche Verwendung (vgl. Exodus, 37), aufrecht zu erhalten.

Belegen wird so etwas wie die Aufgabe eines Boten angedeutet, in Dtn 31 soll Mose dem Volk sein Lied in den Mund legen. Ansonsten bezeichnet die Wendung eine Handlung Gottes an seinem Seher oder Propheten[510]. Es ist deshalb auch konsequent, wenn der Text sagt, Mose würde für Aaron zum Elohim und Aaron für ihn zum Mund[511]. Daran wird einerseits deutlich, daß Aaron wirklich von Gott geoffenbartes mitteilt. Andererseits ist er darin abhängig von Mose, durch den Aaron Autorität erhält. Außerdem bleibt Mose selbst Offenbarungsempfänger, während Aaron keinen Offenbarungsanspruch erheben kann.

Dass es freilich politisch und theologisch nicht ungefährlich ist, Mose derartige Autorität zuzusprechen, liegt auf der Hand. W. H. Schmidt betont, dass Mose nur für Aaron Elohim ist und weist weiter auf die Möglichkeit hin, Elohim bildhaft zu verstehen. Deshalb stützt er sich auch auf Ps 8,6, wo „Elohim" als göttliche Wesen und nicht unbedingt als Gottheit zu verstehen ist[512]. In Ex 4,15f. ist aber nicht das Verhältnis zwischen Gott und Mensch angesprochen, sondern das zwischen dem Offenbarungsempfänger und dessen Sprecher[513]. Die Aussage, dass Mose Elohim ist, rückt ihn nicht *wesens*mäßig in Gottes Nähe, sondern nur von seiner Autorität her, die er als Offenbarungsempfänger inne hat[514]. So gesehen ist er für Aaron eine göttliche Autorität. Allerdings ist es wichtig, dies gemeinsam mit den „Worten" (הַדְּבָרִים) zu lesen, die er Aaron in den Mund legen soll. Diese bezeichnen wahrscheinlich das gesamte mosaische Gesetz und nicht nur den Dekalog[515].

---

510 Beispiele bei Valentin, ebd., 110.117; Schmidt, W. H., Exodus, 204, der allerdings mehr Gewicht auf Gott als Subjekt des Legens legt.
511 Mit der Betitelung Moses als "Elohim" hat die Forschung immer wieder Probleme gehabt. Seebass siedelt diese Formulierung "hart an die Grenzen des Zulässigen" an (Mose und Aaron, 8). Das Problem benennt auch Schmidt, W. H., ebd., 204f. Der Prophet als Gottes Mund findet sich in Jer 5,19, ähnliche Texte sind Hos 6,5; Jes 1,20 (vgl. Schmidt, W. H., ebd.). Zur formelhaften Wendung יִהְיֶה־לְ vgl. Valentin, Aaron, 105f. Sie sei an die Bundesformel (Jer 24,7; 31,31; 32,28; Ez 11,20; Sach 8,8, u.a.) und an 2 Sam 7,14 angelehnt. Bedeutend ist vor allem die inhaltliche Nähe zu Ex 7,1: "Siehe, ich mache dich hiermit gegenüber dem Pharao zum Elohim und dein Bruder Aaron soll dein Prophet sein". Mose als Elohim vor Pharao verstehe ihn als "Sprecher" JHWHs, sodass es möglich sei, göttliches und mosaisches Ich gegeneinander auszutauschen (Valentin, ebd., 107).
512 Vgl. Schmidt, W. H., Exodus, 204f.
513 Ähnlich hat van Seters versucht, das Verhältnis zwischen Aaron und Mose in Ex 4,10-17 gleich dem zwischen Jeremia und Baruch in Jer 36 zu beschreiben, indem er die Parallelität zwischen dem zweiten Einwand Moses und Jer 1,5 zugrunde legt (vgl. Life, 62).
514 Ähnlich auch Houtman, Exodus Vol. 1, 417.
515 So Weimar, Berufung, 356; Valentin, Aaron, 123f.; Schmidt, W. H., ebd,. 204; Valentins Annahme, dass sich die Jerusalemer Priesterschaft hier mittels einer Erzählung über die Beauftragung Aarons Lehrautorität verschaffen wollte, weil der Kult nach dem Exil noch nicht wieder eingerichtet war, ist zwar einleuchtend, aber

Gott wird außerdem Mose und Aaron unterweisen (ירה Hif.), was sie tun (עשה) sollen. Diese Unterweisung durch Gott ist nicht als Offenbarung zu verstehen, die Aaron und Mose in gleicher Weise empfangen[516]. Außer in Ex 4,12.15 erscheint das Verb im Hif'il mit JHWH als Subjekt nur noch in Ex 24,12, wo Gott לֻחֹת הָאֶבֶן וְהַתּוֹרָה וְהַמִּצְוָה geschrieben hat um „sie" zu lehren. Damit ist Ex 4,15 noch einmal in den Kontext der Tora gerückt.[517].

Allerdings besteht in V. 15 die Nuance, dass Gott die beiden lehren wird, was sie *tun* sollen. Dieses Tun ist nach 4,30 das Wirken der Zeichen. In der langen Debatte darum, welche Zeichen eigentlich gemeint seien, ob V. 15.17 Zeichen vor dem Pharao[518] meine oder allgemeiner irgendwelche Zeichen, oder ausgerechnet die von V. 2-9[519], kann sich hier ein Hinweis darauf finden, dass die Zeichen ebenso weit verstanden sein sollen wie die Worte. Zeichen (אוֹת) ist der Begriff für die göttlichen Wunder, speziell für die, die während des Exodus stattgefunden haben[520].

Der bisherige Befund zeigt, dass Aaron innerhalb der Berufung des Mose eine eminent wichtige Rolle zukommt. Innerhalb des vorliegenden Textes ist Aaron als mitberufener die letzte Gewissheit, die Moses Einwände verstummen lässt. Zugespitzt formuliert könnte man vermuten, dass Mose ohne Aaron nicht in die Sendung eingewilligt hätte.

Aaron hat auch gegenüber dem Volk eine äußerst wichtige Funktion. Er ist es nämlich, der die Worte Gottes vermittelt und Zeichen wirkt, die Gott ihn und Mose unterwiesen hat. Aaron hat zwar nicht Moses nahe Beziehung zu JHWH, aber er hat gegenüber dem Volk eine wichtige Rolle. Das Volk nimmt Mose nur mit Aaron gemeinsam wahr (Ex 4,29-31).

---

spekulativ (ebd., 124f.). Ähnliches gilt für van Seters, der aber immerhin insofern dem Text näher bleibt, als er von Leviten und nicht den Jerusalemer Priestern spricht (letztlich argumentiert aber auch er zirkulär, wenn er meint, es gehe hier nicht um Priester, weil der "Jahwist", auf den der Text zurückgehe, kein Interesse an Aarons Priestertum habe. Vgl. Life, 62).

516 Vgl. Valentin, ebd., 118.
517 Das "Lehren" ist ansonsten Aufgabe der Aaroniden (Lev 10,11; 14,57) und Leviten bzw. Priester (Dtn 17,10.11; 24,8; 33,10). Vgl. Weimar, Berufung, 357. Valentin sieht nur das menschliche Subjekt des Lehrens, das hauptsächlich aus dem priesterlich-kultischen Bereich stammt und vermutet deshalb hinter dem Vers einen priesterlichen Verfasser (vgl. ebd., 98). Wie er an anderer Stelle betont, fehlt in Ex 4 das kultische Element allerdings völlig (vgl. ebd., 122-124), und es geht auch nicht um das menschliche sondern das göttliche Subjekt des Lehrens.
518 Vgl. Weimar, ebd., 353f. mit Anm. 62.
519 Dagegen vgl. Valentin, Aaron, 72f.
520 Vgl. z.B. Ex 12,13; Num 14,11; Dtn 4,34; 7,19; 26,8; 29,2; 34,11; Jer 32,20f. Schmidt, W. H., Exodus, 191f. spricht sich ebenso gegen eine Festlegung des Begriffes Zeichen auf bestimmte Wunder aus. Auf die Exoduswunder bezieht auch Valentin die "Zeichen" (vgl. ebd., 78f.).

Durch den Elohim-Titel wird Mose zur höchsten Autorität bezüglich des Wortempfanges göttlicher Offenbarung gemacht. Selbst wenn Aaron mit Mose „mitberufen" wird und dadurch eine ganz prominente Stellung in der Führung des Volkes und der Vermittlung göttlicher Offenbarung erhält, ist er Mose untergeordnet und abhängig von ihm. Die Aussage ist damit ähnlich wie in Num 12: Moses Toraautorität wird zwar verteilt, aber jegliche/r TeilhaberIn ist Moses absoluter Stellung untergeordnet. Außerdem hat die Demokratisierung für das Volk Bedeutung. Es ist auch in Num 12 (und noch mehr in Num 20!) das Volk, das Mirjam (und Aaron) als Toraautorität und politische Elite unterstützt.

Nun stellt sich aber die Frage, ob diese Rolle Aarons von Anfang an zur Berufung des Mose gehörte, oder ob es ursprünglich eine Berufung ohne Aaron gab.

Gehört Aaron ursprünglich in die Berufung des Mose?

Die literarkritisch relevanten Spannungen, die in Ex 4,27-30 angenommen wurden, betreffen nicht alle Aarons Rolle. Hier sollen nur die beiden Fragen, die für Aaron direkt relevant sind, erörtert werden.[521]

Der Auftrag Gottes an Aaron, Mose zum Gottesberg entgegenzugehen (V. 27), siedelt die Beauftragung Aarons in Midian an[522]. V. 27-30 sind in der vorliegenden Textgestalt als Durchführungsbericht der Berufung von 3,1-4,18 zu verstehen[523]. Aus den V. 27-30 ergeben sich aber vor allem zwei Fragen bezüglich der ursprünglichen Zugehörigkeit Aarons zum Text.

1. Die Tatsache, dass Aaron zum *Sprechen* berufen ist (V. 13.16), dann allerdings auch *Zeichen tut* (V. 28.30), spricht gegen eine Kontinuität zwischen Berufung und Ausführung[524]. Eine solche Argumentation liest allerdings V. 15b nicht mit. In 15b heißt es nämlich, dass Gott beide, Mose und Aaron, weisen wird, was sie *tun* sollen (וְהוֹרֵיתִי אֶתְכֶם אֵת אֲשֶׁר תַּעֲשׂוּן). Dann

---

521 Inwieweit das wechselnde Gegenüber Moses und Aarons, das in V. 29 die Ältesten sind und in V. 30b.31 das Volk ist, literarkritisch relevant ist, wird deshalb nicht besprochen werden. Auch die Frage der Lokalisierung des Geschehens bleibt außer Acht. Sie hängt sich daran auf, dass Mose und Aaron in Midian aufeinandertreffen, die Ältesten und das Volk aber in Ägypten zu finden sind. Auch der manchmal vorgetragene Einwand, dass das Volk in V. 31 *zuerst* glaubt und *dann* erst hört, wird hier nicht berücksichtigt. Zur Gegenargumentation vgl. Van Seters, Life, 69f. Seine Argumentation ist nachvollziehbar, auch wenn man ihm deshalb nicht in der Zuordnung des Textes zu dem von ihm rekonstruierten "Jahwisten" folgen muss.
522 Da Mose in V. 18-26 bereits die Rückkehr nach Ägypten angetreten hat, ergibt sich aus diesem Ortswechsel ein Anschluß von V. 27ff. an V. 17 und Moses Berufung in Kap. 3 (vgl. Schmidt, W. H., Exodus, 235).
523 Vgl. u. a. Schmidt, W. H., ebd., 237; Coats, Exodus, 47.
524 Vgl. Noth, Exodus, 36f.; Schmid, H., Mose, 37; Valentin, Aaron, 78.138; Weimar, Berufung, 69. 86; Schmidt, W. H., Exodus, 238f.; Coats, Exodus, 47f.

ist es aber nur konsequent, wenn auch Aaron Zeichen wirkt. Es gibt von der Ausführung des Auftrages her keinen Grund, „und Aaron" als sekundären Zusatz zu bezeichnen.

2. In V. 29a und V. 29b wechseln Singular und Plural der Verben (nicht aber der Subjekte). Weil das Verb in V. 29a im Singular stehe, sei Aaron in diesem Satz, der aus dem „J"-Bericht stamme, durch die „JE"-Redaktion eingefügt worden. So wurde aus dem Verb im Singular in V. 29a ein pluralisches in V. 29b[525].

So eine Argumentation berücksichtigt die Tatsache nicht, dass Verben im Singular und im Plural bei einem zusammengesetzten Subjekt wechseln können[526].

Es gibt somit keinen Grund, Aaron aus der ursprünglichen Berufung herauszunehmen. Der Text ist so gestaltet, dass ihm innerhalb der Berufung die oben beschriebene wesentliche Rolle von Anfang an zukommt.

Das Aaronbild

In Ex 4,10-16.27-31 ist nicht mit „alten" Texten zu rechnen[527]. Valentin hat das vor allem mit der Verbindung der Vorstellungen eines Schöpfergottes und eines geschichtsmächtigen Gottes in V. 11f.[528], der „späten" Vorstellung von der Geschwisterschaft Aarons und Moses[529], der Begründung des Widerstandes Moses in V. 10 mit einem כי-Satz, der auf z.T. späte prophetische Texte verweist[530] und der Wortstatistik[531] der Verse begründet.

---

525 Vgl. Schmidt, W. H., ebd., 237. Valentin nennt einfach "und Aaron" als Zusatz; dass in 30b auch Aaron Zeichen tut, sei ein "ungewolltes Ergebnis der Aaron-Überarbeitung", durch die das Verb וַיַּעַשׂ von seinem ursprünglichen Subjekt Mose getrennt wurde (vgl. Aaron, 139).
526 Vgl. Übersetzung (1.2.2.) und Literarkritik (1.6.2.3.) zu Num 12,1a.
527 Vgl. Weimar, Berufung, 351. Da sich das Verhältnis zwischen Mose und Aaron an Ex 7,1 P orientiere, seien Ex 4,14-18.27f.29 (nur "und Aaron").30.31 nachpriesterschriftlich (vgl. ebd., 354). Ähnlich auch Valentin, Aaron, 106f.; Kohata, Jahwist, 83ff., der 4,1-16 als späte redaktionelle Einfügung (jehowistische Redaktion) betrachtet. Anders Weimar, Peter, *Untersuchungen zur priesterschriftlichen Exodusgeschichte*, fzb 9, Würzburg: Echter 1973, 200-03. Blum, Erhard, Esra die Mosetora und die persische Politik, *Truma* 4 (2000) 9-34, 19, Anm. 37 vertritt in Revision seiner These (vgl. Studien, 271ff.) die Ansicht, dass Ex 4,1-17 zur Gänze mitsamt 4,27ff*; 5,1.4 eine gegenüber seiner KD spätere Überarbeitung darstelle (in Anlehnung an Schmitt, Hans-Christoph, Tradition der Prophetenbücher in der Plagenerzählung Ex 7,1-11,10, in: Fritz, Volkmar u. a. (Hgg.), *Prophet und Prophetenbuch. Festschrift für Otto Kaiser zum 65. Geburtstag*, BZAW 185, Berlin u.a.: de Gruyter 1989, 196-216, 212ff.).
528 Vgl. Aaron, 96f.
529 Vgl. ebd., 101.
530 Vgl. ebd., 101-103 und weiter syntaktische und formale Beobachtungen ebd., 104-107.
531 Vgl. ebd., 108-114.

Zudem sei auf die unterschiedlichen und oftmals erwähnten Bezüge zur Berufung des Jeremia verwiesen[532].

Es ist also damit zu rechnen, dass das vorliegende Aaronbild nicht vorpriesterschriftlich ist[533], sondern neben der oder sogar gegen die Stilisierung Aarons zum Priester par excellence entwickelt wurde.

Aaron wird (als Levit) in dieser Tradition stark in die Nähe Moses gestellt, nicht nur durch die Verwandtschaft, sondern auch durch die Berufung selbst. Er wird zur selben Zeit, also noch vor dem Exodus, und am selben Ort wie Mose berufen. Umgekehrt ist er auch fester Bestandteil der Berufung Moses und es stellt sich die Frage, ob diese ohne Aaron je zur Ausführung gelangt wäre[534]. Aaron und Mose gehören somit zusammen, wenn es um die Weitergabe der Offenbarung, das Wirken der Zeichen vor dem Volk und den Glauben des Volkes geht. Aaron steht für eine Autorität, die weder priesterlich noch prophetisch[535] gedacht ist, aber zur Weitergabe der Offenbarung beauftragt ist[536]. Aaron erscheint als Levit, nicht als Priester, und auch Mose

---

532 Vgl. Noth, Exodus, 27; Childs, Exodus, 78; Weimar, Berufung, 252f.; Kohata, Jahwist, 89 mit Anm. 345; Valentin, ebd., 103f.107; Van Seters, Life, 58; Coats, Exodus, 47f.

533 Vgl. ebd., 116; Weimar, Berufung, 354.

534 Dass es der AutorInnenschaft sehr stark um die Integration Aarons in diese wesentliche Episode ging, hat auch Valentin betont. Der von ihm angenommene Interpolator brauche das Motiv von Moses Widerstand nur, um mit dessen Hilfe Aaron, dem sein ganzes Interesse gelte, einführen zu können (vgl. Aaron, 99).

535 Mit dem Begriff der Prophetie Aarons muss in Ex 4 vorsichtig umgegangen werden, wie Valentin mehrmals und zu Recht betont, da Aaron nicht Prophet Gottes ist und auch nicht so genannt wird. Damit wird das Verhältnis zwischen Mose und Aaron beschrieben und nicht zwischen Aaron und Gott. So muss auch zur Verdeutlichung gesagt werden, dass die Beziehung zwischen Gott und Aaron kaum beschrieben wird. Gott ruft ihn, weil er Mose helfen soll, und Gott wird ihn die Zeichen lehren, die er tun soll und mit seinem Mund sein. Aber er spricht nicht zu ihm, wodurch wir keine Innenansicht in das Verhältnis erlangen. Auch V. 27 ist keine Offenbarung an Aaron, sondern ein Handlungsauftrag Gottes, der an jeglichen Menschen ergehen kann (vgl. Valentin, ebd., 117f., anders Noth, Exodus, 33). Aaron wird erst und nur in Ex 7,1 Prophet genannt. Ein Interesse an den Ämtern „Prophet" oder „Priester" lässt sich in Ex 4 nicht ausmachen.

536 Seebass, Aaron, 23-28 vertritt die Meinung, dass in Aaron und Mose zwei unterschiedliche Wüstengruppen unterschiedlicher Religionen zusammenträfen und sich an dieser Stelle zusammenschlössen. So kommt Seebass auch auf ein Konkurrenzverhältnis zwischen Mose und Aaron. Ähnlich hat dies auch Schmid, H., Mose, 37 beurteilt: Aaron sei als sakraler Vertreter einer fremden Religion am besten durch eine nahe Bindung an Mose integrierbar. Die Unterordnung Aarons ließe auf seine ursprüngliche Eigenständigkeit schließen (vgl. Mose, 37). Der Text lässt allerdings keinerlei Schlüsse auf solche Konstruktionen zu (vgl. Valentin ebd., 120f.; Schmidt, W. H., Exodus, 205). Auch Greßmann hat nachzuweisen versucht, dass Aaron Mose verdrängen will (vgl. Mose, 50). Mose wird auch nicht durch Aaron ersetzt. Das kann aber auch nicht sein, da Mose bereits eine einzigartige historische Bedeutung für

wird nicht Prophet genannt[537]. Aaron wird an die Berufung des Mose gekoppelt und erhält somit einen bedeutenden Ort innerhalb der Führung Israels und der Vermittlung der göttlichen Offenbarung an die Ältesten und das Volk[538]. Aber er bleibt, was den Empfang der Worte JHWHs betrifft, vollständig von Mose, „seinem Elohim", abhängig. Auch wenn es in Ex 4 nicht um eine explizite Rangordnung zwischen ProphetInnen und Priestern geht – etwa dass der Prophet (Mose) über den Priester (Aaron) gestellt ist – so ist doch deutlich, dass Aaron von Mose abhängig bleibt. Dadurch, dass Mose und Aaron in Ex 4 nicht explizit mit Institutionen verbunden werden, erhält der Text umfassende Bedeutung - und trifft dann alle Institutionen, die sich auf Aaron berufen: Sie sind von Mose abhängig, auch oder gerade dann, wenn ihnen eine sozial wichtige Funktion zukommt.

1.7.2.3. Bedeutung von Ex 4 für das Verhältnis zwischen Mose und Aaron in Num 12

Die Erzählung von der Berufung des Mose in Ex 4 sowie die Wachtelerzählung und die Geschichte von der Geistbegabung der siebzig Ältesten haben auffälligerweise mit Num 12 einige Wendungen gemeinsam. Es handelt sich dabei nicht um gängige oder häufige Formulierungen, sondern um scheinbar sehr spezifische Wendungen. Num 12 ist der Text, in dem sich diese Formulierungen bündeln, denn er ist der Text, der bis auf einen Begriff alle Formulierungen verwendet. Deshalb liegt es nahe, dass die AutorInnen von Num 12 diese Ausdrücke gezielt eingesetzt haben[539].

Die Beobachtung, dass Mose nicht allein berufen wird, ist im Zusammenhang von Ex 33; Num 11-12 hervorzuheben. In jenen Texten geht es um die Frage, ob Mose das Volk allein aus Ägypten heraus führen soll oder nicht, und welche Macht (Ex 33) oder Gruppe bzw. Institution Israels (Num 11-12) ihm dabei helfen könnte. Um diese Frage kreist freilich auch Ex 4 und weist durch einige Stichwortverbindungen auch auf die genannten Stellen hin.

In 4,10 beteuert Mose, sein Mund und seine Zunge seien „schwer" (כָּבֵד). „Schwer" ist auch das Volk für Mose in Num 11,14. Auch Ex 18,18 thematisiert, dass die alleinige Rechtssprechung zu „schwer" sei für Mose, und in Ex 17,12 werden seine Arme zu schwer. In jedem Fall ist כָּבֵד der

---

    Israel hatte und er nicht nur das prophetische Amt innehatte, um das es hier geht, sondern eben eine politische Führungsfunktion (vgl. Valentin, ebd., 99f.).
537 Vgl. Houtman, Exodus Vol. 1, 418.
538 Vgl. auch Valentin, Aaron, 120-122; Schmidt, W. H., Exodus, 205.
539 Zu den hier genannten Wendungen hat Van Seters, Life, 238 zusätzlich das Attribut Moses in 7b נאמן mit Ex 4,1-9.29-31; 14,31 in Beziehung gesetzt. Über diese Wurzel wird sich vor allem von Num 20,12 her eine wesentliche Verbindung zeigen.

Grund dafür, dass Mose Hilfe erhält. Die „Schwere" deutet die Grenze der mosaischen Amtsführung an und wird jeweils dadurch behoben, dass Moses Funktion und Verantwortung aufgeteilt oder unterstützt wird. Dies geschieht in Ex 4 durch Aaron, der für ihn spricht, in Ex 17 durch Aaron und Hur, die Moses Arme stützen, in Ex 18 durch die Häupter, die ihm richten helfen und in Num 11 durch die siebzig Ältesten, die Mose kennt und die mit seinem Geist begabt werden.

בִּי אֲדֹנָי שְׁלַח־נָא lautet Moses Bitte an JHWH in Ex 4,13. In Num 12,11 wird Aarons Bitte an Mose ebenfalls mit בִּי אֲדֹנִי eingeleitet. Die syntaktische Struktur der Bittrufe ist in Ex 4,13 und Num 12,11 die selbe[540].

Auch die Selbstbezeichnung Moses als Knecht in 4,10 findet sich in Num 12,7, dort allerdings als Aussage JHWHs[541].

וַיִּחַר־אַף יְהוָה בְּמֹשֶׁה in Ex 4,14 findet sich in Num 12,9 ebenfalls, allerdings ist das Objekt nicht Mose, sondern Mirjam und Aaron[542].

הֲלֹא אַהֲרֹן אָחִיךָ in Ex 4,14 ist eine Frage Gottes an Mose und gleichzeitig Antwort und Belehrung. Die syntaktische Konstruktion mit der einleitenden Fragepartikel und der Erwähnung eines Verwandtschaftsgrades mit einem EPP ist 12,14 ähnlich. In Ex 4,11 findet sich das selbe Phänomen.

הִנֵּה in Ex 4,13 deutet die Beziehung zwischen Mose und Aaron an, Mose solle auf Aaron blicken. In Num 12,10f. wird damit der Blick auf Mirjam angeleitet.

דבר Pi'el und פֶּה sind in Ex 4,10-17 als Leitworte zu verstehen. Ex 4 thematisiert somit genauso den Empfang des göttlichen Wortes wie Num 12[543]. Die in anderen Texten nicht gegebene Verbindung von דבר Pi'el und פֶּה stellt eine starke Verknüpfung zwischen Ex 4 und Num 12 her[544].

Die beschriebenen Verbindungen zwischen Moseberufung in Ex 4,10-17 und Num 12 beziehen sich auf das Gespräch zwischen Mose und Aaron sowie Moses Bitte an Gott in Num 12,11-13, somit auf das Verhältnis zwischen Mose, Aaron und Gott, jenen Teil der Erzählung, in dem Aaron

---

540 Valentin, Aaron, 95f. verweist auf die Anrede Gottes in Ri 6,15, wo Gideon damit seine Berufung in Frage stellt. Syntaktisch ist Ri 6,15 aber ganz anders aufgebaut. בִּי אֲדֹנִי leitet oft Bitten ein wie in Gen 44,18; Ex 4,13; Num 12,10 oder Ri 13,8, wo sich überall der Imperativ mit nachgestelltem נא findet. Die Formulierung kann auch Fragen (Jos 7,8; Ri 6,13.15) oder Erklärungen (Gen 43,20; 1 Sam 1,26; 1 Kön 3,17.26) eröffnen.
541 Die Formulierung geht nach Fuss, Pentateuchredaktion, 64 auf einen dtr Redaktor zurück.
542 Es zeigt sich mindestens hier, dass der Aussatz Mirjams nur bedingt als Folge des göttlichen Zornesbrandes verstanden werden kann, denn offensichtlich konnte man sich auch sehr entgegenkommende Handlungsweisen aus dem göttlichen Zorn heraus vorstellen.
543 Vgl. Valentin, ebd., 98f., allerdings befindet sich im "Sprechen" eine kleine Nuance. In Num 12 ist דבר Pi. immer mit בְּ an den Adressaten gebunden.
544 Vgl. Valentin, Aaron, 86.

ohne Mirjam handelt. Der Erzähler spielt Ex 4 herein, um Aarons Rolle zu beschreiben. Es liegt deshalb nahe, Aaron in Num 12 so zu verstehen, wie er in Ex 4 vorgestellt wird: Im Bezug auf die Offenbarung des göttlichen Wortes ist Aaron völlig abhängig von Mose, aber er hat bezüglich des Volkes große Bedeutung.

1.7.3. Die Redaktionsgeschichtliche Einordnung von Num 12

Num 12 greift somit nicht nur auf die Tradition vom Zelt außerhalb des Lagers zurück, sondern auch auf Vorstellungen und Wendungen anderer – zum Teil später – Texte wie Ex 4,10-17.27-30 und Ex 18, die alle eines gemeinsam haben: Die Frage nach der Aufteilung der mosaischen Autorität. Dass in Num 12 diese unterschiedlichen Texte aufgenommen werden, kann darauf hindeuten, dass der Text nicht alt, sondern sogar sehr jung ist. Oswald hat ihn der letzten großen Pentateuchredaktion (Rpd) zugeordnet, Schmitt der ebenfalls späten prophetischen Redaktion des Pentateuch[545].

Die von Oswald angenommene Redaktion fügte P und DtrGG[546] zusammen, indem sie folgende theologische Pointierungen setzte: Die bereits vorliegenden Erzählungen wurden im Sinn priesterlicher Theologie überarbeitet, wodurch das Gesetz in den Tempel integriert wurde [547]. Somit wird die für DtrGG zentrale Gebotsmitteilung mit der Kultordnung der P kombiniert. Die Theophanie geschieht auf einem Berg und doch im Heiligtum, Älteste und Priester behalten je ihre Funktion. Allerdings ändert sich die „epistemologisch-topologische Struktur"[548]: die direkte verbale Kommunikation zwischen JHWH und Volk wird aufgekündigt, und Mose tritt als Mittler dazwischen. In abgeschwächter Form nimmt auch Aaron diese

---

545 Schmitt, Hans-Christoph, Die Suche nach der Identität des Jahweglaubens im nachexilischen Israel. Bemerkungen zur theologischen Intention der Endredaktion des Pentateuchs, in: Mehlhausen, J. (Hg.), *Pluralismus und Identität*, VWGTh 8, Gütersloh: Gütersloher Verlagshaus 1995, 259-78, 275-77 sieht möglicherweise richtig, dass eine prophetisch orientierte Redaktion des Pentateuch an einer Legitimation der ganzen Prophetie Israels interessiert war, da der Pentateuch prinzipielle Funktion für gesellschaftliche Institutionen hatte.
546 Das Kürzel DtrGG steht bei Oswald, Wolfgang, *Israel am Gottesberg. Eine Untersuchung zur Literargeschichte der vorderen Sinaiperikope Ex 19-24 und deren historischem Hintergrund*, OBO 159, Freiburg: Universitätsverlag/Göttingen: Vandenhoeck & Ruprecht 1998, 176 für „deuteronomistisches Großes Geschichtswerk", eine Benennung, die sich im Anschluss an den redaktionellen Schritt der Zusammenführung von Gen 1-2 bis Kön 25, dem „Großen Geschichtswerk" bei Zenger, Entstehung, 121, versteht.
547 Vgl. Oswald, ebd., 214.
548 Ebd.

Funktion wahr (vgl. Ex 19,24cd)[549]. Der Kontakt mit Gott ist für Israel an das Heiligtum gebunden, wo seine Stimme gebotsverkündend ertönt. In diesem straffen System besteht eine klare Hierarchie, an deren Spitze Mose und Aaron stehen, gefolgt von den Priestern und Ältesten sowie dem Volk[550]. Das Volk besteht aus passiven ZuschauerInnen. Oswald sieht hinter diesem Vorgehen eine „Koalition von Eliten, die ihre Position gegenüber dem Volk mit drastischen Mitteln absichert".[551] Die vielen Gebote, die gar nicht an die AkteurInnen des Textes gerichtet sind, gehen direkt an die ZuhörerInnen und LeserInnen. Diese Beobachtung Oswalds lässt sich an der LeserInnenlenkung in Num 12 durch auktoriale Einschaltungen in 12,3.10bd und die Übernahme der Position eines Charakters durch den Erzähler in 10c-12 sehr schön zeigen. Der Erzähler zeigt damit seinen LeserInnen sehr deutlich, wie die einzelnen Positionen des Textes zu sehen sind. Seine Darstellung der absoluten Autorität Moses deutet auf jene drastischen Mittel der Machtabsicherung hin, die Oswald beschrieben hat.

Zentrale Texte dieser Pentateuchredaktion sind Ex 33,7-11, sowie jene Episoden, die das Zelt außerhalb des Lagers vorstellen, also auch Num 11,4-34; 12; Dtn 31,14f.23[552]. Allerdings muss an Oswalds weiteren Ausführungen zu Num 11-12 gezweifelt werden, so verlockend und stimmig sie scheinen. Er versteht die beiden Kapitel als Abhandlung der Rpd mit den Trägerkreisen der beiden Werke P und DtrGG, die sie verbindet[553]. Während in Num 11 die siebzig Ältesten, die die laikale Elite Israels repräsentieren, dem Mosegeist untergeordnet werden, geschehe das selbe in Num 12 mit der klerikalen Elite, die in Aaron dargestellt sei. Die Prophetie, von der beide Texte sprechen, werde ebenfalls Mose untergeordnet. Dass Num 12 neben der vermeintlichen klerikalen Position, die die vorliegende Analyse grundsätzlich nicht finden konnte, eine parallele Institution, vertreten durch Mirjam, kennen könnte, fasst Oswald nicht ins Auge. Er wird damit der Erzählung von Num 12 nicht gerecht, da er die beiden in ihren gesellschaftlichen und theologischen Ansprüchen gleich gewichteten Charaktere Mirjam und Aaron ungleich auswertet, wodurch der Prophetie bzw. dem Aspekt, den Mirjam repräsentiert, ein viel zu geringer Raum in seiner Rekonstruktion gegeben

---

549 Man könnte wahrscheinlich die redaktionellen Teile aus Ex 4, die die Rolle Aarons als Mittler einfügen, ebenso hierhin zählen. Der Text liegt außerhalb des von Oswald analysierten Korpus.
550 ProphetInnen haben in der Rekonstruktion Oswalds zunächst keinen Platz. Er hält sich stark an die Institutionen von Laien (=Ältesten)rat und Priestern, ProphetInnen werden nicht institutionalisiert. Das scheint einerseits eine Verkürzung zu sein, andererseits verringert diese Rekonstruktion die Bedeutung der einzigen Institution, als deren Mitglieder auch Frauen bekannt sind.
551 Ebd., 215.
552 Nach Oswald, ebd., 220 sei auch noch Ex 34,29-35 hinzuzuzählen.
553 Vgl. ebd., 221f.

wird. Er reduziert die gesellschaftlich und theologisch wirksamen Kräfte auf Laien und Kleriker, einer dichotomischen Männergesellschaft[554], von der der Erzähler von Num 12 nichts berichtet. Wenn Aaron und die siebzig Ältesten für institutionelle Leitungsämter stünden, müsste vom Text her Mirjam auch dies tun. Da die Position Mirjams fehlt, wird seine Analyse im weiteren ungenau:

„Beide Gruppen [Älteste und Priester] handeln dann legitim, wenn sie die gemeinsame Plattform *Mose* und die geisterfüllte Prophetie als legitimierendes Kriterium akzeptieren. Älteste und Priester sind nicht per se als Institutionen legitim, sondern sie sind es, wenn sie im Geiste Jhwhs, wenn sie prophetisch handeln. Handeln Personen, die außerhalb dieser Institutionen stehen, im Geiste (11,26-29), so sind sie in der selben Weise legitimiert. Propheten, Priester und Älteste erhalten somit ihre Stellung innerhalb der Gemeinschaft zugewiesen, Mose aber wird über Propheten, Ältesten und Priester weit hinausgehoben."[555]

Folgende Unschärfen sind in dieser Rekonstruktion zu vermerken:

1. Num 11 trifft keine Unterscheidung zwischen einer „Plattform Mose" und „geisterfüllter Prophetie". Letztere ordnet Oswald zwei Sätze später erster unter. Die Prophetie ist bei ihm einmal so etwas wie eine Institution und dann wieder wertendes, attributives Kriterium der anderen Institutionen.

2. Nach Num 11,16f. sollen die Ältesten nicht zu ihrer Legitimation prophetisch handeln, wie Oswald meint. Sie sollen vielmehr den Geist des Mose behalten, also unter seiner Autorität agieren. Mindestens ein Teil ihrer Legitimation besteht ja bereits in der Auswahl, die Mose treffen soll. Denn es sollen Männer sein, die Mose kennt.

3. Oswald betrachtet weiter die „Frau Moses" als „Ausgleichsversuch" der Redaktion zwischen den beiden Werken, die sie vereint, denn das dtrGG hielt die midianitische Tradition hoch (vgl. Ex 3f.; 18), während P gegen sie polemisierte (vgl. Num 25,6-18; 31). Innerhalb seiner Darstellung muss dann aber gefragt werden, wie Aaron, wenn er als Priester verstanden wird und die Perspektive von P repräsentieren soll, dieser Ehe positiv gegenüberstehen kann? Wie kann dann diese Ehe für ihn Legitimation sein? – Die kuschitische Frau ist sinnvoller Weise für Aaron vor allem dann positiv zu verstehen, wenn für Aaron selbst Midian eine Bestätigung darstellt. Das ist dann der Fall, wenn Ex 4 und seine Stellung innerhalb der Berufung Moses in Midian miteinbezogen wird.

---

554 Ähnlich auch die Anfrage in Utzschneiders in seiner Rezension: „seine historischen Ortsbestimmungen sind zu stark von schematischen Gegensätzen („königlich – nichtköniglich; laikal – klerikal") geprägt" (Utzschneider, Helmut, Rezension zu Oswald, Wolfgang, Israel am Gottesberg, *Bib* 79 [1998] 569-573, 572).
555 Oswald, Israel, 222.

1.7.4. Mirjam in der persischen Zeit - Versuch einer historischen Verortung des Anliegens Mirjams

Im Rückblick auf Num 12 ist zur Kontur der Gruppen im Text folgendes zusammenzufassen. Mirjam und Aaron repräsentieren die Position einer Gruppe, die Offenbarungen empfangen hat (V. 2.4-6) und die deshalb im Volk Autorität oder mindestens Ansehen genießt (V. 15). Mirjam und Aaron werden nicht explizit als ProphetInnen bezeichnet, ihr Anspruch wird aber – wenn auch mit ambivalenten Attributen[556] – als ein prophetischer bezeichnet (V. 6). Damit wird deutlich, dass es zwar nicht nur eine Prophetie gibt, aber dafür einen Maßstab für ihre Legitimität. Die V. 10-15 zeigen, dass sich am Verhältnis zu Mose entscheidet, wer bzw. welches Verständnis prophetischer Autorität in Israel Platz findet.

Sofern Mose jedoch mit der Tora verbunden ist, bedeutet diese Theorie eine umfassende Einschränkung der Prophetie als Quelle der Offenbarung. – Es gibt keine von Mose unabhängige Prophetie neben ihm. Prophetie ist damit immer an Mose und seine Tora, die er direkt von Gott empfangen hat (V. 7f.), gebunden.

Inhaltlich stellt sich die Frage nach gültiger und legitimer Prophetie in Num 12 als Frage nach der Haltung gegenüber Mischehen. Auch so gesehen lässt sich Prophetie als Auslegung von Tora verstehen, denn in der Mischehenproblematik in Neh 13 geht es um die Auslegung des dtn Gemeindegesetzes (Dtn 23,2-9)[557].

Gegen diese Darstellung sprechen all jene Versuche, die mindestens Aaron, teilweise aber auch Mirjam und Aaron zusammen als VertreterInnen priesterlich-kultischer Anliegen verstehen[558]. Sie setzen dabei an, dass Aaron in Num 12 als Priester auftritt, wofür es keine positiven Belege im Text gibt[559]. Coats vermutet zwischen Aaron und Mose einen innerpriesterlichen Streit und stellt die Frage, ob Mose die levitische Seite repräsentieren könne. Er lehnt dies an die Analyse von Num 16f. und die priesterliche Linie in Ri 18,30 an, die zu Mose führt und – zumindest im Kontext – mit den Leviten in Verbindung steht. Das Problem dieser These besteht aber darin, dass von Num 12 nur mögliche inhaltliche Spekulationen zu diesen Levitentexten führen. Der Sprachgebrauch und die motivlichen Vorstellungen dagegen deuten nicht auf levitische Anliegen hin. Burns' These ist insofern problematisch, als sie ihre Sicht Moses als Vertreter levitischer Ansprüche daran

---

556 Dies ist vor allem an den „Träumen" abzulesen, die ein sehr ambivalentes Medium der Prophetie sein können.
557 Vgl. Fischer, Autorität, 29f.
558 Ausgearbeitet wurde diese Sichtweise vor allem in angloamerikanischen Studien, allen voran Coats, Rebellion, 263f. und Burns, Lord, 59f.
559 Vgl. Elocutio zur dritten Szene.

aufhängt, dass Mose zwar eine "oracular figure par excellence"[560] sei, aber kein Prophet, da er von den ProphetInnen nur abgehoben werde. Das Verständnis Moses als Prophet sei später als Num 12,6-8 anzusiedeln[561]. Positive Belege für eine Verbindung zwischen Mose und den Leviten bestehen nebst der Abstammung Moses (Ex 2,1; Num 26,59; 1 Chr 5,29) in Ex 32,25-29 und Dtn 33,8-11. Während sich die Leviten in Ex 32 Mose anschließen, ist es wahrscheinlich, dass sie ursprünglich Aaron als ihren Ahnherren oder Anführer verstanden[562], was allerdings Ex 32 nicht erwähnt[563]. Wenn Num 12 von levitischen Ansprüchen handelt, sind diese nicht durch Mose, sondern durch Aaron repräsentiert. Das lässt sich einerseits an der Art und Weise des Auftretens Aarons in Num 12 zeigen, das eng mit dem Verständnis Aarons in Ex 4 verbunden ist. Andererseits deuten darauf auch Bezeichnungen Moses, die mehr an das Verständnis Mose als Propheten und Toravermittler als an einen möglichen levitischen Ahnherrn[564] denken lassen. Die Leviten haben dann durchaus im Bereich der Offenbarungsauslegung Autorität, allerdings nicht absolute, von Mose unabhängige.

1.7.4.1. Die These Kesslers

Rainer Kessler hat in seinem Aufsatz „Mirjam und die Prophetie in der Perserzeit" im Rückbezug auf die religionsgeschichtlichen Ausführungen von Albertz[565] darauf hingewiesen, dass hinter Mirjam in Num 12 die ProphetInnen der Perserzeit stünden[566].

Aus dem bisher Gesehenen ist Kesslers These gut nachvollziehbar, weshalb sie im folgenden dargestellt werden soll. Im Anschluss daran sollen an einigen Punkten Differenzierungen angebracht werden, die sich aus der Textanalyse ergeben haben.

Kessler geht von Mi 6,4 aus, wo Mose, Aaron und Mirjam als die Führungsgestalten des Volkes durch die Wüste genannt werden. Da der Text

---

560 Lord, 59.
561 Dies liegt an der Annahme, dass V. 6-8 ursprünglich selbstständig bestanden haben sollen und als sehr alt verstanden werden (vgl. dazu Literarkritik).
562 Vgl. Schmid, H., Mose, 89.
563 Vgl. Valentin, Aaron, 250.
564 Das Levitenbild in Ex 32 ist stark kultisch geprägt, von kultischen Belangen ist in Num 12 jedoch nicht die Rede. Es fehlt somit zwischen Ex 32,25-29 und Num 12 die sachliche und die sprachliche Verbindung.
565 Vgl. Albertz, Rainer, *Religionsgeschichte Israels in alttestamentlicher Zeit 2. Vom Exil bis zu den Makkabäern*, Grundrisse zum Alten Testament, ATD Ergänzungsreihe Bd. 8/2, Göttingen: Vandenhoeck & Ruprecht 1992, 478-487.
566 Vgl. Kessler, Mirjam, 65-70.

einer Redaktion oder Michanachfolgegruppe aus persischer Zeit entstamme, kann Kessler die drei Gestalten als Tora, Kult und – mit Num 12 – Prophetie identifizieren[567]. Dass Mirjam die Prophetinnenrolle zukam, sei daraus abzuleiten, dass es in Israel immer Prophetinnen gab. Mose als Repräsentant der Tora setze das Dtn voraus, das seinerseits eine „Zähmung der Prophetie" auf zwei Schienen versuche[568]: 1. Die Unterscheidung zwischen erlaubt und unerlaubt, wahr und falsch in der Prophetie werde manifestiert, 2. Mose sei der „Überprophet". Beide Wege würden die Prophetie der Tora unterordnen, wodurch auch klar werde, dass Mirjam in Dtn 24,9 nur die Aussatz-Bestrafte erwähnt würde und nicht auch als Prophetin erscheine. Während Prophetie am Ende der Monarchie bereits sehr umstritten gewesen sei[569], sei sie in der Perserzeit zur Gänze in Frage gestellt. Dabei gehe es sozialgeschichtlich um die grundsätzliche Frage des Arrangements der jüdischen Gemeinde(n) mit der persischen Oberherrschaft. Strebt sie nur relative Autonomie an und erhält dafür stabile religiöse und politische Verhältnisse oder träumt sie „den Traum von politischer Unabhängigkeit, Wiederherstellung der davidischen Monarchie, Mittelpunktstellung des Jerusalemer Tempels für die ganze Welt und mit all dem verbunden von weltweitem Frieden und umfassender sozialer Gerechtigkeit"[570]? Das Arrangement verkörpern nach Kessler Esr und Neh, der Gipfel dessen sei die Anerkennung des „Gesetzes des Himmelskönigs", das in der Provinz Juda und den jüdischen Besiedlungen in Transeuphratene[571] verbindliches Gesetz werde.

Wenn sich Nehemia durch die ProphetInnen bedroht fühle, dann deshalb, weil sie in ihm einen König sehen, der ihren Hoffnungen auf Unabhängigkeit entsprechen könnte[572].

---

567 Vgl. ebd., 64f.
568 Vgl. ebd., 66.70.
569 Vgl. ebd., 68.
570 Ebd.
571 Der Begriff meint nicht die Gebiete östlich des Jordans, denn er ist von Osten her gedacht (vgl. Donner, Herbert, *Geschichte des Volkes Israel und seiner Nachbarn in Grundzügen, Bd. 2. Von der Königszeit bis zu Alexander dem Großen. Mit einem Ausblick auf die Geschichte des Judentums bis Bar Kochba*, Grundrisse zum Alten Testament 4/2, ATD Ergänzungsbände, Göttingen: Vandenhoeck & Ruprecht 1986, 451).
572 Vgl. Kessler, Mirjam, 70.

1.7.4.2. Revision und Details der These Kesslers

Aaron und Mirjam

Kessler vertritt gleich zu Beginn seines Aufsatzes die anhand der Gestalten Mose, Aaron und Mirjam (Mi 6,4) beschriebene Dreiteilung religionssoziologischer Größen: Tora, Kult und Prophetie. – Bezüglich Num 12 heißt das für ihn: „Aaron, der Repräsentant des Kults (vgl. Lev 1,5 u.ö.), wird nicht, wie Mirjam, die Prophetin, bestraft, ihm bleibt die Rolle, zwischen der Sünderin (V. 11) und dem ganz auf Gottes Seite stehenden Mose zu vermitteln."[573] Es scheint, als würden hier die Ebenen der Sozialgeschichte und der Erzählung vermischt, denn Kessler schreibt gerade davor, dass es vorbei an jenen Autoritäten, die sich auf Mose berufen, keine Prophetie geben kann.

In Num 12,11cde werden Aaron folgende Sätze in den Mund gelegt: אַל־נָא תָשֵׁת עָלֵינוּ חַטָּאת אֲשֶׁר נוֹאַלְנוּ וַאֲשֶׁר חָטָאנוּ. Aaron spricht in der 1. Person Plural, es ist also nicht nur Mirjam als Sünderin zu verstehen. Indem er für beide spricht, bleibt er auf Mirjams Seite und mit dem Anliegen solidarisch, auch wenn der Erzähler die beiden trennt. Damit macht er einerseits unterschiedliche Sichtweisen auf den Konflikt deutlich, andererseits bietet er die männliche Figur als Identifikationsmöglichkeit für die LeserInnen an. Die Trennung Mirjams und Aarons in Num 12,10-15 ist als Strategie des Erzählers zu betrachten. Mit dieser will er seinen LeserInnen zwei Verhaltensmuster zeigen. Eines davon ist das Verhalten Aarons, das er als vorbildlich hinstellt. Das andere ist in Mirjams Rolle zu finden. Mirjam repräsentiert das zu bestrafende Verhalten. Deshalb ist sie auch als Aussätzige zu betrachten und deshalb ist es auch nicht möglich, den Aussatz wirklich auf der Handlungsebene zu erzählen: Aussatz ist eine Frage der Perspektivierung des Anliegens Mirjams und Aarons und deshalb immer mit הִנֵּה („sie her!") gekennzeichnet. Wenn Mirjam und Aaron eine Partei darstellen, dann kann Kesslers Aufteilung von Tora, Kult und Prophetie auf die drei Führungsgestalten nicht passen. Sie ist auch insofern fragwürdig, als Mose im Text für „Prophetie" steht und nicht für „Tora". Wobei mit Fischer hinzugefügt werden muss, dass Prophetie im Zusammenhang mit Mose nicht als „vorausschauende" sondern als toraauslegende zu verstehen ist.[574] Dann wird noch einmal deutlicher, dass Mirjam und Aaron legitime Autorität in der Toraauslegung anstreben.

---

573 Ebd., 65.
574 Vgl. Fischer, Irmtraud, *Tora für Israel – Tora für die Völker. Das Konzept des Jesajabuches*, SBS 164, Stuttgart: Verlag Katholisches Bibelwerk 1995, 119 und dies., Autorität 29f.

Der Erzähler ist aber nicht daran interessiert, Aaron und Mirjam als GruppenvertreterInnen zu identifizieren, es geht um die Tatsache, dass die mosaische Autorität in Frage gestellt wird. Wenn Aaron nicht als Priester im engen kultisch-rituellen Sinn deutlich gemacht wird, dann deshalb, weil die kultischen Funktionen der Priester im Zusammenhang der Prophetie und im Zusammenhang mit Mirjam nicht im Vordergrund stehen. Deborah W. Rooke hat das in ihrer Studie zum Hohepriestertum in Israel anhand der Identität Esras treffend beschrieben. Sie fragt sich, wie Esra einerseits unter Betonung seiner aaronidischen Abstammung so stark als zweiter Mose stilisiert werden kann. Sie stellt diese Frage in den Zusammenhang der Feststellung, dass das Amt des Hohepriesters im Esrabuch sehr undeutlich und schwach gekennzeichnet ist[575]. Folgende Beschreibung Esras und seines Verhältnisses zur Figur Aarons können die Frage nach den Gruppen in Num 12 weiterführen:

"Although he [=Esra] is of the line of Aaron, and is therefore a levitical priest, whose functions are to guard and to teach the law (Deut. 17: 18; 33: 10) and to make offerings on behalf of the people (Deut. 33: 10), it is by virtue of his appearance in the prophetic, Mosaic capacity that he is shown as sole leader of an intercessor for the community which appears to have no other effective regulatory structures. This implies that whatever the stance of the contemporary high priest over the issue of racial purity, the figure of the high priest was not well enough defined as an overall authority figure to be a convincing model for Ezra as an implementer of reform."[576]

Wenn also Esra sowohl die Mosefigur, als auch die priesterliche Abstammung von Aaron für sich in Anspruch nimmt, können Mose und der *Priester* Aaron nicht gegeneinander auftreten. Möglicherweise stehen hinter Aaron priesterliche Ansprüche gegenüber den monokratischen Ansprüchen Esras[577], die aber nicht so deutlich gekennzeichnet werden, weil die hohepriesterlichen Ansprüche ebenso von Esra vereinnahmt werden. Da aber die AutorInnengruppe hinter Num 12 auf der Seite Moses, also auf der Seite Esras, ist, zeichnet sie Aaron, der ja in Num 12 zunächst ebenso in der Opposition zur AutorInnenmeinung erscheint, in abgeschwächter priesterlicher Funktion.[578].

---

575 Vgl. Rooke, Deborah W., *Zadok's Heirs. The Role and Development of the High Priesthood in Ancient Israel*, OTM, Oxford: University Press 2000,157-163.
576 Ebd., 164.
577 Ähnlich vermutet Fischer, Autorität, 29, dass Priesterschaft und ProphetInnen an Autorität verlieren und deshalb in Num 12,1-2 ihren Anspruch deutlich machen.
578 Obwohl Grabbe mit seinen Ausführungen zu einem in der Zeit des Zweiten Tempels sehr breit zu verstehenden Prophetieverständnis nicht falsch liegt (vgl. Grabbe, Lester L., Poets, Scribes or Preachers? The Reality of Prophecy in the Second Temple Period, in: *Society of Biblical Literature 1998 Seminar Papers Part Two*, SBL Seminar Papers Series 37, Atlanta, Georgia: Scholars Press 1998, 524-545536f.541.543), kann die

Gleichzeitig wird deutlich, warum Aaron für die LeserInnen als Handlungsparadigma vorgestellt wird: Das Priestertum wird verstanden als dem neuen Mose untergeordnete, in der Toraauslegung und -vermittlung von Esras umfassender Autorität abhängige Institution. Das entspricht ganz der Unterordnung Aarons unter Mose in Ex 4 und passt zu einer aaronidisch-mosaischen Autorität, wie Esra sich verstand, die neben sich keinen starken Hohepriester duldet.

Mirjam, das Volk und seine Regierung

Im folgenden soll versucht werden, das Anliegen Mirjams und Aarons im sozialen Gefüge der persischen Provinz *Jahud* einzuordnen. Die Konflikte der Zeit ergeben sich dabei stark durch das Aufeinanderprallen zweier sozialer Gruppen innerhalb der jüdischen „Gemeinde": das sind auf der einen Seite die nicht ins Exil Deportieren, im Land Gebliebenen, und auf der anderen Seite die Re-MigrantInnen aus dem babylonischen Exil. Anhand zweier Problemkreise, die durch dieses Aufeinandertreffen entstanden sind, soll eine sozialgeschichtliche Konkretisierung des Anliegens Mirjams versucht werden.

a) Die Rückkehr der Gola

In nachexilischer Zeit hat sich in Juda eine relativ unabhängige jüdische Gemeinde gebildet. Ihre Autonomie war insofern relativ, als sie geprägt war von jüdischen Re-MigrantInnen, die in der Gemeinde soziale Strukturen einführten, die sich im babylonischen Exil entwickelt haben und auch von dort beeinflusst waren[579]. Die Durchsetzung von Strukturen aus dem Exil im „Stammland" zeigt, dass die Organisation der Gemeinde und die Lebensweise von Jüdinnen und Juden in Juda für die RückkehrerInnen nicht überzeugend waren. Es hatte sich ganz offensichtlich im Exil eine Glaubens- und Lebensform herausgebildet, die sich als normierend empfand. Die Missionen Esras und Nehemias machen diese Haltung deutlich. In den religiösen Reformen Esras findet sich starkes Misstrauen gegenüber den im Land Gebliebenen. Der Erlass des persischen Königs stellt Esra vor die Aufgabe, „gewissenhaft" und „genau" Opfertiere und die dazugehörigen Speise- und Trankopfer zu kaufen und darzubringen, und mit dem restlichen Geld, das er für die Mission erhielt, „nach dem Willen eures Gottes" zu verfahren. Die Angaben im Erlass lassen darauf schließen, dass „die babylonische Diaspora den Verdacht (hegt), daß der Serubbabel-Tempel

---

Prophetisierung Levis, wie sie in dem relativ späten Roman Josef und Asenet in 22,13; 23,8; 26,6 vorliegt, kaum im Zusammenhang mit unserem Text gesehen werden.

579 Vgl. Steins, Georg, Die Bücher Esra und Nehemia, in: Zenger, Erich u.a., *Einleitung in das Alte Testament*, KStTh 1.1, Stuttgart: Kohlhammer [4]2001, 223-245, 243.

keineswegs den Anforderungen ritueller Untadeligkeit von Menschen und Sachen genügt."[580] Ähnliches Misstrauen vermutet Koch hinter der „Generaluntersuchung", die Esra durchführen soll und die eng mit der Überbringung der Gaben an den Tempel zusammenhängt (Esra 7,14-16). Der Auftrag, *zuerst* die Untersuchung durchzuführen und dann erst die Tempelgaben abzuliefern, zeigt, dass offensichtlich zuerst die Verhältnisse überprüft und richtiggestellt werden mussten:

„Anscheinend hegen die Exilskreise, die hinter der Mission Esras stehen und sich an die göttliche Wohnung in Jerusalem gebunden wissen, erhebliche Zweifel, ob es im zeitgenössischen Jerusalem hinsichtlich Reinheit und Heiligkeit mit rechten Dingen zugehe und ihre reichen Opfer an die richtige Adresse gelangen! [...] Esra wird nicht erwarten, daß er von den Jerusalemer Priestern mit Begeisterung empfangen wird. Ein Konflikt scheint vorprogrammiert."[581]

Dieses Misstrauen mag daher rühren, dass die 587 v. Chr. nach Babylonien deportierte Oberschicht und Priesterschaft im Exil einen organisierten Kult (ohne Tempel) aufrecht erhielt, der der Erhaltung und Entwicklung der „rechtlichen Traditionen" galt[582]. Die im Exil entwickelte Kult- und Rechtspraxis war „im Land" zweifellos nicht zu finden. Der beginnende Konflikt zwischen Gola-RückkehrerInnen und im Land Ansässigen spiegelt sich in den Texten Esras und Nehemias weniger als in anderen Texten aus persischer Zeit, wie den späten Pentateuchpassagen, zu denen Num 12 zu zählen ist[583].

Wenn Mirjam und Aaron gegen eine rigorose Alleinautorität Moses auftreten, dann ist dieses Machtmonopol zweifellos auf Seiten der von der persischen Regierung unterstützten und eingesetzten Autoritäten zu suchen. Von diesen erzählen die Bücher Esra und Nehemia[584]. Sie sind damit beauftragt, eine Reform durchzusetzen, die allein von der Exilsgemeinde in Absprache mit der persischen Regierung[585] bestimmt ist und die Realität und

---

580 Koch, Klaus, Der Artaxerxes-Erlaß im Esrabuch, in: Weippert, Manfred/Timm, Stefan (Hgg.), *Meilenstein. Festgabe für Herbert Donner zum 16. Februar 1995*, Ägypten und Altes Testament 30, Wiesbaden: Harrassowitz 1995, 87-98, 91.
581 Ebd., 93.
582 Vgl. Blenkinsopp, Joseph, Temple and Society in Achaemenid Judah, in: Davies, Philip R. (ed.), *Second Temple Studies. 1. Persian Period*, JSOT.S 117, Sheffield: JSOT Press 1991, 22-53, 52f.
583 Vgl. Redaktionskritik.
584 Bezüglich der Historizität der Bücher Esra und Nehemia können Zweifel angebacht werden (vgl. vor allem Grabbe, Judaism oder Ders., Ezra oder ders., *Ezra - Nehemia*, Old Testament Readings, London/New York: Routledge 1998). Auch wenn die Bücher keine „objektive Geschichte" erzählen, so spiegeln sie doch Probleme und Konflikte ihrer Zeit wieder, um die es hier geht. Num 12 ist in der Zeit Esras und Nehemias zu verorten. Deshalb ist anzunehmen, dass Mirjam eine Position innerhalb dieser Konflikte darstellte.
585 Vgl. Koch, Artaxerxes-Erlaß, 92.

die Bedürfnisse der „BewohnerInnen des Landes"[586] nicht berücksichtigt. Somit ist der Konflikt um die Autoritätsfrage verbunden mit dem Konflikt zwischen der Gola und den im Land Gebliebenen. Offensichtlich werden durch die Reform die Autoritäten des Landes, wie man sie möglicherweise in Tobiah, Sanballat und Geschem findet, übergangen. Auch die Prophetin Noadja „und die übrigen Propheten" gehören jenen Autoritäten an, die von den Reformern überrollt werden. Es besteht kaum Zweifel daran, dass die eingesessenen Führungseliten der Bevölkerung des Landes mit hohen Machtverlusten rechnen musste. Ihre Opposition gegen die Reform speiste sich aber möglicherweise auch aus Ängsten der Landbevölkerung vor den persischen Autoritäten und damit auch vor den geplanten Umstrukturierungen zur persischen Provinz.[587]

Es wurde aber bereits deutlich, dass Mirjam und Aaron nicht nur die Frage nach legitimen Autoritäten stellen. Mit der Anfrage an Moses Ehe mit der kuschitischen Frau thematisieren sie zugleich die zur Zeit Esras und Nehemias virulente Mischehenproblematik. Das Problem der Mischehen hat aber bei Esra und Nehemia nicht die selbe Funktion. Es steht in je anderen Kontexten. Um Mirjams Anliegen deutlicher zu fassen, muss dieser Unterschied beschrieben werden.

aa) Funktion der Mischehen bei Esra

Die Frage nach der Mischehenpraxis hängt im Esrabuch stark mit dem Konflikt um die jüdische Orthopraxie und ihren Reinheitsvorschriften zusammen. Esra verordnet im Rahmen der Reinhaltung der jüdischen Gemeinde die Scheidung aller Mischehen. Die Frage ist aber, was unter „Mischehe" zu verstehen ist. Die Frage nach den Mischehen ist im Zusammenhang der Entwicklung der Identität der jüdischen Gemeinde zu betrachten. Der Begriff „Mischehe" ist ein Mittel, um zu definieren, wer nicht zur Gemeinde gehört[588]. Mit seiner Hilfe wird festgeschrieben, was fremd ist bzw. als fremd gelten soll. Sofern der Begriff „Mischehe" aber aus der Perspektive der Selbstdefinition der Gola-Elite und der Reformer definiert wird, dient er deren Vorstellungen von der Reinheit Israels[589]. Das wird

---

586 Grabbe, Ezra – Nehemia, 137 meint, der in Esr 4,1-4 zentrale Begriff der „BewohnerInnen des Landes" sei weder im Alten Testament noch in der rabbinischen Literatur eine Bezeichnung für die „Völker", sondern immer für Israel gewesen.

587 Vgl. Carroll, Robert P., Coopting the Prophets. Nehemia and Noadiah, in: Ulrich, Eugene/Wright, John W./Carroll, Robert P., Davies, Philip R. (eds.), *Priests, Prophets and Scribes. Essays on the Formation and Heritage of Second Temple Judaism in Honour of Joseph Blenkinsopp*, JSOT.S 149, Sheffield: JSOT Pr. 1992, 87-99, 91ff.

588 Albertz, Religionsgeschichte, 504ff. betrachtet die Mischehenscheidung als religiösen und politischen Abgrenzungsversuch der sich bildenden jüdischen Gemeinschaft.

589 Zum Zusammenhang von Mischehenverbot und Reinheit bei Esra und Nehemia vgl. Fensham, Frank Charles, *The Books of Ezra and Nehemiah*, NIC, Grand Rapids: Eerdmans 1982, 124.

besonders in der Rede vom „heiligen Samen", der sich mit den Völkern des Landes vermischte (vgl. Esr 9,2), deutlich. Wenn es aber stimmt, dass man diese Reinheit der Gemeinde um den „Tempel Serubbabels" absprach, dann drängt sich der Schluss auf, dass die „fremden" Bewohnerinnen des Landes jene im Land ansässigen Jüdinnen gewesen sein könnten[590]: "Essentially, the only basis for Ezra's objection is that the foreigners were simply Jews who were not in Exile."[591] Smith-Christopher nennt zwei innerbiblisch begründete Tendenzen für diese Sicht: 1. Es gibt bereits einige Texte, die sich für eine mildere Haltung gegenüber einzelnen Völkern aussprechen und nennt als Beispiele Jes 60,1-5, Jona und Rut. 2. Die Gruppen, die genannt werden, werden mit alten, überkommenen Termini bezeichnet, die bereits zu Stereotypen der Verleumdung geworden sind und keine realen Gruppen mehr meinen[592]. Smith Christopher schließt damit, dass die Mischehenrhetorik bei Esra eine weitgehend "political and religious propaganda about an internal struggle"[593] sei.

Wenn Mirjam und Aaron daran erinnern, dass auch Mose mit einer Nicht-Israelitin verheiratet war, dann beziehen sie Position für die Mischehen und damit gegen jene Re-MigrantInnen, die eine Verbindung der ortsansässigen Frauen mit den Männern der Gola verhindern wollen. Mirjam und Aaron sprechen für die in Juda ortsansässigen jüdischen Frauen. Es wurde aber bereits deutlich, dass die Frage der Mischehen sowohl politisch als auch

---

590 Vgl. Smith-Christopher, Daniel L., The Mixed Marriage Crisis in Ezra 9-10 and Nehemia 13: A Study of the Sociology of the Post-Exilic Judean Community, in: Eskenazi, Tamara Cohn/Richards, Kent H. (eds.,) *Second Temple Studies. 2. Temple Community in the Persian Period*, JSOT.S 1754, Sheffield: JSOT Press 1994, 243-265, 247: Esra definiere den Begriff sowohl ethnisch als auch religiös. Wenn aber "Endogamie" ein Begriff sei, der ethnisch und religiös definert werde, "The possibility remains that these 'mixed-marriages' were considered 'mixed' *only* by Ezra and his supporters, and not [...] by the married persons themselves." Für eine ähnliche Sicht spricht auch die Beobachtung Grabbes, dass in Esr zwar von den "BewohnerInnen des Landes" gesprochen würde, allerdings jeder Hinweis auf die ortsansässigen Juden und Jüdinnen fehle. Seiner Meinung nach täusche Esra vor, es habe keine im Land gebliebenen Juden und Jüdienn gegeben (vgl. Ezra-Nehemia, 138). Ähnlich hat Christl Maier erwogen, dass die „fremde Frau" in Spr 7 möglicherweise nicht unbedingt als Nicht-Israelitin zu verstehen sei (vgl. Maier, Christl, Im Vorzimmer der Unterwelt. Die Warnung vor der „fremden Frau" in Prov 7 in ihrem historischen Kontext, in: Schottroff, Luise/Wacker, Marie-Theres (Hgg.), *Von der Wurzel getragen. Christlich-feministische Exegese in Auseinandersetzung mit Antjudaismus*, BIS 17, Leiden: Brill 1996, 179-198, 190). Maier betont allerdings auch, dass Spr 7 einer anderen Tradition entspringt als Esr 9f. und Neh 13. Trotzdem kann נכריה, das sowohl in Spr 7 als auch in Esr 10,2.10.11.14.17.18.4; Neh 13,26f. steht, einen Hinweis für die in Esr und Neh angesprochenen Mischehen geben.
591 Smith-Christopher, ebd., 257.
592 Vgl. ebd., 257.
593 Ebd., 258.

religiös motiviert ist. Von da her ist es verständlich, dass Mirjam und Aaron durch die Erwähnung der Ehe Moses mit der kuschitischen/midianitischen Frau auch die Frage der politischen und religiösen Autoritäten ansprechen. Die Ehe Moses verweist auf seine Berufung in Midian einerseits und die Wiederaufnahme Zipporas in Ex 18 sowie die damit verbundene Aufteilung der juridischen Ämter. Eine Lösung der Mischehenfrage im Sinn Mirjams und Aarons bedeutet dann auch, Mirjam und Aaron als VertreterInnen ortsansässiger jüdischer Autoritäten gleichwertig anzuerkennen.

Fischer kommt zu einem ähnlichen Ergebnis, auch wenn sie von Ex 18 her anders argumentiert[594]. Sie hat gezeigt, dass mit der Ehe Moses auf die Mischehenfrage in persischer Zeit angespielt wird. Mirjam und Aaron würden sich für die *geschiedene* (Ex 18,2) Ehe des Mose einsetzen und dabei den Anspruch erheben, prophetisch zu reden. Diese Prophetie sei aber als Auslegung der Tora zu verstehen, denn in der Frage der Mischehen gehe es nach Neh 13,1f. um die Auslegung von Dtn 23,2-9.[595] Mirjam und Aaron stünden für prophetische und priesterliche Gruppen, die an Ansehen verlören[596], Mose dagegen stehe für die „Scharfmacherpartei" Esras und Nehemias. Dies setzt die Möglichkeit einer direkten Gleichsetzung der Textcharaktere mit bestimmten sozialgeschichtlich verankerbaren Gruppen voraus. Der Text hält sich allerdings in der Darstellung von Gruppenidentitäten sehr zurück. Es konnte gezeigt werden, dass Aaron nicht explizit als Priester stilisiert wird, und dass Mirjam und Aaron innerhalb des Handlungsablaufes nicht gegen den Charakter Mose bzw. Mose im Text nicht gegen die beiden Charaktere agiert. Es ist vielmehr die Erzählinstanz des impliziten Autors, die sich auf Moses Seite und gegen Mirjam und Aaron stellt. Der Text aber hält auf der Handlungsebene (E$_1$) das Verhältnis zwischen Mirjam/Aaron und Mose offen.

Es scheint den AutorInnen weniger um die Herausarbeitung bestimmter Gruppen zu gehen, sondern um den Konflikt als solchen, nämlich die Frage nach der Aufteilung toraauslegender Autoritäten. Ist die einzig legitime Gruppe die einwandernde mit ihren Zielen der Eingliederung und Identitätsfindung und mit dem Gesetz „in der Hand" ohne die ortsansässigen? Oder gelingt es, die ansässigen prophetischen und priesterlichen Autoritäten ebenfalls zu akzeptieren und ihnen Zugehörigkeit zum Lager bzw. zu Israel zuzusprechen? – Nach der Aussage von Num 12 klarerweise nicht.

bb) Funktion der Mischehen bei Nehemia

Die Rede vom Mischehenverbot hat bei Nehemia eine andere Bedeutung als bei Esra. Grundsätzlich geht es zwar genauso um die Schaffung der

---

594 Vgl. Autorität, 28. Zur Diskussion des Verständnisses von Ex 18,2 vgl. Exkurs: Mirjams Anliegen und ihre Identität, B) Ehe und Offenbarung.
595 Vgl. ebd., 30f.
596 Vgl. ebd., 29.

Identität der jüdischen Gemeinde, allerdings verlaufen die Linien der Abgrenzung nicht innerhalb der eigenen Reihen. Nehemias Mission war stark von nichtjüdischen Kräften gefährdet[597]. Smith-Christopher versteht die Mischehen bei Nehemia als „strategische Mittel", um sowohl im Tempel als auch innerhalb der Regierung zu Macht zu kommen.[598] Als Gegner Nehemias werden wiederholt Sanballat, der Horoniter, der ammonitische Knecht Tobiah und der Araber Geschem genannt (Neh 2,19). Mindestens von Sanballat ist belegt, dass er in der Provinz Samaria regierte. Auch Geschem könnte ein arabischer Regent gewesen sein und Tobiah stammte aller Wahrscheinlichkeit nach aus einer einflussreichen jüdischen Familie.[599] In Neh 13,28 wird deutlich, dass Sanballat mit der hohepriesterlichen Familie verschwägert war und in Neh 6,17-19 wird erzählt, dass sich jüdische Adelsfamilien aus Verwandtschaftsgründen für Tobias Ansehen bei Nehemia einsetzen. Smith-Christopher streicht auch heraus, dass die Erzählung davon, dass Nehemia Tobia aus dem Tempel verscheuchte (13,4-9), kurz vor der Erwähnung der Mischehen (13,23-27) stehe. Es ist also festzuhalten, dass Nehemias Opponenten im Zusammenhang der Mischehen eine gewisse Rolle spielen. Auch die Erwähnung der ausländischen Frauen Salomos in Neh 13,26 deutet auf eine politische Sichtweise der Mischehen hin[600]. So kann auch die Absonderung des „Mischvolkes" in Neh 13,1-3, die vor allem gegen die Ammoniter (Tobia) und Moabiter (Sanballat, der Horoniter) zielt, auf diese politische Ausrichtung der Abgrenzung hinweisen. Smith-Christopher folgert aus diese Beobachtungen: "What we are clearly dealing with in Nehemiah is the attempt to intermarry the leadership of the temple with the local political leadership"[601]. Auch das Interesse der persischen Regierung daran, dass die in den Provinzen eingesetzten Statthalter in aristokratische ansässige Familien einheirateten, um sich Akzeptanz zu sichern, sei belegt.[602]

Auf diesem Hintergrund wird die Positionierung des Anliegens Mirjams und Aarons schwierig. Als jene, die Mischehen befürworten, würden sie sich für die machtpolitisch ausgerichteten Eheschließungen einsetzen. Das passt zwar dazu, dass Noadja und die übrigen ProphetInnen in 6,14 mit Sanballat und Tobia gemeinsam erwähnt werden, allerdings wäre das Anliegen Mirjams und Aarons ganz anders zu beschreiben. Man kann es als ausländerInnenfreundlich bezeichnen. Innerhalb des Vielvölkergemisches, das in der Provinz *Jahud* zu vermuten ist, ist dies eine politisch angemessene

---

597 Vgl. Blenkinsopp, Joseph, *Ezra-Nehemiah. A Commentary*, OTL, Philadelphia, Pa.: Westminster Pr. 1988, 460.
598 Vgl. Marriage, 258f.
599 Vgl. dazu u.a. Grabbe, Ezra – Nehemia, 132ff.
600 Vgl. Smith-Christopher, Marriage, 259.
601 Ebd., 259.
602 Vgl. ebd., 260f.

Haltung[603]. Diese hat aber direkt etwas mit der beschriebenen Mischehenpolitik zu tun, die auf politischen Machtinteressen fußt und ein Netzwerk darstellt, gegen das Nehemia nur schwer agieren kann.

Es ist hier unmöglich, eine Entscheidung zu treffen, ob diese unterschiedlichen Sichtweisen von Mischehen bei Esra und Nehemia zutreffend sind. Sie machen aber für die Frage nach dem Anliegen Mirjams zwei Interpretationslinien deutlich:

1. Exogame Ehen sind nicht nur als Ehen zwischen Israeliten und Nicht-IsraelitInnen zu verstehen, sondern auch als Ehen zwischen im Land gebliebenen und aus der Gola zurückkehrenden. In diesem Zusammenhang steht die Frage nach der Identität der jüdischen Gemeinde im Kontext der internen Abgrenzung einer Orthodoxie vom Rest der jüdischen Bevölkerung. Mirjam und Aaron sprechen sich dann für eine umfassendere jüdische Gemeinde aus, die aus Ansässigen und Re-MigrantInnen besteht, und in der die prophetische toraauslegende Autorität nicht von einer einzigen, die Reinheit für sich in Anspruch nehmenden Autorität vereinnahmt wird.

2. Mischehen sind als ein politisches Faktum auch eine ethnische Frage. Mirjam und Aaron treten gegen jene Position ein, die gegen jede ethnische Vermischung Israels auftritt. Wie im obigen Fall geht es um die Frage der prophetischen Auslegung der Tora.

b) Die ökonomische Krise

Einer der grundlegenden Faktoren der persischen Zeit war zwar nebst relativer politischer Stabilität[604] die wirtschaftlich schwierige Situation[605], die vor allem aufgrund der hohen und durch verlorene Kriege weiter steigenden Steuern, die die persische Regierung einhob,[606] entstand. Dies verstärkte die sozialen Gegensätze auch innerhalb der jüdischen Gemeinde, worunter vor allem die kleinbäuerlichen Familien litten, während wohlhabendere Familien sich noch an Darlehensgeschäften bereichern konnten. Dies führte dazu, dass „die ärmeren Familien der Sippen ... nur noch dem zustimmen [konnten],

---

603 Fischer hat in diesem Zusammenhang auf die naheliegende Verbindung zum Rutbuch hingewiesen (vgl. Autorität, 31). Dass Noadja von der Mischehenfrage besonders betroffen sei, weil sie eine Frau ist, wie Carroll, Prophets, 95 vermutet, ist nur bedingt nachvollziehbar. Denn wenn Mischehen nicht nur unter dem individuellen Aspekt gesehen werden, dass (nichtisraelitische) Frauen geschieden werden und unversorgt bleiben, sondern auch unter dem Aspekt eines möglichen sozialen Aufstiegs, ist die Motivation, gegen Nehemia aufzutreten, zweifellos eine andere.
604 Zu nennen sind Unruhen und das Interesse Persiens, Bevölkerung im Westen zur Absicherung gegen Ägypten anzusiedeln. Nach Albertz mochten diese Unruhen (522/521) auch manche von der Rückkehr aus Babylon abgehalten haben.
605 Vgl. Albertz, Religionsgeschichte, 470 mit Verweis auf Hag 1,6.9-11, Sach 8,10.
606 Vgl. ebd., 474.

was ihre reichen Sippenangehörigen schon beschlossen hatten (vgl. Neh 10,29)."[607]

Auf dem Hintergrund dieser ökonomischen und sozialen Situation wurde der Tempelbau auch unterschiedlich aufgenommen. Bei Teilen der jüdischen Bevölkerung löste er bezüglich einer möglichen politischen Autonomie große Erwartungen aus. Jerusalem sollte als Nabel der Welt jener Ort sein, an dem Frieden und Gerechtigkeit einkehren. Da die persischen Behörden in diesen Bevölkerungsteilen einen politischen Unruheherd vermuteten, wurde Serubbabel als politischer Hoffnungsträger dieser Leute abgesetzt.

Die jüdische Oberschicht, in der sich Laien- und Priesterfamilien fanden, waren sowohl in der persischen Verwaltung als auch in der jüdischen Selbstverwaltung führend und der Regierung gegenüber loyal.[608] Sie war aufgrund ihres Wohlstandes Kreditgeberin für Ärmere, was sie zum Teil nicht zu ihrem eigenen Schaden betrieb (Neh 5,7). Die Mitglieder der Oberschicht gerieten jedoch in einen Loyalitätskonflikt, wenn sie sich vor der Wahl sahen, sich für ihre jüdischen MitbürgerInnen oder für persische Behörden zu entscheiden, d. h. für die Senkung der Steuer oder ihre rigorose Eintreibung. Dieser Konflikt wurde unterschiedlich gelöst. Während sich die einen an die persische Gesetzgebung hielten und damit selbst zu ihrem Vorteil wirtschafteten, orientierten sich die anderen streng an der Sozialgesetzgebung der JHWH-Religion (Neh 5,8; vgl. Lev 25,47; Neh 10,32; 5,9.15; Ijob 31,13-34.38-40; Jes 58,6-7).[609]

Diese schwelende soziale Krise ist mit dem Mauerbau im Jahr 444 eskaliert, wie die drei Klagen in Neh 5,1-5 deutlich zeigen. Nehemias darauf folgender Aufruf, Schulden zu erlassen, schaffte bestenfalls kurzfristige Erleichterung, da ja die jüdische Selbstverwaltung die Steuern nicht aufheben konnte.[610] Somit entstand ein drei Parteien-Streit, in dem die mit der „Unterschicht" solidarische Oberschicht gegen die unsolidarische antrat und die ärmere Schicht pauschal gegen Oberschicht (auch gegen ihre UnterstützerInnen) kämpfte.[611] Das einzige Hoffnungspotential dieser verarmten Schicht war die eschatologische Prophetie. Diese war einerseits ins Abseits geraten, da sie zumindest zum Teil nationale Interessen vertrat, die dem Konzept der persertreuen Oberschicht widersprachen. Dadurch wurde der

---

607 Ebd., 475.
608 Vgl. ebd., 471f.541.
609 Vgl. ebd., 542f.
610 Vgl. ebd., 538-542.
611 Vgl. ebd., 546. Die als unsolidarisch bezeichneten Frevler (רשעים) kämen im Pentateuch nicht vor und nicht zu Wort, weil auf ihrer Seite die Macht des Faktischen stünde. Sie hätten keine Notwendigkeit gehabt, sich zu verteidigen, denn ihr Reichtum galt als Segen. Zudem hatte die Reformbewegung doch noch die Mehrheit. Die Schärfe, mit der dieser theologische Streit ausgefochten wurde, deute – so Albertz - darauf hin, dass die Position der unsolidarischen Reichen höchst anziehend gewesen sein muss.

Prophetie von Seiten der Oberschicht jede gegenwartsbezogene Bedeutung abgesprochen[612].

Prophetie

Es scheint zu einfach, die „pentateuchbildende Oberschicht" mit der Moseautorität, d.h. dem Mose des Textes, zu identifizieren. Umgekehrt scheint es ebenso zu kurz gegriffen, die verarmten Schichten mit Prophetie und Mirjam und Aaron im Text gleichzusetzen[613]. Num 12 bringt im Kontext von Num 11 eine Differenzierung ein. Die Klage Moses in 11,11-15 macht eine Krise zwischen Mose und dem Volk sichtbar, die aus der Perspektive des Mose so aussieht, dass die Moseautorität entweder demokratisiert (Mose muss die Last nicht mehr allein tragen) oder abgelöst (Moses Todeswunsch) werden soll. Num 11 stellt das Mosemonopol in Frage, allerdings endet die Geschichte mit dem Fehlschlag der Geistbegabung der Ältesten und damit der Bestätigung der mosaischen Alleinautorität. Die Antwort für die Ältestengruppe in Num 11 ist eindeutig. Sie ist führungsbeauftragt, sofern sie mit Moses Geist begabt und der Moseautorität untergeordnet ist.

In Num 12 verhält es sich anders. Während die Ältestengruppe in Num 11 keinen Anspruch formuliert, tun Mirjam und Aaron dies sehr wohl. Sie haben auch im Gegensatz zu den Ältesten eine direktere Verbindung zu Gott, denn nicht Mose versammelt sie am Zelt, wie er es sonst im Auftrag Gottes tut (vgl. Num 11,16.24; Dtn 31,14f.), sondern Gott ruft Mose, Mirjam und Aaron direkt. Gott spricht dann auch direkt zu Mirjam und Aaron und nicht nur zu Mose, wie in den anderen Texten, die wegen der Zeltkonzeption zu Num 12 gehören. Mirjam und Aaron haben durch diesen Gottesbezug einen anderen Rang als die Ältesten, und deshalb erklärt Gott ihnen direkt ihren gesellschaftlichen Ort neben Mose: In der JHWH-Rede V. 6-8 wird Prophetie nicht auf Mose eingeschränkt, aber keine erreicht die übergeordnete, absolute, allgültige Bedeutung wie die Offenbarung Moses am Sinai, die Tora. Jede Prophetie muss demnach auf diese Tora bezogen und an ihr ausgerichtet sein[614]. Die schwierige Formulierung in 6c zeigt, dass die AutorInnen damit rechnen, dass neben Mose weitere JHWH-ProphetInnen in Israel existieren.

---

612 Vgl. ebd., 555.
613 Vgl. zu diesen Gruppen aus Laien (Ältestenrat) und Priestern ebd., 504-535. Ob der Hinweis des Erzählers in Num 12,3, Mose sei der „demütigste" oder „ärmste" aller Menschen, auf jene mit den Armen der Unterschicht „solidarischen" Teile der Oberschicht abzielt bzw. sagen soll, diese pentateuchformende Oberschicht, die für sich die mosaische Autorität beanspruche, zähle zu jenen Armen, ist hier nicht mehr entscheidbar (zur Armenfrömmigkeit in diesem Zusammenhang vgl. Albertz, ebd., 569ff.).
614 Einerseits ist diese Sicht ganz im Sinn des Dtn/DtrG. Möglicherweise ist das ein Grund, warum in V. 6-8 Begriffe und Wendungen auftauchen, die aus dtn/dtr Texten (עֶבֶד)

So gesehen ist Mirjams und Aarons Anspruch auf Offenbarung und gleiche Autorität wie die Moses nicht unberechtigt. Er wird auch durch die direkte Rede Gottes mit Mirjam und Aaron bestätigt. Dass Mirjams und Aarons Anspruch unbequem ist, wird durch die Strategien des Erzählers deutlich, der das Anliegen verwischen und nicht mehr nachvollziehbar machen will, Mirjam Macht nehmen und ihre Option damit in Vergessenheit bringen will.

Greift man zurück auf Oswalds historische Einordnung der Redaktion zur Zeit Nehemias, und hält man sich das Bild dieses Reformers vor Augen, wie Oswald es in Anlehnung an Smith[615] gezeichnet hat, dann wird das Interesse des Erzählers auf Seiten Nehemias deutlich:

„Und in der Tat zielten die Aktivitäten Nehemias auf die mehr oder weniger gewaltsame Reorganisation Judäas. In Nehemia vereinigen sich zum ersten Mal zwei Aspekte, die in der nachexilischen Geschichte bis dahin getrennt waren. Die golaorientierte, deuteronomistische Theologie tritt in Personalunion mit der persischen Zentralgewalt auf. Was vorher nur die Programmatik der Rückkehrergemeinde war – einer Personalkörperschaft der regionalen Selbstverwaltung – , wird nunmehr zum „Grundgesetz" der Provinz Judäa (...). Unter dem Schirm des Statthalters Nehemia ist daher auch kein Platz für zwei mehr oder weniger distinkte, möglicherweise sogar konkurrierende Selbstverwaltungsstrukturen. Vielmehr wird eine einheitliche Struktur geschaffen, in der Priester und Älteste (sic!) in einem ausgewogenen Machtverhältnis zueinander stehen (...). Die neue einheitliche und gefestigte Struktur drückt sich zudem darin aus, dass nunmehr nur noch eine einzige Programmschrift für die Provinz Judäa gilt, in der eine streng gegliederte Hierarchie der Textakteure die neuen politischen Strukturen widerspiegelt."[616]

Mirjam steht als Prophetin und Offenbarungsempfängerin gemeinsam mit Aaron nicht gegen Mose, sondern gegen den Erzähler als „Sprachrohr" eines als implizitem Autor erschließbaren Vertreters nehemianischer Einheitspolitik (und –theologie) mit einem sehr spezifischen Verständnis mosaischer Autorität. Wiederum trifft das auf das midianitische „Element" im Text, das Moses Ehe mit der Midianiterin und damit das kräftigste Argument gegen das Mischehenverbot bringt und außerdem an die midianitische Aufteilung mosaischer Autorität erinnert. Dieses „midianitische Element" steht jener Einheitlichkeit diametral entgegen und muss deshalb so gut wie möglich unkenntlich gemacht werden.

---

einerseits und den jeremianischen Kämpfen mit der Falschprophetie (חלם) andererseits bekannt sind. Dies hat vor allem auch Seebass, Hypothese, 221; Ders., Numeri, 63f. (etwas zurückhaltender) betont und wurde tendenziell auch von Wellhausen, Prolegomena, 389, Anm. 1 gesehen, der einen JE-Text vermutete, wobei JE Ähnlichkeiten zu D zeige. Zur Relevanz der Frage nach der Prophetie zur Zeit Esras und Nehemias vgl. Carroll, Prophets, 90f.

615 Vgl. Parties, 107.
616 Oswald, Israel, 227.

Hinter dieser Prophetie steht somit nicht nur eine (naiv klingende) politische und theologische Hoffnung auf einen „Traum von politischer Unabhängigkeit"[617] mit Nehemia als jüdischem König, der dies realisiert[618], sondern eine Gefahr für Nehemias Politik, da die Prophetie Autorität beansprucht, die sie beim Volk auch zu haben scheint (vgl. 12,15) und gleichzeitig nicht eindeutig und aktuell in „wahr" und „falsch" zu unterscheiden ist. Als Vertreterin der Prophetie hat Mirjam im Volk eine zentrale Bedeutung, da sie ein Potential birgt, die Umgestaltungen Nehemias, die für das Volk zweifellos umfassend und mindestens ökonomisch bedrohlich waren, zu boykottieren[619].

Der Anspruch Mirjams und Aarons, die toraauslegende und damit die Praxis bestimmende Autorität zu teilen und demokratisch zu verstehen, entspringt wahrscheinlich den Anliegen der im Land gebliebenen Bevölkerung.

Wenn Mirjam und Aaron für Mischehen plädieren und gleichzeitig damit auch den Anspruch auf eine verteilte prophetische Toraauslegung erheben, dann treffen sie damit die virulente Frage um die Konstruktion der Identität der jüdischen Gemeinde. Diese betrifft die Frage nach dem Verhältnis von remigrierenden ReformerInnen zur ansässigen Landbevölkerung und nach den legitimen Autoritäten der Gemeinde. Die im Land ansässigen sind aber nicht nur in ihrer religiösen Alltagspraxis, die ja von den Autoritäten bestimmt ist, betroffen, sondern auch in ganz grundlegenden ökonomischen Problemen.

Mirjam und Aaron stehen in all diesen Belangen auf der Seite der ansässigen Bevölkerung. Es ist gut möglich, Mirjam deshalb in die Nähe Noadjas zu rücken[620], jener Gruppe von teilweise prophetischen Frauen und Männern, die Nehemias Reformen sehr kritisch bis ablehnend gegenüber stehen.

---

617 Kessler, Mirjam, 68.
618 Vgl. Kessler, Mirjam, 69f. Kessler vertritt letztlich eine Sicht, die hinter Noadja ProphetInnen wähnt, die durch politische Naivität (und Schwärmerei) ausgezeichnet sind. Das entspricht nicht der realpolitischen Achtsamkeit und Scharfsinnigkeit israelitischer Prophetie, wie sie bei Jes oder Jer bekannt ist. Außerdem ist vorsichtige Kritik daran angebracht, für eine solche Schwärmerei eine Frau als Repräsentantin zu wählen.
619 Diese Beziehung mag auch durch das EPP in 6c anklingen: „eure Propheten" sind bei Jer jene, die dem Volk nahe, aber JHWH fern sind. Die JHWH-Ferne trifft in Num 12,6c nicht zu, denn diese ProphetInnen des Volkes sind, nach der ungewöhnlichen Formulierung in 6c zu schließen, ProphetInnen JHWHs.
620 Vgl. Carroll, Prophets, 90.92. Ihre Position blieb verborgen, weil "In the canonic literature of the Second Temple cult community (...) only the ideologically sound material can hope to appear." (ebd., 89). Deshalb bleibt von Noadja nichts, außer "opposing Noadja", wie Carrol die Prophetin bezeichnet (vgl. ebd., 93.97 u.ö.).

2. Die Tora des Mose und Mirjam: Dtn 24,8-9

2.1. Übersetzung

8a Achte bei der Plage des Aussatzes darauf,
b sehr zu beachten
c und alles zu tun,
d wie es euch lehren werden die levitischen Priester,
e wie ich ihnen befohlen habe,
f sollt ihr achten zu tun.
9a Gedenke,
b was JHWH, dein Gott Mirjam getan hat
c auf dem Weg bei eurem Hinausziehen aus Ägypten.

2.2. Struktur

V. 8 beginnt mit einem Infinitivus absolutus und wird durch zwei Infinitivi constructi in 8b und 8c fortgeführt. Der Relativsatz 8d schließt als nähere Bestimmung des „Tuns" (עשה) an 8c an. Ebenso ist der Komparativsatz 8e als nähere Bestimmung zum „Lehren" (ירה) in 8d zu betrachten. 8f nimmt die Verbindung der Wurzeln שמר („beachten") und עשה („tun") aus 8ab wieder auf und erinnert die AdressatInnen an das Achten und Bewahren der Aussatztora. V. 8 ist somit eine genau ausgeführte Beschreibung einer Weisung. Die folgende schematische Darstellung soll zeigen, wie ירה und צוה ins Zentrum des Verses gestellt werden:

8a	Inf. abs.		שמר
8b	Inf. cs.		שמר
8c	Inf. cs.		עשה
8d		אשר+Yiqtol	ירה
8e		כאשר+Qatal	צוה
8f		Yiqtol	שמר
8g		Inf. cs.	עשה

Ein imperativisch zu verstehender Infinitivus absolutus[1] in 9a (זָכוֹר, „gedenke") wird durch einen Relativsatz (9b) weitergeführt, wobei der Relativsatz durch die vorangestellte Partikel את die Funktion des direkten Objektes von זָכוֹר, „gedenke" einnimmt. 9c besteht aus einer erweiterten Infinitivkonstruktion. Die dritte ÄE ist Orts- und Zeitangabe für 9ab.

---

1 Vgl. Nielsen, Eduard, *Deuteronomium*, HAT I/6, Tübingen: J. C. B. Mohr 1995, 226.

Der Imperativ in 9a schließt an den Infinitivus absolutus von 8a (הִשָּׁמֶר) an. V. 8 und V. 9 werden nicht durch כִּי eingeleitet wie die kasuistischen Rechtssätze davor[2].

2.3. Dtn 24,8-9 im Kontext

Dtn 28,8f. steht innerhalb des Gesetzeskorpus Dtn 12-26, wobei Kapitel 26 als Anhang zu 12-25 zu betrachten ist[3]. Als Strukturprinzip für die Gliederung dieser Gesetzestexte wurden unterschiedlichste Vorschläge vorgebracht[4]. Die Beobachtung, dass Dtn 12-26 am Dekalog orientiert sei, hat dabei viel für sich[5]. Anhand dieses Gliederungsschemas lässt sich ablesen, dass Dtn 24,8-25,4 dem 8. Gebot zugeordnet werden können. Braulik begründet dies folgendermaßen[6]: Es gehe im ganzen Abschnitt um das Gebot der „Wahrheit vor Gericht". V. 8f. und V. 18f. stellen eine Inclusio dar, die Braulik mit der Aufnahme der Wurzel עשׂה und צוה Pi'el aus 8b in 18b und זכר sowie „Ägypten" aus 9a in 18a begründet. Diese Inclusio ist als „juristischer Rahmen" zu verstehen.

2.4. V. 8-9 innerhalb der Rechtssätze von Dtn 24

Dtn 24,9 schließt an 24,8 an. Während dies formal nur sehr schwach mit dem zu Beginn beider Verse stehenden Infinitivus absolutus begründet werden kann, ergibt sich das vor allem aus dem Inhalt: V. 9 ist als Weiterführung und gleichzeitig Erklärung der Aussatztora von V. 8 zu verstehen.

---

2 20,1.10.19; 21,1.10.15.18.22; 22,2.6.8.13.22.23.25.28; 23,10.11.22.25.26; 24,1.5.7.10 („wenn du...").19 („wenn du..."); 25,1.5.11.
3 Vgl. Seitz, G., *Redaktionsgeschichtliche Studien zum Deuteronomium*, BWANT 93, Stuttgart: Kohlhammer 1971, 92.
4 Vgl. Überblick bei Preuss, Horst Dieter, *Das Deuteronomium*, EdF 164, Darmstadt: WBG 1982, 108-112. und Otto, Eckart, Soziale Verantwortung und Reinheit des Landes. Zur Redaktion der kasuistischen Rechtssätze in Deuteronomium 19-25, in: Ders. (Hg.), *Kontinuum und Proprium. Studien zur Sozial- und Rechtsgeschichte des alten Orients und des Alten Testaments*, Orientalia biblica et christiana 8, Wiesbaden: Harrassowitz 1996, 123-138, 123f.
5 Vgl. Braulik, Georg, Die Abfolge der Gesetze in Deuteronomium 12-26 und der Dekalog, in: Lohfink, Norbert (Hg.), *Das Deuteronomium. Entstehung, Gestalt und Botschaft*, BEThL 68, Leuven: Peeters 1985, 252-272 (= in: Ders., *Studien zur Theologie des Deuteronomiums*, SBAB 2, Stuttgart: Verlag Katholisches Bibelwerk 1988, 231-255); Ders., Zur Abfolge der Gesetze in Dtn 16,18-21,23. Weitere Beobachtungen, *Bib* 69 (1988) 63-92; Ders., *Die deuteronomischen Gesetze und der Dekalog*, SBS 145, Stuttgart: Verlag Katholisches Bibelwerk 1991.
6 Vgl. Die deuteronomischen Gesetze und der Dekalog, 102.

„Die Erinnerung (*zkr* V. 9.18a) an das Handeln Jahwes beim Auszug aus Ägypten (V. 9 beziehungsweise 18a) soll den Anspruch auf das Halten (*'śh* V. 8b beziehungsweise 18b) der priesterlichen Anweisung beziehungsweise des mosaischen Gebotes begründen."[7]

Wie sich V. 8f. in das ganze Kapitel einfügen, ist allerdings schwierig zu begründen[8]. Das liegt einerseits daran, dass das ganze Kap. 24 als zusammengesetzter, redaktionell überarbeiteter Text in seiner Entstehung schwierig zu verstehen ist[9]. Andererseits stellt sich aber auch inhaltlich die Frage, wie die Aussatztora von V. 8f. in die Aufreihung von Ehegesetzen (V. 1-4) und Sozialgesetzen passt. Nielsen vermutet im Anschluss an andere Erinnerungen an rettungsgeschichtliche Ereignisse wie Dtn 9,7 möglicherweise eine Warnfunktion[10]. Nach Braulik sind in 24,8f. die Themen „Leben" (von 24,6f., dem Menschendiebstahlsverbot, her) und „Gericht" miteinander verbunden. Wichtig scheint ihm die Einschärfung des Gehorsams gegenüber der von Mose vermittelten priesterlichen Tora. Die Formulierung „auf dem Weg bei eurem Hinausziehen aus Ägypten" verweise auf 23,5 und 25,17ff. Vor allem von 23,5 her sei das Thema der Reinhaltung des Landes aufgenommen[11]. Die Aufforderung zur Reinhaltung des Landes ist aber innerhalb der kasuistischen Rechtssätze in Dtn 19-25 insgesamt neben der Betonung der Rechte der sozial Schwachen ein wesentliches Ziel der Gesetzgebung[12].

2.5. Der Zusammenhang zwischen Aussatztora und der Erinnerung an Num 12

Wenn Dtn 24,8f. durch die Formulierung „auf dem Weg bei eurem Hinausziehen aus Ägypten" einen Rückbezug zum dtn Gemeindegesetz in Dtn 23,2-9, speziell zu 23,5, herstellen, wird thematisch nicht nur auf die Reinheit des Landes als Thema angespielt. Auch die körperlichen „Gebrechen", wie sie in 23,2 beschrieben sind, könnten eine Verbindung zum Aussatz herstellen. Darüber hinaus stellt sich aber genau über die Wiederaufnahme der Wendung, die auf den Exodus verweist, eine weitere Beziehung

---

7 Braulik, ebd.
8 Burns zweifelt überhaupt an einem Strukturprinzip innerhalb des weiteren Kontextes und lässt ihn deshalb völlig weg (vgl. Lord, 102).
9 Vgl. Driver, D. D., *A Critical and Exegetical Commentary on Deuteronomy*, ICC, Edinburgh: Clark 1901, 275; Nielsen, Deuteronomium, 225.
10 Vgl. ebd., 227. Andere derartige Rückblicke, allerdings mit anderen Funktionen als die der „Warnung", sind Dtn 7,18; 8,2 und 25,17.
11 Vgl. Braulik, Georg, *Deuteronomium*, NEB, Würzburg: Echter 1992, 181.
12 Vgl. Otto, Verantwortung, 136f. Otto betont dies sowohl für die ursprüngliche Zusammenstellung der kasuistischen Gesetze als auch deren redaktionelle Bearbeitung. Als redaktionelles Prinzip für die Zusammenarbeit der Rechtssätze stehe es noch vor der endgültigen Strukturierung nach dem Dekalog.

zwischen Dtn 23,2-9 und 24,8f. heraus: 23,5, der „MoabiterInnenparagraph", verweist mit dieser Formulierung auf Israels Feindschaft mit Moab. Diese wird in 23,5 mit Brotverweigerung einerseits (vgl. Dtn 2,26ff.) und andererseits mit dem Ansinnen, Israel mit Hilfe des Sehers Bileam zu verfluchen, begründet. Damit steht die Formulierung „auf dem Weg bei eurem Hinausziehen aus Ägypten" aber im weiteren Kontext des Verhältnisses Israels zu fremden Völkern. Eine weitere Beobachtung ist im Anschluss an Braulik hinzuzufügen. Braulik stellte wegen der Wendung, die den Exodus hereinspielt, 24,9 in die Mitte zwischen 23,5 und 25,17[13]. Denn auch in 25,17 findet sich dieselbe Formulierung („auf dem Weg bei eurem Hinausziehen aus Ägypten"). Aber auch 25,17 erwähnt die Feindschaft zu anderen Völkern. Diesmal ist es die Erinnerung an die Schlacht gegen die Amalekiter (Ex 17,8-16), die – genauso wie Dtn 24,9 – mit dem Aufruf, sich zu erinnern eingeleitet (זָכוֹר) wird[14]. Ganz offensichtlich geht es weder ausschließlich um Reinhaltung des Landes noch um „Motivationen", „Begründungen" oder „theologische Vertiefungen"[15] der jeweiligen Weisungen. Vielmehr klingt durch das Hereinspielen der Feindschaft zu anderen Völkern auf subtile Weise wiederholt die Frage nach Israels Identität an. Die Gesetze werden somit immer wieder in den Kontext der Abgrenzung gestellt: Sie zu befolgen, hält das Land rein und schafft die politische und religiöse Abgrenzung von anderen Völkern.

Innerhalb der Erwähnung Mirjams in 24,9 werden allerdings keine fremden Völker genannt, sondern nur der Aussatz. Es scheint, als würde Mirjam als Präzedenzfall der Behandlung Aussätziger erwähnt. Mirjams Aussatz wurde aber weder im Sinne priesterlicher Reinheitsvorschriften behandelt noch tatsächlich als Krankheit verstanden. Mirjam als Aussätzige, d.h. nicht zum Lager Gehörige, zu betrachten, ist eine Folge ihres Anspruches auf prophetische Autorität. Dieser steht über Moses nicht-israelitischer Frau im Zusammenhang der Mischehen und in Verbindung midianitischer Ämteraufteilung. Freilich wird in Dtn 24,9 weder Kusch noch Midian noch der Konflikt mit der mosaischen Autorität explizit erwähnt. Aber wenn an diese Geschichte über Mirjam erinnert wird, dann liegt es nahe, dass auch der ganze Konflikt mitgemeint ist. Wenn das der Fall ist, dann ist Mirjams Auftreten gegen Mose, wie es in Num 12 erzählt wird, in Dtn 24,8f. nicht auf den Aussatz beschränkt, sondern durch die Formulierung „bei ihrem

---

13 Vgl. Braulik, Deuteronomium, 181.
14 Wegen derselben Form von זכר haben schon mehrere die Parallelität von 24,9 und 23,2ff.; 25,17 bemerkt (vgl. Driver, Deuteronomy, 275; Mayes, A. D. H., *Deuteronomy*, NCBC, Grand Rapids: Eerdmans/London: Marshal, Morgan and Scott 1981, 324; Nielsen, Deuteronomium, 225f.; Kreuzer, Siegfried, Die Exodustradition im Deuteronomium, in: Veijola, Timo [Hg.], *Das Deuteronomium und seine Querbeziehungen*, SESJ 62, Göttingen: Vandenhoeck & Ruprecht 1996, 81-106, 82).
15 So Kreuzer, Exodustradition, 101.

Hinausziehen aus Ägypten" im Kontext von Dtn 23,5; 25,17 auf die Frage nach dem Verhältnis zu Midian/Kusch und zur Mischehenfrage ausgedehnt. Wenn mit der Formulierung, die den Exodus erwähnt, tatsächlich auch auf Israels Verhältnis zu den fremden Völkern angespielt wird, dann wird Mirjam hier nicht als Beispiel für den Aussatz[16] oder als Ermahnung erwähnt[17], sondern wegen der ihr zugeschriebenen Position gegenüber der Mischehenfrage und der midianitischen Ämterdemokratisierung. Dann aber geht es auch nicht um die Aussatzfrage, sondern darum, dass Mirjam als (negatives) Beispiel in der Frage der Akzeptanz der mosaischen Autorität vorgeführt wird. Das liegt auch durch die Struktur von V. 8 nahe: Wie oben gezeigt wurde, bilden die Aufrufe zu „beachten" und zu „tun" in 8abd und 8fg eine Inklusio um die zentralen Verben der Toraerteilung, ירה („lehren") und צוה Pi'el („gebieten"). V. 8 betont die genaue Ausführung der Gesetze, wie Mose sie befohlen hat. „Gedenke, was Gott Mirjam getan hat" heißt dann nicht „Denke an die sieben Tage der Unreinheit, in denen ein/e Aussätzige/r aus dem Lager gesperrt werden soll", sondern heißt: Denke daran, dass nicht zur Gemeinschaft gehört, wird diese alleinige Autorität anzweifelt! Die gesellschaftspolitische Bedeutung Mirjams wird hier also nicht minimiert. Sie wird in all ihrer Bedrohlichkeit für das in Dtn 24,8f. vorausgesetzte Verständnis der Identität Israels erinnert. Mirjam wird in Dtn 24,8f. genauso gefährlich dargestellt wie der Kontakt zu fremden Völkern und wie Mischehen.

Wie immer mit dieser Analyse historisch weiter zu verfahren ist, in Dtn 24,8f. wird eine deutliche Weiterentwicklung der Mirjamfigur sichtbar. Diese findet auf der Ebene der symbolischen Ordnungen statt. Denn die Funktion, die in den beiden Bezugstexten Dtn 23,5 und 25,17 jeweils den fremden Völkern Moab und Amalek zugeschrieben wird, erhält in Dtn 24,8f. Mirjam. Mirjam steht in Dtn 24,8f. für das Fremde, Bedrohliche, Israels Identität gefährdende „Element". Damit wird ihr ein für Frauen und weibliche Metaphern klassischer „locus rhetoricus" zugedacht, der sie negativ als „Fremdes" im Sinn von Auszugrenzendem, nicht Dazugehörigem, erinnert. Das einzige, was gegenüber Dtn 23,5 und 25,17 fehlt, ist die eindringliche Erinnerung, dieses Element auszutilgen. Die RedaktorInnen von Dtn 24,8f. nennen nicht die ganze Geschichte. Die kurze Anspielung reicht ihnen, um Mirjam und ihre Position als Sinnbild der Gefährdung alleiniger mosaischer Toraauslegung zu erinnern. Dadurch, dass aber nicht die ganze Geschichte

---

16 Vgl. Driver, Deuteronomy, 275. Driver betont, dass in der Sorgfalt und Genauigkeit, mit der Gott den Fall behandelte, eine Vorbildfunktion für die Priester enthalten sei. Ähnlich dann auch Burns in ihrem Verständnis des ursprünglichen Textes: "... the writer of *Urdeuteronomium* advised: as God handled Miriam's leprosy, so you should do." (Lord, 105).

17 So Burns, Lord, 102.

erzählt wird oder wenigstens einige Teile davon, wie es in den Erwähnungen Moabs in 23,2-9 und Ammons in 25,17ff. der Fall ist, erscheint Mirjam undeutlich im Text. Durch die Reduktion auf den Schluss der Erzählung von Num 12 wird ihr Anliegen nicht genannt. Mirjam wird nur als eine Person erinnert, der Gott etwas angetan hatte.

Darüber, dass Dtn 24,8f. ein sehr später Zusatz zu dem bereits redaktionellen Gebilde des ganzen Kapitels ist, herrscht absoluter Konsens innerhalb der unterschiedlichen Forschungsrichtungen zum Buch Deuteronomium[18]. Innerhalb dieses Zusatzes wegen der wechselnden Zahl der AdressatInnen (8a.9a Singular, 8de Plural) weitere literarische Schichten anzunehmen[19], scheint nicht angemessen, da dieses Phänomen zu häufig auftaucht. Burns weist außerdem selbst darauf hin, dass die angeblich sekundäre Formulierung „auf dem Weg bei ihrem Hinausziehen aus Ägypten" jeweils in Singulartexten stehe (23,5; 25,17) und deshalb jeweils später hinzugefügt worden sei. Sie stellt sich aber nicht die Frage, ob der Wechsel der Anzahl auch Stilmittel sein könnte. Sie erklärt auch nicht den Sinn einer möglichen Hinzufügung der Levitentora und vor allem des Exodusverweises. Mayes betont, dass die Einfügung der Levitentora durch levitische Gruppen geschah, die sich als direkte Nachfolger Moses verstanden[20].

Die Anweisungen erfolgen jedoch an Leviten und Priester. Deshalb kann es nicht nur um die Levitentora gehen. Dtn 24,8 spricht davon, dass Priester und Leviten das Volk das lehren, was Mose ihnen aufträgt. Sie sind also direkt von Mose abhängig. Das entspricht ganz der Rolle, die Aaron in Num 12 erhält. Es passt auch zu dem Aaronbild in Num 12, das sich von Ex 4 ableiten lässt: Aaron, der Levit, erhält die Worte aus dem Mund Moses. So gesehen sind die Priester und Leviten aus Dtn 24,8 weniger als Nachfolger des Mose zu verstehen, sondern als Nachfolger eines Aaron, der sich von Moses Autorität abhängig weiß. Das Konzept der Toraautorität scheint dem von Num 12 gleich zu sein. Allerdings wird in Dtn 24,8f. nicht von prophetischer Toraauslegung gesprochen, sondern nur mehr von der priesterlichen und levitischen von Mose her. Die Toravermittlung in Abhängigkeit von Moses Autorität betrachtet den Anspruch Mirjams auf geteilte Autorität als zu gefährlich, um ihr einen Platz einzuräumen. Einerseits entspricht das der Tendenz des dtn ProphetInnengesetzes, das Phänomen Prophetie einzuengen. Andererseits findet sich hier eine späte Sicht der Mirjamfigur, die sich des

---

18 Vgl. Seitz, Studien, 166f.; Mayes, Deuteronomy, 324; Nielsen, Deuteronomium, 226; Kreuzer, Exodustradition, 98; Otto, Verantwortung, 135 in Anlehnung an Seitz.
19 So Burns, Lord 102f.; Mayes, Deuteronomy, 324f. Burns und Mayes zufolge wären die Singular-Teile ursprünglicher Textbestand und die Pluralformulierungen Zusätze. Somit wären die Frage der Levitentora und „auf dem Weg bei eurem Hinausgehen aus Ägypten" erst später hinzu gefügt worden.
20 Vgl. ebd.

Potentials, das diese Gestalt und die Gruppe, die sich hinter ihr präsentiert, bewusst ist. „Mirjam", d.h. ihr Anliegen, wird als für die Definition der Gemeinschaft Israels fremdes, nicht zugehöriges dargestellt.

Den Hintergrund dieser redaktionellen Einfügung mit Sicherheit festzulegen, scheint äußerst schwierig. Num 12 ist bekannt, der Konflikt zur Zeit Esras und Nehemias höchstwahrscheinlich bereits Vergangenheit. Es ist möglich, dass die Einfügung bereits in hellenistische Zeit zu datieren ist, als die Bedrohung durch Fremdes nicht geringer war als zur Zeit der persischen Vorherrschaft.

3. Ex 15,19-21: Die Prophetin Mirjam

3.1. Hinführung

Ex 15,20f. ist zweifellos ein sehr bekannter Text, möglicherweise der bekannteste Mirjamtext überhaupt. Die Vorstellung, dass Frauen autonom und angeleitet durch eine Frau einen politischen Sieg feiern, birgt für Frauen christlichen wie jüdischen Bekenntnisses große emanzipatorische und solidarisierende Potenziale[1]. Historisch gibt es keinen Anhaltspunkt dafür, dass dieses Ereignis tatsächlich stattfand, und trotzdem verleitet der Text dazu, ihn als Erinnerung an eine große Frauengestalt zu lesen. Das Verständnis des Textes in weiten Kreisen feministisch-theologischer Prägung ist als „feministische Mythenbildung"[2] zu beschreiben. Die Bedürfnisse und politischen Anliegen heutiger Frauen stehen dabei im Vordergrund der Rekonstruktion. Eine feministisch-rhetorische Analyse von Ex 15,19-21 wird demgegenüber nach dem Interesse fragen, dem die Erwähnung Mirjams hier dient und wie dieses im Text repräsentiert wird. Es geht nicht um die historische Person, sondern um die rhetorischen Funktionen der literarischen Gestalt sowie den sozialgeschichtlichen Kontext der rhetorischen Absicht der AutorInnen.

Die Exegese muss sich eingestehen, mit dem kurzen Abschnitt bisher einseitig umgegangen zu sein, wenn sie sich primär mit den Fragen beschäftigt hat, ob dem „Schilfmeerlied" des Mose oder dem Mirjamlied zeitliche Priorität zukomme und ob der Prophetinnentitel und die Vorstellung als „Schwester Aarons" später hinzugefügt worden seien oder nicht. Die Frage nach dem Alter des Liedes wurde mit unzureichenden Kriterien wie der Kürze des Textes oder den religionsgeschichtlich „alten" Vorstellungen beantwortet (vgl. 3.6.). Auf diesen Ebenen ist die Frage nicht entscheidbar. Aus der Annahme eines hohen Alters des Textes folgt für die Wendung „Schwester Aarons", dass sie später hinzugefügt worden sei, da die Geschwisterverhältnisse „jünger" anzusetzen seien[3]. Innerhalb des Abschnittes Ex 15,20-21 kann auch der Prophetinnentitel nur schwierig erklärt

---

1 Zur jüdischen Perspektive vgl. Plaskow, Judith, *Und wieder stehen wir am Sinai. Eine jüdisch-feministische Theologie*, Luzern: Exodus 1992, 65; Frankel, Ellen, *The Five Books of Miriam. A Woman's Commentary on the Torah*, New York: Putnam 1996, 110f. Die Bedeutung des Textes bei christlichen feministischen Theologinnen findet ihre stärkste Ausprägung in der Vertonung „Mirjamlied" von Claudia Mitscha-Eibl.
2 Vgl. Schmidt, U., *Rand*, 16.
3 Gebündelt ist diese Argumentation bei Noth, Martin, *Das zweite Buch Mose. Exodus*, ATD 2, Göttingen: Vandenhoeck & Ruprecht 1961, 97 zu finden (tlw. auch schon früher vgl. Dillmann, August, *Exodus*, KEH, Leipzig: Hirzel 1897, 177 oder Beer, Georg/Galling, Kurt, *Exodus*, HAT I,3, Tübingen 1939, 84). Sie wird aber in nahezu allen Arbeiten zum Text positiv oder negativ aufgenommen.

werden, weshalb die Forschung bei sehr allgemeinen Aussagen zur Prophetie Mirjams bleiben muss. Es wird gemutmaßt, dass Mirjam Prophetin sei, weil sie singe. Singen aber sei Kennzeichen ekstatischer Prophetie, weshalb Mirjam als Ekstatikerin zu bezeichnen sei. Auch wenn der Terminus „ekstatische Prophetie" nicht abwertend zu verstehen sein muss (vgl. 5.), so weist er doch auf ein Phänomen hin, das nur schwer definier- und beschreibbar ist. Denn selbst wenn man sich auf eine Definition einigen könnte, ist damit noch lange nicht bewiesen, dass dies im Alten Orient und in Israel im Speziellen ebenfalls so verstanden wurde. Damit aber rückt jene Rhetorik, die von ekstatischer Prophetie spricht, Mirjams prophetische Aktivität in einen Bereich der Undurchschaubarkeit und macht ihr Anliegen noch schwieriger fassbar, als es vom Text her bereits ist.

Darüber hinaus wurde das Singen des Liedes und das Tanzen zumeist als typisch weibliche Handlung bei der Heimkehr der Kriegshelden nach siegreicher Schlacht bezeichnet. Durch diese Deutung wird das Mirjamlied und Mirjams Handeln aus dem Bereich der Prophetie in einen Bereich bereits bekannter weiblicher Aktivität gelegt. Damit wird der Rolle Mirjams das Spezifikum ihres Auftretens genommen. Es ist nicht nur so, dass es in Ex 15 überhaupt keine siegreichen Kriegshelden gibt, sondern allein den wunderwirkenden JHWH, der besungen wird. Durch diese Sichtweise wird auch der Kontext, dass Mirjam so singt wie Mose und dass sie nach V. 19 nicht auf die Helden, sondern auf die Wundertat JHWHs blickt, nicht gesehen.

Gegenüber diesen unkonkreten und die Bedeutung Mirjams verschleiernden Deutungen, die den Kontext Mirjams durch das Alter des Liedes in graue Vorzeiten und ihre Tätigkeit durch die Zuschreibung zur ekstatischen Prophetie in den Bereich menschlicher Sonderbegabungen rücken, soll die Erwähnung Mirjams innerhalb des Kontextes, in dem sie steht, analysiert werden. Wie schon bei Num 12 und Num 20 wird die Erweiterung des Kontextes ein klareres Bild der Funktionen Mirjams geben.

3.2. Text und Übersetzung

3.2.1. Übersetzung

19a Als die Pferde Pharaos und seine Wagen und seine Reiter in das Meer kamen,
 b ließ JHWH über sie das Wasser des Meeres zurückkehren,
 c aber die IsraelitInnen sind durch das Trockene mitten durch das Meer gegangen.

20a Und Mirjam, die Prophetin, die Schwester Aarons, nahm die Handtrommel in ihre Hand,
b und alle Frauen gingen hinter ihr hinaus mit Handtrommeln und Reigentanz.
21a Und Mirjam sang ihnen:
b „Singt JHWH,
c denn hocherhaben ist er,
d Pferd und seinen Wagen[4] warf er ins Meer!"

3.2.2. Anmerkung zur Übersetzung

כִּי in 19a wurde temporal übersetzt, auch wenn es oft kausal mit „denn" als Begründung für den letzten Satz des Liedes wiedergegeben wird. V. 19 ist aber nicht mehr zum Lied V. 1-18 zu zählen[5] und leitet mit כִּי die retrospektive Zusammenfassung des Geschehens am Schilfmeer ein[6].

3.3. Textabgrenzung

Ex 15 lässt sich durch den Wechsel von Prosa und Poesie in folgende Abschnitte gliedern:
1a: Prosa,
1b-18: Poesie
19-21a: Prosa
21b-d: Poesie
22-27: Prosa.
Zwischen V. 21 und V. 22 ist über diese Gliederung hinaus ein Einschnitt bestimmbar. Dieser wird durch das Ende der Rede von V. 21 und die wechselnden HandlungsträgerInnen, von Mirjam und den Frauen in V. 20f. zu Mose und Israel in V. 22, angezeigt. Außerdem ist der Ortswechsel[7] auf der Handlungsebene E_1 in V. 22 ein Anzeichen für eine neue Szene. Das neue Thema der Erzählung vom Bitterwasser in Mara kommt als inhaltliches Argument für die Abgrenzung der Verse 22-27 von V. 1-21 hinzu. Das Ende

---

4 Zur Übersetzung vgl. 3.5.3.2.
5 Vgl. u.a. Zenger, Erich, Tradition und Interpretation in Exodus XV 1-21, in: Emerton, J. (ed.), *Congress Volume Vienna 1980*, VT.S 32, Leiden: Brill 1981, 452-483, 461.
6 Vgl. auch Janzen, Song, 190.
7 Der Ortswechsel ist durch die Bewegungsverben (נסע in 22a, יצא in 22b und הלך in 22c) und Richtungsangaben (מִיַּם־סוּף in 22a, אֶל־מִדְבַּר־שׁוּר in 22b und בַּמִּדְבָּר in 22c) in den ersten drei ÄE des V. 22 gekennzeichnet.

unseres Textabschnittes wäre somit bestimmt. Die Festlegung seines Anfangs allerdings stellt sich als komplexe Frage dar.

V. 20-21 sind wegen der durchgängigen Handlungsträgerinnen Mirjam und „alle Frauen" und des Themas des Tanzens und Singens als Einheit zu verstehen[8]. Die Wayyiqtol-Kette auf der Handlungsebene E_1 in 20ab.21a unterstützt die Einheitlichkeit des Abschnittes. Der Beginn dieser Einheit ist aber nicht in V. 20, sondern bereits in V. 19 gegeben, da V. 20 mit einem Wayyiqtol direkt an den Rückblick in V. 19 anschließt. Der Wayyiqtol allein ist jedoch ein schwaches Argument für die Verbindung der Verse. Es können aber weitere Aspekte, die die Zusammengehörigkeit von V. 19 und V. 20 aufzeigen, genannt werden.

Zunächst besteht ein Einschnitt zwischen V. 18 und V. 19, wie in der Einteilung von Ex 15 in Prosa und Poesie deutlich wurde. Die Gliederung verbindet gleichzeitig V. 19 und V. 20 als Prosastück. Die Einleitung mit כִּי in 19a kann sowohl einen Einschnitt signalisieren als auch eine Begründung für den Lobpreis darstellen. Allerdings fällt bei aller Schwierigkeit der Bestimmung poetischer Eigenheiten des Hebräischen[9] auf, dass V. 19 nicht in poetischem Stil verfasst ist. Deshalb ist es unwahrscheinlich, dass er zum Moselied zu zählen ist[10]. V. 19 schließt durch die wörtliche Wiederholung von 14,29a in 15,19c an den in 14,29 abgebrochenen Erzählstrang an: V. 19-21 "is a summary that brings us back to the narrative at hand and so prepares us for the notice in prose of Miriam's song of victory, followed by the song itself."[11]

Phyllis Trible ist genauer auf den Einschnitt in V. 19 eingegangen und meint, 19c würde im Text des Liedes stören: "In capsule form it recapitulates the struggle at the sea thereby returning to the event that preceeded the closure. The recapitulation jars. It seems awkward, repitious and

---

8   An dieser Stelle ist noch bewusst abzusehen von möglichen Glossen wie dem Prophetinnentitel oder der Bezeichnung „Schwester Aarons" (vgl. Noth, Exodus, 97; Burns, Lord, 48).

9   Vgl. dazu bezüglich Ex 15 Propp, William Henry Covici, *Exodus 1-18. A New Translation with Introduction and Commentary*, AncB 2, New York u.a.: Doubleday 1999, 504ff.

10 Vgl. Zenger, Tradition, 461: V. 19 sei „unbestreitbar Prosa" und durch die Einleitung mit כִּי nur „sehr gekünstelt" an V. 18 angefügt. Auch Zenger betont, dass V. 19 einen Zusammenhang zu Ex 14 herstellt. Jacob, Benno, Das Buch Exodus, Stuttgart: Calwer 1997, 431 hat dagegen ins Spiel gebracht, dass auch das Deboralied mit V. 29-31 in Ri 5 in Prosa ende. Der Schlussteil des Deboraliedes ist zwar erzählend, dennoch aber rhythmisch verfasst, anders als in Ex 15,19 (vgl. Becker-Spörl, Silvia, *Und sang Deborah an jenem Tag. Untersuchungen zu Sprache und Intention des Deboraliedes [Ri 5]*, EHS 23, Theologie Bd. 620; Frankfurt a.M. u.a.: Peter Lang 1997, 10f.).

11 Durham, John I., *Exodus*, WBC Vol 3, Waco: Word Books 1987, 209.

misplaced."¹² Dieses Missfallen am Text bringt Trible auch der Kürze des Mirjamliedes gegenüber der Länge des Liedes, das Mose anstimmt, entgegen:

"The song Miriam chants repeats with variations the first stanza of the long poem (Exod. 15.1-18) earlier attributed to Moses. The repitition suggests that her contribution is derivative and his original. Further, though he can sing an entire song, she can cite, and then not perfectly, only the first stanza. By comparison her performance seems deficient, as does this entire small unit that awkwardly follows the grand mosaic ending."¹³

Deshalb folgert sie, der ursprüngliche Text müsse anders ausgesehen haben: Miriam habe das lange Lied gesungen (V. 1-18), das spätere Redaktoren Mose in den Mund legten, um seine Bedeutung zu betonen. Dadurch seien zwei Enden des Exodus geschaffen worden, eines durch das Lied des Mose und eines durch das Mirjamlied. Um sie zu trennen, sei ein narrativer Teil in V. 19 eingeschalten worden. Die Tradition der Frauen sei damit zwar erhalten geblieben, aber zugleich zerstört worden¹⁴.

Janzen hat die Aussagen Tribles zu V. 19 aufgegriffen und die Beobachtung dazugestellt, dass zwischen 14,31 und 15,1 ein Bruch bestehe. Während nämlich in 14,31 die IsraelitInnen erzählerisch eine Partei gegenüber JHWH und Mose bildeten, verschiebe sich diese Parteiung in 15,1 zu einer gemeinsamen von Mose und den IsraelitInnen. In 14,31 vertrauten die IsraelitInnen auf JHWH und Mose. In 15,1 sängen sie *gemeinsam* mit Mose für JHWH ein Lied. Hinzu komme, dass aufgrund der Parallelität von 19c zu 14,29a eine gewollte Analepse, ein Moment, in dem die erzählte Zeit stillstehe und der Erzähler aus bestimmten Interessen bestimmte Informationen nachliefere, hergestellt werde¹⁵. Es werde in 15,19 auf der Handlungsebene zusammengefasst, was in 14,26-29 berichtet wurde, und dann weiter erzählt, was eigentlich in der weiteren Folge geschehe: Mirjam nimmt die Handtrommel, tanzt und singt. Der Glaube des Volkes und das Lied Moses und des Volkes stellten dann die Antwort auf Mirjams Auftreten dar. Das ergibt sich für ihn aus dem Wayyiqtol in 20a, der direkt an 19c anschließt: "This presentation of consecutive action suggests that we are to read 15.20-21 in unbroken sequence upon 15.19."¹⁶ In dieser ungebrochenen Folge gelesen heißt das,

---

12 Trible, Miriam, 170, ähnlich auch Anderson, Bernhard W., The Song of Miriam Poetically and Theologically Reconsidered, in: Follis, Elaine R. (ed.), *Directions in Biblical Hebrew Poetry*, JSOT.S 40, Sheffield: Academic Press 1987, 285-296, 287.
13 Ebd., 171.
14 Vgl. ebd., 172.
15 Vgl. Janzen, Song, 190f.
16 Ebd., 191. Ähnlich Fischer, Georg, Das Schilfmeerlied Exodus 15 in seinem Kontext, *Bib* 77 (1996) 32-47, 33 mit Anm. 9. V. 19 schließe an die Situation, in der das Lied gesungen wird, an und erinnere an den „Standpunkt innerhalb der Erzählung" (33f.),

dass Mirjam, sobald die IsraelitInnen trockenen Fußes durch das Meer gegangen sind, die Handtrommel nimmt und das Ereignis als Rettung durch JHWH interpretiert. Janzen ordnet V. 19-21 vor den Glauben des Volkes und das Moselied. Damit ist zwar der Bruch der Parteiungen zwischen 14,30f. und 15,1 aufgehoben, der Handlungsablauf von 14,29-31 jedoch wäre gebrochen. Janzen sieht den Handlungsablauf in Anlehnung an Ps 40,2-4, wo auf das Singen des Lobliedes das Sehen und Glauben folgt[17], was dem Handeln Mirjams große Bedeutung beimisst. Janzen kann jedoch nicht erklären, wo 14,29b hinzuordnen sei, denn die Bemerkung, dass die Wasser wie Mauern zur Rechten und zur Linken Israels standen, passt nach dem Einschub von 15,19-21, also nach dem Loblied, nicht. Es ergäbe sich hingegen kein Problem, wenn man 14,29 ganz lässt und annimmt, 15,19-21 habe ursprünglich an 14,29 angeschlossen.

Verdeutlicht wird dies durch die erzählerische Funktion von 14,29-31. V. 29 ist ein Rückblick auf 14,22 und leitet die Deutung des Geschehens von 14,30-31 ein. Dadurch sind die Verse 29-31 nicht auf der Ebene der erzählten Handlung, sondern der *auktorialen Äußerungen* anzusetzen. Der fiktive Erzähler erklärt seinen LeserInnen in 14,29-31 das Geschehene, und diese Erklärung ist dann auch der Abschluss der Erzählung von der Rettungstat JHWHs. Ursprünglich bestand der Erzählabschluss aber nicht aus 14,29-31, sondern aus 14,29; 15,19-21. 14,29 und 15,19 sind als zusammenfassende und das Wesentliche festhaltende auktoriale Äußerung, die Mirjams Auftreten einleiten, zu verstehen.

Wie aber ist dann der Text an der Stelle, an der er steht, zu verstehen, da er ja auch dort eine Wiederholung darstellt? V. 19-21 erzählen in stark gekürzter Form, was am Schilfmeer geschehen ist, nur mit einem anderen Ende, und das scheint das Wesentliche zu sein. Offensichtlich besteht in 15,19-21 das Interesse, den LeserInnen eine andere Variante des Ausganges der Ereignisse vorzulegen. Das Geschehen selbst muss dabei nicht mehr erzählt werden, da es als bekannt vorausgesetzt werden kann. 15,19-21 haben somit eine kritische Funktion zu 14,29-31. Die Kritik liegt in jenen Punkten, die sich von 14,29-31 unterscheiden. Die Deutung durch den Erzähler in 30a, die Schau der Toten in 30b und der Glaube an JHWH und Mose (V. 31) werden weggelassen und ersetzt durch das deutende Handeln der Prophetin Mirjam[18].

Wenn – in exegetischen (oder nichtexegetischen) Zusammenhängen – auf das „Mirjamlied" in Ex 15 verwiesen wird, dann werden zumeist die V. 20-

---

wodurch das Folgende als Fortsetzung dieser Situation verstanden werden könne. Das kommt Janzens These recht nahe.
17 Vgl. Janzen, Song, 194f.
18 Vgl. Genaueres 3.5.3.1.

21 des Kapitels genannt[19]. Die Verse sind aber erzählerisch eingebettet in den Rückblick auf die Ereignisse in V. 19. Deshalb ist der „Mirjamtext" in Ex 15 nicht in V. 20-21 zu finden, wo es nur um das Singen eines Liedes geht, sondern in Ex 15,19-21, einem zweiten Schluss des geglückten Auszuges aus Ägypten. Dieses zweite Ende ist nicht nur gegenüber dem ersten in Ex 14,29-31 kritisch zu verstehen, sondern auch als Klammer zu Ex 1-2. Der Exodus beginnt mit dem mutigen, widerständigen Handeln von Frauen und endet mit seiner theologischen Ausdeutung durch eine Prophetin.[20]

3.4. Dispositio: Der formale Zusammenhang von Ex 15,19-21

3.4.1. Orte

In 15,19a wird בַּיָּם als Ort angegeben, worin bereits der „Bruch" zum Ort der Handlungsebene in V. 1 sowie der Rückblick angedeutet sind. Sichtbar wird auch – in Verbindung mit den nach 14,30 bereits für tot erklärten Ägyptern als Handlungsträgern – der Szeneneinschnitt zwischen 15,18 und 15,19. In 19c wird dieser durch בַּיַּבָּשָׁה בְּתוֹךְ הַיָּם bestätigt. Da in V. 19-21 keine weiteren Orte der Handlungen genannt werden (außer den relationalen in V. 20, die aber die Szene nicht verorten), stellt sich die Frage, wo Mirjam das Lied sang[21]. Ein Vergleich mit dem „ersten Schluss" der Wundererzählung in 14,29-31 zeigt einen Ort der Handlung in 14,30, wo deutlich wird, dass die IsraelitInnen am Meeresufer stehen. Da V. 28-31 als Interpretation des Schilfmeerwunders durch den Erzähler zu verstehen sind, ist auch diese Ortsangabe nicht auf der Handlungsebene E_1 zu verbuchen, sondern auf E_0,

---

19 Vgl. die Zusammenstellungen der Mirjambelege bei Gray, Numbers, 121. Noth, ÜP, 199f. nennt nur Ex 15,20.

20 Zur Bedeutung von Frauen zu Beginn des Exodus und für das gesamte Exodusgeschehen vgl. Exum, Cheryl, "You Shall Let Every Daughter Live". A Study of Exodus 1:8-2:10, Sem 28 (1983) 63-2, 82; Willi-Plein, Ida, Ort und literarische Funktion der Geburtsgeschichte des Mose, VT 41 (1991) 110-118; Siebert-Hommes, Jopie, Die Geburtsgeschichte des Mose innerhalb des Erzählzusammenhanges von Exodus I und II, VT 42 (1992) 398-404; Dies., Let the Daughters Live! The Literary Architecture of Exodus 1-2 as a Key for Interpretation, BIS 37, Leiden u.a.: Brill 1998; Ebach, Jürgen, Die Schwester des Mose. Anmerkungen zu einem „Widerspruch" in Exodus 2,1-10, in: Ders., Hiobs Post. Gesammelte Aufsätze zum Hiobbuch, zu Themen biblischer Theologie und zur Methodik der Exegese, Neukirchen-Vluyn: Neukirchener 1995, 130-144, 132 (völlig ausgeklammert bei Weems, Renita J., The Hebrew Women Are Not Like The Egyptian Women: The Ideology of Race, Gender and Sexual Reproduction in Exodus 1, Sem 59 (1992) 25-34, 31-33). Eine Rahmung des Exodusgeschehens durch Mirjam, nicht durch Frauen allgemein, erwägt auch Anderson, Song, 288.

21 In 14,30 wird ja immerhin deutlich, dass die IsraelitInnen am Meeresufer stehen.

der Ebene der auktorialen Äußerungen.²² Die letzte Ortsangabe, die sich *auf der Handlungsebene* auf Israel bezieht, ist בְּתוֹךְ הַיָּם בַּיַּבָּשָׁה „mitten durch das Meer im Trockenen" in 14,22, dieselbe wie in 15,19. 15,19 greift somit diese Ortsangabe auf und setzt die Erzählung an diesem Schauplatz fort. Sie negiert dadurch den ersten erzählten Schluss. Somit bleibt als Hinweis auf den Ort des Tanzens und Singens in 15,20f. nur die durch den x-qatal-Satz in 19c angedeutete abgeschlossene Handlung des Gehens durch das Meer.

Innerhalb der Szene 15,19-21 finden sich weitere lokale Angaben, die jeweils in Relation zu den HandlungsträgerInnen stehen. Neben עֲלֵהֶם „über sie" in 19b sind das בְּיָדָהּ „in ihre Hand" in 20a sowie וַתֵּצֶאןָ „und sie gingen hinaus" und אַחֲרֶיהָ „hinter ihr" in 20b. עֲלֵהֶם bezieht sich auf Pferd, Reiter und Wagen und ist ein Teil der Aussage, dass die Wasser über der ägyptischen Streitmacht zusammenfluten. Damit gehört diese lokale Angabe zu der Unterscheidung zwischen Ägyptern und den IsraelitInnen. Die Ortsangaben in V. 20 werden jeweils über das Subjekt Mirjam in 20a und „alle Frauen" in 20b ausgesagt. Auch וַתֵּצֶאןָ deutet als Bewegungsverb eine lokale Veränderung an. Auch diese Ortsangabe bezieht sich auf die Frauen. Auch die ortsdeiktischen Elemente verweisen dadurch, dass sie alle relational zu den HandlungsträgerInnen sind, auf die Parteiungen des Textes. Der Gruppe von Mirjam und den Frauen steht auf dieser Ebene explizit nichts gegenüber. Implizit gibt es noch jene Gruppe oder jenen Ort, aus dem die Frauen ausziehen. Dies lässt die Gruppe von Frauen mit Mirjam als relativ unabhängig oder auch nach außen beziehungslos erscheinen, was die gesellschaftliche Verortung der Gruppe erheblich schwieriger macht.

3.4.2. Handlungsablauf

Die syntaktischen Eigenschaften der Sätze geben eine ununterbrochene Handlungsabfolge wider: x-qatal in 19a, Wayyiqtol in 19b, x-qatal in 19c, Wayyiqtol in 20ab.21a²³.

In V. 20-21 wechseln auf der Ebene der erzählten Handlung die Subjekte ab: 20a: Mirjam, 20b: „alle Frauen", 21a: Mirjam. Diese Abfolge deutet an, dass Mirjam (als „rahmendes Subjekt") die Handlung anleitet. Gleichzeitig wird auch ein (antwortendes) Wechselgeschehen zwischen Mirjam und den Frauen angedeutet.

Am Verständnis der maskulinen Endung des Relativpronomens in 21a entscheidet sich die Frage, zu wem Mirjam singt: nur zu den Frauen, wie der

---

22 Der Erzähler in 14,28-31 lässt die toten Ägypter nur in der Perspektive Israels erscheinen (vgl. die dreimalige Betonung des Sehens in 14,30b.31ab).
23 Da die syntaktische Struktur von 19c einen nachzeitigen Sachverhalt zu 19b anzeigt, ist 20a als Wayyiqtol als weitere Folge dieses Handlungsablaufes zu verstehen.

nähere Kontext von V. 20 anzeigt oder zu allen IsraelitInnen? Die Frage wird äußerst kontrovers beantwortet und sie kann, wenn man V. 19 nicht zur Szene hinzuzählt, auch nicht entschieden werden. Jene Forschungsarbeiten, die als Adressatinnen des Mirjamliedes nur Frauen annehmen, legen damit die Basis zur Interpretation von Ex 15 als Wechselgesang zwischen Männern (V. 1-18) und Frauen (V. 21)[24], wobei Frauen nur der kurze Refrain zukommt, wie Trible eindrücklich betont hat[25]. Nimmt man an, dass Mirjam ihr Lied an ganz Israel singt, stellt sich unweigerlich die Frage nach dem Verhältnis zum Moselied – sowohl von der Bedeutung her als auch chronologisch.

Die Entscheidung für das Verständnis von לָהֶם ist bereits durch den Kontext von V. 19 gegeben: Als die pharaonischen Streitkräfte überflutet wurden und die IsraelitInnen durch das Wasser gegangen waren, nahm Mirjam die Handtrommel und sang ihnen ihr Lied als Deutung des Geschehens. ענה wird freilich nicht als „antworten" verstanden, sondern als „singen"[26]. Das Moselied wird in der Abfolge der Ereignisse in V. 19-20 bewusst nicht erwähnt. Versteht man V. 19-21 als zweiten Schluss zum Schilfmeerwunder, hebt sich der Erzähler gerade darin kritisch vom ersten Schluss ab. Denn nach seiner Variante singt Mirjam direkt ein Lied, ohne dass vorher bereits eine Deutung stattfindet, ohne dass der Glaube an JHWH und Mose erzählt wird und ohne ein Moselied[27]. Dass Mirjam nicht antwortet, ist ein wesentliches Element der Kritik des „zweiten Schlusses". Würde sie nämlich auf das Moselied *antworten*, dann wäre dieses bereits vorausgesetzt, und Mirjams Handlung verlöre ihre Priorität. Außerdem ist Mirjams Handeln durch diese Darstellung des Schlusses nicht auf Mose bezogen. Das betont Mirjams Eigenständigkeit und Unabhängigkeit von Mose.

---

24 Bei Durham, Exodus, 202 nur tendenziell. Houtman, Exodus, Vol 1, 241, der die logische Konsequenz daraus zieht, dass es sich in V. 1-21 um ein Lied handelt, das von Männern und Frauen im Wechselgesang gesungen wurde und ein paar narrative Einfügungen aufweise. Brenner, M., Song, 44 spricht von einem durchkomponierten Wechselgesang zwischen Frauen und Männern. Auch Fischer, G., Schilfmeerlied, 33 betrachtet V. 1-21 als literarische Einheit und sogar als ein Lied, in dem Prosa und Poesie abwechseln. Seinem Schluss „Keine andere biblische Stelle enthält eine solche Erzähldynamik, die im Wechsel zwischen den Geschlechtern [...] das Lob Gottes verstärkt" kann jedoch nicht gefolgt werden.
25 Vgl. Miriam, 170f. und im Anschluss daran Brenner, Athalya/van Dijk-Hemmes, Fokkelien, *On Gendering Texts. Female & Male Voices in the Hebrew Bible*, BIS 1, Leiden u.a.: Brill 1993, 38-40.
26 Vgl. 3.5.1.3.
27 Fischer, G., ebd., 46, Anm. 51 weist auf die Deutung Philos hin, der für die Pesachfeier die Praxis eines Wechselgesanges zwischen Frauen und Männern belegen will. Philos Text ist aber eine Deutung und kann nicht als Hinweis darauf genommen werden, wie die biblischen AutorInnen den Gesang verstanden haben wollten.

3.4.3. Erzählte Rede: Der Hymnus

Der Hymnus, den Mirjam singt, besteht aus einem Imperativ und einer zweigliedrigen Begründung[28]. Der Imperativ richtet sich an ein maskulines Kollektiv[29]. Die Begründung ist mit כִּי und einer angehängten figura etymologica eingeleitet, danach folgt in einem invertierten Verbalsatz (x-qatal) ein Rückblick in die Vergangenheit[30].

3.4.4. Die Retroversion des Schilfmeerereignisses

Ex 15,19 schließt an die erzählte Rede von Ex 15,1-18 an. Innerhalb des Erzählverlaufes von Ex 13-15 findet diese Rede im Anschluss daran statt, dass Israel durch das Meer zog, die Ägypter ertrunken sind und der Erzähler erklärt hat, dass die IsraelitInnen, als sie das Geschehen sahen, an JHWH und seinen Knecht Mose glaubten (14,29-31). Die Einleitung des Liedes auf der Handlungsebene mit אָז („dann") macht diese Handlungsabfolge deutlich. Ebenso sichtbar ist, dass in V. 19 eine Retroversion eingeleitet wird. D.h. die Information über die Ereignisse, die in V. 19-21 erzählt werden, ist eine Nachholung von früher Geschehenem. Der in 15,1 gegebene zeitliche Ablauf wird nicht fortgesetzt[31]. Retroversionen geschehen nicht aus erzählerischer Ungeschicklichkeit, sie wollen das Erzählte betonen, es bewusst aus dem Handlungsablauf herausnehmen, der erzählten Handlung eine Verstehenshilfe oder eine spezifische Sichtweise geben. Im Fall von Ex 15,19-21 will der fiktive Erzähler sagen, wie es „wirklich" war oder was eigentlich geschah – aus seiner Sicht: Sofort nach dem Wunder nahm Mirjam die Pauke und sang in Begleitung der Frauen ihr Loblied. Nicht Mose also stimmte, nachdem das Volk zum Glauben gelangte, ein Lied an, sondern Mirjam als erste, ohne dass vorher das ganze Volk zum Glauben an JHWH und Mose gelangt wäre. Moses Lied, das mit dem Text Mirjams beginnt (V. 1cd), wird zu einem epigonenhaften Nachformulieren. Diese zeitliche Ordnung bezieht sich auf die erzählte Zeit und hat mit einer Chronologie der Entstehung der beiden Lieder noch nichts zu tun[32].

Wenn aber V. 19 nicht an 1a anschließt, stellt sich die Frage, welches Geschehen angesprochen ist. Da die Verse vor V. 1 (14,29-31) bereits

---

28 Vgl. auch Coats, George, *Exodus 1-18*, fotl IIA, Grand Rapids, Michigan u.a.: Eerdmans 1999, 121; Anderson, Song, 288f.; Burns, Lord, 31.
29 Der Imperativ von שִׁיר ist Kal, feminin Pl. nicht belegt (vgl. Gesenius, Handwörterbuch, 823; Eben-Schoschan, Konkordanzia, 1138).
30 Vom Wortlaut her entspricht die Begründung vollständig der Begründung für Moses Kohortativ zu Beginn des Moseliedes in 15,1de.
31 Vgl. Durham, Exodus, 209; Janzen, Song, 170ff.
32 Zur Chronologie vgl. 3.6.

Deutung des fiktiven Erzählers sind, setzen 15,19-21 die Handlung nach 14,28 fort. Wenn sie allerdings erst hier erzählt werden, stehen sie als kritischer „Gegenschluss", als eine Art Antithese zu dem, was in 14,29-15,18 erzählt wird[33]. Sie sind als Korrektur zum Glauben an Mose und zum Lied des Mose zu verstehen, als das, was „eigentlich geschah".

3.5. Elocutio: Von der Bedeutung der Prophetin und „aller Frauen"

Ex 15,19-21 ist als eine Szene zu verstehen. Der Text beginnt in V. 19 mit einer zeitlichen Verortung. Diese wird realisiert durch das einleitende כִּי in 19a und den durch die Verbformen angegebenen zeitlichen Ablauf. Die Partikel כִּי führt die LeserInnen in einen Zeitpunkt der Vergangenheit ein, der nur kurz beschrieben wird und somit als bekannt vorausgesetzt werden kann. Die syntaktische Abfolge der Sätze macht deutlich, dass alle Sätze des Verses von der Einleitung כִּי abhängen.

19a x-qatal
19b wayyiqtol-x
19c w-x-qatal
20a wayyiqtol-x
20b wayyiqtol-x
21a wayyiqtol-x

Durch diese zeitliche Struktur stellt V. 19 somit die zeitliche Verankerung für V. 20f. dar.

3.5.1. Mirjam

3.5.1.1. Die Prophetin

Mirjam wird als נְבִיאָה und אֲחוֹת אַהֲרֹן eingeführt und vorgestellt[34]. Mit dem Titel נְבִיאָה wird Mirjam den ProphetInnen zugeordnet. Dass es in Israel Prophetinnen gab, ist hinlänglich bekannt[35], auch, dass sie dieselben Funktionen innerhalb der Gesellschaft Israels wahrnahmen wie ihre männlichen Kollegen[36]. Deshalb stellt sich weniger die Frage, was Mirjam *tat* oder was

---

33 Vgl. Brenner, A./van Dijk-Hemmes, Texts, 39f.
34 So gesehen ist dieser Text der einzige, der von Mirjam erzählt und sie auch vorstellt (vgl. Num 12; 20; Dtn 24,9; Mi 6,4). Die Frage dieser Vorstellung stellt sich nur in narrativen Texten, weshalb die genealogischen Erwähnungen Num 26,59; 2 Chr 5,29 ausgenommen sind.
35 2 Kön 22,14; 2 Chr 34,22; Jes 8,3; Neh 6,14.
36 Vgl. Kessler, Mirjam, 65-67; Fischer, Irmtraud, Feministische Exegese – eine Herausforderung, *ThPQ* 148/72 (2001) 146-155, bes. 148-154.

Prophetinnen (Besonderes) *taten*, sondern was dieser Titel im *Rahmen der vorliegenden Wüstenerzählungen* über Mirjam aussagen will. Denn die explizite Erwähnung von Prophetie im Pentateuch ist sehr selten[37], und innerhalb der Wüstenerzählungen beschränkt auf Num 11f. und Ex 7,1[38]. Außerdem werden Mirjam in Ex 15,20f. keine Handlungen oder Eigenschaften zugeschrieben, die sie im Besonderen als Prophetin ausweisen würden[39]. Das Nehmen des Tamburins[40], das Antworten auf den Tanz bzw. den Gesang der IsraelitInnen in V. 1-19 und die Aufforderung zum Singen sollen daraufhin genauer angesehen werden.

Die inhaltliche Füllung des Prophetinnentitels oder anders gesagt, die Frage danach, warum Mirjam hier als Prophetin bezeichnet wird, lässt sich nur im Anschluss an V. 19 beschreiben.

Solange man davon ausgeht, dass V. 19 nicht zum Auftreten Mirjams gehört und die literarische Einheit aus den V. 20-21 besteht, lässt sich für das Verständnis des Prophetinnentitels in Ex 15,20 kaum ein Anhaltspunkt innerhalb des Textes finden[41]. Dadurch würde sich die Bezeichnung Mirjams als Prophetin auch grundlegend von den anderen biblischen Prophetinnengestalten unterscheiden. Die namentlich genannten Prophetinnen[42] Debora (Ri 4), Hulda (2 Kön 22,14-20; 2 Chr 34,22-28) und Noadja (Neh 6,14) sind im Zusammenhang eines explizit genannten Wirkungsbereiches und ihrer Funktion oder ihrer Botschaft überliefert. Sie sind mit Aussagen innerhalb der Erzählungen verbunden, in denen sie vorkommen.

Mirjams Wirkungsbereich findet sich in V. 19. Auch ihre gesellschaftliche Bedeutung, die durch Beziehungen zu anderen HandlungsträgerInnen der

---

37 Als implizite Erwähnungen nennt z.B. Schmidt, W. H., Pentateuch, 188f. „Ex 3,16; 5,1 u.a.", die darauf hinweisen, dass Mose „Gottes ‚Ich' im Munde führen soll" (188); Ex 32,9f., wo die Aussage des Zornes Gottes über das Volksganze der Unheilsprophetie der Schriftpropheten ähnlich kommt (vgl. auch Num 14,12). Ich werde mich des Weiteren nur auf Belege stützen, die die Wurzel נבא aufweisen, da sie konkrete und verlässliche Anhaltspunkte geben.

38 Die Wurzel erscheint als Verbalform in der geläufigen Form des Nif'al im Pentateuch überhaupt nicht, im Hitpa'el nur in Num 11,25.26.27, der Titel נביא nur in Gen 20,7; Ex 7,1; Num 11,29; 12,6; Dtn 13,2.4.6; 18,15.18.20.22; 34,10.

39 Vgl. auch Grabbe, Priests, 115.

40 Nach Durham, Exodus, 202 sei dies eher eine Handpauke, also ohne Schellen. Es sei ein Instrument, das in „alttestamentlicher Zeit" (ohne genauere Angabe) sehr an Verbreitung gewann.

41 Vgl. auch Brenner, A., Woman, 53.61.63 "Even here (Exodus 15.20) she is called 'prophetess', although the exact nature of her prophetic abilites is not explained." (ebd. 53).

42 Eine Ausnahme bildet „die Prophetin", die Frau Jesajas, da bei ihr unklar ist, ob sie selbstständige Prophetin ist oder nur „Mrs. Prophet" (Propp, Exodus, 546), die Frau Jesajas.

Erzählung und die Handlungskette ausgewiesen wird, ist allein in V. 20f. sehr undeutlich[43]. Die Beschränkung der Handlungen Mirjams auf das Nehmen der Handtrommel und das Singen deuten zudem per se keine prophetischen Aktionen an. Erst durch V. 19 erfährt der/die LeserIn, dass Mirjam die Handtrommel nimmt, nachdem die IsraelitInnen durch das trockene Meer gegangen sind. Ihre Handlung bezieht sich durch diese Verbindung nicht nur auf die in 20b genannten Frauen, sondern auf ganz Israel (19c). Mirjams Handlungen sind dann auch nicht eingeschränkt auf Tanzen, vor den Frauen gehen und singen, sondern zu erweitern durch die deutende Reaktion auf das direkt vor Mirjams Auftreten erzählte Rettungshandeln JHWHs. Die Deutung Mirjams beansprucht Relevanz und Gültigkeit für ganz Israel und ist nicht einzuschränken auf die genannte Frauengruppe.

3.5.1.2. Schwester Aarons

Ähnliches gilt auch für אֲחוֹת אַהֲרֹן. Auch diese Zuordnung ist im Vergleich zu anderen Erwähnungen des Begriffes „Schwester von" ein mangelhafter Ausdruck, denn dort, wo die Wendung eine Herkunft ausdrücken soll[44], steht oft die Eheschließung der Schwester im Zentrum. Dann wird der Vater vor dem Bruder genannt (vgl. Gen-Belege; Ex 6,23; 2 Sam 17,25; 2 Kön 11,2)[45]. Trotzdem dient die Zuordnung Mirjams zu Aaron und damit zur Familie des Stammvaters Levi einer *Vorstellung* Mirjams. Diese Vorstellung ist äußerst knapp und prägnant. Der Erzähler verliert sich nicht in Details zur Person Mirjam, er führt ihren Charakter nicht erzählerisch aus, es ist nicht von Interesse, ob Mirjam Ehefrau oder Mutter und wessen Tochter sie war, es geht nicht um ihre Herkunft[46]. Die Aussage „Schwester Aarons" enthält auch keine biografische Information im Sinne einer Darstellung einer „israelitischen weiblichen Normalbiographie"[47]. Die Exegese hat sich daher immer

---

43 Solche Beziehungen lassen sich für Debora mit Barak, für Hulda mit dem so genau beschriebenen Ehemann mit Berufsbezeichnung festmachen. Auch Noadja wird gemeinsam mit anderen Propheten, Sanballat und Tobia, mit denen sie die Opposition gegenüber Nehemia teilt, erwähnt.
44 Gen 25,20; 28,9; 36,3; Ex 6,23; 2 Sam 17,25; 2 Kön 11,2; 1 Chr 4,19. Die anderen Belege stehen innerhalb der Handlung einer Erzählung (2 Sam 13,1.4; 1 Kön 11,19.20; 2 Chr 22,11 [Hld 8,8]; Jer 22,18]) oder im Rahmen von Gesetzen (Lev 18,12; 20,19), in denen es nicht primär um die Herleitung der Abstammung einer Frau geht.
45 Eine Ausnahme bezüglich der Vaternennung stellt 1 Chr 4,19 dar, allerdings werden wenigstens der Mann und die Söhne der Frau genannt.
46 Ihre Herkunft würde durch ihre Eltern belegt werden. Es ist nicht anzunehmen, dass diese „unbekannt" waren, d.h. dass es keine Tradition(en) bezüglich ihrer Herkunft gab. Zumindest die genealogischen Einordnungen Mirjams kennen ihre Eltern.
47 Ganz anders als bei anderen Frauen erzählen die Texte nichts über Mirjams Eigenschaften, dass sie fromm, schön, weise oder begabt gewesen wäre.

schon schwer getan mit der Bedeutung der Zuordnung Mirjams zu Aaron. Zunächst wird in den meisten Studien die berechtigte und ganz zentrale Frage gestellt, warum sie nicht als „Schwester Moses" vorgestellt wird, denn Aaron kommt weder in Ex 15 noch innerhalb der Schilfmeererzählung vor. Außerdem hätte man eine erzählerische Identifikation mit jener Frau am Anfang des Exodus, die ihrem jüngeren Bruder das Leben rettete (Ex 2,1-11), gewonnen. – Die Frage wird grundsätzlich überlieferungsgeschichtlich verhandelt. Noth hat vermutet, dass Ex 15,20 noch nicht damit rechnet, dass Aaron Moses Bruder war, weil diese Verwandtschaftsverhältnisse erst später entstanden seien[48]. Dillmann stellt eine Verbindung zu Num 12 her und ordnet beide Texte demselben literarischen Korpus, also derselben „Quelle", zumeist „E", zu[49]. Andere bleiben dabei stehen, dass diese Zuordnung später eingefügt wurde[50].

אֲחוֹת אַהֲרֹן ist keine historisierende Aussage und überlieferungsgeschichtlich kaum auswertbar. Zunächst ist festzuhalten, dass Mirjam als Aarons *Schwester* diesem gleichgestellt ist, da geschwisterliche Zuordnungen Gleichrangigkeit ausdrücken. Es bleibt aber die Frage offen, warum Mirjam dann nicht gleich, um sie Mose zuzuordnen, als dessen Schwester vorgestellt wird. Die Wendung „Schwester Aarons" ist auf der Ebene der LeserInnenlenkung als Vorstellung Mirjams durch den Erzähler zu verstehen. Die Zuordnung zeigt, in welchem Verhältnis zu Mose und Aaron der Erzähler Mirjam gesehen und verstanden haben will. Mit der Erwähnung Aarons an dieser Stelle appelliert der Erzähler auch an die Aufmerksamkeit der Leserinnen und Leser, da Aaron bis jetzt in der Erzählung vom Schilfmeer keine Rolle spielte[51]. Vom Gang der Erzählung her wäre es viel näher gelegen, Mirjam als Moses Schwester zu bezeichnen. Die Zuordnung zu Aaron erhält damit enorme Bedeutung für das Erzählinteresse. Sie evoziert die Frage nach dem Verhältnis Mirjams zu Mose bzw. warum sie nicht zu Mose in Beziehung gesetzt wird. Diese so betonte Distanzierung von Mose entspricht dem Interesse von 15,19-21, einen zweiten Schluss, einen „Gegenschluss" zu 14,29-31 zu erzählen. Mirjam ist nicht als Schwester *Moses* zu sehen, denn das setzt sie zu Mose in Beziehung, was Ex 15,19-21 aber zu relativieren versucht. Mirjam zu Mose nicht in Beziehung zu setzen, betont Mirjams Unabhängigkeit von Mose und ihre Selbstständigkeit in

---

48 Vgl. Noth, Exodus, 97.
49 Vgl. Dillmann, Exodus, 177, ähnlich Heinisch, Exodus, 127.
50 Vgl. Burns, Lord, 84.100f. Burns geht davon aus, dass „Schwester Aarons" ein später Zusatz sei, der aus priesterlichen Kreisen stamme. Man habe damit eine alte kultische Figur, als die sie Mirjam versteht, in die Familie Aarons hereingeholt, um seine Legitimation als Priester zu stärken. Propp, Exodus, 547 mit der Begründung, Frauen würden über männliche Bezugspersonen vorgestellt. Er fragt aber nicht weiter nach den Eltern oder nach Mose.
51 Aaron wird das letzte Mal in Ex 12,50 erwähnt.

ihrem prophetischen Auftreten neben dem Knecht JHWHs (14,31). Durch die Zuordnung Mirjams zu *Aaron* wird der kritische Aspekt, den der zweite Schluss dem ersten gegenüber zum Ausdruck bringt, verstärkt. Darin liegt auch eine Aussage über die Gruppe hinter dem Text: Sie will Mirjam als von der mosaischen Autorität *unabhängige gleichwertige Gestalt*, die es versteht, Geschichte prophetisch auf JHWH hin zu deuten, darstellen.

Angesichts der gerade beschriebenen Aussage der Wendung tritt der Aspekt der Herkunftsbeschreibung Mirjams in den Hintergrund. Versuchte man, hinter der Wendung „Schwester Aarons" eine solche zu erkennen, läge eine Einordnung Mirjams in die Levifamilie vor. Damit würden Ansprüche levitischer Gruppen auf Mirjams – und Aarons – Bedeutung und Funktion sichtbar werden. Das ist innerhalb des chronistischen Verständnisses des Levitentums nichts Außergewöhnliches, wo die Leviten als Brüder der aaronidischen Priester bezeichnet werden[52]. Diese Fragen sind aber später zu verhandeln.

Zusammenfassend lässt sich zum Begriff „Schwester Aarons" sagen, dass er eine mit Aaron bzw. der levitischen Familie verbundene kritische Haltung gegenüber Moses Autorität anzeigt, die dem Interesse des Abschnittes entspricht. Da die Bezeichnung „Schwester Aarons" direkt an den Prophetinnentitel anschließt, ist auch dieser unter dem Aspekt einer kritischen Haltung zu sehen: Die Prophetin Mirjam bildet als Levitin und mit Aaron eine Opposition zu Mose in seiner Rolle als Knecht Gottes und dem, dem das Volk glaubt. Aaron ist somit in Ex 15,20 weder deshalb genannt, weil er Mirjams älterer Bruder sei[53] noch als Familienoberhaupt[54], sondern als Koordinate im *gesellschaftspolitischen und theologischen* Bezugssystem der Mirjamfigur.

---

52 Vgl. dazu Brenner, Martin, *The Song of the Sea: Ex 15,1-21*, BZAW 198, Berlin u.a.: de Gruyter 1991, 45. Er nennt folgende Texte: 1 Chr 23,32; 24,31; 2 Chr 35,6.14f. (sic! – אֲחֵיהֶם bezieht sich nicht auf die aaronidischen Priester, sondern auf die Torwächter); 29,34; Esr 3,8f.; 6,20; Neh 13,13.
53 So vermuten es Dillmann, Exodus, 176 (mit Verweis auf Gen 28,9); Heinisch, Exodus, 127 und neuerdings auch Propp, Exodus, 547.
54 So etwa Cassuto, Exodus, 181f.

3.5.1.3. Die Semantik der Handlungen Mirjams

Mirjam hält als Prophetin eine Handtrommel in ihrer Hand. Die Handtrommel[55] (תֹף) ist ein Instrument, das als Zeichen von Freude bei ganz allgemeinen Festen[56] und vor Gott[57] gebraucht wurde, häufig allerdings auch im Kontext von Siegesfeiern Verwendung findet[58]. Sowohl die Texte, als auch ikonographisches Material belegen, dass das Instrument hauptsächlich von Frauen gespielt wurde[59]. Allein von Frauen wird das Tamburin im Solospiel verwendet (Ex 15,20; Ri 11,34; Jer 31,4)[60]. Der Kontext von Siegesfeiern liegt zwar angesichts der gerade erzählten (Ex 13,17-14,31) gelungenen Flucht vor den Ägyptern nahe, allerdings ist an dem bereits von Noth festgestellten Unterschied zu Siegesfeiern festzuhalten, der darin besteht, dass Ex 15 nicht die siegreichen Krieger sondern JHWH feiert.[61] Wir werden sehen, dass das nicht der einzige Unterschied zu gängigen Siegesfeiern ist[62].

---

55 Meyers hat wohl zu Recht betont, dass es sich bei dem Begriff תֹף um eine Handtrommel handelt, ein rein membranophones Instrument ohne idiophone Elemente wie Glöckchen etc. (vgl. Miriam, 213.220). Tamburine seien überhaupt erst sehr spät belegt, und die Terrakotten der Bronze- und Eisenzeit würden Instrumente zeigen, die mit den Fingern oder der Handfläche, nicht aber, wie es für Tamburine üblich sei, mit den Handknöcheln zum Ertönen gebracht würden. Daraus lässt sich schließen, dass Tamburine in der Bronze- und Eisenzeit noch nicht verwendet wurden.
56 Vgl. z.B. Gen 31,27; Ijob 21,12; Jes 5,12; Ez 28,13.
57 Vgl. Ps 81,3; 149,3; 150,4.
58 Vgl. 1 Sam 18,6; 2 Sam 6,5; 1 Chr 13,8; Jer 31,4. Vgl. auch Houtman, Exodus, 294.
59 Vgl. Houtman, ebd., 124. Auch als Instrument von Männern z.B. in Gen 31,27; 1 Sam 10,5; Ps 81,3 erwähnt (vgl. auch Braun, Joachim, *Die Musikkultur Altisraels/Palästinas. Studien zu archäologischen, schriftlichen und vergleichenden Quellen*, OBO 164, Freiburg i. Ue.: Vandenhoeck & Ruprecht 1999, 50).
60 Vgl. Braun, ebd.
61 Vgl. Noth, Exodus, 98. Burns, Lord, 18-40 hat sich bemüht, das Mirjamlied als kultisches Siegeslied nach einer gewonnenen Kriegsschlacht zu verstehen. Den kultischen Zusammenhang von Siegesliedern belegt Burns mit Ri 16,23f., wo die Philister feiern und 1 Sam 30,16, wo die Amalekiter tanzen. Eine kultisch-rituelle Siegesfeier innerhalb Israels will sie in Ex 32 finden, wo innerhalb der Siegesfeier das Kriegsgeschehen nachgespielt werde (vgl. ebd., 19-22). Problematisch ist im Zusammenhang der Siegesfeiern zunächst die zwingende Unterscheidung zwischen „kultischen" und „profanen" Festen (vgl. dazu Ackerman, Susan, *Warrior, Dancer, Seductress, Queen. Women in Judges and Biblical Israel*, New York u.a.: Doubleday 1998, 76, Anm. 17). Außerdem braucht Burns für ihre Argumentation einen so weiten Zusammenhang, dass sich seine Verbindlichkeit in Frage stellt. Von all den Elementen des Kriegsgeschreis durch Musik, Tanz und Gelächter sowie des Nachspielens der Schlacht, die Burns in Ex 32 zu finden meint, scheinen Bezüge zu Ex 15,19-21 überzogen. Somit kann auch das Tamburinspiel, das sie als Anfeuerung für die Krieger deutet (vgl. ebd., 38f.), nicht als solches verstanden werden.
62 Vgl. 3.5.2.

In 1 Sam 10,5 findet das Tamburin als Instrument von ProphetInnen Erwähnung. Prophetie wird in diesem Text mit נבא im Hitpa'el beschrieben, was möglicherweise auf ekstatische Prophetie hindeutet, wofür es aber keine näheren Hinweise gibt. Noch weniger lässt sich deshalb für Ex 15,20f. annehmen, dass hier von ekstatischer Prophetie die Rede sei[63]. Mirjams Handeln als Prophetin in Ex 15,20f. hat den Sinn, die Ereignisse des Schilfmeeres als machtvolle Taten JHWHs zu deuten. Es scheint deshalb nicht sinnvoll, Mirjams Funktion als Prophetin auf ekstatische Prophetie festzulegen[64]. Noch weniger angemessen sind Vorstellungen wie die Houtmans: "Presumably the music consisted of a frenzied drum-beating that produced a rumbling sound, terrible noise, that put the dancers into a trance."[65]

Die Wendung „hinter ihr" deutet nur in einem einzigen Zusammenhang eine Funktion an, und das sind in Ps 45,15 die Gefährtinnen der Königstochter, die hinter dieser gehen[66]. Andere Elemente, die von ihrer Semantik her weiterführen können, sind „allen Frauen" zugeschrieben und kennzeichnen zum großen Teil Szenen, die innerhalb der hebräischen Bibel für Frauen typisch sind.

---

63 Anders Noth, Exodus, 98. Seine Behauptung, „Ekstase und (kultischer) Gesang gehörten im alten Israel zusammen" (ähnlich auch Hyatt, Philip J., *Commentary on Exodus*, NCB, Greenwood: The Attic Press 1971, 169 mit Verweis auf 1 Sam 10,5; 2 Kön 3,15; Scharbert, Joseph, *Exodus*, NEB 24; Würzburg: Echter 1989, 66) ist so pauschal nicht haltbar. Zur Differenzierung ist z.B. 1 Sam 19,20-24; Jer 26,20 und, falls man von ekstatischer Prophetie in diesem Zusammenhang sprechen will, Num 11 anzuführen. Auch in Ez 13,17-21 wird נבא Hitp. meist als Ausdruck für ekstatische Prophetie verstanden: Die „Töchtern deines Volkes" prophezeien. נבא Hitpa'el wird gegenüber den prophezeienden Frauen häufig abwertend verstanden, wie Renate Jost der Forschung kritisch vorwirft: „Doch scheint mir dies [die Abwertung] eher die Auffassung der Exegeten gegenüber diesen Frauen widerzuspiegeln als die des Textes, da das hitpael auch für das Verhalten Ezechiels selbst verwendet wird (Ez 37,10)." (Jost, Frauen, 182). Im Zusammenhang mit Mirjam wird zwar ekstatische Prophetie nicht abgewertet. Gerade angesichts der genannten Tendenzen in der Forschung ist es aber angemessen, die möglicherweise wertende Konnotation, wenn man den Begriff verwenden will, zumindest zu benennen.

64 Bezüglich des Begriffes „Exstatikerin" ist auch insofern Vorsicht geboten, als ekstatische ProphetInnen in der hebräischen Bibel oftmals mit dem abschätzigen „sich als ProphetIn gebärden", also nicht wirkliche/r, wahre/r ProphetIn zu sein, verbunden sind (vgl. z.B. 1 Kön 18,29; Jer 14,14; 29,6f.; Ez 13,17, anders aber in Jer 26,20; Ez 37,10, Belege bei Müller, נבא, 146). Darüber hinaus lässt sich der Terminus „ekstatische Prophetie" schwer definieren, zumal für den Alten Orient.

65 Houtman, Exodus, 294.

66 Vgl. weitere Belege, die die Form nur im erzählerischen Kontext verwenden: Ri 19,3; 2 Sam 3,16; 13,17.18; 2 Kön 4,30; 11,15; 2 Chr 23,14; Neh 12,38; Spr 7,22; Ez 41,15.

Mirjams Handlung in 21a, ענה, ist nicht primär als „antworten" zu verstehen, sondern als ein Synonym zu שִׁיר, dem Singen in 21b[67].

3.5.2. „Alle Frauen"

3.5.2.1. Die Frauengruppe

Einen ähnlich „höfischen" Kontext und den Bezug zu einer bestimmten Frauengruppe, wie der Begriff „hinter ihr" nahelegt, deutet gegen die gängige Meinung, hier seien einfach alle Frauen Israels gemeint[68], der Terminus „alle Frauen" an. Im Zusammenhang mit dem Königshof stehen die Texte Est 1,17.20; 2,17; Jer 38,22; 44,15.24. Est 1,17.20 deuten auf Frauen der Oberschicht, Frauen der Fürsten hin. Sie werden im Zusammenhang mit Wastis Widerstand gegen den königlichen Befehl, vor ihm am Fest zu erscheinen, erwähnt. „Alle Frauen" stehen hier als potentiell gefürchtete Gruppe, die sich gegen die bestehende Ordnung auflehnen könnte[69]. Est 2,17 steht in demselben Kontext, da sich Ester selbst diesen Widerstand zunutze macht und ihren Weg innerhalb des Harems und damit zum König geht[70]. Harems- bzw. Palastfrauen sind auch in Jer 38,22 mit „alle Frauen" gemeint. Renate Jost macht in Anlehnung an Willy Schottroff deutlich, dass mit der sozialen Gruppe „Haremsfrauen" oder „Palastfrauen" in bestimmten Fertigkeiten hochspezialisierte Frauen gemeint sind, deren Präsenz am Hof, vor allem ihre große Zahl, die Macht des Königs zum Ausdruck bringen soll[71]. Ebenso könnte der Begriff „alle Frauen" in Jer 38,22 Palastfrauen, Sängerinnen und auch Bedienstete meinen[72]. Jost hat auch für die Frauen, die Jeremia in Jer 44,15-25 anspricht, Frauen der Oberschicht[73] angenommen.

---

67 Vgl. Brunert, Gunhild/Kleer, Martin/Steins, Georg, שִׁיר. Verwendung im AT. 1. Wortarten und Verteilung. 2. Bedeutung profan und sakral. 3. Synonyme. 4. Besondere Verbindungen, *ThWAT* VII (1993) 1263-1269, 1268, die die Wurzel שׁיר IV annehmen.
68 Vgl. Noth, Exodus, 97; außerdem sind jene Studien, die das Lied mit den Siegesliedern der Frauen in Ri 5,1ff.; 11,34; 1 Sam 18,6 vergleichen, zu nennen (etwa Beer/Galling, Exodus, 84; Dillmann, Exodus, 177; Burns, Lord, 39 u.ö.).
69 Vgl. Butting, Klara, Das Buch Ester. Vom Widerstand gegen Antisemitismus und Sexismus, in: Schottroff, Luise/Wacker, Marie-Theres (Hgg.), *Kompendium feministische Bibelauslegung*, Gütersloh: Gütersloher Verlagshaus 1998, 169-179, 169f.
70 Vgl. ebd., 171f.
71 Vgl. Jost, Frauen, 147-149.
72 Vgl. ebd., 149.
73 Sie hat dies folgendermaßen begründet (vgl. ebd., 230f.): 1. Texte Jeremias, die nach 587 zu datieren sind, ließen bei den genannten Frauen eine Verbindung zum Hof erkennen. Es sind die, die nach Ägypten verschleppt wurden. 2. Die Kritik Jeremias sei nicht gegen alle Frauen gerichtet: Wenn sie direkt angesprochen (Jer 9,16-21; 13,18) oder als besondere Gruppe erwähnt würden (38,22f.), dann seien sie mit dem Hof

Ebenso ist in Ex 35,26 eine bestimmte Gruppe von Frauen zu erkennen, die als נָשָׂא לִבָּן und in V. 25 als חָכְמַת־לֵב beschrieben werden. Auch diese Gruppe ist als spezifische Gruppe von Frauen mit weisem Herz ausgewiesen. Der Kontext erwähnt Fürsten (V. 37) und zahlreiche wertvolle Materialien, die zum Heiligtum gebracht wurden. Möglicherweise sind diese in V. 25f. erwähnten Frauen als Frauen der Oberschicht zu verstehen.

Die Frauen, die hinter Mirjam herziehen, die Gruppe, die sie anleitet, sind demnach nicht alle Frauen Israels. Es handelt sich um eine spezifische Gruppe, die durch einen bestimmten gesellschaftlichen Status[74], besondere Fähigkeiten oder Bildung gekennzeichnet ist. In jedem Fall scheint es sich um Frauen aus der gesellschaftlichen Oberschicht zu handeln, denn darauf deuten alle Belege dieses Terminus hin. Die Prophetie Mirjams wird demnach mit Frauen der Oberschicht und/oder gebildeten Frauen verbunden.

Der archäologische und ethnomusikologische Befund, den Carol Meyers auswertet[75], unterstützt diese Vermutung, auch wenn Meyers nicht bis in jedes Detail gefolgt werden kann[76]. Zunächst aber geht sie von Terrakottafiguren aus, die Frauen mit Handtrommeln darstellen. Die hohe Anzahl der Funde lässt auf weite Verbreitung schließen[77], die schmucklose Darstellung der Frauen darauf, dass es sich dabei weder um Gottheiten noch um besonders noble Frauen handelt[78]. Liest man vor diesem Hintergrund die biblischen Texte, so wird der Befund bestätigt, dass Handtrommeln zwar nicht nur, aber sehr häufig von Frauen gespielt wurden. Für die Praxis jener Frauengruppen hieß das, dass sie mehr oder weniger regelmäßig zum

---

verbunden. Alle anderen Frauen, die Opfer der Herrschaftsstruktur seien, wie Prostituierte (5,7.8), Witwen (7,1-7; 22,1-6), Sklavinnen (34,9) würden nicht angeklagt werden, sondern als besonders schützenswert dargestellt werden. 3. Räucheropfer darzubringen, sei nach Ez 8,22 Tätigkeit der Ältesten, die der Oberschicht entstammten, genauso wie der Frauen, die bei Jer opferten. 4. Tätigkeiten, die üblicherweise Männer vornahmen, würden im Zusammenhang des Harems von Frauen ausgeübt werden können.

74 Frauen um den König sind zwar singend und spielend belegt (vgl. das „Leichenlied" in Jer 38,22 [zur Gattung vgl. Jost, Frauen, 146f.] oder auch zur Funktion der königlichen Palastfrauen im persischen Reich bei Brosius, Maria, *Women in Ancient Persia (559-331 BC)*, Oxford Classical Monographs, Oxford: Clarendon Press 1998, 31ff.), allerdings spricht der Text nicht explizit davon. Die Frage ist, ob musizierende Frauen am persischen Königshof für diese Vorstellung prägend waren.

75 Vgl. Miriam, 210-220.

76 Meyers geht konsequent davon aus, dass Mirjam ein Siegeslied anstimmt, ähnlich wie es auch in 1 Sam 18,6 belegt ist. Gründe gegen diese Sicht werden unten genannt.

77 Vgl. ebd., 218f. Sie sind wahrscheinlich im syropalästinensischen Raum in der frühen Bronzezeit entstanden (vgl. ebd., 220).

78 Vgl. ebd., 214f.

Musizieren, sei es Proben oder Komponieren[79], zusammenkommen mussten, denn die Lieder setzten ein hohes Maß an Kompetenz voraus[80]. Ein solches Treffen aber könne nur unter Frauen stattfinden, die einigermaßen selbstbestimmt und unabhängig agieren konnten, was zumindest von Dienerinnen oder Sklavinnen wahrscheinlich nicht angenommen werden kann. Diese Sängerinnen mussten demnach aus sozialen Schichten stammen, in denen Frauen die Möglichkeit hatten, den häuslichen Bereich zu verlassen und in die Öffentlichkeit zu gehen, dort sogar auch öffentlich wirksam zu werden und minimalen (und vielleicht nur punktuellen) gesellschaftlichen Einfluss auszuüben.

כָּל־הַנָּשִׁים meint somit eine bestimmte Gruppe von Frauen, deren Gemeinsamkeit entweder einfach darin lag, dass sie Sängerinnen waren oder dass sie durch ihre soziale Situation als Gruppe am Hof zu bestimmen waren. Auf jeden Fall scheint der Ausdruck nicht alle Frauen Israels oder pauschal „die Frauen" zu meinen.

3.5.2.2. Die Semantik der Handlungen der Frauengruppe

Der Kontext politischer bzw. militärischer Siegesfeiern legt sich ähnlich wie durch die Handtrommel durch den Auszug der Frauen nahe. יצא mit femininem Subjekt im Sg. oder Pl. ist vor allem für zwei Szenen typisch[81]. Die eine ist das Hinausgehen der Frauen aus der Stadt zu einem Brunnen, um Wasser zu holen[82], die zweite besteht im Auszug der Frauen aus der Stadt, siegreichen Kriegern entgegen[83]. Dieser Kontext ist schon häufig als Hintergrund für Ex 15,20f. herangezogen worden[84], es gibt aber zwei nicht unwesentliche Unterschiede. Zum einen gibt es im Mirjamlied keine

---

79 Es scheint nachgewiesen, dass Komponieren und Aufführen in vielen „vormodernen" Gesellschaften gemeinsam stattfanden (vgl. ebd., 223).
80 Vgl. ebd., 226ff.
81 Wenn man nicht die Szene, dass Frauen einen Mann in ihr Zelt einladen und ihm aus dem Zelt hinaus entgegen gehen (Gen 30,16; Ri 4,18.22), als dritten möglichen Kontext hinzuzählen will. Gemeinsam mit 2 Sam 6,20, wo Michal aus ihrem Haus David entgegentrat, um ihn wegen des Tanzes vor der Lade zurechtzuweisen, deuten diese Belege auf initiative (oder offensive) Handlungen von Frauen gegenüber Männern hin.
82 Gen 24,13.15.43.45; 1 Sam 9,11 (ohne die Wurzel auch in Ex 2,16-22).
83 1 Sam 18,6f.; Jer 31,4. Frauen, die Siegslieder singen, finden sich ebenso in 1 Sam 19,35; Esr 2,65 (vgl. Houtman, Exodus, 194) und Jdt 15,12ff. (vgl. Brenner, M., Song, 37f.).
84 Vgl. Dillmann, Exodus, 176; Holzinger, Exodus, 50; Cassuto, Exodus, 182; Scharbert, Exodus, 66; Brenner, M., ebd., 36f., der auch in V. 1-19 schmale Hinweise auf ein Siegeslied findet. Mit der Einschränkung, dies passe historisch nicht zum Auszug: Noth, Exodus, 97; Hyatt, Exodus, 169.

siegreichen Helden, sondern nur JHWH, der besungen wird[85], und zum anderen ziehen die Frauen in den genannten Erzählungen den Männern *entgegen* (לִקְרַאת). „Alle Frauen" in Ex 15,20b ziehen aber niemandem entgegen, was mit dem ersten Unterschied harmoniert. Fischer hat weiters darauf hingewiesen, dass in den genannten Siegesliedern Frauen das Lied anstimmen, während in Ex 15,1 Männer den Gesang intonieren[86]. Da nach unserem Textverständnis sehr wohl Mirjam das Lied anstimmt, kann Fischer nur teilweise gefolgt werden. Wesentlich scheint sein Hinweis, dass die Lieder von Frauen (Plural!) angestimmt werden. In Ex 15,20f. singt aber nur eine Frau, und das ist wichtig. Diese eine singt nicht als kriegsverehrende Frau ein Siegeslied, sondern als Prophetin ein Lied zum Lob JHWHs.

Der Reigentanz[87], der in 15,20b erwähnt wird, ist außer in Ex 32,19, dem Tanz um das goldene Kalb, ausschließlich mit Frauen als ausübenden Subjekten belegt[88]. Die Belege in 1 Sam, die sich alle auf dasselbe Ereignis beziehen, nämlich die Rückkehr Davids und Sauls aus dem Kampf gegen die Philister, deuten wieder auf die bereits angesprochene Siegesfeier hin. Allerdings ist diese Siegesfeier immer ein und dieselbe, in der auch der Auszug der Frauen und das Tamburinspielen vorkommen. Dieses eine Ereignis, auch wenn es mehrmals erzählt wird, ist ein sehr schwacher Hinweis dafür, dass es sich in Ex 15,20f. genau um so eine Siegesfeier handeln soll, zumal Ex 15 das Entgegenziehen und den Chor der Frauen als unentbehrliche Elemente für diese Feiern nicht aufweist[89].

---

85 Vgl. Noth, Exodus, 97, der bemerkt, dass die Situation am Schilfmeer nicht zum Siegeslied passt. Burns, die daraus den Schluss zieht, Mirjam leite einen kultisch rituellen Tanz mit Lied an, wozu der Text kaum Anhaltspunkte bietet, kann nicht gefolgt werden.

86 Vgl. Fischer, G., Schilfmeerlied, 37. Diese Sicht kann nur dann eingenommen werden, wenn man 15,1-21 als Einheit und, besonders wie Fischer, als ein Lied (vgl. ebd., 33) liest. Denn dann ist deutlich, dass Mirjam kein neues Lied anstimmt (vgl. 3.3.).

87 Cassutos Auslegung, es seien mit מְחֹלָה ebenfalls Instrumente belegt (vgl. Exodus, 182), stützt sich wahrscheinlich auf jüdische Quellen, wo von Flöte(n) (מחלה) die Rede ist (vgl. auch Jacob, Exodus, 448). Eine ausschließliche Entscheidung scheint nicht notwendig.

88 Ähnlich auch Houtman, Exodus, 295. Vgl. Ri 11,34; 21,21; 1 Sam 18,6; 21,12; 29,5; Hld 7,1. Die sexuelle Konnotation ist dabei in Ri 21,21; Hld 7,1 und möglicherweise in der Feier der Jungfräulichkeit der Tochter Jiftachs in Ri 11,34 deutlich. Eine daraus resultierende Gefährdung der Frauen deutet Ri 21,21 an.

89 Burns hat diesen Unterschied zunächst nicht erwogen und ist noch einen Schritt weiter gegangen, indem sie versucht hat, die Siegesfeier in Anlehnung an Ri 16,3f.; 1 Sam 30,16; Ex 32 als *kultische* Siegesfeier zu verstehen (vgl. Lord, 19-21). Diese ist an sich für Israel nicht belegt. Die Texte, die Burns heranzieht, erzählen von der Feier der PhilisterInnen (Ri 16,23f.) und den AmalekiterInnen (1 Sam 30,16). Ex 32, ein Text, in dem Burns die Verbindung von Siegesfeier, Kult und Tanz findet, mag der einzige Beleg dafür sein. Die Elemente, an denen sie ein Kriegsgeschehen deutlich macht, sind das Aufstehen zum Spielen in 32,6, da sie meint, es gehe dabei um das Aufführen der

Hinzu kommt, dass Mirjam allen antwortet, also auch den Männern, wie der Anschluss an V. 19 und das Personalpronomen in der maskulinen Pluralform deutlich machen. Die Szene ist deshalb nicht als reine Handlung von Frauen zu verstehen. Mirjam ist für ganz Israel „Vorsängerin"[90], und sie hat dieselben AdressatInnen wie Mose in V. 1. Damit ist sie Mose im Singen als Prophetin gleichgestellt. Der Handlungsablauf in V. 19-21 ordnet Mirjams Auftreten dem des Mose sogar vor. Der Prophetinnentitel deutet auf ein Konkurrenzverhältnis zu Mose hin. Prophetie steht im Pentateuch häufig in Bezug zur Moseautorität (vgl. Ex 7,1; Num 11-12; Dtn 13; 18; 34,10[91]).

3.5.3. Die Erinnerung an die tanzende Prophetin

3.5.3.1. Wie lässt sich der Prophetinnentitel verstehen?

An den bisherigen Vermutungen der Exegese, wie der Prophetinnentitel in Ex 15,20 zu verstehen sei, wird deutlich, dass Ex 15,20-21 nur wenig Kriterien für ein Verständnis der Prophetie Mirjams abgeben. In diesen zwei Versen antwortet Mirjam auf das Lied des Mose und eine bestimmte Gruppe von Frauen, wahrscheinlich aus einer „gesellschaftlichen Oberschicht"[92], geht mit Musik und Tanz hinter ihr her. Die verbreitete Ansicht, Mirjam sei

---

Schlacht, und ענה – als Kriegsgeschrei verstanden – in V. 17. ענה wäre für Ex 15,21 interessant, allerdings verwendet Mose in 32,17 die Wurzel dreimal und dort, wo sie als Kriegsgeschrei verstanden ist, mit Appositionen. Wo ענה absolut steht, meint Burns, es handle sich nur um Gesang, kein Kriegsgeschrei. In Ex 15,21 fehlt aber eine nähere Bestimmung, die Mirjams Antwort als Kriegsgeschrei verständlich machen könnte. Ackerman hat darüber hinaus bezweifelt, ob die Unterscheidung zwischen „kultisch" und „profan" in diesem Zusammenhang überhaupt gerechtfertigt sei (vgl. Warrior, 76, Anm. 17). Die weitere Argumentation von Burns zeigt, dass sie mit dem Begriff „kultisch" und mit der Herausarbeitung der „Feier"-Elemente auf priesterliche Funktionen Mirjams hindeuten will (vgl. ebd., 35-37.84.98-100). Das Problem ist, dass die Grenze zwischen „kultischem" und „profanem" Tanz wahrscheinlich nicht eindeutig gezogen werden kann. Da Mirjam in Ex 15,20f. ein Bekenntnislied zum Tanz singt, liegt es auf der Hand, zumindest nicht von „profan" zu sprechen. Anders liegt die Argumentation von der Wurzel שיר her, denn diese steht im Kohortativ und Imperativ nur im religiös-sakralen Zusammenhang, der bezüglich des Singens deutlicher gezogen werden kann (vgl. Brunert/Kleer/Steins, שיר, 1267). Zumal die Terminologie religiös-sakral weiter zu verstehen ist als kultisch, das eher auf Handlungen oder Geschehen im Tempel(kult) bezogen ist.

90 Vgl. Kleer, Martin, שיר. Besondere Verbindungen, sonstige, ThWAT VII (1993) 1282-1293, 1283.
91 Anders in Gen 20,7.
92 Der Begriff ist hier noch sehr undeutlich. Auf der Ebene der Rekonstruktion der rhetorischen Situation wird er genauer zu fassen sein.

Prophetin, weil sie singe[93], kann nicht geteilt werden, weil Singen kein prophetisches Spezifikum ist[94]. Auch das Argument, Mirjam sei Ekstatikerin, „denn Ekstase und (kultischer) Gesang gehörten im alten Israel zusammen"[95], ist nicht stichhaltig. Mit Grabbe muss der Forschung die Frage gestellt werden, warum dann nicht auch Elischa, dessen Auftreten in 2 Kön 3,15f. ebenfalls von Musik begleitet ist, als ekstatischer Prophet zu bezeichnen sei[96]. Hinzu kommen die Schwierigkeiten, die sich beim Versuch, ekstatische Prophetie zu definieren, ergeben[97]. Selbst wenn ein besonderer psychischer Zustand, besondere Kräfte oder Fähigkeiten Bestandteile eines Konsenses darüber wären, was unter Ekstase verstanden werden könnte, trifft das auf Mirjam in Ex 15,19-21 nicht zu.

Als Ehrentitel[98] kann „Prophetin" nur dann verstanden werden, wenn dies nicht gesellschaftliche Funktionen ausschließt. Von da her ist zumindest die Vermutung weiterführender, Mirjam werde in Anlehnung an Num 12 Prophetin genannt[99]. Allerdings scheint es weniger so zu sein, dass Mirjam Prophetin genannt wird, weil man sie aus Num 12 in solchen Zusammenhängen kannte, sondern weil sie in Ex 15,*19*-21 die Ereignisse theologisch

---

93 Vgl. Dillmann, Exodus, 176. Demgegenüber ist zu sagen, dass auch Debora nicht Prophetin genannt wird, weil sie singt (abgesehen davon, dass wir über Debora mehr wissen). Etwas anders Heinisch, der meint, Mirjam heiße Prophetin, weil sie von Gottes Geist ergriffen sei und sein Lob verkünde (vgl. Exodus, 127). Auch er macht die Prophetie eher am Lied fest, denn vom Geist ist keine Rede im Text.
94 Vgl. auch Brenner, M., Song, 44: Tanz und Musizieren könne man bei ProphetInnen finden, Gesang aber nicht. Brenner betont, Ri 5 sei zwar ein Lied, dafür aber keine Prophetie, und Jes 5,1-7 weise keine Elemente des Psalmgesangs auf, Ex 15 hingegen schon. Bezüglich dieser Unterscheidung ist es schwer, ihm zu folgen, da er keine Kriterien für Psalmgesang angibt.
95 Noth, Exodus, 98. Von ekstatischer Prophetie Mirjams spricht auch Hyatt, weil ekstatische Prophetie mit Musik verbunden sei (mit Verweis auf 1 Sam 10,5; 2 Kön 3,15; vgl. Exodus, 169); Scharbert, Exodus, 66.
96 Vgl. Grabbe, Priests, 110.
97 Vgl. die Diskussion bei Grabbe, Priests, 109-111. Er weist darauf hin, dass 1. weder „ekstatische Erfahrungen" noch „Trance" einhellig definierte Begriffe sind. Einigt man sich auf einen Minimalkonsens, dass damit psychische Zustände gemeint seien, die mit besonderen Leistungen und Erfahrungen, sowie seltsamem Verhalten einhergehen, so ist 2. nicht gesagt, dass diese psychologische Definition das zu identifizieren hilft, was die antiken Schriftsteller meinen. Hinzu kommen unterschiedliche Kriterien für die Beurteilung der alttestamentlichen Prophetie innerhalb der alttestamentlichen Exegese. 3. Ekstase ist kein rein prophetisches Merkmal. 4. Da wir über weite Strecken nicht wissen, wie die ProphetInnen Israels ihre Botschaften von Gott erhielten, können wir Ekstase und Trance für sie nicht kategorisch leugnen.
98 Vgl. Cassuto, Exodus, 180.
99 Vgl. Dillmann, Exodus, 177; ähnlich Noth, Exodus, 97.

deutet. Das stellt sie nicht nur Mose gleich[100]. Gerade und nur im Anschluss an V. 19 wird deutlich, dass Mirjam sofort ihr Lied sang, noch bevor jegliche andere Deutung stattfand. Ihre Deutung geht sogar der Wahrnehmung der Ereignisse durch das Volk in 14,30f. voraus, sie sind dadurch erste Hinweis für das Volk, Gott in der Geschichte handelnd zu erfahren. Diese Aussage der V. 19-21 machen Moses Lied zu einem epigonenhaften Nachsingen. Brueggemann hat Mirjams initiatives Handeln theologisch gedeutet:

"Rather, we must insist [...] that the poetic characterization of the event belongs to, decides, and shapes the nature of the event which is remembered. [...] But this particular reading, which is now normative, depends on the poet to create an event which did not happen so until she uttered it so."[101]

Der Erzähler will genau das sagen: Mirjam gab durch diese Deutung dem Ereignis seine erste Form, seine erste Bedeutung. Sie war es, die eine Erinnerung an die Befreiung von den Ägyptern am Schilfmeer als machtvolle Tat JHWHs pries. Ex 15,19-21 ist damit fern jeder Unterordnung Mirjams unter die Autorität des Mose. Gerade durch das Aufrollen und Wiedererzählen der Ereignisse in V. 19 erreicht der Erzähler, dass die Leserinnen und Leser zu seiner Auffassung gelangen.

Die Bezeichnung Mirjams als Prophetin ist somit keine „Aufweichung des Titels"[102], sondern einerseits eine Bestätigung der Prophetie als Deutung der Geschichte und andererseits eine Anspielung auf das Verhältnis zwischen Moses Prophetie und Mirjams Prophetie. Während die Aussage und Platzierung von Ex 15,19-21 als Kritik und Korrektur zu 14,29-15,18 zu sehen ist, wurde Mirjams Lied durch die Nachreihung zumeist als das weniger bedeutsame betrachtet.

3.5.3.2. Ein pazifistisches Lied?

Marie-Theres Wacker hat auf die zweigliedrige Formel „Ross (סוּס) und Wagen (רֶכֶב) warf er ins Meer" in 21d hingewiesen, die bewusst den Reiter (פָּרָשׁ) weglasse[103]. Darin bestehe ein erheblicher Unterschied zum Schilf-

---

100 Den Zusammenhang des Auslegens sieht auch Kleer (für Ex 15,20f. und das Deboralied): „Die Bezeichnung Mirjams als Prophetin führt ihr Lied als prophetisches letztlich auf göttliche Inspiration zurück." (vgl. שׁיר, 1284).

101 Brueggemann, Walter, A Response to "The Song of Miriam" by Bernhard Anderson, in: Follis, Elaine (ed.), *Directions in Biblical Hebrew Poetry*, JSOT.S 40; Sheffield: Academic Press 1987, 297-302, 299.

102 Vgl. Müller, נבא 151, wobei er darauf hinweist, dass dies für Debora nicht der Fall ist, denn sie kündigt Sieg an und spornt zum Kampf an.

103 Vgl. Mut, 45f. mit Anm. 3 (S. 193) in Anlehnung an Burns, Lord, 12 und Tg. Pseudo-Jonathan zu Ex 15,21.

meerlied, dass ausgiebig den Tod der Feinde besinge. Das Mirjamlied besinge nur die Zerstörung des Kriegsmaterials. Ihrer Meinung nach sei ein derartiges Verständnis vertretbar, wenn man annehme, das Lied sei „alt". Denn „zur Zeit des Mose" sei eine Kavallerie noch nicht bekannt gewesen.[104] Aus unserer Sicht braucht es für die kriegskritische Lesart des Mirjamliedes keine Spekulationen über das Alter des Textes. Der Zusammenhang mit V. 19 macht dies bereits deutlich. Während in 19a erzählt wird, es seien Ross, Wagen und Reiter in das Meer gezogen, erwähnt Mirjam in 21d die פרשים, Reiter[105], nicht. Es wurde bereits angedeutet, dass der Mirjamtext Ex 15,19-21 kritisch gegenüber der Erzählvariante von 14,29-15,18 zu verstehen ist. Im Inhalt der Lobbegründung wird nun ein weiterer Kritikpunkt deutlich. Mirjam lobt JHWH nicht wegen der Vernichtung der Ägypter, sondern wegen der Zerstörung ihrer Kriegsmacht. Das korrespondiert mit dem fehlenden Blick Israels auf die toten Ägypter, der in 14,30b noch berichtet wird. Dem Erzähler geht es nicht um die Vernichtung der Ägypter, sondern um die Befreiung Israels. In diesem Zusammenhang ist noch einmal auf Brueggemann zu verweisen: Die Sichtweise auf das Ereignis gibt es ab dem Zeitpunkt, ab dem es den Text gibt. Anders formuliert gibt es den Versuch, nicht die Sieger in den Vordergrund zu stellen, sondern die Befreiung der ursprünglichen Verlierer, seit dem Bestehen jener kritischen Sicht der Geschichte, die mit der Prophetin Mirjam verbunden wird.

3.6. Rekonstruktion der rhetorischen Situation von Ex 15,19-21

Es wurde und wird vielfach angenommen, Ex 15,20f. sei ein „sehr alter" Text, das Lied ein innerhalb des Kultes lang tradierter Hymnus:

„Seine [des Hymnus] Kürze spricht für einen sehr frühen Ursprung, und man kann mit der Möglichkeit rechnen, daß wir in ihm die älteste uns im Alten Testament erhaltene Formulierung der Aussage vom Gotteswunder am Meer vor uns haben ..."[106].

---

104 Vgl. ebd. 194, Anm. 4 mit Verweis auf Burns, Lord, 12, Anm. 3.
105 פרש kann den Reiter, aber auch das ganze Gespann meinen. Im Kontext von רֶכֶב und פרש sind wahrscheinlich weniger Wagen und Gespanne als Wagen und Reiter gemeint (vgl. Niehr, Herbert, פרש, ThWAT VI [1989] 782-787, 784).
106 Noth, Exodus, 96f. Ähnlich Dillmann, Exodus 177, 20b sei von „höchstem Alter"; ebenso für einen sehr alten Text spricht Coats, Exodus, 122. Innerhalb seiner gattungsgeschichtlichen Untersuchung ist Crüsemann ebenso davon ausgegangen, dass der kurze Hymnus des Mirjamliedes am Anfang der Entwicklung des Hymnus stehe (vgl. Crüsemann, Frank, *Studien zur Formgeschichte von Hymnus und Danklied in Israel*, WMANT 32, Neukirchen-Vluyn: Neukirchener 1969, 19ff.). Kritisch zur chronologischen Sichtweise vgl. Wagner, Andreas, Der Lobaufruf im israelitischen

Die Ansicht hielt sich durch Jahrzehnte bis in die moderne Forschung: "... she [Mirjam] is inextricably linked with one of the most powerful and perhaps earliest piece of Hebrew literature."[107] Noth begründet das Alter mit der Kürze des Hymnus in V. 21[108] und stellt damit die Frage nach dem chronologischen Verhältnis zwischen Schilfmeerlied und Mirjamlied. Seiner Logik zufolge ist das Schilfmeerlied in Ex 15,1-18 eine spätere Weiterformulierung des Mirjamliedes in V. 21. Cross und Freedman bemühen sich, aus dem sprachlichen Befund und den theologischen Vorstellungen, die sie hinter V. 1-21 zu finden glauben, um eine Begründung für ein hohes Alter[109]. Sowohl Noth als auch Freedman/Cross stützen sich auf Kriterien, die nicht im Text selbst begründet sind. Wer mit der Kürze argumentiert, geht von einer nicht für alle Texte nachweisbaren evolutionistischen Hypothese aus, und das Argument mit kanaanäischen Traditionen gibt dem Text ebenfalls ein fremdes Muster vor[110]. Es soll im Weiteren versucht werden, aus dem Text selbst Kriterien zu gewinnen.

Es konnte bereits gezeigt werden, dass Ex 15,19-21 die erzählerische Bemerkung von 14,29a aufgreifen, da 15,19c wörtlich dem Beginn von 14,29 entspricht. Ex 15,19ab ist eine kurzgefasste Wiederholung von 14,22-28. Auf diese Wiederholung in V. 19 folgt in 15,20f. statt der Erklärung des Erzählers für die LeserInnen in 14,29-31 ein anderer Ausgang der Erzählung von der Rettung am Schilfmeer mit anderen Aktantinnen. Es stellt sich die Frage, ob

---

Hymnus als indirekter Sprechakt, in: Ders. (Hg.), *Studien zur hebräischen Grammatik*, OBO 156, Freiburg i.Ue.: Universitätsverlag Freiburg/Göttingen: Vandenhoeck & Ruprecht 1997, 143-154, 145.

107 Meyers, Miriam, 207.

108 Innerhalb der Literatur wird durchwegs auf Noth als Erfinder dieses Arguments verwiesen. Allerdings wenden sich schon Beer/Galling, Exodus, 84 gute zwanzig Jahre vor dem Erscheinen des Exoduskommentares von Noth gegen diese Auffassung – dann müsste sie also schon bestanden haben.

109 Vgl. Cross, Frank Moore/Freedman, David Noel, The Song of Miriam, *JNES* 14 (1955) 237-250. Der Aufsatz wurde – vor allem im angloamerikanischen Raum – weitestgehend akzeptiert. Kritisch äußern sich jene Kommentatoren, die sowohl Noths als auch Cross'/Freedmans Zugang in Frage stellen, wie Childs, Exodus, 246: "The decisive issue for dating a hebrew poem is not the age of the original Canaanite formula, but its form and function within Israel's traditions." Ähnlich auch Propp, Exodus, 548.

110 Zwei weitere Typen der Verhältnisbestimmung nennt Zenger, Tradition, 453f. Die eine geht davon aus, dass der Text des Mirjamliedes Refrain ist, der aus dem Schilfmeerlied herausgenommen wurde und nie selbstständig existiert hatte (so Mowinckel, Siegfried, *Psalmenstudien Bd. II*, Oslo: o. V. 1922, 110f.), und die andere versteht den Bruch zwischen Singular und Plural in Ex 15,1 und 2 als Hinweis darauf, dass V.1 und V. 20f. eine doppelte Überlieferung des Liedes enthalten (so Schmidt, Hans, Das Meerlied. Ex 15,2-19, *ZAW* 49 [1931] 59-66). Beide Typen haben sich für das Mirjamlied innerhalb der Exegese weniger stark ausgewirkt als die Auffassungen von Cross/Freedman und Noths.

Ex 15,19-21 hier eingefügt wurden, oder ob sie vielleicht ursprünglich an 14,28 anschlossen und durch eine Einfügung von 14,29-15,18 an ihre jetzige Stelle rückten.

Wenn der Grund für den zweiten Schluss als Kritik und Richtigstellung zum ersten Schluss verstanden werden kann, bleibt noch die Frage offen, in welchem redaktionellen Prozess Ex 15,19-21 an die Stelle kam, an der sie jetzt stehen. Dazu sei kurz etwas zur redaktionellen Eigenart des „ersten Schlusses" gesagt. Dass sich 14,30f. von V. 29 abheben, wird bereits durch die traditionelle Quellenscheidung innerhalb von Ex 13-14 deutlich, die zwar V. 29 noch einem „P"-Faden zuordnet, V. 30f. dann aber „J"[111]. In seiner Analyse zu den unterschiedlichen Geschichtsbildern in Ex 13-14 weist H.-Ch. Schmitt Ex 14,30f. der „Endredaktion" des Pentateuch zu[112], später dann seiner „Glaubensredaktion"[113] und macht deutlich, dass die Stelle beeinflusst ist von 2 Chr 20,20. Wenn Ex 15,19-21 auf diesen (ersten) Schluss der Meerwundererzählung indirekt Bezug nimmt, hängt auch 15,19-21 mit dieser Redaktionsschicht zusammen. Entweder platzierte diese Redaktionsschicht das Mirjamlied an die jetzige Stelle oder das Mirjamlied wurde *nach* seiner „Glaubensredaktion" eingefügt.

Die erste Möglichkeit geht davon aus, dass 15,20f. ursprünglich an 14,29 anschloss und erst durch die Einfügung von 14,30f. an die jetzige Stelle rückte. Dadurch kam das Mirjamlied nach dem Schilfmeerlied zu stehen, das ursprünglich auf das Mirjamlied folgte. Dann wäre die sogenannte „Glaubensredaktion" für die Verrückung verantwortlich. Für sie waren der Glaube des Volkes an JHWH und Mose und die Bedeutung Moses wichtiger als das Lied Mirjams. Die Priorität, die Mirjam gegenüber Mose gehabt hätte, wäre durch diese Veränderung verloren gegangen.

Daran schließt die zweite grundsätzliche Möglichkeit an. Sie geht davon aus, dass Ex 15,19-21 zur Gänze – als Korrektur – nach dem redaktionellen Einschub von 14,30f. eingefügt wurden. Die Tradition eines Mirjamliedes

---

111 Vgl. Dillmann, Exodus, 167; Holzinger, Exodus, 44; Baentsch, Exodus, 127 (wobei Baentsch überlegt, ob nicht V. 31 bereits einer späteren dtr Redaktion zuzuschreiben wäre); Noth, Exodus, 84. Alle gehen dabei von der Parallele zu V. 13(f.) aus. Zum Überblick vgl. etwa Houtman, Exodus 2, 234. Blum, Studien, 257 rechnet V. 30f. – ebenso im Anschluss an V. 13f. – zu KD, hebt die Verse damit also ebenfalls von V. 29 ab.
112 Vgl. Schmitt, Hans-Christoph, „Priesterliches" und „prophetisches" Geschichtsverständnis in der Meerwundererzählung Ex 13,17-14,31. Beobachtungen zur Endredaktion des Pentateuch, in: Gunneweg, A. H. J./Kaiser, Otto (Hgg.), *Textgemäß. Aufsätze und Beiträge zur Hermeneutik des Alten Testaments. Festschrift für Ernst Würthwein zum 70. Geburtstag,* Göttingen: Vandenhoeck & Ruprecht 1979, 139-155, 150f. Deutlicher wird die späte Zuordnung von 14,30f. bei Schmid, K., Erzväter, 248 u. ö., der darauf hinweist, dass die „Glaubensredaktion" zum Stadium der Vereinigung von Erzväter- und Mose-Exodus-Geschichte zu rechnen ist.
113 Vgl. Redaktion, 184f.

wäre dann erst sehr spät in den Text gekommen und hätte einen langen mündlichen überlieferungsgeschichtlichen Weg hinter sich, der nicht mehr nachvollziehbar ist.

Eine Entscheidung für eine der beiden Möglichkeiten wird nicht mit absoluter Gültigkeit gefällt werden können, aber es können doch zwei Überlegungen für eine spätere Datierung plausibel gemacht werden. Die eine befindet sich auf redaktionskritischer Ebene und auf dem sozialgeschichtlichen Hintergrund bestimmter Wendungen im Text.

Janzen hat seine These zwar überzeugend ausgearbeitet, hat aber nicht gefragt, wer das Mirjamlied mit welchem Grund hinter das Moselied stellte. Nimmt man nun in 14,30f. die „Glaubensredaktion", die Hans-Christoph Schmitt rekonstruiert hat, an, lassen sich Anhaltspunkte gewinnen. Das Mosebild dieser Redaktionsschicht umschreibt Schmitt folgendermaßen:

„Das Mosebild unserer hier untersuchten ‚Redaktion in prophetischem Geiste' stellt eine Art Vermittlungsposition zwischen den beiden anderen Mosebildern dar: Einerseits übernimmt sie die überragende Stellung des Mose aus der priesterlichen Schicht und fordert ‚Glauben an Mose' (Ex. xiv 31). Andererseits ist hier Mose nicht mehr primär als Übermittler göttlicher Ordnung verstanden, sondern als prophetischer Verkünder der göttlichen Verheißung."[114]

Würde Mirjam ihr prophetisches Lied nun direkt nach den Ereignissen singen, könnte der Eindruck entstehen, der Glaube an JHWH und Mose sei von ihrem prophetischen Wirken abhängig und nicht direkt durch JHWH und „seinen Knecht" möglich. Gleichzeitig wäre ihr prophetisches Auftreten am Ende von Kapitel 14 eine Relativierung des prophetischen Auftretens Moses, da sie ihm sachlich und zeitlich vorgeordnet wäre. Ein Interesse, Mirjam an eine unbedeutendere Stelle zu rücken, könnte durchaus innerhalb der von Schmitt rekonstruierten prophetischen „Glaubensredaktionsschicht" liegen. Sie wäre dann nur an einer Prophetie des Mose bzw. einer Prophetie, die sich auf Mose bezieht, interessiert. Mirjam wird nur in der Nachreihung an Moses deutendes Auftreten Prophetin genannt und steht damit auch in der Unterordnung zu Mose.

Die kritische Funktion zum „ersten Schluss" in 14,30f. erhält 15,19-21 durch V. 19. Erst dieser Vers nämlich erlaubt die Sichtweise, Mirjam habe das Lied ursprünglich gesungen. Deshalb liegt es nahe, V. 19 einer Redaktionsschicht zuzuordnen, die auf die „prophetische Glaubensredaktion" kri-

---

114 Redaktion, 188f. Zu einer ähnlichen redaktionellen Einordnung gelangt auch Krüger, Thomas, Erwägungen zur Redaktion der Meerwundererzählung (Exodus 13,17-14,31), ZAW 108 (1996) 519-533, 523, Anm. 26. Zum Zusammenhang mit Ex 4 vgl. ebd., 529.

tisch und korrigierend *antwortete* und somit einer ursprünglich von Mose unabhängigen Prophetie Mirjams erinnert[115].

Der Text selbst bietet außerdem Hinweise für eine nachexilische Ansetzung von Ex 15,19-21. Die Wendung כָּל־הַנָּשִׁים deutet aufgrund ihrer literarischen Vorkommen auf eine (vor- und nach)exilische Gruppe hin. Die Gruppe um Mirjam weist auf die Frauen an königlichen Höfen in vorexilischen wie exilischen und nachexilischen Texten hin. Dies können Frauen des Königs selbst oder auch Frauen von höheren Beamten sein.

Die theologischen Vorstellungen des Schilfmeerliedes – und damit auch des Mirjamliedes – könnten zumindest ebenfalls auf nachexilische Kontexte verweisen[116]. Auch die singenden und tanzenden Frauengruppen sind in der erzählten Zeit vor der Monarchie belegt, dann erst wieder in Esr 2,41; Neh 13,13[117].

Brenner hat den Zusammenhang von Gesang und Prophetie in den Levitenchören der Chronikbücher beschrieben[118]. Er vermutet in diesen Auftritten der Leviten den Anspruch auf Prophetie in vorexilischen Zeit. Dies könnte für Brenner einen Hintergrund für Ex 15,20 darstellen. In 1 Chr 25,5 bilden die Töchter des levitischen Sängers Henan, der als Prophet bezeichnet wird, einen aufführenden Chor. Brenner betont, dass sich die Leviten Brüder der aaronidischen Priester nannten. Dies könnte Mirjam, als Vertreterin der singenden Levitentöchter, den Titel „Schwester Aarons" einbringen. Er kommt zu dem Schluss: "The function of the female singers was levitical in nature."[119] Dagegen ist zunächst einzuwenden, dass singende Frauengruppen auch im Bereich der Siegesfeiern erwähnt werden, die aber zweifellos nicht als genuin levitisch bezeichnet werden können. Möglicherweise meint Brenner, dass *kultische* Sängerinnen "levitical in nature" sind. Aber Mirjam tritt in Ex 15 nicht als kultische Sängerin, sondern als Prophetin gegenüber Mose auf.

Die Theorie steht auch aus anderen Gründen auf schwachen Beinen, denn die einmalige Erwähnung der Levitentöchter ist eine schmale Basis, zumal Brenner nicht erklären kann, warum diese in Ex 15,19-21 Eingang gefunden haben sollten[120]. Würde man annehmen, Mirjam stünde für prophetische

---

115 Auch Zenger sieht den redaktionellen Status des V. 19 (vgl. Tradition, 461), gelangt dann aber zu einer sehr frühen Einordnung des Mirjamliedes, nämlich in das 8. Jahrhundert v. Chr. (vgl. ebd., 472, Anm. 39).
116 Dazu vgl. Houtman, Exodus, 243, vor allem auch Brenner, M., Song, 175-188 u. ö.; Fischer, G., Schilfmeerlied, 43. Wobei freilich Cross/Freedman, Song, gerade das Gegenteil herauszuarbeiten versuchen (vgl. dazu auch Houtman, Exodus, 243).
117 Vgl. Meyers, Miriam, 229. Sie verweist auch auf 1 Chr 25,5.
118 Vgl. 1 Chr 25,1-3.5-7; 2 Chr 35,15 (hier kommt nur חזה, nicht aber die Wurzel נבא vor; vgl. Brenner, M., Song, 45).
119 Ebd., 45.
120 Vgl. auch Fischer, G., Schilfmeerlied, 41.

Interessen Hemans, so würde sich als zweite Konfliktpartei zwar Asaf, dem die Familie Hemans den Rang der ersten Sängergilde abspenstig gemacht hat (1 Chr 6,18-32; 15,17.19)[121], anbieten. Dass aber Mose – entsprechend der Opposition zwischen Mose und Mirjam in Ex 14,30-15,21 – dann für Asaf steht, scheint wenig wahrscheinlich. Darüber hinaus passt eine Verbindung Mirjams mit Heman nicht zur innerhalb der Chronikbücher wesentlichen genealogischen Folge der Kehat-Linie in 1 Chr 5,27-29; 6,18-23. Mirjam ist nach 1 Chr 5,29 die Tochter Amrams. Amram war einer der vier Söhne des Levisohnes Kehat. Heman aber lässt sich nach 1 Chr 6,18-23 über 18 Generationen auf Jizhar, den Bruder Amrams, ebenfalls also Sohn Kehats, zurückführen. Mirjam wird in den Genealogien eindeutig mit der priesterlichen Linie Aarons verbunden und ist deshalb in einer anderen Linie des Levistammes zu suchen als Heman.

Es geht vielmehr um das grundlegende Anliegen einer anerkannten Existenz prophetischer Aktivität und Autorität neben Mose. Diese ist aber in Ex 15,19-21 durch die Wendung „alle Frauen" wie in keinem der anderen Mirjamtexte mit einer Frauengruppe verbunden. Wenn diese Frauengruppe als zur gesellschaftlichen Elite gehörig verstanden wird, dann könnten dies die Frauen jener Gelehrten sein, die sich selbst hinter der Autorität des Mose verstanden. Dass zu diesen „Gelehrten" auch Leviten gehört haben könnten, ist aufgrund der Funktionen von Leviten im Bereich der Vermittlung der Tora möglich[122]. Die vielfältigen Aufgaben, die die Leviten im Zweiten Tempel allerdings innehatten und die Differenzen innerhalb der Gruppe tragen nicht zu einer Identifikation der Gruppe hinter Mirjam bei. Unabhängig von levitischen Gruppen deutet der Begriff „alle Frauen" auf Frauen mit besonderer Bildung hin. In Neh 7,57 ist eine „Schreiberin" erwähnt. Aller Wahrscheinlichkeit nach hat es in nachexilischer Zeit gebildete Frauen gegeben, die zu Dokumenten und möglicherweise auch zu Bibeltexten Zugang hatten[123].

Ex 15,19-21 ist der einzige „Mirjamtext", in dem Mirjam tatsächlich mit einer Frauengruppe verbunden wird. Der Text stellt eine Antithese zu 14,29-31 und damit eine Kritik am Glauben des Volkes an Mose als Knecht Gottes dar. Die Intention der von Schmitt rekonstruierten „Glaubensredaktion", deren Arbeit in 14,30f. zu finden ist, erfährt dadurch einen massiven Bruch.

---

121 Vgl. Seebass, Levi/Leviten, 36 (mit Verweis auf Gese, Hartmut, *Vom Sinai zum Zion. Alttestamentliche Beiträge zur biblischen Theologie*, BevTh 64, München: Kaiser 1974).

122 Vgl. Gunneweg, A.H.J., *Leviten und Priester. Hauptlinien der Traditionsbildung und Geschichte des israelitisch-jüdischen Kultpersonals*, FRLANT 89, Göttingen: Vandenhoeck & Ruprecht 1965, 41 (für Dtn 33,8-11). 205f. (für ChrG); Seebass, Horst, Leviten, TRE 37-38; Kellermann, Diether, לוי, *ThWAT* V (1984) 499-521, 517.

123 Vgl. dazu Eskenazi, Tamara Cohn, Out from the Shadows. Biblical Women in the Postexilic Era, *JSOT* 54 (1992), 25-43, 36f.

Der uneingeschränkte Glaube an Mose als Knecht JHWHs wird durch das Auftreten der Prophetin Mirjam in Frage gestellt. Ihre Unterordnung als Prophetin unter Moses prophetische Autorität, wie sie Num 12 beschreibt, scheint die einzige Rettung des Knechtes gegenüber anderen legitimen prophetischen Ansprüchen.

3.7. Zusammenfassung: Rhetorische Funktionen Mirjams in Ex 15,19-21 und Indizien für eine Entstehungszeit

Mirjam steht im Kontext des zweiten Schlusses der Schilfmeererzählung. In dieser Schlusseinheit steht sie im Zentrum. Es konnte sogar deutlich gemacht werden, dass dieser Schluss wegen ihr erzählt wird. Genauer betrachtet wird er aus Kritik an Ex 14,29-31 und als Infragestellung eines uneingeschränkten Glaubens an Mose als Knecht Gottes erzählt. Die Gegenposition zu dieser Rolle Moses wird durch Mirjam repräsentiert.

Die Frauen, die Mirjam begleiten, deuten auf eine Gruppe musizierender gebildeter Frauen, möglicherweise aus der Königsdynastie oder der jüdischen Oberschicht in persischer Zeit, hin. Dass solche gebildeten Frauen sowohl lehrten als auch das gesellschaftliche Leben mitgeprägt haben, ist längst erwiesen[124]. Diese Frauen stellen für die Rekonstruktion der Rhetorik der Mirjamtexte einen wichtigen Hinweis auf das gesellschaftliche Umfeld der AutorInnen der Mirjamtexte dar. Hinter den Texten steht das Interesse einer Gruppe, zu der maßgeblich auch Frauen gehörten und die der absoluten Stellung, die Mose als Knecht Gottes innehat, äußerst kritisch gegenüber stehen. Sie beanspruchen für Mirjam, ebenfalls prophetisch begabt zu sein. Allerdings geht es dabei nicht um „ekstatische Prophetie", wie wegen des Singens häufig behauptet wurde. Mirjam tritt als Deuterin der Geschichte auf und spricht ebenso klare Worte wie Mose. Die Behauptung, es handle sich um ekstatische Prophetie, übersieht diese Rolle als Deuterin der Ereignisse und rückt Mirjam aus dem Bereich legitimer Prophetie in eine Sphäre oftmals umstrittener prophetischer Phänomene[125]. Außerdem wird ihr damit ein Bereich des Irrationalen zugeschrieben, was für die Rekonstruktion einer weiblichen Figur besonders deutlich auf Denkschemata der AuslegerInnen hinweist, die Frauen keinen oder wenn, dann einen gebrochenen und indirekten, Zugang zur Ratio zusprechen wollen. Mirjam aber agiert ähnlich wie Mose, und Mose ist in Ex 15 nicht als Ekstatiker zu bezeichnen. Auch, wenn

---

124 Vgl. Maier, Christl, Im Vorzimmer der Unterwelt. Die Warnung vor der „fremden Frau" in Prov 7 in ihrem historischen Kontext, in: Schottroff, Luise/Wacker, Marie-Theres (Hgg.), *Von der Wurzel getragen. Christlich-feministische Exegese in Auseinandersetzung mit Antjudaismus*, BIS 17, Leiden: Brill 1996, 179-198, 191.
125 Vgl. 3.5.3.1.

Mirjam ein kürzeres Lied zugeschrieben wird, handelt sie strukturell Mose ganz gleich.

Obwohl die Entscheidung für eine nachexilische Verschriftlichung der drei Verse Ex 15,19-21 höchst vage ist, da es kaum Indizien für oder gegen eine Datierung gibt, scheint eine Ansetzung in persischer Zeit nicht unwahrscheinlich. Dafür spricht der Zusammenhang zwischen Mirjam und der Frauengruppe, deren Kontext in gelehrten Frauenkreisen der nachexilischen Zeit gefunden werden könnte. Vor allem aber, wenn die redaktionsgeschichtliche Rekonstruktion stimmt, gelangt man in die Zeit des Endes der Pentateuchwerdung, genauer zu einer Redaktion, die nach der von Schmitt rekonstruierten „Glaubensredaktion" den Text weiterschrieb. Dann passt auch das Bild Mirjams als Korrektur zur Behauptung der Autorität Moses durch die Redaktion in 14,29-31.

Es gibt keine Anhaltspunkte, im Mirjamtext von Ex 15 einen besonders alten Text zu vermuten. Weder die sprachliche Anlage des Liedes noch andere Hinweise aus dem Text legen das nahe. Die oftmals vertretene Meinung, es handle sich um ein altes Textstück, das auch auf das hohe Alter Mirjams hinweise, kann nicht aufrecht bleiben. Auch, wenn eine nachexilische Entstehung nicht gesichert ist, ist doch der zeitliche und inhaltliche Kontext nach der „Glaubensredaktion" plausibel: Die AutorInnen bzw. RedaktorInnen verstehen Mirjams Auftreten als Korrektur zum Glauben an Mose als Knecht Gottes, als Kritik an einem Glauben, in dem Mose und JHWH Inhalt des Glaubens sind. Mirjams Funktion steht als Gegenpart zu Mose und als Ausdruck und Brennpunkt der Identifikation einer Gruppe, die sich mit der alleinigen Prophetie Moses und dem Glauben an ihn allein nicht zufrieden gibt.

Eine solche Rekonstruktion stellt die Rede von einer alten Tradition einer in frühen Zeiten wichtigen Frau in Zweifel. Es ist zwar nicht gesagt, dass es keinen längeren mündlichen Überlieferungsprozess des jetzigen Textstückes Ex 15,19-21 gab. Es kann auch nicht behauptet werden, dass der Text nie einen anderen Platz gehabt hätte. Aber in der Funktion, in der Ex 15,19-21 jetzt steht, ist der Text wahrscheinlich als ein nachexilisches Produkt zu betrachten. Hinter der Erzählung vom tanzenden Auftritt Mirjams steht das politische Interesse einer gegenüber mosaischen Alleinansprüchen kritischen Gruppe aus nachexilischer Zeit. Prophetin wird sie dann nicht genannt, weil für Frauen in Israel keine anderen Titel verfügbar gewesen wären[126] und auch nicht, weil eine postulierte Quelle, wie die eines „Elohisten", bedeutende Figuren mit diesem Titel ausgestattet hätte, sondern weil Mirjam hier als Prophetin Geschichte auf Gott hin deutet, also prophetisch handelt. In diesem Konflikt um legitime Prophetie als Deutung von Geschichte und Tora wird die eine Partei durch gebildete Frauen repräsentiert.

---

126 Vgl. Burns, Lord, 47f.

4. Num 20,1-13: Mirjam in Kadesch

4.1. Hinführung: Die Frage nach der Mirjamtradition in Num 20

In Num 20 wird nur im ersten Vers vom Tod und dem Begräbnis Mirjams in Kadesch erzählt. Das restliche Kapitel erwähnt Mirjam jedoch nicht mehr. Es scheint deshalb, dass der Tod und das Begräbnis Mirjams für den Rest der Handlung keine Bewandtnis habe[1]. Weil die Exegese zwischen der „Murrgeschichte" in 20,2-13 und der Todesnotiz kaum eine Verbindung herzustellen vermag, wird angenommen, dass entweder die Notiz vom Tod als Relikt aus älteren Textbeständen stamme, das ursprünglich vor der Erzählung von 20,14-21 stehen blieb oder umgekehrt, dass die Todesnotiz später zur Wasserwundergeschichte hinzugefügt wurde. Diese Sichtweise, die Todesnotiz und Erzählung voneinander trennt, setzt die historische oder zumindest traditionsgeschichtlich unbeweisbare Annahme voraus, dass es in Kadesch eine Grabtradition Mirjams gab, die unabhängig von 20,2-13 existiert habe[2]. Von den spärlichen Versuchen, Num 20,1-13 als literarische Einheit zu verstehen, bieten nur Blum und Schart für das Verständnis der Todesnotiz Mirjams eine Lösungsmöglichkeit, die darin besteht, dass der Tod Mirjams bereits das Ende Moses und Aarons (V. 12.24) anklingen lasse: „Mirjams Tod dient als Warnung für Mose und Aaron. Trotzdem verfehlen sich die beiden."[3] So verstanden nimmt die Todesnotiz eine erzählerische Hinweisfunktion ein, der Tod Mirjams wird zu einer Art „erhobenem Zeigefinger" für Mose und Aaron. Eine ähnliche Sicht vertreten Milgrom und Kok, die im Tod Mirjams einen „ominösen" Beginn der Erzählung sehen, aber nicht einen Teil des Handlungsgerüstes der Erzählung selbst[4].

---

1 Vgl. Gray, Numbers, 257; Noth, Numeri, 128; Budd, Numbers, 216; in aller Deutlichkeit aber Struppe, Ursula, *Die Herrlichkeit Jahwes in der Priesterschrift. Eine semantische Studie zu k^{e}bod YHWH*, ÖBS 9, Klosterneuburg: Verlag Katholisches Bibelwerk 1988, 183: „nach einer kurzen Notiz von Tod und Begräbnis der Mirjam (V. 1b) wird *als Ausgangspunkt für die folgende Perikope* das Fehlen von Wasser festgestellt (V. 2a)." (Hervorhebung von mir) und vgl. dazu auch ebd., 183, Anm. 1.

2 Vgl. Gray, Numbers, 258; Noth, Numeri, 127; Struppe, Herrlichkeit, 183, Anm. 1; Burns, Lord, 117; Frevel, Blick, 331 (Für Frevel gehört die Notiz von Mirjams Tod und Begräbnis gemeinsam mit V. 13 zur Ortstradition von Kadesch).

3 Schart, Mose, 113; auch ebd., Anm. 60.

4 Vgl. Milgrom, Numbers, 465 (bzw. in deutscher Übersetzung bei Staubli, Numeri, 277) sieht darin eine Parallele zu Num 21,5-35, wo der „ominöse" Beginn durch das Murren des Volkes ausgedrückt sei; Kok, Johnson Lim Teng, Parallel Scripts, Paradigm Shifts, *BZ NF* 42/1 (1998) 81-90, 82. Die an anderer Stelle von Kok geäußerte Vermutung, das Ausgehen des Wassers in V. 2 könnte eine Reaktion der Natur auf den Tod Mirjams sein, ist möglich (vgl. *The Sin of Moses and the Staff of God*, HSSN 35, Assen: Van Gorcum 1997, 76; Trible, Miriam, 180).

Die Frage, warum Mirjams Tod ausgerechnet hier berichtet wird, kann weder mit der Grabtradition noch mit redaktionskritischen Überlegungen befriedigend beantwortet werden. Interessanter scheinen jene Versuche, die Mirjams Tod in Num 20 damit zu begründen versuchen, dass Mirjam dort sterben musste, wo die anderen beiden Führungsgestalten sterben bzw. die Ankündigung ihres Endes erfahren.[5] Gerade dann aber stellt sich die Frage, warum Mirjam nicht gemeinsam mit Mose und Aaron des Unglaubens bezichtigt wurde, sondern scheinbar „schuldlos" stirbt. Eine mögliche Antwort besteht darin, in Num 12 eine Art Schuldgeschichte und Bestrafung Mirjams zu sehen[6]. So gelungen und stimmig diese ersten Antworten auch sind, sie werden nicht von der Erzählung in Num 20,1-13 her gegeben, sondern nur aus dem Kontext der anderen Mirjamtexte.

Weder sind also jene Lösungen, die der Todes- und Begräbnisnotiz eine – erzählerisch untergeordnete – Hinweisfunktion geben, noch die Antworten, die sich aus anderen Texten speisen, befriedigend. Es scheint noch immer sinnvoll zu fragen, ob die rhetorische Funktion der Todes- und Begräbnisnotiz Mirjams nicht viel weiter in den Text hinein reicht und viel differenzierter darstellbar ist, als es bisher geleistet wurde. Wenn dies möglich ist, können weitere Aspekte der Bedeutung der Figur Mirjams innerhalb der biblischen Texte und der Sozialgeschichte Israels gewonnen werden.

Die rhetorische Analyse des Textes wird sich auf den Kontext der Todesnotiz Mirjams beschränken, der hier die erste Szene ausmacht. Deshalb wird die Analyse nicht den ganzen Text umfassen. Die zweite und die dritte Szene kommen nur soweit in den Blick, als sie für die Todesnotiz von Belang sind.

4.2. Übersetzung

1a Und es kamen die IsraelitInnen, die ganze Gemeinde, in die Wüste Zin im ersten Monat.
1b Und das Volk ließ sich nieder in Kadesch
1c und Mirjam starb dort
1d und sie wurde dort begraben.
2a Und es gab kein Wasser für die Gemeinde.
2b Und sie versammelten sich gegen Mose und gegen Aaron
3a und es stritt das Volk mit <u>Mose</u>
3b und sie <u>sagten</u> folgendermaßen:
3c „Wären wir doch verendet in der Verendung unserer Brüder vor dem Angesicht JHWHs!

---

5   So etwa Fritz, Israel, 28; Levine, Numbers, 488.
6   Vgl. Fischer, Autorität, 36.

4a Und warum habt ihr geführt die Versammelten
 JHWHs in diese Wüste?
4b <u>Damit sterben dort wir und unser Kleinvieh?</u>
5a <u>Und warum</u> habt ihr uns heraufgeführt aus Ägypten?
5b Um uns an diesen schlechten Ort zu bringen?
5c Kein Ort der Samen und Feigen und des Weines und
 Granatapfels
5d und Wasser ist nicht da zu trinken."
6a Und Mose ging und Aaron weg von den Versammelten zum
 Eingang des Begegnungszeltes
6b und sie fielen auf ihre Angesichter
6c und es erschien die Herrlichkeit JHWHs ihnen.
7a Und JHWH sagte zu Mose folgendermaßen:
 8a „Nimm den Stab
 8b und versammle die Gemeinde, du und Aaron, dein
  Bruder
 8c und sprecht zu dem Felsen vor ihren Augen.
 8d Und er wird sein Wasser geben,
 8e und <u>du wirst</u> ihnen aus dem Felsen Wasser <u>fließen
  lassen,</u>
 8f und du wirst die Gemeinde und ihr Vieh tränken."
9a Und Mose nahm den Stab von vor JHWH,
9b wie er ihm geboten hatte.
10a Und Mose und Aaron versammelten die Versammlung vor
 dem Felsen,
10b und er sagte zu ihnen:
 10c „<u>Hört doch</u>, ihr Widerspenstigen:
 10d Werden wir aus diesem Felsen für euch Wasser
  heraus holen?"
11a Und Mose hob seine Hand
11b und schlug den Felsen mit seinem Stab zweimal,
11c und sehr viel Wasser kam heraus,
11d und die Gemeinde trank und ihr Vieh.
12a Und JHWH sagte zu Mose und zu Aaron:
 12b „Weil ihr mir nicht geglaubt habt,
 12c um mich zu heiligen vor den Augen der
  IsraelitInnen,
 12d deshalb werdet ihr nicht diese Versammlung in das
  Land führen,
 12e das ich ihnen geben werde."
13a Diese sind die Wasser des Streites,
13b an denen die Israeliten mit JHWH stritten

13c und er heiligte sich durch sie.

4.3. Textkritik und Anmerkungen zur Übersetzung

Vers 3

In 3a lesen einige syrische Handschriften statt וַיָּרֶב הָעָם עִם־מֹשֶׁה („und das Volk stritt mit Mose") „und das Volk stritt mit Mose und Aaron". Der MT stellt die schwierigere Lesart dar, da sich die Gemeinde nach 2b gegen Mose *und Aaron* versammelt. Da er außerdem außer den syrischen Versionen ansonsten überall bezeugt ist, ist וְאַהֲרֹן als Zusatz zu betrachten und dem MT der Vorzug zu geben.

In 3b wird statt וַיֹּאמְרוּ oftmals וימרו („und sie waren widerspenstig") gelesen, was äußerst verlockend ist, da dann bereits zu Beginn die für Num 20,1-13 wesentliche Wurzel מרה stünde. Damit könnten die Versammelten gleich zu Beginn des Konfliktes mit den „Widerspenstigen" in Num 17,25 identifiziert werden. Moses Rede in V. 10 könnte dann auf 3b Bezug nehmen. Allein diese Variante ist weder durch MT noch einen alten Textzeugen belegt und muss deshalb fallen gelassen werden, da auch der MT gut verständlich ist.

Vers 4

Die LXX liest in 4b – wahrscheinlich in Anlehnung an Ex 17,3 und Num 21,5 – den Hif'il vom מות. Die Formulierung der LXX hebt zweifellos die Spannung zwischen Mose und Volk mehr hervor. Sie passt aber nicht zum Standpunkt des Erzählers, wie deutlich werden wird. Eine solche Konjektur ist nicht nötig, da der MT gut bezeugt und verständlich ist.

Vers 5

Die LXX fügt in Anlehnung an Ex 17,3 nach לָמָה („warum") τοῦτο („dieses") hinzu, was dem hebräischen זֶה in Ex 17,3 entspricht. Auch hier muss das Interesse der Septuaginta an einer Harmonisierung von Ex 17,1-7 und Num 20,1-13 gegenüber dem gut verständlichen MT aus textkritischer Sicht hintangestellt werden. Des Weiteren ist gerade der nuancierte Unterschied zwischen den beiden „Wunderberichten" ein wesentlicher Aspekt in Num 20,1-13.

Vers 8

In 8e formuliert die LXX das Verb im Plural, angeglichen an וַיֵּצְאוּ in Ex 17,6. Auch das ist als Harmonisierungsversuch der LXX zu verstehen und textkritisch nicht zu übernehmen. MT stellt außerdem die schwierigere Lesart dar.

Vers 10

Die LXX formuliert den Imperativ Moses auf Mose hin, indem sie formuliert: ἀκούσατέ μου statt שִׁמְעוּ־נָא. Es gibt keinen Grund, dieser Variante dem MT gegenüber den Vorrang zu geben.

4.4. Num 20 im Kontext

4.4.1. Der Beginn von Num 20

Num 20,1 beginnt mit einer Wanderungsnotiz, die die Wüsten- und Marschereignisse aus Kapitel 10-17 fortsetzt. Dazwischen finden sich in Num 18f. kultische Bestimmungen, die die Wüstenwanderung selbst unterbrechen[7]. Die Wanderungsnotiz in 1a nennt als Zeichen für den Neueinsatz Ort, Zeitpunkt und ein neues Subjekt. 20,1 siedelt die Erzählung in der Wüste Zin an. Der davor zuletzt genannte Aufenthaltsort der IsraelitInnen ist in 13,4 die Wüste Paran, die auch den Ort für den Zwischenfall von Num 12 darstellt. Die Nennung des בַּחֹדֶשׁ הָרִאשׁוֹן („im ersten Monat") in 20,1a hebt Num 20,1 innerhalb des Numeribuches besonders hervor, da Zeitangaben an wenigen Stellen des Buches stehen[8]. Die gesetzlichen Vorschriften in 19,17-21 nennen den Unreinen bzw. den Reinen als Subjekt, während in 20,1 die ganze Gemeinde der IsraelitInnen als neues Subjekt eingeführt wird. Somit besteht weder über das Subjekt, noch Zeit, Ort oder Handlung Bezug

---

7 Num 18f. schließen als Bestimmungen über den priesterlichen Dienst und grundlegende Reinheitsvorschriften bezüglich des Umgangs mit Toten und der Herstellung von Reinigungswasser thematisch an die bange Frage an, wie das Volk angesichts der göttlichen Präsenz in seiner Mitte überleben könne (17,27f.). Zur Frage der redaktionellen Zusammenstellung des Buches vgl. den Zusammenhang von 17,27-18,32 bei Noth, Numeri, 118f. und vgl. dazu auch Überlegungen bei Knohl, Sanctuary, 227.

8 Explizite Zeitangaben finden sich in 1,1; 7,1.12; 9,1.5.11 (Wenham, Numbers, 16 nennt auch V. 15. Allerdings wird dort keine explizite Zeitangabe gegeben, nur auf einen bestimmten Tag verwiesen: בְּיוֹם הָקִים, ist der Tag, an dem das Zelt aufgestellt wurde); 10,11; 20,1; 33,3.38. Zur Strukturrelevanz der Zeitangaben im Numeribuch vgl. Olson, Denis T., *The Death of the Old and the Birth of the New. The Framework of the Book of Numbers and the Pentateuch*, BJSt 71; Atlanta: Scholars Press 1985, 31-34. Olson arbeitet überzeugend heraus, dass eine Strukturierung des Numeribuches aufgrund der Zeitangaben allein für das gesamte Buch zu kurz greift (vgl. ebd., 33f.). Zum Problem der fehlenden Jahreszahl vgl. Literarkritik zu V. 1.

zu Num 19⁹. Auch Leitwortverbindungen zwischen Num 20,1-13 und Num 16-17 stellen einen Bezug her, der Num 18f. ausklammert¹⁰. Sie werden unten noch zur Sprache kommen.

4.4.2. Das Ende von Num 20

Num 20 schließt mit dem Bericht vom Tod Aarons und der Einsetzung seines Sohnes Eleasar als seinem Nachfolger ab (V. 22-29). Den Schluss der Szene bildet die Bestätigung des Vorganges durch das Volk (V. 29a) und seine Trauer um Aaron. Ein abschließendes Begräbnis wird zwar nicht erwähnt, doch bildet die Trauer des Volkes ein deutliches Ende der Szene.

In Num 21,1 wird ein neues Subjekt eingeführt, nämlich die KanaanäerInnen, von denen in Kap. 20 nicht die Rede ist. Zunächst blicken die LeserInnen in Num 20,1 von außen auf Israel. Dieser Perspektivenwechsel markiert einen klaren Einschnitt zum Trauerbericht in 20,29, der vom Innenraum des Volkes geprägt ist. Von der Szene in 20,22-29, dem Tod Aarons, der Einsetzung seines Nachfolgers Eleasar und der Trauer des Volkes wird in 21,1 nichts mehr erzählt. Die Landnahme wird weiter voran getrieben, es ist von kriegerischen Auseinandersetzungen die Rede, die in Kap. 20 noch nicht präsent waren. Num 21,1-3 erklären zunächst den Namen Horma, ein Ort, der von der in Kap. 20 angedeuteten Wanderroute Israels deutlich abweicht¹¹.

4.5. Die Erzählungen in Num 20

Die in Num 20,1 beginnende Erzählung endet in V. 13. V. 13 stellt als ätiologische Erklärung des Namens „Streitwasser" eine abschließende Erklärung und Bewertung der Geschichte durch den Erzähler dar. V. 14 beginnt ein neues Thema, die Auseinandersetzung mit Edom. Sie ist durch neue Handlungsträger, die Boten (מַלְאָכִים) und den König von Edom in 13a, sowie den Hinweis auf eine Ortsveränderung durch das Schicken (שׁלח) der Boten gekennzeichnet, auch wenn die einleitende Verbform im Wayyiqtol auf eine Verbindung hindeuten könnte¹². Der Blick ist nicht mehr auf die Situation innerhalb Israels gerichtet, sondern auf Israels Außenkontakte. In

---

9 Eine mögliche Verbindung über die Thematik des Wassers (das Reinigungswasser in Num 19 und das fehlende Wasser in Num 20) ist auf der Ebene des Endtextes nicht zu leugnen.
10 נוע und der „Stab vor Gott" verweisen auf Num 17, vgl. Noth, Numeri, 128; Gray, Numbers, 261; Budd, Numbers, 218; Levine, Numbers, 488; Knohl, Sanctuary, 94.
11 Vgl. Noth, Numeri, 135.
12 Vgl. ähnlich Struppe, Herrlichkeit, 183.

der neuen beginnenden Erzählung (V. 14-21) ist die Handlung auf der Handlungsebene E₁ auf Redeeinleitungen (14b.18a.19a.20a) beschränkt. Die Erzählung stellt ein Gespräch, inhaltlich eine Verhandlung, dar. Dadurch ist die Szene strukturell von 20,1-13 unterschieden. Nur der Abschluss der Szene erzählt von weiteren Handlungen, die den Inhalt der erzählten Reden durch die erzählte Handlung bestätigen (20c.21c). Die auktorialen Äußerungen in 21ab kündigen als abschließende Bemerkungen des Erzählers ebenfalls einen Einschnitt an. 21c stellt auf der Handlungsebene die Konsequenz des Gespräches dar und leitet außerdem zu V. 22 über.

20,22 berichtet, dass die IsraelitInnen von Kadesch weiter ziehen (נסע). Dieser Ortswechsel markiert einen Szeneneinschnitt. Die HandlungsträgerInnen ändern sich zwischen V. 21 und V. 22 nur teilweise. Von Edom ist ab V. 22 nicht mehr die Rede, allerdings bleibt das Subjekt dasselbe, auch wenn in 20,21c Israel und in 20,22b die בְּנֵי־יִשְׂרָאֵל genannt werden. 21c bildet eine zweifache Ein- und Überleitung zu 22a. Einerseits leitet 21c die weitere Wanderung ein und kündigt den Aufbruch von Kadesch an, andererseits nennt 21c das Subjekt von 22a. Erst 22b benennt ein neues Subjekt. 21c und 22a sind somit fest verbunden.

Das Thema ändert sich in V. 22 ebenfalls. Die Erzählung von der Diskussion bezüglich des Durchwanderns durch Edom hat mit dem Vermerk in 21c, dass Israel eine andere Route einschlägt, ein Ende gefunden. V. 22-29 verhandeln den Tod Aarons und die Einkleidung seines Nachfolgers Eleasar auf dem Berg Hor.

Num 20 lässt sich somit in drei Teile mit unterschiedlichen Themen gliedern:
V. 1-13:   Mirjams Tod und Wassermangel bzw. Wasserwunder, Unglaube Moses und Aarons.
V. 14-21*: Gespräche mit Edom und Umwanderung des edomitischen Gebietes.
V. 22*-29: Tod Aarons und Einkleidung Eleasars.

Trotz dieser thematischen Teilung, die durch narrative und sprachliche Einschnitte gestützt wird, gibt es auch nicht unwesentliche verbindende Elemente innerhalb von Num 20. Eines davon ist das Thema der Wasserversorgung, das die V. 2-13 prägt und in der Argumentation Israels gegenüber Edom in 17c und 19cd ebenfalls zur Sprache kommt[13]. Außerdem ist das

---

13 Der Text suggeriert an dieser Stelle, dass Israel kein Wasser braucht, weil es selbst genug Vorrat hat. Die jüdische Auslegung, die erzählt, dass Gott Israel für Mirjams Verdienste nach ihrem Tod einen Brunnen gab, der das Volk begleitete, mag auf diese thematische Verbindung zurückgehen (vgl. bTa'anit 9a; LAB 13A 20,8; MRS Wa-Yassa 5,51b; vgl. dazu Ginzberg, Louis, *The Legends of the Jews III*, Philadelphia: Jewish Publication Society 1968, 317f.; Kugel, James L., *The Bible as it Was*, Cambridge, MA: Harvard University Press 1997, 363f.).

ganze Kapitel, vor allem auf der Handlungsebene E_1 (1a.b.2b.6a.b.10a.11c. 14a.20c.21bc.22ab.27c.28d), von Verben der Bewegung bzw. des sich Niederlassens geprägt[14]. Eine Verbindung zwischen V. 1-13 und V. 22-29 besteht außerdem in der Thematik des Todes. Sie ist auf drei Ebenen im Text verankert: erstens durch eine einfache Leitwortverbindung: מות in 1c.4b.26d.28c, גוע in 3c.29b[15], zweitens durch die inhaltliche Verknüpfung, die V. 24 (b-d) mit V. 12 herstellt. Sie verbindet den Tod Aarons explizit mit der Ankündigung, dass er das verheißene Land nicht erreichen wird. Drittens besteht eine Verknüpfung durch die Todesberichte Mirjams und Aarons, die das Kapitel rahmen und das Thema Tod in vier Abschnitten verhandeln: Todesbericht Mirjams (1cd), Angst des Volkes vor dem Wüstentod (V. 3-5), (indirekte) Ankündigung des Todes Aarons und somit auch Moses (V. 12) und Bericht des Todes Aarons (V. 22-29). Somit wird die Angst des Volkes vor dem Tod mit dem tatsächlichen Sterben seiner AnführerInnen verbunden[16].

4.6. Dispositio

Num 20,1-13 stellt sich durch eine Reihe von aneinander anschließenden Verbalsätzen in der Wayyiqtol-x-Form auf der Handlungsebene E_1[17] formal als geschlossene Handlungskette dar. In diesen Handlungsablauf sind vier erzählte Reden (des Volkes 3c-5c, Gottes 8a-f, Moses 10cd, Gottes 12b-e) eingefügt, und dreimal meldet sich der fiktive Erzähler direkt zu Wort (3a.V. 9.13). Auf dieser Basis lässt sich der Text in vier szenische Abschnitte gliedern: 1a-2a.2b-5d.6a-9b.10a-13c.

---

14 Vgl. בוא in 1a.4a(Hif'il).5b(Hif'il)6a.12d(Hif'il).22b.24b, ישב in 1b.15b, קהל im Sinne des sich aufeinander Zubewegens bzw. von etwas oder jemandem Wegbewegens in 2b.8b.10a(Hif'il), עלה in 5a(Hif'il).19b.25b(Hif'il).27c, יצא in 10d(Hif'il).11c.18c.20c, ירד in 15a.28d, עבר in 17abf.18b.19e.20b.21b, נפל in 6b, שלח in 14a.16d, הלך in 17d, נטה in 17e.21c, נסע in 22a und אסף in 24a.26c jeweils im Nif'al.

15 Die Formulierung, dass Aaron „zu seinen Ahnen versammelt werden wird" in 24a.26c findet in V. 1-13 keine Entsprechung.

16 In Num 20 wird zwar der Tod Moses nicht erzählt, aber man kann aus dem Tod Aarons in V. 22-29 schließen, dass diese Konsequenz auch für Mose gilt. Das macht auch Dtn 32,48-52 deutlich (ein später Zusatz, der sich auf Num 20 zurückbezieht: vgl. Gray, Numbers, 259.263; Noth, Numeri, 127; Levine, Numbers, 483.494; Knohl, Sanctuary, 95, Anm. 119.96, der einen Zusatz seiner "Holiness School" [HS] annimmt.).

17 2a, der mit ולא eingeleitet wird, fällt insofern nicht aus der Reihe, als diese Form die Verneinung des Wayyiqtol darstellt (vgl. Bartelmus, Einführung, 98).

4.6.1. Erste Szene 1a-2a: Exposition – Ausgangssituation

4.6.1.1. Abgrenzung der Szene

Die Erzählung beginnt in 1a mit einer Wanderungsnotiz, in der die HandlungsträgerInnen sowie Ort und Zeit der Handlung bekannt gegeben werden. Mit diesen Angaben wird – in Abhebung zur orts- und zeitlosen Gesetzesverkündigung in Num 19[18] – ein einmaliges Ereignis an einem bestimmten Ort zu einer bestimmten Zeit erzählt. Eine derartige Erzählung findet sich zuletzt in Num 16f. Sie endet mit dem Subjekt, das in 20,1 zuerst genannt wird, den בְּנֵי־יִשְׂרָאֵל (17,27).

Dabei ist zwischen 2a und 2b ein Einschnitt durch eine Verschiebung in der Konstellation der HandlungsträgerInnen zu vermerken[19]. Er wird verstärkt durch die syntaktische Konstruktion von 2a als verbalisiertem NS[20] in der Folge der Wayyiqtol-Kette von 1a-d. Der Ort bleibt zwar derselbe, aber die Veränderung der HandlungsträgerInnen schafft neue Oppositionen und führt eine neue Perspektive ein. In 1a-2a schildert der fiktive Erzähler aus seiner Perspektive die Situation, d.h. externer und interner Fokussator sind identisch. In 2b führt der Erzähler durch die Handlung des Volkes und die Opposition zwischen dem Volk auf der einen und Mose und Aaron auf der anderen Seite die Ansicht des Volkes ein. Der fiktive Erzähler bleibt zwar externer Fokussator, das Volk aber wird interner Fokussator. So wird ein Einblick in die Perspektive des Volkes ermöglicht.

Dieser Einschnitt durch den Perspektivenwechsel markiert auch den Szenenabschnitt zwischen Expositio (1a-2a) und erster Szene der Narratio (2b-5d). 1a-2a ist eine Situationsbeschreibung, in der notwendige Hintergrundinformationen bezüglich Ort, Zeit, Charakteren und Ausgangssituation der Handlung bereit gestellt werden[21]. In 2b beginnt die Handlung. „Situationsbeschreibung" versus „Handlung" oder „Handlungsbeginn" sind in Num 20,1-13 allerdings insofern unsichere Unterscheidungskriterien, als

---

18 Vgl. die Einleitung 19,1-2 ohne konkrete Angaben zu Ort und Zeit der Verkündigung. Auch wenn man Num 18-19 als in die Wüstenerzählung eingeschalteten Gesetzeskomplex betrachtet, findet sich dafür keine Ortsangabe.
19 Erste Prädikation (und damit syntaktisch dem Subjekt des VS entsprechend) ist in 2a מַיִם und in 2b die 3. Pers. Pl., die sich auf die zweite Prädikation in 2a bezieht. Vgl. auch Struppe, Herrlichkeit, 194, Anm. 1.
20 Anders Struppe, ebd., 195, die 2a-3c syntaktisch als kleine Einheit ausweist.
21 Bar Efrat, Art, 111 beschreibt die Funktionen der Exposition folgendermaßen: "This serves as an introduction to the action described in the narrative, supplying the background information, introducing the characters, informing us of their names, traits, physical appearance, state in life and the relations obtaining among them, and providing the other details needed for understanding the story."

bereits die Expositio mit einer Handlung, dem Wandern, beginnt[22]. Der formalen Beobachtung, dass sich die Handlung an die Situationsschilderung anschließt, kann zwar zugestimmt werden, allerdings reduziert Struppe die Aussage der Expositio und damit der ganzen Erzählung auf den Wassermangel (was natürlich an den im Vorfeld gefällten literarkritischen Entscheidungen liegt). Dass der Wassermangel einen Hauptfaden der Erzählung darstellt, kann nicht bestritten werden. Allerdings zeigt sich, wenn nicht nur 2a als für die Erzählung notwendige Hintergrundinformation verstanden wird, ein viel weiteres Spektrum dessen, was die Erzählung im weiteren Verlauf anspricht. Dazu gehören jene Andeutungen der Exposition und damit auch der Tod Mirjams, die die Erzählung wiederholt und die somit an Bedeutung gewinnen:

"Thus, in several instances expositional information is placed at the beginning of the narrative; when this is so, the information is usually repeated in one way or another during the course of the story, with the result that a certain point receives emphasis."[23]

In Num 20 gehören neben dem Wasser auch die in V. 1 genannten Themen „Wüste" und „Tod Mirjams" zu diesen Informationen, die innerhalb der Narration aufgegriffen werden. Sieht man diese Verankerung der Themen in der Einleitung, dann wird die Kohärenz der Erzählung deutlicher, die in der Expositio in 1a-2a beginnt und in V. 13 endet. Zählt man die Erwähnung des Todes Mirjams nicht dazu, ist das Todesthema in der Einleitung nicht verankert.Die Handlung beginnt somit bereits in der Situationsbeschreibung. Auch umgekehrt werden Hintergrundinformationen in den Schilderungen der Handlungen der Expositio mitgegeben[24].

4.6.1.2. Handlungsgerüst

1a nennt als HandlungsträgerInnen die IsraelitInnen, die ganze Gemeinde. Diese doppelte Bezeichnung deutet auf die Ganzheit des Volkes hin[25], in dessen Gegenwart die folgenden Ereignisse der Expositio stattfinden sollen:

---

22 So auch Schart, Mose, 98. Anders Struppe, ebd., 194, die nur im NS 2a die „erzählungseröffnende Hintergrundschilderung" sieht, die die Situation angebe und an der sich die Wayyiqtol-Kette der Handlung ungebrochen anschließe (vgl. ebd., Anm. 1).
23 Bar-Efrat, Art, 121.
24 Zur Knappheit von Expositionen in der hebräischen Bibel vgl. Bar-Efrat, ebd., 112. Er betont, biblische Erzählungen stellten nicht selten die für das Verständnis einer Erzählung notwendigen Hintergrundinformationen erst im Lauf der Narration bereit. In Num 20 werden die nötigen Informationen in der ersten Szene gegeben, die dann auch einen besonderen Bezug zur zweiten, auf diese Exposition folgenden, Szene hat (vgl. ebd.).
25 Den Aspekt der Ganzheit, der sich in 2b auflöst, betont auch Noth, Numeri, 127.

der Tod und das Begräbnis Mirjams (1cd) und das Fehlen von Wasser (2a). 1a-3b sind von häufigem Subjektwechsel[26] und unterschiedlichen Subjektsbezeichnungen[27] geprägt, sodass sich nicht gleich zu Beginn der Eindruck einer kohärenten Erzählung ergibt.

Weitere Handlungsträgerin ist in 1bc Mirjam, die als so bekannt vorausgesetzt wird, dass sie nicht vorgestellt werden muss. Ihr Name steht isoliert, sie wird mit keiner Person verbunden, erhält keinen Titel und zunächst auch keine Funktion[28]. Verbunden ist sie mit dem Ort Kadesch als Todes- und Begräbnisort und mit den nicht genannten Menschen, die sie begraben, die eine nähere Bestimmung nicht ermöglichen, aber nahe legen, dass Mirjam zum Subjekt von 1a dazu gehört. Auf den Todesbericht Mirjams folgt die Feststellung, dass die Gemeinde (עֵדָה) kein Wasser hat. Aus dieser Situation heraus entsteht das initiative Handeln des Volkes (2a), das mit einem Wayyiqtol an die Situation anschließt und direkt mit ihr verbunden ist. Auch das Subjekt von 2a wird in 2b aufgenommen. Somit ergeben sich durch den gemeinsamen Handlungsträger in 1a und die Konstituierung der Ausgangssituation, die das initiative Handeln des Volkes (2b) auslöst, strukturelle Beziehungen zwischen Mirjam und dem Volk: Tod im Volk und fehlendes Wasser. Durch diese Verbindung ist Mirjam indirekt mitgenommen in die in 2b beginnende Opposition gegen Mose und Aaron.

4.6.1.3. Orts- und Zeitangaben

In 1a wird auch der Ort benannt. Bezüglich Ort und Subjekt stellt 1b rein formal eine Verdoppelung dar. Die IsraelitInnen bzw. die ganze Gemeinde wird in 1b הָעָם genannt[29], und der Ort wird genauer definiert. Diese doppelte Nennung von Orten und Subjekten will die Aufmerksamkeit der Leserinnen und Leser auf sich lenken. Das Ereignis spielt kurz vor der Landnahme. Für den Erzähler reicht die Ortsbestimmung „Wüste Zin" zur Lokalisierung der

---

26   1a: בְּנֵי־יִשְׂרָאֵל כָּל־הָעֵדָה („alle IsraelitInnen, die ganze Gemeinde")
     1b: הָעָם („das Volk")
     1c: מִרְיָם („Mirjam")
     1d: (מִרְיָם), das Verb im Nif'al macht das tatsächlich handelnde Subjekt unsichtbar.
     2a: מַיִם („Wasser").
27   Vgl. den Wechsel von עֵדָה und הָעָם in 1ab und 2a.3a.
28   In Num 12 wird Mirjam mit Aaron von V. 1 an als Partei verstanden und mit ihm gemeinsam eingeführt. In Ex 15,21 wird sie als Prophetin und Aarons Schwester vorgestellt und in Mi 6,4 mit Aaron und Mose gemeinsam als Führungsgestalt des Volkes bezeichnet. Die genealogischen Texte in Num 26,59 und 1 Chr 5,29 ordnen sie ebenfalls in die Levifamilie ein, der auch Mose und Aaron entstammen.
29   Der Unterschied in der Bezeichnung der IsraelitInnen gab Anlass zu literarkritischen Überlegungen.

Erzählung nicht aus. Er fügt Kadesch hinzu und schafft damit eine einzigartige Lokalisierung für diesen Ort. Denn Kadesch ist in der hebräischen Bibel sonst nicht in der Wüste Zin verortet[30]. Mit dieser Bestimmung des Ortes erreicht der Erzähler keine bekannte geografische Identifikation. Offensichtlich will er also *keine topografische* Aussage machen. Von V. 12 her, wo die Wurzel קדש wieder aufgegriffen wird, wird deutlich, dass die Erzählung wegen ihres Inhaltes und nicht wegen geografischer Logik in Kadesch spielt. Der Name Kadesch soll in Hinkunft mit der Frage danach verbunden werden, inwiefern die Führungsgestalten Israels fähig sind, JHWH vor den Augen des Volkes zu heiligen.

Die Betonung des Ortes wird auch in der Form der Wandernotiz deutlich durch die beiden Bewegungsverben בוא in 1a und ישׁב[31] in 1b. Sie wird in 1cd jeweils durch שׁם weitergeführt, was ebenfalls eine pleonastische Wirkung hat. Denn nach der doppelten Ortsbezeichnung in 1ab und der doppelten bzw. dreifachen Benennung der HandlungsträgerInnen könnte die Handlung nun beginnen, und es müsste nicht noch einmal gesagt werden, dass sie auch wirklich *dort* stattfindet. Die Verankerung der Handlungen an diesem Ort und in Gegenwart des ganzen Volkes scheint von besonderer Wichtigkeit. 1b ist deshalb nicht mehr zur Wanderungsnotiz in 1a zu zählen, sondern bereits Teil der weiteren expositionellen Elemente. Somit ist die Wandernotiz auf 1a beschränkt und steht für eine Niederlassung des Volkes in der Wüste Zin[32].

In der ersten Szene findet sich die einzige explizite Zeitreferenz des Textes, בַּחֹדֶשׁ הָרִאשׁוֹן in 1a, die ihrerseits eher zu Unsicherheiten innerhalb der Forschung führte als zu einer tatsächlichen Möglichkeit der Datierung des Ereignisses[33]. Der zeitliche Ablauf ist innerhalb der Erzählung auf der Handlungsebene E_1 durch eine Kette von Wayyiqtol-Formen gekennzeichnet[34]. Sie ist nur in 2a durch eine w^{e}lo`-haya-x-Form als Negation eines Wayyiqtol unterbrochen.

---

30 Cf. 13,26: Kadesch liegt in der Wüste Paran, 13,21 wird die Wüste Zin nicht mit Kadesch in Verbindung gebracht, allerdings grenzen die beiden Wüsten aneinander, und Kadesch liegt nahe der Grenze zur Wüste Paran.

31 ישׁב kann keinesfalls als reines Bewegungsverb verstanden werden, da es auch im Sinne von „sitzen, wohnen" einen mansiven Aspekt hat. Allerdings ist die reflexive Bedeutung von „sich niederlassen, sich hinsetzen", die zweifellos einen Bewegungsvorgang beinhaltet, ebenso sicher belegt (vgl. Görg, Manfred, ישׁב, *ThWAT* III (1982) 1012-1032).

32 Frevels literarkritische Bemerkung, man erwarte sich nach ויבאו nicht unbedingt ישׁב (vgl. Blick, 308) deutet eher auf eine vorgefasste Meinung hin, der nicht weiter nachgegangen werden muss.

33 Vgl. Literarkritik 4.9.1.1. Schart, Mose, 99, Anm. 6 hat die Möglichkeit, die Wendung nicht mit „im ersten Monat", sondern mit „zum ersten Neumond" zu übersetzen, erwogen. Er vermutet den Hinweis auf eine alljährliche Begebenheit oder ein alljährliches Fest, vielleicht eine Wallfahrt.

34 Vgl. auch Struppe, Herrlichkeit, 194.

Auf der Ebene der Akteure ist eine Ausdifferenzierung festzustellen. In 1ab tritt das ganze Volk (בְּנֵי־יִשְׂרָאֵל כָּל־הָעֵדָה) ohne innere Differenzierungen auf[35]. 1cd nimmt dann Mirjam heraus, setzt sie aber in keinen expliziten Bezug zu dem in 1ab erwähnten Akteur. Implizit ist das handelnde Subjekt in 1d das Volk.

2a erwähnt die Gemeinde (עֵדָה) noch einmal und führt die in 2a als präpositionale Zufügung zu מַיִם auftretende Gemeinde weiter als Subjekt in 2b, wo als Opponenten Mose und Aaron entgegengestellt werden.

4.6.2. Zweite Szene 2b-5d: Die Oppositionsbildung und die Sicht des Volkes

Der Beginn der zweiten Szene ist markiert durch den Wechsel der HandlungsträgerInnen. Mit dem Versammeln der Gemeinde gegen Mose und Aaron (קהל Kal) wird die Opposition zwischen Mose/Aaron und dem Volk, die sich durch den Rest der Erzählung durchhalten wird[36], gebildet. Es wurde bereits deutlich, dass sich durch den Subjektwechsel auch der interne Fokussator ändert.

Das Ende der Szene ist gekennzeichnet durch einen Ortswechsel, der durch das Bewegungsverb בוא sowie durch die ortsdeiktischen Merkmale אֶל־פֶּתַח אֹהֶל מוֹעֵד und מִלִּפְנֵי ausgedrückt ist. Auch durch den Wechsel der Handlungsebenen von E_2 in V. 5 auf E_1 in V. 6 und der HandlungsträgerInnen wird ein Einschnitt markiert. Außerdem ändert sich wieder, wie zwischen Expositio und Narratio, der interne Fokussator. Das Ende der ersten Szene besteht in der Rede des Volkes und seiner Perspektive. In 6a wird bereits auf einen neuen internen Fokussator, nämlich Mose und Aaron, verwiesen.

Wie Mirjam werden Mose und Aaron nicht ausdrücklich eingeführt, sondern als bekannt vorausgesetzt. Sie werden in Opposition zum Volk als Partei vorgestellt. Die Subjektbezeichnungen ändern sich auch hier innerhalb der drei ÄE auf E_1:

2b: 3. Person Pl. greift עֵדָה aus 2a auf.
3a: הָעָם.
3b: 3. Person Pl. greift das Subjekt von 2a auf.

Innerhalb der erzählten Rede des Volkes in 3c-5d sind zwei Retrospektiven festzustellen. Die erste bezieht sich auf den Tod der „Brüder" (3c), die zweite besteht aus der doppelten Frage an Mose und Aaron bezüglich des Sinnes und Zweckes des Exodus (4ab.5ab), wodurch die bisherige Wande-

---

35 Vgl. auch Noth, Numeri, 127.
36 Eine Ausnahme bildet die dritte Szene 6a-9b, in der diese Opposition auf E_1 nicht explizit genannt wird, durch die örtliche Trennung der HandlungsträgerInnen aber aufrecht erhalten bleibt.

rung durch die Wüste in den Blick genommen wird. Die Retrospektiven innerhalb der erzählten Rede stellen somit ein Mittel dar, die Themen „Tod", „Wanderung durch die Wüste" und „Frage nach der Legitimation Moses und Aarons" in die Gegenwart der Erzählung zu holen.

Die Verbindung des Ortes mit dem Thema „Tod" geschieht aus der Perspektive des Volkes. Die durch den Erzähler in der Expositio geschilderte Ausgangssituation wird in der Perspektive des Volkes weiter ausgeführt.

4.6.3. Dritte Szene 6a-9b: Mose und Aaron am Eingang des Zeltes

Die dritte Szene wird durch einen Ortswechsel und eine Verschiebung unter den Handlungsträgern[37] deutlich: Mose und Aaron gehen zum Eingang des Begegnungszeltes[38]. Der Ortswechsel ist sowohl durch eine tatsächliche Veränderung des Ortes gekennzeichnet (durch das Bewegungsverb וַיָּבֹא und die Ortsbestimmung אֶל־פֶּתַח אֹהֶל מוֹעֵד) als auch durch einen Blickwechsel der Aktanten Mose und Aaron. Sie wenden sich ab von den Versammelten (מִפְּנֵי הַקָּהָל in 6a)[39]. Auch das Fallen auf ihre Angesichter (וַיִּפְּלוּ עַל־פְּנֵיהֶם in 6b) verdeutlicht den Wechsel der Perspektive und des Ortes.

Blickrichtungen und relational bestimmte Orte[40] sind in der Szene 6a-9b dominant: 6ab.9a in einer Konstruktion mit פָּנִים[41], in 8c mit עֵינַיִם. Auffallend ist, dass die Szene von zwei Wegbewegungen gerahmt wird. In 6a gehen Mose und Aaron weg von der Versammlung (מִפְּנֵי הַקָּהָל), und in 9a nimmt Mose den Stab weg von „vor JHWH" (מִלִּפְנֵי יְהוָה). Somit ist die örtliche Rahmung der Szene dadurch festgelegt, dass sie sich in Distanz zur Versammlung und in der Nähe Gottes befindet[42]. Die vierte Szene, die Ausführung des Auftrages, ist durch diese Rahmung als ein Geschehen in größerer Distanz zu Gott markiert. Der Erzähler konstruiert damit auf der

---

37 Es gibt in der Szene keine Wiederaufnahmen durch pronominale Konstruktionen (vgl. auch Struppe, Herrlichkeit, 195).
38 Zur abschnittgliedernden Funktion von 6a.10a.12b (nach der masoretischen Verszählung) wegen ihres Wortreichtums vgl. Struppe, Herrlichkeit, 196, Anm. 8. Zur Einleitung der Szene ähnlich vgl. Schart, Mose, 100.
39 Zur Überbestimmung der Ortsangaben vgl. Struppe, ebd., 196.
40 Die relationale Bestimmung der Orte ergibt sich durch präpositionale Zufügungen (6a מִפְּנֵי הַקָּהָל „weg von der Gemeinde", 8c לְעֵינֵיהֶם „vor ihren Augen", 9a מִלִּפְנֵי יְהוָה „von vor JHWH").
41 Eine solche Konstruktion findet sich auch in 10a.
42 Diese Nähe wird gleichzeitig in 6a definiert durch die Hinbewegung zum Eingang des Zeltes. Auch diese Bewegung Gottes zu Mose und Aaron ist in 6c durch אֶל bestimmt.

Handlungsebene[43] zwei lokale Qualitäten, nämlich einen Ort des Volkes[44] und einen Ort Gottes[45].

Der oben beschriebene Blickwechsel weg von den Versammelten leitet zugleich auch einen Wechsel des Gegenübers der Aktanten ein: Nicht mehr „die Versammelten" sind Opponent zu Mose und Aaron, sondern JHWH. Die dritte Szene verdeutlicht damit auch die Opposition[46] zwischen Mose/Aaron einerseits und dem Volk andererseits, da Mose und Aaron ein neues Gegenüber erhalten, das dem Volk nicht zugänglich ist und innerhalb der Erzählung auch nicht Opponent des Volkes wird.

JHWH tritt in 6c zunächst in seiner Herrlichkeit, dann sprechend (V. 7-8f) in die Handlung ein.

Die Handlungen auf E_1 sind weiterhin im Wayyiqtol verfasst, die Erzählung aus der ersten Szene geht ungebrochen weiter bis zur erzählten Rede in 8a-f und der auktorialen Äußerung in 9b. Als handelnde Subjekte treten Mose und Aaron als jene auf, die den Schauplatz verlassen. Sie sind somit initiativ und führen die Handlung weiter, wodurch das Problem einer Lösung zugeführt wird. Mose und Aaron antworten auf die Rede des Volkes (3c-5d) nicht auf der Ebene der Rede, sondern mit einer Wegbewegung aus der Situation hinaus und vom Ort des Geschehens weg. Die „Krise" wird damit an einen anderen (gesellschaftspolitischen und theologischen) Ort transferiert und, wie der Wechsel der Gesprächspartner zeigt, auch in einen anderen Diskurs. JHWHs Rede bildet das Zentrum der Szene, Moses Handlung in 9a ist nicht mehr initiativ, er handelt, wie der Erzähler in 9b deutlich hervorhebt, gemäß Gottes Auftrag. Erzählerisch auffällig ist, dass JHWH nur mit Mose spricht, nicht aber mit Aaron.

In der dritten Szene finden sich erstmals keine expliziten Zeitreferenzen.

---

43 Der Felsen in 8ce als weitere relationale Ortsangabe kommt in dieser Szene nur in der Rede Gottes vor. Er ist weder auf das Volk noch auf Mose und Aaron bezogen, und so gesehen erscheint er wie ein dritter, neutraler Ort, wo sich die Parteien wieder versammeln können.

44 Dieser ist in den Ortsbezeichnungen ausgedrückt, die sich auf das Volk beziehen: 6a.8c. Mit diesem Ort ist die lokale Definition סלע verbunden. In der dritten Szene wird der Fels nur auf das Volk bezogen erwähnt. Das ist in 8c der Fall (אֶל־הַסֶּלַע לְעֵינֵיהֶם) und in 8d (הַמִּן־הַסֶּלַע לָהֶם מָיִם). Das Volk wird jeweils mit der Präposition ל mit dem Verb verbunden. In 8c ist es Moses Sprechen zum Felsen („vor ihren Augen"), und in 8e ist es das Geben des Wassers, das der Felsen „für sie" vollbringt.

45 Zu diesem Ergebnis kommt auch Struppe, Herrlichkeit, 196f. über die unterschiedlichen syntaktischen und semantischen Funktionen von מִן (separativ) und אֶל (direktiv). Zu einer wertenden Deutung der beiden Orte vgl. Schart, Mose, 100f. in Anlehnung an Kohata, Überlieferungsgeschichte, 85 (Diskussion in 4.7.3.1.).

46 „Opponent" ist nicht zu verstehen als „gegnerische" Partei, sondern als „Gegenüber", als die andere Partei (vgl. Bal, Narratology, 30; Müllner, Handwerkszeug, 140). Zur genaueren Beschreibung des Verhältnisses Moses und Aarons zu Gott s. u.

4.6.4. Vierte Szene 10a-13c: Mose, Aaron und die Versammlung vor dem Felsen

Die Szene beginnt auf der Handlungsebene E_1 mit einer Rückkehr und Opposition der HandlungsträgerInnen der zweiten Szene: Mose, Aaron und der קָהָל. Während aber in der ersten Szene der Ort der Versammlung, Kadesch, nicht genauer differenziert wird, erhält die Versammlung nun eine spezifiziertere Ortsangabe: „zu dem Felsen" (אֶל־הַסֶּלַע) in 10a. Die Bezeichnung des Ortes mit einer Formulierung, die mit פָּנִים gebildet wird, schließt an die dritte Szene an und stellt eine Verbindung her zwischen der Wegbewegung von „vor JHWH" (מִלִּפְנֵי יְהוָה) in 9a „zu dem Felsen" in 10a. Die „Hinbewegung" in der direktiven Angabe אל macht noch einmal die Verbindung des Volkes mit dem Felsen deutlich, wie sie schon in 8ce angedeutet wurde.

Die Wayyiqtol-Kette auf E_1 wird bis 12a fortgesetzt. Aaron handelt nur in 10a mit Mose gemeinsam, nachher (10b.11ab) ist Mose allein handelndes Subjekt. In 12a ist wieder die Opposition JHWH – Mose/Aaron hergestellt, allerdings ist weder durch einen Wechsel des Ortes noch der HandlungsträgerInnen ein Szeneneinschnitt gegeben. Die Rede Gottes schließt die Handlung ab, denn V. 13 stellt auf E_0 eine Deutung der Erzählung durch den Erzähler dar. Der Vers ist inhaltlich eine Etymologie oder Namensätiologie von Kadesch[47]. Dass JHWH sich selbst geheiligt hat[48], ist eine Interpretation der Geschichte, die auf 12c und 1a zurückgreift und somit den Blick der LeserInnen auf den Zusammenhang des Ortes „HEILIG" als Todesort (Mirjams) mit dem Unglauben lenkt. Der Erzähler äußert sich in V. 13 direkt zu seinen Leserinnen und Lesern und deutet damit die überlange Ortsbestimmung in V. 1.

Der Zeitablauf innerhalb der ganzen Narration ist durch die aufeinanderfolgenden Wayyiqtol-Konstruktionen dargestellt[49]. Es gibt keine Hinweise auf längere Zeitabschnitte auf E_1. Das deutet nicht darauf hin, dass eine lange Entwicklung geschildert wird, sondern eher eine kurze Episode, die mit Mieke Bal als „Krise" zu bezeichnen ist[50].

---

47 Vgl. Budd, Numbers, 217.219.
48 Zum Verständnis von קדש im Hif'il vgl. Übersetzung.
49 Für den Zeitablauf ist nur die Abfolge der Handlungen auf E_1 relevant. Retrospektiven oder Antizipationen haben keinen Einfluss auf die Dauer der Narration selbst, da sie aus dem erzählten Geschehen hinaus weisen.
50 Vgl. Narratology, 38f.

4.6.5. Überblick: Konstellation der HandlungsträgerInnen[51]

Die folgende Analyse fragt nach HelferInnen und OpponentInnen sowie nach Macht/Mächten und Gegenmacht/-mächten der handelnden Subjekte. Dabei geht es um jene Größen, die ermächtigend oder entmächtigend hinter den Charakteren stehen. In den folgenden drei Szenen werden auf E_1 Oppositionen unter den HandlungsträgerInnen konstruiert, die auf E_2 bezüglich der hinter ihnen stehenden Mächte erläutert werden.

Szene	Opposition auf E_1	Redesubjekt	Gegenmacht	Macht
2b-5c	Volk – Mose/Aaron	Volk	Tod	Gemeinschaft
6a-9b	Mose/Aaron – JHWH	JHWH	Versammlung	JHWH-Legitimation
10a-13d	Mose/Aaron –Volk	Mose	Moses Zweifel, JHWHs Vorwurf	JHWH-Legitimation durch Stab und Versammlungsgewalt

4.6.5.1. Mächte: Versammlung gegen den Tod

In 1ab tritt das Volk[52] als Aktant in Erscheinung. Mirjam ist zunächst, da sie nicht anders eingeführt wird, als eine aus dieser Gruppe zu verstehen. Mit dem Tod Mirjams drängt sich die Bedrohung durch den Tod als „Macht" in die Mitte des Volkes[53]. Die gleich darauf getroffene Feststellung, dass da kein Wasser war für das Volk, bringt den Tod als Macht auf eine zweite Weise ins Spiel[54].

---

51 Vgl. Narratology, 30f.
52 Zum Verständnis der unterschiedlichen Bezeichnungen für das Volk vgl. 4.7.1.1.
53 Mirjams Tod wird in dieser Narration nur als Bedrohung für das Volk geschildert und macht die „Todesnähe" der Situation und des Ortes deutlich. Die Gefühle des Volkes bezüglich dieses Todes sind auf die eigene Bedrohung eingeschränkt. Eine Trauer um Mirjam findet darin keinen Platz, wie z. B. bei Aaron (20,29c) oder Mose (Dtn 34,8).
54 Der Text gibt keine Hinweise darauf, dass Mirjams Tod mit dem Wassermangel in Zusammenhang stünde. Weder lässt sich am Text festmachen, dass Mirjam verdurstet sei, noch, dass ihr Tod das Ende des Wassers bedeutet hätte, wie es die jüdische Tradition so eindrücklich auslegt (vgl. 8. und wie 1 Kor 10,4 auf Christus bezogen weiterführt).

Im Folgenden (2b.3a) gibt sich das Volk selbst Macht durch das Versammeln. Der Erzähler konstruiert dadurch zugleich einen Opponenten[55], nämlich die Parteiung Mose und Aaron. Mose und Aaron haben in diesem Moment weder eine/n HelferIn noch „Macht" auf ihrer Seite. Sie stehen nur vor Oppositionen: Eine besteht auf der Ebene der HandlungsträgerInnen, nämlich dem Volk als Opponent, und eine auf der Ebene der Mächte, den Tod.

In der Rede stellt das Volk einen Zusammenhang zwischen den Opponenten Mose und Aaron und der „Macht Tod" her, wodurch die Ebene der handelnden Subjekte mit der Ebene der hinter ihnen wirkenden Mächte verbunden wird. Aus der Perspektive des Volkes haben die Opponenten die bedrohliche Macht herbeigeführt, indem sie das Volk an „diesen Ort" gebracht haben. Schematisch kann das Verhältnis der Mächte und Gegenmächte und der Opponenten folgendermaßen dargestellt werden:

AktantInnen	Macht	Gegenmacht	Opponent
Volk	Versammlung	Tod	Mose, Aaron
Mose, Aaron		Tod	Volk

An der Tabelle wird sichtbar, dass der Erzähler die Präsentation der Macht hinter Mose und Aaron zurück behält. Er zeigt sie erst in der folgenden Szene.

4.6.5.2. Konstruktion und Dekonstruktion der Macht hinter Mose und Aaron

Die dritte Szene beschreibt die „Macht", die hinter Mose und Aaron steht. Zunächst ist auf der Ebene der HelferInnen und OpponentInnen die Versammlung als Gegenpol zu Mose und Aaron in 6a genannt. JHWH tritt insofern als Helfer auf, als er sich nicht gegen Mose und Aaron stellt, sondern einen Auftrag für ein Wunder erteilt, das einerseits selbst die positive Macht darstellt, die Mose und Aaron in der zweiten Szene noch fehlte, andererseits aber den Führungsmännern deutlich macht, dass der Auftrag und das Wunder für die Opposition und nicht für sie selbst gegeben wird. Diese Zielrichtung des Auftrages wird durch die Betonungen der Präpositionalverbindungen in 8ef sichtbar[56]. Die positive Macht des Auftrages und des Wunders besteht darin, dass der Macht „Tod" etwas entgegengesetzt wird und dass Mose und Aaron dem Volk gegenüber handlungsfähig werden.

In der vierten Szene konstruiert der Erzähler auf der Handlungsebene keine Opponenten. Erst durch die Rede Moses wird – aber eben auch nur aus

---

55 Die Begründung für diesen Opponenten gibt das Volk erst in der Rede 3c-5d.
56 Vgl. genauer 4.7.3.2.

Moses und Aarons Perspektive – die Opposition der zweiten Szene wieder aufgenommen. Damit ist die Ausrichtung des Auftrages „für die Gemeinde" gebrochen: Mose und Aaron handeln nicht für die Gemeinde. Das Wunder, und damit die Macht gegen den Tod, geschieht aber trotzdem. In V. 12 tritt Gott als Opponent gegen Mose und Aaron auf. Der Erzähler macht damit deutlich, dass Mose und Aaron die Macht gegen den Tod, die ihnen in der zweiten Szene fehlte und in der dritten gegeben wurde, in der vierten Szene verspielt haben. Gott hat allein die Macht gegen den Tod gewirkt, aber nicht um Mose und Aaron Macht zu geben, sondern um das Volk mit einer positiven Macht gegen den Tod zu stützen.

Die Analyse der Mächte und Gegenmächte zeigt, dass der Macht des Todes, die erstmals durch Mirjams Tod in der Erzählung erwähnt wird, von Mose und Aaron keine Gegenmacht entgegengesetzt werden kann. Als sie diese zwar von JHWH erhalten, zerstören sie sie, da sie ihre Ausrichtung auf die Versammlung hin nicht akzeptieren. In der Bedrohung, die durch Mirjams Tod und den Wassermangel entsteht, greift JHWH zwar rettend gegen den Tod ein, aber Mose und Aaron versagen darin, ihre Aufgabe zu übernehmen.

4.7. Elocutio

4.7.1. Erste Szene 1a-2a: Exposition: Handelnde, Situation und Ort

Wie in der Dispositio bereits beschrieben, wird in der ersten Szene ein Zusammenhang zwischen Mirjam und dem Volk, zwischen Ausgangssituation (Expositio) und initiativem Handeln des Volkes, zwischen dem Volk als Subjekt und Mirjam als Teil dieses Subjekts hergestellt. Das Handeln des Volkes wird für die Interpretation der rhetorischen Funktionen des Todesberichtes wesentlich sein, weshalb es in der folgenden Analyse einen zentralen Ort einnehmen wird.

4.7.1.1. Das Volk als Charakter

Bezeichnungen für das Volk

Das Volk tritt in 1ab als erstes Subjekt auf. Zunächst ist verwirrend, dass sich innerhalb von V. 1 auf der lexikalischen Ebene drei verschiedene Bezeichnungen für das Volk Israel (הָעָם, כָּל הָעֵדָה, בְּנֵי יִשְׂרָאֵל) finden.

Während בְּנֵי יִשְׂרָאֵל eine geläufige Bezeichnung einer ethnischen Einheit ist und so gesehen Israel als Ganzes meint[57], kann עֵדָה auf eine bestimmte gesellschaftliche Formation hindeuten. Sie könnte als eine demokratische Institution zu verstehen sein, eine allgemeine Versammlung aller freien, erwachsenen Männer[58] mit wesentlichen politischen Entscheidungsfunktionen[59]. Levy/Milgrom wollen עֵדָה in Num 20,1.22 zwar ganz allgemein als „Wüstenlager" verstanden wissen[60], dennoch ist eine Bedeutungsnuance des eingeschränkten Begriffes auch in Num 20 präsent. Dabei geht es um die Zeugenschaft bei wichtigen, das ganze Volk betreffenden Ereignissen[61]. Beschränkt man diese wichtigen Ereignisse nicht auf kultische Handlungen (Lev 9,5) und Einsetzungen von Vollmachten (Lev 8,3-5; 8,9-20; Num 20,27-29; 27,19-22)[62], dann kann auch das in Num 20 geschilderte Geschehen als ein solches Ereignis, das das ganze Volk betrifft, verstanden werden. 8b.9a.11d deuten darauf hin, dass die „Gemeinde" Zeugin eines wichtigen Ereignisses ist, das mit der Bevollmächtigung Moses und Aarons zusammen hängt. Dabei muss es sich nicht um die עֵדָה im eingeschränkten Sinn ausgewählter Männer handeln. עֵדָה könnte – wie in Num 27,21 – auch als Synonym für בְּנֵי יִשְׂרָאֵל zu verstehen sein und einfach die Gesamtheit des Volkes andeuten[63]. Wie in Num 27,19-22 klingt auch die Bedeutung mit, dass hier ein wichtiges, das ganze Volk betreffendes Ereignis stattfindet.

Darüber hinaus lässt sich ein bewusster Einsatz der beiden Begriffe קָהָל und עֵדָה in Num 20,1-12 feststellen. Die עֵדָה steht innerhalb des Zusammenhanges der Wasserproblematik (2a[64].8bf.11d). Dagegen findet sich der Begriff קָהָל im Kontext des Konfliktes zwischen dem Volk auf der einen und Mose/Aaron auf der anderen Seite (4a.6a.10a.12d). In 2b leitet קהל Nif'al dementsprechend den Konflikt ein. קָהָל ist gleichzeitig auch Selbstbezeich-

---

57 Vgl. Haag, Herbert, בֵּן II. בן in den semitischen Sprachen. III Bedeutung im AT. IV. Theologische Wertung, *ThWAT* I (1973) 670-682, 673.
58 Vgl. Levy, N.N./Milgrom, Jacob, עדה, *ThWAT* V (1986) 1079-1092, 1081.1091, wobei sich diese Beschreibung auf Num 1,2f., dem Auftrag an Mose und Aaron, die Gesamtzahl der „Gemeinde" nach Sippen und Großfamilien und alle wehrfähigen Männer zu bestimmen, stützt.
59 Levy/Milgrom nennen die Vollmachten, politische FührungsträgerInnen ab- und einzusetzen (nur implizit in Num 14,1-4; vgl. ebd., 1081), Kriegsentscheidungen zu fällen (Num 31; Jos 9,18f.; 22,12.16) und exekutive juridische Funktionen (Lev 24,10-16; Num 15,32-36; 27,2; 32,2; 35,12.24f.; Jos 20,6.9) (vgl. ebd., 1082f.).
60 Wie in Ex 16,1; 17,1 (vgl. ebd., 1087).
61 Levy/Milgrom nennen dabei nur kultische Handlungen und vor allem Einsetzungen von Vollmachten (vgl. עדה).
62 So Levy/Milgrom, ebd., 1084f.
63 Vgl. Levy/Milgrom, ebd., 1085.
64 Die עֵדָה steht innerhalb der einleitenden Wanderungsnotiz und deutet an, in welcher Bedeutungsnuance das Volk zu sehen ist, ist also nähere Bestimmung und Qualifizierung von הָעָם 1b.

nung des Volkes, es nennt sich selbst nie עֵדָה, was darauf hindeutet, dass es sich hauptsächlich in seiner Relation zu Mose und Aaron wahrnimmt[65].

Der Begriff des „Volkes" (הָעָם in 1b.3a.) fällt aus diesem Schema genauso heraus[66]. Mit den Begriffen קָהָל und עֵדָה werden einerseits bewusst bestimmte Bedeutungsnuancen angesprochen, andererseits erhält der Text dadurch eine Struktur. Die „Gemeinde" (עֵדָה) erscheint in der erzählerischen Rahmung ([1a.]2a.11d) und in den Gottesreden (8bf.12d). Da הָעָם nur in 1b und 3a vorkommt, ist es schwierig, dem Begriff eine bestimmte strukturelle oder semantische Bedeutung zuzusprechen. Es stellt sich die Frage, ob er nicht aus rein stilistischen Gründen jeweils nach den auf der Penultima betonten Wayyiqtol-Formen steht.

Handlungen des Volkes

Das Volk ist in der ersten Szene zentraler Handlungsträger. Die Handlung in 1a beginnt mit dem Wandern des Volkes und wird unterbrochen durch die Krisenschilderung in 1cd.2a. Durch Wayyiqtol-Formen und die entsprechende negative Form in 2a als w^e-lo'-hayya wird ein kohärenter Handlungsablauf erhalten. Formale Verbindungen zeigen die Bedeutung der Krise für das Volk an: In 1d ist das Volk ungenannt präsent, da Vertreter dieser Gruppe Mirjam begraben haben. In 2a wird „die Gemeinde" als Präpositionalobjekt zu וְלֹא־הָיָה מַיִם bereits wieder in den Blick genommen. In 2b handelt das Volk

---

65 Die Forschung hat oft versucht, im קהל-Begriff das Zusammenrotten und damit das aufständische, und wie es oft gedeutet wurde, „sündige" Element festzumachen (vgl. Struppe, Herrlichkeit, 199. Sie betont allerdings ebd., 206, dass es der „Pg"-Erzählung in Num 20,2-13* vom Wasserwunder nicht um den Erweis der Schuld des Volkes, sondern um die Schuld der Führungsfiguren gehe). Das liegt daran, dass man vorschnell – im Rückbezug auf Ex 17,2.7 – im Versammeln und in der Rede des Volkes einen Aufstand gegen Gott (und darin die Sünde) sah. Das Volk lehnt sich in Num 20 aber nicht gegen Gott auf, sondern gegen Mose und Aaron (was eine wesentliche Umdeutung von Ex 17,1-7 darstellt). Gott agiert auch vollständig auf der Seite des Volkes und nicht gegen die Versammelten (vgl. dazu, allerdings nur tendenziell, Schart, Mose, 101). Schart hält im Anschluss an die Analyse Struppes (vgl. ebd.) zumindest an einer Kritik JHWHs am Volk fest, die darin besteht, dass das eigenmächtige Versammeln des Volkes (קהל im Nif'al) nicht zielführend ist. Vielmehr müsse das Volk durch Mose versammelt werden (mit Mose als Subjekt im Hif'il). Nach Schart läge die Strafe für das Volk darin, dass seine Anführer es nicht ins gelobte Land führen werden (vgl. ebd., 101f.).
66 עַם ist diachron betrachtet nicht als typisch priesterschriftlicher Terminus, wie עֵדָה, zu verstehen. Vgl. Levy/Milgrom, ebd., 1082; Struppe, Herrlichkeit, 186. Während עֵדָה als typisch priesterschriftlicher Terminus zu verstehen ist, ist das bei עַם nicht der Fall, auch wenn diese Bezeichnung in „P" durchaus auch auftreten kann wie etwa in Ex 6,7 oder Lev 9,22-24 (vgl. Schart, Mose, 112 mit Anm. 56, wo er darauf hinweist, dass sich wahrscheinlich mehr „P"-Belege für עַם finden ließen, „wenn man nicht von vornherein ‚P' dieses Lexem absprechen würde").

wieder initiativ. Eine Tabelle mag den formalen Bezug zwischen Volk und Krise folgendermaßen verdeutlichen:

	Volk als Handlungsträger	andere HandlungsträgerInnen
1a	x	
1b	x	
1c		Mirjam
1d	(x) Volk ist ungenannter Handlungsträger	
2a		„Wasser"
2b	x (3. Pers. Pl)	
3a	x	
3b	x	

Die einzigen handlungstragenden Elemente außer dem Volk sind Mirjam und das Wasser.

4.7.1.2. Der Charakter „Mirjam"

Die Todesnotiz in 1cd spricht von einer bereits bekannten Frau, die nicht vorgestellt oder eingeführt wird[67], deren Abstammung irrelevant, den LeserInnen bereits bekannt oder dem Erzähler völlig unbekannt ist. Da auch nicht die Rede von irgendeiner „Frau namens Mirjam" ist, können wir von ihrer Bekanntheit ausgehen.

Die Handlungen und die Rede des Volkes machen, wie oben deutlich wurde, die Bedeutung und Katastrophe dieses Todes deutlich. Sofort nach dem Begräbnis und dem Wassermangel versammelt sich das Volk gegen Mose und Aaron. In der Rede geben sie der in der Exposition beschriebenen Krise die Deutung durch die Wiederaufnahme der Wurzel מות und die Todesthematik. Der Tod ist, gemeinsam mit dem Wassermangel (2a), handlungsauslösend, wobei das Volk hauptsächlich den Tod thematisiert. Der Tod lässt sich zwar vom Wassermangel in der Wüste nicht lösen, allerdings ist der Textbefund nicht zu umgehen, der durch die Wortwahl den Tod in den Vordergrund stellt.

„Sterben" kann zwar auf der Ebene der Semantik nicht als initiative Handlung bezeichnet werden, bezüglich des Handlungsablaufes muss Mirjams Tod aber als eine andere Aktionen auslösende Handlung verstanden werden. Sie gehört noch in den Bereich der Exposition und damit zu jenen Informationen, die für das Verständnis der Narration notwendig sind. Auch

---

[67] Das entspricht dem Befund von Num 12. Vorgestellt und eingeführt wird Mirjam nur in Ex 15,20.

das deutet darauf hin, dass die Konstatierung des fehlenden Wassers (2a) allein nicht gereicht hätte, um die Erzählung zu verstehen oder im Sinne des Erzählers „richtig" zu verstehen. Für seine Aussageabsicht ist Mirjams Tod Voraussetzung für die folgende Narration.[68] Es ging ihm nicht nur darum, eine Geschichte zu erzählen, die Moses und Aarons Tod erklärt. Diese Geschichte beginnt bereits mit einem Tod, und der Tod dieser Frau wird mit dem Sterben der Führungspersonen Mose und Aaron in einen Zusammenhang gebracht.[69] Dieser Zusammenhang soll im Folgenden deutlicher werden.

4.7.1.3. Der Tod Mirjams

Die Formulierung

Die Formulierung וַתָּמָת שָׁם מִרְיָם וַתִּקָּבֵר שָׁם entspricht dem Schema biblischer Todesnotizen. Typisch dafür sind die Wayyiqtol-Formen von מות[70] und von קבר im Nif'al mit möglichen Angaben bezüglich des Heimatortes der Person oder des Begräbnisortes[71]. Dieser Bericht kann unterschiedlich erweitert sein durch Aussagen über eine (rituelle) Totenklage[72]. Für die feminine Form (וַתָּמָת) finden sich acht Belege in der hebräischen Bibel[73].

Die Todesnotiz in Num 20,1cd entspricht diesem Schema, mit der besonderen Betonung des Ortes durch שָׁם. Das kann darauf hindeuten, dass dieser Ort nicht der Heimatort der Person ist, sondern ein „ungewöhnlicher Ort"[74].

---

68 Diese Sicht macht die Behauptung unmöglich, dass der Erzähler mehr oder weniger zufällig oder notgedrungen die Notiz vom Tod Mirjams übernahm, weil er seine Geschichte vom Wassermangel eben an dieser Stelle, vor den Verhandlungen mit Edom und in Kadesch, unterbringen wollte. Sie zeigt vielmehr, dass für die AutorInnen Mirjams Tod zu der Wassermangelgeschichte dazugehört.
69 Die Verbindung, die zwischen dem Tod Mirjams und der Todesankündigung für Mose und Aaron besteht, hat vor allem Schart, Mose, 112f. herauszuarbeiten versucht. Er bleibt allerdings dabei stehen, dass der Text mit dem Tod mit einem „bedrohlichen Szenario" (ebd., 113) beginnt, und der Tod Mirjams als Warnung für Mose und Aaron gilt. Schart übersieht die Bedeutung des Todes für das Volk und kann dem Tod Mirjams innerhalb der Erzählung deshalb nur eine Hinweisfunktion auf etwas anderes, aber keinen Eigenwert beimessen.
70 Vgl. Singularbelege in der maskulinen Form: Gen 11,28.32; 25,8.17; 35,29; 36,33-39; 50,26; Num 20,28; Ri 1,7; 2,8; Jer 28,17; Plural: Num 21,6; 26,19.
71 Vgl. Illmann, Karl-Johan, מות, ThWAT IV (1984) 768-786, 770.
72 Vgl. ebd., 772.
73 Gen 23,2; 35,8.19; 38,12; Ri 20,5; 1 Chr 2,19; Ez 24,18. Im Plural gibt es keine Belege für die feminine Form.
74 Als einen Spezialfall der „ungewöhnlichen Orte" bezeichnet Illman den Tod auf Reisen, der nur auf Mirjam, Debora und Rachel zutrifft (vgl. ebd., 772). Illman nennt allerdings den Tod Aarons, der ebenfalls unterwegs geschieht, nicht (anders in: Illmann, Karl-

Dass Mirjam genau dort (שָׁם) begraben wird, bedeutet, dass der Ort Kadesch in der Meinung des Erzählers für das Verständnis Mirjams wichtig war – wie auch die Betonung der Ortsangaben in V. 1 deutlich macht. Die Formulierung, dass jemand „dort" begraben wird[75], deutet auf eine besondere Relevanz des Ortes für den/die Sterbende/n hin (vgl. Gen 23,13; 48,7; Num 11,34; 20,1.26.28; 33,38 und Dtn 10,6; 34,5)[76]. Mit dieser Relevanz wird auch das Gedenken an diese Menschen oder die Gruppe dieser Menschen ausgedrückt. Das Gedächtnis muss sich aber nicht nur auf die Verehrung eines Ortes oder einer Begräbnisstätte richten, es kann auch mit ganz bestimmten Ereignissen verbunden sein. Das ist z.B. in Num 11,34 der Fall. Es wird erzählt, dass die gierigen IsraelitInnen genau dort begraben werden, wo sie ihre Gier gepackt hat. Der Ort wird nach dem Ereignis, das dort geschieht, „Giergräber" genannt. Ähnliches liegt – auch von 20,12 her – für Num 20,1 nahe[77], denn auch die in Kadesch lokalisierte Erzählung hat mit dem Ortsnamen etwas zu tun. In der Folge des Todes Mirjams wird der Ort „Heilig" für das Volk zum Ort des Todes. Der Ort mit dem Namen „Heilig" wird außerdem zum Ort für die Sünde des „Nicht-Heiligens". Das erinnert den Tod Mirjams in Kadesch als Bedrohung für das Volk und Grund für das Versagen der Führungselite. Mit dem Tod Mirjams in Kadesch wird dann das Gedächtnis an Mirjams Bedeutung für das Volk, an die – nach 17,25ff. – wieder erwachende Todesangst der IsraelitInnen sowie daran folgend das Versagen Moses und Aarons erinnert.

Die Notiz von Mirjams Tod gleicht vom Aufbau und den Elementen her am meisten denen von Sara, Debora, der Amme Rebekkas, und Rahels, da diese ebenfalls einen Ort des Todes und zum Teil auch das Begräbnis erwähnen[78]. Sie deuten damit auf das Interesse an einem Gedächtnis dieser Person hin. Mirjam allerdings ist die einzige dieser Frauen, deren Traditionen nicht im Zusammenhang von Mutterschaft und Reproduktion stehen, sie ist die Einzige, die nicht in den Kontext der Matriarchinnen gehört.

Johan, *Old Testament Formulas About Death*, Publications of the Research Institute of the Åbo Akademi Foundation 48, Åbo: Åbo Akademi 1979, 52).

75 Gen 23,13; 48,7; 49,31 (שמה); 50,5; Num 11,34; 20,1.4.26.28; 33,38; Dtn 10,6; 34,5; Ri 1,7; 2 Sam 6,7; 1 Chr 13,10; Jes 22,18; Jer 20,6; 22,12; 37,20; 38,26; 42,16; Ez 12,13; 39,11.

76 In Gen 49,31; 50,5 verweist שׁם/שׁמה auf einen bestimmten Ort, die Höhle Machpela, wo Sara, Abraham, Rebekka, Isaak, Lea und Jakob begraben wurden.

77 Zu möglichen Verbindungen zwischen dem Namen Aaron und seinem Todesort, dem הֹר הָהָר vgl. Knauf, Ernst Axel, Supplementa Ismaelitica 14: Mount Hor and Kadesh Barnea, *BN* 61 (1992) 22-26, 24f.

78 Gen 38,12; Ri 20,5; Ez 24,18 haben mit Num 20,1 gemeinsam, dass der Tod einer Frau jeweils die Voraussetzung für weiteres Handeln bzw. den Beginn einer Erzählkette darstellt. Das Begräbnis von Sara wird erst in 23,4.19 berichtet, allerdings nicht in der passiven Verbform, sondern aktiv, mit Abraham als Subjekt (ebenso Gen 49,31).

Gen 23,2:

וַתָּמָת שָׂרָה בְּקִרְיַת אַרְבַּע הִוא חֶבְרוֹן בְּאֶרֶץ כְּנָעַן וַיָּבֹא אַבְרָהָם לִסְפֹּד לְשָׂרָה וְלִבְכֹּתָהּ:

Gen 35,8:

וַתָּמָת דְּבֹרָה מֵינֶקֶת רִבְקָה וַתִּקָּבֵר מִתַּחַת לְבֵית־אֵל תַּחַת הָאַלּוֹן וַיִּקְרָא שְׁמוֹ אַלּוֹן בָּכוּת:

Gen 35,19:

וַתָּמָת רָחֵל וַתִּקָּבֵר בְּדֶרֶךְ אֶפְרָתָה הִוא בֵּית לָחֶם:

Auffällig ist vor allem die Ortsangabe: Während die Orte des Todes in den genannten Fällen erklärt werden, um ihre Identifikation in späterer Zeit zu sichern, fehlt dies für Kadesch in Num 20,1. In Gen 23,2 erklärt der Erzähler, dass Kirjat Arba Hebron heiße, und in 35,19 wird Efrata mit Betlehem identifiziert. Solche Notizen lassen darauf schließen, dass die genannten Orte zur Zeit der Textentstehung oder Redaktionsbildung nicht mehr unter diesen Namen bekannt waren. Das heißt aber auch, dass es dem Autor wichtig war, dass sein Publikum weiß, *wo* diese beiden Frauen begraben waren.

Die Identifikation des Ortes geschieht für Kadesch anders. Es wird nicht gesagt, wie der Ort in der Gegenwart der AutorInnen heißt und wo er sich findet. Das kann bedeuten, dass er zur Zeit der AutorInnen außerhalb des judäischen Siedlungsgebietes lag oder tatsächlich nicht mehr bekannt war[79]. Angesichts der unterschiedlichen Lokalisierungsmöglichkeiten von Kadesch, die sich innerhalb von Num 20 auftun, nämlich im nördlichen Sinai, auf dem Weg von Aqaba/Elat nach Petra oder Petra selbst und an den Grenzen von Edom[80], mag auch die Möglichkeit, dass der Erzähler selbst eine genaue geografische Lokalisierung offen halten wollte, nicht von der Hand zu weisen sein. Möglicherweise ging es vor allem darum, dass Mirjam noch in der Wüste, vor der Landnahme, an der Grenze zum verheißenen Land und als erste der drei Führungspersonen starb. Die fehlende Erklärung der topografischen Lage des Ortes bzw. die fehlende Identifikation mit einem Ort der realen Gegenwart des Erzählers zeigt, dass sein Interesse am Ort nicht in seiner genauen Identifikation liegt. Dass Mirjam hier stirbt, hat somit weniger mit der geografischen Lage des Ortes zu tun, sondern mit der Bedeutung und der Erinnerung, die ihm durch die vorliegende Erzählung in Num 20,1-13 gegeben werden (4.6.1.3.).

Was Mirjams Tod außerdem von dem von Sara und Rachel unterscheidet, ist, dass es niemanden gibt, der/die um sie weint oder trauert, wie Abraham um Sara, und dass ihr über dem Grab kein Steinmal errichtet wird, wie für Rachel. Erzählerisch liegt das einerseits daran, dass kein betroffener Ehe-

---

[79] Vor dem Hintergrund der durchaus kontrovers geführten Debatte archäologischer Identifikationen ist dies nicht so abwegig.

[80] Vgl. die Diskussion um den Ort Kadesch unten und speziell Knauf, Supplementa 14, 22-24; Oswald, Wolfgang, Die Revision des Edombildes in Numeri XX 14-21, *VT* 50 (2000) 218-232, 121.

mann überliefert ist[81], der um Mirjam weinen könnte, und die hebräische Bibel keine Trauer um Frauen durch andere Menschen als Ehemänner belegt[82]. Andererseits werden auch sonst keine persönlichen Beziehungen Mirjams erwähnt[83]. Gleichzeitig wird ihr auch nicht die Bedeutung beigemessen, die Aaron und Mose für das Volk zugesprochen wird, da das Volk nicht um sie trauert[84]. Dieses fehlende Beziehungsgeflecht ist eine der großen Schwierigkeiten im Verständnis der Bedeutung Mirjams und zählt zu den rhetorischen Mitteln einer Verhinderung der Memoria. Es wird verschwiegen, für wen Mirjam Bedeutung hatte.

Die Bestürzung, die im Volk ausbricht, geschieht nicht über den Tod Mirjams, sondern wegen des eigenen drohenden Todes. Was auf Mirjams Tod folgt, ist weiterer Tod bzw. Todesbedrohung durch den Wassermangel. *Das Gedächtnis ihres Todes ist deshalb nicht verbunden mit Weinen (בכה in Gen 23,2; Num 20,29), sondern mit einer Geschichte von der Not des Volkes und dem Ende der Führungselite*[85].

Aspekte von מות im Numeribuch

Das Thema „Sterben" steht in Num 20 an keiner exponierten Stelle, sondern in einem größeren Zusammenhang, der zwar nicht ausschließlich diesem Thema gewidmet ist, aber wiederholt aufgreift. Besagter Zusammenhang umfasst die Kapitel 14; 15; 16; 17; 18-21; 25; 31[86].

Num 20 schließt aus zwei Gründen an Num 17 an. Einerseits, weil die Erzählung der Wüstenwanderung in 17,28 abgebrochen und nach den Gesetzestexten in Num 18f. wieder fortgesetzt wird. Andererseits, weil bereits Num 17 mit der Angst des Volkes sterben zu müssen endet. Num 17,27-28 lauten folgendermaßen:

27 וַיֹּאמְרוּ בְּנֵי יִשְׂרָאֵל אֶל־מֹשֶׁה לֵאמֹר הֵן גָּוַעְנוּ אָבַדְנוּ כֻּלָּנוּ אָבָדְנוּ: 28 כֹּל הַקָּרֵב הַקָּרֵב אֶל־מִשְׁכַּן יְהוָה יָמוּת הַאִם תַּמְנוּ לִגְוֹעַ:

In V. 27f. drückt sich die Angst des Volkes in denselben Verbstämmen (גוע, מות) aus wie in 20,3f. Insofern schließt Num 20,1c.3c.4b an 17,27f. an, und der Bericht von Mirjams Tod wird noch einmal in den Zusammenhang

---

81 Die Trauer von Eheleuten ist in Gen 23,2f.; 38,12; 2 Sam 11,26; Ez 24,17f. erzählt.
82 Die Trauer des Vaters um seinen Sohn: Gen 37,34f.; 2 Sam 13,36f.; 19,2; des Sohnes um den Vater: Gen 50,1.3 (Belege bei Hamp, Vinzenz, בכה, ThWAT II (1973) 638-643, 640).
83 Wie für Rachels Amme Debora in Gen 35,8; allerdings geschieht die Trauer nur indirekt ohne Subjekt. Naheliegend dafür ist Jakob.
84 Für Mose: Dtn 34,6; Aaron: Num 20,29.
85 Vgl. den Zusammenhang zwischen Wassermangel und Mirjams Tod in den jüdischen Schriften: MRS Wayyassa 5,50f.; Fragmententargum z.St.; Targum Neofiti Num 21,1. Vgl. auch Butting, Prophetinnen, 66f.
86 In Num 2; 5-13; 22-24; 28-3 fehlt das Thema „Tod und Sterben" völlig.

der Angst des Volkes, in der Wüste sterben zu müssen, gestellt. An diese Beobachtung knüpfen sich zwei Fragen:

1. Warum ist der Marschbericht in Num 17 unterbrochen durch Num 18-19, wo es um den Dienst der Priester am Heiligtum, Abgaben an die Priester (wobei die Aufzählung und Beschreibung der Abgaben durchwoben ist von Bemerkungen zur besondern Stellung Aarons) und das Reinigungswasser aus der Asche der roten Kuh geht?

2. Was sagt der so hergestellte Zusammenhang von „Todesangst – Gesetzestexte – Todesangst" über die Bedeutung von Mirjams Tod aus?

מות erscheint auch im näheren Kontext von Num 20. Num 18 verhandelt die Verantwortung, die Aaron und seine Söhne für das Heiligtum als Wohnstätte Gottes haben (V. 1.5), und die besonderen Stellungen von Aaroniden (V. 2.3.7-15.20) und Leviten (V. 2.3.6.23-32). Wichtig ist 18,5: וְלֹא־יִהְיֶה עוֹד קֶצֶף עַל־בְּנֵי יִשְׂרָאֵל („damit kein Zorn mehr über die IsraelitInnen kommt"). Ziel der priesterlichen Aufgaben am Heiligtum ist die Bewahrung einer kultischen Ordnung (מִשְׁמֶרֶת הַקֹּדֶשׁ und מִשְׁמֶרֶת הַמִּזְבֵּחַ), damit der Zorn Gottes nicht über Israel kommt. Insofern ist Num 18 eine direkte Antwort auf die Anfragen und das Klagen Israels in 17,27f.: Wird die priesterliche Ordnung eingehalten, so müssen die IsraelitInnen nicht den Tod fürchten.

Eine andere tödliche Bedrohung ist das Thema von Num 19. Die Kontamination durch die Berührung von Toten soll durch Waschungen mit Wasser beseitigt werden. Num 20 spitzt im Rückgriff auf Num 17,27f.; 18; 19 den Zusammenhang zu: Was passiert, wenn jemand stirbt und nach dem Begräbnis kein Wasser zur Reinigung da ist? Und was passiert in dem Fall, dass Aaron[87] und Mose in ihren Aufgaben versagen? – *Eine Antwort könnte 20,13 darstellen. In diesem Kontext gelesen lässt sich zugespitzt formulieren: Der Tod Mirjams löst eine Infragestellung des zuvor gegebenen sozialen und kultischen Sicherheitsgerüstes aus.* Der Text zielt darauf ab, dass diese Ordnung ohne Mirjam nicht funktioniert. Der Tod Mirjams und die Erzählung, die ihm folgt, zeigt an, dass die Führungselite ohne Mirjam, ohne ihre Funktion, scheitert. Konkret heißt das, dass die Führungsgestalten den Bezug zum Volk verlieren (vgl. der krasse Perspektivenwechsel in V. 6) und ihren Auftrag missverstehen. Sie handeln nicht mehr für die Beziehung des Volkes zu Gott, „heiligen" Gott nicht vor den Augen des Volkes, sondern sind um ihre eigene Macht und Bedeutung besorgt.

Es ist hier noch zu früh, Mirjam mit einem prophetischen Anspruch neben den kultischen Funktionen Aarons und der Mittlerrolle Moses festzulegen.

---

87 Die oftmals gestellte Frage nach der Verfehlung Aarons erhält in diesem Kontext einen brisanten Aspekt: Wenn er seine Aufgabe nicht erfüllt, droht dem Volk der Tod. Dasselbe passiert, wenn Mose seine Aufgabe mit dem Stab Aarons aus 17,26 nicht erfüllt. Dann ist der Stab den Widerständigen kein Zeichen gegen den Tod (vgl. Literarkritik zu V. 8).

Aber zumindest stellt Mirjam ein unverzichtbares drittes Element in der gesellschaftlichen Ausformung der Beziehung Israels zu seinem Gott dar.

Die Themenbereiche, in denen in Num vom Sterben die Rede ist, sind auf folgende beschränkt: 1) Tod als Strafe für ein Vergehen im Zusammenhang gesetzlicher Bestimmungen[88], 2) Tod für Unbefugte oder falsches Verhalten in der unmittelbaren Nähe des Allerheiligsten[89], 3) Tod als Strafe für das ganze Volk für Murren, Auflehnung und Abfall vom Glauben[90], 4) Tod einzelner Personen[91]: Diese sind Nadab und Abihu, die ältesten Söhne Aarons, sowie die Kundschafter, die nach ihrer Rückkehr die IsraelitInnen zum Murren verführt hatten, und Mirjam, Aaron und Zelofhad.

Der Bericht von Mirjams Tod lässt sich mit den anderen Erwähnungen vom Tod einzelner Personen in Num vergleichen. Dabei zeigt sich, dass der Tod immer begründet wird – außer bei Mirjam. Immer ist von einer Schuld oder Sünde der betreffenden Personen die Rede[92]. Mirjams Tod ist der einzige im Buch Numeri, der nicht als Strafe Gottes dargestellt wird, nicht mit Sünde und Schuld erklärt wird. Ohne Begründung des Todes fehlt die Geschichte des Individuums. Im Fall Mirjams hätte durch eine solche „Todesursache" ihre Bedeutung für Israel und ihre soziale und politische Stellung zum Ausdruck gebracht werden können. Eine Sünde hätte einen Hinweis auf ein Handlungsfeld Mirjams zulassen können. Sie auszunehmen aus dem Tod der Führungselite, bedeutet auch, sie aus der Führung auszunehmen. Trotzdem bleibt die Vermutung, dass die Nähe zum Tod Moses und Aarons auch eine soziale Nähe zu den beiden bedeutet. *Der Tod Mirjams erhält, wie bereits angedeutet wurde, durch die Erzählung in Num 20 seine Bedeutung. Er löst eine Handlungskette aus, die im Unglauben Moses und Aarons endet.* Es scheint deshalb auch nicht notwendig, nach einer Schuldgeschichte für Mirjam zu suchen, damit Mirjam ebenso wie Mose eine Begründung dafür erhält, dass sie nicht ins gelobte Land gelangt[93]. Versteht man Num 20,1-13 als Erzählung über das Scheitern Moses und Aarons, das durch Mirjams Tod und den darauf folgenden Wassermangel ausgelöst wird, dann ist Mirjams Tod ein Teil der Ursache des Scheiterns und deshalb erzählerisch auf einer anderen Ebene der Argumentation angesiedelt als das angekündigte Ende Moses und Aarons.

---

88 Num 15,35; 35,16.17.18.21.23.30.31.
89 Num 1,51; 3,10.38; 4,15.19.20; 18,3.22.32.
90 Num 14,2.(15).35; 16,29; 17,6.14.25; 20,4; 21,5.6; 25,9; 26,11.65.
91 Num 3,4; 14,37; 20,1.26.28; 26,19.61; 27,3; 33,38.
92 Nadab und Abihu brachten ein unrechtmäßiges Opfer dar (vgl. Num 3,4). Die Kundschafter verführten das Volk zum Murren, Aaron widersetzte sich dem Befehl Gottes (33,38 greift Num 20,22-29 auf: durch die Formulierung יַעַל אַהֲרֹן הַכֹּהֵן אֶל־הֹר הָהָר עַל־פִּי יְהוָה und die Erwähnung des Marsches von Kadesch zum Berg Hor in V. 37). Zelofhad starb „an seiner Sünde" (27,3).
93 Diese Schuldgeschichte für Mirjam sieht z.B. Fischer, I., Autorität, 36 in Num 12.

Der Tod Mirjams und der Tod Aarons

Vergleicht man die Notiz von Mirjams Tod mit der Inszenierung des Todes Aarons[94] in Num 20, so lassen sich einige Differenzen feststellen. In der Notiz von Mirjams Tod fehlen folgende Elemente:
1. Ankündigung des Todes durch Gott. Aarons Tod wird dreifach ausformuliert angesagt: יֵאָסֵף אַהֲרֹן אֶל־עַמָּיו (24a), וְאַהֲרֹן יֵאָסֵף (26c) und וּמֵת שָׁם (26d).
2. Begründung, warum Aaron sterben muss (24d).
3. Auftrag Gottes, einen Nachfolger einzusetzen. Gott trägt Mose auf, den Tod Aarons mit der Einsetzung Eleasars zu verbinden bzw. einzuleiten (V. 25f.). Die Ausführung des Auftrages wird genau, dem Befehl entsprechend, geschildert.
4. Mirjam stirbt in der Wüste, in der Ebene, Aaron auf einem Berg.
5. Kenntnisnahme des Todes durch das Volk (V. 29).
6. Trauer des Volkes: Das Volk beweint Aaron dreißig Tage lang (29c).

Beiden Berichten gleich ist die genaue Ortsangabe. Bei Aaron wird „dort" (שָׁם) durch die Angabe des Berges spezifiziert.

Was bei Aarons Todesbericht fehlt, ist das Begräbnis, das aber bei Mirjam erwähnt wird.

Die ersten drei Unterschiede verdeutlichen, dass Mirjams Tod keine Bedeutung von Gott her erhält, sondern, wie 20,3-5 deutlich machen, vom Volk her. Der Tod Mirjams stellt aus der Perspektive des Volkes sowohl den Exodus selbst als auch die Legitimation von Mose und Aaron in Frage.[95] Mirjams Tod wird nicht erzählt, um ihre legitime Nachfolge daran anzuknüpfen, sondern um die Bedrohung dieses Todes für das Volk und die Führungselite (!) durch eine nachfolgende Erzählung zu schildern.[96]

Die häufig vertretene Annahme, dass das „priesterschriftliche Erzählinteresse" in Num 20 in erster Linie in einer Erklärung läge, warum Mose und

---

94 Der Tod Aarons wird auch in Num 33,38f.; Dtn 10,6 in Form kurzer Notizen erwähnt. Dtn 10,6 ist erweitert durch die Begräbnisnotiz und die Erwähnung Eleasers als Nachfolger Aarons.

95 Dass Num 20 das Murren des Volkes gegen Mose (und Gott) in Ex 17,3 umdeutet auf eine Opposition gegen Mose und Aaron, stellt die Autorität der mosaischen und aaronidischen Ämter in das Zentrum der Anfrage. Diese Umdeutung ist freilich nur dann auszumachen, wenn man nicht annimmt, dass die Parallelen zu Ex 17,1-7 im Nachhinein in Num 20,1-13 eingefügt wurden (vgl. Literarkritik und Schart, Mose, 111f.).

96 Umgekehrt lässt sich die Frage stellen, ob die Einsetzung eines Nachfolgers gerade diese Angst des Volkes verhindert, wie Num 20,22-29 für den Fall Aaron und Num 27,14 für Mose nahe legen. Völlig spekulativ ergibt sich daraus der Schluss, dass ein/e NachfolgerIn Mirjams eine solche Reaktion des Volkes und konsequenterweise auch den Unglauben Moses und Aarons verhindert hätte.

Aaron nicht in das gelobte Land gelangten[97], ist eine ungenaue Aussage. V. 12 spricht nur davon, dass die beiden das Volk nicht ins Land führen durften, nicht aber, dass sie selbst deshalb auch in der Wüste sterben mussten. Das heißt, es geht in Num 20,1-13 um das Ende der *Führungsfunktion* und nicht um den Tod Moses und Aarons. Erst die Bezugstexte Num 20,24; Dtn 32,48-52 stellen streng genommen diesen Zusammenhang mit dem Tod her[98].

4.7.1.4. Ort und Raum

Die in der Dispositio bereits angedeuteten Betonungen des Ortes der Erzählung in 1a-d finden auf einer Ebene Fortsetzung, die nicht nur den geografischen Ort, sondern auch politische und soziale Räume betreffen. Zunächst wird in 1ab der geografische Ort durch die Wanderungsnotiz eingeführt. In der zweiten Szene, 2b-3a, wird durch das Versammeln eine (soziale) Grenze gezogen zwischen dem Volk und seinen Führungsgestalten. Diese Grenze wird in der Rede des Volkes begründet. Ein wesentliches Argument darin ist der Ort der Wüste als Ort des Todes. Der Ort ist durch seine Qualität als Todesort ein wesentlicher Aspekt des Konfliktes.

Der geografische Ort

Der Ort des Todes und des Grabes können Rückschlüsse zulassen auf die Bedeutung, die Mirjam in jener Gruppe hatte, die ihr diesen Ort zuschrieb bzw. sie mit diesem Ort verband[99].

Innerhalb der Forschung wurde lang die auf Julius Wellhausen zurückgehende „Kadesch-Hypothese" vertreten, die Kadesch zu einem Zentrum israelitischer Theologie, „kultischem Mittelpunkt", „amphyktionischem Zentrum" und „Ort ältester Traditionsbildung", ursprünglich wichtiger als der Gottesberg, stilisiert[100]. Diese Hypothese baut einerseits auf den Ereignissen auf, die die biblische Überlieferung in Kadesch ansiedelt, und andererseits auf der Vorstellung, es müsse einen urbanen oder mindestens besiedelten

---

[97] Vgl. Gray, Numbers, 256; Noth, Numeri, 127; genauer aber Struppe, Herrlichkeit, 215: „Sie [Mose und Aaron] haben als Mittler versagt und können so nicht *Mittler des Einzugs* ins Land sein." (Hervorhebung von mir).

[98] Vgl. Doob-Sakenfeld, Katharine, Theological and Redactional Problems in Numbers 20.2-13, in: Butler, James T./Conrad, Edgar W. u.a. (eds.), *Understanding the Word. Essays in Honor of Bernhard Word Anderson*, JSOT.S 37, Sheffield: JSOT Press 1985, 133-154, 149.154 mit Anm. 32. Doob-Sakenfeld spricht bezüglich der beiden Stellen von späteren Traditionen, die Num 20 bereits interpretierten.

[99] Die Frage, ob dies durch „E", „JE", „P" oder einen späteren Redaktor geschah, ist für die Fragestellung unerheblich und wird innerhalb der Literarkritik besprochen werden.

[100] Vgl. den Forschungsüberblick bei Fuhs, Hans Ferdinand, Qades – Materialien zu den Wüstentraditionen Israels, *BN* 9 (1979) 54-70, 55-59.

Haftpunkt mit sozialer und theologischer Bedeutung für bestimmte Wüstenüberlieferungen und/oder Stämme gegeben haben. Dieser überschwänglichen „historisierenden" Beurteilung der Bedeutung von Kadesch begegnet die neuere Forschung mit Skepsis[101].

Im Folgenden soll weniger auf die traditionsbildende Funktion des Ortes eingegangen werden als auf die literarischen Traditionen, mit denen er verbunden wurde, und die Befunde der Landeskunde, die als Hintergrund dienen können.

Der archäologische Befund

Der Ort Kadesch wird heute[102] fast durchwegs mit der Quelle En qdes in der Gegend des Wadi el Quderat im nördlichen Sinai[103] identifiziert. In En el-Quderat bestand eine rechteckige Festung, die im ausgehenden 8., beginnenden 7. Jh. auf den Resten einer ovalen Festung aus dem 10. Jh. errichtet und

---

101 Vgl. Fuhs, ebd. und Fritz, Israel, 49, der betont, der Name קדש deute nicht auf einen heiligen Ort hin; eher könne man von מי מריבה und dem Zusammenhang mit עין משפט in Gen 14,7 auf eine Quelle schließen, an der Rechtsstreitigkeiten ausgetragen wurden. Das werde allerdings durch die Namensätiologie von Meribah nicht gestützt. Zur „unangemessenen" Historisierung vgl. auch Reichert, A., Kadesch I-II, NBL II (1995) 421-422, 421.

102 Zu Beginn des 18. Jahrhunderts setzten die Archäologen Karl von Raumer und Edward Robinson noch aufgrund von Ex 20,16 die Quellen von Kadesch in der Araba an (vgl. Cohen, Rudolph, Did I Excavate Kadesh-Barnea?, BAR 7/3 (1981) 20-33, 23). John Rowland gelang 1842 wegen der Namensgleichheit die Entdeckung von En qds (vgl. Fritz, Israel, 49, Anm. 7, wo er auch belegt, dass Robinson die umliegenden Quellen bereits 1838 fand [vgl. ebd., 50, Anm. 8] und nicht erst Henry C. Trumbull nach eigenen Behauptungen 1881 [ein Irrtum, dem der Kadesch-Ausgräber Rudolph Cohen noch elf Jahre nach der Berichtigung durch Fritz aufsaß [vgl. Cohen, Kadesh-Barnea c, 23]).

103 Vgl. Jeremias, Joachim, *Heiligengräber in Jesu Umwelt (Mt 23,29; Lk 11,47). Eine Untersuchung zur Volksreligion der Zeit Jesu*, Göttingen: Vandenhoeck & Ruprecht 1958, 106f. versucht nachzuweisen, dass Kadesch in Num 20,1 mit Petra zu identifizieren sei, statt mit Kadesch Barnea im Sinai. Auch Knauf (vgl. Supplementa 14) greift jene Lokalisierung auf, die mindestens durch 1QGenAp 21,11 belegt ist und sich auch für Num 33,36 nahe legen mag, da sämtliche anderen Orte des Itinerars in Num 33,35-45 in Transjordanien liegen und auch nachvollziehbarere Wegstrecken ergeben, als wenn man Kadesch tatsächlich im Negeb oder Sinai lokalisieren wollte. Knauf gibt allerdings zu, dass gerade Num 20,1 mit einer Lokalisierung des Ortes in der Gegend von En-qds rechnet (vgl. ebd., 24), was sich durch die weitere Ortsangabe „Wüste Zin" nahe legt, denn diese ist in Transjordanien nicht zu identifizieren. Zur Lage von Kadesch im nordöstlichen Sinai vgl. Noth, Numeri, 94f.; Fritz, Israel, 49f.; Levine, Numbers, 483.487; Reichert, Kadesch, 421; Staubli, Numeri, 277f.; Olson, Numbers, 123f.; zuletzt Oswald, Revision, 221 mit Anm. 3.

zu Beginn des 6. Jh.s zerstört wurde[104]. Wer sie erbaute, benutzte und zerstörte ist unklar. Man nahm lang an, dass sie von den Königen Judas erbaut wurde oder mindestens zum Reich Joschias gehörte[105], was angesichts dessen, dass die Ausdehnung des judäischen Königreiches zu dieser Zeit nicht eindeutig gesichert ist, nicht mit Sicherheit behauptet werden kann[106]. Die Archäologie belegt zudem eine Ausdehnung des edomitischen Reiches weit in die Araba in der zweiten Hälfte des 7. Jh., von der auch Kadesch betroffen war[107]. Die Gegend von Kadesch war auch nach dem Exil wieder besiedelt[108], zur Zeit des Exodus allerdings nicht[109]. Ein altes Zentrum aus der Frühzeit Israels, welcher Art auch immer, kommt also in dieser Identifikation des Ortes nicht in Frage[110]. Bezüglich der Bedeutung von Kadesch besteht allgemeiner Konsens, wenn auch Details differieren: Kadesch lag sowohl auf der Verbindungsstraße zwischen Edom und Ägypten (Weg von Schur) als auch auf dem Weg von Elat nach Arad und Hebron[111]. An der Verbindung zwischen Elat und Gaza stellte es ebenfalls einen wichtigen Ort dar[112]. Andere betonen die Bedeutung, die Kadesch als Grenzstadt inne

---

104 Zur Besiedlung der Festung in En el-quderat vgl. Fritz, Israel, 50 mit Anm. 12 und ders., Kadesch-Barnea – Topographie und Siedlungsgeschichte im Bereich der Quellen von Kadesch und die Kultstätten des Negeb während der Königszeit, *BN* 9 (1979) 45-50, 46f.; vgl. auch Cohen, Rudolph, Kadesh-Barnea, 1980, *IEJ* 32 (1982) 79-71, 71; ders., Kadesh-Barnea 1981-1982, *IEJ* 32 (1982) 266-267, 266; Ussishkin, David, The Rectangular Fortress at Kadesh-Barnea, *IEJ* 45 (1995) 118-127, 126 u.ö.
105 Das setzt auch Reichert, Kadesch, 422 voraus, wenn er meint, die biblischen Erwähnungen von Kadesch stammten samt und sonders aus der Zeit, aus der auch archäologisch die Präsenz Judas und Israels nachweisbar sei.
106 Vgl. Ussihkin, Fortress, 126; Edelman, Diana Vikander, Edom: A Historical Geography, in: Dies. (ed.), *You Shall not Abhor an Edomite for He is Your Brother. Edom and Seir in History and Tradition*, ABSt 3, Atlanta: Scholars Press 1995, 1-116, anders noch Fritz, Kadesch-Barnea, 46.
107 Vgl. Edelman, ebd., 5f.9f. Sie begründet die Ausdehnung Edoms nach Westen mit ökonomischen Interessen, vor allem die der Kontrolle der Handelswege (vgl. ebd., 6).
108 Vgl. Ussishkin, Fortress, 118.
109 Zur Frage vgl. auch Cohen, Kadesh-Barnea, 21.33, der zunächst betont, dass die Identifikation von En el-Quderat und Kadesch nicht absolut sicher ist, darüber hinaus aber auch nicht ausschließt, dass sich an anderen Stellen der Oase noch Reste finden, die auf eine frühere Zeit als der Monarchie hinweisen (zur Kritik an der Ausgrabungsmethode vgl. Ussishkin, Fortress, 125).
110 Nach Fritz, Kadesch-Barnea, 22 hatten die Quellen von Kadesch dennoch – auch in vorstaatlicher Zeit (vgl. Ex 17,1-7) – Bedeutung.
111 Somit lag Kadesch (nach Cohen, Kadesch-Barnea, 24) auf einer Ost-West und einer Süd-Nord-Verbindung.
112 So Staubli, Numeri, 278.

hatte[113], was auch Num 20,16 nahelegt. Ferner ist mit Fritz[114] auf den Wasserreichtum des Gebietes zu verweisen.

Die archäologischen und historischen Funde geben keine eindeutigen Hinweise darauf her, ob die in Num 20,1-13 geschilderten Ereignisse an reale topografische Gegebenheiten anknüpfen oder nicht. Die Existenz einer Quelle kann Grund sein zur Bildung von Wasserwundertraditionen[115], allerdings lässt sich nicht festmachen, zu welcher Zeit und warum die Tradition vom Wasserwunder in Kadesch oder dem Tod Mirjams gebildet wurde. Für diese weiteren Bestimmungen wird es notwendig sein, den literarischen Befund zu erheben[116].

Der literarische Befund

Im Bezug auf die Rhetorik der Mirjamtraditionen scheint die Frage nach inhaltlichen und semantischen Konnotationen von Kadesch – auf literarischer Ebene – wichtig, da diese mit dem Gedächtnis ihres Todes an diesem Ort mitgedacht werden[117].

Zu diesen Konnotationen gehört vornehmlich die Wüste[118] in ihrer lebensbedrohenden Trockenheit, aus der Gott rettet[119]. Hinzu kommen die Erzählungen von der Landnahme[120], sowie die dazugehörige Kundschaftererzählung Num 13f.[121] und darauf zurückblickende Texte[122].

---

113 Reichert, Kadesch, 422: „Das Gebiet von K. hatte als Festung auf der Grenze zwischen Wüste und Kulturland offenbar eine fast paradigmatische Bedeutung und zog eine Reihe von sagenhaften Erzählungen der Frühzeit an sich, die teilweise als Retrojektionen jüngerer Traditionsbildungen anzusehen sind." Zweifel gegen eine solche Bedeutung der Stadt hegt Oswald, Revision, 221, Anm. 3.
114 Vgl. Israel, 50f.; vgl. auch die in ders., Kadesch-Barnea, 45f. zitierten Texte von Trumbull. Vgl. auch Reichert, ebd., 421.
115 Zumindest verweist Musil, Alois, Arabia Petraea I-II, Wien: o.V. 1907/08, 1, 178f. auf zwei beduinische Erzählungen, die deutlich machen, dass die besondere Lage der Quelle zu weiteren Traditionsbildungen führte.
116 Eine wichtige Unterscheidung hat Knauf getroffen, wenn er betont, "the biblical Kadesh is not necessarily, or not always, identical with the 'historical' Kadesh." (Supplementa Ismaelitica 14, 22).
117 Kadesch wird, vor allem innerhalb dtn/dtr Literatur, Kadesch-Barnea genannt, weshalb Texte mit diesem Namen hinzu genommen werden (zur Identifizierung vgl. auch Noth, Numeri, 94).
118 Deutlich in der poetischen Deutung des Ps 29,8.
119 Gen 16,14 (der Vers erwähnt Kadesch als weitere geografische Umgebung); Num 20,1; Dtn 2,14 (im Rückblick auf Num 13f.).
120 Num 20,1.14.16.22; 33,37; 34,4; Dtn 1,2; Ri 11,17.
121 Die Themen „Tod in der Wüste" und „Landnahme" sind in der Kundschaftererzählung verbunden – vgl. besonders Num 14,29-37 und den sich darauf beziehenden Dtn 2,14.
122 Num 32,8; Dtn 1,19.46 (vgl. auch Noth, Numeri, 94, der Num 13,26 mit Dtn 1,19b.46

So gesehen ist Kadesch als Ausgangspunkt der Erkundung des Landes und der Landnahme ein „Grenzort" (vgl. Num 34,4) zwischen Wüstenwanderung und Landnahme. Er ist gleichzeitig auch einer der Orte, mit denen der Unglaube und die Widerspenstigkeit (Dtn 9,23f.) des Volkes (Num 20,1-13), sein mangelndes Vertrauen in Gottes begleitenden Schutz (Num 20,1-1-3; Dtn 1,27.30-33) und damit zusammenhängend in Moses und Aarons Führungskompetenzen (Num 20,1-13)[123] verbunden werden. Num 27,14; Dtn 32,51 greifen diese in Num 20,1-13 kulminierenden Themen auf und tradieren den Namen Kadesch in der Constructus-Verbindung Meribat-Kadesch. In Num 20 wird zwar die Kundschaftererzählung nicht erwähnt, aber die Landnahme beginnt in V. 14-21, wobei in V. 16 Kadesch explizit als Grenzstadt bezeichnet wird[124].

Gleichzeitig passen die archäologischen Ausweise zu diesen literarischen Überlieferungen: Kadesch war Grenzort und Grenzbefestigung und ist bis heute als wasserreiche Oase für den nördlichen Sinai bedeutend. Möglicherweise wurde diese reale Funktion auf der literarischen Ebene aufgenommen und umgeformt in ein „Ortssymbol" der Grenze zwischen Exodus und Landnahme, zwischen Wüste und gelobtem Land, alter und neuer Führung[125]. Die Erzählung von Num 20,1-13 rollt die Krise, die ein solcher Wechsel darstellt, auf, der Tod Mirjams leitet dieses Geschehen ein.

Die Bedeutung der Wurzel Kadesch wird nur in Num 20,12f. erzählerisch aufgenommen. Keine andere Erwähnung des Ortsnamens verbindet ihn mit dem Begriff des „Heiligen".

4.7.1.5. Fokussierung

In der ersten Szene liest der/die LeserIn mit dem Blick des Erzählers als externem Fokussator, der in die Situation einführt. Damit gibt der auktoriale Erzähler dem/der LeserIn den Eindruck, eine vollständige, umfassende Information zu erhalten, und setzt ihn/sie in den gleichen Wissensstand, in dem er sich selbst befindet. 2a kündigt mit der Präpositionalverbindung לָעֵדָה bereits die in 2b-5c herrschende Perspektive des Volkes an. Der externe Fokussator bereitet damit die neue interne Fokussierung, die ab 2b vorherr-

---

verbindet); 2,14; Jos 14,6.7. Gen 14,7 fällt aus den genannten Themenkomplexen heraus.

123 Man könnte auch Num 14,1-4 als Erzählung in Kadesch (13,26) erwägen, was allerdings nur auf der Ebene der Endgestalt des Textes Relevanz besitzt, da 13,26 stark auf einen späteren Zusatz hinweist (vgl. Oswald, Revision, 227).

124 Vgl. dazu Oswald, ebd., 221.227. Ebenso als Grenzstadt in Num 33,34; Jos 15,3.4 (vgl. Cohen, Kadesh-Barnea, 22; Fritz, Israel, 50) und unter dem Namen Meribat-Kadesch in Ez 48,28.

125 Vgl. auch Butting, Prophetinnen, 66.

schen wird, vor. Während ab 2b interner und externer Fokussator getrennt sind, sind sie in der Einleitung noch identisch.

4.7.2. Zweite Szene 2b-5c: Parteienbildung

4.7.2.1. Charaktere

Die Charaktere der zweiten Szene bleiben dieselben wie in der ersten, aber sie stellen eine weitere Ausdifferenzierung der HandlungsträgerInnen von 1b dar. In 2b bildet sich durch das „Versammeln gegen" (על קהל) eine Partei. Durch die Präpositionalisierung der Handlungs*objekte* mit על wird die zweite Partei, Mose und Aaron, gekennzeichnet. Die durch das Volk gebildete Opposition wird bis zum Ende der Erzählung nicht aufgegeben. Sie wird sowohl von Gott innerhalb der Rede (8bc.12cd) als auch vom Erzähler auf der Handlungsebene (10ab.11d) mitvollzogen[126]. Mit Blick auf die Standpunkte wird im Fortgang der Erzählung deutlich, dass der Erzähler in der Rolle des Volkes – und dann auch in der Rolle Gottes – seinen Standpunkt mitteilt. Bezüglich Mirjam hat das die Konsequenz, dass Mirjam als Teil des Volkes hereingenommen ist in den Standpunkt des Erzählers, der Mose und Aaron gegenüber eine Opposition bildet und JHWHs Position auf seiner Seite präsentiert. Die Standpunkte des Volkes und Gottes werden im Folgenden in den Analysen zu den Reden deutlicher. Aber es kann hier bereits angedeutet werden, dass die Erzählung der Position Mirjams, die durch die des Volkes im Text präsentiert ist, recht gibt.

Handlungen

Das Versammeln (קהל Nif'al) in 2b ist die erste Handlung nach der Situationsbeschreibung und erster Schritt zur Lösung für die darin beschriebenen Krisen der Todesbedrohung und des Wassermangels. Dieser Zusammenschluss hat die Ziele des gemeinsamen Beratens[127], aber auch des Schaffens von Parteien und Oppositionen[128]. In der „alten" Grundbedeutung von קהל schwingt die Bestärkung und Ermächtigung einer Gruppe durch den Vorgang des Versammelns mit[129]. So betrachtet kann קהל Nif'al als ein

---

126 Vgl. 4.7.2.2., 4.7.3.3.
127 Vgl. Ri 20,1.
128 Vgl. Ex 32,1; Num 17,7; Jos 22,12; 2 Sam 20,14; 1 Kön 8,2; Jer 26,9; Est 8,11; 9,2.15.16.18.
129 Diese Grundbedeutung besteht – für das Nomen קהל – in der Ansammlung, der Menge von Menschen (vgl. Fabry, Heinz-Josef, קהל, *ThWAT* VI [1989] 1204-1222, 1209f.) und, vorwiegend in „alten" Belegen, auch als kriegerische Versammlung (vgl. Stendebach, Franz-Joseph, Versammlung – Gemeinde – Volk Gottes. Alttestamentliche

Handeln beschrieben werden, das auf die Situation der Ohnmacht angesichts der Bedrohung reagiert und dem Ausgeliefertsein entspricht[130]. Dieses Handeln geschieht ohne weitere Erklärung und scheint ganz selbstverständlich verändernde, herausführende Aktionen in Gang zu bringen.

Innerhalb von Num 20 wird die Wurzel קהל in 4a.6a.10a[131] aufgegriffen, wobei die Frage danach, wer Subjekte und Objekte des Versammelns sind, nicht nur zu einer Bewertung[132], sondern vor allem auch zu einer Machtverschiebung bzw. Legitimation Moses und Aarons führt. Die עֵדָה versammelt sich in 2b zu einer קָהָל und bildet somit eine Opposition zu Mose und Aaron. Explizit wird die Opposition in 4a, wo sie sich selbst קְהַל יְהוָה nennt. Mose und Aaron stellen sich dieser Versammlung nicht, sondern ziehen sich von ihr zurück, was in 6a durch das Bewegungsverb בוא mit der direktiven Bestimmung der Wegbewegung durch die Formulierung מִפְּנֵי הַקָּהָל ausgedrückt ist. Erst der göttliche Auftrag zum Versammeln in 10a lässt Mose und Aaron der Versammlung entgegentreten (10a) und gibt ihnen die in V. 4-5 angefragte Legitimation. Sie ist *ein* Teil der Lösung. Die Funktionen von קהל können in diesem Text als oppositionsbildend (2b.4a), distanzierend (6a) und legitimierend (10a) beschrieben werden. קהל hat somit für das Verhältnis zwischen dem Volk und seinen Führungsträgern eine beschreibende, aber nicht wertende Funktion.

Die Bemerkung des fiktiven Erzählers in 3a qualifiziert das Versammeln als Streit (ריב) gegen Mose und leitet damit an, wie die Rede des Volkes zu lesen ist. Dieser „Streit" kann als Rechtsstreit oder Wortgefecht verstanden werden[133] und kann auch mit gewalttätigen Handlungen verbunden sein[134]. Die Verwendung der Wurzel ריב legt im vorliegenden Kontext weder

---

Vorstufen von Kirche?, *Jud* 40 (1984) 211-224, 211f.). Dies ist auch in jüngeren Texten für das Verb belegt (vgl. 2 Sam 20,14; Est 8,11; 9,2.15.16.18).

130 Die Kommentare deuten dieses Versammeln negativ (vgl. Budd, Numbers, 217 mit der Entschuldigung, es geschehe aus Enttäuschung und nicht aus Bosheit; Struppe, Herrlichkeit, 199; Schart, Mose, 101). Nach Struppe liege in der Selbstversammlung der Gemeinde in 2b (קהל im Nif'al) „nichts Gutes". Erst das Versammeln durch Mose und Aaron im Auftrag Gottes führe zu einer guten Lösung. Die Kritik, die in den Auslegungen am Versammeln angebracht wird, ist vom Handlungsgerüst her nicht nachvollziehbar, da der Zusammenschluss die Lösung einleitet und das Volk am Ende recht behält.

131 Diese קהל ist in V. 10 jene Versammlung, Mose als מוֹרִים, Widerspenstige, anspricht. Die Anrede könnte eine Identifikation mit den בְּנֵי הַמְּרִי aus Num 17,25 sein. Vgl. ähnlich auch Propp, William Henry Covici, The Rod of Aaron and the Sin of Moses, *JBL* 107 (1988) 19-26, 22; Blum, Studien 273 mit Anm. 135.

132 Wie bei Struppe, Herrlichkeit, 199.206. Schart, Mose, 101 greift das auf.

133 Vgl. KB IV 1143 nennt im außergerichtlichen Zusammenhang die Bedeutungen von „Streit" und „Hader". Budd, Numbers, 217: "The people's disputation or quarrel is apparently as serious as legal action." Levine, Numbers, 488 zieht forensischen Charakter des Streites ebenfalls in Betracht.

134 Vgl. Spekulationen bei Levine, ebd.; anders Budd, Numbers, 216f.

forensische noch gewalttätige Konnotationen nahe, allerdings wird durch die Evozierung des Streites als Vorwurf oder Anklage[135] die Oppositionsbildung, die durch das Versammeln eingeleitet wird, deutlicher. Damit wird vermittelt, dass die „Gemeinde" in der Krise nicht von vornherein mit der helfenden Solidarität ihrer Führungselite rechnet, sondern diese erst auf die Situation aufmerksam machen muss[136]. Dies verdeutlicht denn auch die Rede des Volkes, die die Situation interpretiert.

Im Unterschied zum Versammeln in 2b wird das Streiten in 3a auf Mose zugespitzt. Durch diese Nuance wird Aaron als Angriffspunkt kurz in den Hintergrund gerückt[137], um dann in der Rede V. 4-5 wieder direkt angesprochen zu werden.

Die Rede des Volkes als Deutung der Situation

Innerhalb der Exposition 1a-2a werden jene Informationen bereitgestellt, die in der folgenden Erzählung von besonderer Relevanz sind. Es wird nichts gesagt, das nicht wichtig wäre für das Verständnis der Geschichte. Das sind jene Elemente des Textes, die in der Erzählung später, im Besonderen in der zweiten Szene, wieder aufgegriffen, wiederholt und weitergeführt werden[138].

Was zu diesen wichtigen Informationen gehört, lässt sich an der Rede des Volkes ablesen, die das durch קהל initiierte Geschehen fortführt. Zunächst ist die Wurzel מות zu nennen, die das Thema des Todes in 1cd einführt und die in der Rede des Volkes in 4b wieder aufgenommen wird. Ferner wird auch das Thema „Wüste" durch das Volk zweimal angesprochen (מִדְבָּר in 1a und 4a). Die Rede des Volkes bezieht sich somit sowohl auf den Tod Mirjams wie auch auf den Ort des Todes und des Wassermangels. Sie stellt eine erste Verbindung zwischen Ort und Tod her und deutet damit an, dass der Ort „HEILIG" zum Ort des Todes wird.

Die Rede des Volkes beginnt mit der Interrogativpartikel וְלוּ. Der abrupte Beginn der Rede durch וְלוּ mitten im Satz[139] wurde als Hinweis auf die

---

135 Vgl. Ringgren, Helmer, ריב, ThWAT VII (1993) 496-501, 497.
136 Fast ironisch mutet die in diesem Zusammenhang entstandene haggadische Ausdeutung in Petirat Aharon 91 an: Der Tod Mirjams stürzte das Volk für sechs Stunden in tiefe Trauer, und Mose merkte nicht, dass der „Brunnen Mirjams", der das Volk in der Wüste mit Wasser versorgte, trocken war. Als ihn das Volk darauf aufmerksam machte, verwies er es auf „andere Führungsgestalten". Daraufhin argumentiert das Volk mit der Rede, die aus Num 20,3-5 bekannt ist (vgl. Ginzberg, Legends, Vol. 3, 310-313).
137 Innerhalb der Literarkritik wird deutlich werden, dass dieser Satz (3a) erstens aus Ex 17,2a entlehnt ist und zweitens häufig als redaktioneller Zusatz verstanden wurde. Es scheint aber, als hätten die AutorInnen das Zitat aus Ex 17,2a übernommen, einerseits um die Wiederaufnahme der Wasserwundergeschichte aus Ex 17,1-7 deutlich zu machen, und andererseits aus erzählerischem Interesse.
138 Vgl. Bar-Efrat, Art, 111-115.
139 Vgl. Struppe, Herrlichkeit, 195, Anm. 4 in Anlehnung an Baentsch, Numeri, 567.

emotionale Erregung des Volkes verstanden. Diese Sicht kann nur dann geteilt werden, wenn damit nicht eine mentale Verwirrung verbunden sein muss. Der kunstvolle Aufbau der Rede, die emphatische Wiederholung dessen, was dem Volk wichtig ist, kann nicht im Sinn einer „kopflosen Erregung"[140] zu deuten sein. Diese kann einen irrealen Wunsch einleiten, dass etwas in der Vergangenheit passiert sein möge[141]. Der irreale Wunschsatz in 3c stellt zwischen dem Wunsch, gestorben zu sein, und der Realität eine Opposition her. Diese Realität wird in den V. 4-5 beschrieben und besteht aus der Angst vor dem Tod angesichts „dieses schlechten Ortes". Im Wunsch bezieht sich das Volk durch die Verwendung der Wurzel גוע auf die Todesangst der בְּנֵי־מֶרִי in Num 17,27 zurück[142]. Mit der Erwähnung der Brüder, die tatsächlich gestorben sind, wird ein Bezug hergestellt zu den verstorbenen Korachiten aus Num 16f. Obwohl auf diese Verbindung zu Num 16f. praktisch in jedem Kommentar zur Stelle hingewiesen wird, wurde noch nie der Zusammenhang zum *politischen* Aufstand gegen Mose und Aaron bedacht. Da es auch andere Bezugspunkte für den Wunsch des Volkes gegeben hätte (Num 14,35; 21,6; 25), wird hier ganz bewusst ein Zusammenhang hergestellt zum Zweifel an der Legitimation Moses und Aarons, wie er in Num 16f.[143] hörbar wird. Bezüglich des Endtextes von Num 16f., auf den sich 20,3 rückbezieht, meint Schmitt: „Vielmehr steht jetzt [nach der letzten Redaktionsschicht] im Mittelpunkt der Erzählung der Aufruhr von Datan und Abiram, der sich allein gegen die *Führungsrolle des Mose* richtet."[144]

---

140 So Blum, Studien, 273.
141 Vgl. GK §151e. Van der Merve, Christo/Naudé, Jackie A./Kroeze, Jan H., *A Biblical Hebrew Reference Grammar,* Biblical Languages: Hebrew 3, Sheffield: Sheffield Academic Press 1999, 303.
142 Vgl. Gray, Numbers, 261; Noth, Numeri, 128; Blum, Studien, 273, der auch den Zusammenhang über die Wurzel גוע sieht. Das Vorkommen der Wurzel in einigen Klageliedern (Ps 88,16; Klgl 1,19; Ij 10,18; 29,18; 3,11; 13,19; 34,15) deutet einen weiteren Aspekt an. Vielleicht kann man sogar sagen, das Volk murrt nicht, sondern klagt? Dass es in V. 3 um die Folge einer Sündenstrafe gehe (so Ringgren, Helmer, גוע, *ThWAT* I (1973) 978-979, 979), ist nicht nachvollziehbar, wenn der Rückbezug zur Angst und Not in 17,27f. hergestellt wird. Durch die Wurzel selbst ist aber kein anderer möglich, da sie nur in 17,27f. und 20,3 verwendet wird.
143 Es ist zulässig, sich hier auf den Endtext von Num 16f. zu beziehen, da Num 17,27f. zur letzten redaktionellen Schichtung der Perikope zu zählen sind, wie auch immer man im Einzelnen entscheiden mag bezüglich des Verhältnisses der Datan und Abiram-Episode zum Aufstand Korachs und der Leviten einerseits und der Erzählung vom Aufstand der 250 Männer andererseits (Diskussion vgl. bei Schmitt, H.H., Suche, 268-273). Zur späten Schichtung von 17,27f. vgl. nur Noth, Numeri, 128, zuletzt Schorn, Ulrike, Rubeniten als exemplarische Aufrührer in Num. 16f*/Deut. 11, in: McKenzie, Steven L./Römer, Thomas (eds.), *Rethinking the Foundations. Historiography in the Ancient World and in the Bible. Essays in Honor of John Van Seters,* BZAW 294; Berlin u.a.: de Gruyter 2000, 251-268, 252f.
144 Suche, 269 (Hervorhebung von mir).

Num 20,1-13: Mirjam in Kadesch

Das Volk bezieht sich auf diese "Aufrührer" und macht damit deutlich, dass durch Mirjams Tod und das Ausgehen des Wassers Moses und Aarons Führungsrolle in Frage steht. Als erster Satz der Rede ist dieser Rückbezug in V. 3 die Überschrift, unter der die ganze Rede zu lesen ist.

Durch die formale Parallelstruktur der Rede, die aus den beiden mit וְלָמָה eingeleiteten Fragen (4a.5a) und den dazu gehörenden Infinitivgruppen (4b.5b) besteht, wird ein weiterer Zusammenhang hergestellt[145]:

4a und 5a weisen dieselbe Abfolge syntaktischer Elemente auf: וְלָמָה – Verb[146] – Objekt[147] – Orts-/Richtungsangabe. Während 4a das momentane Ziel, den in 1a genannten Ort מִדְבָּר ("Wüste") in Frage stellt, nimmt 5a die Vergangenheit, Ägypten, in den Blick. Beide Fragen bezweifeln die Führung des Exodus selbst. Deutlich wird auch, dass das Volk nur die Vergangenheit und die Gegenwart, nicht aber die Zukunft vor Augen hat.

4b.5b weisen zwar ebenfalls dieselben syntaktischen Elemente, aber in unterschiedlicher Reihenfolge auf:

4b: Infinitiv – Ortsangabe – Objekt (1. Person Pl.)

5b: Infinitiv – Objekt (1. Person Plural) – Ort/Richtung

Diese Umstellung der Syntagmen dient der Betonung der Ortsangabe, denn dadurch entspricht das Ende der vierten Zeile (5b) dem Ende der ersten

---

145 Vorschnell scheint V. 5 redundant, was vielfach zu literarkritischen Entscheidungen führte (vgl. dazu Literarkritik). Struppe sieht in der Sehnsucht nach den Gütern des Kulturlandes in V. 5 eine gewollte Steigerung zur Todesangst in V. 4 (vgl. Herrlichkeit, 189). Die Mikrostruktur unterstreicht eine solche Sichtweise, denn der kunstvolle Aufbau rhetorischer Elemente weist auf bewusste Wiederholungen als Emphasen hin. Mit schwärmerischer Ägyptennostalgie (vgl. Römer, Thomas, Exode et Anit. Exode. La nostalgie de l'Egypte dans les traditions du dèsert, in: Ders. (ed.), *Lectio difficilor probabilior? L'exégèse comme expérience de décloisonnement. Mélanges offerts à Francoise Smyth-Florentin*, DBAT Beiheft 12, Heidelberg: esprint 1991, 155-172) scheint die Rede allerdings weniger zu tun zu haben.

146 Sowohl in 4a als auch in 5a stehen Bewegungsverben mit Richtungskomponente im Hif'il mit den Adressaten der Rede als Subjekt.

147 In 4a nennt sich das sprechende Subjekt in der dritten Person, in 5a spricht es in (zu erwartender) erster Person.

Zeile (4a): 4a und 5b enthalten beide eine Richtungsangabe mit אֶל mit einem durch Artikel und Demonstrativpronomen determinierten Ort, wobei dieser Ort in 5b zusätzlich mit רָע („schlecht") qualifiziert wird. Auch diese Qualifikation könnte als redundant bezeichnet werden, da der Ort in V. 1-5 nur mit negativen Erfahrungen verbunden wird. Der durch die Ortsbezeichnungen hergestellte Bezug von 4a zu 5b macht aber den bewussten Aufbau der Rede sichtbar, der das ähnlich klingende אֶל־הַמִּדְבָּר הַזֶּה („in diese Wüste") in 4a zu אֶל־הַמָּקוֹם הָרָע הַזֶּה („an diesen schlechten Ort") als eine sich steigernde Emphase deutlich macht. Dass jede Äußerungseinheit 4ab.5ab je eine Ortsangabe beinhaltet, deutet ebenfalls auf die zentrale Frage des Ortes in diesem Abschnitt hin[148]. Das Volk stellt diesen Ort „Wüste", Kadesch, einen Ort des Todes und des Mangels, wo es nichts zum Leben gibt, in Frage und damit verbunden auch das Heraufführen aus Ägypten und darin auch die Legitimation Moses und Aarons. Liest man diese Betonung des Ortes zusammen mit der Betonung der Ortsangaben in V. 1, so zeigt sich eine erste Deutung des Ortes: *vom Ort, dessen Wurzel „heilig" heißt, zum Ort des Todes. Das Volk, das sein eigenes Ende nahen sieht, lässt damit anklingen, was die Erzählung bestätigt: das nahende Ende der (restlichen) Führungselite. Was der Erzähler vordergründig als Angst des Volkes darstellt, wird bei genauerem Hinsehen zu einer vorsichtigen politischen Analyse durch das Volk.* Der Erzähler deutet in der Rede des Volkes bereits an, was er nachher erzählen will, und gebraucht damit das Volk, um zu Beginn der Handlung seine eigene Perspektive einzubringen: Sie besteht darin, dass dieser Ort mit den Ereignissen der Einleitungsszene, dem Tod Mirjams und dem Wassermangel, zum Prüfstein für Mose und Aaron wird, an dem sie scheitern.

Das ist auch inhaltlich nachvollziehbar: 4ab verbinden in der Frage an Mose und Aaron die *Wüste* mit der *Angst vor dem Sterben*. Darin drückt sich ein *Zweifel an der Führerschaft* oder zumindest ein gebrochenes Vertrauen in diese aus. Das setzt Mose und Aaron unter Legitimationsdruck, der in der dritten Szene (6a-11d) auch gelöst wird. Dieser Zweifel an der Legitimation der Führung wird in V. 5 weitergeführt als *Zweifel an der Sinnhaftigkeit des Unterfangens* des Exodus und der *Frage nach dem Ziel der Wanderung*. Was auf den ersten Blick redundant wirken mag, dient der Darstellung der Zusammenhänge zwischen Zweifeln an der Führung und Todesangst.

Der Wassermangel scheint in der Rede des Volkes weniger zentral, er wird erst im letzten Satz erwähnt, als Hinzufügung zu den anderen Mängeln bzw. Lebensbedrohungen der Wüste. Angesichts dieser dargestellten Zusammenhänge drängt sich die Frage auf, ob das Problem des Volkes mit der Wassergabe tatsächlich gelöst sei. Der Erzähler jedenfalls kennt das

---

148 Der Ort wird in 5cd weiter beschrieben als Ort des Mangels. Es wird nur aufgezählt, was es nicht gibt. Von den Dingen, die der Ort zu bieten haben könnte, werden nur Tod und Wassermangel genannt.

Todesproblem (1cd) und den Wassermangel (2a) und lässt das Volk die Verbindung herstellen. Diese Verbindung wird sonst nur von Gott gesehen, wodurch der Erzähler dem Volk höchste Bestätigung zuteil werden lässt. Die Deutung der Situation, welche die Versammelten in ihrer Rede geben, konstruiert folgenden thematischen Zusammenhang:

Situation	Mirjams Tod 1cd	Wassermangel 2a
Analyse durch das Volk	Angst des Volkes vor dem Tod am Mangelort Wüste 4ab	verlorenes Vertrauen in die Führungsfunktionen Moses und Aarons 4a.5a
	Frage des Zieles des Exodus 5bcd	
Lösung von JHWH	1. Lösung: Volk erhält Wasser V. 11	1. Lösung: Mose und Aaron erhalten Legitimation V. 6-8
	2. Lösung: Ende der Führungsfunktionen Moses und Aarons V. 12	

Die Fragen, die Mirjams Tod aufwirft, sind Fragen des Überlebens in der Wüste, des Zieles und Sinnes des Exodus und des Vertrauens in Mose und Aaron. Rein erzählerisch leitet der Tod Mirjams die Geschichte ein und macht deutlich, warum das Volk Angst hat zu sterben. Darüber hinaus wird Mirjams Tod auch mit den Todesfällen Moses und Aarons, also der zusammenfassenden zweiten Lösung der Narration, in Beziehung gesetzt. Somit findet sich ein erstes Interesse der AutorInnen, Mirjam mit den beiden Exodusführungsgestalten in eine Reihe zu stellen, sie im selben Zusammenhang, wenn auch ohne den Unglauben aus V. 10-12, sterben zu lassen.

4.7.2.2. Fokussierung

In 2b wird aus der Sicht des fiktiven Erzählers als externem Fokussator das Verhalten der Gemeinde erzählt, das bereits eine erste Einsicht in deren Perspektive zulässt. Die in der Expositio beschriebene Situation verlangt aus der Perspektive des Volkes, sich gegen Mose und Aaron zu versammeln.

Die Perspektive des Volkes wird in 3a durch den externen Fokussator unterbrochen, der durch seine Sicht deutlich macht, dass es sich um einen Streit mit *Mose* handelt[149]. Meist wird davon ausgegangen, dass ריב negativ

---

149 Da die Formulierung in Ex 17,2 so auch steht, könnte für den/die LeserIn bereits deutlich sein, dass eine neue Version einer alten Geschichte vorgestellt wird. Die

zu verstehen sei. Der Erzähler würde dann dem Volk Schuld zuschreiben und es als „aufwieglerisch" bezeichnen. In 3a tritt der Erzähler zwar aus der Erzählung heraus und wendet sich direkt an die LeserInnen, seine Äußerung ist aber nicht gegen das Volk zu verstehen. Damit bleibt die Fokussierung homogen: In 2b ist der Erzähler externer Fokussator, aus dessen Perspektive das Geschehen erzählt wird. Inhaltlich wird in 2b aber die Haltung des Volkes als Objekt der Fokussierung wahrgenommen. In seiner direkten Erklärung für die LeserInnen in 3a qualifiziert er dieses Objekt der Wahrnehmung, also die Haltung des Volkes als gegen Mose gerichtete, um anschließend in 3c-5d der Sicht des Volkes breiten Raum zu geben. Wäre diese Sicht nicht so wichtig als Hintergrund für den Ablauf und die Lösung der Erzählung, bräuchte die Fokussierung durch das Volk nicht so breiten Raum. Die Rede des Volkes ist als Deutung der Exposition als ein Mittel des Erzählers zu verstehen, mit dem er auf das Ende seiner Erzählung hindeutet, das in V. 12 dem Volk Recht gibt. Der Erzähler richtet sich im ganzen Text nicht gegen das Volk. Auch die Reden Gottes in V. 6-8.12 bleiben auf der Seite des Volkes. Nur Mose und Aaron werden sich nach der Rede des Volkes von ihm abwenden, wodurch deutlich wird, dass ihre Perspektive nicht die des Volkes und nicht die des Erzählers und JHWHs sein kann.

4.7.3. Dritte und vierte Szene: Weg von den Versammelten und Mächtespiel am Felsen[150]

4.7.3.1. Bewegungen und Orte

Die dritte Szene ist durch relationale Ortsangaben gekennzeichnet, wobei sich zwei Angaben auf das Volk beziehen (6a.8c), zwei auf Mose und Aaron (6bc), zwei auf den Felsen (8ce) und zwei Angaben auf Gott bzw. seine Gegenwart (6a.9a). Die beiden letzten rahmen die Szene. Diese Rahmung besteht aus der Wegbewegung vom Volk (מִפְּנֵי הַקָּהָל) hin zum Zelt der Begegnung in 6a und der Wegbewegung des Stabes von „vor JHWH". Dadurch wird der Ort der zweiten Szene, der „Machtbereich Gottes", von der Versammlung deutlich unterschieden[151]. An diesem Ort erhalten Mose und Aaron wieder Legitimation.

Auslegung, die immer wieder dem Volk Schuld gab, versteht ריב („streiten") moralisch und wertend statt auf eine andere Erzählung weisend.

150 Die Analysen der dritten und der vierten Szene werden nicht mehr zur Gänze ausgeführt, sondern nur insofern sie für die Rhetorik der Mirjamtradition in Num 20 direkt relevant sind.

151 Struppe vergleicht das Erscheinen des כָּבוֹד in 20,6 mit Num 14,5 (so auch Budd, Numbers, 218; Coats, Moses, 110f.; Blum, Studien, 273) und betrachtet es als einen Teil des Vergehens Moses und Aarons, dass sie nicht vor der Gemeinde auf ihr

Mit dem Erscheinen der Herrlichkeit JHWHs setzt eine neue Bewegung ein: Dem Verlassen folgt ein Sammeln der עֵדָה (8c.10a)[152].

Ein Vergleich mit Num 14,5[153] zeigt, dass die Distanzierung vom Volk innerhalb der „Murrgeschichten" nicht stattfinden muss. Sie deutet den Bruch an, der zwischen Mose und Aaron auf der einen und dem Volk auf der anderen Seite stattgefunden hat. Das Verlassen der Gemeinde bedeutet somit nicht nur eine Ortsveränderung, sondern auch ein Herabsetzen der Gemeinde, denn das Volk soll nicht die Herrlichkeit JHWHs sehen und Zeuge seiner Worte sein[154]. Damit tritt das ein, was das Volk befürchtet hat: Mose und Aaron distanzieren sich von der Gemeinde, und ihr Handeln wird für das Volk unverständlich und unvorhersehbar. Der Vergleich mit Num 14,5 macht erst die Distanzierung deutlich und zeigt auch, dass die Herabsetzung des Volkes nicht durch den Erzähler geschieht, sondern auf der Ebene der Opposition der Charaktere durch Mose und Aaron.

Die Wegbewegungen beinhalten auch einen Perspektivenwechsel von der Perspektive des Volkes am Ende der zweiten Szene hin zu der Perspektive Moses und Aarons. Der Wechsel des Blickes ist erzählerisch ausgestaltet durch die direktiven Angaben in V. 6: מִפְּנֵי („weg von" 6a) – עַל־פְּנֵיהֶם („auf ihre Angesichter" 6b) – וַיֵּרָא ... אֲלֵיהֶם („und Gott erschien" 6c). Zwischen dem Wegwenden und dem Erscheinen des כָּבוֹד liegt die völlige Abwendung vom Geschehen durch Mose und Aaron, indem sie auf ihre Angesichter fallen. Die

---

Angesicht fallen und damit ihren Glauben bezeugen, sondern sich wegbegeben. Ihres Erachtens sei es dann auch konsequent, wenn Mose und Aaron „sofort" den Auftrag erhielten, die Gemeinde zu versammeln (vgl. Herrlichkeit, 211). Wobei das „sofort" nur dann stimme, wenn man 8a, wie sie es freilich tut, literarkritisch ausscheide. Inhaltlich argumentiert Schart gegen diese Sicht, da er meint, vor V. 8 könne noch kein Vergehen Moses und Aarons festgestellt werden (vgl. Mose, 99f.).

152 Vgl. auch Struppe, ebd., 199.
153 Vgl. ebd., 210f.; Schart, Mose, 100.
154 Vgl. auch Schart, Mose, 100f., wobei Schart hier eine Kritik an der Gemeinde durch den Erzähler vermutet, die auch in der Gottesrede V. 8 deutlich werde. In Anlehnung an Struppe, Herrlichkeit, 199 betont er, dass die Wiederaufnahme der Wurzel קהל im Auftrag an Mose und Aaron andeute, dass die Selbstversammlung der Gemeinde von Gott nicht anerkannt werde (mit der Gemeinde als Subjekt in 2a im Nif'al, mit Mose und Aaron als Subjekt in 8b.10a im Hif'il). Schart stellt zwar fest, dass Gott dadurch die Versammlung zwar kritisiere, dass sie aber keine Strafe erfahre. Die Bestrafung, die sie bekommen sollte, bestehe – nur indirekt – darin, dass sie nicht von Mose und Aaron in das gelobte Land geführt wird (in Anlehnung an Coats, Rebellion, 80). Angesichts der massiven Infragestellung der Führung in V. 4-5 muss man Schart genauer die Frage stellen, ob ein Führungswechsel (denn JHWH kümmert sich in Num 20,22-29; 27,12-23, wie Schart betont, um Nachfolger) wirklich als Strafe zu verstehen ist. Außerdem ist nicht gesagt, dass die genannten Stellen wirklich auf die Art „Trost" des Volkes hinzielen, oder ob es in Num 20,22-29; 27,12-23 nicht eher um eine Manifestation der Ämter geht. Zur Gottesrede vgl. unten. Zu einer wertenden Deutung der Distanzierung vgl. auch Kohata, Überlieferungsgeschichte, 85.

Geste wird auch in Num 14,5 beschrieben, allerdings wird dort genau das Gegenteil zu Num 20,6 betont, nämlich dass Mose und Aaron „vor der ganzen Versammlung der Gemeinde der IsraelitInnen" (לִפְנֵי כָּל־קְהַל עֲדַת בְּנֵי יִשְׂרָאֵל) auf ihr Angesicht fallen. Diese Abwendung macht sich auch darin bemerkbar, dass in dieser Szene keine Fokussierung durch Aaron und Mose gegeben ist. Nichts wird mitgeteilt über ihr Innenleben, ihre Gedanken oder ihre Gefühle[155].

4.7.3.2. Gottes Perspektive: Die Legitimation

Die Perspektive Gottes wird im Auftrag an Mose und Aaron in 8a-f sichtbar, und sie dient der Legitimation der beiden Führungsgestalten. Die Aufträge richten sich an unterschiedliche Adressaten. Während in 8a das Singularverb nur Mose adressiert, der einen bestimmten Stab (אֶת־הַמַּטֶּה) nehmen soll, richtet sich das Singularverb in 8b an Mose *und* Aaron. Erst der nächste Auftrag in 8c verwendet dann ein Pluralverb und ist deutlich an Mose und Aaron gerichtet. Die Konstruktion eines Verbs im Sg. mit einem Subjekt im Pl. in 8b ist zwar auffällig, aber durchaus gebräuchlich (vgl. 6a). Das Versammeln der Gemeinde (8b) und das Sprechen zum Felsen (8c) geschieht also durch Mose und Aaron. Mose hält den Stab (8a). Das entspricht der Identifizierung des Stabes als Zeichen für die „Widerständigen" oder „Widerspenstigen" (vgl. Num 17,26-28)[156]. Dann bleibt noch die Frage offen, warum Aaron in 8ef ausgeschlossen ist. 8d-f sind die Konsequenzen der Auftragsausführung und die Beschreibung der Wassergabe. Die Handlungen in 8ef sind wegen der Präpositionalobjekte לָהֶם und עֵדָה an das Volk gerichtet. Durch diesen Bezug macht der Erzähler – wie in 2a – auf die Perspektive des Volkes aufmerksam. Auch die Wendung מַיִם לָעֵדָה („Wasser für die Gemeinde") in 8e nimmt Bezug auf 2a, ist aber anders konstruiert: In 8e ist לָהֶם als Wiederaufnahme von עֵדָה in 8b Anzeige dafür, dass Mose und Aaron *für die Gemeinde* tätig werden sollen. Dies ist durch die Satzstellung betont, die das Pronomen vor das Objekt zieht[157]. Für das Volk wird in der Erinnerung die Wassergabe auf Mose zurückzuführen sein, was in der erzählten Ausführung des Auftrages in V. 11 auch der Fall ist. Aarons Funktion ist die des Gemeindebildens und Sprechens zum Felsen.

Wenn der Erzähler auf die Perspektive des Volkes aufmerksam macht, dann antizipiert er bereits V. 12, wo in der Rede Gottes die Rolle des Volkes ganz deutlich wird. Wenn V. 6-8 als Legitimation Moses und Aarons zu

---

155 Dieses Schweigen mag mit ein Grund sein, warum sich die ExegetInnen nicht einig sind, worin der Unglaube Moses und Aarons besteht.
156 Vgl. Literarkritik zu V. 8.
157 Vgl. Struppe, Herrlichkeit, 199 mit Anm. 25.

verstehen sind, dann ist diese nicht einfach als Behauptung der Führungspositionen Moses und Aarons zu verstehen, sondern gebunden an ein Handeln für das Volk.

In Num 20,1-13 findet sich somit keine negative Haltung Gottes gegenüber dem Volk. Das geht auch nicht aus der lexikalischen Wiederaufnahme von קהל in 12d hervor. Die wertende Funktion des Demonstrativpronomens הַזֶּה in V. 12 ist spekulativ. Die Behauptung „diese Gemeinde" in 12b würde das Volk abwerten[158], kann auch nur eine Übertragung aus dem modernen Sprachgebrauch sein.

4.7.3.3. Die Charaktere

Das Verhältnis zwischen Aaron und Mose

Aaron handelt in der ganzen Erzählung nicht selbstständig, nie allein, immer gemeinsam mit Mose. Er ist nicht als eigenständiger, selbstständiger Charakter repräsentiert, sondern wird wenn, dann mit Mose zusammen gesehen. Er handelt nur in der Einberufung des Volkes in 10a, worin möglicherweise zum Ausdruck kommt, dass er dafür sorgt, dass Mose sich nicht ganz von der Gemeinde absondert – was nur im Zusammenhang mit den Ausführungen zur Distanzierung in V. 6 gesehen werden kann. Diese Unselbstständigkeit Aarons macht seine Sünde schwer fassbar.[159] Sie ist aber auch ein Spezifikum der Erzählungen, die Mose und Aaron gemeinsam als von Gott gesandte Mittler und Zeichenwirkende vorstellen und Aaron als Bruder Moses bezeichnen (Ex 4,14-17; 7,1)[160]. Die Handlungen Aarons sind

---

158 Vgl. Schart, Mose, 103.
159 Besonders scharf hat Frevel das „Manko" Aarons benannt, indem er darauf hingewiesen hat, dass Aaron in den Auslegungen immer nur mit der Rede in V. 10 mit Mose mitschuldig werde (vgl. Blick, 318). Seebass, Versuch, 220, hat daraus direkt das Vergehen Aarons abgeleitet: Aaron konnte nur *vor* der Wassergabe des Felsens (11a) eingreifen, weshalb seine Schuld bereits davor liegen müsste. Aaron hätte, so Seebass, nach Moses Rede eingreifen und zur korrekten Durchführung des Auftrages beitragen müssen.
160 So auch bei Margaliot, Meschullam, The Transgression of Moses and Aaron – Num 20:1-13, *JQR* 74 (1983) 196-228, 208f. Er nennt noch Ex 5,1; 6,13. Margaliot hat das Problem genau benannt, allerdings hängt seine Lösung mit der Auffassung zusammen, dass das Volk in V. 3-5 nicht Mose und Aaron, sondern Mose und Gott angreife, weil Aaron sehr weit im Hintergrund und Moses (prophetische) Verbindung mit JHWH im Zentrum stehe (vgl. ebd., 203f.). Dieser Sichtweise kann hier nicht gefolgt werden. Weiterführend mag auch ein Hinweis bei Fischer, Georg, Das Mosebild der hebräischen Bibel, in: Otto, Eckart (Hg.), *Mose. Ägypten und das Alte Testament*, SBS 189, Stuttgart: Verlag Katholisches Bibelwerk 2000, 84-120, 96 sein. In Num würden mehrmals zu Beginn von Texten Mose und Aaron genannt, die Lösung aber nur durch Mose herbeigeführt.

jeweils von dem abhängig, was Mose ihm im Auftrag Gottes übermittelt.[161] Wo Aaron als Bruder Moses bezeichnet wird, handelt er nicht eigenmächtig. Seine Handlungen sind mit denen Moses verknüpft. Deshalb ist es auch zwecklos, in Num 20,1-13 nach einer von Moses Handeln unabhängigen Schuld Aarons zu suchen. *Dass Mose und Aaron gemeinsam des Unglaubens beschuldigt werden, passt zu ihrer gemeinsamen Aufgabe der Mittlerfunktion mit der Beschreibung Aarons als Bruder Moses.*

Zu diesem Verständnis gehört auch die zentrale Bedeutung des Glaubens (vgl. Ex 4), wie sie in der abschließenden Beurteilung Gottes in V. 12 angesprochen wird. In Ex 4,1.5.8.9 wird Aaron als Mittler und Sprecher Moses eingesetzt, weil Mose daran zweifelt, dass das Volk ihm selbst glauben würde. In Ex 4,31 wird aber bestätigt, dass das Volk Mose glaubt. Num 20,12 wird dann Mose und Aaron vorgeworfen, dass sie nicht geglaubt hätten: Sie hätten JHWH nicht geheiligt vor den Augen des Volkes, weshalb sie das Volk nicht in das gelobte Land führen dürften. Somit werden Beginn und Ende der Funktion Moses und Aarons für das Volk von der Kategorie des Glaubens bestimmt.

Zu dieser Konstruktion der Aarongestalt stellt der Kontext Num 17,25-19,22 eine ganz andere Vorstellung, in der Aaron als Priester große Verantwortung dem Volk gegenüber trägt. Im Zusammenhang dieser zentralen Rolle Aarons trifft die Kritik in Num 20,1-13 noch schärfer. Aaron erhält in Num 17,25-20,13 eine gewichtige Rolle gegenüber den Häuptern der Stämme Israels. Sein blühender Stab (17,16-26), der den Widerspenstigen Zeichen sein soll, damit sie nicht sterben, zeichnet ihn als Priester aus. Aaron und seine Söhne sind für den Dienst am Heiligtum verantwortlich und tragen dadurch zum Schutz Israels vor dem Zorn Gottes bei (18,5). Darüber hinaus wird die Bedeutung Aarons in diesem Zusammenhang auch daran sichtbar, dass im Num 18,1.8.20 neben Lev 10,9 die einzigen Belege dafür zu finden sind, dass Gott direkt zu Aaron spricht[162]. Diese Bedeutung, die Aaron durch den Kontext zukommt, schwingt möglicherweise auch in Num 20,1-13 herein. Num 20,1-13 ist so betrachtet eine Relativierung der Bedeutung Aarons in Num 18 auf drei Ebenen: durch die Infragestellung des Volkes in V. 3-5, durch die Unterordnung unter Mose auf der Handlungsebene und durch den Vorwurf Gottes in V. 12.

---

161 Vgl. Doob Sakenfeld, Problems, 141f. sieht das ähnlich, ohne sich auf die Bezeichnung Aarons als Bruder Moses zu stützen. Sie betrachtet Ex 4,15-16 als ältere, umfassendere Tradition und ordnet Num 20,2-13 „P" zu, wobei Moses Vorrangstellung in der Kommunikation mit Gott durchaus „P" entspreche.
162 Vgl. Doob Sakenfeld, ebd., 153, Anm. 21.

Moses Rede

Die Rede Moses in 10cd ist zunächst Ausdruck seiner Eigenmacht, denn er handelt ohne Aaron, auch wenn die Rede in der ersten Pers. Pl. wiedergegeben ist. Mose hat in V. 8 auch keinen Auftrag Gottes für das Sprechen zum Volk bekommen. Die Frageform des Satzes 10d drückt Moses Unsicherheit aus, allerdings stellt die Anrede des Volkes mit מוֹרִים einen Bezug zum Stab in 9a her. Dieser Stab soll den בְּנֵי־מֶרִי in Num 17,25 Zeichen dafür sein, dass das Murren ein Ende nimmt und sie nicht sterben müssen. Wenn Mose das Volk so anspricht, dann identifiziert er es mit jenen בְּנֵי־מֶרִי aus Num 17,25. Er stützt sich damit auf die Zusage, die Gott ihm in Num 17,25, gibt und ist nicht Opfer eines emotionalen Zornesausbruchs, wie man 10c zumeist zu verstehen sucht[163]. Mose behält durch die Anrede des Volkes aber seine oppositionelle Haltung ihm gegenüber bei. Die Anrede als „Widerständige" deutet zwar auf die Todesangst hin, weil diese ja auch in 17,27ff. deutlich wird. Allerdings findet sich kein Hinweis darauf, dass Mose die Haltung des Volkes teilt. Auch die Einleitung der Rede mit שִׁמְעוּ־נָא weist auf den Kontext von Konflikten hin[164]. Mose geht weder auf der Ebene der erzählten Rede noch auf der Handlungsebene auf das Volk, seine Angst oder seine Argumente ein. Mose vertritt damit nicht dieselbe Haltung gegenüber dem Volk wie JHWH in seiner Rede in V. 8. Das ist bereits ein Hinweis des Erzählers auf den Vorwurf JHWHs in V. 12: „Ihr habt mich nicht geheiligt *vor den Augen der IsraelitInnen.*"

Die Rede Gottes

In V. 12 meldet sich der fiktive Erzähler in der Stimme Gottes mit seiner Beurteilung und Deutung der Erzählung zu Wort. Er lässt mehrere Zusammenhänge, in die er die Erzählung dadurch stellt, anklingen:

Erstens beurteilt er Moses und Aarons Tat als Unglaube und bezieht sich dadurch auf jene Taten, die von *beiden* erzählt werden. Das ist zum Ersten das Versammeln in 10a, was nicht für den Unglauben in Frage kommt, da es bereits im Auftrag verankert ist (8b). Zum Zweiten ist das auch das Sprechen in 10b-d, das zwar auf der Erzählebene (10b) nur Mose in den Mund gelegt wird, innerhalb der Rede durch die 1. Pers. Pl. in 10d aber als Sichtweise beider dargestellt wird.

Der Inhalt der Sünde wird durch die Wurzel אמן im Hif'il ausgedrückt, die ihrerseits im Pentateuch nicht oft belegt ist, aber stark auf die Berufung des Mose einerseits und den Tod der Wüstengeneration (Num 14,11) andererseits verweist. In Ex 4 ist ebenfalls das Volk Subjekt des Glaubens (Ex

---

163 Belege vgl. Literarkritik zum Vers in 4.9.2.4.
164 Vgl. Gen 37,6; Num 12,6; 16,8; 1 Sam 22,7; Ijob 13,6; Jes 7,13; Klgl 1,18 und die prophetischen Mahnreden in Jer 5,2; Ez 18,25; Mi 3,1.9; 6,1.

4,1.5.8.9.31). Mose fürchtet, das Volk werde ihm seine Berufung nicht glauben, allerdings soll das Wirken der Zeichen (V. 2-9.31) diese bestätigen. Auch Aaron spielt in diesem Text eine wichtige Rolle, er ist nach V. 30 auch der, der die Wunder wirkt. Wenn Num 20,12 auf diesen Zusammenhang Bezug nimmt, dann wird deutlich, dass V. 10 eine Infragestellung des Zeichenwirkens durch Aaron und Mose selbst ist. Mose und Aaron zweifeln an der Macht, die Gott ihnen zur Legitimation gegeben hat.

Zweitens lautet in 12c der Vorwurf, dass Mose und Aaron Gott nicht vor den Augen des Volkes geheiligt haben, dass sie Gott nicht sichtbar gemacht haben. Die Zweifel an der Zeichenmacht hängen mit dem „Gott nicht heiligen" zusammen. Dass die Wurzel קדש in Verbindung mit לְעֵינֵי stark auf den Sprachgebrauch Ezechiels verweist, ist oftmals festgestellt worden[165]. Es geht dort um die Völker, die durch Gottes Gerichtshandeln zur Erkenntnis kommen sollen. Hier sollte Israel zu dieser Erkenntnis gelangen: „Gerade darin versagen Mose und Aaron anscheinend als Führer, daß sie nicht deutlich genug Jahwes Handeln in der Geschichte herausstellen, so daß das Volk zur Einsicht käme."[166] Dieser Aspekt wird noch verdeutlicht, wenn man die zentrale Stellung des Volkes in V. 12 sieht: Die Heiligung JHWHs hätte vor ihren Augen, also für das Volk, geschehen sollen. Weil Mose und Aaron versagt haben, werden sie ihre Funktion für dieses Volk verlieren. Die in V. 12 aufgegriffene Beziehung zwischen Volk und Führungsgestalten ist Thema der ganzen Erzählung (vgl. V. 3-5). Auch die Gottesrede in V. 8 macht deutlich, dass das Wunder und die Legitimation Moses und Aarons für das Volk geschehen (8ef). *V. 12 gibt somit dem Volk Recht gegenüber Mose und Aaron.*

Der Inhalt des Unglaubens Moses und Aarons wird dann nachträglich zur Ätiologie des bereits in V. 1 erwähnten Ortsnamens. In der Exposition wurde die Betonung des Ortes deutlich. Sie erfährt in V. 12 ihre Lösung. Der Erzähler führt das Thema des Ortes aus V. 1 in der Rede des Volkes und seiner mit dem Ort verbundenen Todesangst weiter. Damit steht die Frage im Raum, ob der Ort noch als „heilig" erfahren werden kann. V. 12 macht deutlich, dass die Wassergabe dazu nicht ausreicht. Mose und Aaron hätten JHWH heiligen müssen. *Durch diese Aussage wird die vom Volk hergestellte Verbindung zwischen Wassermangel und Zweifel an der Führung bestätigt, und damit ist auch der Zusammenhang zwischen Mirjams Tod als Führungsfigur und dem Ausgehen des Wassers hergestellt. Für das Volk hatte Mirjam eine wichtige Funktion in der Führungstrias.*

In dieser Kritik an Mose und Aaron, die diesmal von Seiten des Erzählers kommt, wird die Sicht des Volkes (V. 4-5) bestätigt, auch wenn es nicht

---

165 Vgl. Schart, Mose, 103 (Ez 20,41; 28,25; 36,23; 38,16.23; 39,27). Gray, Numbers, 263 nennt als Hintergrund zum Verständnis von קדש Jes 8,13; 29,23.
166 Schart, ebd., 104.

zitiert wird und kein expliziter Rückbezug zur Rede in V. 3-5 besteht. Der Erzähler weist sich somit auf der Seite des Volkes und nicht auf der Moses und Aarons aus.

4.8. Das Gedächtnis des Todes Mirjams: Zusammenfassung der synchronen Analyse

Mirjam wird in Num 20 nur in der Einleitung zur Erzählung erwähnt. Da in dieser Exposition die für das Verständnis der Erzählung wesentlichen Hintergrundinformationen bereitgestellt werden, ist davon auszugehen, dass der Tod Mirjams hier nicht zufällig erwähnt wird, sondern für die ganze Narratio und die Lösung des in der Einleitung formulierten Problems der Erzählung Bedeutung hat. Dieses Problem besteht aus der Sicht des Erzählers nicht nur im Wassermangel, sondern auch im Tod Mirjams.

Diese Sichtweise lässt der Erzähler das Volk in einer längeren Rede (V. 3-5) aufgreifen und vom Volk erklären. Er macht dabei bereits auf der Handlungsebene in V. 2 deutlich, dass diese Erklärung des Volkes in Opposition zu Mose und Aaron formuliert wird. Mose und Aaron teilen diese Sicht nicht. Das wird auf der Handlungsebene in V. 6 und auf der Ebene der erzählten Rede in 10cd bestätigt. Der Erzähler zeigt sich somit bereits in den ersten Handlungsabläufen auf der Seite des Volkes und wird diese nicht verlassen. Gemäß dieser Opposition der Charaktere faltet die Rede des Volkes die Themen der Expositio, um die es geht, aus: Todesbedrohung an diesem Ort, an dem es kein Wasser gibt und an dem die Verbindung des Volkes zu Mose und Aaron zu reißen droht. Der Tod Mirjams wirkt hier nicht in der Form weiter, dass das Volk jetzt auch Angst hätte zu sterben, weil Mirjam starb. Den Tod bezieht das Volk auf die gestorbenen IsraelitInnen der ersten Wüstengeneration, genauer auf den Aufstand und Tod Korachs und seiner AnhängerInnen. Die Wurzel מות, mit der Mirjams Tod ausgedrückt wird, bringt das Volk mit der Führung Moses und Aarons in 4b in Verbindung. Der Tod Mirjams stellt aus der Sicht des Volkes somit die Führung durch die Wüste in Frage. Das Volk fürchtet, Mose und Aaron würden es in den Tod bringen. Der Erzähler stellt die Verbindung zwischen Mirjams Tod und dem Scheitern Moses und Aarons in der Rede des Volkes nur sehr vage her. Der Verlauf der Geschichte macht den Zusammenhang deutlicher, denn Mose und Aaron erhalten kein bestätigendes Wort durch den Erzähler. Auch die Rede JHWHs erwähnt keine legitimierende Beziehung Moses zu Gott, verweist auf kein Ereignis, dass Mose oder Aaron bestätigen könnte. Das Ereignis, das durch den Stab vor Gott angedeutet wird, hat Funktion für das Volk, nicht aber für Mose.

Auch der Ort Kadesch ist literarisch bekannt als Ort der Infragestellungen Moses legitimer Führungsrolle. Die Verortung dort und das Spiel um die Bedeutung des Namens „HEILIG" machen auch deutlich, dass die Nennung Kadeschs zu Beginn der Erzählung sehr bewusst gewählt wurde. Dass Mirjam gerade an dem Ort mit jener Konnotation stirbt, ist ebenfalls als Hinweis des Erzählers darauf zu verstehen, dass Mirjam etwas mit Moses und Aarons Legitimation zu tun hat und dass die Bewahrung der Heiligkeit an diesem Ort, die Sichtbarmachung der Heiligkeit Gottes für Israel ohne Mirjam nicht gewährleistet ist.

Die jüdische Tradition hat den Zusammenhang zwischen Mirjams Tod und dem ausgehenden Wasser stark betont, indem sie die Geschichte vom Brunnen Mirjams erzählte. Der Brunnen, der Israel durch die Wüste begleitete, war verschwunden, als Mirjam starb[167].

Es sind vor allem vier Themen, die der Erzähler mit dem Tod Mirjams verbindet und die deshalb zur memoria dieses Todes dazu gehören.

Das erste ist *Mirjams Verbindung zum Volk*. Ihr Tod löst die Bedrohung für das Volk einerseits durch den Wassermangel und andererseits durch das ausgelöste Versagen der Führungselite aus.

Das zweite Thema ist der *Unglaube Moses und Aarons*, der durch die Katastrophe sichtbar wird und auf den Zusammenhang hindeutet, dass Mose und Aaron ohne Mirjam versagen müssen. Das heißt aber, dass der Erzähler Mirjams Bedeutung für die Führungselite in dieser Erzählung beschreibt.

Das dritte Thema ist der *Name des Ortes Kadesch*. Der Ort des Todes ist keine topografische Angabe des Erzählers, sondern eine theologische. Mirjams Tod macht den Ort „HEILIG" zum Ort des „nicht Heiligens".

Das vierte Thema ist die *Position Gottes*, die in diesem Text schlussendlich gegen Mose und Aaron gerichtet ist und Mirjam und dem Volk Recht gibt. Num 20,12 ist eine der schärfsten, wenn nicht überhaupt die schärfste Aussage gegen Mose. Dieser V. 12 steht aber durch die Wurzel קדש mit V. 1 und damit mit Mirjams Tod in direktem Zusammenhang.

Die Zusammengehörigkeit dieser vier Themen zeigt einen Erzählfaden in Num 20,1-13, der zwar nicht schon beim ersten Lesen auffällt, aber dafür umso kunstvoller in die Erzählung eingewoben ist.

---

167 Vgl. Fragmenten-Tg zu Num 20,1 weiter Brown, Erica S., In Death as in Life. What the Biblical Portraits of Moses, Aaron and Miriam Share, *BiRe* 15/3 (1999) 41-47.51

4.9. Literarkritik

4.9.1. Vorbemerkung

Num 20,1-13 wurde in den letzten hundert Jahren von der Exegese kaum als einheitliche Erzählung verstanden[168]. Allerdings ist es nicht möglich gewesen, bezüglich der Zuordnung einzelner Textteile zu bestimmten „Quellen" oder redaktionellen Schichten zu einem Konsens zu finden. Während die einen davon ausgehen, in Num 20,1-13 seien unterschiedliche „Quellen" („P" und „E") ineinander gearbeitet[169], gehen die meisten von einer Pg-Grunderzählung aus, die durch eine oder mehrere redaktionelle Eingriffe überarbeitet wurde[170]. Die Unmöglichkeit der eindeutigen Zuordnung zu bestimmten Erzählkomplexen des Pentateuch lässt eine späte Entstehungszeit vermuten, in der sich typische Merkmale einzelner Erzählwerke nicht mehr so ausformuliert finden, dass man sie eindeutig identifizieren und einzelne Textteile bestimmten Werken zuordnen könnte.

Im folgenden sollen jene Spannungen und Doppelungen aufgegriffen werden, die zu literarkritischen Entscheidungen geführt haben. Die synchrone Analyse, die in Num 20,1-13 eine sinnvolle Erzählung vorausgesetzt hat, widerspricht den literarkritischen Lösungen und muss ihnen standhalten.

4.9.2. Die Komposition und Entstehung von Num 20

Die Rekonstruktionen der Entstehung von Num 20 setzen mit Schwierigkeiten in V. 1 ein und setzen voraus, dass V. 14-21[171] und V. 22-29 ursprünglich selbstständige Narrationen sind[172].

---

168 Ausnahmen bilden dabei die Arbeiten von Schart, Mose, 112-118, zusammenfassend 117; Blum, Studien, 271-278; Margaliot, Transgression, 196-199; Propp, Aaron und Kok, Sin.
169 Vgl. Dillmann, Numeri, 110f.; Baentsch, Numeri, 564-570; Gray, Numbers, 258; Seebass, Horst, Biblisch-theologischer Versuch zu Num 20,1-13 und 21,4-9, in: Mommer, Peter/Thiel, Winfried (Hgg.), *Altes Testament – Forschung und Wirkung. Festschrift für Henning Graf Reventlow*, Frankfurt a. M. u.a.: Lang 1994, 219-229.
170 Vgl. Noth, Numeri, 127; Coats, Rebellion, 71.73; Snaith, Numbers, 274; Fritz, Israel, 27f.; Zenger, Erich, *Israel am Sinai. Analysen und Interpretationen zu Ex 17-34*, Altenberge: CIS-Verlag 1982, 65f.; Struppe, Herrlichkeit, 183ff.; Frevel, Blick, 323-336.
171 Zu redaktionellen Stellung von V. 14-21 nach der Zusammenfügung von „Priesterschrift" und „nicht-priesterschriftlichem Werk" vgl. Oswald, Revision, 227 und ähnlich Mittmann, Siegfried, Num 20,14-21. Eine redaktionelle Kompilation, in: Gese, Hartmut/Rüger, Hans Peter (Hgg.), *Wort und Geschichte. Festschrift für Karl Elliger zum 70. Geburtstag*, AOAT 18, Kevelaer: Butzon & Berker/Neukirchen-Vluyn: Neukirchener 1973, 143-49.

Num 20,1-13 ist von drei für die Textentstehung relevanten Problemen geprägt: 1. der Geografie bzw. die Marschroute durch die Wüste, 2. der Chronologie der Wüstenwanderung und 3. dem Verhältnis zum Parallelbericht in Ex 17,1-7[173].

4.9.2.1. V. 1 und die Fragen von Geografie und Chronologie

Die Entscheidungen über die literarischen Probleme, die V. 1 in seiner vorliegenden Form stellt, sind sowohl für die Frage nach der Rhetorik als auch der Verortung der Mirjamtraditionen selbst von grundlegender Bedeutung. Deshalb soll ihnen breiter Raum gewährt sein[174].

Zunächst wird allgemein festgestellt, der Wanderungsnotiz in 1ab fehle die Jahresangabe, was einerseits den Bezug zu Num 14,26-33[175] bzw. zu Kapitel 13f.[176], wonach Israel bereits in Kadesch weile, in Frage stelle. Andererseits störe diese chronologische Indeterminiertheit den Ablauf des Marsches nach der priesterschriftlichen Chronologie. „P" siedle das Ereignis nämlich erst gegen *Ende*[177] des Wüstenaufenthaltes, *vor* dem Übergang in

---

[172] Dies wird vor allem sprachlich und quellenkritisch begründet, da V. 14-21 sprachlich und motivlich nicht „priesterschriftlich gekennzeichnet" sei, V. 1-13 und V. 22-29 allerdings sehr wohl. Auch fehlten Mose und Aaron in V. 14-21 als Handlungsträger beinahe ganz. Nur Mose ist in V. 14 noch als Subjekt des Schickens initiatives Subjekt. Manche schreiben deshalb V. 14-21 „J", „E" (vgl. Noth, Numeri, 131; Struppe, Herrlichkeit, 183f.) oder direkt „JE" (Gray, Numbers, 264; Budd, Numbers, 222; Levine, Numbers, 491) zu.

[173] Seebass, Versuch, 220 formuliert vor allem inhaltliche und theologische Fragen, die das Verständnis des Handlungsablaufes und seiner Logik betreffen. Als solche stellen sie auch nicht die literarkritischen Hauptprobleme des Textes dar bzw. nur einen Teilaspekt davon. Sie sollen trotzdem kurz genannt werden: 1) Wie wird die harte Strafe für Mose und Aaron motiviert? 2) In welchem Verhältnis stehen die Rettung für die Gemeinde und die Sanktion für Mose und Aaron? 3) Worin besteht der Grund des Versagens vor allem auf dem Hintergrund der gelungenen Hilfestellungen? 4) Führen diese Fragen zu literarkritischen Operationen? Diese Fragen weisen auf spezifische Aussagen des Textes hin und stellen vor allem die „Wunderwirkung" und den Unglauben Moses und Aarons ins Zentrum. Die Erzähltextanalyse hat bereits gezeigt, dass zum Verständnis des Erzählerinteresses und der LeserInnenlenkung – und damit des Textes – die Position des Volkes zentral ist.

[174] Diese Vorbemerkung ist nach der letzten umfangreicheren Bearbeitung von Num 20,1-13 durch Christian Frevel (vgl. Blick, 306-336) insofern vonnöten, als dieser das Hauptaugenmerk seiner Literarkritik auf V. 4-13 legt, V. 1 aber nur kurz erwähnt (vgl. ebd., 308.324.331, zu Mirjam mit Anm. 259).

[175] Vgl. Noth, Numeri, 127, vgl. genauer Einzelanalyse.

[176] Vgl. Gray, Numbers, 256f.

[177] Vgl. z. B. Schmidt, L., Studien, 62.

das gelobte Land, genauer im vierzigsten Jahr[178], in der Wüste Zin (1a) an. Dies impliziere einen kurzen Aufenthalt an diesem Ort. Das aber kommt wegen der längeren Dauer der in Kadesch stattfindenden Ereignisse weder für Num 20 im ganzen noch für V. 1-13 in Frage. Wenn man den „kurzen Aufenthalt" als Argument für Pg nehmen will, setzt diese Beobachtung die Pg- Herkunft der Texte grundsätzlich in Zweifel.

Dagegen lokalisiere „JE" Kadesch bereits zu *Beginn* der Wüstenwanderung (Num 13,26*), also vor dem vierzigsten Jahr, weshalb die ursprünglich (in Pg) noch vorhandene Jahresangabe gestrichen werden musste. Dadurch suggeriere „JE" auch einen längeren Aufenthalt[179].

Weiter stellt sich die Frage, wo Kadesch tatsächlich liegt. Num 13,26 lokalisiert den Ort, allerdings als einziger Beleg, in der Wüste Paran. Dagegen siedelt Num 20,1 Kadesch in der Wüste Zin, die zwischen Paran und dem verheißenen Land liegt, und damit am Ende des Marsches, an der Grenze zum gelobten Land, an[180]. Die Lokalisierung der Wüste Paran ist nicht gesichert. Sie könnte einen Teil der Wüste Zin ausmachen[181], oder aber auch in der südlichen Sinaihalbinsel zu finden sein[182]. Num 33,36f., ein redaktionell wahrscheinlich später Text,[183] identifiziert Kadesch mit der Wüste Zin. Aus alledem geht zumindest hervor, dass die Ortsangaben in 1ab keinen Widerspruch darstellen. Kadesch passt als Spezifizierung der Ortsangabe „Wüste Zin" gut[184].

Ein weiteres Problem geografischer Art ist auch ein historiografisches: Israel weilt laut Num 13,26 bereits in Kadesch. Wieso gelangt es in Num 20,1 noch einmal dorthin? Diese Frage stellt sich nur auf kanonischer Ebene bzw. unter der Bedingung, dass Num 20,1 in irgendeiner Form das in 13,26 Erzählte fortführt und nach der Erwähnung von Kadesch in 13,26 eingefügt

---

178 Das vierzigste Jahr lässt sich aus dem Tod Aarons erschließen, der ebenda passiert (V. 22-29) und im letzten Jahr der Wanderung anzusiedeln ist (vgl. Num 33,38. Zur Spätdatierung des Verses vgl. Noth, Numeri, 134).
179 Vgl. Gray, Numbers, 256f.; Noth, Numeri, 127; Levine, Numbers, 483, Van Seters, Jahwist, 158. Ein längerer Aufenthalt in Kadesch ist aber nur in Dtn 1,46; Jos 14,6 belegt und nicht in Num (vgl. ähnlicher Hinweis bei Seebass, Numeri, 100).
180 Vgl. Gray, ebd., 257 unter Verweis auf Num 13,21, ähnlich Noth, Numeri, 127. Noth meint, das Volk befände sich auf dem Weg von der Wüste Paran Richtung Südrand des verheißenen Landes, also der Wüste Zin. Diese Frage bezieht sich (noch) nicht darauf, dass „JE" den Aufenthalt Israels in Kadesch zu Beginn der Landnahme, „P" ihn am Ende des Wüstenaufenthaltes, vor der Landnahme berichtet (vgl. Noth, ebd.; Levine, Numbers, 483f.).
181 Die genaueren Grenzen sind zuletzt bei Seebass, Numeri, 13 zu finden.
182 Nach Seebass, Numeri, 100 ist diese Möglichkeit auch wegen der Namensgleichheit mit dem Wadi Feran nicht von der Hand zu weisen.
183 Vgl. Knauf, Mount Hor, 22, der meint, Num 33,36f. seien erst „nach 400" zum Text hinzu gefügt worden.
184 Vgl. auch Frevel, Blick, 308.

wurde. Da die Richtungsangabe קָדֵשָׁה in 13,26 aber literarisch nicht unproblematisch ist, kann Num 20,1 nicht ohne Diskussion der Ortsangabe in 13,26 auf diese bezogen werden. In Num 13,26 wird erzählt, dass die Kundschafter, die Mose in 13,3 auf Befehl Gottes ausschickte, in die Wüste Paran, nach Kadesch zurück kehrten. Nun heißt es zwar in V. 3, dass sie von der Wüste Paran aus starteten[185], Kadesch scheint aber einen Widerspruch zu diesem Ausgangsort darzustellen[186], da dieser Ort eingangs nicht erwähnt wird[187]. Zumeist geht die Forschung davon aus, „nach Kadesch" stamme von einer alten „J" oder „JE"-Erzählung und sei in Num 13,26 trotz priesterschriftlicher Überarbeitungen stehen geblieben[188]. Das hieße, dass „J"/„E" Kadesch auch als Ausgangsort der Kundschafter annimmt[189], was allerdings im Text ansonsten nicht belegt ist (vgl. V. 3.17.21-24). Jene Tradition findet sich in Num 32,8; Dtn 1,19-24; 9,23, weshalb diese Stellen ebenso als alte Traditionen bezeichnet werden[190]. Rabe hat mit seiner Feststellung, „nach Kadesch" habe ausschließlich eine Hinweisfunktion auf andere Aussagen außerhalb des Textes, wie Num 32,8; Dtn 1,19; 9,23[191] eine richtige Beobachtung gemacht. Gleichzeitig konnte er die zirkuläre Argumentation der Exegesen, die Num 32,8; Dtn 1,19ff.; 9,23 als von Num 13,26 abhängig verstehen, sichtbar machen. Außerdem konnte er die einzigartige Lokali-

---

185 Die Wüste Zin, die in 20,1 genannt wird, gehört dabei bereits zum erkundeten Gebiet (vgl. V. 21).
186 Vgl. Heinisch, Numeri, 55f. (der die erste Ortsangabe, Wüste Zin, für einen nachträglichen harmonisierenden Eintrag hält und davon ausgeht, dass Kadesch als Treffpunkt ausgemacht wurde, was rein spekulativ ist); Gray, Numbers, 132.133 (der für „JE" einen Ausgangspunkt in Kadesch rekonstruiert, freilich ohne Textbasis in Num [vgl. dazu Dtn 1,19ff.]); Noth, Numeri, 91.94; Budd, Numbers, 142; Seebass, Numeri, 88.95; Rabe, Norbert, *Vom Gerücht zum Gericht. Die Kundschaftererzählung Num 13.14 als Neuansatz in der Pentateuchforschung*, THLI 8, Tübingen u.a.: Francke 1994, 240.
187 Vgl. u.a. Seebass, ebd., 95.110 und die Diskussion oben.
188 Vgl. Gray, Numbers, 132f.144; Noth, Numeri, 91.94; Budd, Numbers, 142; Seebass, ebd., 88. 95.110. Das impliziert auch, dass Pg die Volksverführung durch die Kundschafter und die daraus entstehende Infragestellung von Exodus und Führerschaft Moses und Aarons in Kadesch ansiedelt. Das passt rein thematisch sehr gut zu Num 20 und zeigt, dass die Lokalisierung von Num 20,1-13 in Kadesch nicht zufällig sein kann (vgl. auch Butting, Prophetinnen, 66).
189 Vgl. Gray, Numbers, 132f.; Noth, Numeri, 94; Levine, Numbers, 53.
190 Vgl. Noth, Numeri, 94; Levine, Numbers, 54.
191 Vgl. Rabe, Gerücht, 358 mit Anm. 181 und Verweis auf Fritz, Wüste, 20.21. Anders bestimmt das Verhältnis zwischen den dtn Berichten und Num 13,26 Seebass, Numeri, 95.110 (man könne 13,26 nicht von Dtn 1,19b.46 ableiten, weil diese Dtn-Belege selbst spätere Zusätze sind [in Anlehnung an Mittmann, Siegfried, *Deuteronomium 1,1-6,3 literarkritisch und traditionskritisch untersucht*, BZAW 139; Berlin u.a.: de Gruyter 1975, 34 mit Anm. 2; Perlitt, *Deuteronomium*, BKAT 5, Lieferung 1.2, Neukirchen-Vluyn: Neukirchener 1990/91, 132f.]).

sierung von Kadesch in der Wüste Paran erklären. Rabe hält dagegen die Richtungsangabe קָדֵשָׁה in Num 13,26 für eine Glosse, die „erst im sehr späten Stadium der Redigierung in den Text von Num 13.14 eingedrungen"[192] ist, als sich bereits „größere Umrisse des Pentateuchs abzeichneten"[193] und die Notwendigkeit bestand, die Aussagen des Dtn und Num 32,8 mit der Erzählung aus Num 13f. zu vereinheitlichen. קָדֵשָׁה hat in Num 13,26 somit keine itinerarische Funktion. Ähnliches muss für die Erwähnung von Kadesch in 20,16 gelten, denn dort dient „Kadesch" als Grenzstadt zu Edom, was nirgends belegt ist. Mit der geografischen Verortung von Kadesch an Edoms Grenze wird das Gebiet Edoms nach Westen verlegt. Dies ist als Hinweis für die Leserinnen und Leser auf die Nähe von Edom und Israel zu verstehen.[194] Diese Nähe findet sich auch in der Bezeichnung Edoms als „Bruder" Israels angedeutet, was sich als zentrales Element der Aussage von Num 20,14-21 erweist: Edom entspricht dieser Bruderfunktion nämlich nicht, es unterstützt Israel in der Situation der Mühsal und Bedrängnis (20,14-16) nicht und ist deshalb zutiefst abzulehnen.[195] In diesem enthistorisierten Kontext der Kadescherwähnungen scheint es wenig sinnvoll, gerade in Num 20,1 eine historisierende oder „alte" Aussage bezüglich dieses Ortes anzunehmen. Es liegt näher, auch für Num 20,1 eine Redaktionsschicht zu veranschlagen, die diesen Ort mit wesentlichen theologischen Aussagen verband. Für diese Sichtweise spricht nicht zuletzt die Rahmung, die die Wurzel קדש für V. 1-13 darstellt und die erst durch den zweifellos nicht alten Vers 13 zustande kommen kann[196]. Zumeist wird angenommen, dass V. 13 als später Zusatz aus theologischen Gründen und *auch* wegen Kadesch vom „sich heiligen" spricht. Der Gedankengang ist umgekehrt mindestens genauso sinnvoll und gibt, wie wir noch sehen werden, für den ganzen Text eine stimmige Lesart ab: Die Erzählung spielt in Kadesch, *weil* es um das „Nicht-Heiligen" (V. 12) und das „Sich Heiligen Gottes" (V. 13) geht[197].

---

192 Gerücht, 426 (zur literarkritischen Argumentation vgl. 357f.).
193 Ebd. Rabe rechnet nicht mit vorpriesterschriftlichen, „alten" Quellen in Num 13f. (vgl. ebd., 439-442).
194 Vgl. Oswald, Revision, 221.
195 Vgl. Oswald, ebd., 231f.
196 Vgl. Noth, Numeri, 129: „Hingegen hat in V. 13 ein Späterer nicht nur aus 2.Mos. 17,7 die Erklärung des Ortsnamens Meriba – ‚Anklage-Ort' aufgenommen [...], sondern noch die Bemerkung hinzugefügt, daß sich Jahwe ‚mit ihm (scil. mit dem gespendeten Wasser) als heilig erwiesen' habe, und damit auf den Ortsnamen Kades (vgl. V. 1aβ) hingedeutet". Dass V. 13 spät ist, vermerken manche dadurch, dass sie ihn ihrer letzten Redaktionsschicht in 20-1-13, nämlich P, zuordnen (so Gray, Numbers, 258f., Budd, Numbers, 216). V. 13 als später Zusatz „im Stil von P$_G$" auch bei Struppe, Herrlichkeit, 194.
197 Wie wir unten sehen werden, erübrigt sich dadurch die Gretchenfrage um die beiden einander scheinbar ausschließenden V. 12 und 13.

Abschließend lässt sich zur Frage der Ortsbestimmungen in Num 20,1 festhalten, dass sie nicht als literarkritische Scheidungskriterien herangezogen werden können: Eine Lokalisierung von Kadesch in der Wüste Zin ist topografisch möglich. Außerdem ist die Wandernotiz „in Kadesch" keine historisch zu verstehende Ortsangabe. Die Verbindung des Namens „Kadesch" mit dem Unglauben der Führungsgestalten in V. 12 legt eine symbolische und theologische Funktion der Ortsangabe nahe. Der Ort Kadesch, dessen Name auf der Wurzel קדש, „heilig" basiert, wird zu einem Ort des Unglaubens, an dem Führungsfiguren darin versagen, JHWH vor den IsraelitInnen als heilig zu erweisen. Dieses Thema bestimmt die Erzählung, denn Kadesch wird bereits in V. 1 zu einem Ort des Todes. Dieser Tod wird zum Ursprung des Scheiterns Moses und Aarons.

Das bereits angesprochene Problem der Chronologie ist von der Geografie und Historiografie nicht ganz trennbar und besteht darin, dass Israel nach 14,26-33[198] vierzig Jahre in Kadesch bzw. seiner Umgebung blieb. Wann im Bereich dieses Zeitraumes ist die Notiz von Num 20,1 anzusiedeln? Für das vierzigste Jahr spricht der Tod Aarons, der nach Num 33,38 in diesem stattfand und in 20,22-29 berichtet wird. Zwischen V. 1 und V. 22 wird aber keine längere Zeitspanne erwähnt. Hinzu kommt, dass das vierzigste Jahr jenes ist, in dem die Wüstengeneration sterben soll und das ist ja zumindest durch die erzählten Tode Mirjams und Aarons (20,1.22-29) angedeutet. Nun gibt es aber auch die Version von Dtn 1,46[199], die von einem längeren, 38 jährigen (Dtn 2,14), Aufenthalt Israels in Kadesch weiß. Israel muss demzufolge im dritten Jahr nach Kadesch gelangt sein. Wenn man außerdem הָרִאשׁוֹן בַּחֹדֶשׁ mit „am ersten Neumond"[200] übersetzt, gelangt man zum 1. Neumond des dritten Jahres des Auszugs. Num 20,1-13 erzählt somit auch von der Exodusgeneration, die das Land nicht mehr sehen wird[201], was auch durch die Selbstreferenzen der Klage in V. 3-5 bestätigt wird. Wenn die Episode in Num 20,1-13 zu Beginn der Wüstenwanderung stattfindet, dann passt sie nicht zum Kontext von 20,14-21,35, der den Beginn der Landnahme und damit das Ende der Wüstenwanderung, also das vierzigste Jahr voraussetzt. Wenn die Landnahme aber von Kadesch ausging, musste es entweder zwei Orte namens Kadesch gegeben haben oder die IsraelitInnen sind am Ende der Wanderung noch einmal an diesen Ort zurück gekehrt[202]. Die Frage der

---

198 Das legt sich von der Erwähnung Kadeschs in 13,26 her nahe.
199 Möglicherweise ein späterer P-Zusatz (vgl. Van Seters, Life, 158).
200 Da חֹדֶשׁ auch mit „Neumond" übersetzt werden kann, könnte diese Zeitangabe den ersten Neumond (Num 28,14) bezeichnen. Das Datum gliche dann jenem in Ex 19,1 (vgl. Milgrom, Numbers, 164).
201 Vgl. die Anspielung auf Num 17,6-15 in 20,3c (vgl. Milgrom, ebd.).
202 Diese beiden Varianten stehen in der Forschung seit langem unentschieden nebeneinander (vgl. Milgrom, ebd.).

Chronologie scheint nicht befriedigend lösbar zu sein[203], zumal die inhaltlichen Spekulationen bezüglich der zeitlichen Abfolge die Frage nach der – gemessen an Pg-Chronologien - formalen „Unvollständigkeit" der Zeitangabe nicht klären. Die Überdeterminiertheit der lokalen Angaben gegenüber den indifferenten Zeitangaben lassen darauf schließen, dass die Lokalisierung des Geschehens wichtig ist, die Zeitangaben aber nur relativ durch den Kontext erschließbar sind. בַּחֹדֶשׁ הָרִאשׁוֹן ist in allen Belegen eine höchst bedeutungsvolle Zeitangabe. Während im ersten Monat in Ex 40,17 die Errichtung des Zeltes und in 2 Chr 29,3 die Eröffnung des Tempels erzählt wird, werden auch der Auszug aus Ägypten und das Pessachfest (Lev 23,5; Num 33,3) in diesen Monat datiert. 1 Chr 12,16 kennt den ersten Monat als Zeitpunkt der Jordanüberquerung. Innerhalb des Esterbuches ist der erste Monat ebenfalls ein signifikantes Datum innerhalb der Zeitrechnung des Königs (Est 3,7.12). Speziell im Numeribuch markiert dieser Monat den Befehl zum Aufbruch aus dem Sinai (Num 9,1) und das Ankommen in Kadesch.

Dies entspricht der redaktionellen Einstufung der Zeitangabe, die nicht mehr Pg, sondern einer späteren Redaktionsschicht zuzuordnen ist [204]. Das korreliert mit dem Ergebnis der obigen Analyse der Ortsangaben. Innerhalb der in Num 20,1 vorliegenden Redaktionsschicht ist die Genauigkeit von Orts- und Zeitangaben sekundär. Orte wie Zeiten haben bestimmte Funktionen im Rahmen der politischen und theologischen Aussagen der Erzählung. Während sich im Namen Kadesch eine wesentliche Aussage des Textes bündelt, lässt der Erzähler sein Lesepublikum mit der Angabe des ersten Monats aufhorchen und kündigt ein einschneidendes Ereignis an.

Zu den Unklarheiten bezüglich der kontextuellen Einordnung der Erzählung in die Wüstenwanderung reihen sich die lexikalischen Spezifika von 1b-d, die nicht auf Pg hindeuten und deshalb zumeist als Indikatoren für eine „alte Quelle" verstanden werden. Diese Eigenarten bestehen in den drei

---

203 Zur Argumentation vgl. Milgrom, ebd., 164. Wenham sieht wegen der Ungereimtheiten der chronologischen Angaben im Numeribuch weniger ein historiografisches Interesse. Die Büschelung der genauen chronologischen Angaben in 1,1; 7,1.12; 9,1.5.11.15; 10,11 erinnere an die Flutgeschichte in Gen 9 und an Gen 17, wo die Zeitangaben auf die rettungsgeschichtliche Bedeutung der erzählten Ereignisse verweisen (vgl. Wenham, Numbers, 16).

204 Zum Nachlassen der genauen Zeitangaben in Pg innerhalb des Numeribuches und Dtn vgl. Pola, Thomas, *Die ursprüngliche Priesterschrift. Beobachtungen zur Literarkritik und Traditionsgeschichte von P^g*, WMANT 70, Neukirchen-Vluyn: Neukirchener 1995, 109f. Pola rechnet die unvollständigen Zeitangaben des Num der priesterlichen Bearbeitungsschicht Pg^e zu (vgl. ebd., 109.301-305). Anders noch Weimar, Struktur, 98-100 mit Anm. 55, der Num 20,1* den Wanderungsnotizen in Pg zuschreiben kann.

verschiedenen Volksbezeichnungen in 1ab[205] und einem möglicherweise langen Aufenthalt der Gemeinde in Kadesch, was durch ישב (1b) suggeriert werden könnte und scheinbar nicht zur Marschroute von Pg passt. Pg siedele die Episode von Num 20,1-13 im vierzigsten Jahr an, in dem dann auch Mirjam und Aaron ihren Tod fanden[206]. Auf den Punkt gebracht unterstellen diese Thesen: Wenn Israel noch im vierzigsten Jahr nach Kadesch kommt, dann bleibt es dort längstens ein Jahr und das sei für die Semantik von ישב zu kurz. ישב deute vielmehr auf die bereits genannten Traditionen in Dtn 1,46; Jos 14,6f. hin[207]. Deshalb stammten 1b-d nicht von Pg, sondern aus einer „alten Quelle" oder sie wurden redaktionell aus einer solchen dem Pg-Wasserwunderbericht hinzugefügt[208].

Die Semantik der Wurzel scheint gegen diese Argumentation zu sprechen. „Sedativ" und „mansiv", also das Sich Niederlassen und das Bleiben, sind Gleicherweise für die Bedeutung von ישב wesentlich, für keines dieser Seme ist die Zuordnung zu einer literarischen Schicht möglich[209]. Auch die Dauer des Bleibens ist nicht festgelegt. Somit ist ישב von der Semantik her ein schwaches Argument für die Quellenzuordnung. Mit dem Volk[210] als Subjekt deutet es jeweils ein längeres Wohnen an und ist nie Teil einer itinerarischen Notiz[211]. Man kann weder aus dem Bedeutungsspektrum von ישב noch aus

---

205 Es handelt sich um בְּנֵי־יִשְׂרָאֵל und כָּל־הָעֵדָה in 1a und הָעָם in 1b. Das Problem besteht hauptsächlich im Terminus הָעָם, das nicht zur priesterschriftlich durchaus üblichen (anders noch Noth, Numeri, 127) Bezeichnung בְּנֵי־יִשְׂרָאֵל כָּל־הָעֵדָה passe und eher einer älteren Quelle zuzuschreiben sei (vgl. Gray, Numbers, 258f.; Budd, Numbers, 216; Schart, Mose, 112).
206 Vgl. Gray, Numbers, 260; Van Seters, Life, 158; dagegen Levine, Numbers, 487f., da Grays Verweis auf Ri 11,17f. nicht schlüssig sei, denn dort verweile Israel in Kadesch *nachdem* es Edom gequert habe. Einen kurzen Aufenthalt deute ישב in Num 25,1; Ex 2,15; Gen 29,14; Ri 19,4; 1 Sam 23,14 an.
207 Methodisch werden die Ebene der Semantik und der Traditionskritik in dieser Argumentation vermischt. Die zweite Ebene, dass die beiden dtr Texte nicht die Num-Belege voraussetzen, sondern Num 13,26 diese bereits im Auge hat, wurde oben bereits erwähnt. Num 13,26 im Zusammenhang mit 14,26-33; Num 20,14-21; Dtn 1,46 gelesen, unterstützt das Verständnis eines „längeren" Aufenthaltes in Kadesch. Allerdings muss offen bleiben, wie lange die „vielen Tage" aus Dtn 1,46 wirklich dauern.
208 Vgl. Noth, Numeri, 127f.; Gray, Numbers, 258f.; Budd, Numbers, 216; Zenger, Israel, 63; Weimar, Struktur, 99f., Anm. 55; Schmidt, L., Studien, 46.64.72.
209 Vgl. Görg, ישב, 1020.
210 בְּנֵי יִשְׂרָאֵל oder עָם.
211 Vgl. Ex 12,40; 16,29; 32,6; Lev 18,3; 23,42; 25,18.19; 26,5; Num 13,18.28; 22,5; 33,53.55; 35,34; Dtn 1,46; 11,31; 12,10; 29,15; Jos 5,8; 7,7; 21,43; 24,13.15; Ri 3,5; 6,10; 20,26; 21,2; 1 Sam 12,11; 1 Kön 12,17; 22,1; 2 Kön 13,5; Esr 10,9; Neh 8,14.17; 2 Chr 10,17; 31,6; Jes 65,21; Jer 23,8; Ez 26,2.25f.; 33,31; 34,25.28; 36,17.28; 37,25; 38,8; Hos 3,4; 9,3; Am 3,12; 9,14; Mi 5,3.

den Textaussagen belegen, dass Israel *nicht* im vierzigsten Jahr, nicht also an der Grenze zum gelobten Land, nach Kadesch kam[212].

Der Annahme, Pg stehe für einen kurzen Aufenthalt in Kadesch, entspricht keine einzige Textaussage[213]. Wenn Mirjam in Kadesch stirbt und sich dort Wasserversorgungsprobleme ergeben, deutet das eher auf einen längeren Aufenthalt hin.

Hier stehen die Vorstellungen von unterschiedlichen Konzeptionen der Wüstenwanderung im Vordergrund der Interpretation. Dagegen lassen die Textaussagen keine klare Unterscheidung zwischen einer Auffassung der „Priesterschrift" und jenen Texten, die „älteren Quellen" zugeschrieben werden, zu. Zumal, wie im Fall von Num 20,1, auch die Marschkonzeptionen der Sekundärliteratur in die literarkritische Entscheidung hineinfließen, um mit dieser Entscheidung die Konstruktion des Marsches zu stützen.

Somit sind weder der Ort Kadesch noch ein langer Aufenthalt dort tatsächliche Argumente für oder gegen Pg. Mirjams Tod in Kadesch gehört also entweder zur Erzählung vom Wassermangel, wie sie Pg[214] wiedergibt, wenn man die Priestergrundschrift hier noch annehmen will, oder sie ist einer späteren Redaktionsschicht zuzuschreiben. Die Verwendung der Volksbezeichnung עָם in 1b ist allerdings für Pg[215] nicht belegbar und wurde auch in der synchronen Analyse als in 20,1-13 auffällige Volksbezeichnung erkannt, da 20,1*-13 sehr bewusst die beiden Begriffe עֵדָה und קָהָל einsetzt, עָם aber

---

212 Auch das Gegenteil, nämlich dass Israel im 40. Jahr nach Kadesch kam, ist nur inhaltlich wegen der Todesberichte der beiden Führungsgestalten argumentierbar. Die zumeist vertretene Sichtweise operiert mit einigen nicht nachweisbaren Voraussetzungen.

213 Diese Auffassung resultiert scheinbar eher daraus, dass Dtn 1,19; Jos 14,6f. explizit einen langen Aufenthalt vorsehen. Daran anschließend wird (stillschweigend) angenommen, Pg vertrete eine andere Konzeption. Die Suche nach Pg-Belegen kommt zu dem Ergebnis, dass keine Aussagen über die Lokalisierung von Kadesch innerhalb der priestergrundschriftlichen Marschroute zulässig sind. Glaubt man Pg überhaupt in Num noch zu finden, so bleibt einzig Num 20,22b, das Lohfink, Priesterschrift, 198 (=222) Anm. 29 zwar zu Pg rechnet, das aber auch keine Schlüsse auf einen langen Aufenthalt zulässt.

214 Nach Pola sei in Num 20,1-13* nicht mit Pg, sondern mit Pg^e zu rechnen. Seine Gründe bestehen in einem durch כל (1a) ausgewiesenen quantitativen statt qualitativen Gemeindebegriff, in der Darstellung Moses und Aarons, die keine großen Mittlergestalten sind, sondern moralisch bewertete, mit biografischen Akzenten ausgestattete Einzelpersönlichkeiten; ferner darin, dass die Theozentrik und Anthropologie von Pg fehlen und die Befehlsausführungsformel ebenfalls nicht entsprechend der Priestergrundschrift gestaltet ist (vgl. ebd., 95-97).

215 Pola, Priesterschrift hat nachgewiesen, dass עַם in Pg nur in ganz bestimmten Formeln zu finden ist, von denen hier im Fall von Num 20,1 nicht im Entferntesten gesprochen werden kann (vgl. Priesterschrift, 172f.). Der Begriff ist ein Rückgriff wird *späterer* priesterlicher Redaktionen auf eine vorpriesterliche Terminologie. Mit dieser Vorgehensweise sollen Zusätze als solche gekennzeichnet werden (vgl. ebd., 174).

jeweils in keine dieser Pointierungen passt[216]. Mit dieser Terminologie für Israel steht die Zugehörigkeit von 1b-d zu Pg in Frage.

Hinzu kommt ein weiteres Argument gegen die Zuordnung von 1b-d zu einer älteren Quelle und gegen die Annahme einer späteren Einfügung aus einer solchen, und das ist die *Formulierung der Todesnotiz*. Sie besteht aus einer Wayyiqtol-Form der Wurzel מות im Kal mit der Ortsbezeichnung שָׁם und der nachfolgenden grammatikalisch gleich konstruierten Begräbnisnotiz mit dem Verb der Wurzel קבר Nif. Sämtliche Belege einer derart gestalteten Todesnotiz[217] betreffen nur Mose, Mirjam und Aaron und sind nachexilische Texte. Num 20,1cd wäre der einzige frühe Text, was angesichts der Gesamtheit der bisherigen Beobachtungen aber nicht anzunehmen ist.

Die synchrone Analyse ermöglicht es, V. 1 als sinnvolle Exposition zur ganzen Narration zu verstehen. Es werden jene Elemente genannt, die zum Verständnis der ganzen Erzählung notwendig sind, was vor allem durch die Rede des Volkes (V. 3-5) deutlich wird, wo der Ort (vgl. Betonung der Ortsangaben in V. 1), der Tod (1cd) und die Frage nach der Legitimation der Führungsgestalten im Zentrum stehen. Der Handlungsablauf und die dadurch deutliche Entwicklung dieser Themen legen diese Sicht ebenfalls nahe. Sowohl die Rede des Volkes als auch der Handlungsablauf erhalten durch die Notiz von Mirjams Tod eine wesentliche Pointierung und Spitze.

Das legen auch jene Auslegungen nahe, die vor allem die Frage nach der Führungselite als ein wesentliches Interesse in Num 20 darstellen. Sie betonen, dass es Pg darum gehe, mit dieser Erzählung das Ende der Führung durch Aaron und Mose zu begründen[218]. Die vorgelegte Analyse von V. 1 kann diese Aussage unterstützen, muss allerdings von einer Zuordnung zu Pg die zumindest für 1a angenommen wird, Abstand nehmen. Die Ortsangabe Kadesch, die Bezeichnung Israels als הָעָם, das Fehlen historisch-geografischer Bezüge und chronologisch verwertbarer Angaben sprechen gegen Pg in 1a.

Die historiografisch nicht auswertbare Verortung von Kadesch und die Zeitangabe, die in kein chronologisches System zu gehören scheint, machen eine Zuordnung der Wandernotiz zu bestimmten Erzählkomplexen unmöglich. Die Ortsangabe deutet darüber hinaus auf eine späte AutorInnenschaft hin. Auch die Todes- und Begräbnisformel lassen Num 20,1 als späten Text verstehen[219]. Num 20,1 verbindet die Themen „Heiligkeit" und „Tod" und leitet damit eine Erzählung über das Versagen Moses und Aarons ein.

---

216 Vgl. 4.7.1.1.
217 Cf. Num 20,1.26.28; 33,38; Dtn 10,6; 34,5. Illman, Old Testament, 52 nimmt noch Belege mit Verben im Perfekt hinzu, wodurch die Liste erweitert wird durch Ri 1,7; 2 Sam 6,7; 1 Chron 13,10.
218 Vgl. nahezu alle Kommentare. Gray, Numbers, 256; Noth, Numeri, 127; Fritz, Israel, 27; Schmidt, L., Studien, 62; ganz deutlich auch Lim Teng Kok, Scripts, 86.
219 Vgl. Illman, Formulas, 51-53.

4.9.2.2. V. 3: Unvereinbare Spannungen unter den Subjekten und Objekten

Zunächst scheint 3a eine Spannung zu 2b zu beinhalten[220], da das Subjekt offensichtlich zwar identisch ist, in 2b aber mit einem Verb im Plural und in 3a mit einem im Singular verbunden ist. Noch auffallender ist die Differenz bei den Handlungsträgern: 2b nennt das Pluralobjekt Mose und Aaron, 3a nur Mose. Die narrative Analyse zeigt, dass 3a als metakommunikative Äußerung des Erzählers eine wichtige erzähltechnische Funktion für die LeserInnenlenkung wahrnimmt und von da her nicht notwendig als „Spannung" im literarkritisch relevanten Sinn zu verstehen ist[221]: Die Einschränkung des Angriffs auf Mose in 3a stellt ihn als hauptsächlichen Widerpart des Volkes dar und nimmt Aaron aus.

Außerdem sei 3a nicht nur wegen der vermeintlichen Doppelung redaktionsverdächtig, sondern, wie 1b, wegen des Begriffes עַם, der nicht zur angenommenen Pg-Grunderzählung passe. Wie in 1b gilt auch hier, dass עַם auf eine späte Redaktionsschicht hindeutet, die aber möglicherweise nicht nur für einzelne Satzteile zu veranschlagen ist.[222] 3a stimmt wörtlich mit Ex

---

220 Vgl. Noth, Numeri, 127; Struppe, Herrlichkeit, 186; Seebass, Versuch, 223; Frevel, Blick, 322f.
221 Vgl. Margaliot, Transgression, 203; Blum, Studien, 272; Margaliot hebt hervor, dass das Volk allein mit Mose streitet, da Aaron nur sein „Assistent" sei.
222 Die Diskussion um die pleonastische Redeeinleitung in 3b wurde vor allem bei älteren Kommentatoren (Eißfeldt, Hexateuch-Synopse, 177; Holzinger, Numeri, 82; Baentsch, Numeri, 567) geführt und zweifelte an der sprachlichen Vertretbarkeit einer Redeeinleitung mit finitem Verb und Inf. cs. der selben Wurzel (vgl. Diskussion bei Struppe, Herrlichkeit, 187, die meint, die hier für den Pentateuch einzigartige Formulierung hänge möglicherweise mit dem Einschub von 3a zusammen. Die Redeeinleitung ist nicht so problematisch wie angenommen, da sie sich sehr wohl im Pentateuch findet [Ex 15,1 vgl. Gray, Numbers, 264, dort auch weitere Belege außerhalb des Pentateuch]; ähnlich bei Frevel, Blick, 308, der neben den Pentateuchtexten noch 1 Sam 5,1; 20,18; Sach 2,4 nennt). Das finite Verb (וַיֹּאמְרוּ) könnte es mit Ex 17,2b mit übernommen sein. L. Schmidt fügt als weiteres Argument hinzu, dass 2b Mose und Aaron nennt und die Rede des Volkes in 3c-5c wiederum beide adressiert (vgl. Studien, 47). Die von Margaliot, Transgression, 203 vorgeschlagene Lösung, das Volk spreche Mose und Gott und nicht Mose und Aaron an, ist im Text nicht belegt. Die These müsste zumindest erwähnen, warum JHWH in 3c in 3. Person genannt ist, wenn er angesprochen sein soll. Margaliot stützt sein Argument auf Moses prophetisches Führungsamt und die damit verknüpfte enge Beziehung zu JHWH. Die Rede des Volkes sei "a direct attack on the religio-political leadership of Moses, who as a prophetic messanger of Y. led Israel out of Egypt." (ebd., 204). Abgesehen davon, dass Margaliot mit der von ihm unbegründeten Hereinnahme der Prophetie etwas über Num 20,1-13 hinwegzublicken scheint, muss außerdem die Frage gestellt werden, warum er dann Num 12 in keiner Weise erwähnt.

17,2a²²³ überein, was Aaron per se ausschließt²²⁴, da er dort nicht vorkommt und auch die Benennung des Volkes mit עָם (aus Ex 17,2) erklären kann. Wenn der Erzähler Teile aus Ex 17,1-7 wörtlich übernimmt, geschieht das gezielt und nicht zufällig. Sie dienen der Pointierung seiner Uminterpretation des älteren Textes. Durch die in Num 20,3 unvermutete Beschränkung des Konfliktes auf Mose und das Volk wird die Aufmerksamkeit der LeserInnen auf Aaron gelenkt, der in der folgenden Rede des Volkes auch immer mitgenannt ist. Damit weist der Erzähler darauf hin, dass es jetzt nicht um einen Streit gegen Mose und JHWH gehe wie in Ex 17,1-7, sondern um einen Konflikt mit Mose und Aaron²²⁵. Konsequenterweise wird Gott während der ganzen Erzählung nicht zum Opponenten des Volkes.

Noth hat auch 3c für einen späteren Zusatz gehalten, der sich seiner Meinung nach aus der Verwendung der Wurzel גוע ergäbe, die aus Num 17,27 hier eingefügt wurde²²⁶. Zunächst ist dagegen festzuhalten, dass die Wurzel auch für Pg belegt ist²²⁷. Da der Text aber sowohl die Kenntnis priesterlicher als auch nichtpriesterlicher Texte voraussetzt, ist anzunehmen, dass er die Zusammenfügung dieser beiden Erzählkorpora voraussetzt. Die Entscheidung, ob גוע ein Terminus der Pg ist oder nicht, ist für die Frage der Einheitlichkeit des Textes nicht mehr relevant, da der Erzähler spezifische Begriffe einsetzt, um damit bereits auf bestimmte Texte zu verweisen. Noth kann deshalb nicht gefolgt werden²²⁸. Darüber hinaus fügen sich mögliche Hinweise auf späte Redaktionsschichten gut zu den Beobachtungen in V. 1.

---

223 Vgl. u.a. Noth, Numeri, 128; Budd, Numbers, 216; Levine, Numbers, 484; Struppe, Herrlichkeit, 186; Schmidt, L., Studien, 47; Frevel, Blick, 308.
224 Vgl. Schmidt, L., Studien, 47. Lim Teng Kok (vgl. Sin, 80-82) stellt sich diesem Problem nur indirekt. Er verbindet die Frage, mit wem das Volk tatsächlich streitet und ob dies vom Text her eindeutig vorgegeben ist, konsequent (aber eben auch nur) mit der Frage, warum das Volk in V. 4-5 Mose und Aaron anspricht (Pluralverben) und nicht 3a entsprechend nur Mose. Zunächst warnt er vor textkritischen Lösungen, worin ihm zweifellos recht zu geben ist, und meint darüber hinaus, es sei durchaus auch üblich, dass Gott zu Mose spreche, auch wenn Aaron präsent sei. Diese Argumentation ist im Rahmen des vorliegenden Textes insofern schwach, als hier nicht Gott sondern das Volk spricht. Inhaltlich gehe es darum, dass sich das Volk gegen beide versammle (2b), aber nur gegen Mose als zentralem Angriffspunkt streite, was zweifellos nicht falsch ist.
225 Vgl. dazu Levine, Numbers, 484; Kok, Scripts, 83.
226 Vgl. Noth, Numeri, 128.
227 Schmidt, Studien, 47 nennt Ex 16,3; Num 14,2 als P-Belege für die Art und Weise des Todeswunsches mit Begründung. Methodisch zweifelhaft scheint auch das Vorgehen, eine einzelne Wurzel aufgrund eines Belegs aus dem Text zu nehmen.
228 Vgl. Struppe, Herrlichkeit, 187, ähnlich Gray, Numbers, 258.264, der V. 3 ab וְלוּ zu „P" zählt. Budd, Numbers, 216 rechnet in 3a wegen הָעָם mit einer alten Quelle, ansonsten sei der Vers von „P". Seiner Meinung nach wollte „P" einen direkten Bezug zur alten Geschichte in Ex 17 herstellen, allerdings betont ein anderes Ende erzählen.

4.9.2.3. Probleme in Vers 3-5: Verwirrung des Volkes oder Komposition?

In seiner Rede (3c-5d) stellt das Volk, nach einem „Aufschrei"[229], die Frage nach dem Grund (zweimal וְלָמָה in 4a.5a.) für das Heraus- bzw. Heraufführen aus Ägypten[230].
An dieser Konstruktion stellen sich zwei literarkritisch relevante Fragen: 1. Ist der Einsatz mit וְלוּ (zu) abrupt und deutet das auf einen ursprünglich davor stehenden aber verlorengegangenen Teil der Rede hin? 2. Ist V. 5 eine Doppelung zu V. 4?
וְלוּ ist als Redeeinleitung innerhalb der hebräischen Bibel nicht belegt[231]. Dass der Beginn der Rede möglicherweise verloren ging, ist weniger literargeschichtlich als erzählerisch auszuwerten. In der scheinbar abgebrochenen Rede des Volkes wird eine Aufregung zum Ausdruck gebracht. Es erscheint eher kurzsichtig, hier zwingend einen literarischen Bruch im Sinn eines unvollständig überlieferten Textes anzunehmen[232].
Die doppelte Frage in V. 4 und V. 5 wurde oftmals als literarkritisches Problem gewertet[233]. Grundsätzlich wurden drei Lösungsvarianten vorgelegt: 1. V. 5 sei ein Zusatz[234], 2. V. 4 und V. 5 seien Zusätze[235] und 3. V. 4 und V. 5 gehören beide zur P-Grundschicht des Textes[236].
Die rein inhaltliche Fragestellung nach einer störenden Wiederholung ist von der Erzähltextanalyse her als literarkritisch irrelevant zu verstehen[237].

---

229 Vgl. Holzinger, Numeri, 82.
230 Die Frage, ob 4a-c nach dem „Aufschrei" in 3c (וְלוּ) passe oder nicht, wurde von Holzinger, Numeri, 83 aufgeworfen. Struppe, Herrlichkeit, 188f. meint, die Todesangst nach dem Todeswunsch zu berichten, passe nicht. Mit L. Schmidt (Studien, 47) ist ihr entgegenzuhalten, dass V. 4 eine Begründung zum Todeswunsch V. 3 darstelle.
231 Redeeinleitungen mit לִי ohne einleitendes Waw sind belegt (z.B. Num 14,2), וְלוּ findet sich nur in Jos 7,7, dort aber nicht zu Beginn einer Rede.
232 Vgl. dazu Noth, Numeri, 128; Blum, Studien, 273.
233 Vgl. dazu auch Struppe, Herrlichkeit, 187.
234 Vgl. Baentsch, Numeri, 567; Holzinger, Numeri, 82; Noth, Numeri, 127; Budd, Numbers, 216; Lohfink, Norbert, Die Ursünden der priesterlichen Geschichtserzählung, in: Bornkamm, Günther/Rahner, Karl (Hgg.), *Die Zeit Jesu. Festschrift für Heinrich Schlier*, Freiburg u.a.: Herder 1970, 38-57 (= Lohfink, Norbert, *Studien zum Pentateuch*, SBAB 4, Stuttgart: Katholisches Bibelwerk 1988, 169-189), 46 (zitiert nach der Ersterscheinung), Anm. 32; Gray, Numbers, 258; deVaux, Nombres, 221; Frevel, Blick, 323. Gray bildet insofern eine Ausnahme, als er V. 5 – in Anlehnung an Cornill, C. H., Beiträge zur Pentateuchkritik, *ZAW* 11 (1891) 1-35, 25f. – J zurechnet (was wiederum mit der Konsequenz einhergeht, העליתנו in 5a ursprünglich im Singular anzunehmen, da J Aaron nicht kenne [vgl. Cornill, ebd., 26]).
235 Vgl. Zenger, Israel, 63f.; Weimar, Struktur, 1.85, Anm. 18; Struppe, Herrlichkeit, 187-190.
236 Vgl. Lohfink, Priesterschrift, 198, Anm. 29; Frevel, Blick, 328-332.
237 Struppe fragt danach, ob es möglich sei, V. 4 – so wie V. 5 – zu Pg zu zählen und negiert das von Ex 16,3 her. Ex 16,3 formuliere Todeswunsch (3c) und Vorwürfe

Die Rede des Volkes in V. 3-5 entpuppte sich als Deutung des Ortes und der Ereignisse dort. Sie weitet dadurch den Blick der LeserInnen auf die ganze Erzählung von Num 20,1-13. Sichtbar wird darin die Umdeutung des Ortes Kadesch („HEILIG") zum Ort des Todes. Der Zusammenhang der Wurzel קדש und das Ende bzw. der Tod wird durch den Erzähler in V. 12f. bestätigt.

In V. 5 wird Ex 17,3[238] übernommen, allerdings steht dort das Verb (מוח) im Hif'il (in Num 20 im Kal in V. 4), das Volk (הָעָם, Num 20,4a קְהַל יְהוָה) spricht von sich im Singular, in Num 20,4.5 im Plural, in Ex 17,3 wird auch das Vieh (מִקְנֶה) genannt, das in Num 20,4 unter der Bezeichnung בְּעִיר erwähnt wird[239]. V. 4f. greifen also beide entsprechend dem Interesse der beiden Fragen in 4a und 5a auf Ex 17,3 zurück. V. 4 greift das Sterben und die Betonung „wir und das Vieh" auf und V. 5 das Heraufführen, die Frage nach dem Sinn des Exodus. Ex 17,3 wurde in Num 20 damit aufgespalten und die Not des Volkes differenzierter dargestellt[240]. Es ist nicht notwendig, einen Redaktor anzunehmen, der den Unwillen Israels betonen und damit die Schuld der „Führer durch die ‚Schuld' der Gemeinde [...] ergänzen"[241]

---

bezüglich des Exodus und des Todes formal ähnlich wie Num 20,3-4. Allerdings stünden in Ex 16,3 Todeswunsch und Todesart nicht im Widerspruch, das Volk wünsche sich, durch Gottes Hand statt vor Hunger zu sterben. Das sei in Num 20,3.4 anders: Das Volk wünsche sich einen anderen Tod, es ziehe nämlich ein Verenden wie seine Brüder vor Gott (V. 3) dem Hungertod in der Wüste vor (vgl. Herrlichkeit, 188-190). Die theologisch nicht uninteressante Frage ist aber für eine literarkritische Scheidung zu unsicher, da erzählerisch vermittelte „Todeswünsche" und „-arten" in den biblischen Texten zu wenig verhandelt werden, um damit literarkritische Entscheidungen zu belegen, zumal auch die formalen Unterschiede zwischen Num 20,3-4 und Ex 16,3 zu groß sind, als dass man eine direkte inhaltliche Parallele ziehen könnte. Schart bringt darüber hinaus das Argument, dass formalerzählerisch der Aufbau von Num 20,4f. in Ex 16,3 und Num 14,2f. belegt ist: Einem irrealen Todeswunsch (20,3c) folgt die Infragestellung des Exodus, da dieser nicht zum Leben, sondern in die Wüste, den Ort des Todes führe (vgl. Mose, 114). Ebenso ist Frevel zuzustimmen in der Kritik an der problematischen Trennung von Todeswunsch und Todesangst (vgl. Blick, 315).

238 Vgl. z.B. Noth, Numeri, 128; Struppe, ebd., 187f.; Blum, Studien, 273; Schmidt, L., Studien, 48f., Kok, Sin, 91.
239 בְּעִיר wird meist als „JE"-Begriff verhandelt, was hier eine Redaktion vermuten ließe (vgl. Gray, Numbers, 258; Levine, Numbers, 488). Struppe weist zu Recht darauf hin, dass der Begriff im Pentateuch selten ist und deshalb weder für die eine noch für die andere Quelle beansprucht werden kann (vgl. Herrlichkeit, 188f. mit Anm. 22, ähnlich Gray, der den Begriff für „E" und „P" ausweisen möchte. Vgl. Numbers, 264).
240 Frevel sieht hier eine Spannung zwischen V. 4, der auf die Versorgung in der Wüste anspiele und V. 5, der eher so etwas wie „Ägyptennostalgie" zeige (vgl. Blick, 308). Er stellt sich aber nicht die Frage, ob diese doppelte Argumentation nicht auch sinnvoll scheinen kann. Struppe schreibt V. 4 und V. 5 demselben Redaktor zu und sieht in V. 5 eine Steigerung zu V. 4 (vgl. Herrlichkeit, 189).
241 Struppe, ebd., 190, Argumentation 187f.

wollte²⁴². Die Erzähltextanalyse ergab vielmehr, dass die Rede des Volkes in V. 3-5 in der Rede Moses in V. 10 eine strukturelle (nicht inhaltliche!) Entsprechung findet. Dies konnte ebenso das Ansinnen der AutorInnen gewesen sein, die ihre Vorlage nach ihrem Interesse umgestaltet haben²⁴³ und das ist mindestens ein Hinweis darauf, dass die AutorInnen von Num 20,1-13* Material zur Verfügung hatten, das sie relativ frei neu gestalteten.

Auf eine solche Umgestaltung lassen - ähnlich wie in V. 3 – terminologische Bezüge zu Texten priesterlicher und nichtpriesterlicher Prägung schließen²⁴⁴. Das Argument, עלה im Hif'il werde nur von den „alten Quellen" „J" und „E" für den Auszug verwendet²⁴⁵, muss keinen Hinweis auf die Textentstehung darstellen, da die Form auch in „P" verwendet werden kann (vgl. Lev 11,45)²⁴⁶.

4.9.2.4. V. 8-11: Wer hat wodurch ein Wunder gewirkt?

Die Erzählung des Wunders am Felsen ist mit etlichen exegetischen Problemen behaftet. Abgesehen davon, dass hier *„die* Sünde des Mose"²⁴⁷ zu

---

242 Struppe, ebd., 187-189.
243 Dieser könne nach Polas Argumentation (Priesterschrift, 96.302-304) nicht im Rahmen der Pg- Autorenschaft angesiedelt werden, weil Pg nicht eine so negative Anthropologie vertrete, die aber s. E. bereits in V. 4 gegeben sei (vgl. ebd., 96f.).
244 In der Formulierung des Vorwurfs zu Num 16,14; in der Kritik des Exodus zu Ex 17,3; Num 21,5, in der Nennung der Früchte zu Num 11,5 (vgl. Cornill, Beiträge, 25; Gray, Numbers, 261; Struppe, Herrlichkeit, 189; Schart, Israel, 114; ungenauer aber mit derselben Tendenz Budd, Numbers, 216).
245 So Gray, Numbers, 264.
246 Vgl. Budd, Numbers, 216 und Frevel mit weiterem Verweis auf Num 16,3f. (vgl. Blick, 314, Anm. 203).
247 Aufschlussreich ist die Aufstellung der unterschiedlichen Verständnismöglichkeiten dieser Sünde (primär bei den jüdischen Auslegern des Mittelalters, dann aber auch der modernen Exegese) bei Milgrom, Jacob, Magic, Monotheism and the Sin of Moses, in: Huffmon, H. B./Spina, F. A./Green, A. R. W. (eds.), *The Quest for the Kingdom of God. Studies in Honor of George E. Mendenhall*, Winona Lake, Ind.: Eisenbrauns, 1983, 251-265, 251-257. – Die Frage, worin die Sünde Moses und Aarons bestanden habe, wird hier so weit wie möglich ausgeklammert, da sie, zu früh in den Blick genommen, die Sicht auf den Text verstellen kann und so indirekt Vorentscheidungen gefällt werden könnten. Sie kann nicht ganz aus der literarkritischen Argumentation herausgehalten werden, z.B. bezüglich der Frage, ob das Schlagen des Felsens in 11ab ein redaktioneller Eingriff sei oder ob darin die Sünde bestand (vgl. Frevel, Blick 309). Während in der Widersprüchlichkeit zwischen Befehl (V. 8) und Ausführung (V. 9-11) nach Frevel die hauptsächliche Spannung liege, sieht Gray angesichts dessen, dass es für den Stab keine Anweisungen gab, auch keinen Anlass, eine Sünde in V. 8-11 anzunehmen. Die Bandbreite der Interpretationsmöglichkeiten für die V. 8-12 ist sehr groß (vgl. die Auflistung der zehn verschiedenen Vorschläge mit einem eigenen elften

finden sein solle (V. 12; Num 27,14), ist vor allem die Art und Weise, wodurch das Wunder gewirkt werde, umstritten.

Es wird zwischen 8a und 8c eine Unvereinbarkeit angenommen, da das Wunder entweder mit Hilfe des Stabes *oder* durch Worte zu wirken sei[248]. Diese Sicht nährt sich vor allem am Vergleich mit Ex 17,5, da dort sowohl das Reden als auch das *zweimalige* Schlagen[249] fehlen. Da in Ex 17 das Wunder nur durch das *einmalige* Schlagen mit dem Stab gewirkt wird, wird das Reden als Novum in Num 20 entweder bloß als eine spezifische Erzählvariante der vorliegenden Fassung verstanden[250], oder als zweite, selbständige Wundertradition, die vom Wunder durch Sprechen ausgeht[251]. Im doppelten Schlagen wird der Hinweis auf eine Redaktionsschicht vermutet, die die angenommene „priesterschriftliche Fassung" des Wunders durch das Sprechen an Ex 17 angleichen wollte[252].

---

bei Milgrom, Magic, 252f.). Andere (Noth, Numeri, 129; Lohfink, Ursünden, 187; Zenger, Israel, 65; Struppe, Herrlichkeit, 193; Schmidt, L., Studien, 67-69; Levine, Numbers, 490) sehen in V. 10 den Grund der negativen Beurteilung durch V. 12. Der Zweifel an der Wirksamkeit des Wortes Gottes sei für „P" die schlimmste aller möglichen Sünden und es ist nach Frevel (Blick, 318) unwahrscheinlich, dass gerade Mose dessen bezichtigt werden sollte. Hinzu kommt unabhängig davon, worin die Sünde vermutet wird, das häufig eingebrachte beurteilende Argument, die Sünde sei nicht gravierend genug für eine derartige Bestrafung. Diese Erklärung liegt aber bereits im Bereich der inhaltlichen Interpretation und kann für die literarkritischen Entscheidungen nicht herangezogen werden. Deutlich wird dies auch bei Frevel in seiner Auseinandersetzung mit der Interpretation der Sünde durch Struppe. Für Struppe besteht Moses Sünde im Zweifel an der Wirksamkeit des Wortes Gottes. Es liegt also offensichtlich nahe, hier in die literarkritische Argumentation eigene – für die Situation biblischer Texte vielleicht wenig zutreffende – Vorstellungen von Sünde und die Frage nach (berechtigter oder unberechtigter) Strafe einzubringen. Gleichzeitig kann dies nicht der Weg sein, die Fragen, die der Text stellt, zu lösen. Diese sollen daher zunächst im Vordergrund stehen.

248 Vgl. Struppe, ebd., 190f.; von zwei vorliegenden Wunderberichten, einem, in dem das Wunder durch Sprechen und einem, in dem es durch den Stab gewirkt wird und aus Ex 17,1-7 übernommen wurde, spricht auch Noth, Numeri, 128. Für eine einheitliche Lesart plädieren Gray, Numbers, 261-263; Budd, Numbers, 217; Fritz, Israel, 27; Levine, Numbers, 489 (nimmt aber dafür für V. 10 und V. 12 einen Interpolator an, der einen Grund für die göttliche Sanktion brauchte [vgl. genauer V. 10]); Schart, Mose, 114-116.118.

249 Vgl. Noth, Numeri, 127f.

250 So etwa Noth, Numeri, 129, der von einer Spiritualisierung des Wunders durch „P" spricht. Ähnlich auch Struppe, Herrlichkeit, 191.193.

251 Selbstständige Berichte aus zwei verschiedenen Quellen, einer erzählt vom Wunder durch Reden, einer durch Schlagen vgl. bei Holzinger, Numeri, 72; Baentsch, Numeri, 565; Rudolph, Elohist, 84; Noth, Numeri, 128.

252 So Noth, Numeri, 128, wobei die Lokalisierung des Stabes „vor JHWH" in Anlehnung an Num 17,25 ebenso nachträglich eingefügt wurde.

Zur Identifikation des Stabes

Außerdem ließen sich zwei Wunderberichte mit zwei divergenten Stabtraditionen, unterschiedlichen (menschlichen) Subjekten der Wunderwirkung, die einmal im Plural (8bc.10ad) und einmal im Singular (8aef.9ab.10b.11ab) genannt sind und mit der Differenz zwischen dem Auftrag Gottes und der Ausführung durch Mose und Aaron untermauern. Die genannten Problemfelder hängen mit der Antwort auf die Frage zusammen, von welchen Stäben oder welchem Stab der Text spricht.

Der Stab erhält in 9a eine Qualifizierung durch den Ort (לִפְנֵי יְהוָה), an dem er steht, wodurch eine Identifizierung mit dem Stab Aarons aus Num 17,25 vorgenommen wird. 20,11b bezieht den Stab aber auf Mose (מַטֵּהוּ). Sind hier zwei Stabvorstellungen verarbeitet? Ist der Stab, mit dem Mose den Felsen schlägt, Moses Stab (11b) oder der Stab Aarons? Wie ist mit der Feststellung umzugehen, „P" kenne keinen Stab des Mose[253]? – Wichtig scheint die Beobachtung, dass der Stab dort als Moses Stab gekennzeichnet ist, wo er nicht dem Auftrag Gottes entspricht (11b). Also ein Element dessen sein könnte, was in V. 12 als „nicht glauben" bezeichnet wird.

Rein erzählerisch besteht das Problem der unterschiedlichen Stabfunktionen nicht, denn sie fügen sich in die falsche Ausführung des Auftrages Gottes.

Auftrag und Ausführung

Der Auftrag Gottes, bestehend aus zwei Imperativen in 8ab und vier w^e-qatal Sätzen in 8cdef, die konsekutiv zu verstehen sind, findet seine genaue Entsprechung in 9ab.10a.11cd. Wie sind 10bcd.11ab zu verstehen? Ist dieses Abweichen vom Befehl Gottes der Unglaube Moses und Aarons oder „redaktioneller Einschub"?[254] Oder anders: Liest man V. 8-11 von V. 12 her oder besteht man auf der Quellenscheidung, die zumindest einen Grundbestand in V. 8-11 „P" zuschreibt und V. 12 einer späteren Redaktion? Da V. 8-12 vom Handlungsablauf her kohärent wirken, sind sie auch so zu lesen. Ein Blick auf die Unterschiede zwischen Auftrag und Ausführung kann das verdeutlichen:

---

253 So etwa Struppe, Herrlichkeit, 191 mit Anm. 34; Propp, Rod, 22.
254 So wird die Frage bei Frevel, Blick, 309 auf den Punkt gebracht.

Auftrag		Ausführung	
קַח אֶת־הַמַּטֶּה	8a	וַיִּקַּח מֹשֶׁה אֶת־הַמַּטֶּה מִלִּפְנֵי יְהוָה	9a
		כַּאֲשֶׁר צִוָּהוּ:	b
וְהַקְהֵל אֶת־הָעֵדָה אַתָּה וְאַהֲרֹן אָחִיךָ	b	וַיַּקְהִלוּ מֹשֶׁה וְאַהֲרֹן אֶת־הַקָּהָל אֶל־פְּנֵי הַסָּלַע	10a
וְדִבַּרְתֶּם אֶל־הַסֶּלַע לְעֵינֵיהֶם	c		
וְנָתַן מֵימָיו	d		
		וַיֹּאמֶר לָהֶם	b
		שִׁמְעוּ־נָא הַמֹּרִים	c
		הֲמִן־הַסֶּלַע הַזֶּה נוֹצִיא לָכֶם מָיִם:	d
		וַיָּרֶם מֹשֶׁה אֶת־יָדוֹ	11a
		וַיַּךְ אֶת־הַסֶּלַע בְּמַטֵּהוּ פַּעֲמָיִם	b
		וַיֵּצְאוּ מַיִם רַבִּים	c
וְהוֹצֵאתָ לָהֶם מַיִם מִן־הַסֶּלַע	e	וַתֵּשְׁתְּ הָעֵדָה וּבְעִירָם:	d
וְהִשְׁקִיתָ אֶת־הָעֵדָה וְאֶת־בְּעִירָם:	f		

Mose spricht allein zur Versammlung und schlägt den Fels zweimal mit dem Stab.[255] Auf den Stab bezogen lässt sich folgende Divergenz als Unglaube bezeichnen: Die erste Erwähnung des Stabes in 8a erfolgt bereits mit Determination (קַח אֶת־הַמַּטֶּה). Das ist insofern auffällig, als zwar anscheinend ein ganz bestimmter Stab gemeint ist[256], aber nicht direkt in V. 8 erklärt wird, auf welchen sich die Determination bezieht[257]. In Num 20 erfolgt die nähere Bestimmung erst in 9a auf der Handlungsebene, innerhalb des ersten

---

[255] Vgl. ähnlich Propp, Rod, 22f. mit Anm. 23, für den die „Sünde" aus dem in V. 10 ausgedrückten Zweifel Moses, der Bezeichnung des Volkes als מֹרִים, und dem zweimaligen Schlagen des Felsens besteht.

[256] Speziell bezüglich der Determination des Stabes und des Felsens legt sich die Annahme sehr nahe, dass Ex 17 bekannt war. Warum sonst wird in Ex erklärt, dass Mose einen Stein vorfinden wird, aus dem er Wasser schlagen soll und in Num 20 direkt auf den Stein hingewiesen? Kok hat die These vertreten, dass in Ex 17 und Num 20 zwei Varianten eines Typs von Erzählung vorliegen, die unabhängig voneinander entstanden sind (vgl. Scripts, 84). Auch wenn seine Überlegungen durchaus erhellend sind, kann er nicht erklären, warum gerade Ex 17,1-17 und Num 20,1-13 an manchen Stellen fast wörtlich übereinstimmen und an anderen voneinander abweichen. Dies als Zufall hinzunehmen, scheint mir die Interessen der AutorInnen und ihren Kontext, auch ihren literarischen Kontext, zu wenig ernst zu nehmen.

[257] Noch auffälliger ist dieser Befund im Vergleich zu anderen Vorkommen von מַטֶּה mit Determination: Vgl. die Einführung des Mosestabes in Ex 4,17 (הַמַּטֶּה הַזֶּה). 20 (Rückbezug auf V. 17 und außerdem nomen regens von הָאֱלֹהִים); 7,15 (mit Bestimmung durch Relativsatz mit אֲשֶׁר). 7,20 (mit Rückbezug auf den Auftrag in 7,19 gekennzeichnet als Aarons Stab). Somit ist die Bezugslosigkeit der Determination von מַטֶּה in 20,8 singulär.

(„richtigen") Elements der Auftragsausführung: Es ist der Stab מִלִפְנֵי יְהוָה gemeint. Vor JHWH, wörtlich vor der Bundeslade (לִפְנֵי הָעֵדוּת), steht Aarons Stab in Num 17,25[258]. Er hat die Funktion, den בְּנֵי־מֶרִי Zeichen zu sein, damit sie sich nicht auflehnen und nicht sterben müssen (וְלֹא יָמֻתוּ 17,25). Die Verwendung gleicher Verbalwurzeln mit מות in Num 17,25 und 20,4.5.10 und mit מרה in 17,25; 20,10.13; 27,14 deutet darauf hin, dass der Stab nicht die einzige Verbindung auf der Ebene der Morphologie zwischen Num 17 und Num 20,1-13 ist. Zu dieser Ebene tritt auch die Verbindung auf der Ebene der Textsemantik, denn der Stab ist den Widerspenstigen ein Zeichen, dass sie vor dem Tod bewahrt werden. Insofern hat der Stab vor Gott (9a) eine symbolische Bedeutung für das Volk, das sich in Todesangst befindet[259]. Dass diesen Stab auch Mose nehmen kann, ist in Num 17,16-26 belegt[260]. Die Frage, warum Mose und nicht Aaron den Stab nehmen soll, erübrigt sich von Num 17,16-26 her, denn auch dort wird Mose beauftragt, mit den Stäben zu handeln und dort erhält auch er die Erklärung für die neue Bedeutung des Stabes. Von Num 17,16-26 her ist Aarons Stab nicht mehr einfach nur Aarons Stab, der Moses Stab entgegengesetzt werden kann, sondern er wird zum Zeichen für das Volk, sofern es sich in einer Notlage befindet. Somit haben die AutorInnen von Num 20 einen Präzedenzfall für die Funktion des Aaronstabes aus Num 17,25 statuiert. Von 17,25 her steht auch V. 10 in

---

258 Verweise auf diesen Text im Zusammenhang mit dem Stab bei Cornill, Beiträge, 28; Holzinger, Numeri, 83; Gray, Numbers, 262; Noth, Numeri, 128; Budd, Numbers, 216; Struppe, Herrlichkeit, 191, Anm. 34; Propp, Rod, 22; Milgrom, Numbers, 164; Blum, Studien, 273.

259 Jene Interpretationen, die den Stab nicht als Mittel des Wunderwirkens, sondern als etwas Mose Unterstützendes deuten, gehen in diese Richtung. Baentsch, Numeri, 569, interpretiert den Stab als Zeichen der Würde Moses. Zuletzt ähnlich auch Kok, Scripts, 89, der im Stab ein Zeichen der Legitimation sieht. Beide beziehen die symbolische Bedeutung des Stabes auf Mose. Von Num 17 her gelesen, ist diese eher auf das Volk zu beziehen, als Zeichen für die Widerspenstigen. Schart fasst zusammen: „Der Stab ist also für den Vollzug des Wunders wichtig, aber nicht als Werkzeug zum Schlagen." (Mose, 115).

260 So auch Budd, Numbers, 218; Gray, Numbers, 262. Wobei Budd die These vertritt, dass „P" Moses Stab, mit dem er vor Pharao Wunder wirkte (Ex 6,8-11,20) in Aarons Hände (Ex 7,9.12.19f.; 8,1.12) lege. Die Annahme, „P" kenne keinen Stab des Mose, lässt sich nicht aufrecht erhalten, da Ex 14,16 „P" sehr wohl ein Hinweis auf einen solchen Stab sein könnte (vgl. Budd, Numbers, 218). Struppe kann dieses Argument nicht übernehmen, da sie sich in der Beurteilung von Ex 14,16 an Baentsch, Numeri, 566 hält, der Ex 14,16aα „E" zuschreibt. Anders Lohfink, Priesterschrift, 198, Anm. 29; Pola, Priesterschrift, 116, die besagten Text für priesterschriftlich halten). Allerdings ist die Frage, ob „P" einen „Stab des Mose" kenne für Num 20 sekundär, denn hier geht es um den Stab, der vor Gott steht und in Num 17 der Aarons ist. Was aber jetzt nicht mehr wesentlich ist, da er in erster Linie ein Zeichen für das widerspenstige, geängstigte Volk ist.

einem anderen Licht[261]. In Verbindung mit Num 17,25ff. gelesen, ergibt sich keine Möglichkeit, unterschiedliche Stäbe und Stabkonzeptionen in Num 20,8-11 anzunehmen.

Die oftmals gestellte Frage, warum Mose den Stab einfach nehmen und nicht auch den Fels damit schlagen soll, erweist sich von Num 17 her ebenfalls als obsolet. Der Stab hat eine symbolische Funktion und keine „mechanische". Daran lässt sich der Unglaube umso deutlicher konturieren: Mose disfunktionalisiert den Stab, indem er mit ihm umgeht, als wäre es sein Stab (מַטֵּהוּ in 11b), wie in Ex 17,5. Damit entstellt Mose Gottes Absicht und übersieht die Funktion des Stabes für das Volk. In der Rede in 10bc kulminiert der Unglaube[262]. Die Anrede des Volkes mit מוֹרִים ist kein emotionaler Fauxpas Moses[263] sondern ein Hinweis auf die Stabfunktion, die Mose in der

---

261 Moses Rede an das Volk in V. 10 wurde deshalb von der älteren Forschung literarkritisch ausgeschieden, weil sie nicht im Auftrag Gottes läge und weil die Frage „Können wir für euch Wasser aus dem Felsen hervorkommen lassen?" (10d) direkt vor der Wassergabe des Felsens unpassend wirke (Vgl. Gray, Numbers, 263 in Anlehnung an Cornill, Beiträge, 26). V. 10 sei vom Redaktor verändert worden. Ursprünglich habe 10d vor 10c gestanden, sei an Gott gerichtet gewesen und das Personalpronomen der 2. Person Pl. sei in der 3. Person formuliert gewesen („Können wir für sie Wasser hervorbringen?"). Darauf hätte Gott mit dem jetzigen 10c geantwortet. Mit V. 12 schwächte der Redaktor dann diese direkte Rebellion gegen JHWH ab auf „Unglauben" (vgl. Gray, ebd., 262). Da diese Variante rein hypothetisch ist, kann sie nicht übernommen werden. Noth unter anderen Vorzeichen: „P" habe in den alten Bericht eingegriffen, um V. 12 und damit das Ende Moses und Aarons zu begründen (vgl. Numeri, 129).

262 V. 10 als Grund der Sünde nennen Noth, Numeri, 128; Struppe, Herrlichkeit, 193; ungenau bleiben Gray, Numbers, 262f.; Budd, Numbers, 218. Werden zwei Wunderberichte angenommen, die in Num 20,7-11 verknüpft werden, dann wäre es einfach zu vermuten, V. 10 sei die Sünde innerhalb des Wunderberichtes durch das Sprechen und 11ab, das zweimalige Schlagen mit dem Stab, die Sünde für das Wunder mit dem Stab. Diese Einteilung ist aber insofern nicht zu halten, als das Schlagen in 11ab auch einen Bezug zum Sprechen haben kann: Mose schlägt den Felsen statt zu ihm zu sprechen. Durch diese unterschiedlichen Argumentationen scheinen vor allem jene Ausleger in Schwierigkeiten zu geraten, die nicht grundsätzlich von zwei Wunderberichten ausgehen und den Text trotzdem nicht einheitlich lesen, wie z.B. Gray, Budd, Levine.

263 So u.a. Struppe, Herrlichkeit, 200f.; Blum, Studien, 273f., der ebenfalls eine Zeichenfunktion des Stabes von Num 17,25 her annimmt, betont den Zorn Moses: „Die Anrede (שמעו נא המורים) stellt zudem klar, daß המן הסלע הזה נוציא לכם מים keine zweifelnde Frage darstellt, sondern im Gegenteil herausfordernde Rede [...], von Mose im ‚heiligen' Zorn gesprochen...". Milgrom, Magic, 252 führt – gestützt auf Nachmanides – weitere Gründe gegen einen Zornesausbruch Moses ins Treffen: Die Anschuldigung des Unglaubens passe nicht zum Zorn, Aaron hätte sich nicht des Unglaubens schuldig gemacht, wenn der Unglaube im Zorn läge. Außerdem gäbe es noch andere Texte, die deutlicher von Moses Zorn erzählen (Num 31,14), die ihm aber keinen Vorwurf des Unglaubens machten.

Rede hinterfragt[264]. Das erklärt auch die invertierte Satzstellung in 10c, die nicht das Vermögen Moses und Aarons in Frage stellt, sondern das von JHWH intendierte Wunder selbst.

Die dritte Erwähnung des Stabes in 11b bestätigt diese Sicht: Es heißt, Mose nimmt seinen Stab und schlägt auf den Felsen. Das kann bedeuten, dass Mose tatsächlich aus Misstrauen dem „Stab für die Widerspenstigen" gegenüber den Stab austauscht[265] oder dass er den Stab, den er in der Hand hält, so verwendet, wie seinen eigenen, der nicht die symbolische Funktion des Aaronstabes hat. Aarons Anteil an diesem Unglauben kann nicht in der selben Aktivität erwartet werden wie Moses, denn Aaron steht in allen „Stabtexten" unter Moses Anweisungen. Wo Aaron und Mose gemeinsam Zeichen und Wunder wirken, steht Mose handelnd im Vordergrund[266]. Trotzdem handelt Aaron in Num 20,1-13 nicht dem Auftrag Gottes gemäß. Er spricht nicht mit Mose zum Felsen (8c) und verhindert damit desgleichen das Wunder, das JHWH vorhatte.

Die Gabe des Wassers

Die Annahme, 8d sei redaktionell, weil der Fels dort Subjekt des Wassergebens sei und nicht wie in 8ef Mose[267], greift zu kurz, denn die Handlung in 8d ist innerhalb des göttlichen Auftrages als Folgehandlung des Sprechens zum Felsen (8c) zu verstehen und als w^e-qatal-Form Folge dessen, was in 8c

---

[264] Frevel, Blick, 323f. rechnet V. 10 zu seiner Grundschicht. Er hängt dies auf an dem Widerspruch zwischen dem Redeauftrag in 8c (Mose und Aaron sollen zum Felsen sprechen) und der realisierten Rede in V. 10 (Mose allein spricht zum Volk). Während er 8c einer späteren Redaktion zuschreibt, sieht er eine kohärente Grunderzählung bestehend aus 1a.2.3b*.4.6.7.8bc*ef.10.11cd (Benennung nach meiner Zählung). Nun besteht in seiner Rekonstruktion zwar in V. 10 kein Widerspruch zu den Subjekten und Adressaten der Rede von V. 8, dafür steht die Rede des Mose aber unvermittelt in V. 10. – Zur vorgeschlagenen Sichtweise vgl. auch Blum, Studien, 273f. mit Anm. 167. Er sieht in Moses Rede neben einem Zweifel auch den herausfordernden Aspekt (in Anlehnung an Zenger, Israel, 65). Blum betont die Emotionalität der Handlungen Moses und zieht dann zurecht über die Wurzel מרה eine Verbindungslinie von Num 17,25 über 20,10.13 zu 20,24; 27,14.

[265] Der Text wird meist so verstanden, dass es sich hier tatsächlich um Moses Stab handle, wodurch dann zwei „Stabtraditionen" im Text zu literarkritischen Eingriffen führen und Mose zum wunderwirkenden Subjekt wird (ähnlich Ex 17,1-1; 16; Num 14). Vgl. Struppe, Herrlichkeit, 193; Frevel, Blick, 324 mit Anm. 238.

[266] Vgl. auch Doob Sakenfeld, Problems, 142.

[267] So Struppe, ebd., 191, anders und zu Recht z.B. Budd, Numbers, 217, der betont, die Verse, die den Stab und das Schlagen des Felsens beinhalten, könnten nicht einfach als Zusätze betrachtet werden, solange nicht sicher ist, dass sie für das Verständnis der Sünde nicht relevant seien. Außerdem macht s.E. ein erklärender Zusatz "usually its point in an obvious way" (ebd., 217), was allerdings hier nicht gegeben sei, da man nicht wisse, worin die Sünde tatsächlich bestehe.

aufgetragen wird. Nach der Vorstellung des Wunders durch Sprechen wird ja der Fels sein Wasser geben, nachdem Mose und Aaron mit ihm gesprochen haben[268]. 8d unterscheidet sich auch von Ex 17,6, wo das Wasser, nicht der Fels Subjekt des Gebens ist[269]. Der Satz ist durch seine Form eng mit 8c verbunden und macht deutlich, dass das Sprechen zum Felsen die Wassergabe bewirkt[270]. Es geht darin aber nicht um den nachträglichen Versuch einer Verschleierung der Schuld Moses und Aarons[271]. 8ef bringt durch die Benennung der AdressatInnen der Handlungen mit לָהֶם und אֶת־הָעֵדָה וְאֶת־בְּעִירָם die Bedeutung und Auswirkung des Geschehens für das Volk herein. Mose als Subjekt der Wassergabe bestätigt seine in Frage gestellte Autorität, was der Intention der Gottesrede entspricht. Die Wurzeln יצא und שׁקה haben in der Ausführung des Auftrages in 11cd von Ex 17,6 her ihren Platz. Wenn die Ausführung genau erfolgen soll, dann müssen diese Wurzeln auch in den Auftrag in V. 8 übernommen werden[272].

Zusammenfassend lässt sich sagen, dass V. 8-11 als literarische Einheit zu lesen sind. Was zwischen dem Auftrag Gottes (V. 8) und der Ausführung durch Mose und Aaron (V. 8-11) als inhaltliche Spannung verstanden werden kann, ist als falsche Auftragsausführung und Inhalt des Unglaubens (V. 12) zu lesen. Wegen der beschriebenen einheitlichen Stabkonzeption und dieser Sicht des Unglaubens kann auch nicht von zwei unterschiedlichen Wunderberichten gesprochen werden. Ein Stabwunder durch Schlagen sieht der Auftrag Gottes nicht vor, da der Stab Aarons nicht die Funktion des Stabes Moses aus Ex 17,1-7 hat. Die in Num 20,1-13 vorliegende Umarbeitung der Wundererzählung von Ex 17,1-7 bezieht sich stark auf den Stab: Er hat in Num 20,1-13 von Num 17,25ff. her eine symbolische Funktion für das Volk. Durch die Umfunktionalisierung, die Mose vornimmt, macht er ihn – wie in Ex 17 – zu einem Stab, der Moses Bedeutung von Gott her herausstreichen soll. In Num 20,1-13 geht es aber nicht darum, Mose zu rehabilitieren, sondern den Anfragen und Bedürfnissen des Volkes gerecht zu werden. Die Feststellung, dass der Erzähler ganz auf der Seite des Volkes argumentiert und JHWH das Volk ebenfalls nicht wegen des Murrens zurecht weist, fügt sich ganz zur Betonung der Stabfunktion.

---

268 Frevel, Blick, 317f. sieht die Verbindung von 8c und 8d noch enger, indem er 8d übersetzt mit „damit er sein Wasser gibt".
269 So auch Num 20,11c.
270 Vgl. auch Frevel, Blick, 323.
271 So Struppe, Herrlichkeit, 193.
272 Zur Entsprechung von שׁקה und שׁחה vgl. Struppe, Herrlichkeit, 193 mit Anm. 48, wobei sie vor allem eine Verbindung zu Vers 5 schafft, den sie bereits als zu „P" gehörig ausgewiesen hat. Frevel betont zu Recht vor allem die Linie zwischen 8ef und 11cd, die auf der Verbindung der beiden Wurzeln mit der Wurzel יצא basiert (vgl. Blick, 316 mit Anm. 215).

Die unklare Einbindung Aarons in das Geschehen wurde ebenso als Argument für die Uneinheitlichkeit des Textes veranschlagt. Aaron ist im Auftrag nur teilweise angesprochen und in den Handlungsablauf der Ausführung nur rudimentär eingebunden. Diese „Randfunktion" Aarons ist ein Spezifikum jener Texte, die Mose und Aaron als Brüder beschreiben. Zur Mittlerfunktion Moses und Aarons gehört, dass Mose im Vordergrund steht, obwohl Aaron zur Ausführung göttlicher Anweisungen dazu gehört und für Mose sprechen soll.

4.9.2.5. V. 12: Glauben und Heiligen

In V. 12 laufen die Handlungsfäden der Erzählung zusammen. Der Vorwurf des Unglaubens erlaubt ein Verständnis für die falsche Ausführung des Auftrages. Die Wurzel Kadesch schafft einen Bezug zu den schwer verständlichen Ortsangaben in V. 1. In V. 12 bezieht der Erzähler in der Gottesrede noch einmal Stellung für das Volk. Er gibt im Nachhinein den LeserInnen den Hinweis, wie V. 8-11 zu lesen ist. Das Wunder sollte letztlich der Vorführung dienen, dass JHWH der Heilige Israels ist und dass damit das Leben Israels nicht vom Erweis der Macht und der autoritär behaupteten (wie in Ex 17,5) Legitimität Moses, und auch nicht von der Heiligkeit eines Ortes, der auch zum Ort des Todes werden kann, abhängt, sondern von JHWH. Ein paar Einzelaspekte sollen zur Bedeutung des V. 12 in Num 20,1-13 noch ausgeführt werden:

Von V. 12 her stellt sich die Frage nach einem Vergehen Moses und Aarons. V. 12 bezieht sich somit auf jene Verse, die beide Gestalten nennen. Es sind für die Sünde jene Elemente des Textes relevant, die nicht nur von Mose sprechen, auch wenn Mose zweifellos der Hauptakteur in der Ausführung des Auftrages Gottes ist[273]. Die VertreterInnen der These, in Num 20,1-13 finde sich ein Pg-Grundtext von einem Sprechwunder durch Aaron und Mose, müssen V. 12 teilweise[274] oder zur Gänze einer späteren Überarbeitung überlassen, da אמן Hif'il (12b) nicht für „P" belegt sei[275].

---

[273] Mose ist auf der Handlungsebene Subjekt in 9a.10a.11ab, Mose und Aaron dagegen nur in 11ab, Aaron nie allein. Des weiteren handeln JHWH in 7a.9b.12a (nur durch Sprechakte), das Wasser in 11c und die Gemeinde in 11d. Besonders vehement hat Frevel die Einbindung Aarons gefordert: „Meist wird Aaron einfach so nebenbei mitschuldig, weil Mose in seiner Rede den Plural benutzt. Zu einem eigenen Verschulden erhält er in der Erzählung überhaupt keine Chance, so daß er in der Aktion des Mose – sei es in v. 10 oder erst in v. 11 – mitschuldig wird." (Blick, 318).

[274] Vgl. Struppe, ebd., 194; Schart, Mose, 116.

[275] Vgl. Struppe, Herrlichkeit, 194, die den V. an sich zu „P" rechnet, allerdings besagtes Verb ebenfalls ausnimmt und möglicherweise einer späteren Redaktion des Verses zuschreibt; Levine, Numbers, 490; Pola, Priesterschrift, 96. Frevel (Blick, 328-330) hat

Ein weiterer Grund bestehe nach Frevel in der durch die Wurzel קדש entstehenden Verbindung zu V. 1 und V. 13[276], die erst PR zugeschrieben werden könne und die mit Gott als Objekt für Pg unwahrscheinlich sei. Die Szenerie der JHWH-Rede in V. 12 passe nicht zu Pg, da sie außerhalb des Zeltes stattfinde und Aaron ebenso wie Mose adressiere; die schwere Verschuldung spreche gegen das P-Verständnis von Mose und gegen die Amtseinführung durch den „großen Sünder" (Num 27). Die Hineinführung in das Land wäre in Pg JHWHs, nicht Moses und Aarons Angelegenheit, Pg nenne keine Gründe für das Sterben. V. 12 greife durch בוא Hif. und קהל auf V. 4 zurück: die IsraelitInnen stellen die Führung durch Mose und Aaron in Frage, JHWH entzieht sie den beiden aber ganz. Diese „Ironie" sei für Pg nicht denkbar. Gemeinsam mit Ex 16 und Num 14f. bilde Num 20 den Rahmen für die Wüstenerzählung, in dem aber die Bestrafung der Führungsgestalten keinen Platz habe. Zu Frevels Gründen kommt hinzu, dass sich V. 12 auf der Ebene später Bezugnahmen in Num 20,24; 27,14; Dtn 32,51 befinde.

Die Verwendung von אמן Hif. ist für die redaktionelle Einstufung von Num 20 wesentlich. Die Pentateuchbelege der Wurzel im Hif. sind bekannt[277], wobei die Konstruktion nur in Gen 15,6; Ex 14,31; Num 14,11; Dtn 9,23 mit menschlichem Subjekt und JHWH als Objekt zu finden ist. Num 14,11 bezieht sich auf Ex 14,31 und die Berufung des Mose in Ex 4. Die Häufung von אמן Hif. in Ex 4,1.5.8.9 ist auffällig. Sie steht im Zusammenhang mit Moses Zweifeln einerseits an seiner Befähigung, das Volk zu führen und andererseits am Glauben des Volkes, dass er von Gott gesandt ist. Dass die Thematik des Glaubens (אמן Hif.) einer späten Redaktionsschicht des Pentateuch, mindestens jener zuzuordnen ist, die bereits größere Erzählkomplexe zusammenarbeitete, ist in der neueren Forschung des öfteren gesehen worden.[278] Die Formulierungen mit אמן Hif. in Ex 4,8-9.31 gehören

---

eine Mischform vorgestellt, die sehr tief in den Texte eingreift, besonderes in 8bc, was aber nicht notwendig scheint. Anders verfährt auch Pola (Priesterschrift, 96f.), der V. 12 zwar zur Grundschrift zählt, aber innerhalb dieser einige Merkmale findet, die für Pg untypisch sind und auf eine spätere Entwicklung hindeuten (z.B. das quantitative Gemeindeverständnis, das in 1a durch כל angedeutet wird und sich von einem ursprünglich in „P" erkennbaren qualitativen unterscheide, Mose und Aaron nicht als Mittler- sondern Individualgestalten, sowie die bereits genannten Merkmale in V. 12, die ebenfalls nicht auf Pg hinweisen). Da Pola keine eigene literarkritische Analyse vorlegt und davon ausgeht, dass V. 12 zur Grundschicht von V. 1-11 gehört, nimmt diese Grundschicht mit in eine späte Entstehungsphase.

276 Vgl. Frevel, Blick, 328.
277 Gen 15,6; 45,26; Ex 4,1.5.8.9.31; 14,31; 19,9; Num 14,11; 20,12; Dtn 1,32; 9,23; 28,66 (zuletzt Frevel, Blick, 328, Anm. 249).
278 Vgl. z.B. Schmitt, Redaktion; Oswald, Israel, 232 (allerdings wird nur 4,1 erwähnt, die anderen Verse behandelt er nicht); Schmid, K., Erzväter, 197-208 u.ö.; Blum, Esra, 19, Anm. 37.

nicht zu „Je", sie gehören zur „Pentateuchredaktion". Dort geht es im Glauben nicht mehr um Mose, sondern um die von ihm gewirkten Zeichen[279], was allerdings in V. 31 insofern aufgebrochen ist, als kein Objekt zum Glauben des Volkes genannt ist[280]. In Ex 14,31 laufen die Linien „Vertrauen auf JHWH" und „Vertrauen auf Mose" zusammen. In Num 14,11 geht es zum letzten Mal vor Num 20,12 um das Vertrauen auf JHWH. Dort wird das Glauben an JHWH als ein Glauben an Moses Zeichen gedeutet[281]. Dtn 9,23 verbindet den Begriff mit dem Volk als Subjekt mit der Kundschaftergeschichte und mit der Landgabe.

Innerhalb dieser Vertrauensthematik ist es konsequent, dass mangelndes Vertrauen in die Wunder Gottes für Mose und Aaron entsprechende Konsequenzen zeitigt wie für das Volk[282]. V. 12 wirft Mose und Aaron vor, an das nicht mehr zu glauben, wozu sie im Rahmen der Berufung befähigt wurden. Im Zusammenhang mit Num 14,11 treffen sie dieselben Folgen wie das Volk, im Zusammenhang der Berufung ist es konsequent, dass die Berufung zu Ende ist mit dem Ende des Vertrauens in sie. Diese Bezüge von אמן Hif. lassen einen späteren redaktionellen Status erkennen, der nicht nur allgemein theologisch etwas mit dem fehlenden Vertrauen auf Gott als Sünde zu tun hat, sondern auch mit den späten Teilen der Berufung von Mose und Aaron (Ex 4,1.5.8.9.10-17.29-31) und dem ebenfalls späten Vers Num 14,11[283].

Ein weiterer Aspekt, der für eine mindestens nachpriesterliche Einordnung von Num 20,1-13 spricht, ist Moses Aufruf שִׁמְעוּ־נָא. Innerhalb der Moseberufung Ex 3f. ist Moses Bangen darum, ob das Volk auf ihn hören werde, zentrales Thema (3,18 als Zusage Gottes und 4,1 als Zweifel Moses). K. Schmid hat darauf hingewiesen, dass Moses Zweifel in Ex 4,1 ohne vorhergehende negative Erfahrungen stehe und nur verstanden werden könne, wenn

---

279 Vgl. Weimar, Berufung, 265, Anm. 64. So auch Untersuchungen 54: „Auch hier sind die *hae'aemîn*-Aussagen (Ex 4,1+5+8-9) von der jehowistischen Redaktion als interpretierende Rahmenverse einer vorgegebenen Geschichte (Ex 4,2-4+6-7), die von magischen Handlungen des Mose zur Darstellung der Wirksamkeit des Wortes Jahwes berichtet, eingefügt worden."
280 Num 14,11 geht es zwar scheinbar auch um die Zeichen, die Verbindung zu JHWH als Bezugspunkt des Vertrauens ist aber direkter (vgl. ebd., 265).
281 Vgl. Weimar, Untersuchungen 54, wo er Ex 4,31; 14,31 Je zuzählt, allerdings bereits in Num 14,11, den er als späteren Zusatz anerkennt, die Tendenzen späterer literarischer Spuren erkennbar macht (mit Fritz, Israel, 23 mit Anm. 17; McEvenue, Sean, *The Narrative Style of the Priestly Writer*, AnBib 50, Rom: Biblical Institute Press 1971, 91, Anm. 4).
282 Milgrom, Magic, 257 legt dar, dass die Sünde darin liege, dass Mose vor dem Volk das Wunder sich selbst und Aaron zuschreibe statt Gott. So stimmig Milgrom die These darlegt, so wenig erläutert er, wie 8ef darin zu verstehen seien.
283 Vgl. dazu „Rhetorische Situation".

man das tatsächliche Nichthören der IsraelitInnen aus Ex 6,9 voraussetze.[284] Moses Aufruf an das Volk, ihn zu hören, drückt nach Ex 4,1 erneut seine Zweifel aus. Sie beziehen sich aber auf die „Widerspenstigen" und durch die Aufnahme des Begriffes aus Num 17,25 möglicherweise wiederum auf die neue Funktion des Stabes. Mose bangt um das Vertrauen des Volkes, wenn er seine Autorität nicht mit seinem Stab erweisen kann.

4.9.2.6. Vers 13: Die Schlussbemerkung

Die Behauptung, V. 13 könne nicht von „P" stammen, weil „P" keine Namenserklärungen abgebe und der Vers außerdem nicht die Sinnspitze der P-Erzählung treffe, ist der Grund dafür, den Vers einer späteren Redaktionsschicht zuzuschreiben.[285] Der Vers hat erklärende Funktion und reiht sich auf der Ebene der auktorialen Äußerungen an den Handlungsablauf von V. 1-12 an. V. 13 mag zwar auf den ersten Blick inhaltlich zu V. 12 in Spannung stehen, weil V. 13 das Wasser fokussiert, V. 12 hingegen Mose und Aaron.[286] Als direkte Äußerung des Erzählers stellt er jedoch noch einmal eine schroffe Zurückweisung Moses und Aarons dar und verstärkt damit die Aussage von V. 12. Die Episode erinnert nicht mehr Mose und Aaron, sondern nur mehr JHWHs und des Volkes. Mose und Aaron haben sich nicht so verhalten, wie Gott es aufgetragen hat und deshalb hat Gott das Wunder ohne sie gewirkt. Er wurde nicht durch Mose und Aaron geheiligt (V. 12), sondern tat dies selbst (V. 13). Neben der vermeintlichen inhaltlichen Spannung zwischen den Versen steckt eben auch eine tiefe Konsequenz und Stimmigkeit darin.

4.9.3. Bisherige Vorschläge zur Komposition von Num 20,1-13

Die Darstellung der folgenden Lösungsmodelle für die Komposition von Num 20,1-13 hat deren jeweilige Konsequenzen für die Notiz vom Tod Mirjams vor Augen. Dadurch gerät nicht nur die Art und Weise der Komposition, also die Frage nach Quellen und Redaktionen, in den Blick. Es sollen vor allem auch die unterschiedlichen literarischen Kontexte, die sich aus den vorliegenden Rekonstruktionen ergeben, deutlich werden[287].

---

284 Vgl. Erzväter, 199f.
285 Vgl. Noth, Numeri, 129; ders., ÜP, 181, Anm. 466; Levine, Numbers, 490 mit Verweis darauf, dass קדש im Hif'il den Anführer meine, der dem Volk Gottes Taten zeige oder sie nenne (Jes 29,35). Anders, d.h. *für* „P": Gray, Numbers, 258; Struppe, Herrlichkeit, 191, Anm. 35; Budd, Numbers, 216 mit Verweis auf Ex 29,43; Lev 10,3; 22,32.
286 Vgl. Frevel, Blick, 328.
287 Deshalb unterscheidet sich die vorliegende Darstellung auch von der zuletzt vorgelegten von Frevel (vgl. Blick, 310-323), der eine Auswahl der Ansätze unterteilt in jene, die

4.9.3.1. Dreischritte

Gray versucht das Manko der fehlenden Jahreszahl mit folgender Arbeitsweise des Redaktors zu erklären: Dieser hatte unterschiedliche Berichte aus den Werken „JE"[288] und „P" über Wassermangel und –wunder in der Wüste vorliegen. Dabei stammten aus „P" die Verbindung der Wassererzählung (Mangel und Wunder) mit dem Unglauben Moses und Aarons und ihre Lokalisierung in Kadesch[289]. Der Redaktor strich aus der priesterschriftlichen Erzählung das vierzigste Jahr, weil er sich an die Chronologie der „alten Quellen" hielt. Statt der Jahresangabe fügte er aber aus „J" die Lagerungsnotiz und aus „E" den Bericht von Mirjams Tod, somit also 1b-d, ein[290]. Die an die Wassererzählung anschließenden V. 14-21 rechnet Gray ebenfalls „JE" zu[291]. Somit entstand die Verbindung zwischen Mirjams Tod und der Wassererzählung und damit auch der Sünde und dem Tod der Führungsgestalten durch eine Redaktion, der „JE"- und „P"-Stücke vorlagen.

Für die Mirjamtraditionen lässt sich nach Gray folgender Dreischritt rekonstruieren[292]:

1. Mirjam stamme aus „E", weil „E" sowohl Ex 15,20f. als auch Num *12 tradiert habe. Gray äußert sich aber nicht, in welchem literarischen Kontext die Notiz von Mirjams Tod bei „E" gestanden habe.

2. Unabhängig von der ersten Stufe entstand die Wasserwundergeschichte nach „P" nach der Vorlage in Ex 17, die „P" vor den Einzug ins Land stellte, um zu erklären, warum Mose und Aaron nicht in das Land kamen und wegen der Verbindung der Sünde mit dem Namen Kadesch über die gemeinsame Wurzel in V. 12f.

---

mit „redaktionell verschlungenen Quellenfäden" rechnen (Baentsch, Zenger), jenen, die von einer redaktionell überarbeiteten Pg-Fassung (Noth, Struppe, L. Schmidt) sprechen und solchen, die eine einheitliche Fassung vorschlagen (Blum, Schart). So pointiert die Darstellung Frevels ist, kann sie – freilich aufgrund seiner Fragestellung – zur Rekonstruktion der möglichen Kontexte der Mirjamtradition in Num 20 nur wenig beitragen. Bliebe man bei Frevels Darstellung, so sind unter den Vertretern der ersten These noch Dillmann, Numeri, 110f., Gray, de Vaux zu nennen, für diejenigen, die von einem überarbeiteten Bericht ausgehen, Snaith. Dagegen versuchen Margaliot und Kok Num 20,1-13 einheitlich zu lesen.

288 JE ist bei Gray additiv zu verstehen und meint somit beide Quellen (vgl. Gray, Numbers, xxxf.).
289 Wegen der gemeinsamen Konsonanten von Kadesch und der Wurzel des Verbs „heiligen" in 12c (vgl. Gray, Numbers, 263).
290 Vgl. ebd., 256.
291 Vgl. ebd., 264.
292 Dieses Rekonstruktionsmuster war lange Zeit unumstritten und wurde von Noth, Numeri, 127f.; Lohfink, Ursünden, 46, Anm. 32; Priesterschrift, 198, Anm. 29; Zenger, Israel, 63f.; Weimar, Struktur, 195, Anm. 18; Struppe, Herrlichkeit, 185-194 vertreten.

3. Redaktionelle Zusammenfügung und Überarbeitung der „P"-Version mit Teilen aus „J" bzw. „J" und „E". Dadurch kamen Formulierungen aus Ex 17,1-7 in den Text von Num 20,1-13 und der Tod Mirjams wurde in den vorliegenden Kontext gestellt.

Nach Noth stammen die Orts- und Zeitangaben in V. 1 von einer Redaktion, die nach der Einfügung des priesterschriftlichen Berichtes der Wassererzählung gearbeitet hat. Diese Redaktion hat auch die von ihm gefundenen „wesentlichen Elemente" aus Ex 17,1-7 in die „P"-Version nachträglich eingefügt[293]. Der Bericht vom Tod Mirjams stand aber ursprünglich vor V. 14, also vor den Verhandlungen mit Edom, stammt also wie Ex 15,20f. und Num 12,1ff. aus Noths Quelle „J". „P" fügte an die Todesnotiz die Wassererzählung ein[294].

Folgende Schritte der Textentstehung werden nach dieser Rekonstruktion angenommen:

1. Stufe: Mirjams Todesnotiz vor V. 14-21, aber keine Orts- und Zeitangabe in 1a und ohne das Nebeneinander von בְּנֵי־יִשְׂרָאֵל und כָּל־הָעֵדָה.

2. Stufe: Die priesterschriftliche Einfügung der Wasserwundergeschichte nach dem Tod Mirjams zur Erklärung der Sünde von Mose und Aaron. Daraus ergibt sich, dass „P" den Zusammenhang zwischen Mirjams Tod, Wassermangel und dem Unglauben der Führungselite hergestellt hat.

3. Stufe: redaktionelle Zusätze fügen die für die Redaktion notwendigen Nachträge aus Ex 17, aber auch Orts- und Zeitangabe in 1a ein.

Daraus würde folgen, dass es eine Notiz vom Tod Mirjams in der älteren Tradition von „J" gegeben habe, die „P" mit der Wasserwundererzählung[295] und der Sünde und dem Tod[296] der Führungsgestalten verbunden hat. Mirjam bleibt aber aus der Sünde ausgenommen.

---

[293] Vgl. ebd., 127, zu den Zusätzen genauer unten. Diese These haben grundsätzlich auch Elliger, tlw. Budd, Lohfink, Zenger, Weimar und Struppe vertreten.

[294] Vgl. Noth, Numeri, 10.127f. In ÜP, also etwa 20 Jahre vor dem Numerikommentar, vertrat Noth noch – gegen die damals gängige Forschungsmeinung – die These, die Grabtradition stamme aus „P". Seine Spekulationen in ÜP, dass eine alte Grabtradition „in südjudäischer Erzählungstradition beheimatet" (ÜP, 200) gewesen sein müsste, würde er mit seinem Kommentar also bestätigen. Die Nähe zu Aaron ist auch andernorts belegt, wo Mirjam als seine Schwester (Ex 15,20) bezeichnet wird, mit ihm Partei bildet gegenüber Mose (Num 12) oder auch innerhalb der levitischen Verwandtschaftslinie in Num 26,59; 1 Chron 5,29. Mit einer alten Grabtradition hätte man bestenfalls den Beleg für ein hohes Alter der Verbindung dieser beiden Figuren gehabt. Dieses „hohe Alter" erübrigt sich aber, wenn die Aarontraditionen, die für die Mirjamtexte relevant scheinen (vgl. zu Num 12), keine frühen Bildungen darstellen und die Mirjamtexte selbst ebenfalls nicht als „alt" zu werten sind.

[295] Der Begriff „Wasserwunderzählung" meint im folgenden den Bericht vom Wassermangel und das Wasserwunder.

[296] Dass auch Moses Tod antizipiert wird, steckt implizit darin verborgen, dass Aaron und Mose in V. 12 dasselbe angekündigt wird und dies für Aaron den Tod bedeutet (vgl. die

Noth und Gray halten den erzählerischen Kontext des Endtextes für die Mirjamtraditionen für irrelevant. Für sie wird der Tod Mirjams hier berichtet aus redaktioneller Zufälligkeit (Gray) oder weil er wegen einer alten Grabtradition Mirjams in Kadesch mit dem Ort Kadesch verbunden war (Noth), nicht aber, weil Mirjams Tod etwas mit der bevorstehenden Landnahme oder dem Thema des Todes (20,1-13), speziell des Endes der Führungsfunktionen Moses und Aarons (20,1-13.22-29), zu tun haben könnte. Die Verbindung ist erst durch die Arbeit von „P" und somit überlieferungsgeschichtlich relativ (zu Noths Datierung von „J"[297]) spät gegeben und außerdem zufällig und ohne theologische Aussage. Gray und Noth geben Mirjam nur ihren „eigenen Kontext", indem sie sich darauf beziehen, dass „E" bzw. „J" auch Ex 15,20f. und „Num 12,1ff." überliefert, allerdings auch nicht mehr weiß, als das schriftlich Festgehaltene.[298] Mirjam rückt damit in eine obskure Vergangenheit großteils mündlicher Überlieferung[299], die als solche nicht datiert werden und auch nicht zu anderen Aussagen in Bezug gesetzt werden kann. Bezüglich der Kompilation und Weiterschreibung durch „P" lässt sich eine Vermutung äußern, die Noth aber nicht formuliert: Mirjams Tod wird im Zusammenhang von den Toden Aarons und Moses gesehen, weil sie zur Führungstrias des Volkes gehörte.

4.9.3.2. Zweischritte

Eine weitere Sichtweise besteht in der umgekehrten Reihenfolge, nach „P" keine redaktionelle Arbeit zu vermuten, sondern diese direkt „P" zuzuschreiben, sodass eine priesterliche Redaktion ihre Version der Wassererzählung (V. 1*.2-13) direkt in den bereits vorliegenden Zusammenhang gestellt habe[300]. „P" habe seine Version von Ex 17,1-7 in einen alten „JE"-Text, nach dem Bericht von Mirjams Tod in Kadesch (V. 1) und vor den Verhandlungen mit Edom (V. 14-21) eingetragen, wobei einzelne Teile aus dem „J"-Text, wie der Tod Mirjams, stehen blieben[301]. In V. 22-29 setze sich die Arbeit von

---

Aufnahme von V. 12 in V. 24). Auf der Ebene der Endredaktion des Pentateuchs wird darüber hinaus deutlich, dass sich die Ankündigungen des Todes Moses (Num 27,14; Dtn 32,51P) auf Num 20 rückbeziehen (vgl. Noth, Numeri, 127) und der Tod Aarons dem des Mose gleich gestaltet ist (vgl. Gray, Numbers, 259; Noth, ebd., 134; Budd, Numbers, 227; Levine, Numbers, 495).
297 Vgl. Noth, Numeri, 9f.
298 Vgl. Numeri, 128.
299 Vgl. ebd., 13.
300 Diese These vertreten vor allem Budd, Numbers, 216f. und Levine, Numbers, 484f.
301 Außerdem wurde altes Material aus Ex 17,1-7 übernommen, wie העם in V. 1.3 oder ריב in V. 3 (vgl. Budd, ebd., 216). Van Seters ordnet 20,1*.2-13 ebenso „P" zu, allerdings

„P" fort³⁰². Auch diese These setzt implizit voraus, dass Mirjams Tod ursprünglich vor V. 14 stand und damit direkt vor dem Beginn der Landnahme. Erst „P" hätte demnach Mirjams Tod in den jetzigen Kontext gestellt.

Eine Mischung aus diesen genannten Varianten vertritt Fritz, indem er sich ebenfalls gegen eine nachträgliche Redaktion des P-Wasserwunders ausspricht, allerdings Mirjams Tod nicht im vorliegenden Text sondern in der Arbeit einer weiteren Redaktion vermutet. Seiner Meinung nach findet sich in Num 20,1*-13 die „P"-Version von Ex 17 (J)³⁰³. „P" hätte die alte Erzählung um die Sünde des Mose erweitert, um zu erklären, warum Mose und Aaron nicht in das gelobte Land kommen würden³⁰⁴. 1b-c wurde sekundär in den Text nachgetragen „wegen des in Num 20,22-29 berichteten Todes von Aaron bei oder nach der Einarbeitung von JE in P"³⁰⁵. Fritz wagt damit zwar den Zusammenhang zwischen den drei Toden herzustellen, erklärt ihn aber nicht.

4.9.3.3. Vierschritt

Der neueste Entwurf zur Literarkritik ist der komplexeste³⁰⁶, und rechnet mit vier Stufen der Textentstehung. Der Schwerpunkt der Analyse liegt nicht wie bei den bisherigen zu Beginn, sondern am Ende der Erzählung, in den V. 8-12. Der erste Schritt bestehe in der Einfügung der Gespräche mit Edom (V. 14-21) zwischen den Bericht vom Tod Aarons (V. 22-29) und V. 1-11*. Mit der Einfügung von V. 14-21 werde die Edomerzählung durch 1b.13 mit der Ortstradition von Kadesch verbunden. Die Notiz von Mirjams Tod sei aus einer alten Quelle, möglicherweise der jehovistischen, übernommen worden. Daneben habe es eine weitere Überarbeitung von Ex 17 her gegeben, die 3a und das Stabmotiv in 8a.11a eingefügt habe, möglicherweise auch V. 9, allerdings ohne לִפְנֵי יְהוָה. Dies habe eine weitere Redaktion eingefügt, die den Stab als den „Anti-Murr-Stab" aus Num 17,25 identifizierte. Schlussendlich sei durch V. 12 die Frage der Verfehlung eingefügt worden. Um diese sowohl

---

unterzieht er den Text keiner genauen Analyse. Nur bezüglich V. 1 wird deutlich, dass 1aα zu P, 20,1aβb auf J zurück gehen (vgl. Life, 158f.).

302 Vgl. Budd, ebd., 227f.; Levine, Numbers, 494.
303 Fritz wendet sich vor allem gegen die These Rudolphs, der ebenfalls eine Bearbeitung des P-Textes durch eine Redaktion vermutete, die Teile aus Ex 17,1-7 einfügte. Diese Bearbeitung wäre für Fritz zu weitgehend. Außerdem stütze sich „P" auf die für Ex 17,1-7 konstitutiven Elemente des Stabes und des Schlagens des Felsens (vgl. Fritz, Israel, 27).
304 Diese Erklärung konnte er freilich von Noth, Numeri, 127 übernehmen.
305 Fritz, Israel, 28.
306 Er wurde von Frevel mit folgender Erklärung vorgelegt: „bei einer komplizierten Erzählung kommt man mit einer einfachen Lösung nicht weiter." (Blick, 336).

für Aaron als auch für Mose festzumachen, habe diese Bearbeitung 8c, den Redeauftrag an die beiden Führungspersönlichkeiten eingesetzt, den diese nicht befolgten. Damit wird die Sünde konstruiert[307].

Die Tradition vom Tod Mirjams bleibt freilich auch hier im Dunkeln „jehovistischer" Überlieferung.

4.9.4. Literarkritisch geschaffene Kontexte Mirjams

Die literar- und redaktionsgeschichtlich argumentierte kontextuelle Ausgrenzung der Todesnotiz in 20,1 birgt verhängnisvolle Konsequenzen. Die Todes- bzw. Grabtradition wird einer „alten Quelle" zugeschrieben, in der man die anderen Erzähltraditionen dieser Figur ebenfalls vermutet, womit nur die eigene These bestätigt, nicht aber wirklich etwas gewonnen wird. Die Zuschreibung zu einer „Quelle" erfolgte mittels redundanter Argumente, nämlich ihrem Interesse an Prophetie. Denn dass Mirjam mit Prophetie mindestens in Zusammenhang steht, erfährt der/die LeserIn bereits durch die Texte. Folgende Kontexte ergeben sich aus den bisherigen Analysen:

1. Die obskure Vergangenheit „jahwistischer" oder „elohister" Traditionen und „jehovistischer" Überlieferungsgüter, über die kaum etwas gesagt werden kann, außer dass sie auch Ex 15,20f. und Num 12 (oder zumindest Num 12*) tradiert haben. Für „E" fällt die Entscheidung oft deshalb, weil „E" ein Interesse an Prophetie zugesagt wird.[308]

2. „P", genauer „Pg"[309], fügt in diesen Zusammenhang die Kontexte des Wassermangels, der Sünde und des Todes der anderen beiden Führungsgestalten hinzu, wobei der Zeitpunkt des Todes, nämlich vor dem Landnahmebeginn, erhalten bleibt. Der Grund für die Einfügung der Erzählung durch „P" an dieser Stelle liege darin, dass „P" den Tod Moses und Aarons erzählen wollte und ihn noch vor dem Eintritt ins gelobte Land erzählen musste. Dass der Tod Mirjams in dieser Erzählung, oder besser in ihrer Exposition, berichtet wird, kann in dieser Rekonstruktion nur zufällig sein, obwohl sich ein Zusammenhang zwischen den drei Toden nahezu aufzudrängen scheint.

3. Die Todesnotiz wurde in nunmehr unbekannten literarischen Kontexten und aus unbekanntem Interesse überliefert und durch eine Redaktionsarbeit,

---

307 Vgl. ebd., 331-335.
308 Dass die Existenz dieses „E" ausgerechnet die umstrittenste ist, stellt die Mirjamtraditionen nicht gerade auf sicheren Boden.
309 Vgl. Pola, Priesterschrift, 95, mit Anm. 199. Pola bewertet Num 20* gemäss seiner Rekonstruktion der Literaturgeschichte als Pg^e, also als Hinzufügung zu einer „jehovistisch-dtr" Vorlage (vgl. ebd., 95-97.300.304f.).

die nicht „P" zugeschrieben wird, mit der Wasserwundergeschichte (und nach Gray auch mit der Sünde Moses und Aarons) und Edom verbunden[310].

4. Die These, dass Mirjams Tod in Angleichung an Num 20,22-29, den Tod Aarons, nachträglich in die priesterschriftliche Variante des Wasserwunderberichtes gestellt wurde (Fritz), vermag zumindest eine Verbindung herzustellen zwischen den berichteten Toden. Fritz erwähnt dabei freilich nicht, dass Mirjam als Führungsfigur selbstverständlich dort ihr Ende finden musste, wo Mose und Aaron ihren Tod angekündigt bekommen.

Somit sind vier mögliche redaktionsgeschichtliche Varianten für die Todesnotiz erwogen: Nicht-priesterliche „Quelle" (1.), oder Redaktion (3.), priesterschriftliche „Quelle" (2.) oder priesterliche Redaktion (4.). Da der Zirkelschluss über die anderen Mirjam-Erzähltexte unzulässig ist, sind damit noch keine Sachargumente für eine Zuordnung genannt[311].

4.9.5. Einheitlicher Text

Für ein einheitliches Textgebilde in Num 20,1-13 plädierten vor allem Margaliot, Schart, Propp und Blum. Während Margaliot[312] und Propp[313] vor allem auf die Sünde Aarons und Moses abzielen, lassen sich bei Schart und Blum für die Todes- und Grabnotiz Mirjams Aussagen ableiten. Schart postuliert eine erzählerische Funktion für die Erwähnung des Todes Mirjams, die in einer Art Warnung für Aaron und Mose liege: „Selbst im Tod bleibt Mirjam vom Land ausgeschlossen. Was das für ‚P' bedeutet, kann man erst auf dem Hintergrund der Erzväter ermessen. Diese werden wenigstens in einem Stück des verheißenen Landes begraben, das bereits ihnen gehört [...]. Mirjams Tod dient als Warnung für Mose und Aaron. Trotzdem verfehlen

---

310 Tendenziell ist auch Frevels Vorschlag hier anzusiedeln. Er rechnet die Todesnotiz Mirjams einer selbstständigen Quelle zu, die redaktionell eingearbeitet wurde.
311 Die These, dass 1bcd von einer Redaktion vor den P-Bericht gestellt wurden (dritte und vierte Variante), unterstellt P, vom Tod Mirjams in Kadesch nichts gewusst zu haben und entspricht damit der unbewiesenen Prämisse, „P" kenne Mirjam nicht. Die These scheint nur dann glaubhaft, wenn man „P" festlegt auf Pg, denn wie sonst sollte man Num 26,59 erklären, das ja auch einem priesterschriftlichen Autorenkreis zuzuschreiben ist? Der Zusammenhang von Mirjams Tod mit dem Wassermangel, der Todesangst des Volkes, der Sünde und dem Ende der Führungselite sowie die sinnvolle Struktur des Kapitels, Todesbericht – Todesangst – (Todesankündigung) Todesbericht, wäre dann nicht durch Pg gegeben, sondern erst in einer Zusammenfügung aus Pg und redaktioneller Arbeit.
312 Vgl. Margaliot, Trangsression, 203-205 u.ö.
313 Vgl. Rod, 21-24. Propp vermag durch die Zuordnung der ganzen Erzählung Num 20,1-13 zu „P" implizit auch eine Einordnung der Todesnotiz Mirjams innerhalb dieser „P" zu leisten. Da er aber Mirjam nicht erwähnt, geht er auch nicht auf eine mögliche Bedeutung dieser Überlieferung innerhalb „P" ein.

sich die beiden."³¹⁴ Schart zieht außerdem – in Anlehnung an Holzinger – eine mögliche Verbindung zwischen Mirjam und den Widerspenstigen in Erwägung, die auf der Wurzel מרה in 20,24; 27,14 basiert³¹⁵. Die Überlegung ist durchaus weiterführend, da mit der Wurzel מרה auch der Unglaube Moses und Aarons zusammenhängt, wenn man ihre Verwendung in V. 10 mit der Rückkoppelung an die Stabfunktion von Num 17,25ff. her bedenkt. Der warnende Charakter der Todesnotiz Mirjams ist im Text nicht zu finden, da die Ankündigung des Endes Moses und Aarons nicht darauf Bezug nimmt. Der Tod hat so gesehen eine sehr geringe Funktion für Mose und Aaron. Seine Relevanz erhält der Tod Mirjams durch die Deutung des Volkes und damit für das Volk. Durch den Handlungsablauf erhält er außerdem eine Bedeutung für das Scheitern und damit auch das Ende Moses und Aarons. Schart geht nicht darauf ein, welche Bedeutung es haben könnte, dass ausgerechnet Mirjam hier stirbt. Auch in der Herausarbeitung der theologischen Aussagen des Textes, die bei Schart um die Frage der Amtstheologie bei „P" geht, findet Mirjam keinen Platz mehr. Dabei legt seine Sicht des Textes geradezu nahe, Mirjam in diese Ämterfrage zu integrieren und zu fragen, was es denn heißen könnte, wenn sie ausgeschlossen wird aus der Sünde – und damit aus der Verantwortung der Führungsämter – und was es denn bedeuten könnte, wenn Mirjam stirbt und Mose und Aaron daraufhin versagen.

Die vorliegende Analyse konnte demgegenüber deutlich machen, dass die Erzählung des Todes Mirjams eine wesentliche Funktion innerhalb des inhaltlichen Gefüges des Textes innehat. Der Tod und das Ausgehen des Wassers erhalten ihre Bedeutung und Konsequenz in der Rede des Volkes. Diese Rede stellt die Todesangst in den Kontext des fehlenden Wassers und des schlechten Ortes und in den des Zweifels an der Führungselite. Im Auftrag JHWHs wären beide Probleme durch die Wassergabe und die Bestätigung Moses und Aarons, in der JHWH selbst als eigentlich Herausführender (von V. 12 her) erkennbar gewesen wäre, gelöst worden. Diese Bestätigung hätte mit Hilfe des Symbols, das den „Widerständigen" gegen den Tod helfen soll, erfolgen sollen. Diese Bestätigung haben Mose und Aaron verhindert und sind damit der Herausforderung, die sich aus dem Beginn der Erzählung entwickelt, nicht gewachsen. Der Text macht somit sichtbar, dass Mose und Aaron der Gefährdung, die das Volk durch den Tod Mirjams und das Fehlen des Wassers erfährt, nicht entsprechen können.

---

314 Mose, 113.
315 Vgl. ebd., mit Anm. 60.

4.9.6. Die redaktionelle Einordnung der Erzählung vom Tod Mirjams

Es hat sich gezeigt, dass Num 20,1-13 als erzählerisch konsistente literarische Einheit zu verstehen ist. Dabei konnte eine Quellentheorie des Pentateuch zu keiner literarhistorischen Verortung des Textes führen, da der Text auf einzelne „Quellenschriften" und Redaktionen so aufgeteilt werden müsste, dass sich in seinen kompositorischen Einzelteilen kaum sinnvolle Texteinheiten fänden. Bereits in der hypothetischen „P"-Grundschicht blieben Lücken und Fragen ungeklärt[316]. Eine einheitliche Lesart muss dann aber die (alte) Aufteilung auf Quellen aufgeben und den Text frühestens innerhalb der Pentateuchredaktion verorten. Denn erst zum Zeitpunkt der Zusammenführung der großen literarischen Werke des Pentateuch ist ein Text, der Merkmale aller dieser Werke aufweist, möglich.

Die Einarbeitung und Neuinterpretation von Ex 17,1-7 und Num 17,25-26, die davon nicht unabhängige Vermischung priesterlicher Vorstellungen (Erscheinen des כָּבוֹד) und Termini (עֵדָה)[317] mit nicht-priesterlichen (עָם, יָשַׁב, Glaubensthematik) deutet auf jeden Fall auf eine *nach*priesterschriftliche[318] Redaktionsschicht hin[319]. Man kann aufgrund der Überarbeitung von Ex 17,1-7 in Num 20,1-13 tatsächlich annehmen, dass der Text auf eine Redaktionsschicht zurückgeht, die nach einer Kompilation von nicht-priesterlichem und priesterlichem Material anzusiedeln ist[320]. Eine solche kompilatorische Arbeit wurde von Oswald als Pentateuchredaktion („Rpd")[321] bezeichnet, K. Schmid spricht freilich unter anderen Voraus-

---

316 Die zumeist angenommene P-Grundschicht umfasst die Verse 2.3b.4.6.7.8bcef. 10.11cd.12 (so Noth, Numeri, 127), wobei z.B. in der Rede des Volkes der Bezug zum Wassermangel fehlen würde. Eine ähnliche Fassung einer P-Grunderzählung legt Struppe, Herrlichkeit vor. Zu weiteren Fragen vgl. Blum, Studien, 272, Anm. 160 und 161.
317 Blum, Studien, 276 erwähnt zusätzlich die Betonung der Mitschuld Aarons in Num 20,1-3, die in der dtn Variante des Endes Moses nicht enthalten sei, als typisch priesterlichen Zug. Diese Betonung lasse auf das konkurrierende Verhältnis der beiden Traditionen schließen.
318 Dies betont Schmitt, H.-Ch., Redaktion, 181-185: „Diese an der Struktur von Num. xx und Ex. i-xiv gewonnene Auffassung wird nun dadurch bestätigt, daß auch in der Formulierung der von der ‚Glaubens'-Redaktion erfaßten Stellen sich eine Reihe von Hinweisen darauf ergeben, daß bei ihnen eine die priesterliche Schicht voraussetzende Redaktion am Werke war." (ebd., 182); Oswald, Israel, 232.
319 Außerdem kann die Nennung von Kadesch einen Hinweis auf eine spätere Entstehung des Textes geben, da die biblischen Texte, die Kadesch erwähnen, relativ spät entstanden sind.
320 Anders freilich Blum, der Num 20,1-13 seiner KP zuschreibt (vgl. Studien, 271ff.).
321 Diese Pentateuchredaktion vereinigte den priesterschriftlichen Komplex mit dem deuteronomistischen Groß-Geschichtswerk („dtrGG"). Damit wurde ein Zusammenhang von der Gen bis zu 2 Kön geschaffen (vgl. Oswald, Israel, 202).

setzungen von jener Redaktionsschicht, die Exodus und Erzvätertradition zusammenfügte. Während Oswald nach der „Rpd" noch eine von ihm als „Mose-Redaktion" bezeichnete Überarbeitung annimmt, der er jene Texte zuschreibt, die die Glaubensthematik einarbeitet, siedelt K. Schmid dieses Motiv innerhalb der mehrschichtig vorzustellenden Kompilationsredaktion an. Beide betonen unter Rückgriff auf H.-Ch. Schmitt die notwendige späte Ansetzung einer Redaktionsschicht, die die Glaubensthematik in den Pentateuch einbrachte.[322]

Die Analyse von Num 20 führte zu Ergebnissen, die sich in die Beschreibung der „Mose-Redaktion" Oswalds großteils einfügen. Oswald nennt folgende Merkmale der Redaktion: Die Zusammenfügung der Komplexe „P" und „Rpd" sei bereits vorausgesetzt, was in der Bearbeitung der Texte Ex 17,1-7 und Num 17,25f. deutlich wird. Außerdem sei die „Glaubensthematik" in dieser Schicht von Bedeutung, was für Num 20,1-13 ebenfalls gegeben ist. Die Glaubensthematik findet sich in Ex-Num an folgenden Stellen: Ex 4,1.5.8.9.31; 14,31; Num 14,11; 20,12. Dabei ist 20,12 der einzige Text, in dem nicht das Volk Subjekt und Mose (Ex 4,1.5.8.9), JHWH (Ex 4,31; Num 14,11) oder beide (Ex 14,31) Objekt des Glaubens sind. Vom Unglauben ist dabei nur in Num 14,11 und 20,12 die Rede und in beiden Fällen ist der Unglaube der Grund dafür, nicht ins gelobte Land kommen zu dürfen. Insofern passt Num 20,12 gut zur restlichen Konzeption der Glaubensthematik. Allerdings steht Num 20,12 in krassem Widerspruch zur Rekonstruktion der Mose-Redaktion Oswalds. Wie verhält sich der vom Volk erwartete umfassende Glaube an JHWH und Mose als „summus propheta"[323] zu diesem Versagen des größten Propheten? Es liegt nahe, Num 20,12 aus dieser Konzeption herauszunehmen, wobei die „Glaubenstexte" für die AutorInnen von Num 20,1-13 sicher bereits bekannt waren. Bevor der Gedanken weitergedacht wird, seien noch andere Merkmale der Redaktion, die Oswald rekonstruiert, genannt.

Oswald geht davon aus, die Datan-Abiram-Schicht in Num 16f. sei der Moseredaktion zuzuschreiben, da neben der priesterlich-deuteronomistischen Mischterminologie eine theologische Tendenz auffalle, die man als ein Interesse an einer umfassenden Mose- und Gotteserkenntnis des gesamten Volkes beschreiben könne[324]. Nun ist in Num 20 gerade die Mischterminologie ein wesentlicher Aspekt. Die Mischterminologie einer nachpriesterschriftlich arbeitenden Redaktion in Num 16f. und Num 20,1-13 lässt sich

---

322 Vgl. Oswald, ebd., 231f.; Schmid, K., Erzväter, 282f.
323 So Oswald, ebd., 233.
324 Ähnlich Schmitt, H.-Ch., Suche, 269.271, der herausgearbeitet hat, dass die Datan und Abiram-Schicht die Frage nach den Priestervorrechten im Text zurückstellt gegenüber einer grundsätzlichen Infragestellung der Führungsrolle Moses und der durch ihn vermittelten Landverheißung.

auch an der Verwendung der Volksbezeichnungen עֵדָה in Num 16,26 und קָהָל in 16,33 erkennen.³²⁵

Innerhalb der Moseredaktion laufen nach Oswald außerdem drei Konzepte der Beziehung zwischen Israel und JHWH zusammen. Es sind das Gesetz, der Staatsvertrag und der Kult, die nun in der Gestalt des Mose so etwas wie einen „gemeinsamen Nenner" finden.

„Dieser Ansatz wird nunmehr ausgebaut zum Programm *Vertrauen auf Mose!* Mose ist hier nicht mehr nur Befreier und Gesetzgeber, er ist überdies umfassender Mittler und Stiftsperson, kurzum: Alle Funktionen, die ihm im Lauf der Redaktionsgeschichte zugewachsen sind, haben sich kulminiert. Da ist es nur noch ein kleiner Schritt, die Gestalt selbst, die ja in diesem Stadium selbst längst zur theologischen Symbolfigur geworden ist, zum Gegenüber des Volkes zu machen. Damit geht eine gewisse Entpersönlichung einher. Die Gestalt des Mose steht hier als Symbol für die Trias Befreiung – Gesetz – Kult, die als Einzelaspekte je für sich von Mose abgeleitet wurden und als triadische Synthese zur Grundstruktur der Tora wurden. Mose steht von nun an metonymisch für *Tora*. Vertrauen auf Mose bedeutet Vertrauen auf die Tora."³²⁶

Das Problem besteht nun aber darin, dass es kaum einen mosekritischeren Text geben kann, als Num 20,1-13. Hier ist an den Überlegungen anzuknüpfen, inwiefern Num 20,12 tatsächlich zur „Glaubensredaktion" zu rechnen ist. Innerhalb der sog. „Glaubensredaktion" und innerhalb der Rekonstruktion der Moseredaktion Oswalds hat Kritik an Mose und speziell der Vorwurf des Unglaubens keinen Platz. Es liegt nahe, hinter Num 20,1-13 eine AutorInnengruppe zu vermuten, die dieses idealisierte und absolute Mosebild relativieren und kritisieren wollte. Innerhalb der Rekonstruktion Oswalds, die eine Ineinssetzung von Mose und Tora vornimmt³²⁷, wäre Num 20,1-13 als massive Kritik an dieser Identifikation zu verstehen. Num 20,1-13 spiegelt damit ein weiter gefasstes Toraverständnis wider als die sog. „Glaubensredaktion". Tora ist nicht nur Mose, und Mose ist nicht „Befreiung, Gesetz und Kult" zusammen, wie Oswald es formuliert. Num 20,1-13 trifft aber – wie alle Mirjamtexte – innerhalb der theologischen und gesellschaftlichen Spitze Israels eine Differenzierung.

Oswald betont ferner, dass es innerhalb dieser Redaktionsschicht nicht mehr um die Durchsetzung von Interessen bestimmter Gruppen gehe³²⁸. Wenn diese Redaktionsschicht, die Mose „entpersonifizierte", diese Gestalt auf eine Ebene hob, auf der sie nicht mehr politisch angreifbar war, so kann das genauso einer Situation entspringen, wo diese Unangreifbarkeit gerade

---

325 Vgl. Schmitt, H.-Ch., Suche, 270 in Anlehnung an Schmidt, Studien, 179.
326 Oswald, Israel, 230.
327 Vgl. Israel, 234f. u.ö.
328 Es muss allerdings grundsätzlicher Zweifel angemeldet werden gegenüber einem allzu harmonischen Bild einer jüdischen Gesellschaft in der hellenistischen Zeit, wie man aus Oswalds Darstellung schließen könnte.

nicht gegeben war. Das demonstriert Num 20,1-13. Die einmütige jüdische Gesellschaft, die Oswald vor dem Hintergrund von Neh 8 vermutet, ist gerade nicht belegbar[329]. Num 20,1-13 ist ein Text, in dem Interessen politischer Gruppen sehr wohl sichtbar werden. Die AutorInnen wollen auf der Seite des Volkes nach dem Tod Mirjams eine grundsätzliche Bedrohung für das Verhältnis zwischen Volk und Mose/Aaron zeigen. Diese Verunsicherung endet im Aufweis, dass nicht einmal Mose und Aaron das leisten, was sie vom Volk erwarten. Die AutorInnengruppe hinter Num 20,1-13 ist dann entweder als eine *gegen* die „Glaubensredaktion" schreibende Gruppe zu verstehen, oder man muss die „Glaubensredaktion", vor allem von den Unglaubenstexten Num 14,11; 20,12 her, anders verstehen, oder der Konstruktion der „Glaubensredaktion" Schmitts fehlt der Boden in den Texten überhaupt. Das wird gleich deutlicher werden, zuerst sei Oswalds „Moseredaktion" in einem weiteren Punkt dargestellt.

Nach Oswald hat diese Redaktion nur aus „exegesierende[n] Glossen und theologische[n] Ergänzungen"[330] bestanden. Num 20,1-13 ist allein von seinem Umfang her mehr als das, was Oswald der Redaktion zubilligt. Allerdings ist Num 20,1-13 als Auslegung von Ex 17,1-7 und Num 17,25f. zu verstehen und deshalb innerhalb einer derart späten Schicht anzusetzen.

Aus diesen Überlegungen wird deutlich, dass Oswalds Verankerung der „Glaubensredaktion" nicht zu seiner späten „Moseredaktion" passen kann. Innerhalb der „Rpd", wenn sie als einschichtiger Redaktionsvorgang beschrieben wird, passen die „Glaubenstexte" aus oben beschriebenen Gründen ebenfalls nicht. Somit kann Oswalds redaktioneller Einordnung nicht gefolgt werden.

---

329 Vgl. nur die divergenten Gruppierungen, die in Esr und Neh sichtbar werden. Sie deuten bekanntlich auf sehr unterschiedliche Interessensgruppen im Israel der persischen Zeit hin. Auch die als Basis für die Moseredaktion dargestellte Promulgation des Gesetzes in Neh 8 versucht zwar eine Harmonie unter den führenden Gruppen darzustellen, allerdings ist Neh 8 gerade durch seinen literarischen Charakter ein problematischer Text, um Einmütigkeit unter den führenden Persönlichkeiten zu erschließen. Das liegt daran, dass Neh 8 möglicherweise aus der Esra-Tradition stammt, da es Esra fokussiert und außerdem in 1Esr 9,37-55 ebenfalls zu finden ist. Die Rolle Nehemias ist dabei nicht ganz geklärt (vgl. Grabbe, Ezra - Nehemia, 54f.). Zur Uneinigkeit sozialer und religiöser Gruppen um Nehemia vgl. auch Grabbe, Judaism, 134. – Ferner ist zu fragen, warum Oswald Neh 8 als Verbindung zu einer TrägerInnengruppe aus der Mitte des 4. Jh.s ansehen kann. Mit dieser Datierung der Endredaktion gelangt man außerdem in jene durch das AT kaum, oder eben nur in den letzten Redaktionsstufen des Pentateuch belegte Zeit (vgl. Donner, Geschichte 2, 433ff.). Auch die Geschichte des berühmten Briefes der Gemeinde aus Elefantine mit seinen unterschiedlichen Antworten und dem Schwiegen des Jerusalemer Hohepriesters lässt auf eine divergente jüdische Gesellschaft in dieser Zeit schließen.

330 Oswald, Israel, 231.

Weiter führt die Annahme eines mehrschichtigen Redaktionsprozesses der Zusammenfügung priesterlicher und nichtpriesterlicher Textkorpora, wie K. Schmid zu rekonstruieren versucht. Schmid schreibt dem Glaubensmotiv keine eigene AutorInnengruppe zu, sondern betrachtet die Texte als theologisches Moment jener Redaktion, die den Erzväter- und den Mose-Exoduskomplex zusammenfügte[331]. Innerhalb dieser Einordnung ist es möglich, Glaube und Unglaube zusammen zu denken. Von Ex 4,1, der bangen Frage Moses, ob das Volk ihm glauben werde, bis Num 20,12, dem Unglauben Moses an die Wunderzusage JHWHs, spannt sich ein Bogen, der die Frage des Glaubens eng an den Exodus und den Einzug ins gelobte Land koppelt: So wie in Num 14,11bff. der Unglaube des Volkes Grund für den Tod in der Wüste war, trifft es in Num 20 Aaron und Mose. Auch Mirjam stirbt, allerdings nicht aus Unglauben. Innerhalb des Bogens von Gen – 2 Kön und hin zu den Propheten, der bei K. Schmid konstitutives Element seiner theologischen Linien ist, erweist sich die Glaubensmotivik des Pentateuch als Hinweis auf ihre Weiterführung in den prophetischen Schriften[332]. Dass sich von da her eine prophetische oder prophetInnennahe TrägerInnengruppe für die Glaubenstexte anbietet, liegt auf der Hand[333].

Dies ist nun aber weiter zu differenzieren. Wir haben gesehen, dass diese „prophetische Gruppe" einer Verabsolutierung Moses, die diese Figur symbolisch mit der Tora identifiziert, kritisch gegenüber steht. Betrachtet man dies im Kontext der ganzen „Glaubensredaktion", fällt auf, dass diese Zurückhaltung gegenüber der *ganzen* Wüstengeneration und nicht nur gegenüber Mose und Aaron besteht. Num 14,11ff.; 20,1-13 zeigen eine gegenüber der gesamten Wüstengeneration, inklusive ihren Führungsgestalten, ablehnende Haltung, die sich im Vorwurf des Unglaubens an JHWH (und seine Zeichen und Wunder) ausdrückt. Wohl gibt es zwei kurze positive Verweise auf den Glauben des Volkes in Ex 4,31; 14,31. Das sind aber jene Texte, die vom Glauben des Volkes an Mose sprechen. Das Volk und seine Führungsfiguren scheitern jedoch am Glauben an JHWH, was formal klar

---

331 Vgl. Erzväter, 282-284. Dabei ist es wahrscheinlich angemessener, den Entstehungsprozess des Pentateuch als vielschichtig vorzustellen. Bis zu seinem Ende spiegelt er Diskussionen um politische und theologische Fragen und deren VertreterInnen wider. Das aber stellt die Imagination einer harmonisierenden einheitlichen „Endredaktion" in Frage (vgl. Blum, Endgestalt, 46-48). Die Aussagen Blums bezüglich der Endgestalt(en) des Pentateuchs sind nicht historischer Natur, wie jedoch H.-Ch. Schmitt Blum versteht. Blum verwendet den Begriff „Endgestalt" in einem literaturtheoretischen Zusammenhang und meint damit eine (hypothetische) Sinnfestlegung des Textes. Das lässt sich daran ablesen, dass Blum den Pentateuch zunächst als grafisches Objekt bezeichnet. „Eine Gestalt, d.h. eine bedeutungsvolle Größe, entsteht daraus erst in der Wahrnehmung der Interpreten." (46).
332 Vgl. ebd., 283 mit besonderem Hinweis freilich auf Jes 7,9; 28,16.
333 Ähnlich bereits Schmitt, H.-Ch., Redaktion, 187.

beschreibbar ist in Num 14,11 und Num 20,12. Beide Male wird in der JHWH Rede folgendermaßen formuliert: אמן Hif'il + בְּ + לֹא. Der Wüstentod liegt somit am fehlenden Glauben an JHWH und nicht im mangelnden Vertrauen auf Mose. Daraus ist der Schluss zu ziehen, dass die AutorInnengruppe der Glaubenstexte weder dem Wüstenvolk noch Mose und Aaron uneingeschränkt Glauben an Gott zugesteht.

Dieses Ergebnis ist für Num 20,1-13 weiter auszuformulieren. Num 20 ist zu verstehen als die Erzählung über das Scheitern des Glaubens Moses und Aarons. Der Erzähler, der in V. 12 die Gottesrede in Anspruch nimmt, um seinen Vorwurf zu verbalisieren, differenziert den Unglauben der Führungsfiguren im Verlauf der Erzählung weiter: Ein zentraler Punkt seiner Kritik an Mose und Aaron besteht in der Distanzierung der beiden vom Volk. Sie ziehen sich aus dem Konflikt zurück zum Zelt und sie wirken das Wunder nicht, um dem Volk zu helfen (vgl. die Präpositionalverbindungen im Auftrag in 8ef), sondern um ihre Macht darzustellen. Das ist an der Umfunktionalisierung des Stabes und Moses Rede in V. 10 ablesbar. Dabei bestätigt der Erzähler durch den Verlauf der Handlung (Oppositionsbildung in 2b-3a) die abschließende Beurteilung Moses und Aarons und damit die Sicht des Volkes, die in der Rede V. 3-5 sichtbar wird. Sie sieht im Tod Mirjams und im Wassermangel den Auslöser für die Distanz zwischen Führungselite und Volk. Mirjam dagegen, so kann man an den handelnden Subjekten der Expositio in 1a-2a ablesen, ist mit dem Volk eng verbunden. Sie ist ein wesentliches Glied in der Handlungskette der Erzählung vom Unglauben Moses und Aarons und stirbt nicht aufgrund des Unglaubens. Sie stirbt, wie gezeigt wurde, überhaupt nicht wegen einer Sünde. Der Versuch, Num 12 als Sünde für Mirjam zu verstehen, findet in Num 20 keinen Anhaltspunkt.

Wo aber sind in nachexilischer Zeit Kreise zu finden, die sowohl Mose und Aaron, als auch der Exodusgeneration gegenüber skeptisch und abweisend sind? Diese Gruppe ist einerseits stark auf der Seite des Volkes, denn der Erzähler, der ihre Interessen festhält, identifiziert sich mit der Perspektive des Volkes. Auch Mirjam und JHWH (in V. 8.12) stehen auf dieser Seite der Opposition. Es ist mit keiner schwachen Gruppe im Volk zu rechnen, sondern einer, die das Volk und auch die göttliche Autorität auf ihrer Seite wähnt.

Die nachexilische Gemeinde der persischen Provinz *Jahud* mischte sich aus IsraelitInnen, die nach dem Untergang Judas im Land geblieben waren und jenen, die exiliert wurden, aber nach und nach wieder zurückkehrten. Es besteht Konsens darüber, dass hinter den Exoduserzählungen die Erfahrungen des Exils stehen[334]. Die Wüstengeneration ist dabei ein Bild für die aus

---

334 Vgl. Budd, Numbers, 160f.; Birch, Bruce C./Brueggemann, Walter/Fretheim, Terence E./Petersen, David L., *A Theological Introduction to the Old Testament*, Nashville: Abingdon Press 1999, 103.

dem Exil nach Juda zurückkehrende Gemeinde. Wenn diese Differenzierung der judäischen Gemeinde angemessen ist und als sozialgeschichtliche Basis für unseren Text betrachtet wird, dann ist die AutorInnengruppe von Num 20,1-13 unter den im Land Gebliebenen zu suchen. Auf dem Hintergrund von Num 20,1-13 gehören Mose und Aaron zur HeimkehrerInnengruppe, deren Legitimität von einer Gruppe der im Land Gebliebenen massiv in Frage gestellt wird. Wenn Mose weiterhin mit Esra bzw. Nehemia zu identifizieren ist, dann äußert sich in Num 20,1-13 die Skepsis jener Gruppe gegen die Reformgestalten. Die Gruppe drückt ihre Missbilligung im Vorwurf des Unglaubens aus. Die GegnerInnen Nehemias sind in Neh 6 genannt: Da sind zunächst Namen verzeichnet, die nicht aus dem persischen Reich sondern aus ortsansässigen Gruppen stammen. Zu ihnen zählen nach Neh 6,1 Sanballat, der Horoniter (2,10-19), Tobija, der Knecht von Ammon (2,10.19) und der Araber Geschem.[335] Außerdem jene ProphetInnen, von denen sich Nehemia (6,14) bedroht fühlt. In 6,14 werden Tobija, Sanballat und die ProphetInnen als eine Partei erwähnt, wie bereits für Num 12 sichtbar gemacht werden konnte. Ihre Sicht findet sich in Num 20,1-13 widergespiegelt in der Skepsis gegenüber den aus dem Babylonischen Exil kommenden jüdischen Autoritäten mit persischer Legitimation. Diesen Reformern werfen sie Distanz zum Volk und Distanz zum Auftrag JHWHs vor. Es ist nicht möglich, die Konflikte, die der Text anspricht, genau zu identifizieren. Sie deuten allerdings die gespannte politische Situation der jüdischen Gemeinde in der persischen Zeit an. Diese ergab sich zweifellos nicht monokausal wegen zu hoher Steuern, für die Nehemia verantwortlich gemacht wurde, oder grundsätzlicher Ablehnung gegenüber Nehemia. Grabbe nennt vor allem einerseits die Konkurrenz, die zwischen ansässigen Personen mit regierenden Funktionen, wie Geschem oder Sanballat und dem Neuankömmling und Reformer Nehemia entstanden sein musste[336]. Andererseits betont er, dass Nehemia nicht gerade eine Integrationsfigur darstellte: "Nehemia presents the situation in black-and-white-terms. As he saw it, people where either for him or against him [...] he simply did not try to get along with the local people"[337].

Es liegt nahe, die AutorInnengruppe unter KritikerInnen dieser Vorgehensweise Nehemias zu suchen. Sie beansprucht JHWH ganz auf ihrer Seite. Die AutorInnengruppe repräsentiert sich als Volk im Text und Mirjam ist Teil des Volkes. Mirjam selbst zählt dann zu jenen Gruppen der in Juda ansässigen oder schon früher als Esra und Nehemia zurückgekehrten Bevölkerungsteilen.

---

335 Vgl. Grabbe, Ezra - Nehemia, 161.
336 Vgl. ebd.
337 Ebd., 166f.

4.10. Rhetorische Funktionen der Mirjamtradition in Num 20

Der Erzähler stellt zwischen dem Tod Mirjams und dem Scheitern Moses und Aarons auf subtile Weise eine direkte Verbindung her. Sie wird im folgenden zusammenfassend beschrieben.

4.10.1. Die Exposition

Die Erwähnung des Todes Mirjams in Num 20,1 ist in Form einer Kette von drei Wayyiqtol-x-Sätzen an den Wayyiqtol von 1a angefügt und wird mit einer entsprechenden Negationsform auch in 2a weitergeführt. Dadurch gehört sie in den vorliegenden Ereigniszusammenhang hinein und ist Teil der Exposition zur folgenden Erzählung. Die Todesnotiz ist jener Teil der Informationen, die der/die LeserIn – nach der Meinung der AutorInnen – benötigt, um die folgenden Geschehnisse zu verstehen. Dieser rhetorische Zusammenhang ist ein wichtiges formales Kriterium, den Tod Mirjams als Element der Erzählung vom Wasserwunder und dem Unglauben Moses und Aarons zu betrachten, statt ihn als lose Tradition dem wenig greifbaren Interesse einer Redaktion zuzuschreiben.

4.10.2. Der Ort Kadesch

Die Form der Todesnotiz ist typisch, die Betonung des Ortes durch שָׁם (1cd) ist hier zwar nicht einzigartig, aber sie lenkt das Augenmerk des Lesers oder der Leserin bereits auf die Bedeutung des Ortes, die in der Rede des Volkes (3c-5d) hervorgehoben wird. Kadesch ist in den biblischen Texten, auf die Num 20 bereits zurückgreift, als Ort von Krisen zwischen Mose und Volk bekannt. Mit der Nennung Kadeschs zu Beginn löst der Erzähler bei seinen LeserInnen bereits die Erwartung einer Geschichte aus, die Moses Legitimation in Frage stellt.

Darüber hinaus wird durch die Wurzel קדשׁ eine Verbindung zum Versagen Moses und Aarons in V. 12 hergestellt. Somit ist es möglich, über die Konnotationen mit dem Ort Kadesch einen Zusammenhang zwischen dem Tod Mirjams und dem Versagen Moses und Aarons in Erinnerung zu bewahren. Die in V. 12 angedeutete Pervertierung der Bedeutung von Kadesch durch den Unglauben, macht den Ort zum Ort des Todes, wie ihn das Volk bereits beschrieb (V. 3-5).

Die geographische Lage von Kadesch, an der Grenze zum gelobten Land, macht Mirjam sowohl zu einer Wüstenfigur, die nicht in das Land einzieht, macht sie aber auch für die *ganze* Wüstenwanderung bedeutsam.

4.10.3. Die Krise: Tod – Ort – Führungselite

Die erste Szene, in der das Volk mit Mose und Aaron streitet, macht die Zusammenhänge der Exposition deutlicher, denn das Volk greift die Todesbedrohung in Kadesch massiv auf und stellt sie als seine eigene existenzielle Not dar. Die formal sehr enge Verbindung der Todesnotiz mit dem Ausgehen des Wassers in 2a wird in der Rede des Volkes, die die in 1a-2a beschriebene Szene interpretiert, explizit gemacht. Das Volk stellt in die Mitte seiner Klage den in der Todesnotiz so hervorgehobenen Ort[338]: Er ist in beiden Warum-Fragen (4a.5a) zentral, in 4ab im Zusammenhang mit der Todesangst und in 5a-d als Mangelort, an dem kein Leben ist. In V. 4 wird der Tod mit der Frage nach der Legitimation der Führungselite verbunden, in V. 5 mit der Frage nach der Versorgung. Die Frage nach dem Sinn des Handelns Moses und Aarons (4b.5b) resultiert aus der Todesbedrohung und dem furchtbaren Ort, an dem sich die Gemeinde befindet. Mirjams Tod wird durch diese interpretierende Rede des Volkes als Teil der Krise und der Bedrohung dargestellt. Mirjam bleibt aber erzählerisch mit dem Volk verbunden. Sie stirbt vor der Spaltung in Führung und Opposition in 2b und sie wird wahrscheinlich von VertreterInnen des Volkes begraben. So ist zu schließen, dass sie zur Opposition gegen Mose und Aaron zählt [339].

Dass zwischen dem Volk auf der einen und Mose und Aaron auf der anderen Seite eine Krise entstanden ist, wird in der Distanzierung Moses und Aarons in 6a deutlich. Dass die beiden das Volk verlassen, deutet darauf hin, dass sie sich nicht dem Volk stellen[340]. Dieses Abheben Moses und Aarons entspricht der Angst des Volkes, das Tun der beiden nicht mehr zu verstehen. Die Angst des Volkes hat sowohl mit der Todesbedrohung als auch mit Angst vor dem Versagen der Führung des Volkes zu tun. Beide Aspekte der Angst werden durch den Erzähler bestätigt: der Wassermangel und der Tod Mirjams in der Exposition sowie das Versagen der Führung der Gottesrede in V. 12.

---

338 Ähnlich auch Schmidt, L., Studien, 48.
339 Der Hinweis Holzingers, die Etymologie des Namens Mirjams könne tatsächlich mit מרה, murren und somit auch mit den מרים in 10c zusammenhängen, scheint angesichts dieser Konstellation nicht von der Hand zu weisen zu sein.
340 Die Dynamik ist politisch betrachtet fragwürdig, denn Mose und Aaron holen sich ihre Legitimation nicht beim Volk sondern bei Gott, nicht bei der demokratischen Autorität, also von unten, sondern von oben. Nach Struppe liegt ihr Fehler aber genau darin (vgl. Herrlichkeit, 211).

4.10.4. מרה – widerspenstig – widerständig – Mirjam

Es war Holzinger, der in seinem Numeri-Kommentar von 1903 eine Verbindung des Namens מִרְיָם mit der Wurzel מרה erwog. Er hat damit einen Aspekt von Num 20 getroffen, der die Aspekte „Tod Mirjams", „Angst des Volkes" und „Moses Sünde" verbindet und damit eine Synapse innerhalb der Narration darstellt. Geht man von Num 17,25 und der erwähnten Zeichenfunktion des Stabes für die בְּנֵי־מֶרִי aus, dann gelangt man zu dem Stab, den Mose halten soll, den er aber missbraucht, indem er ihn wie seinen eigenen Stab zum Schlagen verwendet. Gleichzeitig erschließt sich ein Zusammenhang zur Rede Moses, der genau weiß, mit wem er es zu tun hat und deshalb auch den Stab im gebotenen Sinn gebrauchen könnte. Er hat jedoch, wie V. 12 interpretiert, in diese Funktion und in das von Gott beabsichtigte Wunder kein Vertrauen[341]. Die Einbindung des Namens Mirjam in diesen Zusammenhang könnte folgendermaßen beschrieben werden: Mirjam zählt zu den „Widerspenstigen". Die Erzählung ist somit eine Art erzählende Erklärung ihres Namens, um im Gedächtnis zu behalten, dass ihr Tod das Volk beinahe und die Führungselite tatsächlich um ihre Existenz brachte. Für die erste Variante spricht die erzählerische Einbindung des Todes, die Mirjam zum Volk zählen lässt. Zugespitzt ließe sich formulieren. Dass „Mirjam" eine Art Synonym oder auch „Epithet" für die *zu recht* (!!) „widerspenstige", „widerständige" Seite des Volkes ist.

4.10.5. Die Bedeutung des Todes

Der Vergleich mit dem im selben Kapitel berichteten Tod Aarons zeigt, dass Mirjam nicht der Platz eingeräumt wird, der Aaron zukommt, da um Mirjam nicht geweint wird. Gleichzeitig wird deutlich, dass es bei Mirjams Todesnotiz nicht nur um das Faktum des Todes geht sondern um die erzählerische Funktion der Notiz innerhalb der Narration, darum, dass mit Mirjam dem Volk und seinen Führungsgestalten etwas genommen wurde, das für das soziale Gleichgewicht zwischen dem Volk einerseits und Mose und Aaron andererseits lebenswichtig war.

Explizit hat Schart die Frage formuliert, ob der Erwähnung des Todes Mirjams eine erzählerische Funktion zukomme. Seine Antwort, „Der Tod greift bereits in die Familie der beiden Führer Israels (Mirjam ist nach Ex 15,20 J die Schwester Aarons)"[342] trifft ihre Funktion nur teilweise und basiert auf einer vom Text her nicht zulässigen Ebene. Es geht nicht darum,

---

341 Vgl. auch die Verbindungen, die sich durch die Erwähnung der Wurzel in Num 20,24; 27,14 ergeben.
342 Mose, 112.

den Untergang einer *Familie* darzustellen. Es geht auch nicht darum, historisierend den Tod einer berühmten Persönlichkeit der Geschichte Israels festzuhalten. Vielmehr wird durch Mirjams Tod eine Kette von Ereignissen ausgelöst, die das ganze Gefüge Israels und im Speziellen die Führungsgestalten in eine existenzgefährdende Krise stürzen, die nur mehr durch Wunder, sei es durch Wasserwunder oder dadurch, dass JHWH sich selbst vor Israel heiligt, aufgefangen werden kann.

4.10.6. Die Standpunkte: Mirjam und das Volk

Es ist hinlänglich betont worden, dass Mirjam Teil des Volkes ist und der Erzähler sich selbst auf der Seite des Volkes in Distanz und Kritik zu Mose und Aaron platziert. Er realisiert dies vor allem dadurch, dass dem Volk durch JHWHs Sicht in V. 12 Recht gegeben wird, und Mose und Aaron sich in Opposition zum Volk bewegen (Abkehr in V. 6, Moses Rede in V. 10). Auch das Verhältnis der „Mächte" und „Gegenmächte" hinter den Akteuren macht deutlich, dass gegen die Macht „Tod" einerseits die Macht des Versammelns der Gemeinde, von JHWH her aber auch die Macht des Auftrages zur Wunderwirkung für das Volk steht. Diese Macht von Gott verspielen Mose und Aaron allerdings, wie in der Rede Gottes in V. 12 deutlich wird.

Num 20,1-13 ist somit – im Gegensatz zu Num 12 – ein Text, der aus der Perspektive und auf der Seite der Gruppe, die sich mit Mirjam identifiziert oder Mirjam für sich in Anspruch nimmt, spricht.

5. Mi 6,4: Mirjam, von Gott gesendet

Da Mi 6,1-8 kein Erzähltext ist, muss die narrative Analyse als Methode zurücktreten. Die Analyse des Textes folgt zwei Schritten. Im ersten soll die Struktur des Textes aufgrund verb- und satzsyntaktischer Merkmale und rhetorischer Stilmittel beschrieben werden, im zweiten die Semantik einzelner Lexeme und Wendungen. Innerhalb dieses zweiten Schrittes wird zuerst die Frage nach RednerInnen und AdressatInnen zu klären sein. In einem zweiten Teil sollen dann die inhaltlichen Positionen dieser Parteien dargelegt werden. Beide Schritte zielen auf die rhetorischen Funktionen der Erwähnung Mirjams in V. 4, d.h. auf die Frage, welchem Zweck die Nennung Mirjams innerhalb der Argumentation und des Interesses der AutorInnen dient.

5.1. Text und Übersetzung

5.1.1. Übersetzung

1a	Hört doch, <u>das</u>	
b	was JHWH sagt:	
c		„Steh auf,
d		streite <u>mit</u> den Bergen!
e		Es sollen die Hügel deine Stimme hören!"
2a	Hört, Berge, den Rechtsstreit JHWHs,	
b	und ihr beständigen Grundfesten der Erde!	
c	Denn einen Rechtsstreit hat JHWH mit seinem Volk,	
d	und mit Israel setzt er sich auseinander:	
3a		„Mein Volk,
b		Was habe ich dir getan,
c		und womit habe ich dich ermüdet?
d		Antworte mir!
4a		Ja, heraufgeführt habe ich dich aus Ägypten
b		und aus dem SklavInnenhaus habe ich dich befreit
c		und ich habe vor dir her gesendet den Mose, Aaron und Mirjam.
5a		Mein Volk,
b		gedenke doch,
c		was hat Balak, der König von Moab, geraten,
d		und was hat ihm Bileam, der Sohn Beors geantwortet, von Schittim nach Gilgal,
e		um zu erkennen das gerechte Tun JHWHs."

6a   „Womit soll ich mich nähern JHWH,
 b   mich beugen vor dem Gott der Höhe?
 c   Soll ich mich ihm nähern mit Brandopfern einjähriger Kälber?
7a   Wird JHWH Gefallen finden an Tausenden von Widdern
 b   und Unmengen von Ölbächen?
 c   Soll ich meine Erstgeburt für meine Verfehlung geben,
 d   die Frucht meines Leibes für mein <u>sündiges Leben</u>?"
8a   „Er hat dir gesagt, Mensch,
 b   was gut ist
 c   und was JHWH verlangt von dir:
 d   nichts als Recht tun und Güte lieben
 e   und besonnen gehen mit deinem Gott."

5.1.2. Anmerkungen zur Übersetzung

Die *nota accusativi* אֶת in 1a ist in einigen Handschriften der LXX durch λόγον κυρίου erweitert. Diese Variante stellt bereits eine Erklärung zum MT dar und muss nicht übernommen werden.

Die Formulierung רִיב אֶת ("streite mit") in 1d ist selten[1], kann aber mit „mit" übersetzt werden[2].

Häufig wird in 2b וְהָאֲתָנִים zu הַאֲזִינוּ konjiziert, um eine Angleichung an den Beginn von 2a herzustellen[3]. Für diese Erleichterung gibt es keine Notwendigkeit.

Für die Erwähnung Mirjams in V. 4 ist die Konjektur von עַמִּי in 5a wesentlich. Die Konjektur sieht vor, עַמִּי vom Beginn des V. 5 auf das Ende von V. 4 zu verlegen und außerdem umzuändern in עִמּוֹ[4]. Abgesehen davon, dass die Parallelität der Versanfänge von V. 4 und V. 5 durch diese Konjektur zerstört würde, wird die Bedeutung Mirjams und Aarons deutlich herabgesetzt. Dem MT entsprechend sind Mose, Aaron und Mirjam gleicherweise von JHWH geschickt. Die Konjektur aber würde Mirjam und Aaron nur mit Mose „mitgesandt" erscheinen lassen.

---

1 Sie erscheint zehn Mal innerhalb des Alten Testaments, kann aber überall mit „streiten mit" übersetzt werden. Vgl. Limburg, James, The Root רִיב and the Prophetic Lawsuit Speeches, *JBL* 88 (1969) 291-304, 296, Anm. 11. Limburg will nur in Mi 6,1 mit „gegen" übersetzen.
2 Vgl. auch Kessler, Rainer, *Micha*, HThK.AT, Freiburg u.a.: Herder 1999, 257.
3 Vgl. Wolff, Hans Walter, *Dodekapropheton 4. Micha*, BK.AT XIV/4, Neukirchen-Vluyn: Neukirchener 1982, 137. Wolff gibt an, dass dieser Vorschlag seit Wellhausen bestehe. Auch der Apparat der BHS nennt ihn als Lesevorschlag.
4 Vgl. Smith, Ralph, *Micah-Malachi*, WBC, Waco, Texas: Word Books 1984, 50; Lescow, Theodor, Redaktionsgeschichtliche Analyse von Micha 6-7, *ZAW* 84 (1972) 182-212, 186.

5.2. Struktur eines Rechtsstreites? – Dispositio

5.2.1. Abgrenzung

Der Imperativ masc. Plural שִׁמְעוּ־נָא („hört doch!") in 6,1a kennzeichnet den Beginn eines neuen Abschnittes.

Darüber hinaus muss in 1ab mit einem Sprecherwechsel gerechnet werden, da von JHWH in 1b in dritter Person die Rede ist, in 5,9-14 spricht Gott von sich in erster Person[5]. Inhaltlich ist die Abgrenzung markanter, denn während in 5,9-14 die katastrophalen Ereignisse „an jenem Tag" (9a) geschildert werden, leitet der Höraufruf in 6,1 eine Verhandlung zwischen JHWH und dem Volk ein, die als Rechtsstreit bezeichnet wird und sich nicht mehr auf „jenen Tag" bezieht.

Der Einschnitt zwischen V. 8 und V. 9 wird durch den Abschluss der Rede in 8e markiert[6]. In 9a wird JHWHs Stimme durch die Erststellung im Satz betont[7], sie wird allerdings erst in 10a hörbar. Darüber hinaus wird in 9a „die Stadt" als von JHWH adressiert eingeführt[8]. Die JHWH-Rede in V. 10-12 weist auch im Gegensatz zu V. 3-5 explizit keine AdressatInnen auf, erst in V. 13-16 erscheint wieder die 2. Person masc. Sg.

Wieder muss vor allem inhaltlich ein Einschnitt deutlich gemacht werden: der Rechtsstreit, so man für Mi 6 wirklich einen annehmen will[9], scheint vorbei. Dies nicht nur, weil der Terminus technicus ריב fehlt, sondern auch, weil in V. 9-16 das Volk nicht mehr antwortet und somit die Redesituation anders gestaltet ist. Eine Antwort des Volkes könnte ausfallen, wenn ein Urteil verkündet wird, was aber nicht geschieht. Durch die Neueinführung der Stadt (9a.cd[?].12) und die Frage sozialer Gerechtigkeit[10], die in V. 10-12 angeschnitten wird, beginnt thematisch etwas Neues.

---

5   Dieses Argument kann nicht absolut verstanden werden, da es unter bestimmten kontextuellen Umständen nicht gültig ist (vgl. die geprägte Sprache Mi 6,5e und dazu: Kessler, Micha, 266).
6   Vgl. auch Kessler, Micha, 258.
7   Die invertierte Satzstellung findet sich auch in 1b: אָמַר אֲשֶׁר־יהוה, wodurch möglicherweise eine leichte Parallelität in den Einleitungen der JHWH-Reden hergestellt sein könnte.
8   Von einem neuen Adressaten in V. 9 spricht Wolff, Micha, 138. Kessler, Micha, 258 konstatiert die Eindeutigkeit des Abschlusses in V. 8.
9   Vgl. die Zurückweisung bei Kessler, Micha, 261f.
10 Die übertriebenen Opfergaben in V. 6f. deuten nicht nur Wohlstand an. Sie zielen auch auf grundsätzlichere Fragen von (sozialer) Gerechtigkeit ab (s. unten 5.3.4.), aber auf den möglichen Zusammenhang sei zumindest hingewiesen.

5.2.2. Struktur

Die im Folgenden vorgenommene Gliederung erfolgt nach Redeeinheiten[11]. Es ist zwar nicht möglich, nur nach sprechenden Subjekten oder AdressatInnen vorzugehen, da diese nicht immer identifizierbar sind. Dennoch scheint diese Struktur plausibler als andere Versuche der Einteilung[12], da sie sich im vorliegenden Text begründen lässt.

V. 1-2: Einleitung zu den Reden, die in V. 3 beginnen, Sprecher ist der Prophet[13].

---

11 So nur bei Kessler, Micha, 258f. V. 1b.2: Eröffnung. V. 3-5: JHWH-Rede. V. 6-7: Volksrede. V. 8: Antwort des Propheten.

12 Wolff, Micha, XXXIII teilt Mi 6,1-8 in: V. 2-5: Prozessrede. V. 6-7: Kultprobleme. V. 8: Lehre, was gut ist. Diese hauptsächlich an inhaltlichem Kriterien vorgenommene Gliederung zerreißt den Text in drei Themen, wodurch sein Duktus nicht sichtbar wird. Außerdem befinden sich die Gliederungskriterien auf unterschiedlichen Ebenen, da „Prozessrede" im Unterschied zu den anderen beiden Bestimmungen ein Formkriterium ist. Anders als hier hat auch Lescow den Text strukturiert. Er findet selbständige Kompositionsstücke in V. 1-5 und V. 6-8 (vgl. Analyse, 182-187), ohne dies weiter zu begründen. Ein anderes Mal lässt er dieselbe Trennung erst mit V. 2 beginnen (vgl. *Worte und Wirkungen des Propheten Micha. Ein kompositionsgeschichtlicher Kommentar*, AzTh 84, Stuttgart: Calwer 1997, 202). Weitere Gliederungen dieser Stücke ergeben sich bei Lescow aus literarkritischen Entscheidungen (die Sendung Moses, Aarons und Mirjams erfolge *nach* dem vermeintlichen Credo in 4ab statt, wie in Ps 105,26f.; Jos 24,5f.; 1 Sam 12,8 vorher und sei deshalb ein Zusatz [vgl. Analyse 186]), textkritischen Konjekturen (so die Trennung zwischen 4b und 4c, die nur möglich ist, wenn man עמי aus 5a zu עִמִּי konjiziert und an das Ende von 4c setzt, sodass Aaron und Mirjam „mit ihm", Mose, gesendet wurden. Vgl. dazu 5.1.2.), sowie der Behauptung bestimmter Textformen, wie einem Credo (Gottes?) in 2b-4 (vgl. Lescow, Worte, 202f.).

13 Vgl. 5.2.4.1. und 5.3.1.1. Smith, John Merlin Powis, *A Critical and Exegetical Commentary on the Books of Micah, Zephaniah and Nahum*, ICC, Edinburgh: Clark 1965, 118f. sieht zwischen V. 5 und V. 6 eine Zäsur und gliedert V. 1-5 in vier Strophen (V. 1: Israels Präsenz in den Bergen. V. 2: Berge als Zeugen im Rechtsstreit zwischen JHWH und Israel. V. 3: JHWH gab Israel Grund für Dank. V. 4f.: Erinnerung an die Wüstenwanderung). Diese Gliederung ist rein inhaltlich und verdeutlicht keine Struktur des Textes, da sie nicht auf die formalen Linien achtet. Es scheint z. B. ungünstig, innerhalb einer Rede (V. 3 und V. 4f.) eine Zäsur auf derselben Ebene anzubringen wie zwischen zwei Reden (V. 2 und V. 3). Lescow, Analyse, 182-185 betrachtet V. 1-4b als Einheit und bezeichnet sie als Appellationsrede an die Berge und Grundfesten der Erde. Der Appellationsrede zweiter Teil erfolge sodann in 4c-5. Die Trennung zwischen 4b und 4c wird damit begründet, dass 4c-5 ein Zusatz sei, da sie eigentlich vor dem Credo, das er in 4ab sieht, stehen müssten. Da mir die Bestimmung von 4ab als Credo nicht einsichtig ist (vgl. 5.3.3.) und da sich zwischen 4b und 4c weder der Sprecher noch die AdressatInnen oder der Inhalt verändert, im Gegenteil 4c durch den Wayyiqtol mit 4b fest verbunden ist, scheint mir eine Trennung an dieser Stelle nicht plausibel. Kessler, Micha, 258-271 nimmt keine Gliederung von 6,1-8 vor.

V. 3-5: Gott spricht zu Israel, Thema ist die Rettungsgeschichte und ihre Bedeutung für die Gegenwart des Volkes.

V. 6-7: Die SprecherIn ist ein menschliches Subjekt, ausgedrückt durch die 1. Pers. Sg. Über JHWH wird in der 3. Person gesprochen. Das Thema besteht in der Frage, wie sich der Mensch Gott nähern kann (6a) und in der Antwort, die irreale und übertriebene Opfer nennt.

V. 8: Antwort eines ungenannten Sprechers auf die Fragen des menschlichen Subjekts. Möglicherweise spricht der Prophet, denn von Gott ist in der 3. Person die Rede (8ce).

5.2.3. Einleitung: V. 1-2

V. 1-2 leiten mit vier Imperativen (1acd.2a) und einem Jussiv in 1e den Text ein. Die Imperative markieren den Text als Rede, allerdings wird weder eindeutig gemacht, wer spricht noch wer angesprochen ist. Die AdressatInnen sind in 1a in 2. Person masc. Plural zwar angesprochen, aber nicht explizit genannt. Erst 2a führt die Berge und Grundfesten der Erde als AdressatInnen an. Es ist damit aber noch nicht gesagt, dass dies Rückschlüsse auf die Identität der AdressatInnen in 1a zuließe. Die Wiederholung der Wurzel שמע in den Imperativen masc. Plural in 1a und 2a könnte allerdings eine Verbindung zwischen diesen beiden Äußerungseinheiten herstellen, die auch für die AdressatInnen gelten könnte. Ungenannt bleibt außerdem der/die Sg.-AdressatIn in 1cde. Somit legt der/die RednerIn die AdressatInnen erst in 2a explizit fest, wo dann der „Rechtsstreit" JHWHs mit seinem Volk eingeleitet wird (2bc).

Die 2. Pers. Sg. in 1cde lässt sich von einer Konkretisierung des Sprechers her identifizieren: 1a nennt zwar keinen Sprecher, es kann aber der Prophet angenommen werden, der als Verfasser hinter dem Text steht. Er kündigt an, was JHWH sagt. Offen bleibt dann aber noch, wo die JHWH-Rede beginnt. Ist das in 1c der Fall, dann ruft JHWH irgendjemand (am nächstliegenden ist der Prophet) auf, aufzustehen und mit den Bergen einen Rechtsstreit zu führen. Angesichts dessen, dass V. 3f. das Volk ebenfalls in 2. masc. Sg. anspricht, könnte JHWH auch das Volk ansprechen, das versuchen soll, mit den Bergen zu rechten. Versteht man 1c-e als JHWH-Rede, dann ist dies eine erzählte Rede innerhalb einer erzählten Rede.

ADRESSATINNEN	VERBFORM	
2. Pers. masc. Pl.	Imp. masc. Pl.	1a שִׁמְעוּ־נָא אֵת
	Ptz.	b אֲשֶׁר־יהוה אֹמֵר
2. Pers. masc. Sg.	Imp. masc. Sg.	c קוּם
2. Pers. masc. Sg.	Imp. masc. Sg.	d רִיב אֶת־הֶהָרִים
2. Pers. masc. Pl.	Imp. fem. Pl.	e וְתִשְׁמַעְנָה הַגְּבָעוֹת קוֹלֶךָ
2. Pers. masc. Pl.	Imp. masc. Pl.	2a שִׁמְעוּ הָרִים אֶת־רִיב יהוה וְהָאֵתָנִים מֹסְדֵי אָרֶץ
	qatal	b כִּי רִיב לַיהוה עִם־עַמּוֹ
	x-yiqtol	c וְעִם־יִשְׂרָאֵל יִתְוַכָּח

So gesehen können zwei Rechtsstreite festgemacht werden: 1. Ein Rechtsstreit des Propheten oder des Volkes mit den Bergen und Höhen in 1cde, zu dem nur aufgerufen wird. Darin wird lediglich das Aufstehen und Sprechen der einen und das Hören der anderen Partei befohlen, nicht aber berichtet. Worum es dabei inhaltlich gehen soll, bleibt ganz im Verborgenen. 2. Ein Rechtsstreit Gottes mit seinem Volk, der in V. 2 eingeleitet und in V. 3-7(8) erzählt wird[14].

Beide Rechtsstreite sind durch mehrere Linien verbunden. 1. Die Berge stellen im ersten Streit (1cde) eine Partei dar, im zweiten jedoch die Zeugen. 2. Der Höraufruf, der in V. 1 darauf zielt, JHWHs Aufruf zum Streiten zu hören und in V. 2 die Berge und Höhen in den Zeugenstand ruft. 3. Die ÄE 2cd bilden einen Chiasmus[15]:

A   JHWHs Rechtsstreit
B   mit seinem Volk
B' mit Israel
A' setzt er sich auseinander

Durch diese Struktur sind Rechtsstreit und Auseinandersetzung miteinander verbunden und der Rechtsstreit wird zunächst als „verbales Verhandeln" bzw. die Auseinandersetzung als Rechtsstreit qualifiziert.

---

14 V. 2 als Einleitung zur Gottesrede in V. 3-5 hat Wolff zwar gesehen, allerdings schied er V. 1 als redaktionellen Zusatz aus, da er sich nicht zu der Rede füge. Eine Stichwortverbindung in 1d und 2b könne nicht angenommen werden, da רִיב in 1d mit אֵת, in 2b aber mit עִם gebildet sei (vgl. Wolff, Micha, 139).

15 Vgl. auch Lescow, Worte, 201. Er spricht ebenfalls von einem Parallelismus membrorum in 2cd, was allerdings, in Anlehnung an Mayer, G., יכח, ThWAT III (1982) 620-628, 621, die angenommene Grundbedeutung von יכח „zeigen was recht ist", voraussetzt.

Eine Spannung besteht in den AdressatInnen des Rechtsstreites. Während 1b einen Rechtsstreit mit den Bergen evoziert, spricht 1c vom Streit JHWHs mit seinem Volk. Im Vergleich mit Mi 1,2-7 kann zudem deutlich gemacht werden, dass der AdressatInnenwechsel einen bestimmten Effekt erzielen möchte[16].

V. 1-2 bilden so etwas wie eine Überschrift, die ankündigt, was kommen soll: Rechtsstreit.

5.2.4. Die Gottesrede V. 3-5

5.2.4.1. Die Präsenz von SprecherInnen und AdressatInnen

3a-5e ist Rede Gottes in 1. Pers. Sg. mit AdressatInnen, die in 2. Pers. masc. Sg. repräsentiert sind. Adressat ist das Volk, das als „mein Volk" in 3a.5a angesprochen ist. In 3b-5a ist das Volk in seinem Verhältnis zu Gott direkt gemeint, genauer darin, was Gott als Subjekt für Israel als direktem Objekt getan hat. Dieses direkte Wirken JHWHs für Israel wird in V. 3f. formal durch die suffigierten Verbformen zum Ausdruck gebracht. Denn JHWHs Tun ist durch diese Verbformen direkt auf das Volk bezogen. 5ab evoziert das letzte Mal explizit dieses Verhältnis zwischen JHWH und Israel. Es wird in 5a durch das EPP der 1. Person Sg. („mein Volk") ausgedrückt und in 5b durch den Imperativ masc. Sg. Die folgenden „Was-Fragen" in 5cd beziehen sich formal sprachlich nicht mehr auf das direkte Wirken Gottes für sein Volk, da die zweite Person in der Rede fehlt. In 5cd werden Num 22-24, die Bewahrung vor dem Fluch Moabs sowie der Beginn der Landnahme genannt. Das sind Ereignisse, in denen Gott außerhalb Israels wirkte. In 5b wird der AdressatInnenkreis Israel zuletzt direkt angesprochen[17].

Dieser Einschnitt nach 5a korrespondiert mit der Zweiteilung der Gottesrede[18], die durch die beiden Ausrufe „mein Volk" in 3a und 5a einerseits und

---

16 Vgl. Kessler, Micha, 261.
17 Der direkte Bezug zwischen JHWH und dem Volk wird erst in V. 13-16 wieder durch die selben Formen deutlich: V. 13 setzt ein mit וְגַם־אֲנִי („und auch ich"). Dieses Ich kann rein formal nicht mehr als das Ich Gottes identifiziert werden, allerdings legt es der Inhalt nahe und auch der Text hat keine weitere Person eingeführt, die in der Ich-Rede zum Volk sprechen könnte (V. 8f. redet ein/e Dritte/r zum Volk, der/die nicht in der ersten Person Sg. steht und sich damit nicht selbst benennt). Das Volk ist in 2. Person Sg. – wie bereits in der Gottesrede V. 3-5 – adressiert.
18 Kessler, Micha, 263 sieht eine Dreiteilung in V. 3-5: V. 3: Selbstverteidigung und Aufforderung zur Stellungnahme. V. 4: JHWH gibt selbst Antwort (Gegenangriff). V. 5: Weiterführung von V. 4 durch „Gedenke!", JHWHs Rettungshandeln zum Schluss. Diese Einteilung beachtet allerdings die Strukturmerkmale nicht, da sie sich allein an Inhalt und Versteilung orientiert. Wir werden noch sehen, dass V. 5 keine Weiter-

die strukturierenden Fragen מֶה und מָה (3bc und in umgekehrter Reihenfolge in 5cd) andererseits gekennzeichnet ist[19].

Auffällig ist der Perspektivenwechsel in 5e. Während JHWH in 3a-5d selbst spricht und sich in 1. Person nennt, ist in 5e in 3. Person von ihm die Rede. Nach der Frage in 5cd, die den Rat Balaks und die Antwort Bileams nennen, kann die dritte Person darauf hindeuten, dass nicht mehr (allein) JHWHs Sicht erwähnt wird, sondern dass JHWH in seiner Rede auch das Erkennen oder zumindest die Wahrnehmung dieser beiden Genannten und der AdresatInnen herein nimmt[20]. Es liegt nahe, weiterhin Israel als Subjekt der Gotteserkenntnis anzunehmen, allerdings ist kein Subjekt genannt, was eine Zuordnung möglicherweise auch bewusst öffnen soll. Zu diesem Befund gehört auch, dass der Adressat in 5c-e nicht mehr ausdrücklich genannt ist, womit die Offenheit der Redeadresse ebenfalls angedeutet ist[21].

Diese Perspektive des Sprechers, die nicht mehr nur Israel im Blick hat, mag auch inhaltlich durch die Nennung Balaks, des Königs von Moab und Bileams, der „am Strom", wahrscheinlich dem Euphrat, beheimatet ist, anklingen.

5.2.4.2. Die Struktur der Was-Fragen

Die beiden Paare der Was-Fragen sind durch zwei Imperative an das Volk (3d.5b) gerahmt. Das Volk soll antworten auf JHWHs Fragen (3d) und sich an das erinnern, was JHWH indirekt gewirkt hat (5b). Die Antwort des Volkes erfolgt in V. 6-7. Inhaltlich scheint sie allerdings mit V. 3-5 nichts zu

---

führung von V. 4 sein kann, da er seine AdressatInnen anders anspricht als V. 4, die Fragen in V. 5 schon ein Teil der Antwort auf 4ab sind und selbst keine Antwort erhalten.

19 Wolff spricht aus diesem Grund von zwei Strophen der Gottesrede (vgl. Micha, 140).
20 Anders Smith, Micah, 118, der den Sinn der 3. Person nicht erklärt. Er bezieht die Erkenntnis der Gerechtigkeit Gottes in 5e auf Israel in 2. Person. Dafür jedoch fehlt ein Suffix der 2. Pers. masc.
21 Die Offenheit ist vollendet in dem weisheitlich mitgeprägten Spruch V. 8, der sich an אָדָם, also an alle Menschen, richtet. Ebach betont vor allem, dass diese Adresse kein Widerspruch zum angesprochenen Israel in V. 1-5 sei, sondern dass die Geschichte Israels mit allen Menschen in Verbindung zu setzen ist. (vgl. Ebach, Jürgen, Was bei Micha „gut sein" heißt, *BiKi* 51 (1996) 172-181, 176). Ebenso versteht Crüsemann den Begriff allgemein, auch wenn er hauptsächlich danach fragt, ob damit Frauen mitgemeint seien (vgl. Crüsemann, Frank, „nichts als...mitgehen mit Deinem Gott" [Mi 6,8]. Nachdenken über ungegangene Wege, *WuD* 24 [1997] 11-28, 14.16-19). Kessler, Rainer, Zwischen Tempel und Tora. Das Michabuch im Diskurs der Perserzeit, *BZ* 44 (2000) 21-36, 33 betont, dass אָדָם zwar über Israel hinaus weise, aber zunächst Israel angesprochen sei, da ja Israel (durch die Propheten) gesagt sei, was gut ist.

tun zu haben, da das Erinnern nicht stattfindet. Der Imperativ zum Antworten wird mit dem Exodus begründet.

Die syntaktische Abfolge der V. 3-5 zeigt, dass der Sprecher auf die Vergangenheit zurückblickt:

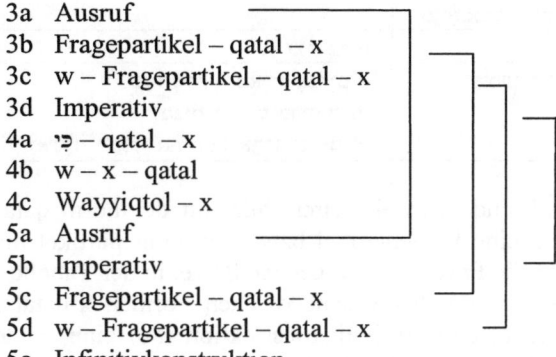

3a Ausruf
3b Fragepartikel – qatal – x
3c w – Fragepartikel – qatal – x
3d Imperativ
4a כִּי – qatal – x
4b w – x – qatal
4c Wayyiqtol – x
5a Ausruf
5b Imperativ
5c Fragepartikel – qatal – x
5d w – Fragepartikel – qatal – x
5e Infinitivkonstruktion

Das Schema macht sichtbar, dass beide Teile der Rede in den fragenden Einleitungen ähnlich aufgebaut sind[22]. Jedes Einleitungselement des ersten Teiles hat eine Entsprechung im zweiten Teil, wenn die einzelnen Elemente auch nicht in derselben Reihenfolge stehen. Ein wesentlicher Unterschied besteht in den Fragen in 3bc und 5cd. Sie beziehen sich in 3bc allein auf JHWHs Tun für sein Volk und sind ganz allgemein gehalten. V. 4 ist, mit כִּי eingeleitet, eine nähere konstatierende Beschreibung der allgemeinen Fragen nach Gottes Handeln für Israel. Anders verhält es sich in V. 5, wo in den beiden Fragen bereits der konkrete rettungsgeschichtliche Rückblick stattfindet. So gesehen ist die zu erinnernde Episode von Balak und Bileam in 5cd in ihrer *Funktion* für die AdressatInnen mit den allgemeinen Fragen, die JHWH in 3bc stellt, zu vergleichen. Thematisch findet in den Fragen des V. 5 (cd) aber der inhaltliche Rückblick statt, der im ersten Teil der Gottesrede in den Antworten in V. 4 steht.

---

22 Lescow, Worte, 199 hat einen chiastischen Aufbau in V. 4-5 deutlich machen können, der aber vor allem erst durch seine textkritischen Umstellungen (vgl. 5.2.2.) möglich wird. Er ist rein inhaltlich bestimmt: A (4ab: Auszug aus Ägypten) – B (4c: Namen: Mose, Mirjam, Aaron) – B' (5c: Namen: Balak, Bileam) – A' (5d: Zug von Schittim nach Gilgal) und beachtet die Nuancen der unterschiedlichen formalen Ausführungen der einzelnen Elemente nicht. Wesentliche Aussage ist, dass זכר im Zentrum des Textes steht.

	5a עַמִּי	3a עַמִּי
Aufruf		
Imp.	b זְכָר־נָא	
Was-Fragen	c מַה־יָּעַץ בָּלָק מֶלֶךְ מוֹאָב d וּמֶה־עָנָה אֹתוֹ בִּלְעָם בֶּן־בְּעוֹר מִן־הַשִּׁטִּים עַד־הַגִּלְגָּל	b מֶה־עָשִׂיתִי לְךָ c וּמָה הֶלְאֵתִיךָ
Imp.		d עֲנֵה בִי
Antwort	e לְמַעַן דַּעַת צִדְקוֹת יְהוָה	4a כִּי הֶעֱלִתִיךָ מֵאֶרֶץ מִצְרַיִם b וּמִבֵּית עֲבָדִים פְּדִיתִיךָ c וָאֶשְׁלַח לְפָנֶיךָ אֶת־מֹשֶׁה אַהֲרֹן וּמִרְיָם

Die Fragesätze 3bc.5cd sind in zwei Paaren, alle mit der Form qatal-x konstruiert. Sie sind durch eine Fragepartikel bzw. eine Fragepartikel mit ו (3c.5d) eingeleitet. Die auf die Fragepaare folgenden Sätze, in der Tabelle als „Antwort" bezeichnet, weisen durch die syntaktischen Formen x-qatal, x-qatal und Wayyiqtol-x (4abc) bzw. Infinitivkonstruktion (5e) eine andere Struktur auf. Sie sind durch כִּי (4a) und לְמַעַן (5e) mit den Fragen verbunden. Sie sind allerdings unterschiedlich lang und ausführlich, wodurch der längere V. 4 stärker ins Zentrum der Gottesrede gerückt wird[23]. Während das Ziel oder der Sinn, auf den die Balak- und Bileamepisode hinweist, die Erkenntnis des göttlichen Rettungshandelns ist, ist konsequenterweise das, worauf JHWHs Fragen in V. 3 ausgerichtet sind, die Befreiung aus dem SklavInnenhaus und das Schicken der Führungselite (V. 4). Die unterschiedlichen Positionen der Imperative, im ersten Teil nach den Was-Fragen, direkt vor der Antwort (3d), im zweiten Teil vor den Was-Fragen (5b), verdeutlichen die unterschiedlichen Funktionen der rettungsgeschichtlichen Rückblicke: V. 4 steht nach der Aufforderung zu *antworten* und ist mit einem emphatischen כִּי eingeleitet als Antwort bzw. *Sichtweise JHWHs* auf die Fragen nach seinem Handeln für Israel zu verstehen. Der zweite Rückblick steht nach der Aufforderung zu *gedenken*, er ist also *Erinnerung, nicht Antwort*. Diese Unterschiede leiten dazu an, die rettungsgeschichtlichen Retrospektiven in V. 4 und 5cd nicht auf der gleichen Ebene zu verhandeln: V. 4 ist JHWHs Perspektive als Vorwegnahme der Antwort der AdressatInnen und eine unantastbare Behauptung. 5cd zielt auf die Sichtweise des Volkes und hat als Frage appellativen Charakter. Diese Feinstruktur und die damit verbundene Betonung der Aussagen in V. 4 wird nicht deutlich, wenn man bloß inhaltlich

---

[23] Die Struktur ist somit zwar von der Länge der Zeilen her nicht gleichförmig, es scheint aber trotzdem nicht notwendig, wie Smith, Micah, 121, 4c wegen seiner prosaischen Form als Zusatz zu betrachten. V. 4 ist durch das Wortspiel הֶעֱלִתִיךָ - הֶלְאֵתִיךָ mit V. 3 rhetorisch verknüpft (vgl. Werner, Wolfgang, Micha 6,8 – eine alttestamentliche Kurzformel des Glaubens? Zum theologischen Verständnis von Mi 6,8, *BZ NF* 32 (1988) 232-248, 241; Kessler, Micha, 264).

gliedert und meint, die JHWH-Rede bestehe aus vier Teilen[24]: Befreiung aus Ägypten, Sendung inspirierter (!) Führungsgestalten, Befreiung aus den Interessen Balaks, Einzug in das Land.

5.2.5. Die Rede des Volkes V. 6-7

Die Rede des Volkes ist Antwort auf Gottes Rede in V. 3-5[25]: Das Volk greift in 6a die Was-Fragen auf und stellt die Gegenfrage, was es denn *tun* solle. Im Unterschied zur Gottesrede, in der eine 1. Person Sg. eine 2. Person Sg. direkt anspricht, spricht das Volk in V. 6-7 zwar in 1. Pers. Sg., lässt aber die AdressatInnen unangesprochen. Da das Volk von Gott in 3. Person spricht, wird möglicherweise Distanz ausgedrückt.

Die Sätze des Volkes in 6a-7c sind Fragen, eingeleitet in 6a mit בַּמָּה, wobei 6b – ohne Einleitung – eine Fortsetzung dieser Frage ist. Darauf folgen in 6c.7ab drei Fragen, die mit der Fragepartikel h eingeleitet sind. Dadurch wird bereits formal sichtbar, dass das Volk keine Antwort auf Gottes Fragen gibt, da es selbst nur Fragen *stellt*, allerdings ohne AdressatIn.

5.2.6. Abschließende anonyme Rede V. 8

In V. 8-12 ist der/die SprecherIn unklar, es gibt kein „Ich", JHWH ist in der 3. Person angesprochen (8cf). Der Adressat ist אָדָם („Mensch") in der 2. Person masc. Sg. Ab 9cd ist eine Gruppe in 2. Person masc. Plural mit einem Imperativ von שמע angesprochen, der sich möglicherweise 1ae.2a zurück bezieht auf. In der Anonymität des Sprechers besteht eine Verbindung zu V. 1f.

Es folgen vier Fragen (10ab.11ab) in der 1. Pers. V. 12 gehört als darauf bezogen (12a אֲשֶׁר) dazu und spricht ohne genannte/n SprecherIn über die Stadt bzw. die Menschen darin.

---

24 Vgl. Smith, Micah, 118; Hillers, Delbert R., *Micah. A Commentary on the Book of the Prophet Micah*. Hermeneia – A Critical and Historical Commentary on the Bible, Philadelphia: Fortress 1984, 77.

25 Der Text erwähnt zwar nirgends, dass das Volk spricht, da es aber in V. 3-5 in der 2. Pers. masc. Sg. Adressat ist und in V. 6-7 ein/e SprecherIn in der 1. Pers. Sg spricht, liegt der Schluss nahe, dass in V. 6-7 der Adressat von V. 3-5 zu Wort kommt.

5.2.7. Mirjam innerhalb der Struktur von Mi 6,1-8

Mirjam steht im zweiten Element (V. 4) des ersten Teiles (3a-4c) der Gottesrede[26] (V. 3-5). Sie wird gemeinsam mit Mose und Aaron als letzte genannt und mit Waw an Aaron gehängt. 4abc ist eine rückblickende Satzkette.

4c fällt als einziger Wayyiqtol-Satz des Textes auf. Er schließt sich damit aber nahtlos an 4ab an, denn auf „Suffixkonjugation muß bei Subjektsgleichheit und an erster Position im Satz *wayyiqtol* folgen."[27]. Somit scheint die Erstposition des Verbs, also die Tat JHWHs, wichtig. Durch die Wayyiqtol-Konstruktion ist die formale Verbindung des Schickens der Führungsgestalten mit der Befreiung aus dem SklavInnenhaus hergestellt.

Die Erwähnung Mirjams steht direkt vor dem zweiten Imperativ an das Volk (5a) und damit vor dem Ende des formal so betonten direkten Wirkens JHWHs *für* sein Volk. In V. 3-4 ist somit das Volk als Adressat der Rede Gottes auch als Adressat seines Handelns präsent.

Inhaltlich gehört 4c zu den Repliken auf JHWHs Rettungshandeln, das in 5e als צִדְקוֹת־יְהוָה bezeichnet wird. Die Struktur verweist auf einen Unterschied zwischen den rettungsgeschichtlichen Rückblicken in 4a-c und 5cd: 5cd sind als Fragen und damit in einer gewissen Offenheit und gleichzeitig appellierend an den Adressaten formuliert. V. 4 dagegen ist Antwort JHWHs, die festschreibend und nicht auffordernd ist. Sie ist das Ziel seiner Fragen in 3bc, so wie 5e das Ziel der Fragen in 5cd ist. Die Nennung Moses, Aarons und Mirjams hat somit eher den Charakter einer feststellenden Aussage als der Verweis auf Balak und Bileam.

5.2.8. Die Struktur von V. 4

Gottes Handeln in V. 4ab wird zunächst durch zwei chiastisch formulierte Wegbewegungen ausgedrückt:

A   ich habe dich herauf geführt
B   aus dem Land Ägypten
B' aus dem SklavInnenhaus
A' habe ich dich befreit.

---

26 Kanonisch betrachtet ist dies der einzige Beleg, wo der Name Mirjam in einer sprachlichen Handlung Gottes explizit erwähnt wird. In Num 12,5 wird die Rede Gottes nicht erzählt, wir wissen nicht, wie sein Ruf an Mirjam und Aaron lautete und in Num 12,14 spricht JHWH von Mirjam ohne sie explizit zu nennen.

27 Groß, Walter, *Verbform und Funktion. Wayyiqtol für die Gegenwart? Ein Beitrag zur Syntax poetischer althebräischer Texte*, ATSAT 1, St. Ottilien: Eos Verlag 1976, 139.

Gleichzeitig bilden 4ab inhaltlich einen Parallelismus. Dadurch ergeben sich unterschiedliche Formen der Symmetrie auf unterschiedlichen Ebenen: 4ab sind formal ein Chiasmus, inhaltlich aber ein Parallelismus[28]. An diese kunstvoll aufgebaute Wegbewegung schließt in 4c eine Hinbewegung durch לְפָנֶיךָ an. In Abhebung zum Rückblick auf Ägypten und das SklavInnenhaus, macht 4c einen Blick „vor" das Volk und gibt damit zugleich eine Richtung für das Volk an, in die es sich bewegen soll. Das Schicken der drei Gestalten gehört mit zu JHWHs Rettungshandeln.

5.3. Mirjams Sendung als JHWHs Antwort für die Gegenwart: Elocutio

5.3.1. Verwirrungen: V. 1-2

5.3.1.1. Erstes Verwirrspiel: Wer spricht zu wem? – Die Redesituation

Während in V. 2 konsequent der Adressat als 2. Person masc. Plural durch הֶהָרִים in 2a und הָאֵתָנִים מֹסְדֵי אָרֶץ in 2b explizit ausgewiesen ist, stehen die Imperative in 1a im Pl. und in 1cd im Sg. ohne AdressatIn. Somit ist 1ab mit V. 2 durch die Pluralform der AdressatInnen verbunden. Möglicherweise sind es die Berge und Höhen in Anlehnung an 1e.2a, die bereits in 1a als Zeugen auftreten[29] und die aufmerksame Präsenz der ganzen Schöpfung meinen sollen[30]. Es gibt ambivalente Lösungen, die die Berge für angesprochen halten und sie mit Israel oder den Völkern identifizieren[31]. Für die Erwägung, Israel könne als Zeuge für die Fremdvölker fungieren, gibt es kaum Anhaltspunkte, außer dem Anschluss an das Ende von Mi 5 (V.14). Mi 6,1-8 nennt die Völker aber nicht einmal in Anspielung. Dass mit den Bergen Israel gemeint sei, wie in Ez 6,3; 36,4.6, würde einen zweifachen Rechtsstreit mit Israel implizieren, einen in V. 1, den anderen in V. 2-5, was Wolff selbst als „schlechte Dublette"[32] bezeichnet hat. Geht man davon aus, dass das Fehlen der AdressatInnen kein Zufall ist, sondern sehr bewusst, so könnten in

---

28 Nach Meynet gibt es genau diese beiden Grundformen der Symmetrie in der „hebräischen Rhetorik": Parallelismus, bei dem die bezogenen Elemente der selben Ordnung folgen und Konzentrismus, wo die Elemente in gegensätzlicher Ordnung gegeben sind (vgl. Meynet, Analysis, 199).
29 So Smith, Micah, 119f.; Hillers, Micah, 77 (Zeugen oder Richter); Boecker, Hans Jochen, *Redeformen des Rechtslebens im Alten Testament*, WMANT 14, Neukirchen-Vluyn: Neukirchener ²1970, 102; Lescow, Worte, 201; Kessler, Micha, 258; dagegen Wolff, der dann in 1e und 2a eine Dublette vorfände (vgl. ebd., 146).
30 Vgl. Smith, ebd.; Hillers, ebd.; Wolff, Micha, 146f.; Kessler, ebd., 262.
31 Vgl. Smith, ebd., 119; Wolff, ebd., 139 (Berge und Höhen als Prozessgegner in V. 1) und 142.
32 Wolff, Micha, 146. – Kessler, Micha, 262.

1a durchaus auch die LeserInnen oder HörerInnen angesprochen sein[33]. Das hätte seinen Sinn darin, dem Publikum zu sagen, dass auch dieser dritte Teil des Michabuches (nach Mi 1-3; 4-5) Worte JHWHs sind, wie 1ab betonen. Dann liegt es auch nahe, dass in 1cde bereits der Prophet spricht und nicht – allein wegen des Singulars – angesprochen ist[34]. Es muss dann nicht vor der Prophetenrede in V. 2 noch einmal Gott als Sprecher angenommen werden, was die Gestaltung und das Verständnis der Einleitung komplizierter und schwieriger zu argumentieren machte[35]. Diese Sichtweise impliziert, dass in 1cd JHWH adressiert ist und somit 1b nicht als Ankündigung einer Gottesrede zu verstehen ist, sondern eine Aussage auf die AdressatInnen von 1a hin. Dann solle einer Allgemeinheit erklärt werden, das Folgende seien JHWHs Worte[36]. 1ab hat dann eine kompositorische Funktion, um Mi 6-7 an 1-5 anzuschließen. Ihre Bedeutung für 6,1-8 ist damit jedoch noch nicht angesprochen. Innerhalb des Textes 6,1-8 hinkt der Vorschlag insofern, als die Verbformen in 1cd (Imperative masc. Sg.) und das Suffix der 2. Person masc. Sg. zu קל ("Stimme") in 1e keine Selbstaufforderungen JHWHs sein können. Wegen der 2. Person müssen Sprecher und Adressat unterschieden werden. Außerdem fehlt die Einführung des sprechenden Subjektes, wenn man 1ab nicht als Redeeinleitung für 1cde versteht. Kesslers Lösung verwischt, dass in 1c-e eine Rede innerhalb der Prophetenrede erzählt wird, während 1ab dazu eine Einleitung sind.

Kessler hat damit, dass 1ab für den ganzen Abschnitt Mi 6-7 eine Überschrift darstellen, eine wesentliche Beobachtung gemacht. 1ab leiten aber auch die Rede in 1cde ein. Inhaltlich ist das noch keine Klärung, und die bringt auch Kessler nicht, denn es ist sowohl die Aufforderung durch den

---

33 Vgl. Kessler, Micha, 261.
34 So vgl. Smith, Micah, 119; Wolff, Micha, 139 (es ist eine menschliche Person angesprochen, die der Prophet sein könnte); Lescow, Worte, 200 nimmt ebenfalls an, dass der Prophet in V. 1 aufgefordert wird, den Rechtsstreit für JHWH zu streiten und führt dies zunächst auf die Beobachtung zurück, dass die Wurzel ריב in V. 1 als Verb und in V. 2 zweimal als Nomen erscheint, was auf eine figura etymologica zurückgeht, die mit Ringgren, ריב, ThWAT VII (1993) 496-501, 498 folgendermaßen zu übersetzen sei: „einen Rechtsstreit zur gerechten Entscheidung führen, jemandem zu seinem Recht verhelfen". Dies impliziere des weiteren im Hinblick auf das Erkennen des göttlichen Rettungshandelns in 5e als JHWHs „gerechte Sache", dass der Prophet in V. 1 aufgefordert werde, diese für JHWH durchzusetzen. Die Übersetzung der figura etymologica, die Ringrgren vorschlägt ist als Grundlage für das Verständnis in Mi 6,1f. aber zu weit hergeholt, da sie nur aufgesprengt vorliegt.
35 Vgl. Kessler, Micha, 262.
36 Vgl. Kessler, Micha, 258.260. Kessler nimmt in 1cde.2 drei Sprechrichtungen an: 1cde sind an JHWH, 2a an die Berge und Grundfesten und 2bc an die HörerInnen adressiert. Allerdings ist für die letzte Gruppe in V. 2 kein Anhaltspunkt gegeben. Es scheinen vielmehr die Berge und Grundfesten weiterhin Hörer des Rechtsstreites zu sein (vgl. Schema unten).

Propheten an JHWH wie auch umgekehrt, durch JHWH an den Propheten, mit den Bergen einen Rechtsstreit zu führen real nicht vorstellbar. V. 1 fungiert als thematische Einleitung zum folgenden Rechtsstreit, wobei die Sinnhaftigkeit des Vorhabens in Frage steht und den Text mehrdeutig beginnen lässt[37].

Möglicherweise will der Autor des Textes mit der Unterschiedlichkeit von Sg. und Pl. die Identität der AdressatInnengruppe bewusst offen halten. Diese Sicht korrespondiert mit der sehr offenen Haltung des Schlussverses V. 8, in dem אָדָם, der Mensch im allgemeinen, ohne bestimmte Einschränkung auf Gruppen angesprochen ist.

In den Reden V. 3-5 und V. 6-7 wird kein Bezug mehr genommen auf dieses Szenario vor den Bergen, Hügeln und Grundfesten der Erde.

5.3.1.2. Zweites Verwirrspiel: Rechtsstreit oder nicht und zwischen wem?

Die Wurzel ריב in 1d.2ac deutet an, dass V. 1-2 einen Rechtsstreit einleiten. In Folge dessen werden V. (1)[38].2-5, je nach Sicht der Literargeschichte des Textes, als Rechtsstreit bezeichnet. Allerdings muss zugegeben werden, dass V. 6-8 als Lehrgespräch nur schlecht zur Gattung „Rechtsstreit" passen[39]. Diese Sichtweise geht davon aus, dass mit ריב ein Textabschnitt bezeichnet wird, dem der Disput fehlt, in dem es also nur einen Redner gibt, der keine Antwort erhält und wo es keine Anklage gibt, da V. 3-5 eher einer Selbstverteidigungsrede gleichkommen als einer Anklage[40].

Was zunächst für den Rechtsstreit spricht, sind neben der Wurzel ריב die Aufrufe in V. 1-2. Dazu gehören die Höraufrufe in 1ad.2a, und die Aufrufe aufzustehen (1c) und zu streiten (1d).

Es bleibt eine Spannung zwischen den Parteien des Rechtsstreites. Streitet der Prophet im Auftrag JHWHs mit den Bergen (1d) oder JHWH mit Israel (2a)? Diese Mehrdeutigkeit kann unter Hinweis auf die Parallelität von Mi 6,1-8 mit 1,2-7[41] als Stilmittel verstanden werden, denn dort scheinen in V. 2-4 zuerst die Völker angeklagt, bis in V. 5 deutlich wird, dass es sich um

---

37 Vgl. zur Einengung dieser Mehrdeutigkeit: 5.3.1.2.
38 V. 1 ist nach Wolff, Micha, 139 redaktionelle Einleitung.
39 In V. 6-8 liegt ein kultischer Zusammenhang zumindest nicht ganz fern. Ob man daraus einen fixen institutionalisierten Kontext erschließen kann, sei aber dahingestellt. Wolff sieht in V. 2-8 eine Lehrpredigt, die aus Prozessrede (V. 2-5), einer Abhandlung zu Kultproblemen (V. 6-7) und einer Lehre über das, was gut ist (V. 8), komponiert wurde (vgl. Micha, XXXIIf.140f.).
40 Mit Boecker, Redeformen, 101f.
41 Zum Vergleich dieser Texte vgl. Kessler, Micha, 258f.

Jakob/Israel handelt. So eine Einengung geschieht auch in 6,1-3[42], einerseits von den adressierten Bergen zu Israel und andererseits von dem nicht ganz deutlichen Sprecher in 1cde zu JHWH in V. 3. Diese Sicht impliziert, dass V. 1-2 die Ankündigung des Rechtsstreites sind, und nicht schon dazu gehören.

Eine andere Lösung der Frage, wie sich in Mi 6,1-8 die beiden Rechtsstreite zusammenfügen lassen, könnte sich darin finden, אֶת in 1d richtungsweisend zu verstehen. Damit gäbe es nur einen Rechtsstreit und dieser sei vor den Bergen oder in die Richtung der Berge auszutragen[43]. Problematisch daran ist, dass אֶת im Bezug auf ריב nicht mit dieser semantischen Funktion belegt ist. Es deutet das Objekt, die Partei an, gegen die gestritten wird. Es wird allerdings deutlich, dass andere Lösungsversuche wie die Kesslers und Lescows den Rechtsstreit mit den Bergen nivellieren. Lescow verwischt ihn in V. 1, indem er die Berge vom Objekt zur lokalen Bestimmung ändert und Kessler, indem er in 2b unvermittelt wieder die HörerInnen von 1a als AdressatInnen annimmt. Lässt man die Berge als eine Partei im Rechtsstreit stehen, ergibt sich folgendes Schema:

ÄE	*Streitende Partei*	*„GegnerInnen"*	Inhalt	*Hörendes Subjekt*
1cde	Ungenannt: Prophet	Berge (und Höhen 1e)	aufstehen, streiten	Höhen (1e)
2ab	JHWH	Israel	Streiten, יכח	Berge & Grundfesten
3a-5e	JHWH	Israel	מֶה עָשִׂיתִי	Israel

Es wurde bereits deutlich, dass die Anklage in V. 3-5 explizit fehlt[44]. JHWHs Rede in V. 3 dient nämlich eher seiner Selbstverteidigung als einer Anschuldigung Dritter, da die Frage מֶה־עָשִׂיתִי („Was habe ich getan?") in 3a innerhalb der Form „Rechtsstreit" die Frage des Beschuldigten darstellt[45].

---

42 Vgl. ebd. Diese Sichtweise setzt voraus, dass der Autor von Mi 6,1-8 die Kapitel 1-3 kannte, somit 6,1-8 nicht von Micha selbst stammen (vgl. ebd., 260). Es ist wichtig, nicht nur, wie Lescow, Worte, 198, V. 1.2-4, sondern die V. 5-7 hinzuzunehmen, damit die beschriebene Einengung sichtbar wird. Lescow sieht dann nämlich nur die Wiederaufnahme des Höraufrufes in 6,1 aus 1,2 und dass JHWH in 1,2-4 als Zeuge auftritt, was ein tendenziell forensisches Szenario andeutet. Die Höraufrufe in 6,1.2 schließen dann an jene in 1,2 und 3,1 an.
43 So Boecker, Redeformen, 102 mit Anm. 6; Limburg, Root, 296 mit Anm. 11.301; Lescow, Worte, 202.
44 Vgl. Wolff, Micha, XXXIII.
45 Vgl. Boecker, Redeformen, 101-105; Willi-Plein, Ina, *Vorformen der Schriftexegese innerhalb des Alten Testaments. Untersuchungen zum literarischen Werden der auf Amos, Hosea und Micha zurückgehenden Bücher im hebräischen Zwölfprophetenbuch*, BZAW 123, Berlin u. a.: de Gruyter 1971, 99; Wolff, Micha, 140; Kessler, Micha, 263.

Somit muss damit gerechnet werden, dass die Form „Rechtsstreit" in Mi 6 zumindest aufgebrochen ist[46]. Dass die Fragen JHWHs in V. 3 als Selbstverteidigung die Schuld von sich weisen und sie damit tendenziell den AdressatInnen zuweisen, liegt auf der Hand. Die Fragen bergen damit zwar das Moment der Anschuldigung in sich, allerdings nicht in der Stärke, dass sie die Funktion der Anklage übernehmen könnten[47]. Auch die Antwort des Volkes als Antwort auf JHWHs Fragen ist rein formal nicht als Antwort auf JHWHs Fragen zu verstehen, denn sie sind selbst wieder Fragen und nehmen inhaltlich von V. 3-5 nichts auf.

Aus diesen Unstimmigkeiten mit der Form des Rechtsstreites zeigt sich, dass dieser nicht in reiner Form vorliegt, und dass eine „institutionell gebundene Redeform"[48] in Mi 6,1-8 nicht vorausgesetzt werden kann. Micha scheint eine literarische Formen zu verwenden, sie aber auch selbständig umzuformen, um eigene Akzente zu setzen.

---

[46] Es scheint deshalb auch wenig sinnvoll, eine Anklage zu erfinden wie Smith, der wiederholt von der Klage des Volkes spricht (Micah, 121-123). Wolff, Micha, 140, geht davon aus, dass es sich vielleicht nicht um eine Anschuldigung durch das Volk handelte, sondern einfach um dessen ablehnendes Verhalten, ähnlich Jer 2,4-13. Derlei Ergänzungen zum Text scheinen ihn in eine Auslegungsrichtung zu drängen, die der Text selbst nicht vorgibt.

[47] Zu den Was-Fragen als Anklagen vgl. Limburg, Root, 294 für Gen 31,36.

[48] Kessler, Micha, 258. Ähnlich, allerdings im Blick auf 6,1-8, hat auch Smith, R., Micah, 50 auf die Mischform des Textes aus vertragsrechtlichem Streit („covenant lawsuit") und Toraliturgie hingewiesen. Hier klingt freilich die Debatte um den ursprünglichen Sitz im Leben der prophetischen Gerichtsrede an, wie sie in den Sechziger- und beginnenden Siebzigerjahren geführt wurde. Die Alternativen, der prophetische Rechtsstreit stamme aus der alltäglichen säkularen Rechtspraxis (vgl. z.B. Begrich, Joachim, *Studien zu Deuterojesaja*, hg. v. Walther Zimmerli, München: Kaiser 1963, 37f.), dem Kult (vgl. z.B. Würthwein, Ernst, Der Ursprung der prophetischen Gerichtsrede, *ZThK* 49 [1952] 1-16) oder der Praxis internationaler Rechtsverträge (Huffmon, Herbert B., The Covenant Lawsuits in the Prophets, *JBL* 78 (1959) 285-295; Limburg, Root, 297-304) sind für Mi 6,1-8 genauso be- wie auch widerlegbar. Der internationale Aspekt ist dann auffindbar, wenn man in den Bergen in 2a die Völkerwelt repräsentiert sehen will (vgl. Wolff, Micha, 139), was aber hypothetisch ist. Der Kult ist zwar in V. 6-7 angesprochen, aber die Verse zielen nicht auf Fragen der rechten kultischen Praxis, sondern auf die Möglichkeit des Menschen, sich Gott zu nähern. Die säkulare Rechtspraxis lässt sich finden, wenn man das Antworten (vgl. ענה in 3d; זכר in 5b) als Aufforderung zur Verteidigung versteht. Daniels, Dwight R., Is there a "Prophetic Lawsuit" Genre? *ZAW* 99 (1987) 339-360, 354 versucht den kultischen Hintergrund einer Pilgerreise nach Jerusalem außerhalb der großen Festzeiten anzunehmen. Mi 6,(1)2-8 stehen nach einer Tempeleinlassliturgie und thematisieren die Unzufriedenheit Gottes.

5.3.1.3. Der Sprecher

In der Dispositio konnte deutlich gemacht werden, dass die Nennung Mirjams als von Gott geschickte Führungsfigur des Volkes innerhalb jenes Textteiles steht, der Gottes Perspektive auf seine Fragen, was er seinem Volk getan und womit er es ermüdet habe, darstellt. Die Struktur hat außerdem gezeigt, dass die Erwähnung Mirjams inhaltlich zu den Rückblicken in die Rettungsgeschichte Israels gehört, es aber zwei Arten von Retrospektiven gibt: die Antworten auf JHWHs Fragen in V. 4 und die an das Volk appellierenden Fragen in 5cd. Die Erwähnung Mirjams in Mi 6,4 ist deshalb nicht einfach auf einer Ebene mit der Geschichte von Balak und Bileam und der Landnahme zu sehen, sondern vom Verfasser davon abgehoben. Die Intention der Erwähnung der Bileamgeschichte und der Überquerung des Jordan kann möglicherweise die Intention der Mirjamerwähnung konterkarieren und somit deutlicher zum Ausdruck bringen.

5.3.2. Die Fragen JHWHs

Die Rede Gottes beginnt in 3a mit dem Aufruf „mein Volk!". Dadurch wird die Kommunikation zwischen Volk und Gott hergestellt und nach den Undeutlichkeiten von V. 1f. auch eindeutig gemacht. Darüber hinaus beginnt damit jener Abschnitt 3a-5b, der von der 1. Pers. Sg. für JHWH und der 2. Pers. Sg. für das Volk bestimmt ist. Es ist der einzige Abschnitt des Textes, in dem die Identitäten von Sprecher und Empfänger unbestreitbar sind. Möglicherweise soll diese Betonung von erster und zweiter Person die Beziehung zwischen JHWH und seinem Volk ins Gedächtnis rufen.

V. 3-5 ist Rede und gibt die Perspektive des Sprechers wieder. Bereits der Beginn der Rede aber, die Fragen in 3bc nehmen eine weitere Sichtweise, nämlich die der AdressatInnen herein. Die JHWH-Rede beginnt somit mit einem Verweis auf eine andere Perspektive und setzt sich dadurch bereits zu Beginn in Relation. Die einleitende Fragepartikel „was" kann zugleich als Leitwort des Abschnittes V. 3-5 bezeichnet werden und deutet damit auf die zur Disposition stehende Beziehung zwischen JHWH und dem Volk hin[49]. Oftmals wurde betont, dass es sich in 3b um die Frage eines Beschuldigten handelt[50]. Die Formulierung מֶה־עָשִׂיתִי לְךָ wird aber in der Mehrzahl der

---

49 Vgl. Kessler, Micha, 263.
50 Die Frage ist aber kein Element des Rechtsstreites, da in keinem der Belege (Num 22,28; Ri 8,2; 1 Sam 17,29; 20,1; 26,18; 29,8; 1 Kön 19,20; 2 Chron 32,13; Jer 8,6) der Kontext des Rechtsstreites oder die Wurzel ריב auftaucht. Vgl. Kessler, Micha, 264, der betont, dass es sich deshalb nicht um einen Rechtsstreit handeln *muss*, er nennt allerdings als Belege nur 1 Sam 17,29; 26,18; 29,8. Anders Wolff, Micha, 146.

Texte[51] von zu Unrecht Beschuldigten ausgesprochen. Die Frage scheint die Unschuld sogar zu implizieren. JHWH betont dann bereits mit dieser einleitenden Frage seine Unschuld.

Das „Tun" (עשה) Gottes meint im Zusammenhang der Befreiung aus Ägypten durchwegs das machtvolle Handeln Gottes an den ÄgypterInnen durch die Plagen und das Schilfmeerwunder[52]. Vor dem Kontext des Pentateuch könnte die Frage bereits auf diese Ereignisse hindeuten. Innerhalb der prophetischen Literatur, und speziell des Zwölfprophetenbuches, schwindet dieser Kontext aber zugunsten des richtenden, strafenden, Unheils- und Heilsansagen realisierenden Handelns JHWHs[53]. Im Michabuch treten in 5,14, direkt vor Kapitel 6, JHWHs richtendes Handeln an den Völkern, die nicht gehört haben und an jenem, der sich seiner Schuld bewusst ist (7,9), auf. Der nahe Kontext der Befreiung aus Ägypten (V. 4) legt allerdings die Wundertaten an den ÄgypterInnen näher. Es ist wohl nicht ratsam, die Frage auf einen dieser Kontexte einzuschränken, wenngleich der letztgenannte am konkretesten erscheint.

לאה[54] („ermüden") meint nicht einen physischen Vorgang, sondern auch eine resignierende Haltung, die das Ende einer bestimmten, nicht zielführenden Handlungsweise anzeigt, wie es sich vor allem für die direkten Objekte der Hif'il-Vorkommen nachweisen lässt[55]. Gegenüber den übrigen Hif'il-Belegen bleibt Mi 6,3 bezüglich des Inhaltes der Ermüdung undeutlich und verrät nicht, ob der angesprochene Ermüdete, Israel, etwas an seinem Verhalten ändert. Außerdem ist das Volk Israel in den genannten Hif'il-Belegen nie direktes Objekt der Handlung. Die nominale Form תְּלָאָה ist allerdings in drei der vier Texten, in denen sie erscheint, direktes Objekt der Handlung Israels, die im (Vor)Finden besteht (מצא). תְּלָאָה ist eine Krise, in die das Volk gerät[56]. Dadurch wird zumindest deutlich, dass Gott in Mi 6,3 eine

---

51 Ausgenommen seien 2 Chr 32,13 und Jer 8,6.
52 Cf. Ex 3,20; 6,1; 8,9.20.27; 14,13.31; 18,1.8.9; 19,4; Num 14,22; Dtn 1,30; 4,34; 7,18; 11,3 u.ö.
53 Z.B. Jer 4,27; 5,18; 7,12; 18,23; Ez 5,8.9; 14,23; 22,14; Joel 2,26; Am 4,12; Jona 3,10; Mi 5,14; Nah 1,8f. In Jes steht JHWHs Tun vor allem im Zusammenhang mit Hoheits- und Mächtigkeitsaussagen (z.B. Jes 10,23; 12,5; 25,1; 37,16; 44,23f. u.ö.). Dass es auch Aussagen gibt, die Gottes Schöpfungshandeln und andere einzelne Taten mit עשה ausdrücken, liegt auf der Hand.
54 לאה erscheint innerhalb der hebräischen Bibel nur 18 Mal als Verb: Kal: Gen 19,11; Ijob 4,2.5; Nif'al: Ex 7,18; Jes 1,14; 16,12; 47,13; Jer 6,11; 9,4; 15,6; 20,9; Ps 68,10; Spr 26,15; Hi'fil: Jes 7,13; Jer 12,5; Ez 24,12; Mi 6,3; Ijob 16,7.
55 Vgl. Ijobs Ratlosigkeit bezüglich der anklagenden Zeugenschaft, die sich gegen ihn in erdrückender Zahl erhebt in Ijob 16,7f.; die Erfolgslosigkeit der Reinigungsversuche in Ez 24,12; der Fehlschlag des Angebots, ein Zeichen zum Wunsch frei zu geben in Jes 7,12-14. Jer 12,5f. fällt aus dem Schema heraus, was daran liegen mag, dass die Wurzel in einer Metapher steht.
56 Vgl. Ex 18,8; Num 20,14; Neh 9,32.

Krise anspricht, in der sich das Volk zu befinden scheint. Diese angesprochene Krise hängt mit Gott zusammen: es wird angedeutet, dass Gott sie ausgelöst hat. Diesen Vorwurf weist Gott in seinen Antworten zurück. In Ex 18,8; Num 20,14; Neh 9,32 wird oder soll umgekehrt die Krise durch Gottes Hilfe oder Beistand überstanden werden. Auf diese Hilfe oder diesen Beistand scheinen Gottes Antworten in V. 4 zu verweisen.

Die Fragen und Antworten werden dadurch unterbrochen, dass JHWH das Volk auffordert zu antworten. Dadurch werden die AdressatInnen stärker in die Rede herein geholt als es durch die Fragen in 3ab bereits geschehen ist. Die Antwort in 4abc steht somit nicht nur durch inhaltliche und syntaktische Merkmale, sondern auch aufgrund der Kommunikationsstruktur ganz in der Beziehung zwischen Gott und dem Volk. ענה „antworten" als forensischer Terminus könnte die Gegenrede im Rechtsstreit einleiten[57]. Anders als die Gerichtsszene erfolgt in Mi 6,3f. keine Antwort der AdressatInnen sondern eine Antwort des Redners selbst. Das lässt aufhorchen und Aufmerksamkeit der HörerInnen gewinnen. Zugleich wird dadurch der folgenden Antwort eine gewisse Betonung gegeben. Auch dass nicht das Volk antwortet, sondern Gott selbst, deutet an, dass die Antwort unbestreitbar erscheinen soll. Mit anderen Worten geht es nicht um Rede und Antwort, nicht um das Gespräch, sondern darum, dass Gott seine Position erklärt.

5.3.3 Erinnere dich an Mirjam und Bileam: Die Antworten JHWHs

5.3.3.1. Mose, Aaron und Mirjam: Das erste Fragenpaar

Die Fragen werden nicht von ihrem Adressaten, dem Volk, beantwortet, sondern von Gott selbst und sie führen in die rettungsgeschichtliche Vergangenheit Israels. Die formelhafte Wendung in 4a הֶעֱלִתִיךָ מֵאֶרֶץ מִצְרַיִם וּמִבֵּית עֲבָדִים פְּדִיתִיךָ („ich habe dich herausgeführt aus dem Land Ägypten und aus dem Sklavenhaus habe ich dich befreit") ist inhaltlich betrachtet – wohl unumstrittenes – israelitisches Glaubensgut. Mit dieser Aussage kann der Sprecher mit der Zustimmung seiner HörerInnen rechnen[58]. Formal verweist die Wendung, wie Gross aufgezeigt hat, auf prophetische Sprache und ihr „Sitz" dürfte der prophetische Rechtsstreit sein[59], wie ihn Mi 6,1 andeutet. Da

---

57 So Wolff, Micha, 148.
58 Von Vgl. Noth, ÜP, 1948, 52; von Rad, Theologie, Bd. 1, 189ff. das „Urbekenntnis Israels" genannt.
59 Vgl. Groß, Walter, Die Herausführungsformel – Zum Verhältnis von Formel und Syntax, ZAW 86 (1974) 425-453, 443f. Die Wendung besteht in der 1. Pers. Sg. von עלה Hif'il mit Israel als direktem Objekt im Suffix, Pronomen oder explizit mit der Partikel אֶת.

die Wurzel רִיב im Zusammenhang dieser Formel nur in Mi 6 vorkommt, ist es zunächst angebrachter, nicht den Rechtsstreit als ursprünglichen Ort der Wendung für den prophetischen Gebrauch zu postulieren[60], sondern allgemeiner Konflikte Israels mit Gott, die Groß als Kontexte nennt[61].

Ähnlich allgemein zu verstehen ist die Tradition, dass Gott Mose[62] bzw. Mose und Aaron[63] schickte. Lescow betont, die Rede von Moses und Aarons Sendung durch Gott in Jos 24,5; 1 Sam 12,6 und Ps 105,26 leite jeweils ein Credo ein, während in Mi 6,4 das Credo bereits vor der Erwähnung der Sendung erfolge.[64] Das Besondere an Mi 6 liegt aber nicht in einer Umkehrung sondern in einem Fehlen, da zum einen Fragesätze kaum die richtige Form eines „Bekenntnisses" sind und außerdem das Credo eher einen menschlichen statt des göttlichen Sprechers verlangen müsste – wie dies im übrigen in den genannten Texten auch der Fall ist. Auffällig könnte Mi 6 vielmehr deshalb sein, weil gar kein Credo erfolgt, falls die wenigen Belege überhaupt eine fixierte Textform bezeugen.

Innerhalb der Prophetenbücher des christlichen Kanons bzw. der „hinteren Propheten" nach der jüdischen Reihung ist Mi 6,4 die einzige Erwähnung, dass Gott *Mose schickt*. Innerhalb dieser Schriften sind die von Gott geschickten (שלח) Personen immer Propheten. Singulär ist auch, dass Mose, Aaron und Mirjam gesandt sind und dass sie לְפָנֶיךָ („vor dir [her]") geschickt wurden[65]. Mirjam wird dem Paar Mose und Aaron sonst nicht als von Gott geschickt zugesellt. Nach den beiden ersten Sätzen in 4ab, die in der HörerInnenschaft sicher Zustimmung fanden, muss 4c nun aufhorchen lassen. Mit der Nennung Mirjams wird die Aufmerksamkeit der HörerInnen und LeserInnen angesprochen und auf Mirjam gelenkt. Mirjam wird durch das Waw (וּמִרְיָם) mit Aaron und Mose gleichzeitig verbunden und abgehoben, da Aaron und Mose unverbunden stehen. Dadurch ist ihre Nennung auch formal auffallend. Nimmt man eine manchmal angewandte Konjektur vor und ändert עַמִּי („mein Volk") aus 5a zu עִמּוֹ („mit ihm") und fügt es an das Ende von 4c, so lautet 4c: „Und ich habe geschickt Mose, Aaron und Mirjam *mit ihm*". Mirjam und Aaron sind dann als Moses Begleitung zu verstehen, was

---

60 Vgl. ebd., 442.443.448.
61 Vgl. ebd., 443 mit Anm. 96.
62 Ex 3,10.12.13.15; (4,13;) 5,22; 7,16; Num 16,28; Dtn 34,11.
63 Jos 24,5; 1 Sam 12,8; Ps 105,26 (die Belege, die Hillers, Micah, 77 und Lescow, Analyse, 185 zusätzlich heranziehen [Ps 77,21; 99,6; 106,16], weisen die Wurzel שלח nicht auf und sind deshalb entfernterer Kontext).
64 Vgl. Analyse, 185f.
65 שלח mit Gott als Subjekt und לְפָנֶיךָ als lokale Bestimmung dazu, findet sich nur mit dem Engel (Gen 24,7; Ex 23,20; 33,2) oder Hornissen (Ex 33,2) als direktem Objekt der Handlung. Wolff, Micha, 149 deutet לְפָנֶיךָ als Hinweis auf die bis in die Gegenwart anhaltende Funktion der Führungsfiguren.

Lescow⁶⁶ als Abwertung Aarons versteht, da die Tendenz der Pentateuchtraditionen eher an einer Aufwertung dieser Gestalt interessiert sei. In dieser Allgemeinheit sieht Lescow in Mi 6,4c eine Aufwertung Mirjams, ohne dies weiter zu begründen. Sie kann im Kontext der „Abwertung Aarons" nur auf eine oberflächliche Lektüre der Mirjamtraditionen des Pentateuch zurückzuführen sein. Mirjam als Mose beigeordnete oder untergeordnete Figur in Mi 6,4 setzt genau die Debatte fort, die sich in den Mirjamtexten des Pentateuch findet. Sie kreist, wie wir gesehen haben, um die Frage nach der alleinigen Autorität Moses oder zumindest um ihre Infragestellung durch das Auftreten Mirjams. Diese „Aufwertung Mirjams", die durch die textkritische Konjektur eigentlich vermindert wird, ist also keine Aufwertung, sondern eine Weiterführung der eben im Pentateuch ohnedies schon „aufgewerteten" Gestalt. An der textkritischen Entscheidung hängt dann auch das Verständnis der nachexilischen ProphetInnengruppe: Sind Mirjam, Mose und Aaron gleichwertig von Gott gesandt worden oder ist Mose den anderen beiden übergeordnet? Der MT vertritt die erste Variante und setzt somit einen deutlichen Akzent gegen die Entscheidung der Pentateuchdiskurse bezüglich der Überordnung Moses⁶⁷.

Lescow nimmt Mirjam ferner durch eine Vermischung literarhistorischer, historischer und erzählerischer Ebenen insofern Bedeutung, als er allein Mirjam ein Ende in Kadesch bescheren will⁶⁸.

Es konnte aber oben gezeigt werden, dass es in Num 20 gerade nicht darum geht, dass Mirjam bereits in Kadesch stirbt und das Volk nicht so weit oder so lang führen konnte wie Mose und Aaron, sondern dass Kadesch der Ort ist, an dem alle drei auf unterschiedliche Weise zum Ende ihrer Führungsfunktion gelangen.

Lescow hat ferner betont, dass die Nachordnung der Sendung (4c) hinter die Herausführung (4ab) nicht den anderen Belegtexten der Sendung Moses und Aarons entspricht, da dort die Reihung genau umgekehrt erfolge. Er zieht deshalb die Rede vom Boten, den Gott dem Volk voraus sendet (Ex 23,20), heran. Man muss Lescow entgegenhalten, dass dort nicht die Herausführung sondern der Zielort im Blick ist. Die Reihenfolge Herausführung und Sendung statt Sendung und Herausführung ist in Mi 6,3f. somit singulär. Die Folgerung Lescows: „Nach dieser Vorgabe erscheint Mose in Mi 6,4b als der von JHWH gesandte Wegbereiter während der Herausführung, Aaron und Mirjam sind seine Begleiter"⁶⁹ ist deshalb irreführend. Es geht in Mi 6 nicht

---

66 Vgl. Worte, 204f.
67 Kessler, Micha, 264 zieht nur den Endtext des Pentateuch in Betracht, wenn er einfach meint, Mirjam sei dort Mose untergeordnet, bei Micha aber ihm beigeordnet.
68 Vgl. ebd., 206 mit Anm. 31.
69 Ebd., 206.

(nur) um die Rolle der drei Figuren im Exodusgeschehen sondern um ihre grundsätzliche Bedeutung für Israel und seine Beziehung zu Gott. Die enge Kontinuität zwischen der Erwähnung der Führungsfiguren und der Befreiung aus dem SklavInnenhaus Ägypten durch den Wayyiqtol in 4c unterstreicht, dass das eine vom anderen nicht zu trennen ist.

Die Retrospektive, die Erinnerung an die vergangenen Taten, wird als Antwort auf die Fragen, die in die Gegenwart der Redesituation verweisen, zum Argument für die Gegenwart. Was Gott damals tat, das gilt auch in der gegenwärtigen Krise. So gesehen hat der „Rechtsstreit" auch das Element einer Zusage Gottes.

5.3.3.2. Balak und Bileam: Das zweite Fragenpaar

5cd ist nicht mehr so direkt an das Volk gerichtet wie die Fragen in 3bc, da die 2. Pers. nicht mehr explizit genannt wird. Die Fragen stellen als Fortsetzung des Erinnerungsaufrufes in 5ab den Inhalt der Erinnerung dar. Der Aufruf zu gedenken (5b) erinnert insofern wieder an den Rechtsstreit, als er den/die Beschuldigte/n auffordert, zu antworten und damit Entlastungsmaterial vorzubringen. Hier wird aber der Ankläger – das Volk – aufgefordert, Fakten der Vergangenheit zu erinnern, die als (Rechts)Grundlage für die Gegenwart gelten sollen.[70]

Inhaltlich geht es nicht darum, sich allgemein an Balak und Bileam zu erinnern, sondern genauer dessen, was Balak Bileam *riet* und daran, was Bileam *antwortete*. Das verweist auf Num 23,12[71]. Bileam antwortet Balak: „Muss ich nicht das sagen, was JHWH mir in den Mund legt?" Damit ist primär die Umdrehung des von Balak intendierten Fluches über Israel zu einem Segen für Israel gemeint (vgl. V. 11)[72]. Der Verweis darauf, dass JHWH auch außerhalb Israels[73] so handelt, dass Israel gesegnet wird, verweist auf die Fragen nach Israels Existenz unter den Völkern[74]. Mi 6,5 ist der einzige Text der hebräischen Bibel, der Bileam positiv erinnert, wenn

---

70 Vgl. zum Erinnern als Rechtsterminus Boecker, Redeformen, 109-111, bes. 109 mit Anm. 1.
71 Num 23,12 ist in Num 22,15-21 vorbereitet und wird in 23,26 wieder aufgenommen. Vgl. auch Kessler, Micha, 265.
72 Vgl. Hillers, Micah, 78.
73 Bileam wird in Num 22,5 am Fluss Petor, wahrscheinlich dem assyrischen *pitru*, einem Nebenarm des Euphrat, angesiedelt (vgl. dazu Görg, Manfred, Die „Heimat Bileams", BN 1 (1976) 24-28, 26).
74 Die Figur des „ausländischen" Sehers Bileam scheint ein Brennpunkt der Auseinandersetzung Israels mit den Völkern zu sein (vgl. dazu Rösel, Martin, Wie einer vom Propheten zum Verführer wurde. Tradition und Rezeption der Bileamgestalt, Bib 80 (1999) 506-524, 509f. 516-518).

man von der (älteren) positiven Tradition der Erzählung selbst in Num 22-24 absieht. Interessant ist dieser Beleg vor dem Hintergrund der pejorativen Tradition, die Israels Identität von allen „ausländischen" Figuren, Göttern, Kulten und Tendenzen abheben und abgrenzen sollen. Ausgehend von Num 31,16, wo erzählt wird, dass Bileam die Midianiterinnen angeleitet habe, die Israeliten zu verführen, kommt es zur Vernichtung Midians und zur Ermordung Bileams. Rösel ist zweifellos recht zu geben, wenn er darin die Negierung der midianitischen, weil nichtisraelitischen, Basis Israels vermutet. Sie soll vergessen lassen, dass Israel den Glauben an JHWH von Midian übernommen hat (Ex 3)[75]. Die positive Aufnahme Bileams als fremdländischem Werkzeug Gottes[76] braucht offensichtlich die negative Bileamtradition und die Erinnerung an die Auslöschung Midians nicht. Die ProphetInnengruppe hinter dem Text steht somit zu einer positiven rettungsgeschichtlichen Bedeutung nichtisraelitischer Völker. Dass so eine Sicht der Völker im Zusammenhang mit einer positiven Bewertung Mirjams auftritt, kann nach Num 12 und Dtn 24,8f. nicht verwundern. In diesem Zusammenhang muss der MoabiterInnenparagraph des dtn Gemeindegesetzes Dtn 23,2-9 als Kontrasttext genannt werden. Dieser dient in Neh 13 als Argument innerhalb der nehemianischen Antimischehenrhetorik. Die positive Sichtweise Bileams in Mi 6,5 widerspricht aber diesem Argument. Deshalb kann Mi 6,5 als Gegentext zur Mischehenhaltung in Neh 13 verstanden werden. Die mirjamfreundliche Gruppe, deren Stimme in Mi 6,1-8 zu hören ist, teilt das bereits offensichtlich gewordene Interesse der Mirjamgruppe an einer „ausländerInnenfreundlichen Toraauslegung". Ebenfalls wurde bereits deutlich, dass nur unsicher definiert werden kann, wer als „AusländerIn" gelten könne.[77] Das muss uns im Moment aber nicht weiter beschäftigen.

Rösel sieht Bileam hier „in einer Reihe mit Mose, Aaron und Mirjam (6,4); das ist gewiß kein Zufall, waren diese doch mit Abraham die einzigen als Propheten bezeichneten Gestalten vor Bileam"[78]. Wenn Rösel in Anlehnung an Koch davon ausgeht, dass Gott seine Offenbarungen „vor Bileam" ausschließlich AnführerInnen des Volkes mitteilte, kann angenommen werden, dass Mirjam, wenn sie in Num 12,2 behauptet, Offenbarungen erhalten zu haben, als eine politische Führungsgestalt zu bezeichnen ist. Deutlich wird daran, dass Prophetie und Führungsansprüche zusammenhängen, wie es nicht nur am Propheten Mose, sondern auch an Samuel deutlich wird. Möglicherweise steht das Bewusstsein für diesen politischen Anspruch der Prophetie ebenso wie der versteckte Hinweis auf

---

75 Vgl. ebd., 516.
76 Vgl. ebd., 518.
77 Vgl. dazu Eskenazi/Judd, Marriage, 266-268.
78 Rösel, Propheten, 517. „Vor Bileam" bezieht sich hier auf den kanonischen Aspekt und nicht um eine realhistorische oder literargeschichtliche Chronologie.

Midian hinter Mi 6,4-8. Dann geht es aber nicht nur um den Rückblick auf die Rettungsgeschichte, sondern auch um einen Blick auf die realpolitische Bedeutung der Prophetie in Israel. Dann lassen sich auch die sozialpolitischen Konnotationen in V. 8 verständlicher machen (vgl. dazu unten).

Die Orte Schittim als letzter Lagerstation vor dem Jordanübergang (Jos 3,1) und Gilgal, dem ersten Lagerort in Transjordanien (Jos 4,20) deuten JHWHs Rettung für das Volk bis ins gelobte Land an.[79] Schittim ist darüber hinaus auch der Ort, an dem Israel weilte, als Balak zu Bileam ging (Num 25,1).

Die Erkenntnis des Rettungshandelns Gottes in 5e ist als Abschluss der JHWH-Rede auch ihr Ziel. Das weite Bedeutungsspektrum von ידע („[er]kennen") kann hier wohl kaum auf ein „mystisches" Erkennen des göttlichen Rettungshandelns eingeengt werden, das mit צִדְקוֹת יְהוָה gemeint sein soll (vgl. Ri 5,11)[80]. Auch ist seine Bedeutung nicht einzuschränken auf ein aus der Vertragssprache kommendes Anerkennen des Herrn bzw. Knechtes[81]. Im Zusammenhang der Gottesrede scheint es eher darauf abzuzielen, Gottes Rettungshandeln nicht als vergangene Einzeltat sondern für die Gegenwart bestimmendes, andauerndes Handeln zu verstehen.

5.3.4. Karikatur von Opfern: Die Antwort der AdressatInnen

Die kultbezogenen Fragen in V. 6-7 und die darauf folgende Lehre ließen vielfach die Vermutung aufkommen, in diesen Versen sei eine kultische Unterweisung, eine Tempeleinlassliturgie oder Toraliturgie erhalten[82]. Bereits Wolff schränkte allerdings ein, es handle sich nicht um Fragen des Tempeleinlasses, sondern um eine „Aussöhnung mit dem angeklagten Gott"[83]. Lescow hat diese These und die vermeintliche Nähe zu Ps 15; 24; Jes 33,14-16; Ez 18,5-9 bereits aus inhaltlichen Gründen nachdrücklich zurückgewiesen, da die Frage nach den Bedingungen zum Einlass in den Tempel nicht thematisiert werde[84]. Micha scheint hier ähnlich wie in V. 1

---

79 Vgl. Smith, Micah, 122; Hillers, Micah, 78; Lescow, Worte, 208; Wolff, Micha, 149f.; Kessler, Micha, 266.
80 Vgl. Hillers, ebd., 78.
81 So Huffmon, Herbert B., The Treaty Background of hebrew yāda', *BASOR* 181 (1966) 31-37. Allerdings, wenn Limburg (vgl. Root, 303f.) mit seiner Beschreibung des Kontextes von Rechtsstreiten recht hat, ist dieser Hintergrund auch durch זכר, פשע, חטא in Mi 6,1-8 (!) präsent.
82 Vgl. Wolff, Micha, 152f.
83 Ebd., 141.
84 Vgl. Lescow, Worte, 197f.; ders., *Das Stufenschema. Untersuchungen zur Struktur alttestamentlicher Texte*, BZAW 211, Berlin u.a.: de Gruyter 1992, 23ff. Da es nicht um

zwar auf eine literarische Form zurückzugreifen, sie aber nicht in allen Elementen durchzukomponieren.

Die Fragen, die V. 6-7 bestimmen, kreisen um die Voraussetzungen und Möglichkeiten, sich Gott zu nähern, sich dem Rettungshandeln gemäß zu verhalten[85]. Die Fragen nach den wohlgefälligen Opfern gehören zur ersten Frage בַּמָּה אֲקַדֵּם יְהוָה („Womit soll ich vor JHWH treten?") dazu. Im Zusammenhang der Opfer ist die Situation der Fragen nach dem Tempeleinlass sehr nah. Das stichhaltigste Argument gegen eine direkte Herkunft der V. 6-7 aus einem kultischen Kontext und damit auch gegen eine Tempeleinlassliturgie, scheinen die verwendeten Termini zu sein. Die Begriffe der einleitenden Fragen in 6ab sind nicht typische Kultsprache[86], ja קדם Pi'el und כפף Nif'al sind so selten, dass sie sich gar nicht bestimmten Kontexten fix zuschreiben lassen. Es lässt sich aber festhalten, dass כפף nichts mit Proskynese im rituellen Sinn zu tun hat, sondern mit einer gewaltsamen Beugung durch einen Gegner[87], wodurch aber Gott zum Gegner wird. Dass כפף (beugen) eine gewisse Gegenbewegung zum „Gott der Höhe" darstellt[88], ist ein der AdressatInnenrede immanenter Kontrast. Der scheinbar unerreichbare Gott der Höhe ist aber zum betont präsenten Gott von V. 3f.(5) ein ebenso markanter Gegensatz des Textes.

Das wird mit der Absurdität der aufgezählten Opfer bestätigt. In der Aufzählung der Opfer wird eine Steigerung[89], vielleicht auch eine ironische Übertreibung[90] sichtbar. Das zeigen die genannten üppigen Opfergaben: Einjährige Kälber sind nach Lev 9,2.3.8 seltene, weil zu wertvolle Opfer, das Opfer der menschlichen Erstgeburt ist aus israelitischer Sicht überhaupt nicht möglich. Für das Opfer tausender von Rindern gibt es keinen biblischen Beleg, nur Entsprechungen in äußersten Ausnahmesituationen, der Thronbesteigung Salomos (1 Chr 29,21; 1 Kön 8,63 = 2 Chr 7,5) und der Thronbesteigung Hiskijas (2 Chr 29,32f.).

---

die Frage nach den Bedingungen für den Einlass in den Tempel ginge, sondern darum, welches Versöhnungsopfer JHWH recht sei. Anschließend daran Kessler, Micha, 266, der mit einer *Anspielung* auf Tempeleinlassliturgien rechnet.

85 Vgl. Ebach, Micha, 173.177; Kessler, Micha, 266.
86 Vgl. Hillers, Micah, 78; Lescow, Worte, 209.
87 Vgl. Kessler, Micha, 267. Ähnlich Albertz, Rainer, „Aufrechten Ganges mit Gott wandern ...". Bibelarbeit über Micha 8,1-6, in: Ders., *Zorn über das Unrecht. Vom Glauben, der verändern will*, Neukirchen-Vluyn: Neukirchener 1996, 44-64, 56f., der betont, dass die „Erhöhung" Gottes hier mit der Überzeugung tiefer Sündhaftigkeit des Menschen einhergehe, die „um die selbstquälerische Frage kreist, womit der kleine, sündige Mensch den Abstand zwischen sich und Gott überwinden kann ..." (ebd., 56).
88 Vgl. Lescow, Analyse, 189; ders., Worte, 210.
89 Vgl. Lescow, Analyse, 190; Kessler, Micha, 267.
90 Vgl. Lescow, ebd., 188; Ebach, Micha, 179.

Die Suffixreihe, die die 1. Person Sg. in V. 7 hervorhebt, bezieht sich auf die Sünde und den Frevel des sprechenden menschlichen Subjektes und deren Leibesfrucht[91]. Durch diese Betonung der 1. Pers. Sg. wird ein Bezug zu V. 3f. hergestellt, der wiederum einen Kontrast zwischen V. 6f. und der Gottesrede und somit zwischen göttlichem und menschlichem Handeln deutlich macht. Dass der/die SprecherIn sich zu seinen/ihren Sünden bekennt, deutet eine Verbindung zur Form des Rechtsstreites an, denn die Wurzel חטא hat einen festen Platz im Geständnis der/s Angeklagten[92]. Das ist weniger ein Argument für die Form des Rechtsstreites selbst, sondern dafür, dass die AutorInnen die Form Rechtsstreit als Vorlage oder zumindest im Gedächtnis hatten, sie aber umwandelten.

In V. 8 ist אָדָם angesprochen. Der Begriff meint ganz allgemein den Menschen. Damit ist der Blick nicht mehr nur auf Israel gerichtet, sondern auf alle Menschen hin geöffnet[93]. Ebenso offen ist, wer wodurch und womit dem Menschen gesagt hat (נגד Hif'il), was gut sei. Das Verb in 8a steht in 3. Person Sg., nennt aber kein Subjekt. Die zuletzt genannte 3. Person masc. Sg. ist in 7a JHWH, was auch für 8a möglich ist[94]. Die Begriffe, die das Gutsein näher bestimmen und damit erklären sollen, was Gott gefällt, sind so ausgewählt, dass bei den HörerInnen und LeserInnen mit Zustimmung gerechnet werden kann: das Tun von מִשְׁפָּט („Recht"), אַהֲבָה („Liebe") und חֶסֶד („Gemeinschaftspflicht, Treue"[95]) sind bekannte und anerkannte Begriffe der Tora und der prophetischen Verkündigung[96]. Ebenso ist die Frage nach „dem Guten" und das Suchen als religiöser Begriff nichts Neues. Neu aber ist die Art der Verknüpfung und des Gebrauches der Begriffe[97]. Die singuläre

---

91 Deshalb hier eine weibliche Sprecherin anzunehmen, und sie darüber hinaus mit Jerusalem zu identifizieren (vgl. Lescow, Worte, 218f.), findet im Text keine Grundlage.
92 Vgl. Boecker, Redeformen, 112.
93 Der AdressatInnenkreis ist somit am Anfang der Einheit, in V. 1, und zum Schluss, in V. 8, offen, während im Zentrum Israel angesprochen ist. Ebach betont zu Recht, dass es dabei nicht um die zu enge Frage geht, ob nun Israel angesprochen sei oder die ganze Menschheit (vgl. Micha, 176), sondern wie die Geschichten beider zusammenkommen.
94 Vgl. Crüsemann, Nachdenken, 12 und im Anschluss daran Kessler, Micha, 269. Auf welchen Teil oder welche Art der Offenbarung dies bezogen ist, kann nicht festgemacht werden. Die als Erklärung angeführten Begriffe verweisen auf Gesetzesverkündigung (z.B. Dtn 4,13; 5,5; 10,12), weisheitliche Lehre (z.B. Ijob 11,6; 15,18; Spr 3,13; 8,4.34; 11,2) und prophetische Verkündigung (z.B. Jer 9,23; Hos 4,1.6; 12,7; Mi 3,1.8) .
95 So KB I, 323 zu חֶסֶד II. Der Begriff ist im Deutschen nur schwer wiederzugeben. Vgl. dazu auch Übersetzung.
96 Vgl. zur zahlreichen und gestreuten Verwendung Wolff, Micha, 153-156; Lescow, Worte, 221-226; Kessler, Micha, 270.
97 Vgl. Ebach, Micha, 174-178; Kessler, Micha, 270. Nach Ebach gehört zu diesen Veränderungen das Subjekt von דרש. Wenn es zwar häufig belegt ist, dass der Mensch Gott suchen soll, so ist Gott als Subjekt und der Mensch als sein Ziel nicht belegt. Auch

Formulierung וְהַצְנֵעַ לֶכֶת, scheint zumindest eine enge Beziehung zwischen Mensch und Gott anzudeuten[98], wie sie sich auch in V. 3f. findet. Inhaltlich steht diese Nähe zwischen Gott und Mensch in starkem Kontrast zur Distanz in V. 6-7. Die Vorgehensweise, unter Verwendung allgemein anerkannter Vorstellungen Neues auszusagen, ist für Mi 6,1-8 bereits auf unterschiedlichen Ebenen in verschiedenen Zusammenhängen deutlich geworden. Sie wird auch bezüglich der Erwähnung Mirjams in 4c angewendet.

5.4. Wo der Text eindeutig ist: Zusammenschau der wichtigsten rhetorischen Elemente

Mi 6,1-8 spielt mit Ein- und Mehrdeutigkeiten: Auf der Ebene der literarischen Formen kündigt der Text in V. 1f. einen Rechtsstreit an, aber es fehlen Merkmale dieser Form, wie die explizite Anklage, das explizite Geständnis oder ein Urteil. Die Fragen JHWHs in V. 3-5 sind zwar indirekt eine Anklage des Volkes, aber es fehlt die Verteidigung. Versteht man die Fragen JHWHs als Verteidigung, wo wird dann das Volk beschuldigt? Sind die Berge in V. 1 Zeugen oder Vorboten einer Partei?

V. 6-7 erinnern an die Fragen einer Tempeleinlassliturgie, aber es wird auch deutlich, dass es nicht um den Einlass zum Tempel geht.

Auf der Ebene der AdressatInnen beginnt der Text in Unklarheit, denn in 1ad ist es eine Gruppe, in 1b-e eine männliche Einzelperson, falls nicht das Volk im Sg. angesprochen ist, wie in V. 3-5. Ebenso unklar ist die Sinnhaftigkeit eines Rechtsstreites mit Bergen (1d) und falls es sich um eine bildhafte Verwendung handelt, ist diese umso undeutlicher, denn mit den Bergen könnten sowohl die Völker als auch Israel gemeint sein. Erst 2ab steigen aus dem Bild aus und werden konkreter und klarer.

Der Text spielt auch mit der Bekanntheit und Akzeptanz von Vorstellungen und Begriffen auf der einen Seite und deren ungewohnten Verwendung auf der anderen. Dies wird deutlich im Spiel der Vorstellungen in V. 3f., wo zwischen der „Selbstverständlichkeit" der Exodusgeschichte und der Führung durch Mose und Aaron Mirjam noch hinzugefügt wird. Ähnlich verhält es sich in V. 8, wo bekannte Begriffe in ungewohnten Zusammenstellungen verwendet werden. Dieser pointierte Wechsel von Bekanntem und Unbekanntem findet sich innerhalb der Rede des Volkes nicht. Er ist auf jene Reden beschränkt, die sich (lehrende) Autorität geben und von den HörerInnen Zustimmung erwarten. Ebach hat dies bezüglich V. 8 treffend formuliert,

---

die Forderung des Recht und חֶסֶד Tuns, ist aus der prophetischen Verkündigung bekannt, aber in Verbindung mit אַהֲבָה und וְהַצְנֵעַ לֶכֶת singulär (vgl. auch Lescow, Worte, 224f.).

98 Vgl. Kessler, ebd., 271.

es ist aber auch auf V. 3-5 auszudehnen: „das schon Gesagte ist zugleich das noch nie Gehörte. Das Bewährte ist das Singuläre, die ‚Kurzformel des Glaubens' [...] ist zugleich Neuschöpfung."[99]

V. 3-5 hat einen starken Realitätsbezug, alle Undeutlichkeiten der Einleitung sind vorbei. Dafür entbehrt V. 6f. durch die übertriebenen Opfer jeglichen Realitätsbezuges. V. 8 ist wiederum sehr real, angelehnt an die Gesetzestexte der Tora und die prophetische Verkündigung. Somit wechseln irreale und reale Aussagen ab, was den Inhalt der realen Aussagen verdeutlicht. Sie sind es auch, die als konkrete Rede gegenüber diffusen Äußerungen in Erinnerung bleiben.

5.5. Eindeutigkeit und Erinnerung: Die Funktionen der Mirjamerwähnung

Mirjam wird mit Mose und Aaron gleichwertig dargestellt. Sie nur in Klammern zu setzen[100], entspricht nicht der Aussage des Textes, sondern zeugt von einer gewissen Hilflosigkeit gegenüber der Textaussage, die sich gegen die Erzähltexte des Pentateuch zum Verhältnis zwischen Mose, Aaron und Mirjam sperrt.

Der Text argumentiert mit Selbstverständlichkeiten. Weder Gottes Rückbezug auf den Exodus ist außergewöhnlich, noch die Belehrung in V. 8, die auf Liebe, חֶסֶד und Recht tun verweist. Einzig originell scheint die Ausdrucksweise, die formale Zusammenstellung der Begriffe und in 6,4c die Nennung Mirjams in der gleichen gesellschaftlichen Position wie Mose und Aaron. Das heißt dann aber für Mirjam, dass auch ihre Mose und Aaron gleichstehende Sendung durch Gott zu diesen Selbstverständlichkeiten gehört. Möglicherweise liegt hier auch nur an der Ausformulierung das Besondere, die Tatsache selbst aber ist evident und als bekannt vorauszusetzen. Es entsteht der Eindruck, das bereits Gesagte, Bewährte, sei so noch nicht gehört worden, aber: „Das hier ganz singulär Formulierte ist zugleich eine Abbreviatur des in der Bibel schon Gesagten, das so nie Gehörte ist das bereits Mitgeteilte"[101]. Wendet man diese Sicht auf Mi 6,4c an, dann gehört die gleichwertige Sendung Mirjams zu der in V. 3f. gegebenen „Kurzfassung" des Exodus-Glaubensgutes.

Wenn Bileam und Balak und die Überquerung des Jordan dafür zeugen, dass der Pentateuch bereits abgeschlossen ist, dann sind auch sämtliche Mirjamtexte bekannt und somit jene Schicht, der sie zugehören. Die AutorInnen des Michatextes haben somit aller Wahrscheinlichkeit nach die Pentateuchdebatte um die Bedeutung Mirjams und Aarons gegenüber Mose

---

99 Micha, 174.
100 So Lescow, Worte, 205.
101 Ebach, Micha, 174.

gekannt und hier eindeutig Stellung bezogen gegen die absolute Vorrangstellung Moses.

Mirjam wird im Zusammenhang des Wohlergehens des Volkes erwähnt, denn dass JHWH sie gesandt hat, gehört zu seinem befreienden Rettungshandeln. Diese Beziehung Mirjams zum Volk ist in Num 12 und Num 20 ebenso deutlich belegt.

Es wurde deutlich, dass der Text an einigen Stellen uneindeutig ist, AdressatInnen oder Sprecheridentitäten offen lässt. Gerade in V. 4, wo Mirjam erwähnt wird, stellen sich die Fragen der Uneindeutigkeit nicht: es ist klar, wer zu wem spricht, die Auswahl und Verknüpfung der Begriffe liegt innerhalb des Schemas der Exodustraditionen. Das lässt ahnen, dass die so klar formulierte Aussage den AutorInnen wichtig war. Ihr Interesse besteht in einem Gedächtnis an Mose, Aaron und Mirjam als Gottes Gesandte zur Befreiung und Rettung seines Volkes. Dies ist in Mi 6 als Akt seines bleibenden Rettungshandelns zu verstehen[102].

Die Erwähnung Mirjams, Aarons und Moses in V. 4 hat eine ähnliche Funktion wie die Erinnerung an Balak und Bileam in V. 5. Beide Male handelt es sich um Rückblicke auf JHWHs rettendes Handeln der Vergangenheit. Es wurde deutlich, dass auch der Seher Bileam und der moabitische König Balak als Teile des rettungsgeschichtlichen Handelns JHWHs zu verstehen sind. Die Auffassung, dass auch nichtisraelitische Personen und Ereignisse zu Israels Rettung dienen, deutet auf eine Haltung hin, die Israel nicht rigoros gegen nichtisraelitische Gruppen abgrenzen will.

5.6. Krise in der persischen Zeit: Rhetorische Situation

Mi 6,1-8 spricht eine Krise im Verhältnis zwischen JHWH und Israel an. Dieses Verhältnis wird zu Beginn des Rechtsstreites in V. 3 mit עַמִּי und an seinem Ende in V. 8 mit אֱלֹהֶיךָ deutlich. Angezeigt ist das Verhältnis zwischen JHWH und Israel auch in der Betonung auf Israel als Adressat des göttlichen Redens innerhalb der JHWH-Rede (vgl. besonders V. 4) und innerhalb der Rede als Ziel seines Handelns. Die Beziehung zwischen Gott und Volk/Mensch steht im Zentrum von Mi 6,1-8[103].

Die Krise dieser Beziehung wird durch den angesprochenen Rechtsstreit deutlich, den JHWH dem Propheten mit den Bergen zu führen aufträgt und den er selbst mit Israel austragen will. Inhaltlich zeigt sich die Krise in den Fragen JHWHs in V. 3.5 und seinen Antworten in V. 4.5, die auf sein

---

102 Das genau gegenteilige Schema zeigt sich in Num 12,1-2, wo sämtliche Aussagen über Mirjam unklar und mehrdeutig, von Lücken geprägt sind. Dort wurde einsichtig, dass dies ein Vorgehen ist, um etwas nicht im Gedächtnis zu behalten.
103 Vgl. Ebach, Micha, 176.

Handeln für Israel zielen. Die Krise zeigt sich auch darin, dass das menschliche Redesubjekt in V. 6-7 JHWH nicht direkt anspricht, sondern *über* ihn spricht und auch nicht weiß, wie es ihn erreichen kann. Es sieht Gott in der Höhe, obwohl V. 3-5 genau das Gegenteil aussprechen.

Ein weiteres Thema, das angesprochen wird, sind soziale Fragen: Auf die Aufzählung ökonomisch kaum realisierbarer Opfer in V. 6-7 folgen in V. 8 Ideale, die auf eine gerechte Sozialpraxis zielen.

Eine derart beschriebene Krise ließe sich innerhalb der Geschichte Israels in verschiedensten Perioden sowohl während der Monarchie als auch nach dem Exil festmachen. Für die zweite Zeitspanne sprechen allerdings Hinweise des Textes, die auf ein mindestens sehr spätes Redaktionsstadium des Pentateuch oder überhaupt seine Abgeschlossenheit schließen lassen[104]. Vor allem die Erwähnung Balaks und Bileams, die mit der Kenntnis des Josuabuches rechnet[105], aber auch die Betonung der Gleichwertigkeit Mirjams und Aarons neben Mose setzen Pentateuchtraditionen und -diskussionen voraus[106]. Speziell bezüglich der Mirjamerwähnung wird deutlich, dass in den Pentateuchtexten Ex 15,19-21; Num 12; 20 die Frage der Ränge innerhalb der Führung zur Diskussion steht. Mi 6,4 zeigt, dass diese Frage auch gegen Ende der Pentateuchwerdung nicht abgeschlossen ist. Somit lässt sich festhalten, dass eine nachexilische ProphetInnengruppe, die sich in den Traditionen der Verkündigung Michas versteht, Mirjam an betonter, exponierter Stelle eine rettungsgeschichtlich gleichwertige Rolle

---

104 Vgl. Lescow, Worte, 202; Kessler, Tempel, 29f. Zum wechselseitigen Verhältnis von Tora und Prophetenkanon vgl. auch 22-25.33f.
105 Vgl. Smith, J., Micah, 122; Lescow, Analyse, 187, der wegen der Nähe zu Ps 50 und 81 auf kultprophetische Kreise aus der zweiten Hälfte des 5. Jahrhunderts schließt (ähnlich auch vor ihm Wolff, Micha, 145).
106 Dass der Text nicht von Micha selbst stammt, kann vor allem an den unterschiedlichen Gewichtungen zwischen Mi 1-3 und 4-5.6-7 gezeigt werden (vgl. Wolff, Micha, 142; Lescow, Analyse, 182f.; Zenger, Erich, Micha, in: Ders. u.a., *Einleitung in das Alte Testament*, KStTh 1,1, Stuttgart: Kohlhammer [4]2001, 503-508, 507; Kessler, Micha, 55f.). Wolff hat außerdem betont, dass die Vergeschwisterung der drei Führungsfiguren durch 1 Chr 5,29 bereits vorausgesetzt ist, sonst wäre diese Reihe in Mi 6,4c nicht möglich gewesen (vgl. Micha, 149). Ohne eine zeitliche Relation zwischen 1 Chron 5,29 und Mi 6 angeben zu wollen, seien dem zumindest die Diskussionen des Pentateuch um genau die Frage, wen Gott in welcher Rangordnung schickte bzw. beauftragte, entgegengehalten. Mi 6 scheint ein Teil dessen zu sein, was in den Pentateucherzählungen Num 12; 20 nicht Platz finden durfte. Willi-Plein, Vorformen, 39 sieht eine Zusammengehörigkeit von Kultkritik und sozialer Gerechtigkeit, die so nur vorexilisch belegt ist, da der Kult nachexilisch für die Prophetie kein Problem mehr darstellte. Die Frage ist, ob in V. 6f. wirklich Kultkritik im Sinn eines Jes oder Hos betrieben wird, oder ob die sprachlich nicht kultischen Verse nicht vielmehr etwas anders ansprechen (vgl. dazu unten).

wie Mose zuspricht. Die Aussage über Mirjam ist so stark betont[107], dass sie nicht zufällig so zustande gekommen sein konnte. Im Rückblick auf die Exodustraditionen, in deren Kontext die Mirjamaussage steht, liegt es auf der Hand, dass hier die Diskussion um das Verhältnis zwischen Mirjam, Aaron und Mose weitergeführt wird. In Mi 6,1-8 kommt eine Position zu Wort, die die absolute Stellung Moses relativiert. Innerhalb des Pentateuch ist sie hinter jenen Texten sichtbar, in denen die AutorInnen Mirjams Auftreten als Relativierung des mosaischen Autoritätsmonopols unterstützen. Das ist in Ex 15,19-21 und Num 20 der Fall.

Kessler versteht die drei Führungsgestalten des Pentateuch als RepräsentantInnen der drei Institutionen Recht/Tora (Mose), Kult (Aaron) und Prophetie (Mirjam). „In der Perserzeit, in der die Rolle von Tora und Kult ungefragt feststeht, die Prophetie aber umstritten ist [...], betont Mi 6,4 deren gleichwertige Stellung im öffentlichen Leben Israels."[108] Kessler nennt – in Anlehnung an Albertz – als Gründe der Umstrittenheit das Scheitern der messianischen Erwartungen Haggais und Sacharjas und die in Neh 6 erwähnten Auseinandersetzungen. Er meint, die Prophetie sei in diesem Zusammenhang durch eine Frau repräsentiert, da Frauen in diesem Bereich eine wesentliche Rolle spielten, wie etwa die Prophetin Noadja in Neh 6,14.[109] Vor dem Hintergrund von Num 12 müssen diese beiden Krisen unterschieden werden. Die messianische Prophetie ist für Nehemias Reform zweifellos ein großer Störfaktor, da sie die umfassende persische Politik durch ihre nationaleschatologischen Hoffnungen um Jerusalem und den Tempel bedroht.[110] Es ist aber nicht nachweisbar, dass Noadja genau diese Position vertrat. Noadja scheint vor allem auf der Seite jener im Land ansässigen Bevölkerungsteile zu finden zu sein, die dem Neuankömmling und Reformer Nehemia skeptisch gegenüberstanden[111].

Im Zusammenhang von Num 12 konnte gezeigt werden, dass die Frage nach der prophetischen Autorität und den Institutionen Israels stark mit der

---

107 Die Erwähnung Mirjams steht in der längsten Zeile des Textes. Sie ist innerhalb der konsensualen „Selbstverständlichkeiten" des Exodus als einzigartige Aussage, als Wayyiqtol einzig in der Gottesrede und gleichzeitig fest verbunden mit den rettungsgeschichtlichen Aussagen davor. Mirjam steht innerhalb der Antwort Gottes auf seine Fragen, wodurch der Aussage höchste Autorität und Gewicht gegeben wird.
108 Kessler, Micha, 264f.
109 Vgl. Mirjam, 69; ders., Micha, 265.
110 Vgl. Albertz, Religionsgeschichte II, 483ff.; Kessler, Mirjam, 68.
111 Das Michabuch enthält zahlreiche dieser Weissagungen, die Nehemia Furcht bereiten könnten: 4,1-4; 4,8; 5,1-4. Mi 6,1-8 hält fest, dass die prophetische Tradition neben Aaron und Mose im Verhältnis Israels zu seinem Gott gleichberechtigt ist. Der kultische Weg wird in V. 6f. sogar kritisch reflektiert. Wenn im Konflikt mit Nehemia gerade eine Frau namentlich erwähnt wird, dann verwundert es auch nicht, wenn in Mi 6,4 Mirjam als Repräsentantin der Prophetie gewählt wird. Vgl. Kessler, Mirjam, 70f.

Identitätsfrage zu tun hat. Denn die toraauslegende Autorität hat die Definitionsgewalt darüber inne, wer zu Israel gehört und wer nicht. Möglicherweise ist die „Bevölkerung des Landes", mit der keine Ehen eingegangen werden dürfen (vgl. Esr 9,1f.) jene jüdische Bevölkerung, die nicht aus Babylon zurück kehrte, sondern im Land geblieben war[112]. Die Frage der Identität Israels im Zusammenhang der konkurrierenden Gruppen von „Bevölkerung des Landes" und Re-MigrantInnen ist in Num 12 eine Frage der Prophetie. Wobei Prophetie verstanden wird als Auslegung der Tora, als Anwendung der Gesetze. So betrachtet ergeben sich von Mi 6,4 folgende zwei Möglichkeiten eines Prophetieverständnisses:

1. Die drei Führungsgestalten stehen wirklich für die drei Institutionen Tora, Kult und Prophetie. Dann wird die Autorität des Mose, um die in den Pentateuchtexten gekämpft wird, aufgeteilt in eine juridische (oder besser halachische) und eine prophetische. Prophetie ist aber in Abhebung davon nicht als Toraauslegung zu verstehen, sondern in dem von Kessler vermuteten Sinne Michas als kritische und auch hoffnungsvolle Oppositionsbewegung[113].

2. Die gleichwertige Nennung der drei Führungsfiguren deutet auf ihren gleichen Rang in Fragen der Toraauslegung hin. Prophetie ist zu verstehen als Toraauslegung.

Mit dem Blick auf Mirjam wird deutlich, dass es nicht möglich ist, eine ausschließliche Entscheidung zu treffen. Denn offensichtlich vertritt Mirjam sowohl in den erzählenden Pentateuchtexten, als auch in Mi 6 eine äußerst sozialkritische und den herrschenden Kreisen gegenüber oppositionelle Toraauslegung. Mit den „herrschenden Kreisen" sind dann aber nicht allgemein Vornehme und Reiche gemeint, sondern die, die politisch auf der machtvollen Seite persischer Reichsreform standen. Sie wollen die Identität Israels über die Existenz der „Bevölkerung des Landes" hinweg definieren. Dagegen tritt die Position Mirjams auf Seiten dieser Ansässigen ein. Noadja steht dabei durchaus mit jüdischen Nobeln in Verbindung, wie die gemeinsame Nennung mit Tobija, dem Ammoniter, zeigt.

Wenn hinter der Mirjamposition der Pentateuchtexte eine prophetische Gruppe steht, dann könnte sie identisch sein mit der ProphetInnengruppe, die für Mi 6,1-8 verantwortlich zeichnet, es könnte sich aber auch um eine Nachfolgegruppe handeln, die nach der „Pentateuchgruppe" schrieb. Das ist eine Frage der zeitlichen Ansetzung. Für eine spätere Gruppe könnte sprechen, dass auch die Traditionen des Josuabuches (Schittim und Gilgal in 5d) bekannt waren. In jedem Fall scheint es dieser Gruppe wichtig, dass die Prophetie, wenn sie durch Mirjam repräsentiert wird, der mosaischen Tora-Autorität nicht untergeordnet wird. Ihr Argument ist, dass sie und Aaron in

---

112 Vgl. z.B. Eskenazi/Judd, Marriage, 267f.
113 Vgl. Micha, 53ff. (zur Stelle: 55).

gleicher Weise von JHWH geschickt (שלח in 6,4) sind wie Mose. Sie sind damit nicht von Mose, sondern allein von Gott abhängig. Ferner gehören alle drei Gestalten zum Rettungshandeln Gottes, nicht nur eine „Person", eine Institution, ein Verständnis von israelitischer Identität. Ihre Bedeutung bestand nicht nur in der Wüstenzeit, sondern auch in der Gegenwart.

So betrachtet muss man die Annahme, der Text entspringe der Feder eines „prophetisch und priesterlich gebildeten Literaten deuteronomistischer Observanz"[114] differenzieren. Wolff stützt diese Aussage auf seine Beobachtungen zum Sprachgebrauch in Mi 6,2-8, die ihrerseits schon nicht so eindeutig ausfällt, wie es Wolff scheint. Mi 6,2-8 verweist nicht nur auf dtr Sprachgebrauch, sondern verwendet auch Formulierungen, die an Hos; Mi 1-3, einzelne Psalmen und weisheitliche Schriften erinnern. Zudem ließe sich in der dtr Literatur eine derartige Stellung Mirjams und Aarons schwer begründen. Die einzige Erwähnung Mirjams im Dtn (24,8f.) ist ganz im Sinn von Num 12 und damit auch des dtn ProphetInnengesetzes zu verstehen. Das dtn ProphetInnengesetz Dtn 18,9-22 (besonders V. 15.18) und Dtn 34,10 sehen den prophetischen Spielraum sehr eng und allein auf Mose bezogen. Steht Mirjam in Mi 6,4 als Übername für die Prophetie, dann passt das nicht zu diesen Texten. Steht sie nicht für Prophetie und sind die drei Namen allgemein als Führungsfiguren zu verstehen, widerspricht dies ebenso den dtn/dtr Vorstellungen der hervorgehobenen Funktion des Mose[115]. Somit kann Wolff recht gegeben werden, dass hinter Micha 6,1-8 ein prophetisch gebildeter Mensch – oder vielleicht besser eine prophetische gebildete Gruppe – steht. Dass diese sich dtr Observanz verpflichtet fühlte, scheint so formuliert etwas zu eng gesehen[116]. Ebenso lässt sich keine priesterliche Bildung am Text festmachen. Für Wolff hängt diese Vermutung stark mit seiner rekonstruierten Verbindung zur Tempeleinlassliturgie in V. 6f. zusammen. Es wurde bereits gesagt, dass diese Hypothese zum Sitz im Leben des Textes äußerst fragwürdig ist. Gerade das „ironische" Verhältnis zum Kult ist für priesterliche Kreise nicht typisch. Die ProphetInnengruppe, auf die Mi 6,1-8 zurückgeht, versucht, eine Krise zwischen Gott und seinem Volk (V. 3-5.8) zu beschreiben, die ebenso eine Krise zwischen Gott und Mensch ist[117]. V. 8 nennt als Lösung der Krise Begriffe sozialer Gerechtigkeit und „Mitmenschlichkeit"[118] und stellt diese einem leeren, sozial innerhalb der Tora nicht vertretbaren (vgl. Lev 9,2f.), gottfernen Kult

---

114 So Wolff, Micha, 141.
115 An anderer Stelle zieht Wolff diesen Aspekt sehr wohl in Betracht (vgl. ebd., 145).
116 Auch die Bestimmung „nachdeuteronomistische Schreibtischarbeit", wie Lescow, Worte, 202 den Text zu verstehen sucht, hilft nicht weiter.
117 Vgl. die offenen AdressatInnen in V. 1 und die Anrede אָדָם in 8a.
118 Vgl. dazu Ebach, Micha, 178-181 und in Anlehnung daran Kessler, Micha, 271.

gegenüber[119]. Am Sprachgebrauch der V. 6-7 wurde deutlich, dass hier keine kultische Terminologie verwendet wird. Daraus lässt sich erkennen, dass nicht der Kult als solcher im Zentrum dieser Rede steht. Zentral scheint die Frage nach der Gottesnähe einerseits und der großen Opfer andererseits. Damit hängt die weitere Frage nach der „Machbarkeit" und „Erreichbarkeit" der Nähe Gottes durch große Opfer zusammen. Da die Frage negativ beantwortet wird, ist sie eine Absage an religiöse oder theologische Privilegien der Oberschicht. Versucht man, das innerhalb der vermuteten Redaktionsgeschichte des Michabuches zu verorten, gibt es eine Möglichkeit, eine TradentInnengruppe der frühnachexilischen Zeit zu vermuten, „die im losen Anschluß an Michas Anklagen sozialkritisch orientiert und damit ganz gegenwärtigen (frühnachexilischen) Mißständen zugewandt war, wie wir es in den Texten 6,2-7,7 finden"[120]. Wolff[121], und dann auch Zenger, vermuten die Arbeit dieser Gruppe *neben* einer „heilsprophetisch-universalistischen" „Schule" der Michatradition. Angesichts der mindestens offenen Haltung in Mi 6,1.8 ist es nicht notwendig, Sozialkritik und ein universales Verständnis der Offenbarung Gottes (V. 8) voneinander zu trennen. Mi 6,1-8 ist ein Versuch, diese beiden Optionen zu verbinden. Dadurch wird Prophetie auf Tora rückbezogen und als Aktualisierung von Tora verstanden. Angesichts der oben angestellten Überlegungen kann man noch hinzufügen, dass der Aspekt der Prophetie als Toraauslegung hinzuzunehmen ist. Toraauslegung ist dann nicht unbedingt eine dritte Option, sondern eine Frage, wie Sozialkritik und heilsprophetischer Universalismus zu verstehen sind: nämlich als Auslegung der Tora, die jener Auslegung durch die politisch mächtigen Reformer theologisch und von ihrer sozialpolitischen Bedeutung her *gleichwertig* ist.

---

119 Vgl. Ebach, Micha, 173.177f.
120 Zenger, Micha, 507.
121 Vgl. Micha, XXXIV.

6. Mirjam im Stammbaum Israels: Num 26,59 und 1 Chr 5,29

6.1. Zum Verständnis von Genealogien

Mirjam wird zweimal in den Stammbäumen Levis in der dritten Generation nach dem Ahnvater erwähnt. Neben der Tatsache, dass sie damit endgültig als Schwester Aarons und Moses festgeschrieben ist, stellt sich die Frage, inwiefern Mirjam mit dieser Einordnung in den Levistammbaum auch levitische Funktionen zukommen können. Oder anders herum gefragt: Erheben levitische Gruppen Anspruch auf die Tradition Mirjams und gliedern sie deshalb in ihren Stammbaum ein[1]? Kann es zum Beispiel sein, dass die Töchter Hemans, des „sehenden Sängers" (1 Chr 25,1-7), mit dieser Gestalt verbunden werden sollten, wie Martin Brenner von Ex 15,20f. her meint?[2] Oder geschah die Eingliederung mehr oder weniger zufällig, da es bereits eine Tradition der Schwester Aarons gab? Bevor diese Fragen beantwortet werden können, sei vorweg etwas zum Verständnis von Genealogien im Allgemeinen gesagt.

Robert R. Wilson hat in seinen Studien, die auf anthropologischen Untersuchungen mündlicher Genealogien beruhen, vor allem auf zwei wesentliche Aspekte zum Verständnis von Genealogien hingewiesen.

Der erste Aspekt besteht in der Unterscheidung zweier Typen von Genealogien in einen segmentären und einen linearen. Die erste Form bezeichnet Stammbäume mit Angabe der Nebenlinien. Sie stellen die Beziehung der einzelnen Individuen untereinander, ihre soziale Funktion sowie ihre Herkunft von einem Ahnen oder einer Ahnin dar. Der zweite Typ ist eine lineare Rückführung auf einen Stammvater oder eine Stammmutter und gibt keine Nebenlinien an. Er dient der Legitimation des letzten Gliedes der Generationenkette. Während der zweite Typ der Genealogie nur durch seine Tiefe ausgezeichnet ist, geht der erste auch in die Breite[3]. Kurzgefasst lassen sich die beiden Typen tendenziell unterscheiden in „Beziehung" oder „soziale Funktion und Legitimation" für den oder die Letzte/n der genealogischen Linie.

Den zweiten wesentlichen Aspekt hat Wilson mit "fluidity" bezeichnet. Der Begriff verweist auf die permanente Veränderbarkeit von segmentären Stammbäumen je nach Kontext und Interesse, für das sie gebraucht werden

---

1 So Burns, die davon ausgeht, dass Mirjam in den Stammbaum aufgenommen wurde, weil sie als sehr alte und traditionsreiche Gestalt mit kultischer Autorität jeder Gruppe mit kultischen Ansprüchen Legitimation verschaffte (vgl. Lord, 94 u.ö.).
2 Vgl. Brenner, Song, 45.
3 Vgl. Wilson, Robert R., *Genealogy and History in the Biblical World*, YNER 7, New Haven/London: Yale University Press 1977, 18-26 und ders., Genealogy, Genealogies, *ABD* 2 (1992) 929-932, 930f.

sowie nach AdressatInnenkreis. Eine der wichtigsten Konsequenzen aus Wilsons Studien für das Verständnis der biblischen Genealogien ist, dass sie nicht rein historisch und biologisch zu verstehen sind. Oeming fasst folgendermaßen zusammen:

„Die Frage, welcher der konkurrierenden Stammbäume der allein zutreffende sei, ist sinnlos. Genealogien spiegeln nicht die objektive, eindeutige, ‚ungeschichtliche' Biologie, sondern die vielschichtige, wechselnde Gesellschaft und Geschichte. Die divergierenden genealogischen Traditionen sind daher, wenn man ihre jeweilige Funktion mitbedenkt, gleichzeitig ‚korrekt'."[4]

So betrachtet müssen jene Vermutungen in Zweifel gezogen werden, die von Harmonisierungsversuchen unterschiedlicher Stammbäume ausgehen. Es ist deshalb nicht anzunehmen, dass Mirjam in 1 Chr 5,29 nachträglich zu den „Kindern" Amrams hinzugefügt wurde, um eine Angleichung an Num 26,59 zu erreichen[5]. Auch jene Überlegungen, die davon ausgehen, dass Mirjam in die Genealogien aufgenommen wurde, weil die Tradition, dass sie Schwester Aarons war, bereits bekannt war, können nicht gehalten werden. Die Frage, ob es um Mirjams levitische Abstammung geht, wird vor allem vom Typ der Genealogien her beantwortet werden müssen.

Die beiden unterschiedlichen Versionen der Stammbäume Mirjams verweisen somit auf unterschiedliche Kontexte und Interessen. Die folgende Untersuchung wird daher einen Schwerpunkt auf die Differenzen zwischen Num 26,59 und 1 Chr 5,29 legen. Zunächst aber sollen beide Texte gesondert beschrieben werden.

6.2. Der weibliche Stammbaum Mirjams: Num 26

6.2.1. Übersetzung

57a Und diese sind die Gemusterten des Levi nach ihren Familien:
 b   des Gerschon, die Familie der Gerschoniter, des Kehat, die Familie der Kehatiter, des Merari die Familie der Merariter.
58a Diese sind die Familien Levis:
 b   die Familie der Libniter, die Familie der Hebroniter, die Familie der Machliter, die Familie der Muschiter, die Familie der Kerachiter
 c   und Kehat zeugte den Amram.
59a Und der Name der Frau Amrams war Jochebed, Tochter Levis,

---

[4] Vgl. Oeming, Manfred, *Das wahre Israel. Die „genealogische Vorhalle" 1 Chronik 1-9*, BWANT 128, Folge 7 Heft 8, Stuttgart u.a.: Kohlhammer 1990, 14 mit Verweis auf Wilson, ebd.
[5] So bei Rudolph, Wilhelm, *Chronikbücher*, HAT 1,21, Tübingen: Mohr 1955, 52.

b die sie dem Levi geboren hat in Ägypten.
c Und sie gebar dem Amram Aaron, Mose und Mirjam, ihre Schwester.
60 Und es wurden geboren für Amram Nadab und Abihu und Eleasar und Itamar.
61 Und es starb Nadab und Abihu, als sie fremdes Feuer opferten vor JHWH.
62a Und es waren ihre Gemusterten dreiundzwanzigtausend, jeder männliche von einem Monat an und darüber,
b denn sie wurden nicht gemustert unter den Israeliten,
c und nicht wurde ihnen ein Erbteil aus der Mitte Israels gegeben.

Num 26 ist nach Num 1; 3 die zweite große Zählung innerhalb des Numeribuches. Beide haben innerhalb des Erzählstranges von Numeri eine wesentliche politische Funktion. Während es vor der Wanderung durch die Wüste in Num 3 darum geht, das Lager zu ordnen, eine Marschordnung zu haben und somit innerhalb der Bedrohung des Marsches innere Sicherheit zu gewinnen, dient die zweite große Zählung vor der Übernahme des Landes als Erhebung der Kriegsfähigen. Darüber hinaus spezifizieren die V. 52-56 die Zählung als Basis für die Landverteilung: größere Stämme sollen mehr Land erhalten als kleinere (V. 54).

6.2.2. Literarkritische Überlegungen

6.2.2.1. Abgrenzung der Einheit

Num 26 lässt sich folgendermaßen gliedern[6]: V. 1-4: Auftrag zur Zählung, V. 5-51: Zählung aller Stämme außer Levi, V. 52-56: Auftrag zur Landverteilung, V. 57-62: Zählung Levis, V. 63-65: Abschluss der Zählung.
Die in Num 26,1-4 aufgetragene Zählung der Israeliten (בְּנֵי־יִשְׂרָאֵל) ist mit der Angabe des Ergebnisses in V. 51 beendet. Darauf erhält Mose in 26,52-56 den Auftrag, mittels Los (V. 55) das Land zu verteilen. An dieser Stelle ist es konsequent, die Leviten zu zählen, da sie von der Landverteilung ausgeschlossen sind (V. 62)[7]. Die Levitenzählung erfolgt sodann in V. 57-62

---

[6] Vgl. Gray, Numbers, 387; Noth, Numeri, 176; De Vaux, Nombres, 305 (zählt V. 1-4 zu V. 5-51); Levine, Numbers, 308 (Levine nimmt 4b als Überschrift bereits zur Zählung hinzu).
[7] Vgl. Gray, Numbers, 395. Staubli, Numeri, 313 meint, die Leviten würden hier genannt, weil es am Ende der Wanderung durch die Wüste um eine Zählung als Bestandsaufnahme gehe.

und endet ebenfalls mit der Nennung der Anzahl[8]. Die Einheit, innerhalb derer V. 59 zu betrachten ist, findet sich somit in V. 57-62[9].

6.2.2.2. Zur Frage der literarischen Einheitlichkeit

V. 57 beginnt mit der Formulierung וְאֵלֶּה פְּקוּדֵי („und das sind die Gemusterten"). Die folgende genealogische Aufzählung von Sippen (מִשְׁפָּחֹת), die dem Stamm Levi angehören, entspricht der formalen Art der Aufzählung in 26,5-50. Der nominale Stil stellt durch die Präpositionen מ (+ Eponym) und ל (+ Sippe) die Verbindung zwischen den Generationenfolgen her. Auch die Erwähnung der „Gemusterten" passt zu Num 26 (vgl. V. 7.18.22.25.27.34.37. 41.43.47.50.51). V. 58a-c behält zwar das Muster der unverbundenen Aneinanderreihung bei, beginnt aber wie V. 57 noch einmal bei den Sippen Levis und nennt nicht wie V. 57 die drei Levisöhne, sondern fünf andere Familien, die in dieser Reihung hier singulär sind[10]. Außerdem werden sie nicht genealogisch aufgeführt. Dadurch fehlt die Nennung des Sippenoberhauptes als Sohn des Stammvaters und die genannten Familien bleiben mit Levi unverbunden[11]. 58b schließt dann mit Kehat zwar an 57c an, wechselt aber zu einem verbal bestimmten Schema, das – gattungsbedingt – von der Wurzel ילד getragen ist. Dieses Schema wird als „narrative Genealogie" bezeichnet[12]. Es kommt in Num 26 streng genommen, also mit ילד, nur in V.

---

[8] Die Frage nach dem realen und symbolischen Gehalt der Zahlen ist im Rahmen der vorliegenden Fragestellung nicht relevant. Zu verschiedenen Ansätzen für die Zahlendeutung in Num und bezüglich ihrer Verwertbarkeit vgl. Davies, Eryl W., A Mathematical Conundrum: The Problem of the Large Numbers in Numbers I and XXVI, *VT* 45 (1995) 449-469, 452-465, Heinzerling, Rüdiger, Die Zählung der Wehrfähigen in Numeri 1 und 26, *ZAW* 111 (1999) 404-415; Ders., On the Interpretation of the Census Lists by C. J. Humphreys und G. E. Mendenhall, *VT* 50 (2000) 250-252.

[9] Vgl. dazu den Forschungskonsens: Dillmann, Numeri, 176; Baentsch, Numeri, 634; Gray, Numbers, 387; Noth, Numeri, 181; Levine, Numbers, 307 u.ö.

[10] Vgl. Noth, Numeri, 182.

[11] Libni ist ein Sohn des Levisohnes Gerschom, Hebron ein Sohn Kehats, Machli und Muschi sind Söhne Meraris und Korach ein Sohn des Kehatsohnes Amminadab, also bereits aus der nächsten Generation. Zumindest die Nennung Korachs scheint hier nicht so abwegig, denn es folgen im nächsten Vers weitere Kehat-Enkel aus der Generation Korachs. Der Konflikt innerhalb dieser Generation ist hinlänglich aus Num 16f. bekannt. Er endete mit der Legitimation Aarons, die in der Genealogie sogleich erfolgt.

[12] Vgl. Burns, Lord, 88; zur Unterscheidung auch Fischer, Irmtraud, *Die Erzeltern Israels. Feministisch-theologische Studien zu Gen 12-36*, BZAW 222, Berlin u.a.: de Gruyter 1994, 46.

29 vor[13]. Die Form hebt 58b-61 von der Einheit ab[14], was manchmal auch literarkritisch ausgewertet wurde[15].

Der Abschnitt 58b-61 unterscheidet sich von 57-58c.62 auch dadurch, dass er keine Familien, sondern Individuen nennt, die natürlich für die *Zählung nicht relevant* sind[16]. Diese Individuen stehen wegen ihrer *Bedeutung* hier und nicht primär als Sippenoberhäupter.[17] Sie sind genannt, damit ihre Beziehung untereinander und ihre Funktion innerhalb der Gesellschaft Israels deutlich wird.

Es ist somit deutlich, dass sich die V. 58b-61 so stark von ihrem Kontext abheben, dass sie als Einschub verstanden werden können. Unter dem Aspekt der "fluidity", also der kontextuellen Veränderbarkeit von Stammbäumen[18] ist es möglich, dass in einer Zeit, als V. 57-58c.62 bereits feststanden, die narrativen Genealogie von V. 58b-61 eingefügt wurde.

V. 62 bildet durch den Rückbezug auf die Musterung mit der zweimaligen Wurzel פקד in 62a und 62b eine Inclusio zu V. 57.

6.2.3. Mirjam in Num 26

6.2.3.1. Frauen im Stammbaum: Mirjam, Jochebed und die Frau Levis

Für die Erwähnung Mirjams sind die Verse 58b-61 relevant, da sie eine kleine Einheit darstellen und aus dem Schema der restlichen Zählung in Num 26 herausfallen. Die Forschung hat diese dreieinhalb Verse stiefmütterlich behandelt, wie u.a. das harsche Urteil Grays zeigt: "V. 58b-61 is, like v. 8-10.30-33, irrelevant, and, like v. 8-10, based on different sources."[19] Die meisten Kommentare erwähnen die problematische Ehe Aarons mit seiner Tante, die Nennung Mirjams hat bis jetzt aber nur Burns interessiert.

Burns sieht den Sinn von V. 58b-61 in der Darstellung der direkten Linie von Levi zu Aaron und seinen Söhnen, d.h. also in der Herleitung der priesterlichen Hauptlinie.[20] Sie betont dazu, dass durch Kehat eine Verbindung zwischen V. 57 und 58b-61 hergestellt werde. Das untermauert sie damit, dass nur die Nachfahren Kehats genannt werden, während die Nachkommen der Levisöhne Gerschon und Merari nicht erwähnt sind. Das

---

13 Weitere narrative Teile finden sich in Num 26 in V. 9-11.19b. Sie sind aber keine genealogischen Texte, sondern Rückblicke auf bereits erzählte Ereignisse.
14 Vgl. Burns, Lord, 86f.
15 Vgl. Gray, Numbers, 395.
16 Vgl. Burns, Lord, 87.
17 Weiteres dazu unten 2.3.2.
18 Vgl. 6.1.
19 Numbers, 395.
20 Vgl. Burns, Lord, 87f.

selbe gelte für die nächste (V. 58b.59) und übernächste Generation (V. 60), in der nur die Aaronlinie weitergeführt werde und Moses und Mirjams Kinder unerwähnt blieben. Burns muss sich dann konsequenterweise fragen, warum denn auch Jochebed, Mose und Mirjam genannt sind. Ihre Antwort lautet folgendermaßen:

> "The answer probably lies in the 'all Israel' orientation of Numbers 26. If the purpose of Numbers 26 was to show that all the people of Israel had roots in the patriarchal generation, then it was to the writer's benefit to stress that Jochebed herself authentically belonged to the patriarchal family [...] to include the major figures of the next generation (Moses and Miriam), and to end the list with both Eleazar and Ithamar, the two to whom all post-exilic priests [...] traced their ancestry."[21]

Dieser These ist aus formalen und inhaltlichen Gründen zu widersprechen. An der Form übersieht Burns, dass es sich in Num 26,58b-61 um eine segmentäre Genealogie handelt, deren Interesse an den Beziehungen der einzelnen Namen zueinander liegt und gerade nicht in der legitimierenden Herleitung von Person besteht. Innerhalb dieser Legitimation deuten Jochebed, Mirjam und Mose an, dass hier ganz Israel einbezogen ist. Wenn aber die AutorInnen von Num 26 zeigen wollen, dass ganz Israel in den zwölf Stammvätern wurzelt, dann betreiben sie dieses Interesse bereits im gesamten Kapitel in der Form der agnatischen Genealogie. Mütter sind im ganzen restlichen Kapitel nicht interessant. Sollte ausgerechnet für die priesterliche Linie eine Mutter relevant sein, dann ist gerade die inzestuöse Verbindung Amrams kaum die geeignetste. Die in Lev 18,20; 20,19 verbotene Ehe mit der Schwester des Vaters ist innerhalb der hohenpriesterlichen Familie wohl kaum ein Element, das Legitimation verschafft. Darüber hinaus funktioniert die Herleitung Aarons von Levi auch ohne Jochebed. Aaron bleibt Urenkel Levis, daran ändert die Großtante als Mutter nichts. Auch fällt bei aller Betonung der Levi-Kehat-Amram-Aaron-Eleazar-Linie auf, dass nur die Geschwister Amrams (vgl. Ex 6,18) nicht genannt werden. Der in V. 58b-61 zentrale V. 59 macht außerdem deutlich, dass eigentlich Jochebed im Zentrum des Abschnittes steht und nicht Aaron, da der Blick in V. 59 auf Jochebed gerichtet ist: in 59a ist ihr Name erstes Syntagma, der Relativsatz 59b, in dem ihre Mutter Subjekt ist, ist auf Jochebed bezogen, und in 59c ist sie handelndes Subjekt. Der „Sinn" von V. 58b-61 kann demnach nicht nur in der Darstellung der direkten Linie von Levi bis Eleazar liegen.

Die Nennung Jochebeds und Mirjams ist nicht nur in dem kleinen Abschnitt über die Leviten auffällig, sie sprengt auch das Schema der ganzen Zählung von Num 26: Num 26 nennt zwar vereinzelt Frauen, sie sind aber

---

21 Ebd., 88.

nur als Töchter bezeichnet. Inwiefern sie auch Schwestern und Mütter sind, wird nicht berichtet. Es sind dies die Töchter Zelofhads in V. 33 und die Tochter Aschers in V. 46, die jeweils auch alle namentlich genannt werden. Natürlich sind auch Jochebed und Mirjam Töchter, Jochebed wird sogar als solche eingeführt und vorgestellt (בַּת־לֵוִי in 59a). Jochebed ist die einzig handelnde Frau innerhalb des Kapitels (ילד in 59c). Diese Handlung betont ihre Bedeutung als Mutter. Mirjam dagegen wird explizit als Schwester bezeichnet (אֲחֹתָם in 59c). Durch diese Hervorhebungen als Mutter und Schwester werden Jochebed und Mirjam von den anderen Frauen der Genealogie abgehoben. Während die Töchter Zelofhads und die Tochter Aschers in ihrer untergeordneten Rolle als Töchter aufscheinen, stehen Jochebed in der als Mutter übergeordneten und Mirjam in der als Schwester gleichgestellten Bedeutung da. Wilson beschreibt das folgendermaßen: "Horizontally, people on the same genealogical level are related to each other as equals, while vertically people are ranked hierarchically according to the level of the genealogy which they occupy."[22] Beide werden somit den Männern in V. 58-61 nicht untergeordnet.

Darüber hinaus zeigt die Nennung Jochebeds nicht nur Aarons Nähe zu Levi an, sie ist Hinweis auf einen weiblichen Stammbaum für Mirjam. Die Linie Jochebed-Mirjam verweist auf die Existenz weiblicher Linien, die sonst in Genealogien nicht genannt werden. Die weibliche Linie ist außerdem vollständig bis zu den Stammeltern genannt, denn auch der Mutter Jochebeds, der Frau Levis wird erinnert. Sie ist ungenanntes Subjekt der aktiven femininen Verbform in 59b. Die Wendung ist nicht eindeutig zu verstehen, da die Frau Levis vorher nicht genannt ist. Dadurch, dass sie aktives Subjekt ist, fällt der Blick des/der LeserIn auf sie. Wäre das den AutorInnen nicht wichtig gewesen, hätten sie 59b auch passiv mit Jochebed als Subjekt formulieren können. Dann würde die Mutter Jochebeds fehlen. Durch die vorliegende Konstruktion wird sie aber genannt und dadurch, dass der Relativsatz in 59b auf Jochebed bezogen ist, bleibt diese im Blick. Der Relativsatz in 59b ist nur sinnvoll, wenn man ihn auf die genannte weibliche Linie bezieht, da er – außer der Verortung in Ägypten – nichts Neues hinzufügt. Num 26 kennt sonst keine Lokalisierungen. Der Verweis auf Ägypten erinnert an die Geburt Moses[23] und damit auch an die Existenz der Schwester Moses in Ex 2. Somit ist die vollständige weibliche Linie der

---

22 Vgl. Wilson, Genealogy, 931.
23 Noth sieht hier einen direkten Verweis auf Ex 2,1 (vgl. Numeri, 182). Möglicherweise muss auch betont werden, dass Jochebed *erst* in Ägypten geboren wurde und nicht zu jenen gehörte, die von Kanaan nach Ägypten auszogen, denn deren Zahl wird in Gen 46,27 auf 72 beschränkt.

Herleitung Mirjams aus der Stammelternzeit gegeben: Mirjam-Jochebed-Frau Levis (erwähnt in 59b)[24].

6.2.3.2. Die Beziehungsebene der Kinder Jochebeds

Mirjam wird hier als Schwester Aarons und Moses den beiden gleichgestellt[25]. Sie erhält damit gewichtigere Bedeutung, als wenn sie nur als Tochter Amrams aufschiene. Schwestern kommen in den Genealogien des Pentateuch nur selten vor[26]. Sie sind als genealogische Kategorie in 1 Chr 1-9 allerdings gebräuchlich. Die mögliche Nähe zu 1 Chronik ist damit bereits angedeutet.

Es wurde bereits gesagt, dass V. 58b-61 einen Einschub narrativer Genealogie darstellen. Ein solcher narrativer Teil findet sich in Num 26, wie ebenfalls schon deutlich wurde, in V. 8b-11, der Erzählung des Todes von Datan und Abiram. Der Kontext des Korach-Aufstandes wird dabei ebenfalls erwähnt. Num 26 enthält aber weitere Elemente, die das rein aufzählende Schema sprengen. Es sind das die V. 19 und 33 (und V. 61). Levine hat diese Texte abschätzig als problematische Glossen mit geringem Informationsgehalt bezeichnet[27]. Der Grund für diese narrativen Teile liegt zweifellos im Zweck der Genealogie, nämlich eine demographische Grundlage für die Landverteilung zu gewinnen. Dann ist es notwendig, jene potentiellen Erben zu nennen, die bereits gestorben sind. Damit wären V. 8b-11.19.61 erklärt. Für die Erbberechtigung der Töchter Zelofhads gilt das selbe. Sie sichern, dass die Sippe ihres Vaters Land erhält, auch wenn dieser ohne Söhne zu hinterlassen, stirbt. Aber gerade angesichts dieser Erklärung muss man sich fragen, warum dann Mirjam und Aaron erwähnt werden, ohne dass ihr Tod erzählt wird. Num 20 weiß ja zu berichten, dass beide gestorben sind (20,1.22-29). Es ist nicht von der Hand zu weisen, dass es den AutorInnen des Abschnittes 26,58b-61 darum ging, jene Abstammungslinien festzulegen, die zu einer Erbberechtigung im Land führen. Dabei ist festzuhalten, dass es im Fall Aarons, Mirjams und Moses nicht um das Erbe von Grundbesitz gehen kann, da dies dem besitzlosen Levistamm nicht möglich ist. *Dass vom Tod der Einzelpersonen Mirjam und Aaron nichts erwähnt wird, deutet darauf hin, dass diese hier in ihrer gesellschaftlichen Bedeutung und*

---

24 Es ist nicht von der Hand zu weisen, dass hier eine matrilineare Zugehörigkeit zu einem Stamm hereinspielt. Gruber hat gezeigt, dass diese Vorstellung in biblischer Zeit durchaus wirksam war (vgl. Gruber, Mayer I., Matrilineal Determination of Jewishness: Biblical and Near Eastern Roots, in: Wright, David P. u.a. (eds.), *Pomegranates and Golden Bells. Studies in Biblical, Jewish, and Near Eastern Ritual, Law, and Literature in Honor of Jacob Milgrom*, Winona Lake: Eisenbrauns 1995, 437-443, 442).
25 Vgl. Wilson, Genealogy, 931; Fischer, Erzeltern, 51.
26 Vgl. Gen 46,17; Ex 6,23.
27 Vgl. Levine, Numbers, 308.

Funktion genannt werden und nicht als historische Einzelpersonen. Nach V. 61 fallen Nadab und Abihu als Söhne Aarons weg, zu beerben bleiben nur Eleazar und Ithamar. Zu beerben bleiben dann aber auch Mose *und Mirjam. Num 26,59 bezeugt damit, dass nicht nur die Aufgaben und Funktionen Moses und Aarons im Land fortgesetzt werden müssen, sondern auch die Mirjams.* Diese Sichtweise wird dann besonders gestützt, wenn man Num 26 als eine Art Liste der neuen Generation, die das Land beerben wird, versteht. Unter anderem ist dies deutlich durch die Einleitung in 26,1 mit „Nach der Plage". Damit ist die Plage in Num 25 gemeint, im Zuge derer die Reste der alten Generation ausgerottet wurden[28]. Obwohl Mirjam zur „toten" Wüstengeneration gehört, bleibt der Platz ihrer sozialen Funktion neben Aaron und Mose besetzt.

Im Zusammenhang der Mirjamtexte ist die Gleichstellung Mirjams neben Mose und Aaron von erheblicher Bedeutung. Die AutorInnen dieser Verse deuten mit der Gleichsetzung zweifellos an, dass Mirjam den beiden Brüdern nicht unterzuordnen ist. Bezieht man die Bedeutung Mirjams und die Konflikte, die hinter dieser Aussage stehen, mit ein, dann wird deutlich, dass auf genealogischer Ebene der Versuch gemacht wird, die Bedeutung der Prophetie Mirjams bzw. der prophetischen Gruppe, die hinter ihr steht, noch einmal festzuschreiben.

Die weibliche Linie von Mirjam über Jochebed zur Frau Levis stellt einen Hinweis auf eine Tradition von Frauen und möglicherweise wiederum – wie in Ex 15,20 – auf eine Frauengruppe dar. Burns sieht das insofern anders, als sie davon ausgeht, dass die Frauen genannt werden, um zu beweisen, dass die Mütter die richtige Abstammung hatten[29]. Wenn es aber um Eleasar gehen soll, dann ist innerhalb dieser Erklärung nicht klar, warum gerade die Frau Aarons verschwiegen wird. Diese Vermutung wird durch die Beobachtung gestützt, dass die Betonung der Frauen in dem Abschnitt V. 58b-61 innerhalb von Num 26 auffällig ist, da Frauen sonst in nur zwei Versen vorkommen[30]. Somit stellt Num 26,58b-61 einerseits eine Erinnerung an die Frauentradition hinter Mirjam und andererseits an ihre Bedeutung innerhalb levitischer Kreise dar.

---

28 Vgl. dazu Olson, Death, 84 u.ö.
29 Vgl. Lord, 89.
30 Im Zusammenhang der Erbfolge werden die Töchter Zelofhads in 26,33 genannt. Außerdem wird auch in V. 46 Serach, die Tochter Aschers erwähnt, die auch in Gen 46,16; 1 Chr 7,30 Eingang gefunden hat, über die aber keine Erzählungen vorliegen.

6.3. Mirjam weder „Schwester" noch „Tochter": 1 Chr 5,29

6.3.1. Übersetzung

1 Chr 5,27-29

V. 27   Die Söhne Levis (waren) Gerschon, Kehat und Merari.
V. 28   Und die Söhne Kehats (waren) Amram, Jizhar, Hebron und Usiel.
V. 29   Und die Kinder Amrams (waren) Aaron und Mose und Mirjam.
V. 30   Und die Söhne Aarons (waren) Nadab und Abihu und Eleasar und Itamar.

6.3.2. Literarkritische Fragen

6.3.2.1. Abgrenzung der literarischen Einheit

Die „genealogische Vorhalle" in 1 Chr 1-9[31] besteht aus drei größeren Abschnitten: Kapitel 1 zählt die Nachkommen Adams auf, Kapitel 2-8 gibt ein Verzeichnis der zwölf Stämme Israels und Kapitel 9 nennt die Einwohner Jerusalems und EinwohnerInnen Gibeons.[32] Innerhalb des Stämmeverzeichnisses schließt eine erzählerische Notiz in 6,25-26 die Genealogie Manasses ab. In 5,27 beginnt mit בְּנֵי לֵוִי („Die Söhne Levis [waren]...") ein neuer Abschnitt, nämlich der Stammbaum Levis. V. 41 begründet mit der Notiz von der Wegführung der Jerusalemer Oberschicht durch Nebukadnezzar den Abschluss der Genealogie. In 6,1 beginnt mit dem selben Wortlaut wie 5,27 wieder eine Genealogie Levis. Während der erste Stammbaum in 5,27-41 nur die Hohepriesterlinie ausführt, werden in 6,1-15 die Linien der restlichen Söhne Levis (außer Kehat) aufgelistet.

In V. 27-29 wird die Kehatlinie bis in die fünfte Generation, also bis zu den Söhnen Aarons genannt. Dabei wird aber nur die Linie ausgeführt, die zu Aaron und Eleasar führt. Danach wird ab V. 30 nur noch jener eine Sohn aus der aaronidischen Linie erwähnt, der Hohepriester war. Der hohepriesterliche Stammbaum lässt sich also in zwei Teile gliedern: Einer Einleitung in V. 27-29 und einem Stammbaum V. 30-41.[33]

---

31 Zur Prägung des Begriffs vgl. Oeming, Israel, 9.
32 Zur genaueren Einteilung vgl. u.a. Weinberg, Joel P., Das Wesen und die funktionale Bestimmung der Listen in 1 Chr 1-9, *ZAW* 93 (1981) 91-114, 92.
33 Vgl. dazu auch Japhet, Sara, *I & II Chronicles*, OTL, Louisville, KY: SCM Press 1993, 146. Ähnlich, aber literarkritisch argumentiert bei Dörrfuss, Ernst Michael, *Mose in den Chronikbüchern. Garant theokratischer Zukunftserwartung*, BZAW 219, Berlin u.a.: de Gruyter 1994, 123.

Mirjam wird in der Einleitung der Leviliste erwähnt. Diese nennt jeweils alle bekannten „Söhne" (N.N.-בְּנֵי) innerhalb der Kehatlinie[34]. Ganz regelmäßig beginnen die vier Sätze mit N.N.-בְּנֵי in V. 27 und schließen dann jeweils mit N.N.-וּבְנֵי in 28.29ab an. Dieser aneinanderreihende nominale Stil wird ab V. 30 abgelöst durch die narrative genealogische Form mit ילד im Hif'il: „und N.N. zeugte N.N.", wobei, wie gesagt, nur mehr *ein* Sohn aufgezählt wird.

6.3.2.2. Zur Frage der literarischen Einheitlichkeit

Vor allem die ältere Forschung ging davon aus, dass der unterschiedliche Stil in V. 27-29 einerseits und V. 30-40 andererseits auf eine redaktionelle Überarbeitung des Abschnittes schließen lassen[35]. Auch die teilweise Wiederholung der hohepriesterlichen Liste von 5,30-40 in 6,35-38 und die gedoppelte Einleitung in 5,27-29 und 6,1-3 veranlasste zur Annahme späterer Überarbeitungen[36]. Demgegenüber konnte vor allem Oeming auf den sinnvollen Aufbau von 1 Chr 5,27-6,66 hinweisen[37]. Voraussetzung dafür ist das Genealogieverständnis Oemings, das sich an den grundlegenden anthropologisch angelegten Studien von Wilson orientiert[38] und für unterschiedliche Akzente einzelner Genealogien unterschiedliche Funktionen und AdressatInnen annimmt. Oeming geht davon aus, dass die Levitenlisten in 1 Chr 5,27-6,66 wegen ihrer Komplexität ein traditionsgeschichtlich sehr spätes Stadium widerspiegeln: „die vollständige Levitisierung Moses, Aarons, des homo novus Zadok, und sogar Samuels beweist das."[39] Obwohl es unerklärlich ist, warum Oeming nicht auch Mirjam nennt, denn auch sie wird in dieser Genealogie vollständig levitisiert, ist ihm recht zu geben. Dem

---

34 Die drei Levisöhne Gerschon, Kehat und Merari sind in Gen 46,11; Ex 6,16; Num 3,17; 26,57, die Söhne Kehats in Ex 6,18; Num 3,19 und die Kinder Amrams in Ex 6,20; Num 26,59 bezeugt. Die weiblichen Nachkommen werden nur durch die Erwähnung Jochebeds – allerdings bereits in ihrer Funktion als Ehefrau bzw. Mutter – in Ex 6,20; Num 26,59 und Mirjams (nicht in Ex 6 bzw. dort nur in der LXX-Fassung), der Schwester Moses und Aarons, angedeutet.

35 Vgl. Rudolph, Chronikbücher, 52; Willi, Thomas, *Die Chronik als Auslegung. Untersuchungen zur literarischen Gestalt der historischen Überlieferung Israels*, FRLANT 106, Göttingen: Vandenhoeck & Ruprecht 1972, 214, Anm. 35; neuerdings auch wieder Dörrfuss, Mose, 123f.

36 Vgl. Curtis, Edward Lewis, *A Critical and Exegetical Commentary on the Book of Chronicles*, ICC, Edinburgh: Clark 1910 (Reprint 1965), 127.

37 Vgl. Oeming, Israel, 142f. mit Schema auf S. 144. Mit einem sinnvollen Aufbau der Listen argumentiert auch Japhet, I & II Chronicles, 146f. (mit Schema auf S. 149).

38 Vgl. Einleitung in diesem Kapitel.

39 Oeming, Israel, 143.

traditionsgeschichtlich späten Stadium ist nicht mit literarkritischer Aufdröselung der Texte zu begegnen.

Gerade das Nebeneinander der verschiedenen Ansätze von Levilisten in 1 Chr 5-6 machen die Bedeutung von 5,27-29 als Einleitung zur Hohepriesterliste deutlich. Sie gibt ein wesentliches Kriterium zum Verständnis der Mirjamerwähnung: Wenn es um die Hohepriester geht, also um die Fortführung des Amtes, ist Aaron hier als „erster Hohepriester", in seiner sozialen Bedeutung genannt. Dies lässt sich dann auch für Mose und Mirjam folgern. Auch sie sind, neben Aaron und innerhalb der zentralen levitischen Kehatlinie in ihrer sozialen Funktion hier aufgeführt. *Deshalb ist Mirjam nicht aus Num 26,59 hereingeschrieben oder kopiert worden um Listen zu harmonisieren, oder den Stammbaum Eleasars vollständig darzustellen[40], sondern weil sie an der Stelle der wesentlichen Ämter erwähnt werden muss.*

6.3.3. Mirjam in 1 Chr 5,29

6.3.3.1. Mirjam als „Sohn"? – Ein Verdachtsmoment

Die Erwähnung Mirjams in 1 Chr 5,29 ist insofern schwierig, als sie unter den „*Kindern* Amrams" (בְּנֵי עַמְרָם) aufgezählt wird. Warum aber בְּנֵי in V. 27 mit „Kinder" statt mit „Söhne" übersetzt wurde, soll im folgenden begründet werden. Wacker meint, dem Problem damit zu begegnen, בָּנִים mit „Kinder" zu übersetzen und also inklusiv zu verstehen[41], hieße, es zu verlagern. Denn dann müssten konsequent alle genannten „Söhne" der genealogischen Vorhalle als „Kinder" zu verstehen sein, was nicht wahrscheinlich ist, da es sich zum größten Teil um Männer handelt, die durch das Verb „zeugen" (ילד Hif'il) als solche ausgewiesen sind. Außerdem würden „Töchter" in 1 Chr 1-9 als solche benannt[42]. Bei einem inklusiven Verständnis von בָּנִים aber ginge darüber hinaus die Eindeutigkeit der Geschlechter verloren, da die hebräischen Vornamen nicht immer sichere Auskunft über das Geschlecht der/s

---

40 So von Burns, Lord, 92 verstanden.
41 So Burns, Lord, 91 mit Anm. 29; Dörrfuss, Mose, 121; ähnlich Myers, Jacob M., *I Chronicles*, AncB 12,1, New York: Doubleday 1965, 45, der „Mirjam" entweder für einen Zusatz hält oder בְּנֵי mit „Kinder" übersetzt.
42 Vgl. zu dieser Argumentation Wacker, Marie-Theres, Die Bücher der Chronik. Im Vorhof der Frauen, in: Schottroff, Luise/Wacker, Marie-Theres (Hgg.), *Kompendium feministische Bibelauslegung*, Gütersloh: Gütersloher Verlagshaus 1998, 146-155, 147f. Wackers Argument, Töchter seien als solche genannt, trifft nur für 2,49 zu, wo Achsa, die Tochter Kalebs in der genealogischen Folge genannt wird. Zu weiteren Erwähnungen von „Töchtern" in 1 Chr 1-9 vgl. unten 6.3.3.2.

NamensträgerIn geben würden[43]. Das Geschlecht wird vielmehr angezeigt durch die Formulierung „Sohn/Tochter des N.N.". Warum Mirjam unter den Söhnen genannt wird, und warum sie nicht als Frau sichtbar gemacht wird (möglicherweise durch den Zusatz „ihre Schwester" wie in Num 26,59), ist nur hypothetisch erschließbar. Die Frage verschärft sich, wenn man bedenkt, dass innerhalb der Genealogie in 1 Chr 1-9 die Bezeichnung „Schwester" zehnmal verwendet wird, in den Genealogien des Pentateuch aber nur dreimal. Der Verdacht, dass Mirjam nicht explizit als Frau erinnert wird, um damit einen Teil ihres Gedächtnisses zu verschleiern, legt sich nahe. Wenn man Mirjam als Mann neben Mose und Aaron vorstellt, geraten die Frauen und deren Anliegen, mit dem Mirjam in Ex 15,19-21 und Num 26,59 verbunden wird, nicht in den Blick. Laffeys These, Frauen würden in 1 Chr 1-9 nur genannt, um Macht und Prestige ihrer Ehemänner oder Väter zu heben[44], würde eine solche Vermutung unterstützen, wenn man bedenkt, dass Mirjams Position nicht unumstritten war (vgl. dazu die Erzählungen über Mirjam). Eine problematische Tochter würde dann „als Sohn" vertuscht. Nur muss man dann fragen, warum Mirjam überhaupt genannt und nicht, wie in der genealogischen Liste von Ex 6,20, verschwiegen wird. Die Tatsache, dass sie innerhalb der hohepriesterlichen Genealogie neben Mose und Aaron aufscheint, ist kein Zufall oder traditionsgeschichtlicher Zwang, sondern ganz bewusst gesetzt. *Mirjam ist wegen ihrer sozialen Funktion und Bedeutung nicht als Tochter oder Schwester genannt, da es in der Liste um zentrale Personen und deren gesellschaftliche Machtstellung geht.* So gesehen betont der Text die Wichtigkeit Mirjams und der Gruppe, für die sie steht.

Vom System der „genealogischen Vorhalle" her ist ein weiterer Schritt zum Verständnis Mirjams in der Hohepriestergenealogie möglich.

6.3.3.2. Die Funktion des Tochterbegriffes in 1 Chr 1-9

In 1 Chr 1-9 werden Frauen meist dann als „Töchter" vorgestellt, wenn ihre Herkunft angegeben werden soll[45]. In diesen Fällen werden sie in ihren Funktionen als Ehefrauen und Mütter bedeutender oder vieler Söhne vorgestellt. Weitere „Töchter" werden genannt im Fall des sohnlosen Vaters in 2,34f., der seine Tochter mit einem ägyptischen Sklaven verheiratet, damit

---

43 Vgl. die bei Wacker, ebd., 148 angeführten Beispiele von Namen, die für Männer und Frauen verwendet werden. Hinzuzufügen ist, dass auch „Mirjam" als Männername gebräuchlich war (vgl. 1 Chr 4,17).
44 Vgl. Laffey, Alice L., 1 and 2 Chronicles, in: Newsom, Carol Ann/Ringe, Sharon H. (eds.), *The Women's Bible Commentary*, Louisville, Kentucky: Westminster/John Knox Press 1992, 110-115, 113.
45 Vgl. 1 Chr 1,50; 2,21; 3,2.5; 4,18.

sie dem Haus des Vaters einen Sohn gebiert[46] und im Fall besonderer „kulturschaffender" Aktivitäten einer Frau namens Scheera (7,24)[47]. Keine dieser Funktionen und Rollen trifft auf Mirjam zu. Mirjam wurde nicht Ehefrau und Mutter, sie musste als Schwester zweier lebender Brüder nicht der Erhaltung der Patrilinearität dienen und brachte auch ihrem Vater nicht Ruhm und Prestige ein wie Scheera ihrem Vater Efraim. Somit passt die Tochterbezeichnung der „genealogischen Vorhalle" nicht auf Mirjam. Oder genauer: Mirjam explizit als Tochter zu bezeichnen, würde im System der genealogischen Vorhalle eine Funktion unterstellen, die nach dem Verständnis der AutorInnen für Mirjam nicht zutrifft. Der Chronist konnte sie aufgrund der Funktionen, die der Tochterbegriff beinhaltet, nicht als solche bezeichnen. Indem aber Mirjam so auffallend[48] als „Kind" vorgestellt wird, unterstreicht der Chronist, wie sehr Mirjam aus dem Rahmen seiner Vorstellungen weiblicher Biographien fällt. Damit aber wird ihre besondere Rolle hervorgehoben. Mirjam ist auch mit formalen Mitteln der Genealogie in 1 Chr 5,29 bezeugt[49].

Die Bezeichnung Mirjams als „Kind" Amrams ist nicht zufällig. Der Titel bedeutet vom System der genealogischen Vorhalle her, dass Mirjam nicht zu jenen Töchtern zählt, die ihren Vätern Ruhm und Ehre bringen, ja dass *Mirjam überhaupt nicht als Tochter erwähnt wird* sondern als bedeutende Person ihrer Generation.

Mirjam unter die „Kinder" zu reihen und sie nicht als Tochter auszuweisen, entspricht der sprachlichen Gestaltung der V. 27-29. Hätte V. 29

---

46 Vgl. auch Wacker, Bücher, 149. Oeming schränkt den Tochterbegriff der genealogischen Vorhalle auf die Erwähnung in 2,34f. ein und verbindet Frauen mit einer negativen Wertung, die er außerdem auf eine symbolische und damit umfassendere Ebene hebt: „als Töchter sind sie [die Frauen] (Unheils-)Zeichen dafür, daß Söhne versagt sind." (Oeming, Israel, 209). 1 Chr 2,34f. ist m. E. keine Aussage über Frauen als Unheilszeichen. Der Text zeigt, wie sich ein Mann innerhalb der patrilinearen Genealogie verhalten soll, wenn er keine Söhne hat. Das erinnert an die in Num 26,33 erwähnten Töchter Zelofhads, die ihren Vater beerben. Die sohnlosen Väter stellen für die patrilinearen Systeme in Num 26 und 1 Chr 1-9 Präzedenzfälle dar. Geht es in Num 26 um das Problem der Erbfähigkeit der Töchter, soll in 1 Chr 1-9 die patrilineare Zusammengehörigkeit und Identität Israels gesichert werden.

47 Vgl. dazu Bail, Ulrike, Mit schielendem Blick. Bemerkungen zu 1 Chronik 7,21b-24, in: Kessler, Rainer/Ulrich, Kerstin/Schwantes, Milton/Stansell, Gary (Hgg.), „*Ihr Völker alle, klatscht in die Hände!" Festschrift für Erhard Gerstenberger zum 65. Geburtstag*, exuz 3, Münster: LIT 1997, 214-225, 224.

48 Dass dies auffallend ist, zeigt die grundsätzliche Möglichkeit, dass Töchter und Schwestern in 1 Chr 1-9 genannt werden. Außerdem ist der Umstand, dass Mirjam hier als Kind bezeichnet wird, in beinahe jedem Kommentar zur Stelle erwähnt. Auf der anderen Seite ist auch hervorzuheben, dass es keine textkritischen Varianten zu MT gibt.

49 Vgl. dazu unten.

folgendermaßen gelautet: „Die Söhne Amrams waren Aaron und Mose und die Tochter Amrams war Mirjam", wäre das System der genealogischen Aufzählung aufgesprengt, und das hätte dem strengen Interesse der AutorInnen widersprochen. Außerdem wird Mirjams Gleichrangigkeit mit Mose und Aaron durch den gemeinsamen Titel noch unterstrichen.

6.3.3.3. Mirjam im Beziehungsgeflecht ihrer Generation

Es wurde deutlich, dass Mirjam in 1 Chr 5,29 unter die „Kinder" Amrams subsumiert wird, weil sie nicht in ihrer Funktion als Tochter erwähnt wird. Die Form der genealogischen Auflistung in V. 27-29 kann diese Sichtweise unterstützen.

Bereits bei der Abgrenzung der Einheit wurde deutlich, dass in V. 30 eine andere Art der Genealogie beginnt, als es in V. 27-29 der Fall ist. In V. 30-40 liegt eine lineare Genealogie vor, die den Zweck hat, die Position der letztgenannten Person von ihrem Stammvater her zu legitimieren. Die segmentäre Form in V. 27-29 dagegen, die auch die Verzweigung der Nebenlinien zeigt, will nicht nur ihre gemeinsame Abstammung sondern auch die Beziehung der erwähnten Personen zueinander sowie ihre sozialen Funktionen darstellen[50]. Dadurch wird wieder deutlich, dass die Erwähnung Mirjams in der Genealogie nicht ihre Abstammung aus der Amram-Kehat-Levi-Linie betonen will, sondern sie im gesamten Geflecht des „Levisystems" zeigt. Innerhalb dieser Levigenealogie werden aber bei weitem nicht alle Frauen genannt. Dies lässt wiederum darauf schließen, dass Mirjam hier steht, weil sie wie Mose und Aaron aufgrund ihrer sozialen Bedeutung genannt werden muss. Burns hat das ähnlich gesehen und meint, die Genealogien

"contain a statement about Miriam's place specificallly in the religious sphere and not, for example, in the social or political sphere. In linking Miriam with Aaron and Moses, the genealogical texts indicate that Miriam was viewed as a religious leader alongside the two. The genealogies have used kinship terminology to express what is essentially the same portrait of Miriam reflected in Num 12 and Mi 6:4."[51].

Es gehört zu Burns' Rekonstruktion der Mirjamfigur dazu, dass sie stark zwischen kultisch und profan, zwischen religiös und sozial oder politisch

---

50 Vgl. zur Unterscheidung Braun, Roddy L., 1 Chronicles 1-9 and the Reconstruction of the History of Israel: Thoughts on the Usage of Genealogical Data in Chronicles in the Reconstruction of the History of Israel, in: Graham, Patrick M./Hoglund, Kenneth G./McKenzie, Steven L. (eds.), *The Chronicler as Historian*, JSOT.S 238, Sheffield: Sheffield Academic Press 1997, 92-105, 95.

51 Lord, 96.

trennt. Dadurch kann sie Mirjam als rein kultische Figur herausarbeiten. Es stellt sich aber die Frage, inwiefern diese Trennung der Realität Israels in der nachexilischen Zeit entspricht[52]. Es scheint angemessener, Mirjam – genauso wie Aaron und Mose – als Führungsgestalt Israels zu betrachten, was politische *und* religiöse Aspekte verbindet. Es scheint auch notwendig, Burns Aussage in die Richtung der Texte auszuweiten: Die Genealogie in 1 Chr drückt in der Terminologie der Verwandtschafts- und Abstammungsverhältnisse jenes Verständnis der Mirjamfigur aus, das auch in Num 12; Mi 6,4; Num 20,1-13 und Ex 15,19-21 deutlich wird. Unter dem Aspekt, dass der Levistammbaum das Zentrum der genealogischen Vorhalle darstellt[53], gerät Mirjam – neben Mose und Aaron – in das Zentrum der Gesellschaft, wie sie die Chronik idealisiert darstellt. Auch das konvergiert mit dem gerade genannten Porträt Mirjams als Autorität und soziale Realität, die wesentlich zum Ideal des Volkes Israels, wie es der Chronist sieht, dazu gehört.

6.3.4. Mirjam in der Chronik

Die Frage nach der Bedeutung der Erwähnung Mirjams innerhalb der genealogischen Vorhalle als Einleitung zur Chronik kann kaum über das bisher Gesagte hinausgehen. Die Begründung dafür soll aber nicht fehlen. Die Tatsache, dass Mirjam einen Platz innerhalb des 12-Stämme-Systems, hat, darf nicht unterschätzt werden. Dieses System versteht die Chronik als ideales Konstrukt des Volkes, dessen Geschichte sie erzählen will[54]. Mirjam hat innerhalb dieses Systems eine Funktion. Als Figur des Exodus und der Wüstenzeit hat sie aber innerhalb der Chronikbücher keinen Ort, an dem sie handelt. Exodus und Wüstenwanderung spielen in der Chronik bekannter Weise eine marginale Rolle[55], und ebenso unbedeutend ist Mose. Dörrfuss vermutet, dass 1 Chr 5,27-29 die einzige Erwähnung Moses innerhalb der Chronikbücher ist, die zu ihrem Grundbestand zu zählen ist[56]. Alle anderen Mosetexte seien in zwei redaktionellen Schritten hinzugefügt worden. Ein „Mosebild" der Chronikbücher scheine sich von diesem Befund her nicht abzuzeichnen, woraus er folgt: „Von daher ist es sinnvoll, die Frage nach

---

52 Vgl. dazu die Kritik Ackermans an Burns in Warrior, 67, Anm. 17.
53 Vgl. Japhet, I & II Chronicles, 9f. (schematische Darstellung). Sie betont die zentrale Stellung auch wegen der Länge von 81 Versen für den Stamm Levi (vgl. ebd., 145).
54 Vgl. Japhet, Sara, *The Ideology of the Book of Chronicles and Ist Place in Biblical Thought*, BEAT 9, Frankfurt u.a.: Lang 1989, 279. Japhet betont, dass das 12-Stämme-System nicht ein starres übernommenes ist, sondern die für den Chronisten geeignetste Form, diese ethnische Gruppe als funktionierende Gesellschaft darzustellen.
55 Vgl. Japhet, ebd., 379.
56 Vgl. Dörrfuss, Mose, 277.

dem Mosebild der Chronikbücher nicht primär als Frage nach den Mose hier beigelegten Ämtern aufzufassen."[57]

Japhet stellt die Vermutung an, das Desinteresse der Chronik am Exodus als zentralem theologischen Thema liege darin begründet, dass die Chronik die Parallelisierung von Ägypten und Exil bzw. Exodus und Rückkehr aus dem Exil nicht übernehme, da sie die Kontinuität der Verbindung des Volkes mit seinem Land und seinem Gott betone:

"the dimensions of the babylonian conquest and exile are reduced considerably, the people's settlement in the land is portrayed as an uninterrupted continuum, and, in the same way, the constitutive force of the exodus from egypt is eliminated. [...] The bond between the people and the land, like the bond between the people and its god, is described as something continuous and abiding. The bond cannot be associated with a particular moment in history, for it has existed since the beginning of time."[58]

Diese Kontinuität sei der Grund dafür, dass der geschichtliche Rückblick erst mit der Zeit der Monarchie beginne. Daraus ist dann auch die hohe Autorität Davids ableitbar, zu der Mose nur mehr im Nachhinein als Korrektur und Kritik an dieser Sichtweise eingefügt wurde[59].

Angesichts dieses Befundes zur Wertung der Exodustradition in den Chronikbüchern muss es umso mehr gewichtet werden, *dass* Mirjam überhaupt genannt wird. Die Art und Weise, in der sie erwähnt wird, enthüllt den Blick einer androzentrischen Konzeption der Gesellschaft Israels in den

---

57 Ebd. Dörrfuss weist damit auch die Synthetisierungsversuche Willis zurück, der im Titel „Knecht Gottes" und der Formulierung „durch die Hand Moses" Hinweise auf Moses prophetisches Wirken sehen will (vgl. Willi, Chronik, 228). Demgegenüber ist einzuwenden, dass die genannten Belegtexte nicht im prophetischen Kontext sondern im Zusammenhang *kultischer* Bezüge stehen: 1 Chr 6,34; 2 Chr 1,3; 24,6.9. Willi meint, es könne nicht angehen, dass die Chronik sich nicht dem Prophetenbild des Dtn anschließe und betont (freilich ohne Textmaterial) die Stellung des Mose als „Erzprophet" und seiner Tora als „vornehmster prophetische(r) Schrift" (ebd.). Sowohl die Untersuchungen Japhets (vgl. Ideology, 240-243), als auch die Studien Hanspachs zum Prophetenbild der Chronikbücher (Hanspach, Alexander, *Inspirierte Interpreten. Das Prophetenverständnis der Chronikbücher und sein Ort in der Religion und Literatur zur Zeit des Zweiten Tempels*, ATS 64, St. Ottilien: Eos 2000) bestätigen die Sicht von Dörrfuss, dass Mose innerhalb der Chronik auf keinen Fall jene für bestimmte gesellschaftliche Institutionen legitimierende Bedeutung hat, die ihm in den Pentateuchtexten zugeschrieben wird. Japhet weist darauf hin, dass die Tora eine sehr unklare Größe in der Chronik ist und Mose nicht als ihr Übermittler dargestellt wird. Bezüglich des Prophetenbildes kommt Hanspach zu dem Ergebnis, dass Chr zwar das Prophetenbild des DrtG beibehält, allerdings innerhalb der Prophetenerzählungen ihres Sondergutes sehr wohl ihre eigene Theologie vertritt (vgl. Hanspach, Interpreten, 162-164). Die Frage nach Mose als Prophet spielt in seinen Texten keine Rolle.
58 Japhet, Ideology, 386.
59 Vgl. Dörrfuss, Mose, 278f.

Genealogien. Einerseits wird kein Wert darauf gelegt, dass Mirjam als Frau wahrgenommen wird. Dadurch werden auch jene Frauen und ihre Anliegen, die Mirjam für sich in Anspruch genommen haben, aus dem Blickfeld gerückt. Andererseits aber wird Mirjam nicht als Tochter bezeichnet um hervorzustreichen, dass sie keine Tochterfunktion erfüllte und in ihrer Bedeutung zu betrachten sei „wie ein Mann". Das ist eine ambivalente Wertschätzung aus männlicher Perspektive und innerhalb des patriarchalen Wertesystems als Auszeichnung zu betrachten.

6.4. Mirjam in den Genealogien

Mirjam erscheint in Num 26 und 1 Chr 5 zweimal in segmentären Genealogien. Solche Genealogien können unterschiedliche Funktionen haben, aber sie stellen auf jeden Fall die Beziehung der genannten Personen ins Zentrum. Segmentäre Genealogien wollen nicht nur biologische Verwandtschaften darstellen, sie funktionieren häufig auf einer metaphorischen Ebene:

"However, societies that value and use segmented genealogies to express familiy relationships tend also to use genealogies metaphorically to indicate the relationships of individuals and groups in other aspects of social life. [...] it (die Genealogie) can be used to express the political relationships between families that are not actually related to each other."[60]

Daraus wird ersichtlich, dass das Interesse der Genealogien nicht primär darin liegt, Mirjam von Levi herzuleiten, sie also zu einer Levitin zu machen. In beiden Genealogien soll Mirjam neben Aaron und Mose sichtbar gemacht werden und in beiden Texten ist dies als Hervorhebung ihrer Bedeutung zu verstehen. Um diese Emphase zu erreichen, verwenden die AutorInnen der Stammbäume unterschiedliche Mittel, die hier noch einmal vergleichend gegenüber gestellt werden sollen. Sie machen freilich ganz unterschiedliche Aspekte sichtbar.

Zunächst kann ein Vergleich der schematischen Skizzen manches verdeutlichen:

---

60 Wilson, Robert R., AncBD Genealogy, 931. Zur genaueren Darstellung des Unterschiedes zwischen segmentärer und linearer Genealogie vgl. auch ders., Genealogy, 18ff.

Der Stammbaum nach Num 26,58b-61

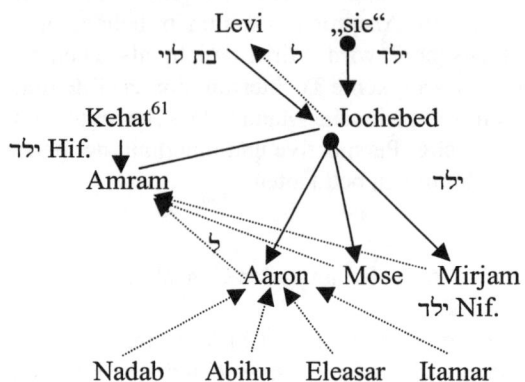

Die unterschiedlichen Pfeile drücken verschiedene Beziehungen aus:

●▶ bedeutet „hat geboren", ist also die Linie von einer Mutter zu den Kindern und findet sich in der Graphik nur auf der Seite der Frauenlinie.

┈┈▶ steht für die Formulierung, dass Kinder „für" den Vater geboren wurden, im Text ausgedrückt mit ילד im Kal oder Nif'al und ל + dem Namen des Vaters.

──▶ meint die Vaterschaft, ausgedrückt durch ילד im Hif'il, „zeugen", oder die Formulierung בַּת־לֵוִי.

Die Skizze macht deutlich, dass es eine gerade Linie von der Frau Levis bis zur Generation Mirjams, Moses und Aarons gibt. Diese Linie entsteht dadurch, dass Jochebed und die Frau Levis Subjekte von ילד sind, wodurch die jeweiligen Väter nur mehr durch die Präposition ל hinzugefügt werden und nicht im initiativen Zentrum der Handlung ausgedrückt werden. Dementsprechend stehen Levi, Kehat, Amram und Aaron in einer ungeraden Linie an der Seite.

---

61 Die Beziehung zwischen Kehat und Levi wird in V. 58b-61 nicht erwähnt. Deshalb wurde auch kein Pfeil gesetzt.

Der Stammbaum nach 1 Chr 5,27-29

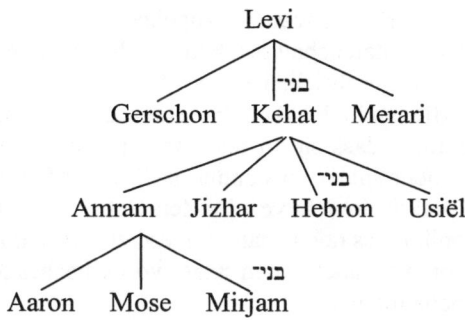

Auf den ersten Blick machen die beiden Skizzen sichtbar, dass der Stammbaum in der Chronik systematischer aussieht. Das liegt an der für alle Ebenen der Genealogie gleichen Formulierung mit „Söhne des N.N." (בני). Demgegenüber macht die Skizze zu Num 26 einerseits die unterschiedlichen Formulierungen deutlich, veranschaulicht aber auch, dass Jochebed dadurch im Zentrum steht, dass der Blick der Lesers/der Leserin in den drei Sätzen des V. 59 auf ihr ruht und sie in 59c Subjekt ist. Dadurch wird der narrative Stil der Genealogie in Num 26,58b-61 ebenfalls sichtbar. Die zentrale Stellung Jochebeds ist außerdem ein Hinweis auf die in Num 26 präsente weibliche Linie von Mirjam bis in die Generation der Stammeltern.

Diese weibliche Linie ist in 1 Chr 5,27-29 nicht sichtbar, da außer Mirjam keine Frauen genannt werden und Mirjam als „Kind" bezeichnet wird. Gerade dadurch wird auf Mirjam hingewiesen, indem der Erzähler der Genealogie betont, dass sie nicht eine Tochter ist wie die anderen Töchter seiner Darstellung. Die Hervorhebung Mirjams wird für die LeserInnen erst dann sichtbar, wenn das genealogische System von 1 Chr 1-9 mitgedacht wird. Mirjam erhält hier ganz betont den selben Platz wie Mose und Aaron. Die Strategie der Darstellung ist jedoch genau die umgekehrte von Num 26: Während in Num die Frauenlinie und Frauentradition betont wird, wird sie in 1 Chr verschwiegen. Worauf der Text nicht anspielt, ist die Frauentradition, die hinter Mirjam steht. Eine Frauengruppe wird in 1 Chr im Gegensatz zu Num 26 nicht sichtbar.

Die Unterschiede lassen an der Verbindung der AutorInnen der beiden Genealogien zweifeln. Es gibt auch keine Anhaltspunkte, die einen Text als direkte Quelle für den anderen erkennen ließen. Burns plädiert dafür, dass Num 26,59 und 1 Chr 5,29 auf unterschiedliches Material zurückgreifen und somit unabhängig voneinander entstanden sind[62]. Die Antwort auf die Quellenfrage muss unsicher bleiben. Die Interessen der AutorInnen der

---

62 Vgl. Burns, Lord, 93 u.ö.

Genealogien sind unterschiedlich. Das Interesse an der Frauengruppe hinter Mirjam wird in der Chronik nicht deutlich und scheint doch in Num 26 zentral. Es ist mit Sicherheit davon auszugehen, dass die AutorInnen der Chronik nicht mit den PentateuchautorInnen zu identifizieren sind, da sie zu unterschiedlichen Zeiten geschrieben haben. Während es zwar möglich ist, Num 26 einer Redaktionsschicht der persischen Zeit zuzuschreiben, ist für die Chronik anzunehmen, dass sie in der ganz späten persischen Zeit, dem ausgehenden 4. Jh.[63] oder später entstanden ist[64]. Die Mirjamtexte innerhalb des Pentateuch sind praktisch nicht vor der Zeit Nehemias entstanden und die Entstehung der Chronik muss noch später angesetzt werden. Das gilt auch für die genealogische Vorhalle, auch wenn dabei vorexilisches Material verwertet wurde[65], wie manche meinen.

Nimmt man mit Oeming an, es handle sich im Falle der chronistischen Geschichtsschreiber um Schriftgelehrte, die für Schriftgelehrte schreiben, denen der Vergleich mit anderen biblischen Texten geläufig ist,[66] dann muss man auch davon ausgehen, dass ihnen Num 26 bereits bekannt war und sie möglicherweise auf diese Genealogie anspielen. Das Interesse an der starken Frauenlinie und dem daran hängenden Hinweis auf eine Frauentradition ist dem Chronisten nicht so wichtig wie sein System, das er elaboriert. Trotzdem erinnert er an eine Frauengestalt Mirjam, aber eben auf seine spezifische Art, mit der er Num 26 zumindest nicht unrecht gibt.

63　So z.B. Japhet, I & II Chronicles, 27f.
64　Vgl. Steins, Georg, Die Bücher der Chronik, in: Zenger, Erich, u.a., *Einleitung in das Alte Testament*, KStTh 1,1, Stuttgart: Kohlhammer ⁴2001, 223-234, 231.
65　Vgl. dazu Weinberg, Wesen; Laato, Antti, The levitical Genealogies in 1 Chronicles 5-6 and the Formations of Levitical Ideology in Post-Exilic Judah, *JSOT* 62 (1994) 77-99, 81.92-97.
66　Vgl. Oeming, Israel, 206.

Teil 3: Auf dem Weg zu einer feministisch-kritischen Rhetorik der Mirjamtraditionen

Am Beginn dieser Arbeit standen zwei Fragen. Die eine stellte die literarischen, politischen und theologischen Funktionen der Mirjamgestalt in den Texten in das Zentrum ihres Interesses. Die zweite Frage zielte auf die mögliche historische Rekonstruktion von Frauengeschichten als Geschichten von Macht und Ohnmacht. Anhand dieser beiden Fragen sollen im folgenden die wichtigsten Ergebnisse zusammengefasst werden. Zum Schluss sollen Linien einer feministischen Rhetorik der Mirjamtexte und der Mirjamgestalt gezogen werden.

1. Die literarische Konstruktion der Mirjamfigur

1.1. Die Erinnerung des Aussatzes

Num 12 stellt ein äußerst gelungenes Beispiel dar, wie ein theologisches und politisches Anliegen verschleiert werden kann. Durch so eine „Verschleierung" wird die Erinnerung einer theologischen und politischen Option verhindert. Im Gedächtnis der LeserInnen bleibt nur die Sichtweise jener Partei, die sich in den Text als mächtige und legitimierte eingeschrieben hat.

Die AutorInnen verwenden zu ihren eigenen Gunsten drei grundlegende Strategien, die Rolle und die Option der Gestalt „Mirjam" in der Geschichte zu erinnern oder in Vergessenheit geraten zu lassen: Zunächst stellen sie Mirjams Position, ihr Interesse, nicht deutlich dar und leiten dann dazu an, Mirjam als aussätzig zu betrachten. Das dritte Element ist die scharfe Polarisierung der beiden Oppositionen im Text: Während Mose über alle Menschen (V. 3), über alle ProphetInnen (V. 6.8) und über ganz Israel (V. 7) empor gehoben wird, wird Mirjam aus der Gemeinschaft ausgeschlossen. Dieser Ausschluss wirkt umso radikaler, als die Partei Mirjams und Aarons gespalten und Aaron auf die „richtige" Seite geholt wird. Er wird für die LeserInnen dadurch zu einem handlungsweisenden Vorbild und zeigt, wie sie sich in das System fügen sollen. Diese Spaltung zwischen Mirjam und Aaron legt zwei Wege, sich zur mosaischen Autorität zu verhalten, vor. Damit werden den AdressatInnen des Textes Konsequenzen ihres eigenen Verhaltens vor Augen geführt. Wer die Position Mirjams vertritt, muss mit Ausschluss aus der Gemeinschaft rechnen. Wer sich, wie Aaron, anpasst, bleibt.

1.1.1. Rhetorik des Verschleierns

Die AutorInnen sind scharfe GegnerInnen Mirjams. Sie bedienen sich zunächst einer Rhetorik des Verschleierns: Sie stellen die Option Mirjams, nicht eindeutig und deutlich dar. Der Erzähler lässt Mirjam mit einer Rede auftreten. Das gibt ihr zwar Macht, denn Redegewalt kommt bei weitem nicht allen AktantInnen in biblischen Erzählungen zu. Allerdings wird ihre Rede mit einer Formulierung (דִּבֶּר בְּ) eingeleitet, die sich auf unterschiedliche Kommunikationsmuster beziehen kann. Dadurch bleibt offen, ob Mirjam *über* Mose spricht oder *gegen* ihn. Außerdem gibt er ihrer Rede keine AdresatInnen, wodurch nicht deutlich wird, zu wem oder mit wem sie spricht. Damit wird das soziale Umfeld Mirjams im Dunkel gelassen.

Der Erzähler spricht außerdem von der Ehe Moses in einem Euphemismus, der sonst nicht belegt und deshalb schwer zu verstehen ist. Er spricht von einem Anspruch Mirjams auf Offenbarung, dessen Zusammenhang mit der Ehe Moses nur vage im Text zu verankern ist. Die Darstellung des Anliegens Mirjams ist somit zerrissen und unzusammenhängend. Es ist nicht nur für heutige LeserInnen schwierig, Mirjams Position zu rekonstruieren. Bereits die Septuaginta, und auch die Targumim mussten den Text umändern oder erklären. Sie mussten aus der „kuschitischen Frau" eine Äthiopierin oder eine besonders hübsche Frau (Targum Neofiti) machen.

1.1.2. Rhetorik der Entmächtigung und des Passivmachens

Diese Unklarheiten werden auch im weiteren Textverlauf nicht geklärt. Stattdessen erklärt der Erzähler den LeserInnen sofort und unmissverständlich, dass, was auch immer passiert, Mose im Recht ist (V. 3). Denn Mose wird von allen Menschen abgehoben. Dieser Verabsolutierung des Charakters, dem Mirjam gegenübertritt, kann nur eine Entmächtigung Mirjams folgen, da kein Mensch zu Mose in Beziehung gesetzt werden kann. Mirjam also auch nicht.

Die Entmächtigung nimmt dann auch ihren Verlauf. Mirjams Handeln erhält einen abrupten Abbruch durch den Auftritt JHWHs, der die Handlung in V. 4 übernimmt. Mirjam wird passiv gemacht und spricht nicht mehr. Sie wird Objekt der Blicke anderer (V. 10f.), aus dem Lager gebracht und wieder herein geholt. Über ihre weitere Position und ihr Schicksal innerhalb des Lagers wird nichts verlautet. Wenn JHWH in seiner Rede in V. 6-8 soziale

Orte anweist, dann ist zwar bekannt, welche Position Moses Toraautorität in Israel hat, aber es bleibt völlig im Dunkeln, wie Mirjam sich dazu verhält und wie und ob (!) sie ihre Toraautorität der des Mose tatsächlich unterordnet. Somit ist ihr sozialer Ort am Ende der Erzählung noch unklarer als zu Beginn.

1.1.3. Rhetorik der Verobjektivierung

Der Aussatz ist im Zusammenhang der Entwicklung Mirjams als Charakter der Erzählung von Num 12 nicht als Schicksal oder Ereignis zu bezeichnen. Aussatz ist als Grund für das Aussperren aus dem Lager so etwas wie eine Metapher auf sozialpolitischer Ebene. Mirjam ist als aussätzig *zu betrachten*. Das wird daran deutlich, dass die Feststellung des Aussatzes immer mit וְהִנֵּה („und siehe!") eingeleitet wird. Dadurch ist die Rede vom Aussatz Mirjams eine Frage von unterschiedlichen Perspektivierungen auf sie und ihr Anliegen. Dass Aaron „Aussatz" feststellt, heißt, dass er die Perspektive gewechselt und seinen Standpunkt verändert hat. Diese Perspektivierung Mirjams in V. 10-15 zeigt darüber hinaus ihre Verobjektivierung. Sie ist nur mehr die, die betrachtet wird, über die bestimmt wird, die aber selbst nicht mehr handelt. Sie ist Objekt der Handlungen anderer Charaktere im Text, aber nicht mehr Subjekt. „Aussätzig" heißt dann in Num 12 nicht krank, sondern schuldig und nicht zur Gemeinde gehörig. Jede und jeder, die oder der Mirjam als aussätzig perspektiviert, folgt dem Beispiel Aarons und anerkennt die absolute Autorität Moses. Auf welcher Seite Mirjam am Ende der Erzählung zu suchen ist, bleibt offen. Aber zumindest findet sich kein Hinweis, dass sie, so wie Aaron, ihren Standpunkt gewechselt hat.

1.2. Geronnen zum Beispiel – aber wofür?

Ebenso mit der Strategie der Mehrdeutigkeit arbeitet Dtn 24,9. V. 8 erwähnt den Aussatz und die Tora. Die RedaktorInnen, die V. 8f. in Dtn 24 einfügten, beziehen Mirjam nicht eindeutig auf den Aussatz oder auf die Tora. Zumeist wurde in der Forschung angenommen, Mirjam wurde wegen des Aussatzes hier erwähnt. Daran ist ersichtlich, wie die Rhetorik der AutorInnengruppe von Num 12 wirkt: Mirjams Anliegen gerät in Vergessenheit, aber der Aussatz bleibt in Erinnerung. Bedenkt man nämlich, wofür Mirjam in Num 12 eintrat, dann passt dies ganz zur Struktur des V. 8, der die Weitergabe der mosaischen Tora in seinem Zentrum hat. Das Gedächtnis daran, wie Gott an Mirjam gehandelt hat („Gedenke!" in 9a), spielt somit nicht (nur) den Aussatz Mirjams herein, sondern die von ihr angeregten

Zweifel an der alleinigen Toraautorität des Mose und die Frage, wer die Tora legitimerweise weitergebe und auslege.

1.3. Die Prophetin

Ex 15,19-21 macht klare und unverhüllte Aussagen über Mirjams Prophetie und die Bedrohung, die sie für die mosaische Alleinautorität darstellt. Liest man die Erwähnung Mirjams in V. 20f. zusammen mit V. 19, dann wird sichtbar, dass Mirjam als erste, und ohne dass Mose noch in Erscheinung trat, die Ereignisse der Rettung aus Ägypten am Schilfmeer auf JHWH hin deutete.

Ihr prophetischer Auftritt steht dann nicht direkt nach den Ereignissen des Schilfmeerwunders, sondern nach dem Lied des Mose. Wenn V. 19 mitgelesen wird, dann ist der Mirjamtext eine Art erster Schluss der Erzählung vom Schilfmeerwunder, der ursprünglich direkt an 14,29 anschloss und in der Endfassung des Textes als „zweiter Schluss" dem jetzigen ersten kritisch gegenüber steht. Man ist geneigt, 15,19-21 im Sinne von „so ist es eigentlich richtig" zu lesen. Somit ist in Ex 15 Mirjams Bedeutung als Prophetin ebenso sichtbar wie die Konkurrenz, die sie zu Mose darstellte.

Mirjams Tanz mit „allen Frauen" ist kein für Frauen belegter Siegestanz, sondern stellt das Anliegen Mirjams in den Zusammenhang einer spezifischen Gruppe von – wahrscheinlich gebildeten – Frauen. Es liegt auf der Hand, hier eine Unterschrift jener Gruppe, oder zumindest eines Teils davon, zu vermuten, die hinter dem Anliegen Mirjams stand.

1.4. Mirjams Tod und seine Folgen

Mirjams Tod wird nicht in Kadesch erinnert, weil sie dort gestorben ist, oder weil es dort eine reale Grabtradition gab. Mirjam stirbt am Ort „HEILIG", weil ihr Tod dort eine Geschichte auslöst, die dazu führt, dass Mose und Aaron darin versagen, JHWH vor den Augen des Volkes zu heiligen. Dieses Versagen ist der Grund für das Ende ihrer Führungsfunktion, noch bevor Israel das gelobte Land erreichen wird. Mit der Erzählung vom Tod Mirjams wird ihre politische und theologische (!) Bedeutung in der Führungselite Israels narrativ festgehalten: Ohne Mirjam, d. h. ohne die theopolitische Funktion, die sie repräsentiert, scheitert die Führung Israels. Der theologische Aspekt liegt darin, dass Mose und Aaron offensichtlich nach Mirjams Tod in ihrer Funktion als religiöse „Elite", scheitern.

Die Perspektive des Volkes ist für das Verständnis von Num 20 ganz zentral. In seiner Rede in V. 3-5 wird der Zusammenhang zwischen Tod und

Wassermangel erst deutlich. Die AutorInnengruppe hinter dem Text positioniert sich auf Seiten des Volkes und damit Mirjams und tritt Mose und Aaron gegenüber äußerst kritisch auf. Daran wird sichtbar, dass die Bedeutung der Position, die Mirjam vertritt, dem Volk vollständig bewusst ist.

Die literarische Gestaltung der Bedeutung von Mirjams Tod erfolgt dadurch, dass Mirjam in der Einleitung zur Erzählung unter jenen Elementen genannt wird, die für das Verständnis des Textes konstitutiv sind und die auch wiederholt aufgenommen werden.

1.5. Mose und Aaron gleichgestellt: Mirjam im Michabuch

Mi 6,4 ist bezüglich der Rhetorik des Vergessens und Erinnerns ein Gegentext zu Num 12. Während innerhalb des Abschnittes Mi 6,1-8 in V. 1-2.6-8 nicht eindeutig ist, wer wen adressiert, ist in V. 3-5, dem Teil, in dem Mirjam erwähnt wird, ganz klar, dass JHWH zu Israel spricht. Auch innerhalb V. 3-5 steht Mirjam noch einmal innerhalb jenes Abschnittes, der am deutlichsten eine Aussage trifft. Die JHWH-Rede ist von Fragen geprägt, der rettungsgeschichtliche Rückblick, in dem Mirjam erwähnt wird, ist dagegen bereits JHWHs Antwort selbst, an der nicht mehr gerüttelt werden kann. Die ProphetInnengruppe, die für Mi 6,1-8 verantwortlich zeichnet, wollte Mirjam in aller Selbstverständlichkeit und mit der Bedeutung jener Elemente der Rettungsgeschichte, die in Israel grundlegenden Konsens finden, in die Rettungsgeschichte einschreiben. Mirjam gehört zu JHWHs rettendem Handeln dazu, wie die Befreiung aus dem Sklavenhaus Ägypten und die Sendung Moses und Aarons.

Darin zeigt sich eine Tendenz, die auch in den Stammbäumen aufgenommen wurde. Mirjam wird in Num 26,59 und 1 Chr 5,29 als Schwester Moses und Aarons ihnen gleichwertig zur Führungselite Israels und ist Teil des gesellschaftlichen Ideals ihrer AutorInnen. Mirjam erhält in Num 26,58b-61 sogar einen weiblichen Stammbaum, der bis zur Frau Levis zurück geht.

2. Die historische Rekonstruktion der „Mirjamgestalt"

2.1. Textgeschichte(n)

Der Versuch, die Texte einheitlich zu lesen und ihre Brüche und Spannungen als Hinweise auf kontrovers diskutierte Probleme zu verstehen, führte zu einer späteren Datierung der Texte als bisher üblich. Es wurde deutlich, dass die Annahme von „Pentateuchquellen" zur Erklärung der literarischen

Gestalten der Texte nicht ausreichen kann. Die Texte sind aus unterschiedlichen Gründen nach der Zusammenführung des „Jerusalemer Geschichtswerkes" und des priesterlichen Komplexes, also im Zusammenhang der Pentateuchredaktion oder danach anzusiedeln. Trotzdem ist es nicht eine einzige AutorInnengruppe, die die Erwähnungen Mirjams in die Texte einfügte.

Die AutorInnen von Num 12, die Mose als unumstrittene prophetische Toraautorität verstehen, akzeptieren die Interessen Mirjams nur dann, wenn sie sich unter das mosaische Toramonopol unterordnet.

Dagegen vertritt sowohl Ex 15,19-21 als auch Num 20 eine ganz andere Sicht der Dinge. Während Ex 15,19-21 Mirjams Prophetie der des Mose vorordnet, üben die Autorinnen von Num 20 harte Kritik an Mose. Diese Differenzen zwischen den mirjamkritischen und „mirjamfreundlichen" Texten sind innerhalb einer Interessensgruppe nicht anzunehmen.

Es ist vorstellbar, dass Mi 6,8 zur selben Zeit wie Num 12 und Num 20 entstanden ist. Eine prophetische Gruppe, die an der Fortschreibung des Michabuches beteiligt war, stand hinter der Führungsautorität Mirjams. Diese vier Texte ergeben somit bereits zwei voneinander zu unterscheidende AutorInnengruppen, deren Arbeit etwa in der Zeit Esras und Nehemias, also in der Mitte des 5. Jahrhunderts anzusiedeln ist.

Dagegen ist Dtn 24,8f. *nach* Num 12 eingefügt worden und ist wiederum mirjamkritischen Kreisen zuzuschreiben. Ob diese Gruppe so spät gearbeitet hat, dass sie zeitlich von der AutorInnengruppe von Num 12 zu unterscheiden ist, reicht in den Bereich der Spekulationen und hängt stark davon ab, wie man sich den Entstehungsprozess der Schriften vorstellt. Auch die Datierung von Num 26,59 kann nicht genau ausfallen. Aber sie stellt das Zeugnis einer Gruppe dar, die hinter Mirjam stand und möglicherweise ihre Verbindung zu Frauentraditionen oder einfach zu gebildeten oder einflussnehmenden Frauen betonen wollte. Sicher aus späterer Zeit stammt die Erinnerung an Mirjam in der genealogischen Vorhalle der Chronik.

Diese beiden unterschiedlichen Positionen, die hinter den Texten stehen, stellen verschiedene Sichtweisen auf ein Problem dar. Die Texte bezeugen zugleich, dass dieses Problem nicht innerhalb einiger Jahre abgehandelt wurde, sondern offensichtlich in der persischen Zeit, mindestens seit Esra und Nehemia eine virulente und polarisierende Frage blieb. Ein Pol davon wird in den Texten durch „Mirjam" repräsentiert.

2.2. Auslegungsgeschichten

Innerhalb der Wirkungs- und Forschungsgeschichte wurden die Erwähnungen Mirjams als unvollständig wahrgenommen. Teilweise wird das durch unterschiedliche Textvarianten (vor allem für Num 12) bestätigt. Vollends wurde dies an den literarkritischen Operationen vor allem zu den Erzähltexten sichtbar. In sämtlichen narrativen Texten über Mirjam (Ex 15,19-21; Num 12; 20) werden an der Erwähnung Mirjams literarkritische Entscheidungen getroffen, weil man sich von den Texten mehr – oder andere – Klarheit erwartet, als sie geben. Die vielen erzählerischen und teilweise sprachlichen Brüche und Ungereimtheiten wurden nicht als Hinweise auf schwierige theologische und gesellschaftspolitische Fragen und Konflikte, sondern auf redaktionelles Ungeschick hin interpretiert.

Als Folge von hauptsächlich drei Beobachtungen wurde Mirjam als sehr alte Gestalt der Geschichte Israels gedeutet.

1. Eine historisierende Bibellektüre nimmt an, dass es für Mirjam als Gestalt der Wüstenerzählungen einen historischen Anknüpfungspunkt in dieser frühen Zeit der Geschichte Israels geben müsse.

2. Quantität und Qualität der Mirjamüberlieferungen klaffen auseinander. D.h. dass zwar von Mirjam sehr wenig überliefert ist, dass aber das, was bekannt ist, sie als höchst bedeutende Gestalt vorstellt. Eine naheliegende und plausible Erklärung für diese Diskrepanz wurde in der Annahme einer langen Überlieferungsgeschichte, innerhalb derer viel verloren ging, gefunden.

3. Die literarisch komplexe und schwierige Gestalt der Texte verführte zu literarkritischen Entscheidungen, die jeweils die Annahme eines „alten" Textes mit Überarbeitungen produzierten. In Verbindung mit der Annahme alter „Pentateuchquellen", mussten Konstrukte wie „Jahwist" und „Elohist" herhalten, um die Mirjamtraditionen literargeschichtlich zu verorten. Oftmals führte die Annahme eines Interesses an Prophetie auf Seiten des Elohisten zu der These, diese Quelle sei Haupttradentin der Mirjamüberlieferungen.

Die Verschleierungsstrategien der Texte führten innerhalb der Wirkungsgeschichte zu einer Privatisierung und Trivialisierung des Anliegens und der gesellschaftlichen Position Mirjams. Mirjam wurde primär als Schwester Moses und Aarons verstanden und Num 12,1 als Familienkonflikt zwischen dem „unfehlbaren" Bruder und seiner „neidischen" Schwester.

Auch die Annahme, Mirjam sei eine Prophetin gewesen, deren Prophetie „verloren" ging, ist eine Trivialisierung. Erstens, weil die Rede vom Verlieren gewisser Traditionen verschleiert, dass nichts „verloren geht", sondern bestimmte Informationen aus spezifischen theopolitischen Interessen heraus bewusst und gewollt nicht überliefert werden. Zweitens geht eine solche Trivialisierung davon aus, dass „Mirjam" eine Gestalt war, die in einer bestimmten Zeit als Prophetin auftrat. Da aber nicht mehr erhalten ist, was sie prophezeit hat, sei ihre Bedeutung nicht mehr nachvollziehbar. Einerseits beschränkt dies die Bedeutung Mirjams auf einen bestimmten Zeitraum der Vergangenheit. Ihre Bedeutung ist nicht einmal mehr in spätalttestamentlicher Zeit nachvollziehbar und sie wird nur aufgrund einer gewissen Verehrung für ihre Gestalt überliefert, nicht aber, weil sie aktuelle Bedeutung habe. Ein solch enges Verständnis von Prophetie orientiert sich an der „Schriftprophetie", in der Worte und Taten einzelner intellektuell und spirituell besonders begabter Männer überliefert werden[1]. Ein offeneres Verständnis von Prophetie, das sich am jüdischen Kanon anlehnt, der auch die Bücher Josua-2 Kön als „Vordere Propheten" zum prophetischen Kanonteil rechnet, räumt dagegen politisch herausragenden Persönlichkeiten den Titel ProphetIn ein (vgl. z.B. Debora in Ri 4f.)[2].

2.3. Mirjam und der Anspruch der Gola

Mirjam ist als Mitglied der Führungselite Israels belegt. Mi 6,4; Num 26,59; 1 Chr 5,29 stärken diese Sicht durch die Gleichrangigkeit der drei Führungsgestalten. Während die Genealogien diesbezüglich eingeschränkt sind, macht die ProphetInnengruppe, die hinter Micha 6,1-8 steht, eine klare Aussage: JHWH hat Mirjam gesendet, um Israel aus dem Sklavenhaus zu führen.

Diese Bedeutung der Mirjamgestalt kennen auch die Pentateucherzählungen. Es gibt im Pentateuch keine Figur, die so kontinuierlich mit Mose und Aaron gemeinsam erwähnt wird, wie Mirjam. Trotzdem finden sich hinter den Pentateuchtexten auch AutorInnen, die daran interessiert sind, die dadurch sichtbar werdende Position Mirjams in Frage zu stellen und Mirjam aus der Führung hinauszuschreiben. Sie sprechen eine „Rhetorik von Teilwahrheiten", die von der Mirjamfigur nicht alles erzählt, was LeserInnen brauchen, um sich ein vollständiges, eindeutiges Bild verschaffen zu können. Ihr Anliegen wird verschleiert, ihr soziales Umfeld verschwiegen, ihr Auftreten wird passiv gemacht, sie selbst wird im Text zum Objekt fremder Blicke und Handlungen. Eine Auslegung der Mirjamtexte, die diesen Prozess unterbricht, erzählt eine Geschichte, die Mirjam als Mitglied der Führungselite erinnert. Eine solche Auslegung zeigt das Ringen unterschiedlicher AutorInnengruppen um die Bedeutung Mirjams gegenüber Mose und Aaron. Denn die Texte bezeugen, dass die Führungsgestalten nicht gemeinsam, sondern in Konkurrenz agierten. Diese Konkurrenz wird als ein Kampf um

---

1 Vgl. dazu Fischer, Exegese, 147 in Anlehnung an Schmid, Konrad, Klassische und nachklassische Deutungen der alttestamentlichen Prophetie, *ZNThG* 3 (1996) 225-250.
2 Vgl. Fischer, ebd., 154f.

Autoritäten in den Fragen der Toraauslegung (Mischehen). Der Geschichtsdeutung (Ex 15) und damit im Zusammenhang der Prophetie und ihrer Geltungsansprüche geführt.

2.3.1. Rhetorik der Mischehen

In Num 12 hat sich zeigen lassen, dass der vielfach monierte „literarische Bruch" zwischen der Ehe Moses mit der kuschitischen Frau in V. 1 und Mirjams und Aarons Offenbarungsanspruch in V. 2 ein einziges, aber komplexes Anliegen Mirjams und Aarons deutlich macht. Die Ehe Moses mit der kuschitischen Frau konnte als die Ehe mit Zippora ausgewiesen werden. Diese Ehe steht einerseits für eine Verbindung mit Midian und andererseits spricht sie die Frage nach den Mischehen an. Die Verbindung zu Midian verweist im Zusammenhang der Ehe Moses auf Ex 18. Dort wird erzählt, wie Jitro seinem Schwiegersohn Mose einerseits Zippora und die gemeinsamen Söhne übergibt. Andererseits wird auch von der Demokratisierung der juridischen Gewalt des Mose berichtet. Mirjams und Aarons Offenbarungsanspruch in V. 2 erhält somit durch die Verbindung zu Midian eine Stütze: So wie Mose nicht alleiniger Richter ist in Israel, ist er auch nicht alleiniger Prophet. Aufgrund der Offenbarungen, die sie erhalten haben, ist auch ihre Prophetie legitim. Im Rahmen der Mischehenfrage bedeutet Moses Ehe mit einer nichtisraelitischen Frau eine Bestätigung für eine mischehenfreundliche Haltung. Die Mischehenproblematik ist aber nicht nur eine rein eherechtliche Angelegenheit. Sie betrifft die Frage nach der Identität Israels in der nachexilischen Zeit. Es geht weder aus dem Esrabuch noch aus Nehemia hervor, wer wirklich mit den verbotenen „Frauen der Völker des Landes" (Esr 9,1f.) gemeint sei[3] und es ist nicht unwahrscheinlich, dass damit (zumindest auch) jüdische Frauen bezeichnet sind, die nicht im Exil waren. Ihre Art, den JHWH-Glauben zu leben, wurde von den Re-MigrantInnen, die aus Babylonien kamen, als „unrein" betrachtet. Die zurückkehrenden Golajuden und -jüdinnen verstanden sich als die einzig wahre Form Israels. Mirjam und Aaron sehen ihre Autorität im Rahmen einer offeneren Sicht der Identität Israels. Sie setzten sich damit auch für die Interessen der im Land gebliebenen Bevölkerung Judas ein.

---

3 Vgl. Eskenazi/Judd, Marriage, 268-270.

2.3.2. Rhetorik der Prophetie

Mirjam ist als Prophetin mitbeteiligt an politischen und theologischen Entscheidungen der jüdischen Gemeinde. Diese Entscheidungen sind als Auslegung und Aktualisierung der Tora zu verstehen. Innerhalb der Pentateucherzählungen steht für diesen Anspruch der Offenbarungsempfang. Auch Dtn 24,8f. erinnert Mirjam nicht als Aussätzige (im Sinn einer kranken Frau), sondern als eine, die die alleinige Tora Moses in Frage gestellt hat. Dtn 24,8 spricht von einer Tora, die sich allein von Mose bzw. der Moseautorität herleitet. Jede Offenbarung über diese Mosetora hinaus ist ungültig und für die Konstitution Israels irrelevant. Der Anspruch, für den Mirjam in Num 12 steht, ist in Dtn 24,9 zum Beispiel dafür geworden. Das ist eine Sicht, gegen die Mirjam vor dem Hintergrund von Num 12 beispielhaft auftritt.

Wenn Num 12 und Dtn 24,8f. diesen Kampf zwischen einem monokratischen und einem demokratischen Verständnis von Toraauslegung zeigen und sich für die erste Sicht aussprechen, so spricht dagegen Num 20 eine andere Sprache. Num 20 macht deutlich, dass Mose (mit Aaron als seinem beigeordneten Bruder) ohne Mirjam scheitert. Num 20 kann so gesehen als ein Text verstanden werden, der die Führung Israels demokratisch versteht –und trotzdem auch Eingang gefunden hat in den Kanon der Bibel. Num 20 ist so gesehen ein Gegentext zu Num 12. Während in Num 12 das Interesse einer Gruppe zu sehen ist, die ein monolithisches Verständnis von Toraautorität vertritt, möglicherweise also eine Gruppe, die die Interessen der Re-MigrantInnen widerspiegelt, zeichnen sich in Num 20 Interessen an einer demokratisierten Führung Israels, die sehr auf die Anliegen und Nöte des Volkes orientiert ist, ab. Möglicherweise stehen hinter Num 12 AutorInnen aus der Gruppe der Gola-RückkehrerInnen und hinter Num 20 eine Gruppe jener Juden und Jüdinnen, die nach 597 im Land geblieben waren.

Diese Nähe zum Volk wird auch im prophetischen Auftreten Mirjams in Ex 15,19-21 sichtbar gemacht: Aus V. 19-21 folgt konsequenterweise, dass Mirjam ihre Deutung des Schilfmeerereignisses direkt und ohne Verzögerung gab. Erst nach dieser Deutung der Ereignisse gelangten die IsraelitInnen zum Glauben an JHWH und seinen Knecht Mose. So gesehen ist Mirjams Prophetie als Deutung der Geschichte auf JHWH hin und als eine Art Katechese für das Volk zu verstehen.

2.4. Mirjam und die Identität Israels

Wenn man die Bücher Esra und Nehemia heranzieht, wird deutlich, dass sich die Führungseliten Israels bezüglich der Frage, wer zu Israel gehöre und welche Ehen als Mischehen verboten werden sollten, uneinig waren (Esr 4,1-

14; 9,1f.; Neh 13). Diese Diskussion ist keine theoretische. Sie ist mit Machtinteressen auf beiden Seiten verbunden. Jene Partei, die für einen offeneren Umgang mit Mischehen eintrat, vertrat die Position der im Land gebliebenen Bevölkerung. Ehen zwischen Juden und Nichtjüdinnen führten – vor allem in den sozialen Schichten, wo Macht und Geld lagen – zu einem festen Netz zwischen jüdischer und nichtjüdischer Bevölkerung. Es liegt auf der Hand, dass dieses Netz der gegenseitigen Erhaltung politischer (Macht)Interessen diente. Dieses Netz war für die persischen Statthalter und die Reformer, die aus der Gola zurückkehrten, undurchdringbar. Es war schwierig, vielleicht sogar unmöglich, eine machtvolle oder auch nur akzeptierte Position einzunehmen, um Reformen durchzubringen.[4] Deshalb lag einer der notwendigsten Schritte darin, dieses Machtgeflecht zwischen ortsansässigen noblen Familien und Männern aus der jüdischen Oberschicht zu durchschneiden und aufzulösen. Im Sinne der Spaltung des Widerstandes als Mittel, ihn zu zerbrechen, ist die Auflösung der Mischehen ein effektives Mittel dazu. Es wird aber nicht nur ein Widerstand gespalten, es wird dadurch ein soziales System, das sich mindestens über einige Generationen gebildet hatte, zerstört.

Die Re-MigrantInnen bedienten sich einer politischen und einer theologischen Rhetorik zur Umsetzung ihrer Interessen. Sie stellten ihre Anliegen als durch die Regierung aufgetragene (vgl. Esr 7 u.ö.) bzw. unterstützte (vgl. Neh 2) Reform dar. Die theologische Argumentation läuft dabei über die Einzigartigkeit mosaischen Offenbarungsempfanges, die nur eine Autorität vorsieht.

Wenn also von der Prophetie Mirjams und Aarons die Rede ist, dann sind damit religiöse und politische Autoritäten des nachexilischen Juda gemeint, die als VertreterInnen der religiösen, politischen und ökonomischen Interessen der Bevölkerung des Landes gegen jene „HeimkehrerInnen" auftraten, die sich als alleinige mosaische Autorität und „von persischen Gnaden" verstanden. Sie kamen mit dem Anspruch, die einzig legitime Form des JHWH-Glaubens zu vertreten und waren noch dazu unter der Führung Esras und Nehemias gesandt, Juda politisch zu stabilisieren, wirtschaftlich zu unterdrücken (vgl. u.a. Neh 5) und religiös zu reformieren.

---

4   Wobei hier auch die Frage angebracht ist, ob die heimkehrenden ExulantInnen tatsächlich mit diesen Reformen zu identifizieren sind. Nach den Büchern Esra und Nehemia gab es von der persischen Regierung den Auftrag zu einer jüdischen Reform. Lester L. Grabbe zweifelt dies aus guten Gründen vor allem für Esra an (vgl. Judaism, 136-138; und sehr deutlich in: What was Ezra's Mission?, in: Eskenazi, Tamara C./Richards, Kent (eds.), *Second Temple Studies. 2. Temple and Community in the Persian Period*, JSOT.S 175, Sheffield: JSOT Press 1994, 286-299). Es stellt sich die Frage, ob die Rede von der Reform durch die persische Regierung nicht zum Teil auch Legitimation schafft für die Durchsetzung der Interessen und Sichtweisen der Gola.

Der Hinweis auf die Prophetin Noadja in Neh 6,14, die auf der Seite der in Juda ansässigen jüdischen und nichtjüdischen Noblen gegen Nehemias Reformen auftritt, stellt ein hohes Identifikationspotential für Mirjam und ihr Anliegen dar. Diese Prophetin tritt gemeinsam und mit einer Oberschicht auf, was aber nicht heißen muss, dass sie aus dieser stammt. Es zeigt nur ihren Einfluss. Dieser kann gestützt werden durch die Gruppe, mit der Mirjam in Ex 15,20 auftritt: Es konnte gezeigt werden, dass der Begriff „alle Frauen" nicht „alle Frauen" einer Gesellschaft meint, sondern eine sozial herausragende Frauengruppe. Das können Frauen aus dem Königshaus genauso sein wie gebildete, „einsichtige" Frauen (Ex 35,25f.).

2.4.1. Rhetorik der Absolutheit

Die Rhetorik dieser Spaltung der Gesellschaft ist theologisch abgestützt. Mose wird als religiöse und politische Autorität beansprucht und sein Bild weiterentwickelt zu einem absoluten (Num 12,3), das zu keinem Menschen und keiner menschlichen Autorität in Relation steht (Num 12,6-8). Damit wird die eigene Autorität ebenso verabsolutiert und unangreifbar gemacht. Das gegnerische Potential ist als „aussätzig" zu betrachten. Durch die Erzählung vom Aussperren Mirjams aus dem Lager wird demonstriert, was es heißt, Gott für sich in Anspruch zu nehmen: hinter dem Ausschluss Mirjams steht der göttliche Befehl. Damit wird auch gezeigt, dass es innerhalb der Debatte um die politischen und religiösen Autoritäten um alles oder nichts, um Dazugehören oder Nicht-dazugehören geht. Mirjam wird wieder in das Lager herein geholt, denn sie ist politisch wahrscheinlich viel zu bedeutsam, um sie völlig aus der Gemeinschaft auszuschließen. Aber mindestens zeigt jene Gruppe, wozu sie theoretisch fähig ist.

Das Volk wartet auf Mirjam. Viele Ausleger haben Mirjams Bedeutung für das Volk betont. Diese Bedeutung liegt nicht in einer romantischen Vorstellung einer weiblichen Mittlerin zwischen dem Gottesmann Mose und dem Volk. Wenn Mirjam die Position der Bevölkerung des Landes vertritt, dann hat sie wahrscheinlich die Mehrheit des Volkes auf ihrer Seite und kämpft als politische und religiöse Autorität in diesem Volk für seine Rechte gegenüber den Reformern. Denn diese betrachten das Volk und seine religiöse Praxis als unrein (Esr 4,1-4; 9,1f.). Sie nehmen sich damit die Definitionsgewalt über die Identität Israels.

Die Rhetorik der Absolutheit ist aber nicht nur theologisch, sondern auch politisch gestützt. Esra und Nehemia beziehen ihre Autorität aus der Behauptung, von der persischen Regierung gesandt und unterstützt zu sein. Historisch ist das vor allem für den Anspruch Esras nicht wahrscheinlich. Das lässt die Vermutung zu, dass Esra und vielleicht auch Nehemia ihre politische Bedeutung als Rhetorik verwenden. Sie würde sich zumindest sehr gut zur Rede von der Absolutheit des Mose fügen.

2.4.2. Rhetorik des Volkes

Die alttestamentlichen Mirjamtexte kennen aber noch eine andere als diese absolute Sicht. Die Autorität der nach 597 im Land gebliebenen Bevölkerung hat sich ebenso in den Kanon eingeschrieben: Num 20 macht die Verbindung zwischen Volk und Mirjam explizit deutlich und beansprucht das Handeln JHWHs auf seiner Seite. Mose erhält seine Anweisung von JHWH, aber er missbraucht sie. Gott respektiert die Angst des Volkes vor dem Tod und vor einer volksfernen Führungselite. Demgemäß erhalten nach Num 20 Mose und Aaron ihren Auftrag von Gott als Auftrag für das Volk. Mose und Aaron scheitern an diesem Auftrag, was einen massiven Vorwurf einer mosekritischen Haltung des Volkes darstellt. Dies drückt die Angst aus, dass Mose und Aaron ohne Mirjam die Bedürfnisse des Volkes nicht mehr sehen. Mirjam steht wiederum als Teil dieses Volkes auf seiner Seite. Mose und Aaron sollen zwar in das Land kommen, aber das Volk nicht führen. Damit zeigt sich diese „Mirjamgruppe" und das Volk des Landes zwar gegenüber den Re-migrantInnen offen, will aber nicht, dass deren Führungsspitzen im Land das Volk regieren. Sie müsste ihre Führung abgeben, bevor sie das Land erreichen (Num 20,12). Num 20 ist deutlich abgehoben von der absoluten Ausgrenzungsrhetorik in Num 12. Num 20 stellt nicht die Frage, wer zu Israel, zum Lager, dazugehört, sondern wer es führen darf. Eine ähnliche zurückhaltende Rhetorik spricht Ex 15. Mirjam wird als Prophetin Mose vorgeordnet, weil sie dem Volk überhaupt erst zum Glauben an Mose verhilft. Das ist eine deutliche Sprache. Aber sie verzichtet auf den Absolutheitsanspruch und den Superlativ für die eigene Position.

Wenn in dieser Darstellung einer „Rhetorik der Absolutheit" und einer „Rhetorik des Volkes" eine deutliche Option für die zweite erhoben wird, so hat das etwas mit der Option der Auslegung zu tun, die in Zeiten, in denen sich Tore für AusländerInnen schließen und in denen der politische Trend zur Einheitlichkeit spürbar wird, eine Rhetorik der Öffnung und Pluralität bevorzugt. Das heißt freilich für Esra oder Nehemias nicht, dass sie deshalb

„ein für alle Mal [...] auf die falsche Seite zu stehen kommen. Es ist kaum spitzfindig, daran zu erinnern, dass die Geschichte der Rut [und statt Rut kann man hier auch Mirjam sagen] deshalb heute noch in der Bibel zu lesen ist, weil sich das in der zur Debatte stehenden Kontroverse eher bei Esra/Nehemia als bei Rut anzusiedelnde rabbinische Judentum durchgesetzt hat. [...] zumal in der jüdischen Geschichte viele Zeiten zu nennen sind, in dem gerade sie das Leben und Überleben der Jüdischkeit ermöglichte."[5]

2.5. Eine kritisch-feministische Rhetorik der Mirjamtraditionen

Eine kritisch-feministische Rhetorik der Mirjamtraditionen erinnert Mirjam nicht als Frau in einer ihrem „Bruder" Mose gegenüber schwächeren Position. Sie betrachtet Mirjam *nicht als eine tapfere und kritische Frau*, die gegen einen übermächtigen Mose aufmüpfig war. Mirjam und die Frauen, die mit ihr tanzen, verweisen auf eine gesellschaftlich relevante Gruppe, in der Frauen in theologischen und politischen Fragen mitbestimmen.

Eine feministisch-kritische Rhetorik erzählt nicht von einem Siegestanz am Schilfmeer als weiblichem Part am Kriegsgeschehen und als Heroenverehrung. Sie erinnert daran, dass Frauen mit einer Prophetin die Befreiungsgeschichte ihres Volkes als von JHWH gewirkte deuten und preisen. Sie erinnert daran, dass das Volk durch das prophetische Handeln von Frauen zum Glauben kommt.

Sie spricht in der Auslegung von Num 12 nicht von einer „Frauengeschichte" oder einem „Familienskandal", sondern von der Frage nach gesellschaftlichen Orten und Autoritäten der Toraauslegung. Sie legt das Ringen unterschiedlicher Autoritätskonstruktionen offen und zeigt, wie sie mit den Identitäten von Gruppen und Interessen von Gruppen zusammengehören.

Eine feministisch-kritische Rhetorik betrachtet Mirjam nicht als – eine Art Begleitung – mit Mose (und Aaron) *mit*geschickt, sondern als konstitutives Element des bleibenden Rettungshandelns JHWHs. In bestimmten (prophetischen) Kreisen gehört die Option Mirjams zum Credo Israels dazu.

Eine feministisch-kritische Rhetorik spricht nicht von einer zufälligen Todesnotiz, sondern von Mirjams politischer und theologischer Bedeutung für das Volk und davon, dass ihr Tod das Versagen Moses und Aarons ausgelöst hat.

Sie spricht von einem Gott, der auf Seiten des Volkes handelt und die Not des Volkes gegenüber einer selbstgerechten Führungselite wahrnimmt.

Eine feministisch-kritische Rhetorik macht sichtbar, wie die unterschiedlichen AutorInnen Gott im Text für das eigene Anliegen vereinnahmen.

---

5   Ebach, Jürgen, Fremde in Moab - Fremde aus Moab. Das Buch Ruth als politische Literatur, in: ders./Faber, Richard (Hg.), *Bibel und Literatur*, München: Fink 1995, 277-304, 293.

Sie erinnert Mirjam als jene Position in Israel, die in der Frage um Israels Identität für politische Offenheit gegenüber anderen Völkern und unterschiedlichen Formen religiösen Lebens innerhalb Israels steht.

Abkürzungen und Zitationsweisen

Die Abkürzungen und Zitationen erfolgen nach Schwertner, Siegfried, *Internationales Abkürzungsverzeichnis für Theologie und Grenzgebiete*, Berlin u.a.: de Gruyter ²1992.

Abkürzungen von Reihen und Zeitschriften, die bei Schwertner nicht verzeichnet sind, werden nach den gebräuchlichen Richtlinien vorgenommen.

Die rabbinischen Schriften werden wie bei Stemberger, Günter, *Einleitung in Talmud und Midrasch*, München: Beck ⁸1992 abgekürzt: z.B. MRS = Mekhilta de Rabbi Simeon ben Jochai.

Die Literatur wird bei ihrer jeweils ersten Nennung mit dem vollen Titel zitiert, in jedem weiteren Verweis mit dem Kurztitel, der aus dem ersten Nomen des Titels besteht. Ausnahmen der Kurztitelzitation sind in der Literaturliste in Klammern angegeben.

Die Übersetzungen der Texte sind nach Äußerungseinheiten (ÄE) und den Erzählebenen (vgl. Einleitung Teil 1, 4.1.) gegliedert.

Die Wiedergabe der Äußerungseinheiten erfolgt mit Verszahl und dem Buchstabensigel, z.B. „1a". Da es sich nicht um Verse, sondern Äußerungseinheiten handelt, wird kein „V." davor gestellt. „V." steht nur, wenn einzelne ganze Verse, oder aber Versteile aus nicht von mir gegliederten Texten zitiert werden.

EPP bedeutet enklitisches, oder suffigiertes, Personalpronomen.

Literaturverzeichnis

ACKERMAN, SUSAN, *Warrior, Dancer, Seductress, Queen. Women in Judges and Biblical Israel*, AncB Reference Library, New York: Doubleday 1998

AHLSTRÖM, GÖSTA W., *The History of Ancient Palestine from the Paleolithic Period to Alexander's Conquest*, hg. v. Diana Edelman, JSOT.S 146, Sheffield: Sheffield Academic Press 1993

ALBERTZ, RAINER, Jer 2-6 und die Frühzeitverkündigung Jeremias, ZAW 94 (1982) 20-47

DERS., *Religionsgeschichte Israels in alttestamentlicher Zeit 2. Vom Exil bis zu den Makkabäern*, GAT, ATD Ergänzungsreihe Bd. 8/2, Göttingen: Vandenhoeck & Ruprecht 1992

DERS., „Aufrechten Ganges mit Gott wandern...". Bibelarbeit über Micha 8,1-6, in: Ders., *Zorn über das Unrecht. Vom Glauben, der verändern will*, Neukirchen-Vluyn: Neukirchener 1996, 44-64

AMADOR, J. DAVID HESTER, Where could Rhetorical Criticism (still) take us?, CR:BS 7 (1999) 195-221

ANDERSON, BERNHARD WORD, The Song of Miriam Poetically and Theologically Considered, in: Follis, Elaine R. (ed.), *Directions in Biblical Hebrew Poetry*, JSOT.S 40, Sheffield: Sheffield Academic Press 1987, 285-296

AURELIUS, ERIK, *Der Fürbitter Israels. Eine Studie zum Mosebild im Alten Testament*, CB.OT 27, Lund/Stockholm: Almquist & Wiksell International 1988

AVISHUR, YITZHAK, *Studies in Biblical Narrative. Style, Structure, and the Ancient Near Eastern Literary Background*, Tel-Aviv-Jaffa: Archeological Center 1999

BACH, ALICE, With A Song in Her Heart: Listening to Scholars Listening for Miriam, in: Brenner, Athalya (ed.), *A Feminist Companion to Exodus-Deuteronomy*, Feminist Companion to the Hebrew Bible 6, Sheffield: Sheffield Academic Press 1994, 243-254

BAENTSCH, BRUNO, *Exodus, Levitikus, Numeri*, HK I/2, Göttingen: Vandenhoeck & Ruprecht 1903

BAIL, ULRIKE, Mit schielendem Blick. Bemerkungen zu 1 Chronik 7,21b-24, in: Kessler, Rainer/Ulrich, Kerstin/Schwantes, Milton/Stansell, Gary (Hgg.), *„Ihr Völker alle, klatscht in die Hände!" Festschrift für Erhard Gerstenberger zum 65. Geburtstag*, exuz 3, Münster: LIT 1997, 214-225

BAL, MIEKE, *Narratology. Introduction to the Theory of Narrative*, Toronto u.a.: University of Toronto Press 1985
BAR-EFRAT, SIMON, *Narrative Art in the Bible*, JSOT.S 70, BiLiSe 17, Sheffield: Almond Press 1989
BARTELMUS, RÜDIGER, *Einführung in das biblische Hebräisch*, Zürich: Theologischer Verlag 1994
BECKER-SPÖRL, SILVIA, *Und sang Debora an jenem Tag. Untersuchungen zu Sprache und Intention des Deboraliedes (Ri 5)*, EHS.T Reihe 23, Theologie Bd. 620, Frankfurt a.M. u.a.: Peter Lang 1997
BEER, GEORG/GALLING, KURT, *Exodus*, HAT I,3, Tübingen: Mohr 1939
BEGRICH, JOACHIM, *Studien zu Deuterojesaja*, hg. v. Walter Zimmerli, München: Kaiser 1963
BERLIN, ADELE, *Poetics and Interpretation in Biblical Narrative*, BiLiSe 9, Sheffield: Academic Press 1987
BEYERLIN, WALTER, *Herkunft und Geschichte der ältesten Sinaitraditionen*, Tübingen: Mohr 1961
BIRCH, BRUCE C./BRUEGGEMANN, WALTER/FRETHEIM, TERENCE E./PETERSEN, DAVID L., *A Theological Introduction to the Old Testament*, Nashville: Abingdon Press 1999
BIRD, PHYLLIS, Images of Women in the Old Testament, in: Ruether, Rosemary (ed.), *Religion and Sexism. Images of Woman in the Jewish and Christian Traditions*, New York: Simon and Schuster 1974, 44-88 (= in: Bird, Phillys, *Missing Persons and Mistaken Identities: Women and Gender in Ancient Israel*, OBT, Minneapolis: Fortress Press 1997, 13-51)
DIES., Women (Old Testament), in: *AncBD* 6 (1992) 951-957 (= in: Dies., *Missing Persons and Mistaken Identities: Women and Gender in Ancient Israel*, OBT, Minneapolis: Fortress Press 1997, 52-66)
DIES., The Place of Women in the Israelite Cultus, in: Miller, Patrick D. (ed.), *Ancient Israelite Religion. Essays in Honor of Frank Moore Cross*, Philadelphia: Fortress Press 1987, 397-419
BLACK, CLIFTON, Keeping up With Recent Studies. Rhetorical Criticism and Biblical Exegesis, *ExpTim* 100 (1989) 252-252
BLENKINSOPP, JOSEPH, *Ezra-Nehemiah. A Commentary*, OTL, Philadelphia, Pa.: Westminster Press 1988
DERS., Temple and Society in Achaemenid Judah, in: Davies, Philip R. (ed.), *Second Temple Studies. 1. Persian Period*, JSOT.S 117, Sheffield: JSOT Press 1991, 22-53
BLUM, ERHARD, *Studien zur Komposition des Pentateuch*, BZAW 189, Berlin u.a.: de Gruyter 1989
DERS., Esra, die Mosetora und die persische Politik, *Truma* 4 (2000) 9-34
BOECKER, HANS JOCHEN, *Redeformen des Rechtslebens im Alten Testament*, WMANT 14, Neukirchen-Vluyn: Neukirchener ²1970

BRAULIK, GEORG, Die Abfolge der Gesetze in Deuteronomium 12-26 und der Dekalog, in: Lohfink, Norbert (Hg.), *Das Deuteronomium. Entstehung, Gestalt und Botschaft*, BEThL 68, Leuven: Peeters 1985, 252-272 (= in Ders., *Studien zur Theologoie des Deuteronomiums*, SBAB 2, Stuttgart: Verlag Katholisches Bibelwerk 1988, 231-255)

DERS., Zur Abfolge der Gesetze in Dtn 16,18-21,23. Weitere Beobachtungen, *Bib* 69 (1988) 63-92

DERS., *Die deuteronomischen Gesetze und der Dekalog*, SBS 145, Stuttgart: Verlag Katholisches Bibelwerk 1991

DERS., *Deuteronomium II*, NEB 28, Würzburg: Echter 1992

BRAUN, JOACHIM, *Die Musikkultur Altisraels/Palästinas. Studien zu archäologischen, schriftlichen und vergleichenden Quellen*, OBO 164, Freiburg i. Ue. u.a.: Universitätsverlag/Göttingen: Vandenhoeck & Ruprecht 1999

BRAUN, RODDY L., 1 Chronicles 1-9 and the Reconstruction of the History of Israel: Thoughts on the Usage of Genealogical Data in Chronicles in the Reconstruction of the History of Israel, in: Graham, Patrick M./Hoglund, Kenneth G./McKenzie, Steven L. (eds.), *The Chronicler as Historian*, JSOT.S 238, Sheffield: Sheffield Academic Press 1997, 92-105

BRENNER, ATHALYA, *The Israelite Woman. Social Role and Literary Type in Biblical Narrative*, The Biblical Seminar, Trowbridge: Redwood Burn 1985

DIES./VAN DIJK-HEMMES, FOKKELIEN, *On Gendering Texts. Female & Male Voices in the Hebrew Bible*, BIS 1, Leiden u.a.: Brill 1993

BRENNER, MARTIN, *The Song of the Sea Ex 15:1-21*, BZAW 195, Berlin u.a.: de Gruyter 1991

BRONER, E. M., Honor and Ceremony in Women's Rituals, in: Spretnak, Charlene (ed.), *The Politics of Women's Spirituality. Essays on the Rise of Spiritual Power within the Feminist Movement*, Garden City, N.Y.: Anchor Books/ Doubleday 1982

BROSIUS, MARIA, *Women in Ancient Persia (559-331 BC)*, Oxford Classical Monographs, Oxford: Clarendon Press 1998

BROWN, ERICA S., In Death as in Life. What the Biblical Portraits of Moses, Aaron and Miriam Share, *BiRe* 15/3 (1999) 41-47.51

BRUEGGEMAN, WALTER, A Response to "The Song of Miriam" by Bernhard Anderson, in: Follis, Elaine R. (ed.), *Directions in Biblical Hebrew Poetry*, JSOT.S 40, Sheffield: Sheffield Academic Press 1987, 297-302

BRUNERT, GUNHILD/KLEER, MARTIN/STEINS, GEORG, שיר. Verwendung im AT. 1. Wortarten und Verteilung. 2. Bedeutung profan und sakral. 3. Synonyme. 4. Besondere Verbindungen, *ThWAT* VII (1993) 1263-1269

BUCHHOLZ, JOACHIM, *Die Ältesten Israels im Deuteronomium*, GTA 36, Göttingen: Vandenhoeck & Ruprecht 1987

BUDD, PHILIP J., *Numbers*, WBC Vol. 5, Waco: Word Books 1984

BURNS, RITA J., *Has the Lord Indeed only Spoken Through Moses? A Study of the Biblical Portrait of Miriam*, SBL-Dissertation Series 84, Atlanta: Scholars Press 1987

DIES., Miriam, *AncBD* 4 (1992) 869-870

BUTTING, KLARA, Das Buch Ester. Vom Widerstand gegen Antisemitismus und Sexismus, in: Schottroff, Luise/Wacker, Marie-Theres (Hgg.), *Kompendium feministische Bibelauslegung*, Gütersloh: Gütersloher Verlagshaus 1998, 169-179

DIES., *Prophetinnen gefragt. Die Bedeutung der Prophetinnen im Kanon aus Tora und Prophetie*, erev-rav-hefte Biblisch-feministische Texte Nr. 3, Wittingen: Erev-Rav 2001

BUTZER, EVI, Die Schrift hinter dem „Spiegel" weiblicher Erfahrungen. Bibellektüre aus dekonstruktivistisch-feministischer Sicht, *TuK* 20 (1998) 3-16

CARROLL, ROBERT P., *Jeremiah. A Commentary*, OTL, Philadelphia: Fortress Press 1986

DERS., Coopting the Prophets. Nehemia and Noadiah, in: Ulrich, Eugene/Wright, John W./Carroll, Robert P./Davies, Philip R. (eds.), *Priests, Prophets and Scribes. Essays on the Formation and Heritage of Second Temple Judaism in Honour of Joseph Blenkinsopp*, JSOT.S 149, Sheffield: JSOT Press 1992, 87-99

CASSUTO, UMBERTO, *A Commentary on the Book of Exodus*, Jerusalem: Magnes Press 1967

CHILDS, BREVARD S., *Exodus. A Commentary*, OTL, London: SCM Press ²1977

CLARKE, ERNEST W., *Targum Pseudo-Jonathan: Numbers. Translated with Notes*, The Aramaic Bible 4, Edinburgh: Clark 1995

CLIFFORD, RICHARD J., The Tent of El and the Israelite Tent of Meeting, *CBQ* 33 (1971) 221-27

CLINES, DAVID, J.A. (ed.), *The Dictionary of Classical Hebrew*, Sheffield: Sheffield Academic Press 1995ff.

COATS, GEORGE W., *Rebellion in the Wilderness. The Murmuring Motif in the Wilderness Traditions of the Old Testament*, Nashville: Abingdon Press 1968

DERS., Humility and Honor. A Moses Legend in Numbers 12, in: Clines, David J.A./Gunn, David, M./Hauser, Alan J. (eds.), *Art and Meaning: Rhetoric in Biblical Literature*, JSOT.S 17, Sheffield: Academic Press 1982, 97-107

DERS., *Moses. Heroic Man, Man of God*, JSOT.S 57, Sheffield: Sheffield Academic Press 1988

DERS., *Exodus 1-18*, fotl IIA, Grand Rapids, Michigan u.a.: Eerdmans 1999
DERS., The Moses Narratives as Heroic Saga, in: Ders. (ed.), *Saga, Legend, Tales, Novella, Fable. Narrative Forms in Old Testament Literature*, JSOT.S 35, Sheffield: JSOT Press 1985, 33-44
CODY, AELRED, Priester/Priestertum. Altes Testament, *TRE* 27/3 (1996) 383-91
COHEN, NAOMI G., "בדר בי": An "Enthusiastic" Prophetic Formula, *ZAW* 99 (1987) 219-232
COHEN, RUDOLPH, Kadesh-Barnea, 1980, *IEJ* 32 (1982) 79-71 (= Kadesh-Barnea a)
DERS., Kadesh-Barnea 1981-1982, *IEJ* 32 (1982) 266-267 (= Kadesh-Barnea b)
DERS., Did I Excavate Kadesh-Barnea?, *BAR* 7/3 (1981) 20-33 (= Kadesch-Barnea c)
CORNILL, C. H., Beiträge zur Pentateuchkritik, *ZAW* 11 (1891) 1-35
CROSS, FRANK MOORE, The Priestly Tabernacle, *BA* 10 (1947) 45-68 (= *BAR* 1 [1961] 201-27)
DERS., *Canaanite Myth and Hebrew Epic. Essays in the History of the Religion of Israel*, Cambridge, MA: Harvard University Press 1973
DERS./FREEDMAN, DAVID NOEL, The Song of Miriam, *JNES* 14 (1955) 237-250
CRÜSEMANN, FRANK, *Studien zur Formgeschichte von Hymnus und Danklied in Israel*, WMANT 32, Neukirchen-Vluyn: Neukirchener 1969
DERS., *Die Tora. Theologie und Sozialgeschichte des alttestamentlichen Gesetzes*, München: Kaiser 1992
DERS., „nichts als...mitgehen mit Deinem Gott" (Mi 6,8). Nachdenken über ungegangene Wege, *WuD* 24 (1997) 11-28 (= Nachdenken)
CULLEY, ROBERT C., *Studies in the Structure of Hebrew Narrative*, Philadelphia: Fortress Press/Missoula: Scholars Press 1976
CURTIS, EDWARD LEWIS, *A Critical and Exegetical Commentary on the Book of Chronicles*, ICC, Edinburgh: Clark 1910 (Reprint 1965)

DANIELS, DWIGHT R., Is there a "Prophetic Lawsuit" Genre? *ZAW* 99 (1987) 339-360
DAVIES, ERYL W., *Numbers*, NCDC, Grand Rapids: Eerdmans 1995
DERS., A Mathematical Conundrum: The Problem of the Large Numbers in Numbers I and XXVI, *VT* 45 (1995) 449-469
DIETRICH, WALTER, *David, Saul und die Propheten. Das Verhältnis von Religion und Politik nach den prophetischen Überlieferungen vom frühesten Königtum in Israel*, WMANT 122, Stuttgart: Kohlhammer 1987
DERS./NAUMANN, THOMAS, *Die Samuelbücher*, EdF 287, Darmstadt: WBG 1995

DILLMANN, AUGUST, *Die Bücher Numeri, Deuteronomium und Josua*, KEH, Leipzig 1886
DERS., *Exodus und Leviticus*, KEH, Leipzig: Hirzel 1897
DOHMEN, CHRISTOPH, רעע, *ThWAT* VII (1993) 582-611
DERS., Wenn die Argumente ausgehen ... Anmerkungen zur Krisenstimmung in der Pentateuchforschung, *BiKi* 53 (1998) 113-117
DONNER, HERBERT, *Geschichte des Volkes Israel und seiner Nachbarn in Grundzügen, Bd. 2. Von der Königszeit bis zu Alexander dem Großen. Mit einem Ausblick auf die Geschichte des Judentums bis Bar Kochba*, GAT 4/2, ATD Ergänzungsbände, Göttingen: Vandenhoeck & Ruprecht 1986
DOOB SAKENFELD, KATHARINE, Theological and Redactional Problems in Numbers 20.2-13, in: Butler, James T./Conrad, Edgar W. u.a. (eds.), *Understanding the Word. Essays in Honor of Bernhard Word Anderson*, JSOT.S 37, Sheffield: JSOT Press 1985, 133-154
DORIVAL, GILLES, *La Bible d'Alexandrie. Les Nombres*, Paris: Cerf 1994
DÖRRFUSS, ERNST MICHAEL, *Mose in den Chronikbüchern. Garant theokratischer Zukunftserwartung*, BZAW 219, Berlin u.a.: de Gruyter 1994
DRIVER, D. D., *A Critical and Exegetical Commentary on Deuteronomy*, ICC, Edinburgh: Clark 1901
DRUBBEL, A., *Numeri*, De Bouken van het Oude Testament, Roermond en Maaseik: J. J. Romen & Zonen – Uitgevers 1963
DURHAM, JOHN I., *Exodus*, WBC Vol 3, Waco: Word Books 1987

EBACH, JÜRGEN, Vergangene Zeit und Jetztzeit. Walter Benjamins Reflexionen als Anfragen an die biblische Exegese und Hermeneutik, *EvTh* 52 (1992) 299-309
DERS., Die Schwester des Mose. Anmerkungen zu einem „Widerspruch" in Exodus 2,1-10, in: Ders., *Hiobs Post. Gesammelte Aufsätze zum Hiobbuch, zu Themen biblischer Theologie und zur Methodik der Exegese*, Neukirchen-Vluyn: Neukirchener 1995, 130-144 (= in: Mertin, Jörg/ Neuhaus, Dietrich/Weinrich, Michael (Hgg.), *„Mit unserer Macht ist nichts getan...". Festschrift für Dieter Schellong zum 65. Geburtstag*, Arnoldsheimer Texte 8, Frankfurt a. M.: Haag und Herchen 1993, 101-116)
DERS., Fremde in Moab – Fremde aus Moab. Das Buch Ruth als politische Literatur, in: Ders./Faber, Richard (Hgg.), *Bibel und Literatur*, München: Fink 1995
DERS., Was bei Micha „gut sein" heißt, *BiKi* 51 (1996) 172-180
EBEN-SCHOSCHAN, ABRAHAM, *A New Concordance of the Bible*, Jerusalem: Kiryat Sepher Publishing House 1981

EDELMAN, DIANA VIKANDER, Edom: A Historical Geography, in: Dies. (ed.), *You Shall not Abhor an Edomite for He is Your Brother. Edom and Seir in History and Tradition*, ABSt 3, Atlanta: Scholars Press 1995, 1-11

EHRLICH, ERNST LUDWIG, *Der Traum im Alten Testament*, BZAW 73, Berlin: Töpelmann 1953

EISSFELDT, OTTO, *Hexateuch-Synopse. Die Erzählung der fünf Bücher Mose und des Buches Josua mit dem Anfange des Richterbuches*, Darmstadt: WBG 1962

ESKENAZI, TAMARA COHN, Out from the Shadows. Biblical Women in the Postexilic Era, *JSOT* 54 (1992), 25-43

DIES./JUDD, ELEANORE P., Marriage to a Stranger in Ezra 9-10, in: Eskenazi, Tamara C./Richards, Kent H. (eds.), *Second Temple Studies. 2. Temple and Community in the Persian Period*, JSOT.S 175, Sheffield: JSOT Press 1994, 266-285

EXUM, CHERYL, "You Shall Let Every Daughter Live". A Study of Exodus 1:8-2:10, *Sem* 28 (1983) 63-82

FABRY, HEINZ-JOSEF, קהל, *ThWAT* VI (1989) 1204-1222

FENSHAM, FRANK CHARLES, *The Books of Ezra and Nehemiah*, NIC, Grand Rapids: Eerdmans 1982

FISCHER, GEORG, Das Mosebild der hebräischen Bibel, in: Otto, Eckart (Hg.), *Mose. Ägypten und das Alte Testament*, SBS 189, Stuttgart: Verlag Katholisches Bibelwerk 2000, 84-120

DERS., Das Schilfmeerlied Exodus 15 in seinem Kontext, *Bib* 77 (1996) 32-47

DERS., Wege aus dem Nebel? Ein Beitrag zur Pentateuchkrise, *BN* 99 (1999) 5-7

FISCHER, IRMTRAUD, *Die Erzeltern Israels. Feministisch-theologische Studien zu Gen 12-36*, BZAW 222, Berlin u.a.: de Gruyter 1994

DIES., *Tora für Israel – Tora für die Völker. Das Konzept des Jesajabuches*, SBS 164, Stuttgart: Verlag Katholisches Bibelwerk 1995

DIES., Die Autorität Mirjams. Eine feministische Relektüre von Num 12 – angeregt durch das jüdische Lehrhaus, in: Halmer, Maria/Heyse-Schaefer, Barbara/Rauchwartner, Barbara (Hgg.), *Anspruch und Widerspruch. Festschrift für Evi Krobath zum 70. Geburtstag*, Klagenfurt: Mohorjeva Hermagoras 2000, 23-38

DIES., Feministische Exegese – eine Herausforderung, *ThPQ* 149 (2001) 146-155

FOHRER, GEORG, *Exegese des Alten Testaments. Einführung in die Methodik*, UTB 267, Heidelberg: Quelle und Meyer ⁴1983

FRANKEL, ELLEN, *The Five Books of Miriam. A Woman's Commentary on the Torah*, New York, Putnam 1996

FREEDMANN, DAVID NOEL, The Aaronic Benediction (Numbers 6:24-26), in: Flanagan, J.M./Robinson, A.W. (eds.), *No Famine in the Land: Studies in Honor of J.L. McKenzie*, Claremont: Claremont Graduate School, 1975, 42-44

FREVEL, CHRISTIAN, *Mit Blick auf das Land die Schöpfung erinnern. Zum Ende der Priestergrundschrift*, HBS 23, Freiburg u.a.: Herder 2000

FRIEDMAN, RICHARD E., The Tabernacle in the Temple, *BA* 43/4 (1980) 241-248

FRITZ, VOLKMAR, *Israel in der Wüste. Traditionsgeschichtliche Untersuchung der Wüstenüberlieferung des Jahwisten*, MThSt 7, Marburg: N. G. Elwert 1970

DERS., *Tempel und Zelt. Studien zum Tempelbau in Israel und zu dem Zeltheiligtum der Priesterschrift*, WMANT 47, Neukirchen-Vluyn: Neukirchener 1977

DERS., Kadesch-Barnea – Topogahie und Siedlungsgeschichte im Bereich der Quellen von Kadesch und die Kultstätten des Negeb während der Königszeit, *BN* 9 (1979) 45-50

FUHS, HANS FERDINAND, Qades – Materialien zu den Wüstentraditionen Israels, *BN* 9 (1979) 54-70

FUSS, WERNER, *Die deuteronomistische Pentateuchredaktion in Exodus 3-17*, BZAW 126, Berlin u.a.: de Gruyter 1972

GALL, AUGUST FREIHERR VON, *Der hebräische Pentateuch der Samaritaner*, Giessen: Töpelmann 1918

GERSTENBERGER, ERHARD S., ענה II, *ThWAT* VI (1989) 247-270

DERS., 4 Mose 12-1-15: Mirjam – eine Frau in der religiösen Opposition, in: Schmidt, Eva Renate u.a. (Hgg)., *Feministisch gelesen Bd. 1. Ausgewählte Bibeltexte für Gruppen, Gemeinden und Gottesdienste*, Stuttgart: Kreuz Verlag 1988, 53-59

GESE, HARTMUT, *Vom Sinai zum Zion. Alttestamentliche Beiträge zur biblischen Theologie*, BevTh 64, München: Kaiser 1974

GESENIUS, WILHELM, *Hebräisches und aramäisches Handwörterbuch über das Alte Testament*, Leipzig: Vogel [16]1915

DERS./KAUTZSCH, E./BERGSTRÄSSER, G., *Hebräische Grammatik*, Hildesheim u.a.: Georg Olms [28/5]1985

GINZBERG, LOUIS, *The Legends of the Jews*, Philadelphia: Jewish Publication Society 1968

GÖRG, MANFRED, *Das Zelt der Begegnung. Untersuchung der sakralen Zelttraditionen Altisraels*, BBB 27, Bonn: Bornheim 1967

DERS., Die „Heimat Bileams", *BN* 1 (1976) 24-28

DERS., יעד, *ThWAT* III (1982) 697-706

DERS., ישב, *ThWAT* III (1982) 1012-1032

DERS., Mirjam, *NBL* 2 (1995) 815-816
GRABBE, LESTER L., *Judaism from Cyrus to Hadrian*, London: SCM Press 1994
DERS., What was Ezra's Mission?, in: Eskenazi, Tamara C./Richards, Kent (eds.), *Second Temple Studies. 2. Temple and Community in the Persian Period*, JSOT.S 175, Sheffield: JSOT Press 1994, 286-299
DERS., *Priests, Prophets, Diviners, Sages. A Socio-Historical Study of Religious Specialists in Ancient Israel*, Valley Forge, Pennsylvania: Trinity Press International 1995
DERS., Poets, Scribes or Preachers? The Reality of Prophecy in the Second Temple Period, in: *Society of Biblical Literature 1998 Seminar Papers Part Two*, SBL Seminar Papers Series 37, Atlanta, Georgia: Scholars Press 1998, 524-545
DERS., *Ezra - Nehemia*, Old Testament Readings, London/New York: Routledge 1998
GRAETZ, NAOMI, Did Miriam Talk Too Much? in: Brenner, Athalya (ed.), *A Feminist Companion to Exodus - Deuteronomy*, Feminist Companion to the Bible 6, Sheffield: Sheffield Academic Press 1994, 231-242
GRAY, GEORGE BUCHANAN, *A Critical and Exegetical Commentary on Numbers*, ICC, Edinburgh: Clark 1976
GRESSMANN, HUGO, *Mose und seine Zeit*, FRLANT 18, Göttingen: Vandenhoeck & Ruprecht 1913
GROSS, WALTER, Die Herausführungsformel - Zum Verhältnis von Formel und Syntax, *ZAW* 86 (1974) 425-453
DERS., *Verbform und Funktion. Wayyiqtol für die Gegenwart? Ein Beitrag zur Syntax poetischer althebräischer Texte*, ATSAT 1, St. Ottilien: Eos 1976
DERS., Die Befreiung aus Ägypten, in: Ders./Ott, Rudi, *Die Befreiung aus Ägypten. Exegese von Ex 13-15 und historisches Grundwissen für Lehrer*, Mainz: ILF 1981, 7-39
DERS., Syntaktische Erscheinungen am Anfang althebräischer Erzählungen: Hintergrund und Vordergrund, in: Emerton, John A. (ed.), *Congress Volume Vienna 1980*, VT.S 32, Leiden: Brill 1981, 131-145
DERS., Zorn Gottes - ein biblisches Theologumenon, in: Ders., *Studien zur Priesterschrift und zu alttestamentlichen Gottesbildern*, SBAB 30, Stuttgart: Verlag Katholisches Bibelwerk 1999, 199-238
GRUBER, MAYER I., Matrilineal Determination of Jewishness: Biblical and Near Eastern Roots, in: Wright, David P./Freedman, David N./Hurvitz, Avi (eds.), *Pomegranates and Golden Bells. Studies in Biblical, Jewish, and Near Eastern Ritual, Law, and Literature in Honor of Jacob Milgrom*, Winona Lake: Eisenbrauns 1995, 437-443
GÜLICH, ELISABETH/RAIBLE, WOLFGANG, Überlegungen zu einer makrostrukturellen Textanalyse. J. Thurber, *The Loyer and His Lass*, in: Gülich,

Elisabeth/Heger, Klaus/Raible, Wolfgang (Hgg.), *Linguistische Textanalyse. Überlegungen zur Gliederung von Texten*, Papiere zur Textlinguistik Bd. 8, Hamburg: Buske ²1979, 73-123
GUNNEWEG, ANTONIUS H. J., *Leviten und Priester. Hauptlinien der Traditionsbildung und Geschichte des israelitisch-jüdischen Kultpersonals*, FRLANT 89, Göttingen: Vandenhoeck & Ruprecht 1965
DERS., Das Gesetz und die Propheten. Eine Auslegung von Ex 33,7-11; Num 11,4-12,8; Dtn 42,14f; 34,10, *ZAW* 102 (1990) 169-180

HAAG, HERBERT, בֵּן II. in den semitischen Sprachen. III Bedeutung im AT. IV. Theologische Wertung, *ThWAT* I (1973) 670-682
HAMP, VINZENZ, בכה, *ThWAT* II (1973) 638-643
HANSPACH, ALEXANDER, *Inspirierte Interpreten. Das Prophetenverständnis der Chronikbücher und sein Ort in der Religion und Literatur zur Zeit des Zweiten Tempels*, ATS 64, St. Ottilien: Eos 2000
HARAN, MENAHEM, The nature of the "Ohel Moᶜed" in the Pentateuchal Sources, *JSS* 5 (1960) 50-65
DERS., *Temples and Temple-Services in Ancient Israel*, Winona Lake: Eisenbrauns ²1995
HARDMEIER, CHRISTOF, Geschichte und Erfahrung in Jer 2-6. Zur theologischen Notwendigkeit einer geschichts- und erfahrungsbezogenen Exegese in ihrer methodischen Neuorientierung, *EvTh* 56 (1996) 3-29
HEINISCH, PAUL, *Das Buch Exodus*, HSAT I.2, Bonn: Peter Hanstein Verlagsbuchhandlung 1934
DERS., *Das Buch Numeri*, HSAT II.1, Bonn: Peter Hanstein Verlagsbuchhandlung 1936
HEINZERLING, RÜDIGER, Die Zählung der Wehrfähigen in Numeri 1 und 26, *ZAW* 111 (1999) 404-415
DERS., On the Interpretation of the Census Lists by C. J. Humphreys und G. E. Mendenhall, *VT* 50 (2000) 250-252
HENS-PIAZZA, GINA, *Of Methods, Monarchs, and Meanings. A Sociorhetorical Approach to Exegesis*, Studies in Old Testament Interpretation 3, Macon: Mercer University Press 1996
HERWEG, RACHEL MONIKA, *Die jüdische Mutter. Das verborgene Matriarchat*, Darmtsadt: WBG 1994
HILLERS, DELBERT R., *A Commentary on the Book of the Prophet Micah*, Hermeneia, Philadelphia: Fortress Press 1984
HOLLADAY, WILLIAM L., *Jeremiah 1. A Commentary on the Book of the Prophet Jeremiah Chapters 1-25*, Hermeneia, Philadelphia: Fortress Press 1986
HOLZINGER, H., *Exodus*, KHC 2, Tübingen: Mohr 1900
DERS., *Numeri*, KHC 4, Tübingen: Mohr 1903

HOSSFELD, FRANK LOTHAR/MEYER, IVO, *Prophet gegen Prophet. Eine Analyse der alttestamentlichen Texte zum Thema: Wahre und falsche Propheten*, BB 9, Freiburg i. Ue.: Verlag Schweizerisches Katholisches Bibelwerk 1973
HOSSFELD, FRANK LOTHAR/VAN DER VELDEN, F., Art. שלה , *ThWAT* VIII (1995) 46-68
HOUTMAN, CORNELIS, *Exodus. Vol 1: Ex 1,1-7,12*, HCOT, Kampen: Kok Pharos 1993
DERS., *Exodus. Vol 2: Chapters 7:14-19:25*, HCOT, Kampen: Kok Pharos 1996
HUFFMON, HERBERT B., The Covenant Lawsuits in the Prophets, *JBL* 78 (1959) 285-295
DERS., The Treaty Background of hebrew yāda', *BASOR* 181 (1966) 31-37
HUBMANN, FRANZ D., Stationen einer Befreiung. Die „Konfessionen" Jeremias – eine Gesamtschau, *ThPQ* 132 (1984) 25-37
HYATT, PHILIP J., *Commentary on Exodus*, NCBC, Greenwood: The Attic Press 1971
HYMES, DAVID C., Numbers 12. Of Priests, Prophets, or "none of the above", *AJBI* 24 (1998) 3-32

ILLMAN, KARL-JOHAN, *Old Testament Formulas About Death.* Publications of the Research Institute of the Åbo Akademi Foundation 48, Åbo: Åbo Akademi 1979
DERS., מות, *ThWAT* IV (1984) 768-786

JACOB, BENNO, *Das Buch Exodus*, Stuttgart: Calwer 1997
JAHNOW, HEDWIG U.A., *Feministische Hermeneutik und Erstes Testament. Analysen und Interpretationen*, Stuttgart u.a.: Kohlhammer 1994
JANZEN, GERALD J., Song of Moses, Song of Miriam: Who is Seconding Whom?, in: Brenner, Athalya (ed.), *A Feminist Companion to Exodus – Deuteronomy*, Feminist Companion to the Bible 6, Sheffield: Sheffield Academic Press 1994, 187-199 (= *CBQ* 54 [1992] 211-220)
JAPHET, SARA, *The Ideology of the Book of Chronicles and Its Place in Biblical Thought*, BEAT 9, Frankfurt u.a.: Lang 1989
DIES., *I & II Chronicles*, OTL, Louisville, KY: SCM Press 1993
JENNI, ERNST, *Die hebräischen Präpositionen, Bd. 1: Die Präposition Beth*, Stuttgart: Kohlhammer 1992
JEREMIAS, JOACHIM, *Heiligengräber in Jesu Umwelt (Mt 23,29; Lk 11,47). Eine Untersuchung zur Volksreligion der Zeit Jesu*, Göttingen: Vandenhoeck & Ruprecht 1958

JOBLING, DAVID, A Structural Analysis of Numbers 11-12, in: Ders., *The Sense of Biblical Narrative I. Structural Analysis in the Hebrew Bible*, JSOT.S 7, Sheffield: Sheffield Academic Press 1986, 31-65

JOST, RENATE, *Frauen, Männer und die Himmelskönigin. Exegetische Studien*, Gütersloh: Gütersloher Verlagshaus 1995

KELLERMANN, DIETHER, יָרֵךְ, *ThWAT* III (1982) 948-953

DERS., לֵוִי, *ThWAT* V (1984) 499-521

KENNEDY, GEORGE, *New Testament Interpretation Through Rhetorical Criticism*, Chapell Hill u.a.: The University of North Carolina Press 1984

KESSLER, RAINER, Mirjam und die Prophetie in der Perserzeit, in: Bail, Ulrike/Jost, Renate (Hgg.), *Gott an den Rändern. Sozialgeschichtliche Perspektiven auf die Bibel. Für Willy Schottroff zum 65. Geburtstag*, Gütersloh: Chr. Kaiser/Gütersloher Verlagshaus 1996, 64-72

DERS., *Micha*, HThK.AT, Freiburg u.a.: Herder 1999

DERS., Zwischen Tempel und Tora. Das Michabuch im Diskurs der Perserzeit, *BZ* 44 (2000) 21-36

KLEER, M., שִׁיר Besondere Verbindungen, sonstige, *ThWAT* VII (1993) 1282-1293

KLEINER, MICHAEL, *Saul in En-Dor - Wahrsagung oder Beschwörung? Eine synchrone und diachrone Analyse von 1 Sam 28, 3-25*, EThSt 66, Leipzig: Benno 1995

KNAUF, ERNST AXEL, Midianites and Ishmaelites, in: Sawyer, John F.A./Clines, David J.A. (eds.), *Midian, Moab and Edom. The History and Archeology of Late Bronze and Iron Age Jordan and North-West Arabia*, JSOT.S 24, Sheffield: Sheffield Academic Pess 1983, 147-162

DERS., *Midian. Untersuchungen zur Geschichte Palästinas und Nordarabiens am Ende des 2. Jahrtausends v. Chr.*, AdDP, Wiesbaden: Harassowitz 1988

DERS., Supplementa Ismaelitica 14: Mount Hor and Kadesh Barnea, *BN* 61 (1992) 22-26

DERS., Audiatur et altera pars. Zur Logik der Pentateuch-Redaktion, *BiKi* 53 (1998) 118-126

KNOBEL, AUGUST, *Die Bücher Numeri, Deuteronomium und Josua*, HAT 13, Leipzig 1861

KNOHL, ISRAEL, *The Sanctuary of Silence. The Priestly Torah and the Holiness School*, Minneapolis: Fortress 1995

DERS., Two Aspects of the "Tent of Meeting", in: Coogan, M./Eichler, B.L./Tigay, J.H. (eds.), *Tehillah le Moshe. Biblical and Judaic Studies in Honor of Moshe Greenberg*, Winona Lake: Eisenbrauns 1997, 73-79

KOCH, KLAUS, אהל, *ThWAT* I (1973) 128-141

DERS., מועד, *ThWAT* V (1984) 744-750

DERS., Der Artaxerxes-Erlaß im Esrabuch, in: Weippert, Manfred/Timm, Stefan (Hgg.), *Meilenstein. Festgabe für Herbert Donner zum 16. Februar 1995*, Ägypten und Altes Testament 30, Wiesbaden: Harrassowitz 1995, 87-98

KOEHLER, LUDWIG/BAUMGARTNER, WALTER, *Hebräisches und aramäisches Lexikon zum Alten Testament*, Leiden: Brill 1967

KOHATA, FUJIKO, Die priesterschriftliche Überlieferungsgeschichte von Num 20,1-13, *AJBI* 3 (1977) 3-34

DIES., *Jahwist und Priesterschrift in Exodus 3-14*, BZAW 166, Berlin u.a.: de Gruyter 1986

KOK, JOHNSON LIM TENG, *The Sin of Moses and the Staff of God*, SSN 35, Assen: Van Gorcum 1997

DERS., Parallel Scripts, Paradigm Shifts, *BZ NF* 42/1 (1998) 81-90

KOPPERSCHMIDT, JOSEF, Überzeugen. Problemskizze zu den Gesprächschancen zwischen Rhetorik und Argumentationstheorie, in: Ders., *Rhetorica. Aufsätze zur Theorie, Geschichte und Praxis der Rhetorik*, Philosophische Texte und Studien 14, Hildesheim u.a.: Georg Olms 1985, 141-171

DERS., Zwischen Sozialtechnologie und Kritik. Plädoyer für eine andere Rhetorik, in: Ders., *Rhetorica. Aufsätze zur Theorie, Geschichte und Praxis der Rhetorik*, Philosophische Texte und Studien 14, Hildesheim u.a.: Georg Olms 1985, 1-50

KRAUS, HANS-JOACHIM, *Gottesdienst in Israel. Grundriß einer Geschichte des alttestamentlichen Gottesdienstes*, München: Kaiser ²1962

DERS., *Psalmen 1 und 2*, BKAT XV/1,2, Neukirchen-Vluyn: Neukirchener 1966

KREUZER, SIEGFRIED, Die Exodustradition im Deuteronomium, in: Veijola, Timo (Hg.), *Das Deuteronomium und seine Querbeziehungen*, SESJ 62, Göttingen: Vandenhoeck & Ruprecht 1996

KRÜGER, THOMAS, Erwägungen zur Redaktion der Meerwundererzählung (Exodus 13,17-14,31), *ZAW* 108 (1996) 519-533

KSELMAN, J.S., A Note on Numbers xii 6-8, *VT* 26 (1976) 500-505

KUGEL, JAMES L., *The Bible As it Was*, Cambridge, MA: The Belknap Press of Harvard University Press 1997

LAATO, ANTTI, The Levitical Genealogies in 1 Chronicles 5-6 and the Formations of Levitical Ideology in Post-Exilic Judah, *JSOT* 62 (1994) 77-99

LAFFEY, ALICE L., 1 and 2 Chronicles, in: Newsom, Carol Ann/Ringe, Sharon H. (eds.), *The Women's Bible Commentary*, Louisville, Kentucky: Westminster/John Knox Press 1992, 110-115

LAUSBERG, HEINRICH, *Handbuch der literarischen Rhetorik. Eine Grundlegung der Literaturwissenschaft*, München: May Hueber ²1973

LEHMING, SIGO, Erwägungen zur Zelttradition, in: Reventlow, Graf Henning (Hg.), *Gottes Wort und Gottes Land. Hans-Wilhelm Hertzberg zum 70. Geburtstag am 16. Jänner 1965, dargebracht von Kollegen, Freunden und Schülern*, Göttingen: Vandenhoeck & Ruprecht 1965, 110-132

LESCOW, THEODOR, Redaktionsgeschichtliche Analyse von Micha 6-7, *ZAW* 84 (1972) 182-212

DERS., *Das Stufenschema. Untersuchungen zur Struktur alttestamentlicher Texte*, BZAW 211, Berlin u.a.: de Gruyter 1992

DERS., *Worte und Wirkungen des Propheten Micha. Ein kompositionsgeschichtlicher Kommentar*, AzTh 84, Stuttgart: Calwer 1997

LEVINE, BARUCH A., *Numbers 1-20. A New Translation with Introduction and Commentary*, AncB 4A, New York u.a.: Doubleday 1993

DERS., *Numbers 21-36. A New Translation with Introduction and Commentary*, AncB 4A, New York u.a.: Doubleday 2000

LEVY, N.N./MILGROM, JACOB, עדה, *ThWAT* V (1986) 1079-1092

LIMBURG, JAMES, The Root ריב and the Prophetic Lawsuit Speeches, *JBL* 88 (1969) 291-304

LISOWSKY, GERHARD, *Konkordanz zum hebräischen Alten Testament*, Stuttgart: Privileg. Württ. Bibelanstalt ²1981

LOHFINK, NORBERT, Die Ursünden der priesterlichen Geschichtserzählung, in: Bornkamm, Günther/Rahner, Karl (Hgg.), *Die Zeit Jesu. Festschrift für Heinrich Schlier*, Freiburg u.a.: Herder 1970, 38-57 (= Lohfink, Norbert, *Studien zum Pentateuch*, SBAB 4, Stuttgart: Verlag Katholisches Bibelwerk 1988, 169-189)

DERS., Die Priesterschrift und die Geschichte, in: Zimmerli, Walter (ed.), *Congress Volume Göttingen 1977*, VTS 29, Leiden: Brill 1978, 189-25 (= Lohfink, Norbert, *Studien zum Pentateuch*, SBAB 4, Stuttgart: Verlag Katholisches Bibelwerk 1988, 213-253)

LÜNEBURG, ELISABETH, 2. Mose 15,20f: Schlagt die Trommeln, tanzt und fürchtet euch nicht!, in: Schmidt, Eva Renate u.a. (Hgg)., *Feministisch gelesen Bd. 1. Ausgewählte Bibeltexte für Gruppen, Gemeinden und Gottesdienste*, Stuttgart: Kreuz Verlag 1988, 45-52

MAIER, CHRISTL, Im Vorzimmer der Unterwelt. Die Warnung vor der „fremden Frau" in Prov 7 in ihrem historischen Kontext, in: Schottroff, Luise/Wacker, Marie-Theres (Hgg.), *Von der Wurzel getragen. Christlich-feministische Exegese in Auseinandersetzung mit Antjudaismus*, BIS 17, Leiden: Brill 1996, 179-198

MARGALIOTH, MESHULLAM, The Transgression of Moses and Aaron – Num 20:1-13, *JQR* 74 (1983) 196-228

MARSH, JOHN, *The Book of Numbers. Exegesis*, Vol. 2, IntB, New York/Nashville: Abingdon Press 1953
MATHYS, HANS PETER, *Dichter und Beter. Theologen aus spätalttestamentlicher Zeit*, OBO 132, Freiburg i. Ue.: Universtitätsverlag/ Göttingen: Vandenhoeck & Ruprecht 1994
MAYER, G., יכח, *ThWAT* III (1982) 620-628
MAYES, A. D. H., *Deuteronomy*, NCBC, Grand Rapids: Eerdmans/London: Marshal, Morgan and Scott, 1981
MCCARTHY, CARMEL, *The Tiqqune sopherim and Other theological Corrections in the Masoretic Text of the Old Testament*, OBO 36, Freiburg i. Ue.: Universitätsverlag/Göttingen: Vandenhoeck & Ruprecht 1981
MCEVENUE, SEAN, *The Narrative Style of the Priestly Writer*, AnBib 50, Rom: Biblical Institute Press 1971
MCKANE, WILLIAM, *A Critical and Exegetical Commentary on Jeremiah*, Edinburgh: Clark 1986
MCNAMARA, MARTIN, *Targum Neofiti 1: Numbers. Translated with Apparatus and Notes*, The Aramaic Bible Volume 4, Edinburgh: Clark 1995
MEIER, SAMUEL A., *Speaking of Speaking. Marking Direct Discourse in the Hebrew Bible*, VT.S 46, Leiden: Brill 1992
MENDENHALL, GEORGE E., Midian, *AncBD* 4 (1992) 815-818
MENKE, BETTINA, Verstellt – der Ort der ‚Frau' – ein Nachwort, in: Vinken, Barbara (Hg.), *Dekonstruktiver Feminismus. Literaturwissenschaft in Amerika*, es 1678, Frankfurt a. M.: Suhrkamp 1992, 436-476
MERVE VAN DER, CHRISTO/NAUDÉ, JACKIE A./KROEZE, JAN H., *A Biblical Hebrew Reference Grammar*, Biblical Languages: Hebrew 3, Sheffield: Sheffield Academic Press 1999
MEYERS, CAROL, Miriam the Musician, in: Brenner, Athalya (ed.), *A Feminist Companion to Exodus – Deuteronomy*, Feminist Companion to the Bible 6, Sheffield: Sheffield Academic Press 1994, 207-230
MEYNET, ROLAND, *Rhetorical Analysis. An Introduction into Biblical Rhetoric*, JSOT.S 256, Sheffield: JSOT Press 1998
MICHAELIS, JOHANN DAVID, *Deutsche Uebersetzung des Alten Testaments, mit Anleitungen für Ungelehrte. Des vierten Theils erste Hälfte, welcher das vierte Buch Mose enthält*, Göttingen: Vandenhoekische Handlung ²1787
MICHEL, ANDREAS, Im Umbruch der Zeiten mit syntaktischen Brüchen leben. Gedanken eines Alttestamentlers, in: Wohlmuth, Josef (Hg.), *Unter den Sternen. Theologische, astronomische und poetische Miniaturen zur Jahrtausendwende*, Bonn: Borengässer 1999, 114-124
MILGROM, JACOB, Magic, Monotheism and the Sin of Moses, in: Huffmon, H. B./Spina, F. A./Green, A. R. W. (eds.), *The Quest for the Kingdom of God.*

Studies in Honor of George E. Mendenhall, Winona Lake: Eisenbrauns, 1983, 251-265

DERS., *Numbers*, JPSTC, Philadelphia/New York: JPS 1990

MITTMANN, SIEGFRIED, *Deuteronomium 1,1-6,3 literarkritisch und traditionskritisch untersucht*, BZAW 139, Berlin u.a.: de Gruyter 1975

DERS., Num 20,14-21. Eine redaktionelle Kompilation, in: Gese, Hartmut/Rüger, Hans Peter (Hgg.), *Wort und Geschichte. Festschrift für Karl Elliger zum 70. Geburtstag*, AOAT 18, Kevelaer: Butzon & Berker/Neukirchen-Vluyn: Neukirchener 1973, 143-49

MORGENSTERN, JULIUS, The Ark, the Ephod and the Tent, *HUCA* 17 (1942/43) 153-265. 18 (1943/44) 1-52

MOWINCKEL, SIEGFRIED, *Psalmenstudien II*, Oslo: o.V. 1922

MUILENBURG, JAMES, Form Criticism and Beyond, *JBL* 88 (1969) 1-18

MÜLLER, HANS-PETER, נביא, *ThWAT* V (1986) 140-163

MÜLLNER, ILSE, *Gewalt im Hause Davids. Die Erzählung von Tamar und Amnon (2 Sam 13,1-22)*, HBS 13, Freiburg. u.a.: Herder 1997

DIES., Handwerkszeug der Herren? Narrative Analyse aus feministischer Sicht, in: Gerstenberger E./Schoenborn U. (Hgg.), *Hermeneutik – sozialgeschichtlich. Kontextualität in den Bibelwissenschaften aus der Sicht (latein)amerikanischer und europäischer Exegetinnen und Exegeten*, exuz 1, Münster: LIT 1999, 133-147

MUSIL, ALOIS, *Arabia Petraea I-III*, Wien: o.V. 1907/08

MYERS, JACOB M., *I Chronicles*, AncB 12,1, New York: Doubleday 1965

NIEHR, HERBERT, פרש, *ThWAT* VI (1989) 782-787

DERS., Das Buch der Richter, in: Zenger, E. u.a., *Einleitung in das Alte Testament*, KStTh 1,1, Stuttgart: Kohlhammer [4]2001, 196-202

NIELSEN, EDUARD, *Deuteronomium*, HAT I/6, Tübingen: Mohr, 1995

NOLLER, ANNETTE, *Feministische Hermeneutik. Wege einer neuen Schriftauslegung*, Neukirchen-Vluyn: Neukirchener 1995

NOTH, MARTIN, *Die Überlieferungsgeschichte des Pentateuch*, Stuttgart: Kohlhammer 1948 (= ÜP)

DERS., *Das vierte Buch Mose. Numeri*, ATD 7, Göttingen: Vandenhoeck & Ruprecht 1966

DERS., *Das zweite Buch Mose. Exodus*, ATD 5, Göttingen: Vandenhoeck & Ruprecht 1961

OEMING, MANFRED, *Das wahre Israel. Die „genealogische Vorhalle" 1 Chronik 1-9*, BWANT 128, Folge 7 Heft 8, Stuttgart u.a.: Kohlhammer 1990

OLSON, DENIS T., *The Death of the Old and the Birth of the New. The Framework of the Book of Numbers and the Pentateuch*, BJSt 71, Atlanta: Scholars Press 1985

DERS., *Numbers*, Interpretation. A Bible Commentary for Teaching and Preaching, Louisville: John Knox 1996

OSWALD, WOLFGANG, *Israel am Gottesberg. Eine Untersuchung zur Literargeschichte der vorderen Sinaiperikope Ex 19-24 und deren historischem Hintergrund*, OBO 159, Freiburg i. Ue.: Universitätsverlag/Göttingen: Vandenhoeck & Ruprecht 1998

DERS., Die Revision des Edombildes in Numeri XX 14-21, *VT* 50 (2000) 218-232

OTTO, ECKART, Soziale Verantwortung und Reinheit des Landes. Zur Redaktion der kasuistischen Rechtssätze in Deuteronomium 19-25, in: R. Liwak/S. Wagner (Hg.), *Prophetie und geschichtliche Wirklichkeit im alten Israel. Festschrift für Siegfried Herrmann*, Stuttgart 1991, 290-306 (= Ders., *Kontinuum und Proprium. Studien zur Sozial- und Rechtsgeschichte des Alten Orients und des Alten Testaments*, Orientalia Biblica et Christiana 8, Wiesbaden: Harrassowitz 1996, 123-138)

OTTOSSON, M., חלם I Umwelt. Westsemiten. II Etymologie. III Bedeutung des Traumes im AT., *ThWAT* II (1977) 991-998

PAYNE, ELIZABETH J., The Midianite Arc in Joshua and Judges, in: Sawyer, John F.A./Clines, David, J.A. (eds.), *Midian, Moab and Edom. The History and Archeology of Late Bronze and Iron Age Jordan and North-East Arabia*, JSOT.S 24, Sheffield: Sheffield Academic Press 1983, 163-172

PEISKER, C. H., Mirjam, *RGG* IV (^{3}1960) 962-963

PERLITT, LOTHAR, Mose als Prophet, *EvTh* 31 (1971) 588-608

DERS., *Deuteronomium*, BK.AT 5, Lieferung 1.2, Neukirchen-Vluyn: Neukirchener 1990/91

PETERSEN, DAVID L., The Temple in Persian Period Prophetic Texts, in: Davies, Philip R. (ed.), *Second Temple Studies. 1. Persian Period*, JSOT.S 117, Sheffield: JSOT Press 1991, 125-144

PLASKOW, JUDITH, *Und wieder stehen wir am Sinai. Eine jüdisch-feministische Theologie*, Luzern: Exodus 1992

POLA, THOMAS, *Die ursprüngliche Priesterschrift. Beobachtungen zur Literarkritik und Traditionsgeschichte von P^g*, WMANT 70, Neukirchen-Vluyn: Neukirchener 1995

PREUSS, HORST DIETER, *Das Deuteronomium*, EdF 164, Darmstadt: WBG 1982

PROPP, WILLIAM HENRY COVICI, The Rod of Aaron and the Sin of Moses, *JBL* 107 (1988) 19-26

DERS., *Exodus 1-18. A New Translation with Introduction and Commentary*, AncB 2, New York u.a.: Doubleday 1999

VON RAD, GERHARD, *Das Geschichtsbild des Chronistischen Werkes*, BWANT 54, Stuttgart: Kohlhammer 1930

RABE, NORBERT, *Vom Gerücht zum Gericht. Die Kundschaftererzählung Num 13.14 als Neuansatz in der Pentateuchforschung*, THLI 8, Tübingen u.a.: Francke 1994

REICHERT, A., Kadesch I-II, *NBL* II (1995) 421-422

RENDTORFF, ROLF, Kontinuität und Diskontinuität in der alttestamentlichen Prophetie, *ZAW* 109 (1997) 169-187

DERS., Samuel the Prophet. A Link Between Moses and the Kings, in: Talmon, S./Evans, C.A. (eds.), *The Quest for Context and Meaning. Studies in Biblical Intertextuality in Honor of James A. Sanders*, Leiden u.a.: Brill 1997, 27-36

RICHTER, WOLFGANG, *Biblia Hebraica transcripta. Numeri. Deuteronomium*, ATS 33.3; St. Ottilien: Eos 1991

RIESENER, INGRID, *Der Stamm עבד im Alten Testament*, BZAW 149, Berlin u.a.: de Gruyter 1979

RINGGREN, HELMER, גוע, *ThWAT* I (1973) 978-979

DERS., עֶבֶד, *ThWAT* V (1986) 1001-1002

DERS., ריב, *ThWAT* VII (1993) 496-501

ROSE, MARTIN, *Deuteronomist und Jahwist. Eine Untersuchung zu den Berührungspunkten beider Werke*, AThANT 67, Zürich: Theologischer Verlag 1981

RÖMER, THOMAS, Exode et Anti-Exode. La nostalgie de l'Egypte dans les traditions du désert, in: Ders. (ed.), *Lectio difficilor probabilior? L'exégèse comme expérience de décloisonnement. Mélanges offerts à Francoise Smyth-Florentin*, DBAT Beiheft 12, Heidelberg: esprint 1991, 155-172

ROOKE, DEBORAH W., *Zadok's Heirs. The Role and Development of the High Priesthood in Ancient Israel*, OTM, Oxford: University Press 2000

RÖSEL, MARTIN, Wie einer vom Propheten zum Verführer wurde. Tradition und Rezeption der Bileamgestalt, *Bib* 80 (1999) 506-524

RUDOLPH, WILHELM, *Chronikbücher*, HAT 1,21, Tübingen: Mohr 1955

DERS., *Der „Elohist" von Exodus bis Josua*, BZAW 68, Berlin: Töpelmann 1938

RUPPERT, LOTHAR, Der Elohist – Sprecher für das Volk, in: Schreiner, Joseph (Hg.), *Wort und Botschaft des Alten Testaments*, Würzburg: Echter [3]1975, 121-132

SARNA, NAHUM M., *Exodus*, JPSTC, Philadelphia u.a.: JPS 1991

SCHARBERT, JOSEF, *Exodus*, NEB 24, Würzburg: Echter 1989

DERS., *Numeri*, NEB 27, Würzburg: Echter 1992
SCHART, AARON, *Mose und Israel im Konflikt. Eine redaktionsgeschichtliche Studie zu den Wüstenerzählungen*, OBO 98, Freiburg: Universitätsverlag/Göttingen: Vandenhoeck & Ruprecht 1990
SCHMID, HANS HEINRICH, *Der sogenannte Jahwist. Beobachtungen und Fragen zur Pentateuchforschung*, Zürich: Theologischer Verlag 1976
SCHMID, HERBERT, *Mose. Überlieferung und Geschichte*, BZAW 110, Berlin u.a.: de Gruyter 1968
DERS., *Die Gestalt des Mose. Probleme alttestamentlicher Forschung unter Berücksichtigung der Pentateuchkrise*, EdF 237, Darmstadt: WBG 1986
SCHMID, KONRAD, Klassische und nachklassische Deutungen der alttestamentlichen Prophetie, ZNThG 3 (1996) 225-250
DERS., *Erzväter und Exodus. Untersuchungen zur doppelten Begründung der Ursprünge Israels innerhalb der Geschichtsbücher des Alten Testaments*, WMANT 81, Neukirchen-Vluyn: Neukirchener 1999
SCHMIDT, HANS, Das Meerlied. Ex 15,2-19, *ZAW* 49 (1931) 59-66
SCHMIDT, LUDWIG, *Studien zur Priesterschrift*, BZAW 214, Berlin u.a.: de Gruyter 1993
DERS., Mose, die 70 Ältesten und die Propheten in Numeri 11 und 12, in: Ders., *Gesammelte Aufsätze zum Pentateuch*, BZAW 263, Berlin u.a.: de Gruyter 1998, 251-279
SCHMIDT, UTA C., *Vom Rand zur Mitte. Aspekte einer feministischen Perspektive in der Geschichtswissenschaft*, Dortmund: Edition Ebersbach im eFeF-Verlag 1994
SCHMIDT, WERNER H., *Exodus. 1. Teilband Exodus 1-6*, BK.AT II/1, Neukirchen-Vluyn: Neukirchener 1988
DERS., Pentateuch und Prophetie. Eine Skizze zu Verschiedenartigkeit und Einheit alttestamentlicher Theologie, in: Fritz, Volkmar/Pohlmann, Karl-Friedrich/Schmitt, Hans-Christoph (Hgg.), *Prophet und Prophetie. Festschrift für Otto Kaiser zum 65. Geburtstag*, BZAW 185, Berlin u.a.: de Gruyter 1989, 181-195
DERS., *Exodus, Sinai und Mose. Erwägungen zu Ex 1-19 und 24*, EdF 191, Darmstadt: WBG ³1995
DERS., *Alttestamentlicher Glaube in seiner Geschichte*, Neukirchen-Vluyn: Neukirchener ⁸1996
SCHMITT, HANS-CHRISTOPH, „Priesterliches" und „prophetisches" Geschichtsverständnis in der Meerwundererzählung Ex 13,17-14,31. Beobachtungen zur Endredaktion des Pentateuch, in: Gunneweg, A. H. J./Kaiser, Otto (Hgg.), *Textgemäß. Aufsätze und Beiträge zur Hermeneutik des Alten Testaments. Festschrift für Ernst Würthwein zum 70. Geburtstag*, Göttingen: Vandenhoeck & Ruprecht 1979, 139-155

DERS., Redaktion des Pentateuch im Geiste der Prophetie. Beobachtungen zur Bedeutung der „Glaubens"-Thematik innerhalb der Theologie des Pentateuchs, *VT* 32 (1982) 170-189

DERS., Tradition der Prophetenbücher in der Plagenerzählung Ex 7,1-11,10, in: Fritz, Volkmar u.a. (Hgg.), *Prophet und Prophetenbuch. Festschrift für Otto Kaiser zum 65. Geburtstag*, BZAW 185, Berlin u.a.: de Gruyter 1989, 196-216

DERS., Die Suche nach der Identität des Jahweglaubens im nachexilischen Israel. Bemerkungen zur theologischen Intention der Endredaktion des Pentateuchs, in: Mehlhausen, Joachim (Hg.), *Pluralismus und Identität*, VWGTh 8, Gütersloh: Gütersloher Verlagshaus 1995, 259-78

SCHORN, ULRIKE, Rubeniten als exemplarische Aufrührer in Num. 16f*/Deut. 11, in: McKenzie, Steven L./Römer, Thomas (Hgg.), *Rethinking the Foundations. Historiography in the Ancient World and in the Bible. Essays in Honor of John Van Seters*, BZAW 294, Berlin u.a.: de Gruyter 2000, 251-268

SCHREINER, JOSEPH, פנה, *ThWAT* VI (1989) 617-25

SCHOTTROFF, LUISE/SCHROER, SILVIA/WACKER, MARIE-THERES, *Feministische Exegese. Forschungserträge zur Bibel aus der Perspektive von Frauen*, Darmstadt: WBG 1995 (2. Auflage: Darmstadt: Primus 1997)

SCHROER, SILVIA, *Die Samuelbücher*, NSK.AT 7, Stuttgart: Verlag Katholisches Bibelwerk 1992

SCHÜSSLER FIORENZA, ELISABETH, Rhetorical Situation and Historical Reconstruction in 1 Corinthians, *NTS* 33 (1987) 386-403

DIES., *Brot statt Steine. Die Herausforderung einer feministischen Interpretation der Bibel*, Freiburg i.Ue.: Edition Exodus 1988

DIES., Text and Reality – Reality as Text: The Problem of a Feminist Historical and Social Reconstruction Based on Texts, *StTh* 43 (1989) 19-34

DIES., *But She Said. Feminist Practices of Biblical Interpretation*, Boston: Beacon Press 1992

SEEBASS, HORST, *Mose und Aaron, Sinai und Gottesberg*, AevTh 2, Bonn: H. Bouvier & Co. 1962

DERS., Num. xi, xii und die Hypothese des Jahwisten, *VT* 28 (1978) 214-223

DERS., *Numeri*, BKAT IV/2, Neukirchen-Vluyn: Neukirchener 1993

DERS., Levi/Leviten, *TRE* 21 (1991) 36-40

DERS., Biblisch-theologischer Versuch zu Num 20,1-13 und 21,4-9, in: Mommer, Peter/Thiel, Winfried (Hgg.) *Altes Testament – Forschung und Wirkung. Festschrift für Henning Graf Reventlow*, Frankfurt a. M. u.a.: Lang 1994, 219-229

SEIDL, THEODOR, צָרַעַת, *ThWAT* VI (1989) 1127-1133

SEITZ, G., *Redaktionsgeschichtliche Studien zum Deuteronomium*, BWANT 93, Stuttgart: Kohlhammer 1971

SIEBERT-HOMMES, JOPIE, Die Geburtsgeschichte des Mose innerhalb des Erzählzusammenhanges von Exodus I und II, *VT* 42 (1992) 398-404

DIES., *Let the Daughters Live! The Literary Architecture of Exodus 1-2 as a Key for Interpretation*, BIS 37, Leiden u.a.: Brill 1998

SMITH, JOHN MERLIN POWIS, *A Critical and Exegetical Commentary on the Books of Micah, Zephaniah and Nahum*, ICC, Edinburgh: Clark 1965

SMITH, MORTON, *Palestinian Parties and Politics that Shaped the Old Testament*, London: SCM Press ²1987.

SMITH, RALPH L., *Micah-Malachi*, WBC, Waco, Texas: Word Books 1984 (= Smith, R., Micah)

SMITH-CHRISTOPHER, Daniel L., The Mixed Marriage Crisis in Ezra 9-10 and Nehemia 13: A Study of the Sociology of the Post-Exilic Judean Community, in: Eskenazi, Tamara Cohn/Richards, Kent H. (eds.,) *Second Temple Studies. 2. Temple and Community in the Persian Period*, JSOT.S 175, Sheffield: JSOT Press 1994, 243-265

SNAITH, N. H., *Leviticus and Numbers*, NCeB, London: Nelson 1967

SOMMER, BENJAMIN D., Reflecting on Moses: The Redaction of Numbers 11, *JBL* 118 (1999) 601-624

STAUBLI, THOMAS, *Die Bücher Levitikus und Numeri*, NSK.AT 3, Stuttgart: Verlag Katholisches Bibelwerk 1996

STEINMETZ, DEBORAH, A Portrait of Miriam in the Rabbinic Midrash, *Prooftexts* 8 (1988) 35-65

STEINS, GEORG, Die Bücher der Chronik, in: Zenger, Erich, u.a., *Einleitung in das Alte Testament*, KStTh 1.1, Stuttgart: Kohlhammer ⁴2001, 223-234

DERS., Die Bücher Esra und Nehemia, in: Zenger, Erich u.a., *Einleitung in das Alte Testament*, KStTh 1.1, Stuttgart: Kohlhammer ⁴2001, 234-245

STEMBERGER, GÜNTER, *Einleitung in Talmud und Midrasch*, München: Beck ⁸1992

STENDEBACH, FRANZ-JOSEPH, Versammlung – Gemeinde – Volk Gottes. Alttestamentliche Vorstufen von Kirche?, *Jud* 40 (1984) 211-224

STRUPPE, URSULA, *Die Herrlichkeit Jahwes in der Priesterschrift. Eine semantische Studie zu kᵉbôd YHWH*, ÖBS 9, Klosterneuburg: Verlag Katholisches Bibelwerk 1988

STURDY, JOHN, *Numbers*, The Cambridge Bible Commentary, Cambridge: University Press 1976

THÜRMER-ROHR, CHRISTINA, Die unheilbare Pluralität der Welt – Von Patriarchatskritik zur Totalitarismusforschung, in: Dies., *Vagabundinnen. Feministische Essays*, Frankfurt a.M.: Fischer ²1999, 214-230

TRIBLE, PHYLLIS, Bringing Miriam out of the Shadows, in: Brenner, Athalya (ed.), *A Feminist Companion – Exodus to Deuteronomy*, Feminist Companion to the Bible 6, Sheffield: Sheffield Academic Press 1994, 166-186

TURNER, VICTOR, *The Ritual Process*, Chicago: University of Chicago Press 1969

USSISHKIN, DAVID, The Rectangular Fortress at Kadesh-Barnea, *IEJ* 45 (1995) 118-127
UTZSCHNEIDER, HELMUT, Die Renaissance der alttestamentlichen Literaturwissenschaft und das Buch Exodus, *ZAW* 106 (1994) 197-223
DERS., *Gottes langer Atem. Die Exoduserzählung (Ex 1-14) in ästhetischer und historischer Sicht*, SBS 166, Stuttgart: Verlag Katholisches Bibelwerk 1996
DERS., Rezension zu Oswald, Wolfgang, Israel am Gottesberg, *Bib* 79 (1998) 569-573
DERS., Rezension Kessler, Micha (HThKAT), Freiburg i. Brsg., (Herder) 1999, *BZ* 45 (2001) 112-115
DERS./NITSCHE, STEFAN ARK, Arbeitsbuch literaturwissenschaftliche Bibelauslegung. Eine Methodenlehre zur Exegese des Alten Testaments, Gütersloh: Gütersloher Verlagshaus 2001

VALENTIN, HEINRICH, *Aaron. Eine Studie zur vorpriesterschriftlichen Aaron-Überlieferung*, OBO 18, Freiburg i. Ue. u.a.: Universitätsverlag: Freiburg/ Göttingen: Vandenhoeck & Ruprecht 1978
VAN SETERS, JOHN, *The Life of Moses. The Yahwist as Historian in Exodus – Numbers*, Contributions to Biblical Exegesis and Theology 10, Kampen: Kok Pharos 1994
DE VAULX, J., *Les Nombres*, Sbi, Paris: Cerf 1972

WACKER, MARIE THERES, Mirjam. Kritischer Mut einer Prophetin, in: Karin Walter (Hg.), *Zwischen Ohnmacht und Befreiung. Biblische Frauengestalten*, Freiburg: Herder 1988, 44-52
DIES., Die Bücher der Chronik. Im Vorhof der Frauen, in: Schottroff, Luise/Dies. (Hgg.), *Kompendium feministische Bibelauslegung*, Gütersloh: Gütersloher Verlagshaus 1998, 146-155
WAGNER, ANDREAS, *Sprechakte und Sprechaktanalyse im Alten Testament*, BZAW 253, Berlin u.a.: de Gruyter 1997
DERS., Der Lobaufruf im israelitischen Hymnus als indirekter Sprechakt, in: Ders., (Hg.), *Studien zur hebräischen Grammatik*, OBO 156, Freiburg i.Ue.: Universitätsverlag Freiburg/Göttingen: Vandenhoeck & Ruprecht 1997, 143-154
WAGNER, SIEGFRIED, בקש, *ThWAT* I (1973) 754-769
WALTKE, BRUCE K./O'CONNOR, MICHAEL PATRICK, *An Introduction to Biblical Hebrew Syntax*, Winona Lake: Eisenbrauns 1990

WEEMS, RENITA J., The Hebrew Women Are Not Like The Egyptian Women: The Ideology of Race, Gender and Sexual Reproduction in Exodus 1, *Sem* 59 (1992), 25-34

WEIMAR, PETER, *Untersuchungen zur priesterschriftlichen Exodusgeschichte*, fzb 9, Würzburg: Echter 1973 (= Untersuchungen 1973)

DERS., *Untersuchungen zur Redaktionsgeschichte des Pentateuch*, BZAW 146, Berlin: de Gruyter 1977

DERS., *Die Berufung des Mose. Literaturwissenschaftliche Analyse von Exodus 2,23-5,5*, OBO 32, Freiburg i.Ü.: Universitätsverlag/Göttingen: Vandenhoeck & Ruprecht 1980

DERS., Struktur und Komposition der priesterschriftlichen Geschichtsdarstellung, *BN* 23 (1984) 81-134. *BN* 24 (1984) 138-162

WEINBERG, JOEL P., Das Wesen und die funktionale Bestimmung der Listen in 1 Chr 1-9, *ZAW* 93 (1981) 91-114

WELLHAUSEN, JULIUS, *Prolegomena zur Geschichte Israels*, Berlin: Georg Reimer ³1886

DERS., *Composition des Hexateuchs*, Berlin ⁴1963

WELTEN, PETER, *Geschichte und Geschichtsdarstellung in den Chronikbüchern*, WMANT 42, Neukirchen-Vluyn: Neukirchener 1973

WENHAM, GORDON J., *Numbers. An Introduction and Commentary*, TOTC, Leicester u.a.: Inter Varsity Press 1981

DERS., *Numbers*, OTG, Sheffield: Academic Press 1997

WERNER, WOLFGANG, Micha 6,8 – eine alttestamentliche Kurzformel des Glaubens? Zum theologischen Verständnis von Mi 6,8, *BZ NF* 32 (1988) 232-248

DERS., *Das Buch Jeremia. Kapitel 1-25*, NSK.AT 19/1, Stuttgart: Verlag Katholisches Bibelwerk 1997

WHITE, MARSHA, The Elohistic Depiction of Aaron: A Study in the Levite-Zadokite Controversy, in: Tucker, Gene M./Petersen, David L./Wilson, Robert R. (eds.), *Canon, Theology and Old Testament Interpretation. Essays in Honor of Brevard S. Childs*, Philadelphia: Fortress Press 1988, 149-59

WILLI, THOMAS, *Die Chronik als Auslegung. Untersuchungen zur literarischen Gestalt der historischen Überlieferung Israels*, FRLANT 106, Göttingen: Vandenhoeck & Ruprecht 1972

WILLI-PLEIN, INA, *Vorformen der Schriftexegese innerhalb des Alten Testaments. Untersuchungen zum literarischen Werden der auf Amos, Hosea und Micha zurückgehenden Bücher im hebräischen Zwölfprophetenbuch*, BZAW 123, Berlin u. a.: de Gruyter 1971

DIES., Ort und literarische Funktion der Geburtsgeschichte des Mose, *VT* 41 (1991) 110-118

WILSON, JOHN A., The Assembly of a Phoenician City, *JNES* 4 (1945) 245

WILSON, ROBERT R., *Genealogy and History in the Biblical World*, YNER 7, New Haven/London: Yale University Press 1977

DERS., Genealogy, Genealogies, *AncBD* 2 (1992) 929-932

WOLF, C. UMHAU, Traces of Primitive Democracy in Ancient Israel, *JNES* 4 (1947) 98-108

WOLFF, HANS WALTER, *Dodekapropheton 4. Micha*, BK.AT XIV/4, Neukirchen-Vluyn: Neukirchener 1982

WÜRTHWEIN, ERNST, Der Ursprung der prophetischen Gerichtsrede, *ZThK* 49 (1952) 1-16

ZENGER, ERICH, Tradition und Interpretation in Exodus XV 1-21, in: Emerton, J. (ed.), *Congress Volume Vienna 1980*, VT.S 32, Leiden: Brill 1981, 452-483

DERS., *Israel am Sinai. Analysen und Interpretationen zu Ex 17-34*, Altenberge: CIS-Verlag 1982

DERS., Die Entstehung des Pentateuch, in: Ders. u.a., *Einleitung in das Alte Testament*, KStTh 1,1, Stuttgart: Kohlhammer ^{4}2001, 66-176

DERS., Micha, in: Ders. u.a., *Einleitung in das Alte Testament*, KStTh 1,1, Stuttgart: Kohlhammer ^{4}2001, 503-08

ZWEIBACK LEVINSON, EDWARD R., Sexegesis: Miriam in the Dessert, *Tikkun* 4/1 (1989) 44-46.94-96

Stellenregister

Die Belege der Mirjamtexte Ex 15,19-21; Num 12; 20,1-13; 26,58-61; Dtn 24,8f.; 1 Chr 5,27-29 und Mi 6,1-8 werden jeweils nur außerhalb der Kapitel, in denen sie besprochen werden, angeführt.

Genesis

		30,16	220
11,28	255	31,11	92
11,31	255	31,27	216
14,7	263, 266	35,8	255, 257
15,6	306	35,19	255, 257
16,14	265	35,29	255
20,7	212	36,3	213
21,30	41	36,33-39	255
23,2	255, 257, 258	37,6	93, 279
23,4	256	37,9	93
23,13	256	37,34f.	258
23,19	256	38,12	255, 256, 258
24,3	65	41,14-36	93
24,7	347	42,9	93
24,13	220	44,18	174
24,15	220	45,26	306
24,37	65	46,11	372
24,43	220	46,16	370
24,45	220	46,17	369
25,8	255	46,27	368
25,17	255	48,7	256
25,20	213	49,31	256
26,21	159	50,1	258
26,32	40, 57	50,3	258
28,1	65	50,5	256
28,4	65	50,26	255
28,6	65		
28,8	65,	**Exodus**	
28,9	213		
29,14	290	1-2	207
29,33	41	2	368

Fortsetzung Exodus

		7,15	300
2,1-11	214	7,16	347
2,1	179, 368	7,19	300
2,15	67, 290	7,20	300
2,16	67	13,17-14,31	216
3	350	14,16	303
3f.	166-173	14,22	207
3,1	67	14,22-28	226
4	147, 199, 278	14,26-29	205
4,1	278, 280, 306f., 317, 320	14,28	211
		14,29-15,18	211, 224
4,2-9	280	14,29-31	204, 206, 207, 214, 231f.
4,5	278, 280, 306f., 317		
4,6-7	100	14,29	204, 386
4,8	278, 280, 306f., 317	14,30	207
4,9	278, 280, 306f., 317	14,30f.	206, 207, 223. 227f.
4,10-17	174, 175	14,31	205, 214, 306f., 317, 320
4,11	174		
4,13	174	15,1-18	203
4,14-16	109	15,1	125, 145
4,14-17	277	15,19-21	63, 64, 72, 357, 374, 377, 386, 388, 392, 394
4,14	135, 174		
4,15ff.	42		
4,17	300	15,20	140, 254, 310, 313, 363, 370
4,20	74, 75, 300		
4,27-30	109	15,21	62, 243, 363
4,27	62	15,22-27	203
4,30	62	16,3	294-296
4,31	278, 280, 306f., 317, 320	17,1-7	253, 269, 284, 294, 304, 311, 316, 319
5,1	277	17,2	253, 269, 274, 293f.
5,22	347	17,3	234, 296
6,7	253	17,5	298, 305
6,9	307	17,6	234, 304
6,13	277	17,6-18	109, 110, 197
6,16	372	17,12	173
6,18	367, 372	18	70, 73, 147, 148, 173, 391
6,20	167, 372, 374		
6,23	213, 369	18,1-12	127
7,1	111, 167, 171, 212, 222, 277	18,2	75, 127, 146, 187
		18,8	345f.

Fortsetzung Exodus		10,11	169
		13,13	100, 106
19,1	288	13,17	100
19,9	306	13,46f.	112
19,15	35,	14,3	106, 112
19,24	175	14,57	169
20,4	98	18,12	213
20,16	263	18,20	367
21,22	138	20,19	213, 367
21,30	138	23,5	289
22,23	135		
23,20	347f.	**Numeri**	
24,12	169		
24,17	97	1	364
28,1.2.4	167	1,1	289
29,44	83	1,51	260
32	109, 135, 179	3	364
32,19	221	3,4	260
33,2	347	3,10	260
33,7-11	82, 84, 141, 151,	3,17	372
	161-166, 176	3,19	372
33,7	83, 113	3,38	260
33,8	86, 113	4,15	260
33,9-11	86	4,19	260
33,11	95	4,20	260
34,5ff.	85	5,2f.	112
34,29-35	176	7,1	289
35,25	394	7,89	83
35,26	219, 394	9,1	289
40,17	289	10,3	83
		10,11	289
Leviticus		10,29-12,15	147
		10,29-36	72
1,5	181	10,29-32	71
8,3-5	252	10,29	62, 70, 130
8,9-20	252	10,31f.	130
9,2	352, 360	11f.	212, 222
9,3	352, 360	11	71, 82, 84, 141, 149-
9,5	252		161
9,8	352	11,1-3	46
9,22-24	253	11,1	136, 138
10,9	278	11,4-34	176

Fortsetzung Numeri

11,11-23	141	14,1-4	266
11,11-15	191	14,2	260, 294, 295f.
11,10	136	14,5	275f.
11,14	173	14,6-10	45
11,16-20	83	14,11	279, 306f., 317, 319f.
11,16	163, 191	14,26-33	284, 288, 290
14,57	169	14,29-37	265
11,16f.	177	14,30	45
11,17	86	14,31	96
11,24	141, 191	14,35	260, 270
11,25-27	212	14,37	260
11,29	212	14,38	45
11,33	134, 136	15,35	260
11,34-35	47	16-17	238
11,34	256	16	145
11,35	49	16f.	270, 317
11,43	44	16,1	62
12	197, 199, 202, 211, 234, 243, 310, 313, 322, 350, 357, 377, 385, 387-389, 392, 395	16,8	279
		16,26	318
		16,28	347
		16,29	260
		16,33	318
		17,6-15	288
		17,6	260
12,1-2	356	17,14	260
12,2	350	17,16-26	278, 303
12,3	383	17,25-19,22	278
12,5	338	17,25	234, 260, 268, 279, 298-303, 312, 325
12,6	212, 279, 383		
12,8	384	17,25ff.	256, 304, 315f., 319
12,20f.	384	17,26	259
12,10-15	385	17,26-28	276
12,14	338	17,27	241, 270, 294
13f.	45, 265, 284	17,27f.	258, 259, 270, 279
13,3-16	62,	17,28	258
13,3	286	18f.	237, 259, 278
13,4	237	18,1	278
13,17	286	18,3	260
13,21-24	286	18,5	259, 278
13,21	244, 285	18,8	278
13,26	244, 266, 285-288, 290	18,20	278
		18,22	260

Stellenregister

Fortsetzung Numeri		25,7	62
		25,9	260
18,32	260	26,1-4	364
19	237	26,5-51	364
19,17-21	237	26,9-11	366
20	63, 202, 211, 357, 386, 388f., 392, 395	26,11	260
		26,19	255, 260, 366
20,1	369	26,33	370
20,1-13	377	26,52-56	364
20,3-5	386	26,59	63, 73, 167, 179, 211, 243, 310, 387f., 390
20,12	395		
20,14-21,35	288	26,61	260
20,14-21	72, 238, 283, 287, 312	26,63-65	364
		26,65	260
20,14	265, 345f.	27,3	260
20,16	265, 287	27,12-23	275
20,21	239	27,14	261, 266, 298, 303, 311, 315, 325
20,22-29	238, 275, 283, 288, 314, 369		
		27,19-22	252
20,22	239, 265, 291	28,14	288
20,23f.	62	31	68, 73, 130, 177
20,24	261, 261, 315, 325	31,16	350
20,26	256, 260, 261, 292	32,8	266, 286f.
20,27-29	252	33,3	289
20,28	255, 256, 260, 292	33,34	266
20,29	249, 258, 261	33,35-44	263
21,1-3	72	33,36	263
21,1	238	33,36f.	285
21,5	39, 40, 56, 260	33,37	265
21,6	255, 260, 270	33,38f.	261
21,7	39, 40, 138	33,38	256, 260, 285, 288, 292
22-24	349	34,4	265, 266
22,2	62	35,16	260
22,4	62	35,17	260
22,5	62, 349	35,18	260
22,15-21	349	35,21	260
22,28	344	35,23	260
23,12	349	35,30	260
23,26	349	35,31	260
25	66, 68, 73, 130, 270		
25,1	290		
25,6-18	177		

Deuteronomium

1	71	21,5	39
1,2	265	22,22	135
1,19-24	286	22,27	135
1,19	266, 286, 291	23,2-9	178, 187, 196-199, 350
1,23	306	23,5	196-199
1,27	266	24,8-25,4	195
1,30-33	266	24,8	64, 169, 350, 360, 385, 388, 392
1,46	266, 285, 286, 288, 290	24,9	31, 181, 211, 350, 360, 385, 388, 392
2,14	265, 266, 288	24,10	135
2,26ff.	197	25,9	113
4,12	98	25,17ff.	196-199
4,15	98	28,66	306
4,16	98	31,9	167
4,23	98	31,14f.	84, 141, 191
4,25	98	31,14f.23	82, 151, 176
6,7	39, 40,	31,14	86, 87, 163
7,1-3	65	31,15	163
7,9	96	32,48-52	240, 262
9,7	196	32,51	266, 311
9,23	286, 306	33,8-11	179
10,6	256, 261, 292	33,10	169
12-26	195	34,5	96, 256, 292
13	222	34,6	258
13,2	92, 212	34,8	249
13,4	92, 212	34,10	85, 95, 212, 222, 360
13,6	92, 212	34,11	347
17,10.11	169		
18	222		
18,9-14	92	**Josua**	
18,9-22	40, 41, 360		
18,14-22	91	1,1	96
18,15-22	56	1,15	96
18,15	212	4,20	351
18,18-20	43	7,7	295
18,18	94, 212	12,6	96
18,20	212	13,21	68
18,22	212	14,6f.	290, 291
19-25	196	14,6	266, 285
21,5	39	14,7	266

Fortsetzung Josua

15,3	266
15,4	266
18,7	96
22,4	96
24,5f.	330, 347

Richter

1,7	255, 256
2,8	255
2,10	136
3,7	136
3,12	136
4f.	74, 390
4	212
4,18	220
4,22	220
5	204, 218
5,1	125, 145
5,11	351
6-8	68, 73, 130
8,2	344
11,17	265
11,34	216, 218, 221
13,8	174
16,23f.	216, 221
19,3	217
19,4	290
20,5	255, 256
21,21	221

1 Samuel

2,35	96, 98
3,15	92
9,11	220
10,5	216, 217, 223
12,6	347
12,8	330
17,29	344
18,6	216, 218, 220, 221
19,4	39, 40,
19,35	220
20,1	344
21,12	221
22,7	279
22,14	96, 97
23,14	290
25,28	96, 97
25,39	39, 40,
26,18	344
29,5	221
29,8	344
30,16	216

2 Samuel

3,16	217
3,29	100, 139
6,5	216
6,7	256
6,20	220
10,5	113
11,26	258
13,1	213
13,4	213
13,17	217
13,18	217
13,36f.	258
14,3.19	167
17,25	213
19,2	258
19,4	113
23,2	39, 42,
23,1-5	97
28	92

1 Könige

5,11	77
8,63	352
9,16	75

Fortsetzung 1 Könige

11,19	213	7,30	370
11,20	213	12,16	289
11,38	96, 98	13,8	216
13,25	40,	13,10	256
18,29	217	15,17	229
19,20	344	15,19	229
22,28	39, 42, 43	25,1-7	363
		25,5	229
		29,21	352

2 Könige

2 Chronik

3,15	223	1,3	378
4,30	217	7,5	352
5,27	100, 139	20,20	227
11,2	213	22,11	213
11,15	217	23,14	217
15	100, 139	24,6	378
22	74	24,9	378
22,14-20	212	26	100
22,14	211	26,20-23	139
		29,32f.	352
		32,13	344
		34,22-28	212
		34,22	211

1 Chronik

Esra

1-9	369ff.		
1,50	374		
2,19	255		
2,21	374		
2,34f.	374, 375	2,65	220
2,49	373	2,41	229
3,2	374	4,1-14	392f., 394
3,5	374	7	393
4,18	374	7,14-16	183
4,19	213	8,17	167
5,29	63, 73, 167, 179, 211, 229, 243, 310, 357, 387, 390	9,1	358, 391, 393, 394
5,30-41	371f.	9,2	65, 185, 358, 391 394
6,1-15	371	9,11	95
6,18-23	229f.		
6,18-32	229		
6,34	378		

Nehemia

2	393
2,10-19	322
2,19	187, 322
5	393
6,1	322
6,14	74, 188, 211, 212, 322, 358, 394
6,17-19	188
7,57	230
8	319
9,32	345f.
10,31	65
12,38	217
13	178, 350, 393
13,1f.	187, 188
13,4-9	188
13,13	229
13,23-27	188
13,23	65
13,28	188

Judit

15,12ff.	220

Ester

1,17	218
1,20	218
2,17	218
3,7	289
3,12	289
9,29	125, 145
9,32	125, 145

Ijob

13,6	

16,7f.	345
19,18	39, 40
21,12	216

Psalmen

8,6	168
15	351
24	351
29,8	265
31,13	107
40,2-4	206
45,15	217
50,20	39, 40,
68,32	65
75,6	39
77,21	347
78,19	39
81,3	216
99,6	347
105,26f.	330, 347
106,16	347
119,46	40,
149,3	216
150,4	216

Sprichwörter

7,22	217

Hohelied

7,1	221
8,8	213

Jesaja

1,20	
5,12	
7,12-14	345

Fortsetzung Jesaja

		31,4	216, 220
		31,20	39, 40
7,13	279	34,3	95
8,3	211	34,9	218
8,13	280	37,19	93
9,3	68	37,20	256
10,26	68	38,22	218, 219
18,2	65	38,26	256
18,7	65	42,16	256
22,18	256	44,15-25	218
29,23	280	44,15	218
33,14-16	351	44,24	218
45,15	65		
60,1-5	186		

Klagelieder

1,18	279

Jeremia

Ezechiel

2,4-13	343		
2,30	93		
5,2	279	1,1	92
5,7	218	6,3	339
5,8	218	8,3	92
5,19	168	8,4	97
7,1-7	218	8,22	218
8,6	344	11,24	97
9,16-21	218	12,13	256
12,5f.	345	13,17	217
13,18	218	17,2	91
14,14	217	18,5-9	351
20,6	256	18,25	279
22,1-6	218	20,41	280
22,12	256	24,12	345
22,18	213	24,17f.	258
23,27	92	24,18	255, 256
23,28	92	28,13	216
23,32	92	28,25	280
26,20	217	36,4	339
27,9	92, 93	36,6	339
27,16	93	36,23	280
28,17	255	37,10	217
29,6f.	217	38,16	280
29,8	92, 93	38,23	280

Fortsetzung Ezechiel			377, 388, 390
		6,9-16	329
39,11	256		
39,27	280	**Habakuk**	
41,15	217		
41,21	97	2,1	39, 42,
40,2	92	2,3	83
43,3	92	3,7	66, 67f.

Daniel

Sacharja

8,16	97	1,9	39
8,27	97	1,13	39
9,23	97	1,14	39
10,1	97	2,2	39
10,7	92	2,7	39
10,8	92	4,1	39
10,16	92	4,4	39
		4,5	39

Hosea

		5,5	39
		5,10	39
1,2	39, 42,	6,4	39
6,5	168	10,2	92
		13,3	40, 41

Joel

Maleachi

3,1	93		
		2,7	162, 166

Micha

Qumran

1-5	340		
1,14	75	1QGenAp	263
3,1	279	21,11	
3,9	279		
4,1-4	358	**Targum Pseudo Jonathan**	
4,8	358		
5,1-4	358	Num 12,1-2	67
5,9-14	329		
6,1	279	**Targum Neofiti**	
6,1-8	387		
6,4	63, 64, 73, 179, 181, 211, 243,	Num 21,1	258

Fragmententargum

zu Num 20,1   258, 282

Pseudo-Philo

20,8   239

Mekhilta de Rabbi Simeon ben Jochai

5,51b   239

Babylonischer Talmud

Sota 15a   99
Shabuot 8a   99
Sifre Zuta   35, 67
12,1
Ta'anit 9a   239

1 Korinther

10,4   249